제5판

비용-편익분석

Anthony E. Boardman
David H. Greenberg
Aidan R. Vining
David L. Weimer 공저

박완규 · 조임곤 공역

박영사

저자 서문

공동학술 프로젝트는 종종 바쁜 사람들의 노력을 조정하는 데 걸리는 정상적인 지연뿐만 아니라 참여자들이 주제를 파고듦에 따라 처음에는 수수했던 목표가 보다 의욕적이 되기 때문에 원래 예상했던 것보다 더 많은 시간이 걸린다. 우리는 이 책의 초판을 준비하는 데 있어서 이 두 죄를 고백한다. 우리의 목표는 개념적으로 건전하고 실용 지향적이며, 학생들과 종사자들이 모두 쉽게 이해하기 쉬운 책을 만드는 것이었다. 비록 우리의 최종 산물이 처음에 계획했던 것에 비해 형태와 내용 면에서 크게 다르지만 우리는 우리의 초판이 그런 책이었다고 믿는다.

우리의 계획은 다수의 이유로 진화하였다. 아마도 가장 중요하게는 상이한 지역에서 공무원들을 훈련시킨 경험과 상이한 국가에서 학부 및 대학원 학생들에 대한 교육을 통해 우리는 만일 필수 기초를 효과적으로 전달하려면 그리고 고급 주제를 추가적으로 배우기 위한 견고한 토대를 만들고자 한다면, 많은 주제들을 더 확장하여 다루는 것이 필요하다는 것을 인식하였다. 우리는 또한 독립적인 사례를 제시하는 것에 더하여 실례와 예시를 개념 및 방법과 통합하는 것이 유용하다고 결정하였다. 그 결과가 다수의 실용적 예와 예시를 통해 개념적 기초, 적용 방법, 그리고 비용－편익분석(CBA)의 확장을 전개시킨 일련의 장들이다.

다른 선생님들과 학생들로부터의 지적은 물론 우리 자신이 교육을 위해 사용한 이 책은 후속 판에서 추가로 개선할 몇몇 부분을 인식하는 데 도움이 되었다. 그러나 이번 제5판에서 우리는 구성과 내용 모두에 대해 새롭게 보기로 결정했다. 구성에 관해서 우리는 이론적 토대를 제공하는 것과 그것들을 시행하는 방법을 보여주는 것을 엮어서 배치하였다. 예를 들어 시장에서 사회적 잉여의 변동을 측정하기 위한 기초를 소개하는 장 뒤에는 바로 수요곡선을 추정하는 장이 이어졌다. 내용 면에서 우리는 정책분석에서 개념들의 적용을 보여주는 다수의 사례들을 추가하였다. 예를 들어 수요곡선을 추정하는 장 뒤에 규제영향분석에서 편익 척도로서 사회적 잉여의 사용과 오사용을 보여주는 사례들을 제공하였다. 다른 사례들은 순편익에 도달하는 다양한 원천으로부터의 증거를 사용하고 순편익에 있어서의 불확실성을 분석하기 위한 몬테카를로 시뮬레이션을 수행하며 사회적 실험으로부터 비용과 편익을 추정하고 비시장재의 편익을 평가하기 위해 조건부 가치평가법을 사용하며 다양한 데이터 원천으로부터 잠재가격을 개발하며 분배가치를 결합시키기 위해 비용과 편익에 가중치를 부여하는 사례들을 보여준다.

개관에서 이 새로운 제5판에서는 다음 내용을 제공한다.

- 업데이트된 내용과 참고문헌
- 이론과 기술의 더 나은 결합을 용이하게 하기 위해 장들의 재배치
- CBA 기술의 확장된 예시를 제공하는 6개 사례의 추가

이전 판들과 마찬가지로 학생들에게 제공될 수 있는 스프레드시트를 포함하여 장의 문제에 대한 해답은 강사들이 이용할 수 있다.

역자 서문

막대한 국민 세금이 투입되어 추진된 대형 공공사업들 가운데 적지 않은 사업들이 원래의 추진목적을 달성하지 못하고 있다. 이용 인원을 잘못 예측하여 텅텅 비어 있는 박물관과 전시관, 교통수단으로서의 기능을 상실한 경전철 등등 아까운 세금 낭비 현상이 도처에서 발생해 왔고, 앞으로도 계속 발생할 가능성이 높다.

왜 이런 현상이 반복되고 있는 것일까? 이유는 어찌 보면 간단하고 명확하다. 특정 사업이 설령 국민이나 주민을 위해 필요한 것일지라도 추진 시기가 과연 적절한지가 중요하다. 국가와 지방자치단체를 포함한 공공기관들은 항상 예산 제약을 염두에 두고 사업을 추진해야 한다. 국민과 주민의 복지를 최우선으로 사업의 우선순위가 정해지고 예산 상황을 감안하여 사업이 추진되어야 하는데 현실은 항상 그렇지는 않다. 정치적인 이유로 특정 사업이 다른 사업들을 제치고 무리하게 추진되기도 하고, 자치단체장의 공약이라는 이유로 서둘러 추진되기도 한다.

설사 우선순위가 높은 사업일지라도 그 사업의 편익과 비용을 꼼꼼하게 계산하여 비교하고 추진해야 한다. 이를 위해서는 미래에 대한 예측을 제대로 하는 것이 중요하다. 보통 30년에 걸쳐 비용과 편익을 추정하는데 요즘 세상이 변하는 속도를 생각해 보면 단지 1년 후도 제대로 예측하기가 쉽지 않은 것이 사실이다. 그럼에도 불구하고 모든 이용 가능한 정보를 동원하여 최대한 현실에 가깝게 예측해야 앞에서 열거했던 그런 불상사가 발생할 가능성을 줄일 수 있다.

비용–편익분석은 아까운 세금의 낭비를 사전적으로 억제하여 한정된 재원의 효율적 이용을 도모하는 데 중요한 역할을 하고 있다. PIMAC, KISTEP, STEPI, LIMAC, LOMAC 등의 기관이 국가재정사업이나 지방재정사업의 (예비)타당성조사를 수행해 오고 있다. 물론 공공기관도 자체적으로 타당성 조사를 수행해 오고 있다. 문제는 타당성 조사가 여러 복합 학문의 지식을 필요로 하는 데 있다. 경제학, 행정학뿐만 아니라 환경공학, 교통공학, 도시공학 등 어느 분야에 대한 타당성 조사를 하느냐에 따라 편익 추정 방법론과 비용 추정 방법론이 달라질 수 있는 것이다.

이 책은 경제학 관점에서 비용－편익분석을 다룬 전 세계적으로 가장 널리 알려진 서적을 번역한 것이다. 타당성 조사를 책임지는 PM의 전공이 경제학이 아니라 공학일 가능성이 많다. 이때 PM은 비용－편익분석의 경제학적 방법론에 대해 어느 정도의 지식을 가지고 있어야만 외부 연구진이 수행한 편익이나 비용 추정이 제대로 수행되었는지를 정확히 판단할 수 있을 것이다.

이 책은 타당성 조사를 수행하는 연구기관의 실무 담당자, 대학교에서 재정학, 행정학, 환경경제학, 자원경제학, 행정학, 도시공학 등을 공부하는 학부 및 대학원 학생들에게도 기존의 서적들보다 심도 있고 폭넓은 지식을 습득하는 데 도움이 될 것으로 기대된다. 또한 이 책은 무엇보다도 정부의 현재 비용－편익분석 지침이 공공사업의 편익을 소극적으로 반영하고 있다는 비판적 시각을 제공하고 있다. 앞으로 비용－편익분석 수행자들은 각종 공공사업의 비용편익분석을 할 때 이 책에서 소개하고 있는 다양한 편익을 과감히 반영하는 노력이 필요하고 이러한 노력이 축적될 때, 중앙정부나 지방정부의 비용－편익분석의 지침도 바람직한 방향으로 수정될 것으로 기대된다.

이 책이 번역될 수 있도록 재정적 지원을 해 준 한국비용편익분석원과 서적 발행의 불확실성 내지 모험을 감수해 준 박영사의 관계자 여러분에게 감사드린다.

참고로 연습문제 해답과 스프레드시트는 박영사 홈페이지 도서자료실에서 다운로드 받을 수 있다.

2025년 8월

박완규 · 조임곤

차례

CHAPTER 1

비용-편익분석의 소개

CHAPTER 1

비용-편익분석의 소개

나의 조언을 구한 당신에게 매우 중요한 문제에 대해 충분한 전제가 없어서 당신이 무엇을 결정해야 할지 나는 조언을 할 수가 없지만 당신이 괜찮다면 나는 어떻게 결정할지를 알려 주겠다. 어려운 문제들이 발생할 때 그것들이 어려운 것은 우리가 그것들을 고려할 때 동시에 찬성과 반대 이유가 마음 속에 떠오르지 않기 때문이다. 어떤 때는 찬성이 떠오르다가 또 다른 때는 반대가 떠오르면서 찬성은 시야에서 사라져 버린다. 이리하여 번갈아가며 생겨나는 목적과 의향 그리고 불확실성이 우리를 당혹스럽게 한다.

이것을 극복하기 위한 나의 방법은 종이 한 장에 세로로 선을 그어 두 개의 열을 만든 다음 한쪽에는 찬성 의견을 적고, 다른 쪽에는 반대 의견을 적는 것이다. 그리고 3~4일의 숙고 기간 동안 상이한 제목 밑에 상이한 시점에 척도에 대해 긍정적이든 부정적이든 내게 떠오른 상이한 동기에 대한 간략한 암시를 적어 놓는다. 내가 그것들을 하나의 견해로 모았을 때 나는 그것들 각각의 가중치를 추정하기 위해 노력한다. 그리고 내가 두 개를 찾는 경우 동등하게 보이는 각각을 양쪽에 두고 둘 다 삭제한다. 만일 내가 찬성하는 하나의 이유가 반대하는 두 개의 이유와 같다는 것을 발견한다면 나는 세 개를 제거한다. 만일 내가 두 개의 반대 이유가 세 개의 찬성 이유와 같다고 판단한다면 나는 5개를 제거한다. 이렇게 하여 나는 마침내 균형이 있는 곳을 찾아낸다. 그리고 만일 하루나 이틀의 추가적 숙고 후에 양쪽 어디에도 새로운 중요한 것이 발생되지 않는다면 나는 그에 맞춰 결심을 한다. 그리고 비록 이유들에 대한 가중치는 대수적 수량의 정확성을 수반할 수 없지만 각자가 별개로 그리고 비교적으로 숙고될 때 그리고 전부가 내 앞에 놓여 있을 때 나는 내가 더 잘 판단할 수 있다고 생각하고 성급한 걸음을 걸을 가능성이 줄어든다. 그리고 사실 나는 교훈적 또는 신중한 대수학이라 부를 수도 있는 이러한 종류의 등식으로부터 커다란 장점을 발견하였다.

B. Franklin, 런던, 1772년 9월 19일[1]

1.1 개인 대 사회적 비용과 편익

결정을 어떻게 할 것인가에 대한 Benjamin Franklin의 조언은 비용－편익분석(CBA)의 여러 중요한 특징을 보여 준다. 여기에는 다양한 영향을 편익(찬성)과 비용(반대)으로 체계적으로 분류하는 것, 영향을 화폐가치로 평가하는 것(가중치 부여), 현재의 정책과 비교해서 프로포잘의 순편익을 결정하는 것(순편익은 증가한 편익에서 증가한 비용을 공제한 것) 등이 포함된다.

개인으로서 비용과 편익을 말할 때 우리는 자연스럽게 우리 자신의 비용과 편익을 고려하는 경향이 있고, 여러 행동 계획 가운데 일반적으로 우리의 관점에서 순편익이 가장 큰 것이 무엇이냐에 따라 결정한다. 이와 유사하게 다양한 투자 대안들을 평가할 때 기업은 단지 자기에게 발생하는 비용(지출)과 편익(수입)만 고려하는 경향이 있다. CBA에서 우리는 **사회 전반적인 모든 비용과 편익**, 즉 **사회적 비용과 사회적 편익**을 고려하고자 한다. 이 같은 이유로 일부 분석가들은 CBA를 **사회적 비용-편익분석**이라 부른다.

CBA는 **사회의 모든 구성원들에게 미치는 특정 정책의 다양한 결과의 가치를 화폐로 측정하는 정책 평가 방법이다**. 이 책에서 우리는 정책과 프로젝트라는 용어를 같이 사용하고 있다. 보다 일반적으로는 CBA는 정책, 프로그램, 프로젝트, 규제, 실증과 기타 정부의 개입에 적용된다. **CBA의 광의의 목적은 사회적 의사결정을 돕고 사회적 가치를 증진시키며 보다 기술적으로는 배분적 효율을 증진시키는 것이다**.

CBA 분석가들은 사회적 비용과 사회적 편익에 초점을 맞추어 사회적 비용－편익분석을 수행한다. 그러나 "사회적"이라는 단어를 계속 포함시키는 것은 지루하다. 보통 우리는 그 단어를 제외하고 단순히 비용, 편익, 그리고 비용-편익분석이라 부른다. 따라서 B는 특정 정책의 사회적 편익(사회의 모든 구성원들의 편익의 합계)이고 C는 사회적 비용(사회의 모든 구성원들의 비용의 합계)을 뜻한다. 특정 정책의 가치 총합은 그것의 **순 사회적 편익**으로 측정되는데 종종 단순히 순편익이라 부르고 보통 NSB로 표현된다.

$$NSB = B - C \qquad (1.1)$$

보통 순 사회적 편익이라는 표현에는 사회적이라는 단어가 유지되는데 이것은 CBA가 사회 전반적 영향에 관한 것이라는 것을 강조하기 위해서이다.

암묵적으로 특정 정책의 편익, 비용과 순 사회적 편익은 어떤 "기준"과 대비한 것이다. 보통 "기준"은 현상유지 정책, 즉 현재 정책에서 변동이 없는 것이다. 일반적으로 특정 정책의 편익, 비용, 그리고 순 사회적 편익은 현상유지 정책 대비 증가된 변동분을 측정한다.

이러한 추상적 개념 수준으로 진술할 때 많은 사람들이 윤리적 관점에서 CBA를 수행하는 것에 대해 반대할 것 같지는 않다. 그러나 실제로 두 가지 형태의 반대 의견이 존재한다. 첫째, 특정 정치경제학자, 철학자, 자유주의자, 사회주의자들을 포함한 사회 비평가들은 개인 효용의 합계가 극대화되어야 하고, 몇몇 사람들의 효용 이득과 다른 사람들의 효용 손실을 상쇄시키는 것이 가능하다는 CBA의 기본적인 공리주의 가정을 반박해 왔다. 이들 비평가들은 한 사람의 편익과 다른 사람의 비용을 상쇄시키는 것에 대해 준비가 되어 있지 않다. 둘째, 공공정책 결정과정에 참여한 사람들(분석가, 관료와 정치인들)은 시간이 흐름에 따라 실제로 어떤 영향이 발생할 것인지, 어떻게 화폐가치화(그것들에 가치를 부여하는 것)할 것인지 그리고 현재와 미래 간 어떻게 균형을 유지할 것인지 등 현실적 이슈에 대해 동의하지 않을 수도 있다.

이 장에서 우리는 기술적이지는 않지만 상당히 종합적인 CBA의 개요를 제공한다. 설령 우리가 다수의 주요 개념들을 소개할지라도 여기서는 깊이 다루지 않고 뒤에서 철저하게 다루고자 한다. 따라서 이 장은 정의와 기술적 세부내용에 대해 큰 우려 없이도 잘 읽을 수 있다.

1.2 CBA 분석의 유형

CBA는 프로젝트나 정책의 라이프 사이클 중 상이한 시점에 수행될 수 있다. CBA의 한 유형은 **사전적**(ex ante) 또는 **장래의**(prospective) CBA라 부른다. **사전적**은 말 그대로 "이전"을 의미한다. 따라서 **사전적** CBA는 프로젝트나 정책을 착수하거나 시행하기로 결정하기 전에 수행한다. 해당 정책은 정부기관이 고려하고 있을 수도, 그렇지 않을 수도 있다. 만일 고려하고 있다면 **사전적** CBA는 해당 프로젝트나 정책에 재원을 배분할 것인지 여부에 대한 결정에 유용한 정보를 제공한다. 기본적으로 **사전적** CBA는 다음과 같은 질문에 답을 하고자 한다. 즉 이 정책이나 프로젝트가 좋은 발상일 것인가? 다시 말하면 그것은 양(+)의 순 사회적 편익을 가질 것인가?

CBA의 또 다른 유형은 **사후적**(ex post) 또는 **소급적**(retrospective) CBA라 부른다. **사후적**은 말 그대로 "이후"를 의미한다. 따라서 엄밀히 말하면 **사후적** CBA는 특정 정책이나 프로젝트가 끝난 후에 수행한다. 그것은 다음과 같은 질문을 다룬다. 이 정책이나 프로젝트는 좋은 발상이었나? **사후적** 분석은 프로젝트가 끝났을 때 수행하기 때문에 분명히 특정 프로젝트에 대한 재원 배분 결정을 뒤집기에는 너무 늦는다. 그러나 이 유형의 분석은 특정 개입에 대한 정보뿐만 아니라 유사한 유형의 개입에 대해서도 정보를 제공해 준다. 환언하면 그것은 정부 관리들, 정치인들, 그리고 학자들이 미래 프로젝트의 비용과 편익에 대해 그리고 그것들이 가치있는 것일 가능성에 대해 배우는 데 기여한다. 그러한 학습은 미래의 사전적 CBA에 통합될 수 있다. 그러나 잠재적 편익은 미래 프로젝트와 이전에 분석된 프로젝트 간의 유사성에 달려 있다. 예를 들어 새로운 수술 절차나 새로운 약품의 효능을 수반한 실험의 **사후적** CBA는 대개 더 많은 사람들에게 일반화될 수 있다. 그러나 만일 제안하고 있는 개입이 실험보다 훨씬 규모가 크다면 미지의 규모 효과가 존재할 수도 있다. 또한 만일 제안된 프로그램이 실험보다 더 확장된 기간을 적용한다면 행동 반응이 비용 또는 편익에 예측할 수 없게 영향을 미칠 수도 있다.

대부분의 프로젝트들은 "마무리하는 데" 여러 해가 걸린다. 예를 들어 고속도로나 지하철 사업의 영향은 종종 초기 건설 이후 몇십 년(심지어 몇백 년) 지속된다. 그러한 경우 계속 진행중인 정책이나 프로젝트에 대해 사실상 신중한 정부 분석가들은 정책이나 프로젝트가 시작된 후이기는 하지만 마무리되기 전에 CBA를 수행하고자 할지 모른다. 그러한 분석이 계속 진행중인 프로젝트에 적용된다는 것을 명확히 하기 위해 그 같은 연구는 종종 (라틴어 사용을 계속 유지하기 위해) **중간**(in medias res) CBA라 부른다. 이것은 다음과 같은 질문에 답하고자 한다. 이 정책이나 프로젝트를 지속하는 것이 좋은 발상인가? **중간** CBA는 특정 프로젝트를 수행하기로 결정한 후(그러나 끝나기 전) 언제든 시행될 수 있다. 그러한 연구는 **결정 후 분석**(post-decision analyses)이라고도 부른다.

중간 CBA에서는 특정 정책이나 프로젝트의 종결이나 변경을 권고할 수 있다. 실제로 매몰비용이 큰 사회기반시설의 CBA에서는 끝날 때가 가까워졌거나 이미 막 끝난 프로젝트를 중단할 것을 권고할 가능성은 별로 없기는 하지만 가끔 이런 일이 발생한다. 흥미롭게도 텔리코 댐 공사가 90% 끝났을 때 사회적 비용의 증분이 사회적 편익의 증분을 능가했음에도 불구하고 테네시강 유역 개발공사(TVA)는 그 댐을 완공하기로 결정했다.[2] 또한 캐나다 환경평가 패널은 댐을 사용하면 미래의 환경비용이 미래의 편익을 능가할 것이라는 **중간** 분석을 토대로 이제 막 완공한 댐의 해체를 권고하였다.[3]

다수의 기업들과 정부 비평가들은 존재하는 규제와 너무 많은 “불필요한 요식(red tape)” 부담에 대해 불평한다. 특정 규제의 중간 CBA를 통해 비평가들의 주장이 옳고 사회 전체의 편익을 위해 그 규제들이 폐기되든지 변경되어야만 한다는 것을 알아낼 수도 있다. 사실 1960년대와 1970년대 특정 산업의 경제적 규제에 대한 중간 CBA를 통해 종종 규제비용이 편익을 능가했다는 것을 보여줌으로써 트럭수송, 항공 및 통신산업에서의 규제해제 계획이 가능토록 하였다.[4] 실체가 있는 다수의 사회기반시설 프로젝트와 달리 규제 프로젝트들은 대개 매몰비용이나 선행비용이 아니라 상당한 규모의 당장 투입되는 비용이 들어간다는 사실로 인해 경제적으로나 정치적으로 이러한 결정을 하는 것이 더 용이하였다. 똑같은 주장이 정부가 자금을 대는 훈련 프로그램과 같은 현재 진행중인 사회 프로그램에도 적용된다.

실제로 **중간** CBA라는 용어는 빈번하게 사용되지는 않는다. 그런 CBA는 **사후적**, 소급적, 다 지난 또는 결정 후 분석이라 부른다. **사후적** CBA가 수행될 때 만일 이것이 분명해져야 할 경우라면 이 CBA는 특히 중요하다. 새로운 정책을 수행할 결정이 이루어진 후 어느 때도 될 수 있다.

네 번째 유형의 CBA가 있다. 이것은 **사전적** CBA를 **동일 프로젝트의 사후적** CBA 또는 중간 CBA와 비교하는 것이다.[5] 예를 들어 대형의 정부 사회기반시설 프로젝트의 비용이 종종 과소추정된다는 것을 많은 연구에서 밝히고 있다.[6] 이와 대조적으로 미국 규제비용 추정의 정확성을 평가한 또 다른 연구에서는 이 비용이 과다추정되는 경향이 있다는 것을 밝히고 있다.[7] 이러한 비교 유형의 CBA를 통해 과거의 오류를 식별하고, 그 오류에 대한 이유를 알게 되며 미래에는 그런 오류를 피하는 데 도움이 된다.

1.3 CBA의 기본 단계: 코퀴할라 고속도로 예

CBA는 꽤 겁주고 복잡하게 보일 수 있다. CBA를 수행하는 과정을 보다 더 감당하기 쉽게 하기 위해 우리는 그것을 10개의 기본 단계로 나누고 있는데 그것이 표 1.1에 나열되어 있다. 우리는 이 단계들을 상대적으로 간단한 예인 신규 고속도로 건설 안을 사용하여 묘사하고 보여주고자 한다. 우리는 또한 각 단계마다 현실적인 어려움을 지적하고 있다. 우리가 꺼내는 개념적이고 현실적인 이슈들이 이 책의 초점이다. 만일 개념들을 잘 모르더라도 걱정하지 말라. 이것은 연습이다. 뒤이은 장들에서 그것들은 충분히 설명된다.

표 1.1 CBA의 주요 단계

1. CBA의 목적을 설명할 것
2. 대안적 프로젝트 집합을 명확히 할 것
3. 누구의 편익과 비용을 계산할 것인지 결정할 것(이해관계자를 명시할 것)
4. 영향의 범주를 식별하고, 목록을 작성하고 측정지표(단위)를 선정할 것
5. 프로젝트의 수명에 걸쳐 영향을 정량적으로 예측할 것
6. 모든 영향을 화폐가치화(달러 가치 부여)할 것
7. 현재가치를 얻기 위해 편익과 비용을 할인할 것
8. 각 대안의 순현재가치를 계산할 것
9. 민감도분석을 실시할 것
10. 분석에 기초하여 권고할 것

가령 1986년에 캐나다의 브리티시 콜롬비아 주에서 일하는 비용-편익 분석가가 주의 남쪽 중부에 위치한 호프 읍과 호프 읍의 북부에 위치한 메리트 간의 4차선 고속도로 계획에 대한 **사전적** CBA를 수행할 것을 요구 받았다고 하자. 이 고속도로는 코퀴할라(토착명)라고 불리는 지역을 통과할 것이어서 코퀴할라 고속도로라고 불릴 것이다. 분석가의 **사전적** CBA의 요약이 표 1.2에 나와 있다. 원래의 수치는 1986년 기준 현재가치인데, 해석을 용이하게 하기 위해서 2016년의 화폐가치로 환산하였다. 분석가는 어떻게 이 수치를 얻었나? 어려운 점은 무엇이었나? 우리는 10단계 각각을 차례로 살펴볼 것이다.

표 1.2 코퀴할라 고속도로 CBA(2016 백만 달러)

	무 료		유 료	
	세계적 관점(A)	주정부 관점(B)	세계적 관점(C)	주정부 관점(D)
사회적 편익:				
시간 및 운행비용 절약	763.0	572.1	568.4	426.3
안전 편익	70.5	52.8	49.3	37.0
새로운 이용자	1.6	1.2	0.6	0.4
대안 노선 편익	28.6	21.3	18.4	13.9
통행료 수입	–	–	–	73.2
고속도로의 최종가치	104.3	104.3	104.3	104.3
총 사회적 편익	968.0	751.7	741.0	655.1
사회적 비용:				
건설	661.8	661.8	661.8	661.8
유지	14.9	14.9	14.9	14.9
통행료 징수	–	–	16.4	16.4
통행요금소 건설	–	–	0.6	0.6
총 사회적 비용	676.6	676.7	693.7	693.7
순 사회적 편익	291.2	75.2	47.3	-38.6

출처: Anthony Boardman, Aidan Vining, and W. G. Waters II, "Costs and Benefits through Bureaucratic Lenses: Example of a Highway Project," *Journal of Policy Analysis and Management*, 12(3), 1993, 532-55, table 1, p.537 재계산

1.3.1 CBA의 목적을 설명할 것

단계 1은 분석가가 왜 CBA를 수행하는지를 설명해야 한다. 그는 다음 질문에 답해야 한다. **정책 변동**, 지금 경우는 새로운 고속도로 건설을 **고려하는 이유는 무엇인가?** 이 경우 넓은 의미에서 보면 CBA의 목표는 사회후생을 증진시키는 것이다. 보다 구체적으로는 CBA는 배분 효율성을 극대화하고자 하는데, 이것은 3장에서 논의된다. 3장에서는 시장이 잘 작동하는 경우 개인의 이기심이 자원의 효율적 배분에 도달하게 하기 때문에 정부의 개입이 있어서는 안 된다고 주장한다. **언뜻 보기에** CBA를 수행하는 이유는 **시장실패** 또는 **정부실패**이다.[8] 시장실패가 존재하는 경우 분석가들은 특정 형태의 개입이 개입하지 않는 것(또는 또 다른 대안들)보다 배분 측면에서 더 효율적인지 여부를 평가하기 위해 CBA를 이용한다. 때때로 정부실패가 존재한다. 즉 특정 정책이나 프로젝트가 현재 시행중이지만 이 정책은 정부가 개입하지 않는 것이나 기타 다른 대안 정책보다 배분 측면에서 덜 효율적으로 보인다. 이러한 상황에 대해서 CBA는 새로운 정책이나 프로그램이 기존 정책보다 배분 측면에서 더 효율적인지 여부를 알아내고자 한다. 분석가는 연구목적을 제공하는 시장실패나 정부실패를 설명해야 한다.

1986년에 브리티시 콜롬비아 주 북부 내륙을 통하는 기존의 노선은 매우 혼잡하고 (다수의 교통사고로) 위험하였으며 예상되는 교통량 증가를 처리할 능력이 없었다. 정치적 이유로 인해 정부는 기존 노선에 통행료를 부과하는 것을 꺼리고 있었다. 간선도로를 확장하는 것은 엄두도 못 낼 정도로 돈이 많이 들 것인데 왜냐하면 도로 대부분이 강 협곡 안에 있었기 때문이었다. 따라서 연구의 초점은 호프와 메리트 사이의 대안적 위치, 특히 콜드워터 강으로 이어지는 코퀴할라 계곡에 새로운 고속도로를 건설할지 여부였다.

1.3.2 대안적 프로젝트 집합을 명확히 할 것

단계 2는 분석가가 대안적 프로젝트 집합을 명확히 해야 한다. 지금의 예에서는 유료와 무료 건설이라는 두 개의 실행가능한 고속도로 프로젝트 대안들이 있었다. 주정부의 교통부는 유료로 할 경우 대형 트럭에 대해서는 $78.3, 승용차에 대해서는 $15.7의 요금을 적용하기로 결정했다. 따라서 분석가 입장에서는 다루기 쉬운 단 두 개의 대안을 분석하면 되었다.

실제로 종종 이 단계에서도 잠재적 대안들의 수가 꽤 많아서 곤란을 겪기도 한다. 코퀴할라 계곡에 소재한 고속도로에 대한 분석으로 제한하더라도 예를 들어 도로 표면(아스팔트나 콘크리트), 경로(다소 상이한 경로를 택할 수 있음), 규모(차선 수의 많고 적음), 통행료 수준(높고 낮음), 야생동물 편의성(고속도로에 "엘크 터널" 설치 유무), 시기 선택(나중으로 연기될 수도 있음)과 같은 다양한 관점에 따라 달라질 수 있다. 재원과 인식의 제약으로 인해 일반적으로 분석가들은 단지 소수의 대안들을 분석한다.[9]

CBA에서는 만일 평가대상인 프로젝트가 추진된다면 대체될(즉, 착수되지 않을) 프로젝트와 하나 또는 그 이상의 잠재적 프로젝트를 비교한다. 종종 대체될 프로젝트는 **반사실적**(counterfactual)이라 부른다. 대개 반사실적이라는 것은 현상 유지 정책 또는 정부 정책의 불변이다. 그것은 "아무것도 하지 않는다"는 것을 의미하는 것은 아니다. 그것은 정부는 지금까지 해 오던 것을 계속한다는 것을 의미한다. 즉 새로운 고속도로가 없을 것이기 때문에 기존의 고속도로가 계속 유지된다는 것이다. 표 1.2는 고속도로가 건설되지 않을 때(현상 유지)의 사회적 편익, 사회적 비용, 순 사회적 편익 대비 고속도로가 건설될 때(유료 또는 무료)의 사회적 편익, 사회적 비용과 순 사회적 편익을 보여주고 있다. 따라서 우리는 이들 사회적 편익, 사회적 비용과 순 사회적 편익을 증분 수치로 해석할 수 있다. **실제로 이 예에서와 같이 종종 편의상 증분이라는 단어가 생략되지만 그 의미가 내포되어 있다**.

때때로 현상유지 정책은 실행 가능한 대안이 아니다. **만일 한 프로젝트가 특정 대안을 대체한다면 그것은 대체된 특정 대안과 대비하여 평가되어야 한다**. 예를 들어 만일 정부가 (1) 새로운 고속도로를 건설하고 대안 노선을 유지하거나 (2) 새로운 고속도로를 건설하지 않지만 기존 노선의 수용력을 확장하여 현상 유지의 가능성이 없도록 자원을 투입한다면 새로운 고속도로 프로젝트는 현상 유지 정책이 아니라 기존 노선의 수용력 확장과 비교해야만 한다.

이 CBA 예는 제안된 특정 고속도로와 관계가 있다. 비록 그렇게 할 수 있다고 하더라도 이 프로젝트와 브리티시 콜롬비아 주 내 다른 고속도로 프로젝트와 비교하려 하지 않는다. 분석가들은 수송과 같은 정부의 실질적 분야에서의 프로젝트와 보건이나 국방과 같은 다른 분야의 프로젝트를 좀처럼 비교하지 않는다. 이러한 종류의 비교에 있어서의 제약적 성격은 종종 CBA가 모든 정책 대안들의 서열을 매길 해결사(deus ex machina)라고 여기는 정치가들과 의사결정자들을 좌절시킨다. 반면에 상이한 분야에서의 CBA 증거는 의사결정자들이 순 사회적 편익 관점에서 잠재적 프로젝트들의 서열을 매길 수 있도록 해준다.

1.3.3 누구의 편익과 비용을 계산할 것인지 결정할 것(이해관계자)

다음으로 분석가는 누가 **이해관계가 있는지** 결정해야 한다. 즉, 누구의 편익과 비용이 포함되어 계산되어야 하는지를 결정해야 한다. 이 예에서 분석가는 주정부 관점에서 CBA를 수행했는데 그 이유는 거기에 살고 있는 납세자들이 비용을 부담하기 때문이다. 그러나 세계적 관점을 취하는 것도 중요하다고 생각했다. 주정부 관점에서의 CBA는 브리티시 콜롬비아 정부에 발생하는 비용과 편익을 포함하여 브리티시 콜롬비아 주민에게 미치는 영향(즉, 편익과 비용)만 고려한다. 세계적 관점은 그들의 주거지에 상관없이 모든 사람들에게 미치는 편익과 비용을 고려한다. 따라서 그것은 미국인들, 알버타 주민들, 심지어 고속도로를 이용하는 영국이나 중국 여행객들도 포함한다. 무료 및 유료 대안과 함께 이해관계자에 대한 두 관점을 포함하는 경우 표 1.2의 A에서 D까지 4개의 열이 만들어지는데 이것은 비용과 편익에 대한 4개의 관점이 존재하는 것을 뜻한다.

이해관계자 이슈는 종종 논쟁이 많이 벌어진다. 중앙정부는 보통 국가의(즉, 국내의) 비용과 편익만 고려하지만 비평가들은 다른 나라 주민들에게 심각한 음의 영향을 미치는 이슈들은 세계적 관점에서 분석되어야 한다고 주장한다. 이 범주에 속하는 환경 이슈들에는 오존 감소, 지구 기후 변화와 산성비 등이 포함된다. 다른 쪽 극단으로 지방정부는 일반적으로 지역 주민의 편익과 비용만 고려하고 인접 지역이나 더 높은 수준의 정부 주민들에게 발생하는 비용과 편익은 무시할 것을 원한다. 우리의 고속도로 예에서 브리티시 콜롬비아 지역의 관점과 세계적 관점에 따른 비용과 편익을 분석함으로써 이 이슈를 다루게 된다. 여기에서는 통상적인 기본적 국가 관점은 채택하거나 측정하지 않는다는 것에 주목하라. 비록 이 관점들이 기술적으로 대체 가능한 것은 아니지만 이 예에서는 그와 같이 기능하는데 그 이유는 그것들은 상이한 비용, 편익, 순편익 추정치를 초래하기 때문이다.

1.3.4 영향의 범주를 식별하고, 목록을 작성하고 측정지표(단위)를 선정할 것

단계 4는 분석가가 제안된 대안(들)의 영향을 식별하고 그것들을 편익 또는 비용으로 목록을 만들며 각 영향 범주에 대해 측정지표를 구체화해야 한다. 우리는 **영향**이라는 단어를 투입물(이용된 자원)과 산출물(대개 편익) 모두를 포함하는 것으로 폭넓게 사용한다. 적절한 영향 범주 명단은 **영향 목록(impact inventory)**이라 불린다. 더 좋게는 분석가들이 **영향 행렬(impact matrix)**을 만드는 것인데, 이것은 각 영향 범주에 대한 각 정책 대안(또는 상이한 집단에 대한 특정 정책 대안의 영향)의 영향을 묘사하거나 요약하는 것이다.[10] 때때로 영향은 "구성요소"라 불리고 비록 이 용어는 산출물보다는 투입물에 대해 더 직관적으로 타당하기는 하지만 단계 4와 5는 "**구성요소법(ingredient method)**"이라고 꼬리표가 붙는다.

상이한 주민 집단이 고속도로의 편익을 얻을 것이다. 첫째, 현재 메리트와 호프 간 기존 노선으로 여행하지만 새로운 고속도로로 전환할 이용자들을 생각해 보자. 그들은 시간 절약(처음에는 시간으로 측정), 차량 운행비용 감소(달러로 측정), 더 짧아지고 더 안전한 고속도로로 인한 안전 편익(처음에는 구해진 생명수와 사고 건수의 감소로 측정) 등의 편익을 얻을 것이다. 이러한 편익에 대한 기대로 인해 몇몇 새로운 이용자들이 이 도로를 이용할 수 있다(처음에는 자동차 운행 수의 증가로 측정). 교통 관련 문헌에서는 이 새로운 이용자들을 **유발교통(generated traffic)**이라 부른다. 세 번째 집단은 대안 노선들을 현재 이용하고 있고 앞으로도 계속 이용하면서 그 노선에서의 혼잡시간 감소로 인해 편익을 얻을 사람들(역시 처음에는 시간으로 측정)인데 왜냐하면 다수의 다른 여행자들이 새로운 고속도로로 전환하기 때문이다. 네 번째 집단은 정부인데 통행료 수입으로 편익을 얻을 수 있다(달러로 측정). 이 프로젝트의 마지막 편익 범주는 고속도로의 **잔존가치(terminal value)**(종종 **시계가치(horizon value)**라고도 부름)이다(달러로 측정). 실제로 이 고속도로는 여러 해 동안 이용될 것이지만 분석가는 단지 20년에 대한 편익과 비용을 예측하고 화폐가치화하는 것을 택했는네 왜냐하면 그 기간동안 주요 정비를 할 것으로 예상되지 않기 때문이다. 종종 우리는 그와 같은 기간을 "프로젝트의 수명"이라 부른다. 잔존가치는 20년 이후 기간에 대한 고속도로의 순 사회적 편익의 현재가치를 반영한다. 비용 영향 범주는 건설비용, 유지 및 제설, 통행료 징수, 요금소 건설 및 유지관리 등이다(모두 달러로 측정).

비록 이 영향 목록이 포괄적으로 보이지만 비평가들은 몇몇 중요한 영향들이 빠졌다고 주장할 수도 있다. 여기에는 자동차 배기가스 감소가 건강에 미치는 영향, 엘크와 다른 야생동물의 개체수에 미치는 환경적 영향, 아름다운 경치의 변화 등과 같이 교통수단으로서의 고속도로 이용을 벗어난 몇몇 외부효과들이 포함된다. 또한 토지의 사회적 비용(**기회비용**(opportunity cost))도 포함되어야 한다.

각 프로젝트의 모든 다양한 결과를 포함하려고 노력하는 것이 중요하다. 그러나 현실적 관점에서 분석가들은 단지 감당할 수 있는 수의 중요한 영향만을 고려할 수 있다. 경제적 매몰을 인식하는 것이 단순하지 않기 때문에 분석가는 조심해야만 하지만 매몰비용과 관련된 영향은 무시되어야 한다. 예를 들어 텔리코 댐이 고려되고 있을 때 TVA는 다음과 같이 잘못 주장했다. "댐 배후의 농지는 이미 구입되었기 때문에 만일 프로젝트가 완수되지 않는다면 비록 그 토지가 침수되고 농지로 재판매가 가능할지라도 그것은 매몰비용으로 간주되어야 한다."[11] 종종 누가 토지를 소유하고 있다거나 누가 그것에 대해 대가를 지불하는지는 상관없다. 사실 만일 그 토지가 다른 용도를 가지고 있었다면 기회비용이 존재했을 것이고 토지는 영향 범주에 포함되었을 것이다.

더욱이 우리가 7장에서 논의하겠듯이 종종 2차적 또는 "연쇄적인" 영향을 포함시키는 것은 맞지 않다. 종종 그러한 영향들은 재분배적이다. 예를 들면 고속도로의 남쪽 끝 인근인 호프읍 내 호텔과 주유소들은 새로운 고속도로가 읍을 우회하기 때문에 음의 영향을 겪을 수도 있다고 생각할 수도 있다. 그러나 고속도로 이용자들은 예를 들어, 메리트 읍 내 어디에선가 머무를 것이고, 휘발유를 구입할 것이다. 따라서 호프 읍의 사업주 주민들은 후생이 더 나빠질 수 있는 한편 주 내 다른 사업주 주민들은 후생이 더 나아질 것이다. 영향은 상쇄되어서 순 효과는 0이 된다. 따라서 그것들은 여러 경우에 무시될 수 있다.

CBA 관점에서 분석가들은 이해관계가 있는 사람들의 효용에 영향을 미치는 프로젝트 효과에만 관심이 있다. (경고는 사람들이 합리적 의사결정을 할 수 있는 적절한 지식과 정보를 가진 경우에만 이것이 적용된다는 것이다.) 인간들에게 양 또는 음의 효용을 주지 않는 영향은 계산되지 않는다. 예를 들어 가령 고속도로 프로젝트로 인해 특정 조류가 대량으로 죽을 것이라고 하자. 새들은 이해관계가 없다. 만일 몇몇 사람들이 그것을 비용으로 간주할 때에만 이 영향은 포함되어야 한다.

정치가들은 종종 특정 프로젝트의 편익을 매우 일반적인 용어로 말한다. 예를 들면 정치가들은 특정 프로젝트가 “지역사회 역량 강화”를 촉진시킬 것이라고 말할지 모른다. 이와 유사하게 그들은 “성장”과 “지역개발”을 편익을 주는 영향으로 간주하는 경향이 있는데 그 이유는 그것은 그들의 관할구역에서 조세수입을 증가시킬 수 있기 때문이다. 이와 대조적으로 분석가들은 CBA를 통해 해당 프로젝트가 주 내의 일부 사람들을 예를 들어, 기술 향상, 더 나은 교육, 또는 소득 증가 등을 통해 더 나아지게 하는 방법을 명확히 식별해야 한다.

또한 분석가들은 상이한 집단에 속한 사람들은 반대로 보고 있는 영향에 대해서도 경계해야 한다. 예를 들어 주기적으로 범람하지만 만일 제안된 프로젝트가 시행된다면 범람하지 않을 토지를 생각해 보자. 범람지역에 사는 주민들은 대개 이 주기적인 범람을 비용으로 여기는데 왜냐하면 범람으로 인해 가정에 피해를 주기 때문이다. 한편 오리 사냥꾼들은 홍수를 편익으로 간주하는데 왜냐하면 그로 인해 오리들이 모이기 때문이다. 비록 동일한 영향에 대한 반대 방향의 가치 평가가 한 범주 내에서 합산될 수 있다 할지라도 보통 두 영향 범주–하나는 가옥의 피해, 또 하나는 레트레이션 편익–로 보는 것이 더 유용하다.

이 예에서 영향의 측정단위는 간단하다. 예를 들면 절약되는 시간, 운영비와 건설비의 달러 가치이다. 그러나 만일 환경 영향이 포함되었다면 측정단위의 선택은 그리 간단하지 않을 것이다. 예를 들어 만일 자동차 배기가스의 변동이 영향으로 포함되었다면 분석가는 다양한 오염물질 양이나 그에 따른 건강영향(예를 들어, 사망이나 질병률의 변동)으로 측정할 수 있을 것이다. 종종 측정단위의 선택은 자료의 이용가능성과 화폐가치화의 용이성에 달려 있다. 예를 들어 분석가는 경찰 개입으로 인해 예방된 범죄의 수를 측정하기를 원하나 이 영향을 추정할 방법이 없을 수 있다. 그러나 그는 검거율 변동이나 기소율의 변동과 같은 자료는 얻을 수 있어서 범죄의 변동을 추정하기 위해 이들 자료 모두 또는 그중 하나를 이용할 수 있을 것이다.[12] 그러나 모든 대리 지표들은 약간의 정보손실을 내포하고 있다는 것을 명심하라. 예를 들어 실제 범죄율에는 변동이 없으면서 기소율은 증가할 수도 있다.

1.3.5 프로젝트의 수명에 걸쳐 영향을 정량적으로 예측할 것

거의 모든 공공 프로젝트와 마찬가지로 앞의 고속도로 프로젝트는 긴 시간에 걸쳐 영향을 미친다. 5번째 임무는 각 대안에 대해 할인기간(프로젝트의 수명) 동안 각 연도마다 모든 영향을 예측하는 것이다. 보다 구체적으로 분석가는 주 및 세계적 관점에서 기존의 정책 대비 무료 및 유료 대안에 대한 고속도로의 **증분 영향**(incremental impacts)을 예측해야 한다. 분명히 이러한 예측을 하는 데에는 상당한 불확실성이 존재한다. 분석가들은 각 기간에 "가장 가능성이 큰" 대안이나 예상 영향을 결정할 수 있다. 이 첫 번째 사례에서는 단순하게 하기 위해 우리는 예측에서의 불확실성을 무시한다.

코퀴할라에는 세 가지 다른 유형의 도로 이용자들이 존재했다. 즉 트럭 운전자, 사무용 차의 운전자와 승객, 그리고 휴가 차량의 운전자와 승객들이다. 다음 장들에서 보겠지만 도로 이용자들은 이와 같이 나누어지는데 그 이유는 그들의 편익이 상당히 다르기 때문이다. 이 세 이용자 집단 각각에 대해 분석가는 각 연도의 각 대안에 대해 예측한다. 즉 새로운 고속도로의 차량운행 수, 기존 도로(대안 노선)의 차량운행 수, 브리티시 콜롬비아 주에 거주하는 여행자의 비율 등. 이러한 추정치를 가지고 고속도로의 길이가 195km라는 것과 다른 정보와 함께 분석가는 각 연도에 대해 다음과 같은 증분 편익을 추정할 수 있다. 즉 절약되는 총 차량운행 거리(vkm), 사고 감소수, 그리고 구해지는 생명 수 등.

분석가는 새 고속도로가 매년 6.5명의 생명을 구할 것으로 예측하였다. 두 가지 이유 때문이다. 첫째, 새로운 고속도로는 대안 노선보다 더 짧다. 그 결과 분석가는 여행자들이 매년 1억 3,000만km의 운행거리를 줄일 것으로 예상했고, 평균적으로 100만km의 운행거리당 0.027명의 사망이 발생한다는 증거가 있다. 따라서 운행거리 감소에 따라 짧아진 거리는 연간 3.5명(130vkm × 0.027vkm당 사망자 수)의 생명을 구한다. 또한 새로운 고속도로는 km당 더 안전한 것으로 예측되었는데 그 이유는 그것은 중앙분리대가 있는 고속도로일 것이기 때문이다. 새로운 고속도로상의 운행거리는 매년 3억 1,300만 km일 것으로 예상되었다. 이전의 교통공학 증거에 기초하여 분석가는 새로운 고속도로의 치명적인 사고율이 1/3 정도 낮아질 것으로 추정하였다. 따라서 새로운 고속도로는 더 안전해짐으로써 연간 3.0명(313vkm × 0.027vkm당 사망자 수 × 0.33)의 생명을 구할 수 있을 것으로 예상되었다. 이들 두 요소를 합치면 매년 6.5명의 생명이 구해지는 것을 시사한다.

무엇인가를 영향으로 처리하기 위해서는 분석가는 프로젝트의 어떤 물리적 결과와 이해관계를 가진 사람들의 효용간 인과관계가 있다는 것을 알아야 한다. 어떤 영향에 있어서는 예를 들어, 자동차 사용량과 자동차 사고 간의 인과관계와 같이 예상되는 원인-결과 관계가 비교적 잘 설정되어 있다. 그러나 다른 영향의 경우 인과관계가 덜 분명하다. 추가적인 자동차 사용으로 인한 자동차 배기가스가 주민들의 질병과 사망에 미치는 영향은 무엇인가? 이것은 비행기 운항 감소로 상쇄되나? 종종 그러한 인과관계를 입증하고 추정하기 위해서는 과학적, 사회과학적 연구에 대한 폭넓은 검토가 필요하다. 때때로 증거는 결정적이 아닐 수도 있다. 예를 들면 표백제를 사용한 펄프공장의 폐수에 들어 있는 유기염소 화합물이 야생동물에 미치는 영향을 둘러싼 논쟁이 있다. 스웨덴의 한 연구에서는 그러한 관련성을 찾아 냈지만 그 후에 캐나다의 연구에서는 아무 연관성도 찾지 못했다. 실제로 영향을 예측하는 것은 힘들고 논쟁적일 수 있다.

미래 기간에 걸쳐 영향을 예측하기 위해서는 분석가들은 종종 특정 성장률을 가정하고 그것을 미래의 전 기간에 적용한다. 그러나 어떤 영향들은 증가하거나 감소하는 비율로 증가할 수도 있다. 예를 들면 특정 연도에 구해지는 통계적 생명의 수는 보다 많은 운전자들이 더 안전한 노선을 이용하기 때문에 증가할 수 있을 뿐만 아니라 새로운 노선이 없을 때 기존 노선의 정체가 더 심각해져서 비례적으로 더 많은 사망사고를 초래하기 때문일 수도 있다. 비슷하게 고속도로 유지비용은 몇 년 동안은 비교적 일정하다가 그 이후 건설연도(수명)나 이용자 증가로 인해 증가할 수 있다.

프로젝트가 독특하고, 기간이 길거나 관련된 변수들 간의 관계가 복잡할 때 특히 예측이 어렵다. 단계 4와 5를 수행하는 것과 관련한 다양한 현실이 댐 건설에 대한 Kenneth Boulding의 시에 멋지게 요약되어 있는데 전시 1.1에 제시되어 있다. 그의 관점의 다수는 원인-결과 관계에 대한 오해나 무시, 그리고 추정의 정확성에 기인한 영향 범주의 누락을 다루고 있다. 그는 또한 비용과 편익의 분배적 영향에 대해서도 생각을 밝히고 있다.

전시 1.1 생태학적 의식의 발라드

댐 건설 비용은 항상 과소 추정되고,
강물로 인해 삼각주의 침식이 일어나며,
댐 아래에는 곧 약탈될 것같은 비옥한 토양이 있으며,
그리고 뿌리채 뽑힐 헝클어진 숲이 있네.

오래된 유령과 관습이 있는 문화가 해체되고,
좀처럼 접할 수 없는 교육 프로그램이 있으며,
좀처럼 즐기지 못하는 낭비되는 진보의 열매가 있네
도시에 거주하는 실업자가 된 추방된 생계형 농부들에 의해.

첫 번째 폭발 이후 실망스런 물고기 어획량이 있고,
토사가 쌓이고, 물이 줄어들고 유역이 침식되네
댐 위의 물은 순전한 증발로 없어지고
아래에서는 강물이 휩쓸려 위험한 변화를 겪네.

아무리 훌륭한 엔지니어라도 강이 토사가 될 수 있다는 사실을
조용히 망각할 죄를 범할 가능성이 높지만
관개 담당자 역시 땅에 부은 물이 젖을 가능성이 높다는 사실을 자주 망각하네.
호수의 물, 그리고 호수에서 방출되는 것은
감염된 달팽이와 수인성 질병이네
수위가 낮아지면 끔찍한 메뚜기 번식지가 있네
그리고 우리가 정말로 모르는 백만 가지 생태학적 사실이 있네.

물론 계산가능한 편익이 있지만
그것은 부유한 사람들의 주머니로 들어가는 경향이 있는 한편
비용은 가난한 사람들의 어깨에 떨어지기 쉽네
따라서 비용-편익분석은 거의 항상 확실하네
생태학적 진실은 초록 속에 남겨진 채

확고한 구체적 사실의 창조를 정당화하는 것임을.

-Kenneth E. Boulding

1.3.6 모든 영향을 화폐가치화(달러 가치 부여)할 것

다음으로 분석가는 각각의 모든 영향에 대해 화폐가치로 환산해야 한다. **화폐가치화한다**(monetize)는 것은 달러로 가치를 매긴다는 것을 의미한다. 이 예에서 분석가는 다음과 같은 범주의 절약되는 시간을 화폐가치화 했다. 즉 차량당 절약되는 여가시간(지역 내의 총임금의 25% × 평균 승객수) = 차량 운행시간당 $13.1; 차량당 절약되는 업무시간 = 차량 운행시간당 $23.5; 차량당 트럭 운전자의 절약시간 = 차량 운행시간당 $27.4이다. 교통과 의료 CBA에서 화폐가치화 해야 하는 가장 중요한 영향 가운데 하나가 구해지는 통계적 생명의 가치(VSL)이다. "통계적 생명"이라는 용어는 특정 개인의 생명에 대한 것이 아니라는 것을 의미하기 위해 사용되고 있다. 1986년에 수행된 이 **사전적(ex ante)** 연구에서 사용된 VSL은 그 당시의 문헌에 기초하여 2016년 달러 가치로 $978,685이었다. 대다수의 최근 연구에서는 VSL이 그것보다 훨씬 높다는 것을 시사하고 있는데 우리는 이를 17장에서 다루게 된다.

때때로 직관적으로 가장 중요한 영향들이 화폐로 가치를 매기는 것이 어렵다. CBA에서 편익의 가치는 보통 "지불의사액" 관점에서 측정된다. 우리가 3장에서 논의하겠지만 시장이 존재하고 제대로 작동하는 경우 지불의사액은 적절한 시장수요곡선으로부터 결정될 수 있다. 당연히 시장이 존재하지 않거나 제대로 작동하지 않는 경우 문제가 발생한다. 예를 들면 학자들은 적절한 VSL을 결정하려고 오랜 기간을 소비해 왔다. 특히 음의 환경영향의 가치를 매기는 것에 대해서는 논쟁이 많이 벌어진다. 실제로 대부분의 분석가들은 쓸데없이 시간을 낭비하는 대신 이전의 연구에 의존한다. 즉 그들은 가능하다면 모범적인 "플러그인" 값을 사용한다. 비록 영향값 목록이 포괄적이지는 않더라도 우리가 17장에서 보여주듯이 합리적인 플러그인을 만들어내는 데 상당한 진전이 있어 왔다.

만일 아무도 어떤 영향에 대해 지불할 의사가 없거나 그것을 피하기 위해 지불할 의사가 없다면 그 영향은 CBA에서 0의 가치를 가질 것이다. 예를 들어, 만일 댐의 건설로 인해 작은 물고기 종자가 멸종하게 되는데 이해관계가 있는 어느 누구도 그 종자를 구하기 위해 양의 금액을 지불하려 하지 않는다면 댐에 대한 CBA에서 이 물고기의 멸종은 0의 비용을 가질 것이다.

일부 정부기관과 CBA의 비평가들은 생명이나 또 다른 영향에 대해 화폐가치를 부여하려 하지 않는다. 이로 인해 그들은 **비용-효과분석**(cost-effectiveness analysis), **정성적 비용-편익분석**(qualitative cost-benefit analysis) 또는 **다목표 분석**(multi-goal analysis) 등과 같은 대안적 분석방법을 사용하려고 하는데 이것들은 3장에서 다루어진다.

1.3.7 현재가치를 얻기 위해 편익과 비용을 할인할 것

상당한 기간에 걸쳐 영향을 미치는 프로젝트의 경우 상이한 연도에 발생하는 편익과 비용을 합산할 방법이 필요하다. CBA에서는 **현재가치**(present value: PV)를 얻기 위해 미래의 편익과 비용은 현재의 편익과 비용에 비해 할인된다. 할인의 필요성은 주로 두 가지 이유 때문에 발생한다. 첫째, 프로젝트에 사용되는 자원은 **기회비용**(opprtunity cost)이 있다. 즉 그 자원은 다른 곳에서 양의 수익을 얻을 수 있었다. 둘째, 대부분의 사람들은 미래보다는 현재 소비하는 것을 선호한다. 비록 인플레이션의 영향은 고려되어야 하지만 할인은 인플레이션 자체와는 상관이 없다.

연도 t에 발생하는 비용이나 편익은 그것을 $(1+s)^t$로 나누어줌으로써 현재가치로 전환된다. 여기서 s는 사회적 할인율이다. 가령 프로젝트의 수명이 n년이고 B_t와 C_t는 각각 연도 t의 사회적 편익과 사회적 비용이라고 하자. 프로젝트의 사회적 편익의 현재가치 PV(B)와 사회적 비용의 현재가치 PV(C)는 각각 다음과 같다.

$$PV(B) = \sum_{t=0}^{n} \frac{B_t}{(1+s)^t} \tag{1.2}$$

$$PV(C) = \sum_{t=0}^{n} \frac{C_t}{(1+s)^t} \tag{1.3}$$

코퀴할라 고속도로 예에서 분석가는 실질(인플레이션 조정) 사회적 할인율로 7.5%를 사용하였다. 10장에서 다루겠지만 적절한 사회적 할인율의 선택은 논란이 될 수 있기 때문에 민감도분석의 훌륭한 후보가 된다. 정부 분석가들에게 사용되는 할인율은 대개 권한을 가진 정부기관(예를 들어 미국의 행정관리예산국(OMB), 또는 회계감사원(GAO) 또는 재무성이나 캐나다의 재무위원회)이 지시한다. 그러나 우리가 10장에서 보여주듯이 이들 할인율은 대개 너무 높다. 50년 이상 영향을 가지고 있지 않는 프로젝트(**세대 내(intra-generational)** 프로젝트)의 경우 우리는 실질 사회적 할인율로 3.5%를 권고한다. 만일 프로젝트가 **세대 간(inter-generational)**이라면 우리는 시간에 따라 감소하는 할인율을 권고한다.[14]

1.3.8 각 대안의 순현재가치를 계산할 것

이 장의 앞 부분에서 우리는 특정 프로젝트의 순 사회적 편익은 식 (1.1)과 같이 (증분) 사회적 편익과 (증분) 사회적 비용의 차이라고 했다. 정의상 특정 정책 대안의 **순현재가치**(net present value: NPV)는 (증분) 사회적 편익의 PV와 (증분) 사회적 비용의 PV 간의 차이이다.

$$NPV = PV(B) - PV(C) \tag{1.4}$$

따라서 특정 프로젝트나 정책의 NPV는 **(증분) 순 사회적 편익의 현재가치**와 같다.

$$NPV = PV(NSB) \tag{1.5}$$

(기존의 정책 대비) 단일 대안 프로젝트에 대한 기본적 의사결정 규칙은 단순하다. 즉 **만일 NPV가 양의 값이면 그 프로젝트를 채택하라**. 간단히 말해 분석가는 만일 제안된 프로젝트의 NPV = PV(B) − PV(C) > 0이면, 즉 그것의 (증분) 편익이 (증분) 비용을 능가하면 그것을 추진하라고 권고해야 한다.

$$PV(B) > PV(C)$$

기존의 정책 대비 분석될 대안이 하나 이상이고 모든 대안들은 상호배타적일 때 결정 규칙은, **NPV가 가장 큰 프로젝트를 선정하라**. 이 규칙은 적어도 하나의 NPV는 양의 값을 갖는다고 암묵적으로 가정하고 있다. 만일 어떤 대안의 NPV도 양의 값을 갖지 않는다면 명시된 대안 중 어느 것도 현재의 정책보다 우월하지 않으므로 그대로 유지되어야 한다.

1.3.9 민감도분석을 실시할 것

위에서 다루어진 PV와 NPV는 특정 가정에 기초한 **예측치**(predicted values)라는 것이 분명해야 한다. 그러나 앞에서의 논의에서 강조되었듯이 영향의 예측과 각 영향 단위에 대한 적절한 화폐가치 평가 모두 가정에 대한 불확실성이 존재할 것이다. 예를 들어, 분석가는 구해지는 생명 수의 예측치와 구해지는 통계적 생명에 부여하는 적절한 화폐가치에 대해 불확실할 수 있다. 또한 분석가는 적절한 사회적 할인율에 대해서도 불확실할 수 있다. 이러한 불확실성을 관리하기 위해 분석가는 민감도분석을 실시할 수 있는데 그것은 단지 하나의 대안만 있는 경우 "추진하라"로부터 "추진하지 마라"로, 또는 반대 방향으로 권고를 바꿀 파라미터의 값을 보여준다. 또한 분석가들은 예를 들어 "가장 그럴듯한", "낙관적", 그리고 "비관적" 가정과 같은 상이한 시나리오를 검토할 수도 있다. 혹은 우리가 11장에서 논의하겠지만 결정나무를 만들거나 몬테카를로 분석을 수행할 수도 있다. 목적은 추정된 NPV 분포에 대해 이해를 더 잘 하기 위해서이다.

1.3.10 권고할 것

가령 우리가 두가지 대안 A와 B를 가지고 있다고 하자. 그 중 하나는 현상유지 정책일 수도 있고, 아닐 수도 있다. 대안 A는 대안 B보다 예상 NPV가 더 크고, 위험은 더 작다(더 작은 분산). 이러한 상황에서 분석가는 명백하게 대안 A를 권고할 것이다. 그러나 가령 대안 A는 대안 B보다 예상 NPV는 더 크지만 더 큰 위험을 가지고 있다고 하자. 이 상황에서는 분석가가 어떤 것을 권고할지는 분명하지 않다. 분석가는 분석 결과를 제시하고 상충성을 지적하며 의사결정을 의사결정자에게 돌려야 한다고 생각할 수도 있다. 만일 그렇게 된다면 위험기피적인 의사결정자는 대안 B를 선택할 수도 있다. 그러나 우리가 12장에서 설명하겠지만 **분석가는 보통 사회가 위험중립적인 것처럼 행동할 수 있어서 가장 큰 예상 NPV를 갖는 대안을 추천해야 한다**.

사실 적절한 결정규칙에 대한 혼란이 존재한다. **내부수익률**(internal rate of return)과 **편익-비용 비율**(benefit-cost ratio)도 대안적 결정규칙으로 제안되어 왔다. 이것은 맞는 답과 틀린 답이 존재하는 하나의 영역이다. **사용해야 하는 적절한 기준은 NPV 규칙이다**. 3장과 9장에서 설명하겠지만 여타 규칙들은 종종 틀린 답을 주지만, NPV 규칙은 그렇지 않다.

NPV 기준은 **보다 효율적인** 자원 배분을 가져 오지만, 반드시 가장 효율적인 자원배분을 권고하는 것은 아닐 수 있는데 그 이유는 분석가가 가장 효율적인 배분을 실제로 고려하지 않았거나 예산 제약, 정치적 우려 또는 다른 이유로 인해 실현가능하지 않을 수 있기 때문이다. 이러한 점을 그림 1.1에서 볼 수 있다. 프로젝트의 규모에 의존하는 산출량(Q)에 따라 달라지는 제안된 프로젝트 집합을 생각해 보자. 각 규모에 따른 편익과 비용이 각각 함수 B(Q)와 C(Q)로 표시되고 있다. 편익은 규모가 증가함에 따라 증가하지만 증가율은 감소한다. 이와 대조적으로 비용은 계속 증가하는 비율로 증가한다. 소규모 프로젝트(예를 들어 Q_1)는 현상유지 프로젝트인 Q_0와 비교할 때 더 큰 양의 순편익을 갖는다. 규모가 증가함에 따라 적정 규모인 Q^*[15] 까지 순편익은 증가한다. 규모가 Q^* 이상으로 증가하면 순편익은 감소한다. 편익 곡선이 비용 곡선 위에 있는 한 순편익은 양의 값을 갖고, 비용 곡선과 편익 곡선이 교차할 때 순편익은 0이 되며, 그 이상 규모의 프로젝트는 음의 순편익을 갖는다.

가령 분석가는 실제로 산출량이 Q_1과 Q_2인 단지 두 대안 프로젝트만을 평가한다고 하자. 분명히 산출량 Q_2는 산출량 Q_1보다 선호되고, 또 이것은 현상유지 산출량인 Q_0보다 선호된다. 따라서 분석가는 Q_2를 권고할 것이다. 그러나 그림에서 볼 수 있듯이 순 사회적 편익은 산출량 Q^*에서 최대가 된다. 분석가는 이 적정 산출량 수준을 권고할 수 없는데 그 이유는 이것은 평가되는 대안 집합에 들어 있지 않기 때문이다. 이 예에서 볼 수 있듯이 NPV 기준을 사용하면 현상유지보다 더 효율적인 결과를 가져오지만 반드시 가장 효율적인 결과를 가져오는 것은 아니다.

그림 1.1 CBA는 보다 효율적인 자원배분을 추구한다

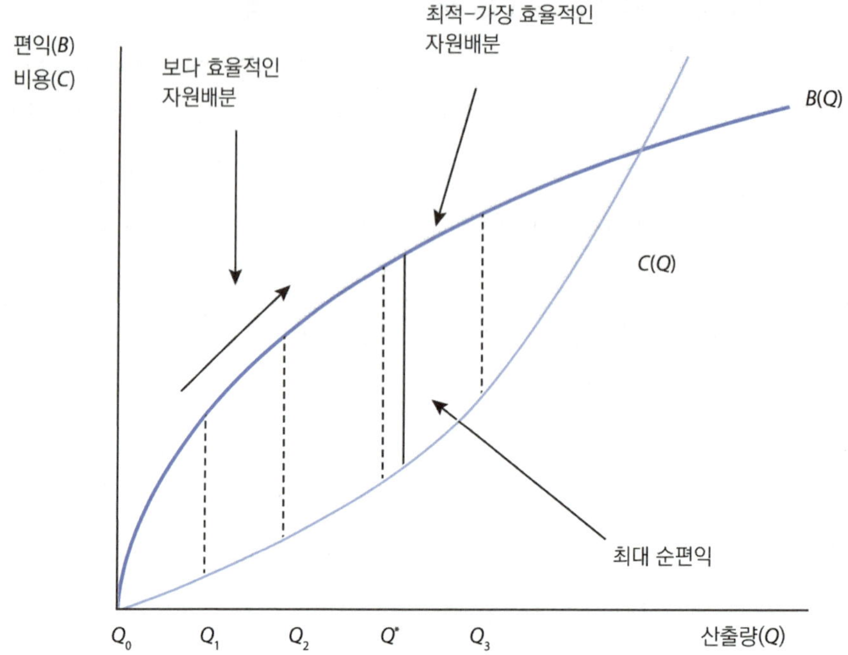

고속도로 예에서 4개의 대안 프로젝트 가운데 3개가 양의 예상 NPV를 가졌고 하나는 음의 예상 NPV를 가졌다. 마지막 대안은 브리티시 콜롬비아 주의 관점에서 현상유지를 하는 것이 더 효율적이 되어 고속도로를 건설하고 통행료를 받는 것보다 코퀴할라 고속도로를 건설하지 않는 것이 더 낫다는 것을 보여준다. 앞에서도 논의하였듯이 무료 대안들이 유료 대안들보다 더 우월하였다. 이 결과는 CBA가 지지할 수 있는 반직관적인 권고 가능성을 보여준다. 이 경우에 통행료는 유료 대안들의 예상 NPV를 낮추는데 왜냐하면 통행료로 인해 일부 사람들은 고속도로 이용을 단념하게 되고, 이에 따라 더 적은 사람들이 편익을 누리게 되어 총 편익이 감소한다.[16]

마지막으로 지금의 논의가 강조하듯이 분석가들은 거의 항상 결정이 아닌 권고를 한다. CBA는 어떻게 자원이 **배분되어야 하는지**와 관련이 있다. 그것은 **규범적**(normative)이다. CBA는 실제로 자원배분결정이 어떻게 되는지에 대한 **실증적**(positive)(즉, 서술적)

이론이라고 주장하지 않는다. 그러한 결정은 배분적 효율성과는 전적으로 일치하지 않는 목표를 가진 정치가들이나 관리자들이 있는 정치적 및 관료적 무대에서 이루어진다. CBA는 이러한 정치적 의사결정 과정에서 유일한 투입물로서 보다 효율적인 자원배분을 향한 시도이다. CBA가 항상 대안 간의 선택을 가져오는 것은 아니다. 정치가들은 종종 경제적 효율성 주장에 설득되지 않는다. 사실 코퀴할라 고속도로의 경우 비록 2008년에 통행료가 없어지기는 했지만 처음에는 유료 고속도로로 건설되었는데 주로 정치적 이유 때문이었다.

1.4 관료주의적 렌즈와 정치적 렌즈[17]

CBA는 자원이 어떻게 배분되어야 하는지와 연관이 있다. 그러나 실제로 관료나 정치가들이 분석을 수행할 때 그들은 “비용”과 “편익”을 달리 **보는** 경향이 있다. 그들 대부분은 CBA에 대한 정규 수업을 받지 않았다. 설령 그들이 CBA가 무엇인지 알고 있다고 생각하더라도 그들은 잘못 생각할 수 있다. 관료들의 역할은 그들이 생각하는 CBA의 실체와 의무에 강한 영향을 미친다. 구체적으로 말하면 “편익”과 “비용”의 구성에 대한 그들의 인식은 그들이 **분석가**(analysts)인지, **지출자**(spenders)인지, **후견인**(guardians)인지에 따라 다르다.[18] 이 꼬리표는 관료들이 프로젝트 평가에 도입하는 세 가지 상이한 관점(렌즈)을 보여준다. 우리는 분석가들의 관점이 표준적인 CBA로 가정하는데 우리가 지금까지 보여준 것이다. 후견인들과 지출자들은 꽤 다른 관점을 가지고 있다.

이 절에서는 두 관점에 대해 서술하고 그것들이 CBA와 어떻게 다른지 보여준다. 이를 통해 몇몇 의사결정자들이나 정치가들이 CBA에 대해 생각하는 것과 대비하여 실제로 CBA가 무엇인지를 분명히 하는 데 도움을 줄 수 있다. 또한 이 절에서는 CBA에서 일어나는 다수의 흔한 실수들을 식별하는데 이것들은 종종 개인의 배경과 경험에 따라 체계적으로 달라진다. 심지어 CBA 교육을 받은 사람들도 그들이 당면한 반복적인 관료 기능의 결과 잠재의식적으로 후견인이나 지출자가 원하는 쪽으로 그들의 방향성을 수정할 수도 있다. 만일 당신이 정부에서 일한다면 당신이 의식하지 못한 채 후견인이나 지출자 관점으로 빠져들지 않도록 확실히 해야 한다. 또한 이러한 관점의 차이를 이해함으로써 분석가들이 CBA를 적절히 수행하는 방법에 대해 후견인들과 지출자들과 더 잘 의사소통할 수 있기를 우리는 희망한다. 또한 후견인들과 지출자들이 그들이 가진 관점에 내재하는 "편의"에 대해 서로 더 잘 의사소통하는 데 도움이 될 수도 있다. 마지막으로 이 절을 통해 왜 프로젝트의 결정이 종종 CBA와 일치되지 않는지를 학생들이 더 잘 이해하는 데 도움이 된다. 종종 그 결정은 분석가들이 아니라 후견인들이나 지출자들이 한다.

이 세 렌즈는 전형적일 따름이다. 실제로 분석 또는 의사결정 과정에 관여하는 사람은 특정 렌즈와 연관된 모든 태도를 드러내지 않을 수도 있다. 어떤 관료들은 어떤 때는 특정 인지적 관점을 취하다가 또 다른 때는 상이한 관점을 취하여 모순적일 수도 있다. 계선기관의 후견인들은 인지적 불협화가 있기 쉬운데 그 이유는 그들은 이중적인 충성심을 가지고 있기 때문이다. 그들은 후견인, 지출자 또는 양쪽 모두로 방향이 바뀔 수 있기 때문이다. 하지만 실제로 대부분의 관료들은 그들의 성향을 인지하고 있다.

1.4.1 후견인들

후견인들은 미국 행정관리예산국(OMB)과 같은 중앙정부 예산기관이나 계선기관 내의 관리직 또는 회계 기능에서 쉽게 찾을 수 있다. 자연스럽게 그들은 최종 예산 결과에 대한 지향성을 갖는 경향이 있다. 종종 그들은 편익을 그들 기관이나 (동일 행정구역 수준에서의) 타 정부 금고로의 수입 유입과 동일시하고, 비용을 그들 기관이나 (동일 행정구역 수준에서의) 타 정부 금고로의 유출과 동일시한다. 따라서 그들은 **예산영향분석**(budget impact analysis)에 종사하게 되는데, 이것은 **자금운용분석**(cash-flow analysis) 또는 **수입-지출분석**(revenue-expenditure analysis)이라고도 부른다.[19] 후견인들은 CBA를 순진하고, 비현실적이며 지출자들이 그들이 원하는 것이 무엇이든 정당화시킬 수 있는 최악의 도구로 간주하는 경향이 있다.

"순수한" 주정부 기반 후견인들의 개념적 관점은 표 1.3에서 볼 수 있듯이 그들이 코퀴할라 고속도로의 비용과 편익을 보는 방식으로 설명된다. 무료와 유료 대안에 대한 이러한 평가는 표 1.2의 B열과 D열 각각에 나와 있는 분석가의 평가와 비교될 수 있다.

후견인들에게는 모든 통행료 수입은 행정구역(이 경우는 주) 주민들이 지불하든 타 주민들이 지불하든 모두 편익으로 간주된다. 건설비용은 주정부의 재정지출을 필요로 하기 때문에 비용으로 취급된다. 후견인들은 순 예산지출을 최소화하고자 하기 때문에 그들의 선호는 당연히 유료 대안이다. 확실히 그들의 착실한 반응은 이용수준에 대한 영향이나 사회적 편익에 대한 영향과 상관없이 보다 많은 수입을 창출할 수 있도록 통행료를 올리는 것을 고려하는 것이다.

후견인의 관점이 CBA 관점과 어떻게 다른가? 가장 중요하게는 후견인들은 시간 절약이나 구해지는 생명과 같이 소비자들과 생산자들이 가치를 매기는 영향을 무시한다. 이 예에서 그들은 무료 대안의 경우 751.8백만 달러, 유료 대안의 경우 581.9백만 달러에 달하는 사회적 편익을 무시하고 있는데 모두 주정부 시각에서 추정한 것이다. 후견인들이 정부 서비스를 관리할 때 사람들이 해당 서비스를 받기 위해 왜 그리 오랫동안 기다려야 하는지 이해하기가 쉽다. 당신의 시간이나 어느 누구의 시간도 그들의 계산에는 포함되지 않으니까! 이와 유사하게 후견인들은 혼잡과 오염과 같은 비정부적 사회적 비용도 무시하는 경향이 있다.

코퀴할라 고속도로의 예에서는 모든 사회적 비용은 정부의 예산비용을 나타내므로 CBA 비용 수치와 후견인들의 비용 수치 간에 차이가 없다. 그러나 다른 상황에서는 두 수치 간에 상당한 차이가 있을 수 있다. 예를 들면 후견인들은 고용창출 프로그램에서 노동의 전체 비용을 비용으로 취급하는 한편 CBA 분석가들은 (새롭게 고용된 근로자들의 여가 시간 상실과 같은) 기회비용만 고려한다. 동일한 오류에 대한 또 다른 징후는 사옥이나 토지와 같이 현재 정부가 소유한 자원의 취급과 연관된다. 후견인들은 이러한 자원을 공짜로 처리(즉, 기회비용이 없음)하는 경향이 있는데 그 이유는 프로젝트를 위해 이것들을 사용하는 데 추가적인 예산지출이 수반되지 않기 때문이다.

이와 유사하게 후견인들은 모든 통행료 수입을 편익으로 취급하고 주민들이 통행료를 지불하는 데서 겪는 손실은 무시한다. CBA 분석가의 관점에서는 이러한 통행료 지불은 주민들로부터 정부로의 이전이어서 비용과 편익을 상쇄하면 0의 순편익에 이르게 된다. 반면에 주정부의 후견인들은 연방정부로부터의 보조금은 편익으로 간주하는데 왜냐하면 그것은 그들 정부로의 수입 유입이기 때문이다. 그러나 만일 연방정부가 브리티시 콜롬비아주에 이전하기 위해 일정 금액을 배정했다면, 그리고 만일 특정 용도에 쓰

표 1.3 주정부 후견인 관점에서의 코퀴할라 고속도로(2016 100만 달러)

	무 료	유 료
수입("편익"):		
브리티시 콜롬비아 주민들로부터의 통행료 수입	0	219.4
타 주정부 주민들로부터의 통행료 수입	0	73.2
총"편익"	0	292.6
지출("비용"):		
건설	661.8	661.8
유지보수	14.9	14.9
통행료 징수		16.4
통행요금소 건설		0.6
총"비용"	676.6	693.7
후견인의 순"편익"	−676.6	−401.1

출처: Anthony Boardman, Aidan Vining, and W. G. Waters II, "Costs and Benefits through Bureaucratic Lenses: Example of a Highway Project," *Journal of Policy Analysis and Management*, 12(3), 1993, 532-55, table 2, p.539 재계산

이는 자금이 다른 용도로 이용가능한 자금의 규모를 줄인다면 이 고속도로에 대한 연방 자금은 주정부 관점에서 편익으로 간주되어서는 안 된다.

마지막으로, 후견인들은 보통 높은 사회적 할인율을 사용하기를 원한다. 그들의 재무적 배경이나 그들 기관의 문화로 인해 그들은 자연스럽게 금융시장 이자율을 사용하기를 선호하는데 이것은 대개 사회적 할인율보다 높다. 그들은 또한 높은 할인율을 사용하게 되면 대개 비용이 편익보다 먼저 발생하기 때문에 대부분의 사회기반시설 프로젝트들을 정당화시키는 것이 더 어렵게 된다는 것을 알고 있다. 따라서 그들이 생각하기에 편익을 과다 추정하고, 비용은 과소 추정하며 일반적으로 민간부문에 비해 돈을 덜 효율적으로 쓰는 지출자들을 규제할 수 있다.

1.4.2 지출자들

지출자들은 대개 서비스나 계선 부서에서 일한다. 교통과 같은 서비스 부서는 실물 프로젝트와 연관되는 한편 의료, 복지 또는 교육을 다루는 사회복지 부서는 인적자본 투자를 한다. 주거와 같은 또 다른 서비스 부서는 두 유형의 지출을 모두 한다. 지출자들의 관점은 후견인들의 관점보다 다소 더 다양한데 그 이유는 특정 기관의 고객층들이 더 다양하기 때문이다. 그럼에도 불구하고 주요 공통점들이 있다.

지출자들은 사회 내의 특정 집단에 정부가 권한을 부여한 서비스를 제공하는 경향이 있다. 그들은 그들의 목적이 이들 집단과 여타 사회 구성원들을 돕는 것으로 간주한다. 따라서 우리는 그들을 **유권자-지지 분석**(constituency-support analysis)에 종사하는 것으로 특징 짓는다. 가장 중요한 점은 지출자들은 유권자에 대한 정부지출을 비용이 아니라 편익으로 여기는 경향이 있다는 것이다. 따라서 그들은 일반적으로 노동(일자리)에 대한 지출을 비용이 아니라 편익으로 간주한다. "순수한" 주정부에 기반을 둔 지출자들의 개념적 관점은 코퀴할라 고속도로의 비용과 편익을 보는 방법을 통해 알 수 있는데 표 1.4에 나와 있다.

표 1.4 주정부 지출자 관점에서의 코퀴할라 고속도로(2016 백만 달러)

	무 료	유 료
유권자 "편익":		
프로젝트 비용(CBA로부터)	676.6	693.7
프로젝트 편익(CBA로부터)	751.8	655.1
총 유권자 "편익"	1,428.4	1,348.8
유권자 "비용":		
해당 주 주민으로부터의 통행료 징수액	0	219.4
총 유권자 "비용"	0	219.4
지출자의 "순편익"	1,428.4	1,129.4

출처: Anthony Boardman, Aidan Vining, and W. G. Waters II, "Costs and Benefits through Bureaucratic Lenses: Example of a Highway Project," *Journal of Policy Analysis and Management*, 12(3), 1993, 532-55, table 3, p.542 재계산

지출자들은 사회적 편익과 그들의 유권자들(이 예에서는 브리티시 콜롬비아 주민)이 받는 화폐 지불액은 편익으로 취급한다. 따라서 브리티시 콜롬비아 주민들의 시간 절약, 구해지는 생명, 차량 운행비용 절약 등은 편익이다. 그러나 그들은 고속도로를 건설하는 건설노동자들이 받는 임금도 편익으로 간주한다. 따라서 지출자들은 프로젝트의 편익과 프로젝트의 비용을 모두 편익으로 생각하는 경향이 있다. 이러한 종류의 계산 관점으로 인해 유료 및 무료 고속도로 대안들은 모두 순 유권자 편익을 가져온다. 일반적으로 지출자들은 현상(프로젝트 안 함)보다는 4개의 대안중 **어떤 것**이라도 지지하는 경향이 있다. 또한 지출자들은 사회적 비용을 편익으로 생각하는 경향이 있기 때문에 사회적 비용의 증분이 사회적 편익의 증분을 능가하는지 여부와 관계없이 부분적으로 완료된 프로젝트를 끝내고자 할 가능성이 있다. 이리하여 후견인들이 지출자들을 불신하는 것은 전적으로 이해할 수 있다. 후견인들과 지출자들은 사용료나 통행료가 있는 프로젝트의 대안적 서열 측면에서 거의 항상 서로 반대이다.

지출자들은 브리티시 콜롬비아 주민들(즉, 유권자들)의 화폐 지출은 비용으로 간주하므로 그들이 지불하는 통행료는 비용이다. 지출자들의 유권자들이 부담하는 또 다른 비용은 없다.

표 1.4는 지출자들이 무료 대안을 선호한다는 것을 보여 주는데 그 이유는 통행료가 그들의 유권자들에게 비용을 부과하기 때문이다. 사실 지출자들은 보통 지불자의 상당 비율이 비선거구민들이 아닌 한 어떠한 사용료도 찬성하지 않는다. 만일 지출자들이 통행료를 징수해서 그들 자신의 예산에 보유할 수 있다면 그들은 딜레마에 직면하게 된다. 즉 통행료는 유권자들의 편익을 감소시키지만 기관이 유권자들에게 서비스를 제공할 역량을 증가시킬 것이다. 따라서 그들은 유권자 지원 극대화와 기관의 예산 극대화 간 상충관계에 직면할 것이다.[20]

Robert Haveman과 다른 사람들이 지적하였듯이 일반적으로 정치가들은 편익이 특정 이해집단에 집중되고 비용은 감추어지거나 사람들에게 널리 퍼져 있는 프로젝트를 선호한다.[21] 지출자들도 유사한 성향을 가지고 있다. 그들은 유권자들이 영향과 그들 정부 기관 간 연계성의 강도에 따라 각 영향 범주에 가중치를 주는 경향이 있다. 그들은 유권자들이 큰 점수를 주는 영향에 집중한다. 사람들은 거의 항상 건설 일자리와 같이 그들 자신에 대한 지출에 관심을 기울이기 때문에 그러한 "편익"은 분산된 사회적 편익보

다 언제나 더 큰 가중치가 부여된다.[22]

시장 효율성과 관련한 지출자들의 관점은 그들이 CBA의 다양한 측면을 보는 관점과 관련이 있다. 지출자들에게 시장은 거의 항상 비효율적이다. 지출자들은 마치 모든 노동시장에서 실업이 많은 것처럼 행동한다. 그들은 정부 프로젝트에서 일하는 사람을 고용하면 실업이 줄어든다고 믿는다. 설령 몇몇 근로자들이 다른 직장에서 전환한다 할지라도 이 근로자들이 비운 일자리는 실업자에 의해 채워질 것이다. 따라서 설령 창출된 일자리가 직접 실업자에게 돌아가지 않더라도 결국 경제 내의 다른 어디에선가 실업자를 위한 일자리가 창출될 것이다. 프로젝트에 투입되는 자원이 일자리를 창출할 수 있는 여타 잠재적으로 생산적인 용도로부터 전용되는 것이라는 사실을 지출자들은 인식하지 못한다.

지출자들은 경제 전반에 대한 특정 프로젝트나 정책의 영향을 측정하는 **경제영향분석**(economic impact analysis)의 지지자들과 공통점이 많다. 그것은 올림픽, 가요제, 만국 박람회(예, 엑스포) 등등을 주최하는 것과 같이 돈이 많이 드는 "행사"를 정당화하기 위해 정치가들과 다른 사람들이 종종 사용하는 수단이다. 그러한 연구는 사회후생이 아니라 경제활동을 추정한다는 것을 인식하는 것이 중요하다. 경제영향분석은 **투입-산출 분석**(input-output analysis)을 이용한다. 이러한 분석은 종종 승수효과를 포함하는데, 그것은 부문간 상호의존성을 반영한다. 예를 들어 한 프로젝트에서는 스타디움에서 일할 건설노동자를 고용하고 그는 원하는 데 돈을 지출하며 그가 지불한 돈을 받는 사람들은 그 돈을 어딘가에 지출할 수 있다. 이러한 모든 지출은 경제활동을 증가시킨다. 극단적으로 "초지출자들"은 프로젝트 평가에 대한 "미다스의 손" 견해를 가지고 있다. 즉 먼저 지출(이것은 실제로 사회적 비용)이 "편익"이라고 선언하고 나서 이 편익을 승수로 늘린다. 예상한대로 이 지출자들은 어떤 정부 프로젝트도 비용보다 큰 편익을 창출하는 것으로 본다.

보통 지출자들은 낮은(심지어 0) 사회적 할인율을 사용하는 것을 선호한다. 그 이유는 어떤 사람들은 그들이 할인이라는 개념에 대해 익숙하지 않기 때문이다. 또 다른 사람들의 경우 그들은 낮은 할인율을 쓰면 프로젝트의 NPV를 높이고 이로 인해 그것이 채택될 확률을 높이는 경향이 있다는 것을 알기 때문이다. 지출자들이 그들의 프로젝트에 대한 지지를 만들어내는 다른 방법들은 형편없이 작동하는 반사실(counterfactual)(허수아

비)을 선택하거나 비용 예측을 지나치게 낮추거나 프로젝트의 사용량을 과다 추정하는 것들이다.[23]

1.5 CBA의 기원과 CBA에 대한 수요

1.5.1 기원

몇몇 학자들은 CBA의 기원을 **정치적 비용(Political Arithmetick)**의 저자인 Sir William Petty에게서 찾고 있는데 그는 1665년에 시민들을 전염병에 걸리지 않고 그들의 생명을 구하기 위해 영국 정부는 사람들을 런던 밖으로 이동시키는 데 돈을 써야 했었다고 주장했다. 영국 주민의 통계적 생명의 가치는 (그 당시에) 90파운드였고, 그들을 런던 밖으로 이동시켜 돌보는 것을 고려하고 나서도 지출되는 1파운드당 84파운드의 수익을 가져왔을 것이라고 그가 제시하였다. 의사이고 왕립협회의 창립 멤버인 Petty는 1676년에 정부는 더 나은 의료를 제공하기 위해 개입해야 한다고 주장했다.[24]

1.5.2 정부

미육군 공병단은 운하, 댐, 항구와 기타 수자원 사업을 고안하고 건설하였는데 그들이 CBA의 초기 사용자이며 개발자이었다. 1936년 홍수통제법은 미육군 공병단이 CBA를 수행할 것을 명백하게 요구하였다. 나중에 미국 연방 예산국의 1952년 안내문 A–47과 Otto Eckstein, John Krutilla 등의 학술 연구가 다른 영역에서의 CBA 사용을 조장하였다.[25] 1960년대 중반 당시 영국 교통부 장관인 Barbara Castle은 교통 프로젝트의 평가를 위해 CBA 사용을 촉진하였다. 1960년대 말에는 CBA가 전세계로 확산되었고 선진국과 개발도상 국가에서는 다수의 상이한 프로젝트에서 CBA가 사용되었다. 현재 다수 국가의 정부기관은 규제변동에 대해 CBA를 요구하고 있다. 현재 세계은행과 기타 다국적 개발은행은 모든 프로젝트의 평가에 CBA나 비용–효과분석을 요구하고 있다. 기타 실제 또는 잠재적 CBA 사용 대상에는 법원, 다양한 진보적 이해집단과 민간 회사

등이 포함된다.

미국에서는 행정명령에 의해 시간이 흐름에 따라 연방기관의 CBA 사용이 확대되어 왔다. Nixon, Ford, Carter 대통령들은 정부기관의 프로젝트 평가를 향상시키는 요건을 도입하였다. 가장 중요한 것은 1981년 초 발간된 행정명령 12291에서 Reagan 대통령은 주요 규제 발의 각각에 대해, 특히 비용, 편익과 이전으로 환산하여 경제에 연간 1억달러나 그 이상의 영향을 갖는 발의에 대해서는 행정부 기관이 **규제영향분석(regulatory impact analysis)**의 사용을 의무화하였다. (잘 집행되는 RIA는 특정 규제가 사회후생을 증가시키는지를 비용-편익분석을 통해 평가하고 이를 위해 표 1.1의 모든 단계를 다룬다.[26] 그러나 실제로 RIA는 종종 제대로 수행되지 않고 적절한 영향 모두를 화폐가치화하지도 않는다.[27]) 나중에 Clinton 대통령(1993년 행정명령 12866)은 RIA 수행규칙을 보다 명확히 규정하였고 예산관리국(OMB) 안에 정보규제 업무국(OIRA)을 만들었다. OMB는 기관들에게 지침을 제공하고 기관들의 RIA를 포함하여 개별 규제들을 점검한다. Obama 대통령은 두 개의 명령(2011년 행정명령 13563과 2012년 행정명령 13610)을 도입하였는데 이것들은 기존 규칙의 "소급적 분석", 즉 **중간(in medias res)** CBA를 촉진하는 데 중요하다.[28]

기업, 특히 소기업에 대한 규제 부담을 줄이기 위한 최근의 시도로서 Trump 대통령(2017년 행정명령 13771)은 새로운 규제를 도입하려고 하는 각 기관은 그것과 같거나 더 많은 **준수비용(compliance cost)**(사회적 비용이 아님)을 가진 두 규제의 폐지를 찾아낼 것을 의무화했다.

다수의 주요 선진국 정부기관들은 CBA 수행에 대한 포괄적인 안내서나 지침을 만들었다. 개별 기관들은 교통, 환경, 폐기물 처리와 같은 특정 정책분야에 초점을 맞추거나 사회적 할인율과 같은 특정 주제에 대한 안내서를 만들었다. 유럽연합 집행기관(EC), 세계은행과 미주개발은행(IDB)과 같은 국제기관들도 포괄적인 안내서나 특정 주제에 대한 안내서를 제공하고 있다. 몇몇 안내서들은 갱신되고 있으나, 다른 것들은 그렇지 않다.[29]

1.5.3 법원

재판정은 CBA와 CBA 방법론을 다양한 방법으로 사용한다. 아마도 가장 잘 알려진 예가 **엑슨 발데즈(Exxon Valdez)** 재난의 피해 산정에 있어서 CBA를 사용한 것이다. 환경 영향의 비용에 대한 정량적 가치평가는 조건부 가치평가 분석에 크게 의존했는데 이것은 CBA 방법론 중 하나로 16장에서 자세히 다루어진다. 재난이 발생한 여러 해 후에도 소송이 지속되었다.

또한 CBA는 독점금지의 경우에도 사용된다. 캐나다 경쟁법은 대개 합병이 "경쟁의 심각한 축소"를 초래한다면 제안된 합병을 허용하지 않는다. 그러나 수평적 합병의 경우 생산비용은 규모의 경제로 인해 하락할 수 있다. 한 고전 논문에서 Oliver Williamson은 "합병의 합리적 취급"은 두 가지 효과의 상충관계에 대한 분석을 필요로 한다고 주장했다.[30] 현재 캐나다 경쟁법 섹션 9b에서는 만일 합병 기업들의 효율성 이득이 잠재적 반경쟁 효과보다 크다면 경쟁 법원이 합병에 개입하는 것을 명시적으로 금지하고 있다. 사실상 이것은 합병이 배분적으로 효율적인지(즉 양의 순 사회적 편익을 갖는지) 여부를 결정할 것을 요구한다.

1.5.4 CBA, 지속가능성, 기업의 사회적 책임, 그리고 세 가지 핵심

요즈음 다수의 민간 기업들은 지속가능성이나 그들의 "**세 가지 핵심**(triple bottom line)"(즉, 그들의 사회적, 경제적, 환경적 영향)에 관심을 두고 있고 그러한 영향에 대해 더 투명해지고 있다. 더 오랜 기간 동안 회사들은 **기업의 사회적 책임**(corporate social responsibility: CSR)에 대해 관심을 가져 왔다. 이 용어들은 잘 정의되지 않고 상당히 중복된다. 기본적으로 그들은 기업들이 현재 사회의 구성원들과 미래 세대에 대한 영향을 고려한다는 것을 의미한다. 그러나 실제로 지속가능성이나 CSR에 대한 공통의 척도는 없다. 기업들은 그들의 온실가스 총량, 탄소와 기타 가스의 배출량 또는 재활용 노력을 측정하고 보고하거나 친환경인증제도(LEED) 빌딩 등급을 얻을 수도 있다. 상이한 기업들은 상이한 영향을 측정할 수도 있다. 그러나 지속가능성과 CSR의 기본 목표는 CBA와 유사하게 사회 전체의 후생을 증진시키는 것이다. 이러한 유사성으로 인해 일부 저자들은 기업들이 그들의 지속가능성 노력이나 CSR을 측정하기 위해 CBA를 사용해야 한다고 주장하기에 이르렀다.[31] 기업들은 연간 단위로 측정치를 보고하기보다는 특정 프로젝트를 분석할 가능성이 높지만 현재의 임기응변적 접근법보다는 일관된 일련의 원칙 적용이 필요할 것이다.

실제로 다수의 환경운동가들과 기타 진보집단들은 정서적이고 윤리적 바탕에서 주장하는 것을 선호하고 CBA를 수행하는 것을 망설인다. Richard Revesz와 Michael Livermore는 만일 그들이 "합리성을 단념"하지 않고 CBA를 수행한다면 더 효과적일 것이라고 주장한다. 저자들은 만일 우리가 진정으로 우리의 자연환경을 보호하기를 원한다면 이것이 필요하다고 주장한다.[32]

1.6 CBA를 수행하는 비용

정말로 매년 수천 건의 RIA가 수행된다. 어떤 RIA는 특별히 비용이 많이 들지 않는다. 예를 들어 Thomas Hopkins는 1992년에 가솔린에서 납 성분을 줄이는 것에 대한 CBA를 환경보호국(EPA)이 수행하는 데 대략 백만 달러가 든다고 보고했다.[33] 1980년대에 평균적으로 EPA는 1억 달러를 초과하는 연간 준수비용을 가진 프로젝트에 대한 CBA 각각에 대해 대략 70만 달러를 지출했다.[34] 실업자 지원 프로그램에 대한 대규모 평가에서 CBA는 한 구성요소인바, 전체 합계는 종종 수백만 달러에 이른다. 대규모이고 복잡하며 독특한 특성을 가진 프로젝트의 CBA는 특히 비용이 많이 들 수 있다.

1.6.1 이 책의 독자들

이 책은 학생이든 컨설턴트이든 또는 정부 분석가이든 주로 CBA를 수행하는 법을 알고자 하는 사람들을 위한 것이다. 이것은 또한 CBA를 해석하는 법을 알고자 하는 사람들, 다시 말하면 CBA의 의뢰인들을 위한 것이다. 의뢰인들은 두 가지 면에서 도움이 될 수 있다. 좁은 의미에서 의뢰인들은 특정 CBA가 잘 수행되었는지를 판단할 수 있도록 충분히 정보가 제공되어야 한다. 증거에 의하면 대규모 예산을 투입했는데도 미국 연방정부 기관들은 CBA를 잘 수행하는 데 어려움이 있다.[35] 이러한 사실은 분석 역량이 더 모자라고 예산도 더 적은 다른 정부들에게도 분명히 해당된다. 또한 의뢰인들은 결함이 있는 분석을 지지하는 것을 피하기 위해서도 충분한 정보를 갖는 것이 필요한 데 왜냐하면 분석적 오류를 지적하고 공개하는 감시기관과 외부 비평가들이 증가하는 추세이기 때문이다.

1.7 결론

이 장에서는 CBA에서 가장 중요한 이슈들에 대해 광범위하게 개략적으로 설명하고 있다. 우리는 다음의 장들에서 이 이슈들을 자세히 다룰 것이다. 이 시점에서 만일 당신이 CBA를 "어두운 유리를 통해서" 볼 수만 있다고 하더라도 걱정하지 마라. 만일 당신이 고속도로 분석을 완전히 이해하지 못한다고 하더라도 걱정하지 마라. 우리의 목적은 당신에게 실질적인 현실감을 주는 것이다. 우리는 전문적 이슈들을 다루기 전에 독자들에게 이러한 현실감을 제공하는 것이 중요하다고 생각한다.

종종 CBA를 정치적 현실과는 완전히 분리된 상태에서 가르친다. 우리는 이러한 실수를 피하기를 바란다. 정치가들, 특히 재정적 제약을 받고 있다고 느끼는 정치가들은 자주 CBA보다는 예산영향분석을 원한다. CBA는 정치적 및 관료적 의사결정자들이 실제로 어떻게 결정을 하는지를 묘사하는 것이 아니라 규범적 도구이다. 그것은 의사결정에 대한 투입물이다. CBA는 정치가, 지출자, 후견인, 이해집단의 요구를 무시하기 때문에 그것을 무시하거나 다양한 유권자들이나 이해집단의 욕구에 그것을 맞추려고 하는 엄청난 압력이 존재한다는 것은 놀랍지 않다. 실제로 올바른 CBA는 합리적 의사결정을 위한 표현일 뿐이다.

Notes

CHAPTER 1 연습문제

1. 가령 당신이 현재 사는 도시에서는 자전거를 타는 사람이 헬멧을 쓰는 것이 의무화되어 있지 않다고 하자. 더욱이 당신은 헬멧을 쓰지 않고 자전거 타는 것을 즐긴다고 하자.
   a. 당신 입장에서 자전거 타는 모든 사람들이 의무적으로 헬멧을 써야 하는 시 조례 제안의 주요 비용과 편익은 무엇인가?
   b. 사회적 관점에서 비용과 편익은 어떤 범주인가?

2. 수입 금귤에 대한 관세의 영향은 다음 범주로 나누어질 수 있다. 즉, 재무부의 관세수입(8백만 달러), 국내에서 금귤 생산 증가를 위한 자원 사용의 증가(6백만 달러), 국내 소비자들의 소비 감소의 가치(1천 3백만 달러), 국내 금귤 재배자들의 이윤 증가(4백만 달러) 등이다. 국가 관점에서의 CBA에 의하면 관세의 비용은 1천 9백만 달러-국내 생산 증가의 비용과 포기된 국내 소비의 합(6백만 달러+1천 3백만 달러)이다. 국내 금귤 재배자들의 이윤 증가와 재무부의 관세수입은 계속 소비하는 금귤에 대해 국내 소비자들이 지불하는 더 높은 가격을 반영할 따름이기 때문에 편익이나 비용으로 계산되지 않는다. 따라서 CBA는 관세를 채택하지 말 것을 권고할 것이다.
   a. 농무부는 금귤 재배자들을 주된 고객층으로 본다고 가정할 때 농무부가 지출자로 행동한다면 순편익은 어떻게 계산될 것인가?
   b. 재무부가 후견인으로 행동한다고 가정하고 국내 재배자들은 평균 20%의 세율로 이윤세를 지불해야 한다고 믿는다면 순편익은 어떻게 계산될 것인가?

3. (스프레드시트 사용을 권장함) 당신이 살고 있는 지방자치단체는 공립 수영장을 건설하는 것을 고려하고 있다. 분석가들은 수영장의 예상 사용연한에 걸친 다음과 같은 영향의 현재가치를 추정하였다.

	PV(백만 달러)
중앙정부 보조금	2.2
건설 및 유지비용	12.5
인건비	8.2
자치단체 주민들로부터의 수입	8.6
자치단체 외 주민들로부터의 수입	2.2
자치단체 주민들의 사용가치 편익	16.6
자치단체 외 주민들의 사용가치 편익	3.1
잔존가치	0.8

중앙정부 보조금은 오직 이 목적으로만 사용 가능하다. 또한 건설 및 유지는 자치단체가 아닌 기업이 수행해야 할 것이다.

a. 국가 차원의 관점을 가정할 때 프로젝트의 순 사회적 편익은 얼마인가?

b. 자치단체 수준의 관점을 가정할 때 프로젝트의 순 사회적 편익은 얼마인가?

c. 자치단체 예산부서의 후견인은 순편익을 어떻게 계산할 것인가?

d. 자치단체 레크리에이션 부서의 지출자는 순편익을 어떻게 계산할 것인가?

CHAPTER 2

비용-편익분석의 개념적 기초

CHAPTER 2

비용-편익분석의 개념적 기초

개인으로서 우리가 직면하는 대안적 행동 경로들을 그것의 비용과 편익면에서 생각해 보는 것은 자연스러워 보인다. 동일한 방법으로 공공정책 대안들을 평가하는 것이 적절한가? 1장에서 간략하게 제시된 고속도로의 CBA에서 분석가들이 비용과 편익을 측정할 때 일반적으로 직면하는 몇몇 실질적 어려움을 확인하였다. 설령 분석가들이 비용과 편익을 만족스럽게 측정할 수 있다 하더라도 그것들의 순편익만으로 대안들을 평가하는 것이 항상 적절하지 않을 수도 있다. CBA의 개념적 기초를 이해하는 것이 언제 CBA가 결정규칙으로 적절히 이용될 수 있고, 언제 그것이 유용하게 더 광범위한 분석의 일부가 될 수 있으며, 언제 그것이 이용되지 말아야 하는지를 결정하는 데 토대가 된다.

배분적 효율 또는 **파레토 효율**의 목표가 CBA의 개념적 기초를 제공해 준다. 이 장에서 우리는 파레토 효율을 비전문적으로 소개한다. 그리고 나서 우리는 이것과 **잠재적 파레토 효율**(potential Pareto efficiency)과의 관계를 설명하는데 이것이 실제로 CBA를 수행하는 데 실용적 토대를 제공한다. CBA에서의 파레토 효율과 잠재적 파레토 효율 역할에 대한 탐구를 통해 CBA를 다른 분석 도구와 구분짓는 토대를 제공한다. 또한 의사결정에 CBA의 사용을 반대하는 데 흔히 쓰이는 다양한 철학적 반발을 이해할 수 있는 기초를 제공한다.

2.1 효율을 측정하는 틀로서의 CBA

CBA는 정책 대안들의 상대적 효율성을 평가하는 틀을 제공하는 것으로 생각될 수 있다.[1] 우리는 다음 절에서 효율성에 대한 보다 더 공식적인 정의를 제시할 것이지만 그것은 자원이 만들어내는 재화와 서비스 측면에서 가장 높은 가치를 갖는 용도로 토지, 노동, 자본 등의 자원을 배치하는 상황으로 간주될 수 있다. 의사결정자들이 효율만을 고려하는 상황에서 CBA는 상이한 정책들 간에 직접 비교를 하는 방법을 제공한다. 심지어 효율성 외의 목표가 중요할 때에도 CBA는 대안 정책들의 상대적 효율성에 대한 정보를 제공해 주는 데 사용될 수 있는 척도 역할을 한다. 사실 분석가들은 효율성이 상대적 목표 중 하나가 아닌 상황은 거의 직면하지 않는다. 이러한 주장에 대한 비판적 평가를 하기 위해서는 효율성에 대한 보다 정교한 정의가 요구된다.

2.1.1 파레토 효율

파레토 효율(Pareto efficiency)이라 불리는 단순하고 직관적으로 매력적인 효율성 정의는 현대 후생경제학과 CBA의 기초가 된다. **만일 어떤 상이한 대안들도 어느 누구도 더 나빠지지 않게 하면서 적어도 한 사람을 더 나아지게 할 수 없다면 현재의 재화 배분은 파레토 효율적이다**. 따라서 만일 어느 누구도 더 나빠지지 않으면서 적어도 한 사람은 더 나아지게 만드는 대안적 배분을 찾을 수 있다면 현재의 재화 배분은 비효율적이다. 파레토 효율을 달성하기를 원하지 않는다면 악의적임에 틀림없을 것이다. 왜 다른 사람들에게 손실을 끼치지 않는 사람들이 이득을 포기하나?

그림 2.1은 두 사람 간에 정해진 규모의 돈을 배분하는 단순한 상황에서의 파레토 효율 개념을 보여주고 있다. 가령 두 사람은 만일 그들이 돈을 어떻게 나눌 것인지에 대해 동의한다면 총 100달러의 돈 중 얼마이든 받을 수 있고, 만일 동의하지 않는다면 25달러씩 받는다고 가정한다. 수직 축은 개인 1이 받는 돈의 규모를 측정하고 수평축은 개인 2가 받는 돈의 규모를 측정한다. 수직축에 100달러로 표시된 점은 개인 1이 100달러 전부를 갖는 결과를 나타낸다. 이와 유사하게 수평축에 100달러로 표시된 점은 개인

2가 100달러 전부를 갖는 결과를 나타낸다. 두 극단점을 연결한 선을 우리는 **잠재적 파레토 변경**(potential Pareto frontier)이라 부르는데 이것은 총 100달러를 두 사람 간에 배분하는 모든 가능한 집합을 나타낸다. 100달러 이하를 둘 사이에 나누게 되는 경우는 잠재적 파레토 변경과 두 축에 의해 형성된 삼각형 내부에 위치하게 된다. 그러한 점 중에 한 점이 ($25, $25)이다. 이 점은 100달러를 둘 사이에 나누는 데 동의하지 못하면 받게 될 액수라는 점에서 현재의 상황을 나타낸다. 각자가 적어도 현재의 상황과 같거나 그보다 더 많이 받게 되는 잠재적 파레토 변경의 일부를 **파레토 변경**(Pareto frontier)이라 부른다.

그림 2.1 파레토 효율

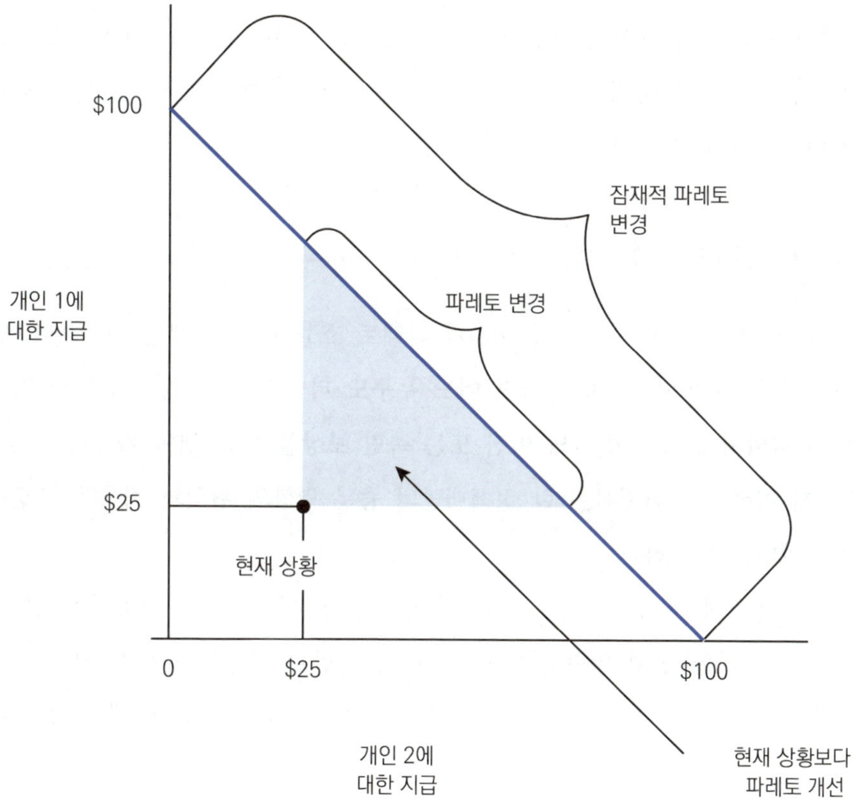

현상점을 통과하는 선들과 파레토 변경으로 둘러싸인 삼각형은 다른 사람을 나빠지지 않게 하면서 적어도 한 사람은 더 나아지게 하는 모든 대안적 배분을 나타낸다. 이러한 점들의 존재−즉 현상 대비 다른 사람을 더 나빠지게 하지 않으면서 적어도 한 사람은 더 나아지게 하는 실현가능한 배분들−는 현상이 파레토 효율적이 아니라는 것을 의미한다. 이들 점 가운데 어느 곳으로의 이동도 **파레토 개선**(Pareto improvement)이라 부른다. 잠재적 파레토 변경 상에 위치하지 않는 어떠한 파레토 개선도 추가적인 파레토 개선의 가능성을 가지고 있기 때문에 파레토 효율적인 배분이 아니다. 잠재적 파레토 변경 상에서만 다른 사람을 더 나빠지게 하지 않으면서 한 사람이 더 나아지도록 만드는 달성가능한 재배분이 불가능하다.

각자에게 최소한 25달러를 보장하는 잠재적 파레토 변경의 일부가 모두 현상 대비 파레토 효율적 배분을 나타낸다. 이들 각 점은 현상에 비해 파레토 개선이 되고 더 나은 개선 기회는 없다. 실질적인 파레토 개선을 나타내는 잠재적 파레토 변경의 일부는 현상점에 따라 달라진다. 다시 말하면 파레토 효율 개념에는 사회 구성원의 초기 출발 위치가 내재되어 있다. 나중에 CBA에 대한 비판을 논의할 때 잠재적 및 실제 파레토 변경 간의 차이의 중요성에 대해 다룰 것이다.

2.1.2 순편익과 파레토 효율

양(+)의 순 사회적 편익(이후로는 순편익)과 파레토 효율 간의 연계는 명백하다. **만일 어떤 정책이 양의 순편익을 가져 온다면 어느 누구도 더 나빠지지 않게 하면서 적어도 한 사람은 더 나아지게 하는 일련의 이전 또는 측면 보상을 찾는 것이 가능하다**. 이 연계를 완전하게 이해하기 위해서는 한 정책대안의 증분 영향의 편익과 비용을 측정하는 방법에 대한 반영이 필요하다.

평가를 위한 종합적인 지도 원리는 지불의사액(WTP)인데, 이것은 초래될 개인 소비의 모든 변화를 고려한 정책 영향을 얻기 위해 각 개인이 지불할 의사가 있는 금액이다. 그러나 실제로 영향을 정책에 의해 생성된 결과와 그것을 시행하는 데 필요한 투입물로 나누는 것이 관례적이고 편리하다. 그림 2.2에서 볼 수 있듯이 편익과 비용의 평가를 위해서, 정책 결과의 가치평가 방법으로는 WTP를 이용하고 정책 시행을 통한 결

그림 2.2 프로젝트 순편익의 분류

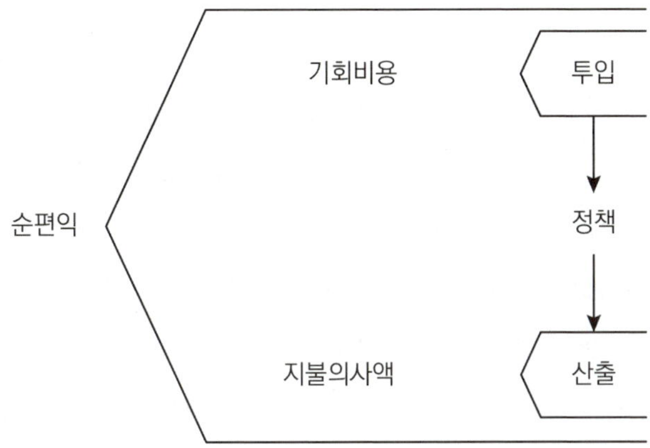

과를 얻기 위해 필요한 자원의 가치평가 방법으로는 기회비용을 이용하는 것이 요구된다. 우리는 3, 5, 6, 7장에서 시장교환 맥락에서 이 중요한 개념들을 더 자세히 전개하겠지만 간단한 소개는 순편익과 파레토 효율 간의 연계를 이해하는 데 기초가 된다.

지불의사액. 세 사람과 관련하여 산출물을 생산하는 정책 제안을 생각해 보자. 이 사람들은 산출물의 가치에 대한 평가를 정직하게 표출한다고 가정하자. 일련의 질문을 통해서 우리는 정책하에서 각자가 현재의 상황과 돈 거래가 이루어지는 정책 간에 무차별하도록 각자가 지불하거나 받아야 할 금액을 끌어낸다. 예를 들어 개인 1은 현상과 100달러를 지불하고 정책이 시행되는 것이 무차별하다고 정직하게 밝힌다고 가정하자. 이와 유사하게 개인 2는 현상과 200달러를 지불하고 정책이 시행되는 것이 무차별하다고 말할 수 있다. 이 값들이 정책에 대한 개인 1과 개인 2의 WTP이다. 개인 1, 2와는 달리 개인 3은 제안된 정책의 결과를 좋아하지 않아서 현상일 때와 똑같은 정도가 되기 위해서는 정책이 시행될 때 250달러를 받아야만 할 것이다. 이 수치의 음(−)의 값(−250달러)이 정책에 대한 개인 3의 WTP이다. 시행중인 정책은 개인 3으로부터 무엇인가를 가져가는 것이기 때문에 이 금액은 개인의 **수용의사액**(willingness to accept: WTA)이라 부른다.[2]

이 WTP 값의 산술적 합계가 정책 결과의 순편익의 적절한 척도이다. 이 예에서 WTP 총액은 개인 1과 2에게 발생한 300달러(100달러+200달러)의 편익과 개인 3에게 발생한 250달러의 비용(−250달러)으로 나눌 수 있다. 따라서 순편익은 양의 값이고 50달러이다. 만일 정책에 의해 영향받는 사람들이 이들 세 사람이고, 정책 수행에 필요로 하는 자원은 없다면 CBA 관점에서 50달러는 순편익의 적절한 척도일 것이다. 정책의 단순한 시행은 파레토 효율적이 못 되는데 그 이유는 현상유지 정책과 대비하여 개인 3은 더 나빠지기 때문이다. 그러나 우리는 그것이 파레토 효율적이 될 수 있도록 정책을 변경하는 것을 쉽게 상상할 수 있다. 예를 들어 정책의 일부로 개인 3이 개인 1로부터는 75달러를 받고 개인 2로부터는 175달러를 받는다고 상상해 보자. 이제 개인 1은 현상보다 더 낫고(100달러의 편익−개인 3에게 주는 75달러), 개인 2도 더 나아지며(200달러의 편익−개인 3에게 주는 175달러), 개인 3은 현상보다 나빠지지 않는다(정책에 의한 250달러 비용−개인 1과 2로부터의 보상 형태로의 250달러 편익). 요점은 만일 모든 관련자들의 지불의사액으로 측정된 특정 정책의 총 순편익이 양의 값이면 그 정책을 현상에 비해 파레토 개선으로 만드는 일련의 기부나 지불이 존재한다는 것이다.

기회비용. 정책을 시행하는 데에는 가치있는 다른 것을 생산하기 위해 사용될 수 있었을 몇몇 투입물의 사용이 필요하다. 예를 들어, 강을 가로지르는 교량을 건설하는 정책을 시행하기 위해서는 사람들에게 가치있는 다른 것을 생산하기 위해 사용될 수 있었을 노동, 강철, 콘크리트, 건설 장비, 토지의 사용을 필요로 한다. 기회비용은 정책을 시행하는 데 필요로 하는 투입물에 대한 달러 가치를 부여하기 위해 CBA에서 사용되는 개념이다. **특정 정책을 시행하기 위한 투입물 사용의 기회비용은 그것의 최상의 대안적 사용에 따른 가치이다**. 기회비용은 특정 정책을 시행하기 위한 투입물을 사용하기 위해 사회가 포기해야 하는 것의 가치를 측정한다.

정책에 대한 총 WTP가 50달러인 세 사람의 예로 돌아가자. 그 정책은 기회비용이 75달러인 투입물을 필요로 한다고 가정하자. 즉 만일 그 정책이 시행된다면 사회의 몇몇 다른 구성원들은 75달러의 가치가 있는 재화를 포기해야 할 것이다. 이 경우 정책은 세 사람이 75달러 가치의 재화를 포기해야 하는 사람들에게 보상을 허용할 만큼의 충분한 순편익을 창출하지 못한다. 즉 사회 전체적으로 순편익은 −25달러이다(세 사람의 순편익 50달러−나머지 사회의 기회비용 75달러). 따라서 해당 정책은 파레토 효율적이 될 수 없는데 왜냐하면 그것은 비용을 부담하는 모든 사람들에게 완전히 보상하기에 충분한 편익을 만들어내지 못하기 때문이다. 만일 기회비용이 75달러가 아니라 단지 20달러였다면 비용을 부담하는 모든 사람들에게 보상이 가능해져서 정책에 의해 아무도 더 나빠지지 않으면서 몇몇 사람들은 더 나아질 수 있다. 일반적으로 만일 특정 정책의 순편익이 양의 값이면 그것은 잠재적으로 파레토 개선이다.

2.2 의사결정을 위한 CBA의 이용

이제 순편익과 파레토 효율 간의 관계는 명확해졌다. **분석가들이 모든 영향을 지불의사액(또는 수용의사액)으로, 모든 필요한 투입물들을 기회비용으로 가치를 매기는 한 순편익의 부호는 비용을 부담하는 사람들에게 충분히 보상하여 아무도 더 나빠지지 않게 하고 적어도 한 사람은 더 나아지는 것이 가능한지 여부를 나타낸다**. 양의 순편익은 정책을 파레토 효율적으로 만들기 위한 보상 잠재력을 나타내고, 음의 순편익은 이러한 잠재력이 없다는 것을 나타낸다.

우리는 CBA에 대한 다음과 같은 결정규칙을 상상해 볼 수 있다. 즉 실제로 파레토 효율적인 정책만 채택하라. 환언하면 비용을 부담하는 모든 사람들에게 완전한 보상이 이루어진 후에도 양의 편익을 가져오는 정책들만 채택하여 적어도 한 사람의 승자가 존재하고 패자가 전혀 존재하지 않게 되는 것이다. 비록 이것이 개념적으로 매력적이지만 다음과 같은 몇 가지 이유로 그러한 규칙은 실제로 적용하기가 극히 어렵다. 첫째, 분석가들 입장에서 종종 시장에서 가격과 수량을 관찰하는 데서 추론될 수 있는 비용과 편익의 합계를 측정하기 위해서뿐만 아니라 각 개인의 비용과 편익을 측정하기 위한 엄청난 정보 부담을 분석가들에게 부여한다. 특히 후자는 일반적으로 CBA를 사용하는 것이 너무 비용이 많이 들게 만든다. 둘째, 개인 차원에서의 비용과 편익의 분배를 알게 되더라도 각 정부정책에 대해 실제로 구체적 이전을 하는 행정비용은 거의 확실하게 클 것이다. 셋째, 가구의 투자 및 근로행태를 왜곡시키지 않는 실용적 보상지불체계를 운용하는 것이 어렵다. 넷째, 모든 사람이 완전하게 보상되어야 한다는 요건으로 인해 사람들이 정책으로부터 받을 것으로 예상되는 비용을 과장하고 편익을 축소하는 방법을 찾으려는 강한 인센티브가 존재하게 되어 각 개인이 정책에 의해 생산된 산출물에 대해 얼마나 지불할 의사가 있는지를 추론하는 어려운 임무를 복잡하게 만든다. 이리하여 실제로 "실제의 파레토 효율성" 원칙은 양의 순편익을 가져오는 많은 정책들을 포기하고 부당한 보상을 추구하는 방향으로 많은 노력을 전환하는 결과를 초래한다.

2.2.1 잠재적 파레토 효율

CBA는 실제의 파레토 효율 규칙보다는 다소 덜 매력적이지만 훨씬 큰 실행가능성을 갖는 대안적 결정규칙을 활용한다. 그것은 **칼도-힉스 기준**(Kaldor-Hicks criterion)으로 알려진 것에 기초하고 있다. 즉, 만일 이득을 얻는 사람들이 손해를 보는 사람들에게 완전히 보상하고 나서도 계속 전보다 더 나은 상태가 될 수 있다면 그러한 정책은 채택되어야 한다.[3] 칼도-힉스 기준은 **잠재적 파레토 효율 규칙** 또는 보다 흔하게 **순편익 규칙**에 대한 토대를 제공해 준다. 즉, **양의 순편익을 갖는 정책만 채택할 것**. 순편익이 양의 값인 한 손해를 본 사람들이 보상을 받아 정책이 잠재적으로 파레토 개선이 될 수 있는 것이 가능하다. 그림 2.1에서 잠재적 파레토 변경상의 어떤 점도 잠재적 파레토 효율 규칙을 통과하지만 각자에게 최소한 25달러를 보장하는 잠재적 파레토 변경상의 점들(삼각형의 빗변)만 실제의 파레토 효율 규칙을 통과한다.

실제로 특정 정책이 효율성을 증가시키는지에 대한 평가는 그것이 **잠재적 파레토 개선**(potential Pareto improvement)을 제공하는지 여부에 달려 있다. 즉 정책이 충분한 순이득을 제공하여 모든 손해를 보는 사람들이 **보상될 수** 있는가? 잠재적 파레토 효율은 모든 잠재적 파레토 개선이 소진되었을 때만 달성된다.

실현 가능성 외에 잠재적 파레토 효율 규칙을 지지하는 데 종종 다음과 같은 정당성이 언급된다. 첫째, 항상 양의 순편익을 갖는 정책들을 선택함으로써 사회는 부의 총합을 극대화한다. 이것은 간접적으로 더 나빠진 사람들을 도와주는데 왜냐하면 더 부유한 사회는 가장 가난한 구성원들을 도울 수 있는 더 큰 역량을 갖기 때문이고, 만일 재분배가 정상재(즉, 다른 조건이 동일하다면 사람들은 그들의 부가 증가함에 따라 더 많은 양의 재화를 원함)라면 사회의 구성원들은 보다 큰 지원의사를 갖는다.[4] 둘째, 상이한 정책들은 상이한 승자와 패자 집합을 가질 가능성이 크다. 만일 이 규칙이 일관되게 정부활동에 적용된다면 비용과 편익은 사람들 간에 평준화되는 경향이 있어 각 개인은 전체 정책으로부터 양의 순편익을 얻을 가능성이 크다. 셋째, 이 장의 후반부에서 다루겠지만 이 규칙은 조직화되지 않은 이해관계자에게 생기는 비용과 편익에는 너무 작은 가중치를 주고 조직화된 집단에 생기는 비용과 편익에는 너무 큰 가중치를 주는 대의적 정치체제에서의 유인과 대조가 된다. 그것 때문에 공개 담론에서 그것의 사용은 파레토 비효율적인 정책이 채택될 기회를 감소시킬 수 있다. 넷째, 만일 부나 소득의 보다 균등한 분배가 중요한 목표라면 다수의 효율 증진 정책들이 채택되고 난 후에 이전을 통해서 직접적으로 그것을 다루는 것이 가능하다. 환언하면 적어도 이론상 재분배는 각 별개 프로그램에서의 "소매"가 아니라 단일 재분배 프로그램에서 "도매"로 달성될 수 있다.

2.2.2 현실에서의 결정규칙의 적용

만일 한 정책의 채택이 다른 정책의 비용과 편익에 영향을 미치지 않는다면 두 정책은 독립적인 것으로 생각될 수 있다. 모든 적절한 프로젝트들이 독립적일 때 CBA 결정규칙은 단순하다. 즉 **양의 순편익을 갖는 모든 정책들을 채택할 것**. 서로 도움이 되거나 방해가 될 수 있는 복수의 정책들이 개입되는 상황에서는 보다 일반적인 형태의 규칙이 적용된다. 즉 **순편익을 극대화하는 정책 조합을 선택할 것**. 물질적, 예산적, 기타 제약들은 실행가능한 정책조합을 제약할 수 있다.

표 2.1에 있는 프로젝트 목록을 보자. 비용과 편익은 현재가치로 표현되어 있다고 해석하면 그것들은 현재 소비의 달러 가치로 직접 비교될 수 있다. 프로젝트 C와 D는 서로 상승작용을 하는 것으로 보인다는 것을 주목할 것. 즉, 둘을 함께 채택하는 데 따른 순편익이 각각 독립적으로 채택하는 데 따른 순편익 합계를 능가한다. 만일 프로젝트 C는 저수지가 생성되는 댐이고 이것은 수력발전은 물론 여가로도 사용될 수 있고, D는 저수지로의 접근성을 증가시키는 도로와 같은 경우가 될 수 있다. 물론 프로젝트들은 서로 방해가 될 수도 있다. 예를 들면 댐의 건설은 하류의 여가선용 프로젝트의 편익을 감소시킬 수도 있다. 중요한 점은 프로젝트 간의 상호 영향을 결정하기 위해 주의가 기울여져서 총계로 가장 큰 순편익을 제공하는 프로젝트 조합이 손쉽게 인식될 수 있어야 한다는 것이다.

표 2.1 효율적 프로젝트의 선택과 순편익 대 편익-비용비율의 사용

	프로젝트 안 함 대비 비용(백만달러)	프로젝트 안 함 대비 편익(백만달러)	순편익(백만달러)	편익/비용
프로젝트 A	1	10	9	10
프로젝트 B	10	30	20	3
프로젝트 C	4	8	4	2
프로젝트 D	3	5	2	1.7
프로젝트 C와 D	7	21	14	3
프로젝트 E	10	8	−2	0.8

(1) 제약 없음: A와 B, 그리고 C와 D 조합 선택(순편익은 4천 3백만 달러).

(2) 모든 프로젝트들이 상호배타적: B를 선택(순편익은 2천만 달러).

(3) 총비용이 1천만 달러를 초과할 수 없음: A와 C와 D 조합 선택(순편익은 2천 3백만 달러).

출처: David L. Weimer and Aidan R. Vining, *Policy Analysis: Concepts and Practice*, 6th ed. (New York, NY: Routledge, 2017), 그림 16.2를 재작성

가령 우리가 어떤 프로젝트 조합도 선택할 수 있다고 하자. 그러면 우리는 양의 순편익을 갖는 모든 프로젝트, 즉 프로젝트 A, B와 C와 D 조합을 선택해야 한다.

이제 가령 정책들이 상호배타적이라 하자. 예를 들면 우리는 농지를 만들기 위해 늪을 말리고 동시에 야생동물 피난처로서 그것을 보존할 수는 없다. 모든 이용가능한 정책들이 상호배타적일 때 가장 큰 순편익을 갖는 프로젝트−순편익이 2천만 달러인 프로젝트 B−를 선택함으로써 효율성이 극대화된다. 그러나 모든 프로젝트들은 상호배타적인데, 단 C와 D는 상호 도움이 되는 이득을 얻기 위해 함께 건설될 수 있다고 가정하자. C와 D 조합을 별개의 프로젝트로 여기면 우리는 목록에 있는 모든 프로젝트들을 상호배타적이라 여길 수 있다. "순편익"이라 적힌 열을 보면 프로젝트 B가 계속 가장 큰 순편익을 가져오므로 선택되어야 하지만 C와 D 조합은 두 번째로 큰 순편익을 제공한다.

분석가들은 종종 **편익-비용비율**(benefit-cost ratio)로 프로그램들을 비교한다. 가장 큰 순편익을 가져오는 프로젝트 B가 가장 큰 편익−비용비율을 갖지 않는다는 것에 유의할 것. 프로젝트 A는 이 비율이 10인 반면 프로젝트 B는 이 비율이 단지 3이다. 그럼에

도 불구하고 프로젝트 B가 선택되어야 하는데 왜냐하면 그것이 프로젝트 A보다 더 큰 순편익을 가져오기 때문이다. 이 비교를 통해 고려대상인 프로젝트들이 상이한 규모를 가질 때(즉, 프로젝트 B는 A에 비해 매우 큰 비용을 가짐) 편익－비용비율이 선택과정을 혼란스럽게 할 수 있음을 보여준다. 더욱이 편익－비용비율은 음(－)의 WTP(수용의사액)가 편익에서 공제되느냐 또는 비용에 추가되느냐 여부에 민감하다. 예를 들어 프로젝트 B의 경우 1천만 달러의 비용이 기회비용이고 3천만 달러의 편익은 한 집단에게는 4천만 달러, 다른 집단에게는 -1천만 달러로 구성되어 있다고 가정하자. 음의 WTP를 음의 편익 대신 비용으로 취급하면 순편익은 변하지 않지만 편익－비용비율은 3에서 2로 낮아질 것이다. 따라서 편익－비용비율은 조작을 하기 쉽다. 이러한 이유들로 **우리는 정책들의 서열을 매길 때 분석가들은 편익-비용비율을 사용하는 것을 피하고 대신 순편익에 따를 것을 권고한다**.

표 2.1로 돌아가서 목록에 있는 비용은 기회비용과 정확히 일치하는 공공지출이고 목록에 있는 편익은 모든 프로젝트 영향에 대한 WTP 값으로 해석하기로 한다. 이제 물리적 차원에서 어떤 프로젝트도 상호배타적이 아니지만 총 공공지출(비용)은 정치적인 이유로 법적 구속력이 있는 예산제약으로 인해 1천만 달러를 초과할 수 없다고 가정하자. 만일 프로젝트 B가 선택된다면 예산제약 내에서 가능하고 순편익은 2천만 달러가 된다. 그 대신 만일 프로젝트 A와 프로젝트 C와 D 조합이 선택된다면 예산제약 내에서 가능하고 순편익은 2천 3백만 달러가 된다. 따라서 예산제약 하에서 프로젝트 A와 C와 D 조합을 선택할 때 순편익은 극대화된다.

2.3 지불의사액과 연관된 근본적 이슈들

정책의 효율성을 평가할 때 WTP를 편익의 척도로 해석하는 것과 관련하여 세 가지 근본적인 이슈들이 발생한다. 첫째, 개인들 간 지불의사액을 합계하는 데 있어서의 이론적 한계로 인해 순편익 기준이 완전히 만족스러운 정책 서열에 이르지 못할 가능성이 열려 있다. 둘째, WTP가 사회 내의 부의 분배에 의존하기 때문에 규범적 이슈가 발생한다. 셋째, 편익을 합계할 때 누구의 WTP를 포함할 것인가를 뜻하는 **이해 관계자**(standing) 문제와 관련해서 규범적 이슈가 발생한다.

2.3.1 사회적 우선순위에 대한 기초로서의 WTP의 이론적 한계

비록 효율적인 공공정책 선택을 위한 기초로 순편익을 사용하는 것이 직관적으로 매력적이지만 사회 구성원들의 지불의사액 합계를 통해서 이를 시행하게 되면 근본적인 이론적 한계에 봉착하게 된다. 즉 순편익의 크기로 정책의 서열을 매기는 것은 정책의 이행적 사회 우선순위를 보장하지 못한다.

이행적(transitive) 우선순위는 만일 X가 Y보다 선호되고, Y가 Z보다 선호된다면 X가 Z보다 선호되어야 한다. 이행성 논리는 매우 명확해서 보통 개인 선호에 있어서의 합리성 공리로 받아들여진다. 만일 어떤 사람이 자기는 오렌지보다 사과를 선호하고, 배보다 오렌지를 선호하지만 사과보다 배를 선호한다고 말한다면 우리는 틀림없이 그의 정신상태에 대해 회의적일 것이다. 이러한 이행성의 위배는 대안들 간 순환적이고 애매한 우선순위를 의미한다. 분명히 이행성은 어떠한 선호 우선순위에 대해서도 바람직한 속성이다.

만일 사회의 모든 구성원이 이행적 선호를 갖고 있다면 이러한 선호를 합하는 합리적인 절차가 항상 이행적인 사회 우선순위를 가져오나? 다음 예를 통해 답변은 아니오라는 것을 알 수 있다. 보편적인 합계 절차인 대안 쌍에 대한 다수결 투표를 생각해 보자. 사회는 세 사람으로 구성되어 있는데 표 2.2에서 보는 바와 같이 이들은 세 대안 X, Y, Z에 대한 선호를 가지고 있다. 구체적으로 투표자 1은 X > Y > Z의 선호를 가지고, 투표자 2는 Z > X > Y, 투표자 3은 Y > Z > X의 선호를 갖고 있다. 만일 투표자들이 매 투표 때마다 그들의 진정한 선호를 표현한다면 X와 Y 간의 선택에서 투표자 1과 2(다수)는 X에 투표할 것인데 왜냐하면 그들 각자는 그것을 Y보다 선호하기 때문이다. 이와 유사하게 Y와 Z 간의 선택에서 다수는 Y에 대해 투표한다. 그러나 X와 Z 간의 선택에서 다수는 Z에 대해 투표한다. 이리하여 암시된 사회적 우선순위는 비이행적인데 그 이유는 X가 Y보다 선호되고 Y가 Z보다 선호되지만 Z가 X보다 선호되기 때문이다.

표 2.2 쌍별 다수결투표하에서의 순환적 사회 선호

	투표자 1	투표자 2	투표자 3
첫 번째 선택	X	Z	Y
두 번째 선택	Y	X	Z
세 번째 선택	Z	Y	X

(1) 쌍별 투표 결과: X vs. Y, X가 이김; Y vs. Z, Y가 이김; X vs. Z, Z가 이김

(2) 암시된 사회 우선순위: X가 Y보다 선호됨, Y가 Z보다 선호되지만 Z가 X보다 선호됨

비이행적인 사회적 우선순위를 얻게 될 가능성은 대안들 간 서열을 정하기 위해 유독 쌍별 다수결투표를 사용할 때만 존재하나? 놀랍게도 그것은 특정 최소 요건을 충족시키는 사회적 우선순위를 매기는 어떠한 규칙에도 일어날 수 있다. 우리는 정책 대안들의 사회적 서열을 완전히 만족스럽게 도출하는 어떠한 규칙도 기대할 수 없다. CBA가 사회적 선택 규칙이므로 그것은 하나 또는 그 이상의 최소한의 요건을 충족시키지 못하거나 대안들의 비이행적 서열을 가져올 위험이 있다.

1951년에 케네스 애로우는 공정성 조건의 기본적 조합을 충족시키는 어떠한 **사회적 선택 규칙**(social choice rule)도 비이행적 사회 우선순위를 가져올 수 있다는 것을 증명하였다.[5] **애로우의 정리**(Arrow's theorem)는 둘 이상의 사람들이 셋 이상의 대안들 중에 한 정책을 골라야 하는 선택을 위한 어떠한 규칙에도 적용된다. 그것은 적어도 다음의 조건들을 만족시키는 제도가 공정한 것으로 간주되어야 한다는 것을 필요로 한다. 첫째, 각자는 가능한 정책 대안들에 대해서 어떠한 이행적 선호도 가질 수 있도록 허용된다(**비제약적 영역 공리**(axiom of unrestricted domain)). 둘째, 만일 한 대안이 두 번째 대안보다 만장일치로 선호된다면 선택 규칙은 두 번째 대안을 선택하지 않을 것이다(**파레토 선택 공리**(axiom of Pareto choice)). 셋째, 어떠한 두 대안 간의 서열은 다른 대안들이 이용가능하다는 것에 의해 영향 받아서는 안 된다(**독립성 공리**(axiom of independence)). 넷째, 규칙은 자기의 선호를 사회 우선순위로 강요하는 독재적 권력을 어떠한 사람에게도 허용해서는 안 된다(**비독재성 공리**(axiom of non-dictatorship)). 애로우의 정리는 (위의 네 가지 공리를 충족시키는) 어떠한 공정한 선택 규칙도 정책 대안들 간 이행적인 **사회 우선순위**를 보장하지 못한다는 것이다. 즉, A가 B보다 선호되고, B가 C보다 선호되지만

C가 A보다 선호되는 순환적 서열로 사회 우선순위가 비이행적이 되는 개인 선호가 가능하다는 것이다. 따라서 사회적 선택 규칙인 순편익 규칙이 공리중 하나를 위배하지 않는 한 정책의 이행적 사회 우선순위를 보장할 수 없다.

순편익 규칙을 수행할 때 WTP의 사용이 정책의 이행적인 사회적 우선순위를 가져오는 것을 확실하게 하기 위해 개인들이 지키도록 허용되는 선호에 비제약적 영역 공리를 위배한다는 몇몇 제약이 부여되어야 한다.[6] 흔히 경제 모형은 양의 값이지만 감소하는 한계효용-즉, 타 조건이 동일하다면 한 재화에 대한 소비 증가분은 효용을 증가시키지만 이전 증가보다는 작게 증가함-을 보이는 효용함수(선호 우선순위의 수량적 표현)에 의해 개인의 선호가 표현된다고 가정한다. 불행하게도 이 선호의 영역에 대한 상대적으로 약한 제약(그것은 그러한 효용함수에 의해 표현될 수 없는 선호는 제외시킴)이 WTP에 기반한 순편익 규칙이 **항상** 이행적인 사회 우선순위를 가져온다는 것을 보장하기에 충분치 않다. 보장을 하기 위해서는 두 가지 추가적인 제약이 요구된다. 즉, (1) 효용함수가 암시하는 개별 수요곡선이 개별 소득의 합계를 독립변수로 하는 시장수요곡선으로 더해질 수 있도록 하는 개인의 효용함수여야 하고, (2) 모든 개인들은 동일한 가격집합에 직면해야 한다.[7] 첫 번째 제약은 각 재화에 대한 각 개인의 수요는 소득이 증가함에 따라 선형으로 증가해야 하고 각 개인이 동일한 증가율을 가져야 한다는 점에서 꽤 강하다. 두 번째 제약은 일반적으로 모든 재화들이 시장에서 거래될 때 만족된다. 정책이 사람들에게 재화 수량은 배분하는데 사람들은 그것들을 시장에서 되팔 수 없을 때 위배될 수 있다.

순편익 기준을 시행할 때 WTP의 사용으로부터 이행적인 사회 우선순위를 보장하기 위하여 허용된 개인의 선호에 대한 제약이 필요하다는 것은 그것이 대안적 정책들의 상대적 효율성을 평가하는 불완전한 기준이라는 것을 분명히 한다.[8] 물론 분석가들은 개인 소비자들의 선호가 적절한 총수요함수의 존재와 일치하는 제약적 가정과 합치한다고 가정함으로써 이 이론적 문제를 피할 수 있다. 그렇지 않으면 분석가들은 정책들이 단지 한 재화의 가격에만 영향을 준다고 가정함으로써 그것을 피할 수 있다. 정말 다음의 5개 장에서 다루겠지만 WTP를 추정하고자 하는 분석가들은 보통 타 재화들에 대한 시장에서의 가격효과는 암묵적으로 무시하면서 단일 재화에 대한 총수요 또는 시장수요 곡선을 가지고 작업한다.

효율성 척도로서 이론적 불완전함에도 불구하고 WTP는 직관적으로 매력적이며 순편익 기준의 수행을 인도하는 실용적 개념이다. 그러나 다음에 다루겠지만 부의 분배에 대한 그것의 의존성은 그것의 사용에 대한 심각한 규범적 우려를 자아낸다.

2.3.2 부의 분배에 대한 WTP의 의존

바람직한 정책 효과를 얻기 위한 지불의사액은 개인이 가진 부가 클수록 더 큰 경향이 있다. 따라서 CBA의 편익 척도인 지불의사액 합계는 사람들이 가진 부의 수준에 의존한다. 만일 사회에서의 부의 분배가 변한다면 개인들의 지불의사액 합계도 변할 가능성이 있고, 이에 따라 순편익으로 표현된 대안적 정책들의 서열도 바뀔 가능성이 있다.

만일 채택된 정책에 의해 손해를 본 사람들이 **실제로** 보상을 받아서, 채택된 정책이 잠재적이 아닌 실제 파레토 개선을 달성한다면 부의 분배에 대한 순편익의 의존성은 개념상의 문제를 제기하지 않는다. 공리주의 관점에서 파레토 개선은 사회 내 개인들의 효용 합계가 증가하는 것을 보장한다. 그러나 잠재적 파레토 원리를 적용할 때 만일 상이한 수준의 부를 가진 사람들이 상이한 **화폐의 한계효용**을 가지고 있다면 채택된 정책으로 인해 실제로 효용 합계가 낮아지는 것이 가능하다.[9]

예로서 재산을 많이 가진 사람에게 10달러의 편익을 주고 재산을 적게 가진 사람에게 9달러의 비용을 안기는 어떤 정책을 생각해 보자. 만일 재산을 적게 가진 사람의 돈의 한계효용이 재산을 많이 가진 사람의 돈의 한계효용보다 크다면 재산을 적게 가진 사람의 효용 손실이 재산을 많이 가진 사람의 효용 이득을 능가하는 것이 가능하다. 이리하여 파레토 원리는 양의 순편익으로 정책에 따른 총효용의 증가를 보장함으로써 우리가 개인 간 효용 비교를 피하는 것이 가능하도록 하지만 잠재적 파레토 원리는 그렇지 않다.

부에 대한 WTP 의존성이 갖는 영향은 상이한 부를 소유한 집단에 비용과 편익이 집중되는 정책에 대한 잠재적 파레토 원리의 정당성을 약화시킨다는 것이다. 재산이 적은 집단에 비용이 집중된 양의 순편익을 가져오는 정책은 총효용을 증가시키지 못할 수도 있다. 더욱이 재산이 적은 집단에 편익이 집중된 음의 순편익을 가져오는 정책이 총효용을 감소시키지 않을 수도 있다. 그러나 만일 잠재적 파레토 원리가 일관되게 적용되고 채택된다면 정책들은 일관되게 패자나 승자를 발생시키지 않는다. 따라서 정책들을 모두 합한 전체 효과는 모든 사람들을 더 나아지게 하는 경향이 있다. 그리하여 총효용의 감소에 대한 우려는 근거가 없을 것이다.

종종 CBA의 비평가들은 파레토 효율 개념 자체의 타당성에 대해 의문을 가지는데 그 이유는 그것이 현재의 부의 분배상태에 의존하기 때문이다. 그림 2.1에서 볼 수 있듯이 만일 현재의 점의 위치가 변하면 파레토 변경의 위치도 변한다. 몇몇 사람들은 사회 내 모든 사람들의 효용, 부, 또는 소비를 상이한 재화 분배에 대해 서열을 매기는 지수로 전환시키는 사회후생함수의 형성을 지지해 왔다.[10] 분배 가치를 결합시키는 보다 광범위한 체계에서 효율적 정책은 사회후생함수의 값을 극대화하는 것이다. 그러나 사회는 어떻게 사회후생함수를 결정하나? 불행하게도 필요한 정보를 얻는 데 있어서의 실질적인 어려움은 물론 애로우의 정리는 어떠한 공정한 집단적 선택 절차를 통한 사회후생함수의 형성을 불가능하게 한다.[11] 실제로 그것은 분석가가 주관적으로 제공해야 한다.[12] 이 장 뒤에서 설명할 다목적 분석과 분배 가중치가 부여된 CBA에서와 같이 선택된 분배 기준과 효율성 모두로 정책들을 비교함으로써 분석가들의 주관적 분배값을 명백하게 하는 것이 대개 더 좋다고 우리는 믿는다. 하나의 대안으로 분석가들은 사회 전체에 대한 순편익 뿐만 아니라 부 또는 소득집단별 순편익도 발표할 수 있다.

2.3.3 이해관계자 가정에 대한 순편익의 의존성

누구의 WTP가 순편익을 합계할 때 포함되어야 하는지의 문제는 이해관계자 이슈로 알려져 있다.[13] 그것은 적어도 세 가지 맥락에서 현실적 중요성을 갖는다. 즉, 사회와 그 구성원의 행정구역 정의, 사회적으로 받아들일 수 없는 선호의 배제, 미래 세대 선호의 포함 등이다. 사회적 제약, 권리, 의무에 대한 인식은 종종 이해관계자 문제에 답을 하는 데 도움이 된다.

사회의 관할구역 정의. 사회에 대한 가장 포괄적인 정의는 그들이 어디에 사는지, 어떤 정부에 충성할 의무가 있는지와 상관없이 모든 사람들을 포함하는 것이다. UN이나 여타 국제기구에서 일하는 분석가들은 그러한 보편적, 세계적인 관점을 채택하는 것이 당연하다. 그러나 CBA의 목적상 대부분의 분석가들은 국가 차원으로 사회를 정의한다. 관할구역에 대한 이러한 제약의 근거는 한 나라의 국민들은 공식적으로든 비공식적으로든 집단적 선택을 위한 근본 가치와 규칙을 제시하는 공동의 헌법을 공유한다는 개념이다. 어떤 면에서 그들은 하나의 사회라는 것에 동의하고 다른 나라의 국민들은 그들을 별개의 정치적 조직체로 만드는 그들 자신만의 헌법을 가지고 있다는 것을 인식한다. 뿐만 아니라 이러한 규칙들은 자원과 재화가 배분되는 하나의 국가 경제를 형성하는 재정 및 금융정책을 포함한다.

전 세계와 국가 관할구역 간의 구별은 그 영향이 국경 밖으로 확산되는 정책의 평가에 의미가 있다. 예를 들어 만일 미국 분석가들이 사회에 대한 정의로 국가 수준의 관할구역을 채택한다면 그들은 미국에서 비롯되어 캐나다의 산성비를 악화시키는 오염을 회피하기 위한 캐나다 주민들의 지불의사액을 측정하려 하지 않을 것이다. 물론 캐나다의 산성비를 줄이기 위해 미국 국민들이 지불하고자 하는 금액은 실제로 측정하기가 매우 어렵기는 하지만 CBA에 포함되어야 한다.

1장에서 다룬 고속도로 예에서와 같이 지방정부에서도 유사한 이슈가 발생한다. 예를 들어 보면 한 시가 자전거 도로를 만들지 여부를 생각하고 있다고 하자. 국가 관점(나라 안 누구나 이해관계를 가지고 있음)에 따른 CBA 결과 그 프로젝트가 1백만 달러의 편익(이것은 모두 시의 주민들에게 발생)과 2백만 달러의 비용(이것도 역시 시 주민들이 부담)을 발생시켜 결과적으로 -1백만 달러의 순편익(혹은 1백만 달러의 순비용)이 예상된다고 가정하자. 그러나 또한 정부 간 보조금 프로그램을 통해 중앙정부는 이 프로젝트로 인해 초래된 2백만 달러의 비용을 되갚아준다고 가정하자. 시 주민들에게 이 보조금은 2백만 달러의 지역 비용을 상쇄시키는 2백만 달러의 편익으로 보인다. 이리하여 시의 관점에서는 자전거 도로는 1백만 달러의 순비용이 아니라 1백만 달러의 순편익을 유발한다.

시는 소속 주민들을 적절한 사회로 취급해야 하고 비거주민을 이해관계자로 취급해서는 안 된다고 주장할 수 있다. 시 정부는 소속 주민들의 후생을 촉진하기 위한 헌장을 가지고 있다. 시는 홀로 국가 정책에 영향을 미칠 수 있는 것이 상대적으로 거의 없다. 설령 해당 시는 중앙정부가 제공하는 모든 기회에 편승하지 않는다 하더라도 다른 시들은 그렇게 할 것이다. 더욱이 시의 관점을 채택하지 않고 그 대신 보다 광범위한 국가적 관점을 사용하는 분석가들은 영향력, 즉 시에 조언을 함으로써 밥벌이를 할 가능성을 잃을 위험에 빠진다.

그러나 지방 관점을 채택하게 되면 CBA는 공공정책에 대한 덜 가치있는 결정규칙이 된다. 우리는 **분석가들이 이상적으로 국가 관점에서 CBA를 수행해야 한다**고 믿는다.

관할구역 주민. 사회의 관할구역 정의에 대한 결정은 누가 관할구역의 구성원으로 인정되어야 하는지에 대한 다수의 질문 가능성을 열어 둔다. 예를 들어 거의 모든 분석가들은 해당 나라의 국민들은 그들이 어디에 살든지 이해관계를 가져야 한다는 데 동의한다. 해당국의 국민이 아닌 사람들에 대해서 대부분의 분석가들은 합법적으로 그 나라 안에 살고 있는 사람들은 이해관계가 있을 것으로 보고 있다. 다른 범주 사람들의 이해관계 보유 여부에 대해서는 의견의 일치가 존재하지 않는다. 즉, 불법체류자에게 이해관계를 부여해야 하나? 불법체류자들의 자녀는 어떤가?

이러한 유형의 질문에 답하기 위한 한가지 지침 자료는 법적으로 정의된 권리 체계이다.[14] 예를 들어 불법체류자의 자녀들은 공공자금으로 운영되는 교육을 받을 권리가 있다는 법원의 판결은 분석가들이 CBA에서 이 아이들에게 이해관계를 부여한다는 것을 암시한다. 그러나 이해관계 보유 여부를 결정하기 위하여 법적으로 정의된 권리에 의존하는 것이 항상 도덕적으로 수용가능한 것은 아니다. CBA에서 미국 남북전쟁 전의 노예들, 남아프리카 인종차별정책하에서의 비백인, 나치 독일 하에서의 유대인들이 법적 권리가 없다는 이유로 이해관계를 거부하는 것은 옳지 않을 것이다. 따라서 법적 권리만으로는 CBA에서 이해관계자 이슈를 완전히 해결할 수 없다. 그것은 추정을 제공하지만 분석가들이 때때로 도전할 윤리적 책임을 가질 수 있는 것이다. 보통 민주주의 체제는 그러한 추정에 도전할 수 있는 방법을 제공하지만 종종 개별 분석가들에게는 사적 비용이 따른다.

구성원에 대한 또 다른 이슈에 대해 간략히 언급하면 다음과 같다. CBA는 인간중심주의적이다. **사람들의 WTP만 계산한다**. 식물이나 동물은 이해관계를 가지고 있지 않다. 이것은 그것들의 "권리"를 대리하지 않는다고 말하는 것이 아니다. 많은 사람들은 특정 종자를 보존하기 위해 지불할 의사가 있고, 몇몇 사람들은 심지어 개별 동물이나 식물을 보존하기 위해 지불할 의사가 있다. 13장에서 다루겠지만 CBA 구조 내에서 이러한 WTP 금액을 고려하는 것이 개념적으로 옳지만 그것을 효율적으로 수행하는 것은 종종 우리의 분석 역량 밖이다.

사회적으로 받아들일 수 없는 선호의 배제. 때때로 사람들은 널리 지지받는 처벌을 통해 사회가 억누르려고 하는 선호를 가지고 있다. 예를 들어, 일부 개인이 아동 대상

성범죄를 위해 경제적 대가를 지불할 의향이 있을 수 있지만, 대부분의 국가는 강력한 법적 제재를 통해 사회적으로 용납될 수 없는 그러한 행위가 발생하지 않도록 억제한다. 그렇게 사회적으로 받아들일 수 없는 선호에 CBA에서는 이해관계를 부여해야 하나? 상식적으로 대답은 '아니오'라야 한다. 개념적으로 이 질문에 답하는 한 가지 접근법은 사회적 가치에 대한 지침의 원천으로서 법적 권리에 의무와 금지를 추가하는 것이다. 분석가가 CBA에서 물리적 및 예산 제약을 고려하는 것과 같이 그것들은 함께 고려되어야 하는 사회적 제약으로 생각될 수 있다.[15] 명확하고 널리 수용되는 처벌이 이해관계를 부여해서는 안 될 선호를 식별하는 데 도움이 될 수 있다.

사회 내 범죄행위의 총량을 줄이고자 하는 정책의 순편익을 추정하는 데 중요한 적용을 할 수 있다. 초기의 적용에서는 범죄에 따른 금전적 수익의 감소를 범죄자가 부담하는 비용으로 계산하여 범죄의 희생자들이 누리는 범죄 행위 감소 편익과 상쇄시켰다.[16] 그러나 범죄로부터의 수익은 불법적이고 나쁜 것으로 널리 여겨지므로 사회적 제약 관점에서는 이러한 방식으로 그것들을 취급하는데 대해 반대 입장을 취한다.

미래 세대 선호의 포함. 핵폐기물의 처리나 습지의 보존과 같이 오늘 채택되는 몇몇 정책은 아직 태어나지 않은 사람들에게 영향을 줄 수 있다. 이들이 CBA에서 이해관계를 가져야 한다는 것을 우리는 믿지만 그들의 WTP를 직접적으로 측정할 방법이 없는데 왜냐하면 그들은 아직 여기에 있지 않기 때문에 WTP를 표현할 수 없다.[18] 이것이 CBA에 얼마나 심각한 문제를 제기하나?

정책효과에 대한 미래 세대의 지불의사액의 직접적 척도 부재는 다음의 두 가지 이유로 인해 대부분의 경우 심각하지 않을 수 있다. 첫째, 아주 먼 미래에만 영향이 나타나는 정책은 별로 없으므로 현재 살아있는 사람들의 지불의사액은 미래 세대가 어떻게 가치를 매기는지를 예측하는 데 사용될 수 있다. 둘째, 현재 살아있는 대부분의 사람들이 그들 자녀, 손주, 그리고 증손자들의 복지를 걱정하므로 그들이 이미 태어났든 아니든 상관없이 그들 자신의 영향 평가에 다소 이들 세대의 이해관계를 포함시킬 가능성이 있다. 참으로 사람들은 그들의 미래 자식들이 사회에서 점할 위치를 확실히 예측할 수 없기 때문에 그들은 미래의 영향에 대해 매우 광범위한 견해를 택할 것 같다.

10장과 13장에서 우리가 사회적 할인율과 존재가치에 대해 다룰 때 미래 세대의 이해관계 문제로 돌아간다.

2.4 정치적 과정에서의 CBA의 역할에 대한 우려

CBA에 대해 가장 강력한 비난을 하는 사람들은 그것이 민주주의적 가치를 전복시킨다는 것을 두려워한다. 몇몇 사람들은 영향의 화폐가치화를 모든 것에 가격을 부여하는 세속적인 시도라고 본다. 비록 이러한 두려움은 대개 근거가 없지만 CBA의 지지자들이 명확하게 고려할 가치가 있다.

2.4.1 CBA는 공적 담론 면에서 질을 하락시키나?

모든 정책 영향을 달러로 가치 매기기 위해 CBA에서 행한 노력에 대해 많은 반대가 제기되어 왔다. 즉, 예를 들어 생명과 같이 보통 시장에서 거래되지 않는 재화에 가격을 매기는 것은 그것들이 시장에서 거래되는 재화와 비교될 수 있다는 것을 암시함으로써 그것의 인지된 가치를 감소시키고, 그러한 재화에 가격을 매기는 것은 그것이 어떤 상황에서도 판매되어서는 안 된다는 주장을 약화시킴으로써 그것의 인지된 가치를 감소시키며, 모든 재화에 가격을 매기는 것은 어떤 재화는 "값을 매길 수 없다"는 주장을 약화시킨다.[19] 사람들이 사용하는 언어와 개념적 구조는 거의 확실하게 어느 정도는 논쟁의 본질에 영향을 미친다. 그러나 경제학의 전문적 개념이 실제로 공적 담론 형성에 얼마나 영향을 미치는지는 분명하지 않다. 아무튼 비시장재화가 어떻게 화폐가치화되는지에 대한 올바른 해석은 CBA가 공적 담론의 질을 떨어뜨린다는 비난을 크게 약화시킨다.

생명의 가치에 대한 화폐가치화 이슈에 대해 생각해 보자. 외견상으로 경제학자들은 누군가의 생명에 가격을 부여할 수 있다는 것을 암시하는 것으로 보일 수도 있다. 15장과 17장에서 다루겠지만 자세히 살펴보면 경제학자들이 추정하는 생명의 가치는 돈이나 가치있는 다른 무엇과 사망 위험 간의 절충관계를 포함한 의사결정에 있어서 사람들이 그들 자신의 생명에 부여하는 잠재가치에 기초한다는 것을 알 수 있다. 따라서 이것은 인구에서 1명의 사망을 줄이는 위험 기피에 대한 WTP인 **통계적 생명**의 가치이다. 비록 특정 개인의 생명에 달러 가치를 부여하는 것은 적절치 않을 수 있더라도 사람들이 직면하는 사망 위험을 변하게 하는 제안된 정책을 평가하는 데 통계적 생명의 가치를 사용하는 것은 적절하다.

전시 2.1

재산은 행복을 가져오나? 여러 국가 내에서 수행된 서베이에 의하면 부유한 사람들(예를 들면, 소득분배상 상위 1/4에 속하는 사람들)은 평균적으로 더 가난한 사람들(예를 들면, 소득분배의 하위 1/4에 속하는 사람들)보다 더 행복한 것으로 발표된다. 그러나 만일 시간에 걸쳐 이들 집단 중 어느 한쪽을 보면 경제성장이 그들을 더 부유하게 만든다는 사실에도 불구하고 행복의 절대적 수준은 거의 일정하다는 것을 발견하게 된다. 이와 유사하게 국가 간 부유한(또는 가난한) 사람들의 행복을 비교하면 국가 간 부의 전체 규모에서의 상당한 차이에도 불구하고 일반적으로 비슷한 수준의 행복을 보여준다. 이 수수께끼를 무엇으로 설명하나? Richard Layard는 사회가 더 부유해짐에 따라 사람들이 그들 자신의 상황을 비교하는 기준이 상향 이동하는 두 가지 심리적 영향을 제시한다. 즉, 습관화와 경쟁의식이다. 습관화는 우리가 가지고 있는 것에 익숙해지는 것과 관련이 있다. 습득에 의해 처음에 갖는 행복감은 우리가 그 재화를 소유하는 것에 익숙해짐에 따라 사라진다. 경쟁의식은 준거집단에 있는 사람들과 자기의 상황을 비교하는 것과 관련된다. 행복은 본인의 상대적 위치에 의존한다.

이러한 현상으로 인해 소득의 변동을 행복 합계의 변동으로 해석하는 데 우려가 생긴다. 모든 사람의 소득을 증가시킨 정책은 확실히 순편익 테스트를 통과한다. 그러나 극단적인 습관화로 인해 모든 사람이 초기의 효용 수준으로 빠르게 돌아가거나 극단적인 경쟁의식으로 인해 아무도 상대적 위치가 변동되지 않았기 때문에 효용 이득은 없게 되는 결과가 될 수 있다.

출처: Richard Layard, "Happiness: Has Social Science a clue?" Lionel Robbins Memorial Lectures, London School of Economics, Lecture 1: Income and Happiness: Rethinking Economic Policy, 2003년 3월 3, 4, 5일에서 발췌함

매일 사람들은 자발적으로 사망 위험의 변동과 다른 가치 간의 상충관계에 직면한다. 시간 절약을 위해 더 빨리 운전하면 치명적인 교통사고를 당할 위험이 증가한다. 지방 식품을 먹는 것은 치명적인 심장병 위험을 증가시킨다. 스키 타는 것은 아주 신나지만 치명적인 부상 위험이 존재한다. 공공정책의 영향을 평가하는 데 있어서 이러한 선호를

고려하는 것이 부적절한가? 대부분의 경제학자들은 '아니오'라고 답할 것이다. 통계적 생명의 가치를 평가하는 것은 특정인의 포기된 미래 소득을 추정함으로써 그에 대해 달러 가치를 부여하려고 시도하는 것(부당한 사망의 경우 종종 법정에서 이용하는 절차)보다 오히려 덜 문제가 있어 보인다.

2.4.2 CBA는 민주주의를 훼손시키나?

일부 CBA 비평가들은 공공정책의 평가를 할 때 그것이 단일 목표인 효율성을 부여함으로써 민주주의를 훼손한다고 비난한다. 만일 공공정책이 모든 이해관계에 동일한 가중치를 부여하는 민주적 절차에 의해서만 결정되는 세상과 공공정책이 엄격하게 CBA의 적용을 통하여 결정되는 세상 간의 적절한 비교가 이루어진다면 그들의 주장은 정당화될 것이다. 그러나 이것은 다음의 두가지 이유로 부적절한 비교이다. 첫째, 실제 정부절차는 "이상적인 민주주의"와 거리가 멀다. 둘째, CBA는 공공정책 의사결정에 알맞은 정도의 영향만 가지고 있다.[20]

집중된 편익의 획득이나 집중된 비용의 회피를 예상하여 스스로 집단화할 수 있는 목소리 큰 유권자들의 이해관계는 대의정치제도에서 재선되거나 고위직으로 승진하고자 하는 사람들의 큰 주목을 받는다. 목소리가 작은 유권자들은 대개 그들의 이해관계를 잘 반영하지 못한다. 목소리가 작은 유권자들 다수의 이해관계는 종종 CBA에서 더 잘 반영된다. 예를 들어 CBA는 소수의 잘 조직된 농업 생산자들의 편익을 위해 가격을 인상시키는 정부의 가격지지 프로그램 때문에 개인적으로는 작지만 총계로는 큰 소비자들의 비용 부담을 감안한다. 그러나 CBA는 공공정책에 대한 결정적인 결정규칙으로의 역할은 거의 하지 않는다. 중요한 공공정책이 **오로지** CBA에 근거하여 선택되는 것을 발견하기가 어렵다.

대의 민주주의와 현재의 CBA의 영향을 현실적으로 평가하면 후자가 전자를 전복시킨다는 우려를 누그러뜨려야 한다. CBA가 영향력이 있는 정도로 그것은 아마도 대의 민주주의에서 보통 작게 표현되는 이해관계를 확산시키는 데 관심을 끌어들임으로써 보다 민주적인 공공정책에 기여할 것 같다. 민주주의적 절차를 약화시키는 것으로 간주될 수 있기 전에 CBA는 보다 더 영향력이 커져야만 할 것이다. 이 책의 독자들이 CBA

가 보다 널리 사용되게 하는 데 도움이 될 것이라는 우리의 희망에도 불구하고 가까운 미래에 그것이 너무 영향력이 클 것이라는 것에 대해서 걱정하지 않는다.

2.5 CBA의 한계: 다른 분석 방법들

분석가들은 CBA의 한계를 인식하는 것이 중요하다. 두 가지 형태의 상황이 순편익 기준이 공공정책에 대한 부적절한 결정규칙이 되게 한다. 첫째, 기술적 한계로 인해 모든 관련된 영향을 비용과 편익으로 수량화하고 화폐가치화하는 게 불가능하게 될 수 있다. 둘째, 효율성 이외의 목표가 정책에 적절하다. 예를 들어 몇몇 정책들의 결과나 기회의 균등에 영향을 미치고자 하는 의도를 가질 수 있다. 그럼에도 불구하고 순편익 기준이 결정규칙으로 적절치 않은 경우에도 CBA는 보통 다른 목표와 더불어 효율성 측면에서 대안 정책들을 비교하는 데 유용한 척도가 된다.

2.5.1 CBA의 기술적 한계

순수한 형태로서의 CBA는 모든 효율성과 관련된 영향들은 수량화되고 화폐가치화함으로써 가치를 일치시키는 것이 요구된다. 모든 비용과 편익이 달러로 표현될 때에만 순편익의 계산을 통해 잠재적 파레토 원리가 적용될 수 있다. 이론, 자료 또는 분석 자원의 한계로 분석가가 정책의 모든 영향을 화폐가치화하는 것이 불가능할 수 있다. 그럼에도 불구하고 정성적 비용-편익분석을 수행하는 것이 바람직하거나, 한 가지를 빼고 모든 중요한 영향이 화폐가치로 표현될 수 있다면 CBA 대신 비용-효과분석으로 전환하는 것이 바람직할 수도 있다. 이들 대안적 방법 각각에 대해 간략하게 설명하면 다음과 같다.

정성적 CBA. 1장 시작할 때 Benjamin Franklin이 한 조언은 정성적 CBA에 대한 처방으로 생각될 수 있다. 정성적 CBA를 수행할 때 분석가는 보통 가능한 한 많은 효과들을 화폐가치화하고 나서 남아 있는 비용과 편익의 상대적 중요성을 정성적으로 추정한다. 예를 들어 도시 고속도로를 따라서 나무를 심는 프로그램을 생각해 보자. 나무를 심고 유지하기 위해 계약자를 고용하는 데 들어가는 지출로 구성되는 프로그램의 비용은 직접 화폐가치화 될 수 있다. 그러나 편익은 화폐가치화하기 어려울 것 같은 다수의 영향을 포함한다. 즉 나무가 운전자에게 주는 시각적 기쁨, 고속도로 인접한 이웃의 소음 감소, 대기오염물질 여과 등이다. 충분한 자원을 가지고 있다면 분석가는 운전자에 대한 서베이와 여타 소음 감소 프로그램이 자산가치에 미치는 영향에 대한 화폐 추정치의 비교와 같은 다양한 기법을 통해 이들 편익을 화폐가치화 할 수 있을 것이다. 그러나 프로그램은 상대적으로 적은 비용을 수반하기 때문에 그러한 노력이 정당화될 것 같지는 않다. 그 대신 합리적인 방법은 그것들의 사업비용에 대한 대략적 추정치와 함께 이 편익들을 열거하는 것이다.

모든 적절한 영향을 직접 가치를 매기기에 필요한 시간, 데이터, 또는 다른 자원이 부족한 분석가들은 다른 CBA나 경제학 연구에서 발견된 추정치를 사용할 수도 있다. 예를 들면 CBA를 수행하는 대부분의 분석가들은 사망 위험 감소에 대한 사람들의 WTP를 직접 추정하지 않는다. 그 대신 4장, 16장, 17장에서 다루듯이 그들은 위험 수준의 변동과 임금의 변동 간 어떻게 교환하는지를 조사하는 계량경제 연구에 의존한다.

가능하다면 분석가들은 정책의 영향을 수량화해야 한다. 즉, 그들은 화폐가치화되지 않는 영향의 수치를 추정해야 한다. 예를 들어 잡히는 참치 1톤당 죽는 돌고래의 수를 줄이기 위해 상업적 어업 관행을 제약하기 위한 규제안에 대한 분석을 생각해 보자. 규제는 편익을 창출하는데 왜냐하면 몇몇 사람들은 돌고래의 사망 회피에 대해 양의 WTP를 가지고 있기 때문이다. 실제로 화폐가치화, 즉 WTP를 측정하는 것은 분석가가 CBA를 수행하지 못할 수도 있는 어려운 일이다. 그러나 설령 화폐가치화가 실행 불가능하더라도 규제에 의해 구해지는 돌고래의 수를 예측하고자 시도하는 것은 도움이 된다. 그렇게 하는 것은 다른 사람들에게 규제 영향의 중요도를 전달함으로써 정성적 CBA의 유용성을 증가시킨다. 게다가 분석의 의뢰자나 다른 사용자들은 돌고래 각각에 대한 지불의사액의 추정치를 제공할 수 있어서 (완전히 화폐가치화한) CBA가 실행가능하게 된다.

종종 분석가들은 단지 한 범주의 비용이나 편익을 수량화할 것인지 여부보다 훨씬 복잡한 선택에 직면한다. 실증적 측정치들은 우리가 상당히 신뢰하는 정확한 추정치로부터 우리가 거의 신뢰하지 않는 부정확한 추정치에 이르기까지 정확성의 정도가 다양할 수 있다. 어느 정도의 노력으로 수량화할 것인지를 결정하는 것은 얻어질 수 있는 정확성 증가의 가치와 그것을 얻는 데 드는 비용을 반영한다. 환언하면 우리는 그러한 결정을 CBA 구조 내에서 해야 한다.

비용-효과분석. 분석가들은 흔히 영향을 수량화할 수는 있지만 그것들을 모두 화폐가치화할 수는 없다. 만일 분석가들이 주요 편익을 화폐가치화할 수 없거나 할 의향이 없다면 비용-효과분석이 적절할 수 있다. 모든 영향들이 화폐가치화 될 수는 없기 때문에 순편익을 추정하는 것은 불가능하다. 그러나 분석가들은 화폐가치화 되지는 않았지만 수량화된 편익과 총 화폐비용 간의 비율을 계산할 수는 있다. 이 비교로 분석가는 비용-효율성 기준으로 정책 서열을 매기는 것이 가능하다. 그러나 CBA에서의 순편익 기준과는 달리 이 비율은 분석가들로 하여금 가장 서열이 높은 정책이 더 높은 효율에 기여한다고 결론을 내리도록 직접 허용하는 것은 아니다.

앞에서 다룬 어업 규제에 대한 정성적 CBA로 돌아가자. 가령 돌고래 사망 회피로부터의 편익을 제외하고는 모든 영향들이 화폐가치화 될 수 있어서 c 달러의 순비용 추정치가 나왔다고 하자. 만일 죽음을 면한 돌고래의 수가 n_d라고 하면 분석가는 규제에 대한 비용-효과비율 n_d/c를 계산할 수 있는데, 이것은 부담하는 기회비용 1원당 죽음을 면하는 돌고래의 평균 수로 해석될 수 있다(그 대신에 분석가는 비용-효과비율로 c/n_d로 계산할 수도 있는데 이것은 죽음을 면하는 돌고래 1마리당 평균비용으로 해석될 수 있다). 이제 상이한 순비용과 상이한 수의 죽음을 면하는 돌고래를 갖는 다수의 대안적 규제들을 상상해 보자. 비용-효과비율은 대안적 규제 간에 비교가 용이하도록 각 프로그램에 대해 계산될 수 있다.

의사결정을 위해 비용-효과분석을 사용하는 경우 대개 추가적인 정보를 고려하는 것이 필요하다. 만일 최대 c^*의 비용으로 가능한 한 많은 돌고래를 구하는 것이 목표라면 분석가는 순비용이 c^* 이하인 규제 가운데에서 가장 효과적인 것을 선택해야 한다. 그 대신에 만일 목표가 적어도 n_d^* 마리의 돌고래를 구하는 것이라면 이를 달성하는 규제 가운데 가장 적은 비용이 드는 것을 채택해야 한다. 이것은 반드시 최상의 비용-효과비율을 갖는 대안은 아니다. 예를 들어 만일 $n_d^* = 1{,}000$이라면 5만 달러의 비용으로 500마리의 돌핀을 구하는 대안적 규제(돌고래 1마리 구하는 데 1백 달러)가 아니라 1백만 달러의 비용으로 1,000마리의 돌고래를 구하는 규제(돌고래 1마리 구하는데 1천 달러)를 선택할 것이다.

분석가들은, 그들이나 또는 그들의 의뢰인들이 구해지는 인간 생명, 부상의 회피, 천연림 보존 면적과 같은 영향을 화폐가치화할 수 없거나 하기를 꺼리는 상황에 종종 직면한다. 이러한 상황에서는 비용－효과분석이 유용할 수 있기 때문에 18장에서 그것의 사용과 한계를 깊이 있게 다룰 것이다.

2.5.2 효율 이외의 목표가 중요할 때 CBA의 적절성

효율이라는 하나의 목표가 CBA의 근저에 있다. 그러나 일반 대중, 정치가들, 심지어 경제학자들은 때때로 사회적 문제를 해결하기 위해 제안된 공공정책의 평가에 적절한 다른 가치들을 반영하는 목표들을 고려한다. 비록 효율성이 거의 대개 정책분석에서 적절한 목표 가운데 하나이지만 기회의 균등, 결과의 균등, 지출 제약, 정치적 실행가능성, 국가 안보와 같은 다른 목표가 더 중요할 수도 있다. 정말로 우리가 1장에서 만난 지출자들과 후견인들은 효율 이외의 목표에 대응하는 것처럼 행동한다. 효율성에 추가하여 다른 목표들이 적절할 때 **다목표 분석**(multigoal analysis)은 적절한 분석틀을 제공한다. 효율성과 결과의 균등이 적절한 목표인 특별한 경우 **분배가중치가 부여된**(distributionally weighted) CBA가 적절한 기법일 수 있다.

다목표 분석. 가장 보편적인 분석틀이 다목표 분석이다. 다목표 분석의 핵심은 모든 정책 대안들이 모든 적절한 목표의 관점에서 비교되어야 한다는 것이다. 비록 다목표 분석은 다수의 분명한 단계들로 규정될 수 있지만[21] 그것들 중 세 가지가 특히 중요하다. 첫째, 분석가는 보편적 목표에 대한 적절한 사회적 가치로부터 대안적 정책 평가를 위한 척도로 사용될 수 있는 구체적 기준으로 옮겨가야 한다. 예를 들어 인간 존엄성의 가치는 기회의 균등을 증진시키는 목표를 암시할 수 있는데 그것은 고등교육 참여의 증가와 노동 참여의 증가와 같은 정량적인 영향으로 표현될 수도 있다. 둘째, 분석가는 각각의 영향으로 현재의 정책을 포함한 각 정책 대안을 평가해야 한다. 셋째, 모든 목표에 대해 어떤 정책대안도 다른 대안들보다 우세하지 않을 것이므로 분석가는 대개 목표달성에 있어서의 상충관계 관련 주관적 판단을 조심스럽게 함으로써 대안 중 하나를 채택할 것을 권고만 할 수 있다.

단순한 예로 가난한 가구를 도와 주고자 의도된 대안적 소득이전 정책의 다목표 분석을 생각해 보자. 분석가는 관련된 목표 달성 여부를 기록하기 위해 표 2.3과 같은 체크 리스트 역할을 하는 작업계획표를 작성할 수도 있다. 효율성의 증진과 가난한 가구의 삶의 질 향상은 모두 적절한 실질적인 목표이다. 전자는 이전으로 인한 사회의 총이득이나 손실을 포착하고 후자는 제일 가난한 가구들에게 발생하는 이득이나 손실의 부분을 포착한다. 정치적 실현 가능성을 달성하는 목표는 정치가들 간 실질적 목표의 상대적 중요성에 대한 의견의 불일치 가능성을 감안하기 위해 추가될 수도 있다. 이 예에서 그것은 그 자체로 가치있는 것이 아니라 실질적 목표를 달성하는 데 도움이 되기 때문에 중요한 목표로 생각될 수 있다.

주요 효율성 영향은 보조 받은 사람들의 소득의 변동과 인적자본 투자 증가, 이 보조 정책을 운영하는 데 드는 실질 자원비용의 증분이 될 것이다. 실제로 이 영향들은 현재의 정책과 대비하여 측정될 것이다. 따라서 현재 정책의 경우 예측되는 영향은 0이 될 것이다. 만일 효율성과 연관된 두 영향들이 모두 화폐가치화 될 수 있다면 효율성을 평가하는 기준은 단순하게 CBA에서 측정된 세 영향의 순편익 합계일 것이고, 양의 순편익은 현재의 정책에 비해 효율성의 증가를 나타낼 것이다. 그러나 만일 이들 영향 중 어느 하나가 화폐가치화 될 수 없다면 효율성은 두 범주로만 평가될 것이다. 가난한 가구의 삶의 질 증진 목표는 아마도 빈곤선 이하 가구수의 감소, 한 부모 가구수의 감소, 가구원의 교육 성과 증가와 같은 영향의 면에서 표현될 것이다. 정치적 실현 가능성이라는 추가적 목표와 연관된 영향은 정책을 시행하는 데 필요한 입법 통과 확률의 변동일 수 있다.

대안적 정책들 가운데 선택을 하기 전에 분석가는 표 2.3에서 볼 수 있듯이 행렬의 모든 칸을 채워야 한다. 각 칸은 특정 영향 범주에 따른 특정 정책 영향의 예측이 들어있다. 모든 칸을 채움으로써 분석가는 모든 영향 범주 간, 이로부터 그것들의 연관된 목표 간 대안들의 포괄적 비교를 할 수 있게 된다.

표 2.3 대안적 가구 보조 정책에 대한 평가행렬 작업계획표

목 표	영향 범주	정책 대안		
		정책 A (현재 정책)	정책 B	정책 C
효율성	근로소득의 변동 인적자본 투자의 증가 관리비용 증가			
가난한 가구의 삶의 질	빈곤선 이하의 가구수 한 부모 가구수의 감소 가구 구성원의 교육 성취			
정치적 실현가능성	필요한 입법 채택의 가능성			

CBA, 정성적 CBA, 비용-효과분석은 다목표 분석의 특수한 경우로 생각할 수 있다는 데 주목해야 한다. CBA의 경우 하나의 기준(순편익의 극대화)을 가진 하나의 목표(효율성)가 있어서 평가행렬은 단지 하나의 열만 있기 때문에 대안 간의 선택은 중요하지 않다(단지 가장 큰 순편익을 갖는 정책을 선택). 즉, 현재의 정책에 대한 대안들의 영향은 현재의 정책에 대비하여 평가되기 때문에 현재 정책에 대한 열이 명시적으로 없을 것이고 결정규칙은 만일 그것이 양의 순편익을 갖기만 하면 대안들 중 하나를 선택하는 것이다. 정성적 CBA의 경우도 목표는 하나이지만 모든 관련 영향들이 화폐가치화되지 못하므로 각 영향마다 하나씩 몇 개의 기준에 부합한다. 비용-효과분석의 경우 효율성 목표는 종종 비용에 대한 제약을 충족시킨다거나 수량화는 되지만 화폐가치화는 안 되는 영향 감소의 목표 수준 달성과 같은 여타 목표와 결합된다.

분배가중치가 부여된 CBA. 만일 효율성과 소득의 균등이 모두 적절한 목표이고 그들의 상대적 중요도가 수량화될 수 있다면 분배가중치가 부여된 CBA는 순편익의 극대화에 대한 대안적 결정규칙을 제공한다. 표준적인 CBA에서와 같이 순편익의 합계를 고려하는 대신 소득, 부, 또는 분배적 관심에 적절한 어떤 유사한 특성에 의해 구분된 각 집단에 대해 순편익이 계산된다. 19장에서 자세히 다루겠지만 각 집단의 순편익에 분석

가가 분배 목표를 반영하도록 선택된 가중치가 곱해지고 최종적으로 대안적 정책들의 서열을 매길 때 사용될 수 있도록 더해져서 하나의 수치가 된다.

분배가중치가 부여된 CBA를 수행할 때 분석가가 당면하는 주요 문제는 적절하고 수용가능한 가중치 집합을 찾는 것이다. 부의 균등을 증진시키는 바람직한 사회적 목표를 취할 경우 한 가지 일반적 방법은 가중치가 부(또는 소득)에 역비례하도록 하여 집단 내에서 부(또는 소득)를 균등하게 하는 정책이 유리하도록 하는 것이다.[22] 적은 부를 가진 사람들이 받는 비용과 편익에 더 큰 가중치를 부여하는 다른 방법들과 같이 이 방법은 사회에서 가장 형편이 안 좋은 사람들의 위치를 높이기 위한 사회적 목표와 부합한다. 이들 각각의 방법을 지지하는 합리적 주장이 있을 수 있지만 적절한 가중치에 대한 합의의 부재는 놀랄 일이 아니다.[23]

분명히 정책 대안들의 서열을 매길 수 있도록 단일의 수량적 기준을 허용하는 가중치를 개발하면 정책대안들 간의 선택을 훨씬 쉽게 만든다. 그러나 이 편의성은 효율성과 결과의 균등이 완전히 같은 단위로 측정될 수 있도록 강제하는 가정을 할 때만 달성된다. 이것을 하기 위해 필요한 강한 가정에 대한 불만족으로 인해 다수의 분석가들은 선택된 가중치의 효율성 영향을 보다 분명하게 하기 위해 항상 분배가중치가 부여된 CBA를 표준적인 CBA와 함께 수행해야 한다고 제안한다.[24] 그렇게 하면 그 연구는 사실상 다목표 분석이 되어 효율성과 분배적 우려가 모두 중요할 때 효율성과 균등화를 별개의 목표로 명시적으로 취급하는 것이 보다 적절한 구조틀이 아닐 수도 있는지 여부에 대한 의문을 야기한다. 또한 비용–효과분석은 순비용 수준이 고정된 상태에서 가능한 가장 바람직한 재분배를 달성한다는 면에서 문제를 제기함으로써 분배가중치가 부여된 CBA보다 더 합리적인 방법을 제공할 수도 있다.[25]

전시 2.2

미국의 휘발유 소비를 줄이기 위한 세 가지 대안들을 평가하기 위한 미 연방예산국의 연구는 다음의 기준들을 열거하였다.

이 연구는 몇몇 주요 기준들에 대해 CAFE 기준을 더 엄격하게 하는 것, 연방정부 휘발유세

인상, 배출권 거래제의 도입 등의 상대적 장점을 따져보고 있다.

비용-효과성. 휘발유 소비의 감소는 다양한 생산자와 소비자들에게 (화폐적 및 비화폐적) 비용을 부과한다. 비용효과적 정책은 그러한 비용을 최소한으로 유지할 것이다.

휘발유 절약의 예측가능성. 어떻게 정책이 휘발유 소비의 바람직한 감소를 확실히 초래할 것인가?

안전에 대한 영향. 어떻게 정책이 교통사고의 수와 심각성을 바꿀 것인가?

운전과 관련된 다른 외부비용에 대한 영향. 휘발유 소비의 감소는 미국의 에너지 안보와 탄소 배출뿐만 아니라 기타 운전과 관련된 외부 비용(전체적 부담을 개인이 아니라 사회 전반이 지는 비용)에도 영향을 미칠 것이다. 이러한 외부비용에는 교통 혼잡, 고속도로 건설 및 유지의 필요성, 이산화탄소 이외의 대기오염물질 배출 등이 포함된다.

그러한 요인들에 추가하여 세 정책 옵션들은 정책결정자들이 상이한 소득 수준을 갖고 국내 상이한 지역에 사는 사람들에게 미치는 영향과 연방정부가 걷는 수입의 규모에 대한 영향과 같은 것에 관심을 가질 수도 있다는 다른 시사점을 가질 수 있다(요약. p.1).
안전에 대한 영향과 운전과 관련된 외부비용에 대한 영향을 화폐가치화하고 휘발유 절약에 대한 예측가능성을 민감도분석으로 다루면서 분석을 CBA로 바꾸는 것을 상상할 수도 있다. 분배적 관심을 화폐가치화하는 것이 어려울 것이기 때문에 효율성을 평가하는 CBA와 함께 다목표 분석과 분배적 영향을 따로 다루는 것이 유용할 수 있다.

출처: Congressional Budget Office, Reducing Gasoline Consumption: Three Policy Options, November 2002(www.cbo.gov/ftpdocs/39xx/doc3991/11-21-GasolineStudy.pdf)에서 발췌함

2.6 결론

CBA는 제안된 정책이 잠재적으로 파레토 개선이 될 수 있는지 여부를 결정하는 방법이다. 비용을 부담하는 사람들에게 보상할 정도로 충분한 부를 창출하여 다른 어떤

사람도 더 나빠지지 않으면서 몇몇 사람들은 더 나아질 수 있게 한다는 점에서 양의 순편익은 잠재적 파레토 개선을 가능하게 한다. 지불의사액과 기회비용은 편익과 비용을 측정하기 위한 지도 원리이다. 이 책의 나머지 대부분은 이 개념을 실제로 활용하는 법을 다룬다.

Notes

CHAPTER 2 연습문제

1. 많은 전문가들은 비록 VHS가 비디오 테이프 녹화장치 시장을 지배하게 되었지만 베타멕스가 우월한 기술이었다고 주장한다. 이 전문가들이 옳다고 가정하여 여타 조건이 동일하다면 모든 비디오 테이프 녹화장치들이 베타멕스 기술인 세상이 모든 비디오 녹화장치들이 VHS 기술인 세계보다 파레토 우월하다고 하자. 그러나 기술의 전환을 강요하는 정책이 잠재적으로 파레토 개선이 될 것이라는 것은 받아들여질 수 없을 것으로 보인다. 이를 설명하라.

2. 사고실험으로 지불의사액 개념을 탐구해 보자. 월드컵 경기, 월드시리즈 7번째 경기, Bruce Springstein 콘서트, Renée Fleming이 주연인 오페라 등과 같이 당신이 매우 참석하고 싶어하는 스포츠, 오락, 문화 이벤트를 상상해 보자.

a. 이벤트의 티켓에 대해 당신이 지불하고자 하는 최대 금액은 얼마인가?

b. 복권에서 이벤트의 티켓이 당첨되었다고 상상하자. 티켓을 포기하는 대신 당신이 수용하고자 하는 최소한의 금액은 얼마인가?

c. 당신이 지금보다 50% 많은 소득을 가지고 있지만 이벤트에 대한 티켓은 가지고 있지 않다고 상상하자. 티켓에 대해 당신이 지불하고자 하는 최대 금액은 얼마인가?

d. 이벤트를 매우 싫어해서 그렇게 하라고 돈을 받지 않는다면 공짜 티켓을 사용하지 않을 그런 사람을 당신은 알고 있나?

e. 당신의 답변은 지불의사액에 대한 일반화 가능성을 시사하나?

3. 다음의 프로그램 투입물 각각에 대해 정부지출은 얼마나 근접하게 기회비용을 측정하나?

a. 더 많은 재판을 필요로 하는 형사사법 프로그램에서의 배심원의 시간

b. 정부가 소유하고 있고 군사 기지에 위치한 핵폐기물 저장시설에 사용되는 토지

c. 실업률이 높은 소규모 농촌 지역에서의 재조림 프로그램을 위한 노동

d. 새로운 프로그램을 관리하도록 요구되는 현직 공무원의 노동

e. 교량 기초의 일부로 이전에 퍼부어진 콘크리트

4. 외진 강 계곡에 대해 세 상호배타적인 프로젝트들이 고려되고 있다. 즉, 프로젝트 R은 오락시설로 2천만 달러의 편익과 1천 6백만 달러의 비용을 갖는 것으로 추정되었고, 프로젝트 F는 약간의 오락시설을 갖춘 보호림으로 2천 6백만 달러의 편익과 2천만 달러의 비용을 갖는 것으로 추정되었으며, 프로젝트 W는 일반의 접근을 제한하는 황무지 지역으로 1천만 달러의 편익과 2백만 달러의 비용을 갖는 것으로 추정되었다. 게다가 8백만 달러의 비용으로 도로가 건설될 수 있는데 그것으로 인해 프로젝트 R의 편익은 1천 6백만 달러 증가하고, 프로젝트 F의 편익은 1천만 달러 증가하고 프로젝트 W의 경우 2백만 달러의 편익이 감소할 것이다. 다른 프로젝트가 없을 때에도 도로는 4백만 달러의 편익을 갖는 것으로 추정된다.

a. 현상 대비 가능한 각 대안에 대해 편익-비용비율과 순편익을 계산하라. 현상에 대비하여 7개의 가능한 대안들이 있는 것에 유의할 것. 즉 도로가 있을 때와 없을 때의 R, F, W, 그리고 도로만 있을 때.

b. 만일 7개 대안들 가운데 오직 한 개만 선정될 수 있다면 CBA의 결정규칙에 따를 때 어떤 것이 선정되어야 하나?

5. 미 해군에서 일하는 한 분석가는 구축함대의 전진기지에 대한 대안들을 평가할 것을 요청받았다. 그는 CBA로 평가하기로 결정했다. 비용의 주요 범주는 시설을 구하고 유지하는 것과 연관되었다. 그 분석가는 가장 큰 순편익을 갖는 전진기지를 권고하였다. 그의 의뢰인인 해군 제독은 그 권고를 거절했는데 왜냐하면 CBA는 기습에 대한 전진기지의 위험과 주둔국 정치체제의 변동으로 인한 예상치 못한 기지 추방 위험 등이 포함되지 않았기 때문이다. 분석가의 작업은 헛되게 되었나?

6. 보석가게 도난의 최근 흐름으로 인해 한 도시는 보석가게에 대한 경찰감시를 증가하고 있다. 시의 감시비용은 추가로 1년에 5십만 달러가 되고 그 결과 도난되는 보석의 양은 감소한다. 구체적으로 말하면 감시 증가가 없었다면 소매가격으로 9십만 달러어치

의 보석이 도난 당했을 것이다. 이 훔친 보석은 보석 도둑이 6십만 달러에 팔았을 것이다. 경찰 감시 프로그램에 따른 순 사회적 편익은 얼마인가?

7. (스프리드시트 사용을 권장함) 과도하고 부적절한 항생제의 사용은 기존의 항생제에 대한 많은 질병의 저항성에 기여하고 있다. 미국에서 의사의 항생제 처방을 모니터하는 규제 프로그램을 생각해 보자. 분석가들은 집행에 드는 직접 비용이 4천만 달러, 의사와 의료 종사자들의 시간비용이 2억 2천만 달러, 환자의 편의비용이 1억 8천만 달러로 추정하고 있다(모두 연간 비용). 프로그램의 연간 편익은 미국에서의 회피된 저항비용으로 3억 5천만 달러, 처방에 따른 더 나은 순응으로 인한 미국의 건강 편익으로 7천만 달러, 미국 외에서의 회피된 저항비용으로 2억 8천만 달러로 추정되었다. 국가 관점에서 이 프로그램은 양의 순편익을 갖나? 만일 아니라면 프로그램이 양의 순편익을 갖기 위하여 미국 외 편익의 얼마 정도가 계산에 포함되어야 하나?

CHAPTER 3

비용-편익분석의 미시경제학 기초

CHAPTER 3

비용-편익분석의 미시경제학 기초

미시경제이론은 CBA의 개념적 토대를 제공한다. 이 장에서는 사회적 비용과 편익을 측정하는 데 적절한 미시경제이론의 주요 개념들을 복습하는 것부터 시작한다. 이것들 대부분은 당신의 이전 경제학 경험에서 다소 익숙할 것이다. 그 다음에는 후생경제학으로 이동할 것인데 그것은 시장과 정책의 규범적 평가와 연관된다. 이때에는 특히 정부 프로젝트에 자금조달을 위해 필요한 조세가 CBA에서 어떻게 다루어지는지와 관련이 있다.

이 장에서 우리는 완전경쟁시장의 존재를 가정한다. 구체적으로 우리는 다음과 같은 가정을 한다. 시장에는 다수의 구입자들과 판매자들이 존재하고, 아무도 개별적으로 가격에 영향을 미칠 수 없으며, 구입자들과 판매자들은 용이하게 시장에 진입할 수 있고, 팔리는 재화들은 동질적이고(즉, 동일하고), 거래비용이 존재하지 않으며, 정보는 완벽하고, 사적 비용과 편익은 사회적 비용과 편익과 동일하다(즉, 외부효과가 존재하지 않는다). 5, 6, 7장에서는 이들 가정중 일부가 완화될 때, 즉 다양한 형태의 시장실패가 나타날 때, 어떻게 편익과 비용을 측정하는지 살펴본다.

3.1 수요곡선

개인의 **통상적인 수요곡선**(ordinary demand curve)은 다양한 가격일 때 개인이 구입하고자 하는 재화의 수량을 나타낸다. 시장수요곡선은 모든 개인수요곡선의 수평 합계이다. 그것은 시장 내의 모든 개인들이 다양한 가격일 때 구입하고자 하는 재화의 총량을 나타낸다.

이와 대조적으로 시장 **역수요곡선**(inverse demand curve)은 그림 3.1에서 선 D로 표시되는데 가격이 수량의 함수이다. (가격으로 명칭이 붙은) 수직축은 재화의 한 단위 추가에 대해 누군가가 지불할 의사가 있는 최대 가격으로 해석될 수 있다. 경제학에서의 일반적인 가정은 수요곡선이 우하향한다는 것이다. 이 가정의 근거는 **한계효용체감**(diminishing marginal utility) 법칙이다. 즉, 각 소비자는 재화의 각 추가적 단위에 대해 이전 단위보다 조금 작게 가치를 매긴다. 그런 이유로 각 소비자는 추가적 단위에 대해 이전 단위보다 지불의사액이 적다. 정말로 어느 시점에서는 각 소비자는 추가 단위에 대해 아무것도 지불할 의사가 없을 수도 있다. 즉 그의 수요는 사라지게 된다.

그림 3.1 소비자의 총편익과 소비자잉여

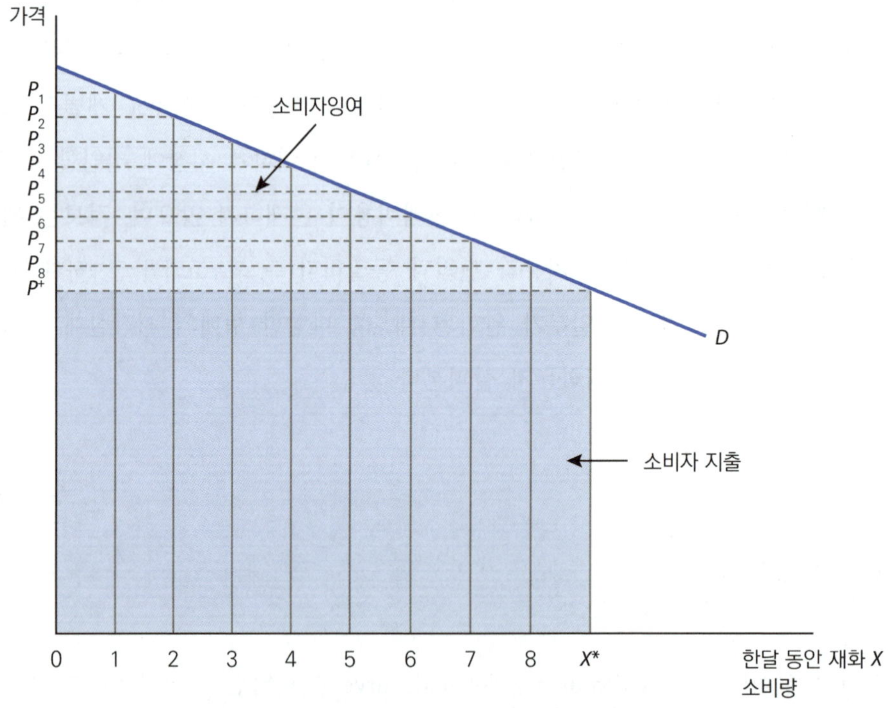

그림 3.1에서 사회의 한 구성원은 한 단위의 재화 X에 대해 P_1의 가격을 지불할 의사가 있다. 또한 두 번째 단위의 재화 X에 대해 P_2를 지불할 사람 (첫 번째 단위에 대해 P_1을 지불할 의사가 있는 사람과 동일할 가능성이 있는 사람)이 있고, X의 세 번째 단위에 대해 P_3를 지불할 사람 등이 있다.[1] 각 추가적 단위는 역수요곡선의 높이의 크기로 가치가 매겨진다. 이 지불의사액 규모의 합계는 그 재화에 대한 사회의 모든 구성원들의 총 지불의사액과 같다. X^* 단위에 대해 총 WTP는 원점에서 X^*까지의 역수요곡선 밑의 면적과 동일한데 그것은 흐리고 진하게 칠해진 면적의 합계에 해당한다.

2장에서 다루었듯이 WTP는 특정 재화나 서비스 편익의 적절한 척도이다. P_1이 첫 번째 단위의 한계편익을 측정하고 P_2는 두 번째 단위의 한계편익을 측정하기 때문에 X^*까지의 한계편익의 합계는 사회의 모든 구성원들이 재화 X를 X^*까지 소비하는 데서 얻는 **총편익**(B)을 측정한다.[2] 따라서 흐리고 진하게 칠해진 면적의 합계로 이루어진 수요곡선 밑의 면적은 재화 X를 X^*까지 소비하는 데서 얻는 **총편익**(B) − X^* 단위에 대한 총 지불의사액 − 을 측정한다.

3.1.1 소비자잉여와 소비자잉여의 변동

완전경쟁시장에서 소비자들은 P^*로 표시된 시장가격을 지불한다. 따라서 소비자들은 X^* 단위를 소비하기 위해서 진하게 칠해진 면적인 P^*X^*를 지출한다. 소비자들에게 **순편익(net benefit)**은 총편익(B)에서 소비자의 실제 지출액(P^*X^*)을 공제한 규모이다. 이 흐린 음영 면적은 수요곡선 아래이면서 가격선 위의 면적에 해당하는데 **소비자잉여**(consumer surplus: CS)라고 부른다.

$$CS = B - P^*X^* \tag{3.1}$$

소비자잉여는 CBA에서 사용되는 기본적 개념이다. 대부분의 상황 하에서 소비자잉여의 변동은 정책변동에 대한 소비자 편익의 합리적 척도로 사용될 수 있다. 이 장의 부록에서 우리는 소비자잉여의 변동이 WTP값의 근사치를 제공하는 상황과 그렇지 않은 상황을 검토한다. 대부분의 경우에 그러한 근사치들은 CBA 목적으로는 충분히 정확하다.

그림 3.2(a) 가격 하락에 따른 소비자잉여의 변동

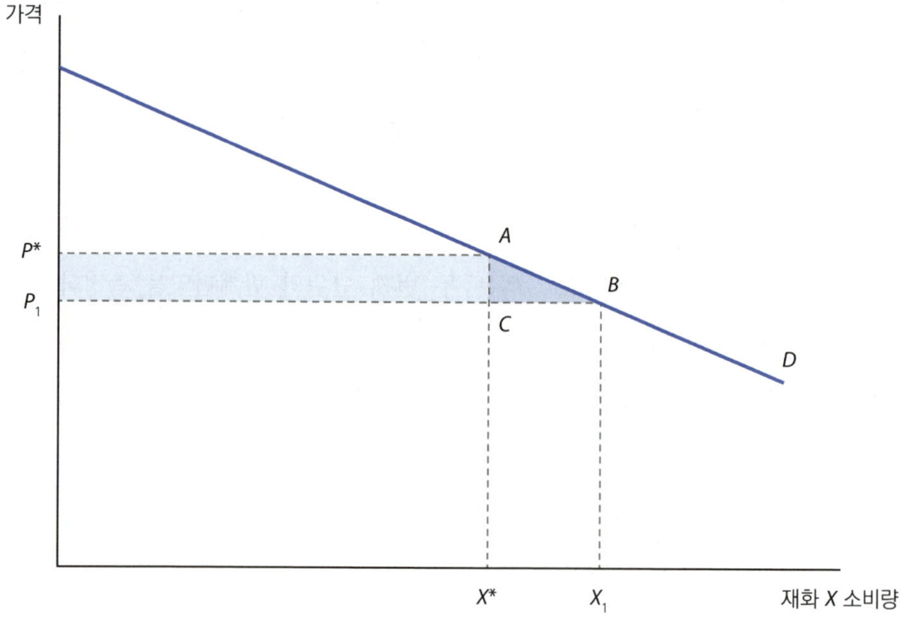

소비자잉여 개념이 어떻게 CBA에서 사용될 수 있는지 보기 위해 가령 처음에 가격과 소비량은 각각 P^*와 X^*라고 하고 가격 변동을 초래하는 정책을 생각해 보자.

예를 들어 그림 3.2(a)에서 볼 수 있듯이 재화 X의 가격을 P^*에서 P_1으로 감소시키는 정책은 칠해진 면적 P^*ABP_1에 해당하는 소비자 편익(소비자잉여의 증가)을 가져온다. 기존의 소비자들은 이전에 구입하였던 X^* 단위에 대해 더 낮은 가격을 지불하고 몇몇 소비자들은 $X_1 - X^*$의 추가적 단위의 소비로부터 이득을 얻기 때문에 이 소비자 편익이 발생한다. 이와 유사하게 그림 3.2(b)에서 볼 수 있듯이 재화 X의 가격을 P^*에서 P_2로 증가시키는 정책은 소비자들에게 P_2ABP^*에 해당하는 "비용"(소비자잉여의 감소)을 부과한다.

그림 3.2(b) 가격 상승에 따른 소비자잉여의 변동

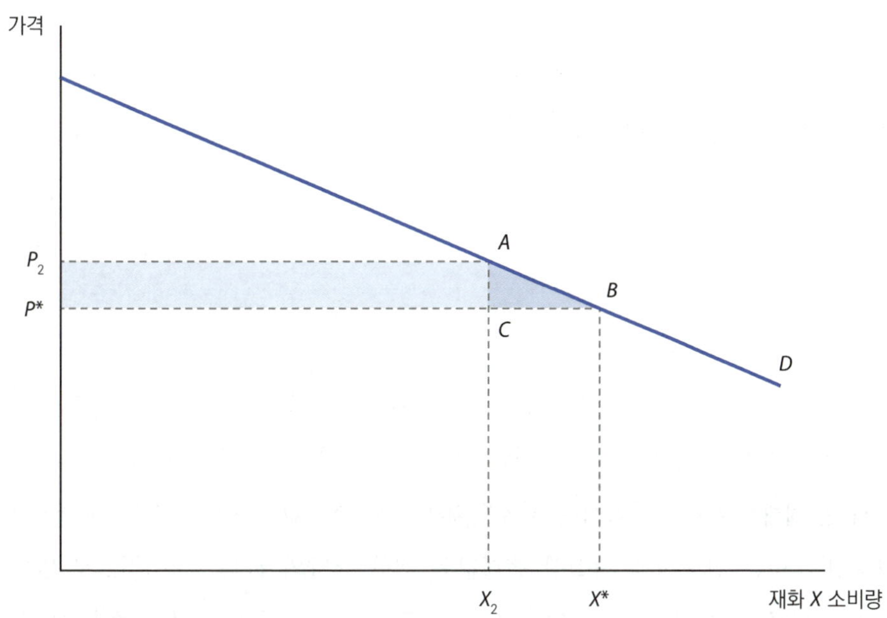

가령 그림 3.2(a)에서와 같이 정책으로 인해 가격이 하락한다고 하자. $\Delta P = P_1 - P^* < 0$ 은 가격의 변동을 나타내고 $\Delta X = X_1 - X^* > 0$은 재화 X의 소비량 변동을 나타낸다고 하자. 만일 수요곡선이 선형이라면 소비자잉여의 변동 ΔCS는 공식을 이용하여 다음과 같이 계산될 수 있다.

$$\Delta CS = -(\Delta P)(X^*) - \frac{1}{2}(\Delta X)(\Delta P) \quad (3.2)$$

만일 수요곡선이 선형이라면 식 (3.2)는 가격 상승에 따른 소비자잉여의 변동도 된다. 그림 3.2(b)에서 볼 수 있듯이 이 상황에서는 $\Delta P = P_2 - P^* > 0$, $\Delta X = X_2 - X^* < 0$, $\Delta CS < 0$이 된다. 식 (3.2)가 가격 상승이나 하락에 대한 올바른 답을 도출하기 위해서는 우리는 초기의 가격과 수량인 P^*와 X^*에서 시작하여 이 출발점으로부터의 (+ 또는 −)

변동을 측정하는 것에 유의할 것. 사실 이 공식은 대개 가격과 수요량의 변동이 작다면 수요곡선이 선형이 아니더라도 소비자잉여 변동의 좋은 근사치를 제공해 준다.

종종 분석가는 수요곡선의 형태를 알 수 없어서 가격변동 후에 수요량이 얼마나 변할지 직접 알 수 없지만 **수요의 가격탄력성**(price elasticity of demand) E_d는 알고 있을 수 있다. 수요의 가격탄력성은 가격 1% 증가에 따른 수요량의 백분비 변동으로 정의된다. 공식적으로 다음과 같다.[3]

$$E_d = \frac{P}{X}\frac{dX}{dP} \tag{3.3(a)}$$

수요곡선이 우하향하기 때문에 dX/dP < 0이고 수요의 가격탄력성은 항상 음의 값이다. 여타 조건이 동일하다면 통상적인 수요곡선의 기울기가 **증가**함에 따라(즉, 더 가파라짐－더 큰 절대값 수치), 탄력성은 **감소**한다(더 작은 절대값 수치). 이것은 직관적이 아니기 때문에 우리는 탄력성에 사실상 절대값을 취하여 양의 값을 갖는 것으로 말하는 표준 관행을 따른다. 통상수요곡선의 기울기가 **증가**함에 따라 탄력성은 **증가**한다고 말한다. 또한 가격의 변동에 대해 수량의 반응이 클수록 우리는 수요가 더 탄력적이라 말한다. 경제학자가 아닌 사람들은 처음에는 약간 혼란스러울 수 있지만 곧 익숙하게 될 것이다.

그림 3.1과 3.2에 있는 수요곡선은 역수요곡선이다. 그것들의 기울기는 dX/dP가 아닌 dp/dX가 된다. 따라서 통상수요곡선의 기울기가 증가함에 따라 수요의 가격탄력성은 (절대값으로) 증가하고 역수요곡선의 기울기가 증가함에 따라 수요의 가격탄력성은 (절대값으로) 감소한다.

초기의 가격 P^*와 수량 X^*가 주어졌고 ΔX와 ΔP를 초기의 가격과 수량 대비 수량과 가격의 변동분이라고 정의하면 수요의 가격탄력성은 대략 다음과 같다.

$$E_d = \frac{P^*}{X^*}\frac{\Delta X}{\Delta P} \tag{3.3(b)}$$

식 (3.3b)를 식 (3.2)에 대입하고 재배열하면 선형 수요곡선에서 가격 변동에 기인한 소비자잉여의 변동 근사치는 다음과 같다.

$$\Delta CS = -X^{*}\Delta P - \frac{E_d X^{*}(\Delta P)^2}{2P^{*}} \tag{3.4}$$

3.1.2 조세

조세의 영향에 대한 분석은 CBA에서 매우 중요한데 그 이유는 정부는 프로젝트들을 수행하기 위해 자금을 조달해야 하고, 궁극적으로 과세는 주요 자금조달 원천이기 때문이다. 가령 그림 3.2(b)에서 P^{*}에서 P_2로의 가격 인상이 내국소비세의 부과로 인한 것인데 재화 X의 각 단위에 대해 이전 가격과 새로운 가격간의 차이($P_2 - P^{*}$)에 해당하는 조세를 부과한다고 하자. 이 경우 그림 3.2(b)에서 사다리꼴에서 사각형 면적 P_2ACP^{*}는 조세수입을 나타낸다. 그것은 소비자들로부터 정부로의 **이전**(transfer)이다. 이전이라 부르는 이유는 사회 전반의 관점에서 그것의 순영향은 0이다. 즉 소비자들은 조세를 지불하지만 이 비용은 정확하게 정부가 얻는 동일한 규모의 편익으로 상쇄된다.[4]

그러나 사다리꼴의 삼각형 부분 ABC는 이전이 아니라 조세의 진짜 비용이다. 그것은 소비자잉여의 손실을 나타내는데 사회의 다른 누구에게도 편익으로 상쇄되는 것이 없다. 이 소비자잉여의 손실이 **자중손실**(deadweight loss: DWL)의 한 가지 예이다.[5] 이것은 완전경쟁 균형으로부터의 경제 행위의 왜곡으로 인해 초래된다. 조세로 인해 몇몇 소비자들은 조세가 없을 때보다 재화를 덜 구입하게 되는데 왜냐하면 조세를 포함한 가격은 이제 소비자들의 WTP를 능가하기 때문이다. 조세가 없을 때 $X^{*} - X_2$단위의 재화를 구입하고 삼각형 ABC에 해당하는 소비자잉여를 얻었을 소비자들이 이 소비자잉여를 잃는다.

식 (3.4)로부터 가격변동에 따른 자중손실은 대략 다음과 같다.

$$\Delta DWL = -\frac{E_d X^{*}(\Delta P)^2}{2P^{*}} \tag{3.5}$$

만일 단위세 t에 따른 가격변동이라면 자중손실은 다음과 같다.

$$\Delta DWL = -\frac{E_d X^* t^2}{2P^*} \tag{3.6}$$

완전경쟁시장에서 거래되는 재화에 대해 정부가 조세를 부과한다면 항상 자중손실이 존재할 것이다. 특히 관심이 있는 것은 **누출**(leakage) 또는 **초과조세부담**(excess tax burden: ETB)인데 이것은 조세수입액에 대한 자중손실의 비율이다. 만일 그림 3.2(b)에서 가격 인상이 조세에 기인한다면 누출은 면적 P_2ACP^*를 면적 ABC로 나눈 값인데, 이것은 다음과 같이 계산될 수 있다.

$$\text{누출} \equiv ETB = -\frac{E_d t}{2P^*(1+\frac{\Delta X}{X^*})} \tag{3.7}$$

만일 산출량의 변동이 상대적으로 작다면 다음과 같은 단순한 공식은 누출을 약간 과다 추정한다.

$$\text{누출} \equiv ETB = -\frac{E_d t}{2P^*} \tag{3.8}$$

과세의 사회적 비용에 대한 추가 논의는 이 장의 후반부에서 할 것이다.

3.2 공급곡선

2장에서 설명했듯이 CBA에서 비용은 기회비용이다. 그림 3.3은 개별 기업의 표준적인 U자형 **한계비용**(marginal cost: MC)곡선을 보여 주는데 여기서 비용은 기회비용이다.

그림 3.3 개별 기업의 공급곡선

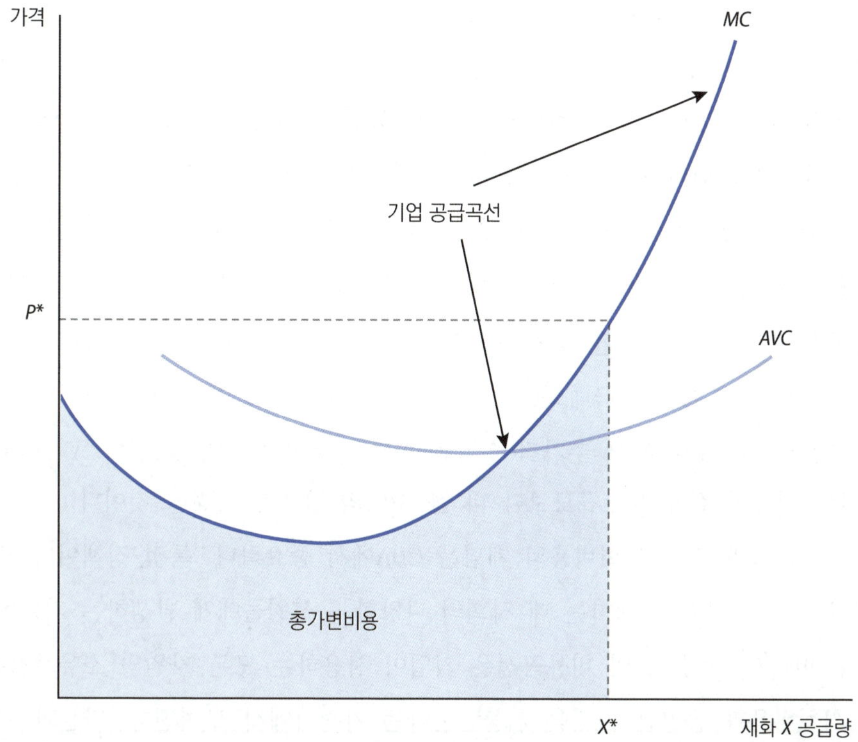

이 곡선은 적어도 자본과 같은 하나의 생산요소가 고정되어 있는 단기의 비용에 적용된다. 나중에 우리는 모든 생산요소가 변할 수 있는 장기를 고려하기로 한다. 그림 3.3에서 볼 수 있듯이 MC곡선은 기업의 **평균가변비용**(average variable cost: AVC) 곡선의 최하점을 통과한다. MC곡선의 상승하는 부분은 **한계수익체감**(**diminishing marginal returns**)을 반영한다. (예를 들어, 자본과 같은) 적어도 하나의 생산요소가 고정되어 있을 때 결국 요소 수익의 감소가 일어나야만 하는 것이 현실이다. 수익 체감은 산출물이 증가하고 (노동과 같은) 가변생산요소의 증가하는 양이 고정요소와 사용될 때 발생한다. 또는 그것은 고정생산요소가 더 많이 사용됨에 따라 그것의 기회비용이 증가하는 것을 반영한다.

수요곡선이 소비되는 재화의 추가적 단위에 대한 한계편익을 나타내는 것처럼 공급곡선은 생산되는 재화의 추가적 단위에 대한 한계비용을 나타낸다. 따라서 기업의 한계비용곡선 밑의 면적은 X^*와 같이 재화 X의 주어진 양을 생산하는 데 드는 기업의 **총가변비용**(total variable cost: VC)을 나타낸다.

기업의 AVC 위에 있는 기업의 한계비용곡선의 상향 기울기를 갖는 부분은 진한 선으로 그려져 있는데 완전경쟁시장에서 **기업의 공급곡선**(firm's supply curve)에 해당한다. 만일 가격이 기업의 평균가변비용보다 낮다면 기업은 자기의 가변비용을 메울 수 없어서 산출물을 생산하기 보다는 폐쇄하는 것을 선택할 것이다. 그러나 평균가변비용보다 높은 가격에서는 한계비용곡선의 상향 기울기를 갖는 부분이 주어진 가격에서 기업이 산출물을 얼마나 생산할 것인지를 결정한다. 예를 들어 P^*의 가격에서 기업은 X^*를 생산함으로써 이윤을 극대화할 것이다. 만일 기업이 X^*보다 많이 생산한다면 발생하는 추가적 비용보다 적은 추가적 수입을 가져갈 것이다. 만일 기업이 X^*보다 작게 생산한다면 비용이 절약되는 규모보다 더 큰 수입의 감소를 가져올 것이다.

2장에서 본 바와 같이 기회비용의 개념은 CBA에서 중요하다. 특정 정책이나 프로젝트의 비용은 그 정책을 수행하는 데 사회의 다양한 구성원들에게 발생하는 기회비용을 반영한다. 따라서 그림 3.3의 비용곡선은 기업이 사용하는 모든 자원의 소유주들은 그 자원의 기회비용과 동일한 가격을 지불받는다는 가정하에서 보여진다. 자본과 기업가 능력과 같은 요소들에 대해서는 기회비용이 그것들의 최상의 대안을 반영하는 **정상수익**(normal return)[6]을 포함하고 있다.[7]

3.2.1 시장공급곡선

그림 3.4에서 **시장수요곡선**은 시장 내에 있는 모든 개별 기업들의 공급곡선을 수평으로 더해서 도출된다. 그것은 각 가격에서 시장에서 이용가능한 총공급을 나타낸다. 예를 들어 가격이 P_1일 때 기업들 전체적으로 X_1 단위를 공급할 의사가 있다. 개별 기업의 공급곡선은 자신의 한계비용에 기초하고 있기 때문에 시장공급곡선도 역시 한계비용을 반영한다. 예를 들어 X_1번째 단위의 한계비용은 P_1이므로 기업들은 가격이 P_1일 때 X_1 단위를 공급하고자 한다.

그림 3.4 시장공급곡선

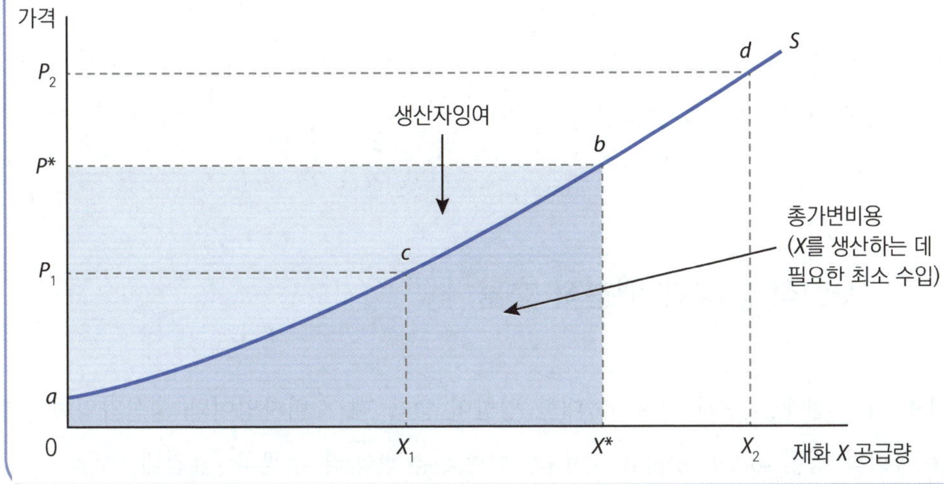

개별 기업의 한계비용곡선과 관련하여 시장공급곡선 밑의 면적은 예를 들어 X^*처럼 주어진 양의 산출물을 생산하는 총가변비용을 나타낸다. 면적 $0abX^*$는 X^*단위를 공급하는 데 드는 총가변비용이다. 달리 말하면 기업들이 산출량 X^*를 생산하고자 하기 전에 받아야만 하는 최소한의 총수입이다.

가령 한 재화의 시장가격이 P^*이고 결과적으로 기업들은 X^* 단위를 공급한다고 하자. 그들의 달러 수입은 P^*X^*가 되는데 그림 3.4에서 사각형 $0P^*bX^*$에 해당한다. 그들의 총가변비용(TVC)은 $0abX^*$인데 그림 3.4에서 진하게 칠해진 면적이다. 이들 두 면적의 차이인 흐리게 칠해진 면적 aP^*b가 **생산자잉여**(producer surplus: PS)이다.

$$PS = P^*X^* - TVC \tag{3.9}$$

생산자잉여는 기업들(또는 기업의 생산요소)에게 가는 편익이다. 그것은 실제 수입과 그림 3.4에 표현된 시장 내 기업들의 P^*의 가격에 X^* 단위를 기꺼이 생산하고자 하기 전에 받아야만 하는 최소한의 총수입과의 차액과 같다.

생산자잉여는 소비자잉여의 공급 측면 대응 개념이다. 정부 정책에 기인하는 가격변동이 소비자잉여의 변동으로 가치가 매겨질 수 있는 소비자들에 대한 영향인 것과 마찬가지로 가격변동 또한 생산자잉여의 변동으로 가치가 매겨질 수 있는 생산들에 대한 영향을 초래한다. 예를 들어, 그림 3.4에서 P^*에서 P_1으로의 시장가격 하락은 생산자잉여를 P^*bcP_1만큼 감소시켜 P_1ca가 되고 P^*에서 P_2로의 가격증가는 생산자잉여를 P_2dbP^*만큼 증가시켜 P_2da가 된다.

3.3 사회적 잉여와 배분적 효율[8]

이제 시장 전체를 보자. 정부에 대한 영향이 없을 때 소비자잉여와 생산자잉여의 합계를 **사회적 잉여**(social surplus: SS)(혹은 때때로 총 편익)라 부른다. 요컨대

$$SS = CS + PS \tag{3.10}$$

그림 3.5 사회적 잉여

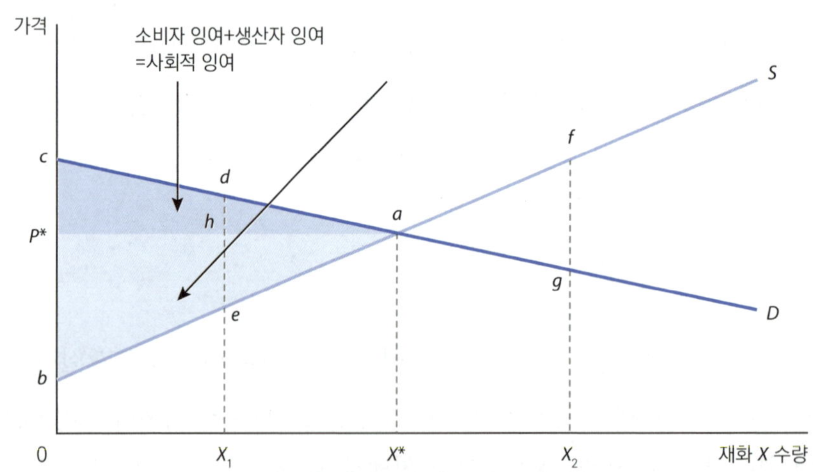

그림 3.5는 동일한 그래프에 시장수요곡선과 시장공급곡선을 그려서 사회적 잉여를 보여주고 있다. 또다시 그림 3.5는 완전경쟁을 가정하고 그려졌다. 균형은 가격 P^*와 수량 X^*에서 발생한다. 소비자잉여는 면적 caP^*이고 생산자잉여는 면적 P^*ab이며 사회적 잉여는 두 면적의 합계인 cab이다.

순사회적 편익은 총 소비자 편익과 총 생산자 비용간의 차이와 같다. 총 소비자 편익은 수요곡선 밑의 면적인 caX^*0인 한편 총비용은 공급곡선 아래의 면적인 baX^*0로서 총 가변비용과 같다.[9] 총 차이는 면적 cab이다. 이것으로 사회적 잉여는 순 사회적 편익과 같다는 것이 명확해진다.

수요곡선은 한계편익(MB)을 반영하고 공급곡선은 한계비용(MC)을 반영하며 완전경쟁 균형에서 수요는 공급과 같고 한계편익은 한계비용과 같다는 것을 꼭 기억하자. 순 사회적 편익은 극대화가 된다.[10] 이리하여 제대로 작동하는 완전경쟁시장이 존재할 때 순 사회적 편익과 사회적 잉여는 극대화된다. 그 결과는 **파레토 효율적**(Pareto-efficient)이다. 즉 다른 누군가를 더 나빠지게 하지 않고서는 누군가를 더 나아지게 하는 것은 불가능하다. 이 균형은 **배분적으로 효율적**(allocatively efficient)(또는 **경제적으로 효율적**(economically efficient))인데 그 이유는 사회적 잉여가 극대화되기 때문이다. 완전경쟁 균형이 경제적으로 효율적이라는 사실은 후생경제학의 제1기본정리로 불리며 중요성을 분명하게 반영하고 있다.

완전경쟁시장에서 경쟁적 과정을 방해하는 어떠한 것도 배분적 효율을 감소시킨다. 예를 들어 가령 산출량 할당과 같은 정부 정책으로 인해 산출량이 X_1으로 제약된다고 하자. 적어도 몇몇 사람들은 산출량 수준 X^*에 비해 전보다 나빠질 것이다. X_1에서의 사회적 잉여 손실은 삼각형 dae인데 이것은 X_1에서 X^*까지 수요곡선(MB)과 공급곡선(MC) 사이의 면적이다. 이와 유사하게 X_2에서의 사회적 잉여 손실은 삼각형 afg인데 이것은 X^*에서 X_2까지 수요곡선과 공급곡선 사이의 면적이다. 이 자중손실은 (X^*에서의) 완전경쟁시장 균형 대비 사회적 잉여의 감소분을 반영한다. 완전경쟁균형으로부터 시장을 이동시키는 정부정책은 자중손실을 증가시키고 사회적 잉여를 감소시킨다. 이리하여 대부분의 상황에서 정부가 시장에 개입하는 것을 생각해야 하는 경우는 시장의 실패가 존재할 때뿐이다. 그러나 시장실패의 존재는 개입에 대한 **언뜻 볼 때의**(prima facie) 근거를 제공할 따름이다. 개입이 실제로 정당화되는지 여부를 결정하기 위해 누군가는 CBA를 수행해야 한다. 같은 의미로 현재 왜곡된 시장을 완전경쟁균형으로 이동시키는 제안된 정부정책은 사회적 잉여를 증가시키고 자중손실을 감소시킴으로써 순 사회적 편익을 창출할 것이다.

가격과 배분적 효율 간의 관계에 주목하는 것이 중요하다. 배분적 효율은 그림 3.5에서 가격 P^*와 수량 X^*에서 극대화된다. 균형점 a에서 소비자들이 지불하는 가격은 재화 생산의 한계비용과 동일하다. **한 재화에 대해 소비자들이 지불하는 가격이 사회가 그 재화를 생산하는 데 드는 사회적 한계비용과 같을 때에만 배분적 효율이 달성된다.**[11]

3.3.1 이윤과 요소 잉여

생산자잉여를 측정하는 공식인 식 (3.9)가 항상 만족스러운 것은 아닌데 왜냐하면 그것은 기업들의 **고정비용**(fixed costs)을 제외하기 때문이다. 지금까지 몇몇 생산요소들은 고정된 단기 효과에 분석이 집중되어 왔다. 몇몇 정부정책들은 기업들의 고정비용을 변동시키지 않지만 다른 정책들은 변동시킨다. 예를 들어 만일 정부가 도로 확장을 하기 위해 콘크리트를 한 차례 구매한다면 콘크리트를 공급하는 기업들의 고정비용은 아마도 변하지 않을 것이고 식 (3.9)와 (3.10)은 적용된다. 반면에 중국의 삼협댐과 같이 대규모이고 장기 프로젝트의 경우 (콘크리트 트럭 수를 포함한) 모든 생산요소들은 가변적일 것이다. 이러한 상황에서는 사회적 잉여의 측정에 고정요소의 변동이 포함되어야 한다. 우리는 이것을 하기 위한 방법이 필요하다. 그런데 보통 때처럼 우리가 연간 편익과 연간 비용에 초점을 맞춘다면 고정비용은 그것의 내용 연한이나 프로젝트의 수명에 걸쳐 분할상환되어야 할 것이라는 것에 유의할 것. 또한 실용적인 주의가 존재한다. 우리가 고정비용을 포함시키든 아니든 특히 만일 우리가 포함시킨다면 대부분의 사람들은 생산자잉여보다는 **이윤**(profits)에 대해 생각하는 것이 더 쉽다.

다행스럽게도 두 가지 염려를 해결할 쉬운 방법이 있다. 생산자잉여는 **이윤**(profits: π)에 생산요소에 가는 **리카도 지대**(Ricardian rents)를 더한 것인데 후자는 **요소 잉여**(factor surplus: FS)라 불린다.[12] 리카도 지대의 한가지 예는 완전경쟁 농업시장에서 특히 생산적인 대지에 가는 수익이다. 그 땅을 경작하는 사람은 임차할 수도 있는데 이 경우 지대는 토지 소유자에게 간다. 혹은 농부가 토지를 소유할 수도 있고 그 경우 그는 지대를 갖는다. 또 다른 예를 들어 보면 최저임금법이 존재하는 노동시장에서 지대는 근로자들에게 갈 수 있다. 두 경우 모두 식 (3.10)은 다음과 같이 다시 쓰여진다.

$$SS = CS + \pi + FS \tag{3.11(a)}$$

정책변동의 순 사회적 편익 증분(ΔSS)은 다음과 같다.

$$\Delta SS = \Delta CS + \Delta \pi + \Delta FS \tag{3.11(b)}$$

다수의 캐나다 경쟁정책은 제안된 합병이 계속 진행되도록 허용되어야 하는지 여부에 관심이 있다. 이 경우 고용인들에 대한 효과 ΔFS는 대개 0인 것으로 가정하여 주요 이슈는 (가격 인상에 따른) 소비자잉여의 잠재적 감소 ΔCS가 이윤의 증가 $\Delta \pi$에 의해 상쇄되는지 여부로 축소된다. 정부기관이 포기된 소비자잉여를 근거로 합병을 저지하려 하는 합병 청문회에서 이러한 논쟁을 하는 기업들은 소위 "효율성 방어"를 사용하고 있다.[13]

3.3.2 정부 잉여

지금까지의 분석은 정책변동의 소비자들 및 생산자들에 대한 영향만 고려하였다. 실용적 관점에서 정부를 사회 내의 별개의 관계자나 부문으로 취급하는 것이 유용하다. 비록 사회는 실제로 개인들로 구성되어 있지만 이것이 현실이다. 만일 우리가 정부를 별개의 부문으로 취급하지 않는다면 정부수입이나 지출의 매 증분적 변동의 출처를 개별 투자자들이나 소비자들까지 확인해야 할 것이다. 이것은 실용적이지도 정말로 필요하지도 않기 때문에 정부에 대한 영향도 포함되어야 한다. 구체적으로 분석가는 정부에 대한 순 예산 영향을 포함해야 하는데 보통 **정부 잉여**(government surplus: GS)라고 불린다. 조세로부터 정부로의 재정 유입은 정부 잉여를 증가시키는 한편 지출로 인한 재정 유출은 정부 잉여를 감소시킨다. 정부 잉여에 변동이 있을 때 사회적 잉여는 다음과 같은 요소로 구성된다.

$$SS = CS + PS + GS \quad (3.12(a))$$

따라서 정책 변동의 순 사회적 편익의 증분(ΔSS)은 다음과 같다.

$$\Delta SS = \Delta CS + \Delta PS + \Delta GS \quad (3.12(b))$$

완전경쟁시장에서 **특정 프로젝트의 순 사회적 편익은 정부 수입의 순변동 + 소비자 잉여와 생산자잉여 합계의 변동이다**. 종종 CBA를 수행해야 하는 프로젝트의 경우 한 정부나 몇몇 정부에게 프로젝트의 모든 비용이 발생하는 한편 정부에게는 재무적 편익이 발생하지 않는 경우가 있다. 예를 들어 정부는 장애인들을 위한 임대료 없는 주택 건설의 모든 비용 부담을 질 수 있다. 단순화하기 위해 그리고 완전경쟁 가정과 부합하기 위해 이러한 종류의 상황에서 생산자잉여의 변동이 없다고 가정하는 것이 합리적이다. 이 프로젝트의 편익은 소비자잉여의 증가이고 비용은 순 정부지출이어서 순 사회적 편익은 편익에서 비용을 공제한 것이다. 즉 $B = \Delta CS$, $C = -\Delta GS$, $\Delta SS = NSB = B - C$이다.

이제 이와 대조적으로 정부가 동일한 주택을 건설하지만 시장 임대료를 부과하는 프로젝트를 생각해 보자. 전과 마찬가지로 생산자잉여의 변동은 없는 것으로 가정하는 것이 합리적이다. 사회적 잉여(또는 순 사회적 편익)의 변동을 계산하는 두 가지 방법이 있다. 첫 번째 방법은 앞에서와 마찬가지로 편익은 소비자잉여의 변동으로 측정하고 비용은 정부지출(즉 건설비용+운영비용)의 변동으로 측정한다. 지불되는 집세는 단순히 이전이다. 즉 소비자들에게는 비용이지만 정부에는 편익이다. **이전의 순효과는 0이다. 따라서 그것은 순 사회적 편익의 계산에서 무시될 수 있다**. 사실 정부 잉여의 일부로 정부에 지불하는 집세를 포함하는 것은 맞지 않을 것이다.

NSB를 계산하는 두 번째 방법은 처음에 프로젝트의 총편익에 초점을 맞춘다. 소비자의 **총편익**(gross benefit: B)은 역수요곡선 밑의 면적이다. 즉, 식 (3.1)로부터 $B = \Delta CS$ + 임대료이다. 사회의 총비용은 소비자들이 지불하는 임대료와 정부가 지불하는 프로젝트 지출의 합이다. 따라서 순 사회적 편익은 $NSB = B - C = \Delta CS$ − 건설비용 - 운영비용으로 전과 동일하다.

이 예를 통해 종종 순 사회적 편익을 계산하는 몇몇 상이한 방법들이 존재한다는 것이 명확해진다. 예에서 만일 소비자 지출(예, 임대료)이 비용에도 포함된다면 이것을 포함한 총편익을 측정하는 것이 가능하다. 그 대신에 식 (3.12b)에 표현되었듯이 소비자잉여, 생산자잉여와 정부잉여의 변동에 초점을 맞출 수도 있다.

식 (3.12b)의 직접 추정을 설명하기 위해 그림 3.6에서 볼 수 있듯이 가령 애초에 완전경쟁시장은 가격 P^*와 수량 X^*에서 균형이라고 하자. 그런데 가령 판매자들에게 가격 P_T를 보장해 주는 새로운 정책이 시행된다고 하자. 그러한 정책들은 미국에서 그렇지 않았다면 경쟁적인 농산물시장에서 시행되어 왔다. 예로는 옥수수와 목화시장이 포함된다. 일반적으로 이것들은 **목표 가격설정 정책**(target pricing policy)으로 알려져 있다. 목표가격 P_T에서 판매자들은 X_T만큼 팔기를 원한다. 그러나 구매자들은 이 수량에

그림 3.6 목표 가격설정 예

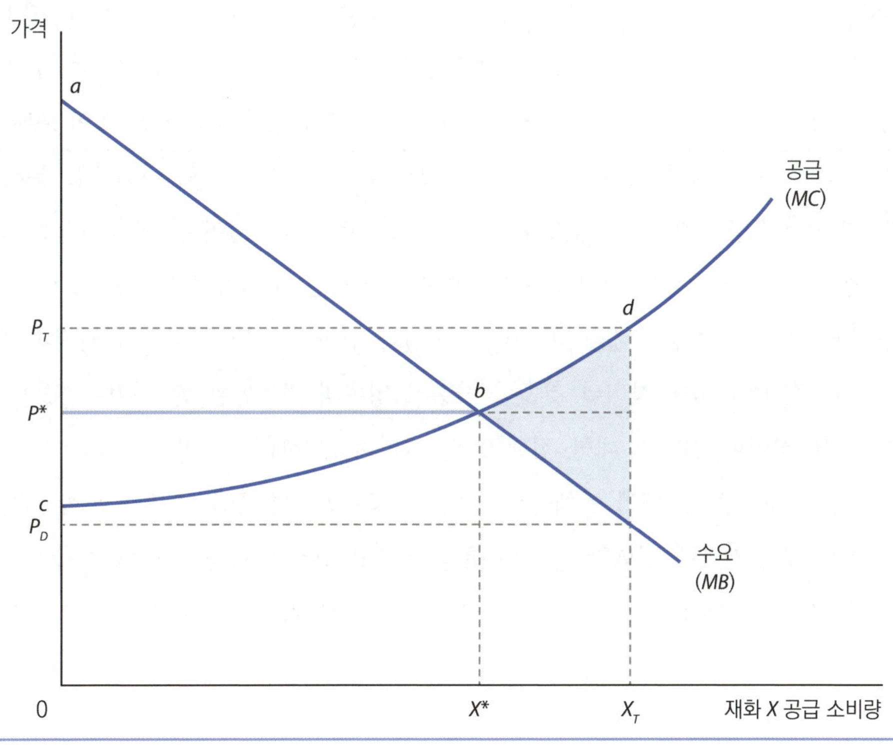

대해 단지 P_D의 가격만 지불하고자 하기 때문에 이것이 사실상의 시장가격이 된다. 목표 가격설정하에서는 P_T와 P_D 간의 차이는 정부가 판매자들에게 지불하는 보조금으로 채워진다. X_T를 생산하는 데 드는 한계비용이 이 수량의 재화 X에 대한 한계편익을 초과하기 때문에 그 정책으로 인해 면적 bde에 해당하는 사회적 잉여 손실(자중손실)이 초래된다.

3.4 분배 측면에서의 시사점

목표 가격설정 정책은 소비자, 생산자, 정부에 상이한 영향을 미친다. 영향을 받는 세 집단 각각의 증분 편익, 증부 비용, 그리고 사회적 잉여의 변동(순편익)과 사회 전체의 순편익은 표 3.1에 나와 있듯이 **사회회계원장**(social accounting ledger)에 요약될 수 있다. 예시 정책하에서 구매자들은 단지 가격 P_D를 지불하기 때문에 소비자잉여는 면적 abP^*에서 aeP_D로 증가하여 P^*beP_D의 이득을 얻는다. 생산자들(판매자들)은 실효가격 P_T를 받아서 생산자잉여는 면적 P^*bc에서 P_Tdbc로 증가하여 P_TdeP_D의 이득을 얻는다. 정부는 면적 P_TdeP_D에 해당하는 보조금을 제공한다. 식 (3.12)에서 볼 수 있듯이 CS와 PS 이득에서 GS 비용을 공제하면 면적 bde에 해당하는 정책의 자중손실이 초래된다.[14]

표 3.1의 우측 열에서 볼 수 있듯이 정부 보조금(P_TdeP_D)은 세 면적으로 분해될 수 있다. 즉 소비자잉여 이득, 생산자잉여 이득, 그리고 자중손실이다. 면적 bde는 정책으로 인한 순 사회적 손실을 나타내지만 나머지 보조금은 납세자들(또는 시민들)로부터 구매자들과 판매자들로의 이전을 나타낸다. 이전과 연관된 편익과 비용이 완전히 상쇄되기 때문에 식 (3.12b)에 정의된 것처럼 사회적 잉여의 변동에는 순 영향이 없다.

표 3.1은 상이한 집단에 대한 정책의 편익과 비용 분배를 보여준다. 정부가 새로운 정책 도입을 고려할 때 대안 정책들의 분배 측면의 영향이 종종 정부의 관심 대상이다. 특히 대개 예산 제약에 직면한 정부는 특정 제안된 정책의 예산에 대한 시사점에 관심이 있다. 따라서 정부는 총 사회적 잉여뿐만 아니라 정부잉여에 미치는 영향을 알기 원할 수 있다. 그러한 고려는 "**돈의 가치**(value for money)"와 정부–민간 합작에 대한 정당성 주장에 내재되어 있다.[15]

표 3.1 목표가격 예의 사회회계원장

집 단	이 득	손 실	순이득
소비자들	$P^{*}beP_{D}$		$P^{*}beP_{D}$
생산자들	$P_{T}dbP^{*}$		$P_{T}dbP^{*}$
정부		$P_{T}deP_{D}$	$-P_{T}deP_{D}$
사회(NSB)			$-bde$

우리는 이 책 전반에 걸쳐 사회회계원장을 제공한다.[16] 뿐만 아니라 19장에서는 다양한(몇몇 빈곤한) 소비자 집단 간 편익과 비용의 분배를 직접 논의한다. 전시 3.1은 그러한 원장 사용을 보여주고 있다. 거기서는 (상이한 회사로 표현되는) 세 이해관계 집단에 대해 세 가지 가상적인 송유관 대안 프로포잘의 영향을 검토하고 있다.

전시 3.1

이 전시는 한 나라에서 다른 나라(예를 들어, 캐나다 북부에서 미국으로)의 소비자들에게 석유를 수송하는 송유관을 건설하고 운영하기 위해 정부가 (국내의) A, B, C 등 세 개의 상이한 회사들의 제안을 평가하는 가상적 예를 보여준다. 각 제안과 연관된 편익과 비용은 두가지 방법으로 제시되고 있다.

첫 번째 표는 분배적 고려를 무시한 "전통적인" CBA의 예이다. 영향들은 사회 전체의 관점에서 편익이나 비용으로 분류된다. 사회는 송유관을 건설하지 않는 것보다는 회사 A 또는 B의 채택한다면 더 나아지게 되고(순 사회적 편익이 양의 값) 회사 B의 제안을 채택하면 제일 많이 나아진다. 이와 대조적으로 두 번째 표는 세 상이한 집단들이 각 제안에 의해 어떻게 영향을 받는지를 나타낸다. 모든 기업들은 자신들의 이윤(생산자잉여)이 양의 값이므로 순편익을 얻을 것이라는 것을 보여준다. 그러나 두 회사(A와 B)는 다른 회사(기업 C)보다 더 많은 이윤을 얻을 것이다. 정부도 역시 정부잉여(조세수입)가 양의 값이므로 편익을 얻을 것이다. 그러나 송유관 근처에 사는 사람들로 구성된 제3자 집단은 세 제안 모두에서 더 나빠질 것이다. (이 예에서 석유를 사용하는 데 따른 편익(소비자잉여)은 없는데 왜냐하면 석유는 수출되고 외국인들은 이해관계를 갖고 있지 않다고 가정하기 때문이다) 또한 두 번째 표는 회사 A와 B의 제안에서 순 사회적 편익이 유사하지만 회사 A의 제안에서 정부는 더 많은 조세수입을 얻을 것이지만 회사 B의 제안에서 주민들은 더 나아지게 되기 때문에 둘 간에는 반대급부가 존재한다는 것을 보여준다. 따라서 두 번째 표는 첫 번째 표에 비해 더 풍부한 정보를 제공한다.

송유관 제안 대안들의 비용-편익분석

	회사 A	회사 B	회사 C
사회적 편익			
수입	4.00	4.00	4.00
총편익	4.00	4.00	4.00
사회적 비용			
건설비용	1.88	1.98	2.36
운영비용	1.20	1.25	1.50
건설의 환경비용	0.20	0.20	0.20
후속 환경비용	0.29	0.13	0.08
총비용	3.57	3.56	4.14
순 사회적 편익	0.43	0.44	-0.14

송유관 제안 대안들의 비용-편익분석(영향받는 각 집단의 순편익)

	회사 A	회사 B	회사 C
회사의 영향			
편익			
수입	4.00	4.00	4.00
비용			
건설비용	1.88	1.98	2.36
운영비용	1.20	1.25	1.50
조세	0.24	0.20	0.05
기업의 환경비용*	0.18	0.08	0.05
비용	3.50	3.51	3.96

이윤	**0.50**	**0.49**	**0.04**
주민들의 비용			
건설의 환경비용	0.20	0.20	0.20
후속 환경비용	0.15	0.07	0.04
수취 보상 감소분	-0.04	-0.02	-0.01
주민들의 순비용	**0.31**	**0.25**	**0.23**
정부수입(조세)	**0.24**	**0.20**	**0.05**
순 사회적 편익	**0.43**	**0.44**	**-0.14**

* 준수비용과 주민들에게 지급되는 보상을 포함함

3.5 과세를 통한 수입 증가의 사회적 비용 통합

3.5.1 한계 초과조세부담과 공적 자금의 한계비용

대부분의 정부정책과 프로젝트는 정부지출이 요구된다. 이 지출은 어떻게든 조달되어야 한다. 이 장에서는 한 재화에 대한 내국소비세는 자중손실을 초래한다는 것을 보였다. 소득세도 일반적으로 자중손실을 초래한다. 정부가 소비자들, 납세자들, 또는 생산자들에게 과세할 때 대개 (그러나 항상은 아님) 사회적 잉여는 감소한다. 게다가 목표가격 예에서 보았듯이 정부가 보조금을 제공할 때도 자중손실이 발생할 수 있다.

조세와 보조금 외에도 잠재적 자중손실의 원천이 다수 존재하므로 자중손실을 초래하는 각 조세나 보조금의 비율을 경제학자들은 이 장의 앞부분에서 소개된 용어인 **누출**(leakage) 또는 **초과조세부담**(excess tax burden)의 잠재적 원천이라 부른다. 예를 들어 목표가격설정 예에서 누출 또는 초과조세부담은 면적 $bde/P_T de P_D$로 이루어진다. 또한 누출은 조세와 보조금과 연관된 행정비용, 여가에서 노동으로의 비효율적 대체, 물물교환에서 합법적 교역으로의 비효율적 대체, 조세의 도피구를 탐색하는 데 따른 비효율 등이 포함된다.

조세수입을 추가적으로 1원 증가시키는 데 따른 자중손실의 증가분은 **한계초과조세부담**(marginal excess tax burden: METB)이라 부른다. METB의 크기는 조세 변동에 대한 행동 반응의 크기 – 예를 들어 소득에 대한 조세에 기인한 소비자 구매나 근로시간 변동의 정도 – 에 달려 있다.[17] 대개 이러한 반응은 점증적으로 변동하는 조세의 유형에 따라 다르다. 일반적으로 과세되는 행위가 더 수요 탄력적이거나 노동이 더 공급 탄력적일 때 METB는 더 크다(다음에 설명되는 이유로 이 절에서 언급되는 탄력성은 보상탄력성이 아니라 비보상탄력성으로 간주되어야 한다). 중요한 것은 소득세에 따른 METB가 재산세나 판매세에 따른 METB보다 크다.

METB가 만연한 상황에서 조세를 통한 정부수입 1원 증가의 사회적 비용은 납세자들로부터 이전되는 1원과 이로 인해 초래되는 자중손실 METB의 **합**이다. 이리하여 조세를 통한 1원 증가의 사회적 비용은 1 + METB인데, 이것은 공적자금의 한계비용(marginal cost of public funds: MCPF)[18]이라 불린다. 즉

$$MCPF = 1 + METB \tag{3.13}$$

METB의 크기에 대한 다수의 실증적 추정치가 존재하고 게다가 MCPF의 직접 추정치들도 몇몇 존재한다. 이 추정치들은 앞에서도 언급하였듯이 조세의 유형을 포함한 다양한 이유로 다른 값을 갖는다. 연방정부 프로젝트의 경우 대개 소득세를 한계조세원천으로 간주하는 것이 합리적이다. 따라서 이후로는 소득세의 METB와 MCPF 추정치에 초점을 맞춘다.

개인들에게 부과된 소득세로 인한 주요 왜곡은 노동시장에서 발생한다. 따라서 소득세의 한계초과부담에 대한 거의 대부분의 추정치들은 노동공급 탄력성 추정치를 활용한다. 비록 소득세의 METB에 대한 대부분의 추정치들은 보상 노동공급 탄력성을 사용하지만 소수의 추정치들은 그 대신 비보상 탄력성에 기초하고 있다. 전자는 개인들에게 소득세로 인한 소득이나 효용의 감소를 보상하는 한편 후자는 보상하지 않는다 (보다 충분한 설명은 이 장의 부록을 볼 것). 정책이나 프로그램이 그들의 조세를 통해서 자금을 조달한 사람들에게 충분히 편익을 주어서 그들이 본질적으로 보상받는 것(대부분의 프로젝트나 프로그램의 경우 그럴 가능성은 없음)이 아닌 한 비보상 노동공급 탄력성에 기초한

METB가 CBA에서 사용되어야 한다.[19] 더욱이 제한된 특별한 상황일 때(예를 들어, 노동공급이 완전 비탄력적일 때)를 제외하고는 MCPF가 비보상 노동공급 탄력성에 기초할 때에만 1 + METB가 MCPF와 동일하다.[20]

Daniel Fujiwara는 보상 및 비보상 노동공급 탄력성에 기초한 다수의 METB 추정치들을 모았다. 비보상 노동공급 탄력성에 기초한 추정치들은 표 3.2의 처음 다섯 줄에 요약되어 있다.[21] 5개 중간값 추정치의 평균은 1달러당 23센트이고 중위값은 1달러당 19센트이다. 낮은 추정치의 평균은 1달러당 18센트이고 높은 추정치의 평균은 1달러당 28센트이다. Fujiwara가 수집한 보상 노동공급 탄력성에 기초한 20개 연구의 평균은 1달러당 26센트이고 보다 극단적인 값들을 제거하고 나면 1달러당 21센트와 32센트의 범위에 있다. 보상 노동공급 탄력성에 기초한 METB 추정치들은 더 큰 경향이 있는데 그 이유는 조세의 주어진 규모 증가로 인한 근로시간의 감소가 보상 탄력성일 때 더 크기 때문이다.

표 3.2 한계 초과조세부담의 추정치

연 구	국 가	METB	METB 추정치의 중간값
Dahlby(1994)	캐나다	0.09-0.38	0.235
Stuart(1984)	미 국	0.43	0.430
Fullerton and Henderson(1989)	미 국	0.06-0.17	0.115
Ballard et al.(1985)	미 국	0.12-0.23	0.185
Campbell and Bond(1997)	호 주	0.19	0.190
Ahmad and Croushore(1994)	미 국	0.121-0.167	0.144
Gruber and Saez(2002)	미 국	0.285	0.285
Kleven and Kreiner(2006)	영 국	0.26	0.260
Ruggeri(1999)	캐나다	0.18	0.180

출처: 위에서 다섯 줄의 추정치들은 비보상 노동공급 탄력성을 사용한 연구에서 가져온 것이다. Daniel Fujiwara, *The Department for Work and Pensions Social Cost-Benefit Analysis Framework: Methodologies for Estimating and Incorporating the Wider Social and Economic Impacts of Work in Cost-Benefit Analysis of Employment Programmes*, Working Paper No. 86 (London: Department for Work and Pensions, 2020, 표 3.1); 밑의 네줄의 추정치들은 Bev Dahlby, *The Marginal Cost of Public Funds: Theory and Application* (Cambridge, MA: The MIT Press, 2008, 표 5.3)

Bev Dahlby는 MCPF의 네 추정치들을 모았다. 1을 빼서 METB 추정치로 변환된 이 추정치들은 표 3.2의 아래 네 줄에서 볼 수 있다.[22] 이 네 추가 추정치들을 포함하면 중간값 추정치들의 평균은 1달러당 22.5센트이고 중위값은 1달러당 19센트이다. 미국에 대한 단지 5개 추정치들을 보면 중간값의 평균은 1달러당 23센트이고 중위값은 1달러당 18.5센트이다.

비록 1달러당 19센트나 23센트라는 추정치가 소득세로 자금이 조달되는 연방정부 프로젝트에 대한 METB로 합리적인 값을 제공하지만 이 추정치들은 재산세로 자금을 조달할 가능성이 훨씬 큰 지방정부 프로젝트에 대해서는 덜 적절하다. 그러한 프로젝트들에 대해서는 특별히 재산세에 대한 추정치인 1달러당 17센트의 METB가 사용되어야 한다.[23]

전시 3.2는 고소득 가구에 과세하고 저소득 가구에 그 돈을 재분배하는 것의 평균 사회적 비용을 계산한 가상적 예를 보여준다. 이 전시는 한계 초과초세부담과 공적자금의 한계비용 계산을 보여준다.[24]

전시 3.2

다음 표는 Edgar Browning의 연구에서 가져온 것으로서 단지 5가구로 구성된 단순화된 가상적 사회에 기초하고 있다. 발상은 $1,350의 추가적 수입을 얻기 위해 모든 사람에게 과세한 다음 이 $1,350을 모든 사람에게 동일하게 분배하는 것이다.

5가구 전부 처음에 1년에 2,000시간을 일하고 40%의 동일한 한계세율이 적용된다고 가정하자. 밑에 있는 표의 두 번째 열에서 볼 수 있듯이 가구 A의 과세전 총 시간당 임금률은 $5 (=$10,000/2,000)이지만 과세 후 순 임금률은 단지 $3(=$5×0.6)이다. 다른 4가구에 대한 총 및 순 시간당 임금률도 같은 방식으로 계산된다. 또한 모든 가구의 노동공급 탄력성은 0.15로 가정한다. 즉 순임금이 1% 변동하면 가구는 근로시간을 0.15% 변동하게 된다.

이제 가령 정부는 1%의 별개의 소득세를 도입하여 각 가구의 한계세율은 40%에서 41%로 증가한다고 하자. 이것은 그들의 순 과세후 임금률을 1.67%(=0.01/0.60) 감소시킨다. 그 결과 근로시간은 0.25%(=0.15×0.0167) 또는 1년에 5시간 감소한다. 따라서 표의 3번째 열에서 볼 수 있듯이 소득도 0.25% 감소한다.

순 추가적 조세수입은 4열에서 볼 수 있다. 예를 들어 가구 A는 처음에 $4,000(=$10,000×0.4)의 세금을 지불했지만 새로운 소득세가 부과된 이후 그 가구는 약 $4,090(=$9,975×

0.41)의 세금을 내서 대략 $90가 증가했다. 추가적인 조세수입 $1,350 전체가 똑같이 나누어져서 각 가구는 $270를 받는다. 순이전(=5열 - 4열)이 6열에 요약되어 있다.

표의 7열은 가처분소득의 총변동을 나타내는데 3열과 6열의 합이다. 가장 부유한 세 가구의 순소득은 총 $570 감소한 반면, 가장 가난한 두 가구의 순소득은 합해서 단지 $195 증가하였다. 그러나 5가구 모두 전보다 덜 일하고 더 많은 여가를 즐긴다. 추가적인 여가의 가치가 과세후 순 임금률과 같다고 가정하면 가구 A는 $15(=$3×5시간)로 가치가 매겨지는 여가 이득을 얻고 가구 B는 $30(=$6×5시간)으로 가치가 매겨지는 여가 이득을 얻는다. 8열은 (여가 이득의 가치를 포함한) 실질소득의 총변동을 요약하고 있다. 가구 A와 B의 실질소득은 합해서 $240 늘어난 반면 가구 C, D, E의 소득은 $390만큼 감소한다.

이리하여 6열에서 볼 수 있듯이 가장 부유한 두 가구로부터 가장 가난한 두 가구로 $270가 이전된다. 그러나 8열에서 볼 수 있듯이 가장 가난한 두 가구의 실질소득은 합해서 $240가 증가한데 비해 가장 부유한 세 가구의 실질소득은 $390 감소한다. 따라서 이 예는 행정비용을 무시하더라도 1달러 이전당 $1.63(=$390/$240)의 소득 손실을 가져오는 것을 보여준다. 종종 초과규모 63센트는 **재분배의 한계효율비용(marginal efficiency cost of redistribution)**이라 부르는데 이것은 소득이 낮는 사람들을 1달러만큼 더 나아지게 만들 때 사회의 다른 구성원들이 겪는 손실이다. 한계 초과조세부담의 분자는 자중손실인 $150(=$390-$240) 또는 8열의 제일 밑에 나온 값인 한편 분모는 $1,350(실제로 징수한 조세 규모로 4열의 제일 밑에 나온 값)이다. 따라서 이 가상적 예에서 METB는 0.11이고 MCPF는 1.11이다.

재분배의 한계비용

가구	초기 (총)소득	소득의 순변동	추가 조세 수입*	이전	순이전	가처분 소득의 변동	실질 소득의 변동
(1)	(2)	(3)	(4)	(5)	(6)	(7)	(8)
A	10,000	-25	90	270	180	155	170
B	20,000	-50	180	270	90	40	70
C	30,000	-75	270	270	0	-75	-30
D	40,000	-100	360	270	-90	-190	-130
E	50,000	-125	450	270	-180	-305	-230

합계	150,000	-375	1,350	1,350	0	-375	-150

* 이 수치들은 $10 단위로 반올림한 것임.

출처: Edgar K. Browning, "The Marginal Cost of Redistribution," *Public Finance Quarterly*, 21(1), 1993, 3-32, p.5 표1. Sage Publications, Inc.의 허가를 받고 리프린트함.

3.5.2 MCPF 존재 현실 하에서의 배분적 효율

정부가 과세를 통해 지출할 돈을 조달해야 하는 프로그램은 지출액에 MCPF를 곱해준 값과 동일한 사회적 비용을 초래한다. 대칭적으로 (예를 들어, 수익자 부담금을 통해) 정부수입을 가져오는 프로그램은 과세를 줄이거나 피하는 것이 가능하도록 하므로 창출한 정부수입에 MCPF를 곱해준 값에 해당하는 편익을 사회에 가져온다. 그러한 효율성 효과를 감안하면 식 (3.12)는 다음과 같다.

$$SS = CS + PS + (MCPF)GS \tag{3.14(a)}$$

$$\Delta SS = \Delta CS + \Delta PS + (MCPF)\Delta GS \tag{3.14(b)}$$

환언하면 특정 프로젝트의 배분적 효율성 영향을 적절히 측정하고 순 사회적 편익을 계산하기 위해 정부 프로젝트의 지출과 수입에는 공적자금의 한계비용이 곱해져야 한다.

3.6 후생 변동의 측정

이 장은 배분적 효율성과 순 사회적 편익의 측정에 초점을 맞추고 있다. 그러나 후생은 배분적 효율과 **형평**(equity)과 관련하여 보다 광범위하게 공식화될 수 있다. 개념적으로 식 (3.14b)를 일반화하여 후생 변동의 보다 광범위한 관점을 측정하는 것은 간단하다.

$$\Delta W = \gamma_c \Delta CS + \gamma_p \Delta \pi + \gamma_f \Delta FS + \gamma_g \Delta GS \tag{3.15}$$

여기서 $\gamma_c, \gamma_p, \gamma_f, \gamma_g$는 각각 소비자들, 생산자들, 생산요소와 정부의 후생 가중치이다. 이 공식은 $\Delta\pi$로 표시된 기업에 발생하는 생산자잉여와 ΔFS로 표시된 생산요소(대개 노동)에 발생하는 생산자잉여를 구분하고 있다. 전시 3.3에서 보여주듯이 몇몇 연구에서는 민영화에 따른 후생 변동을 측정하기 위해 식 (3.15)를 사용해 왔다.

만일 $\gamma_c = \gamma_p = \gamma_f = 1$이고 $\gamma_g = MCPF$이며 $\gamma_p \Delta \pi + \gamma_f \Delta FS = \Delta PS$라면 식 (3.15)는 식 (3.14b)가 되어 그것은 순 사회적 편익을 측정한다. 그러나 가중치들은 형평성 고려로 인해 다른 값들을 취할 수 있다.[25] 더욱이 상이한 가중치가 상이한 소비자 집단과 연관될 수 있는데 19장에서 상세하게 다룰 것이다.

전시 3.3

Anthony Boardman과 그의 동료들은 1995년 캐나다 국철(CN)의 민영화에 따른 후생 이득을 추정하였다. 이것은 역사상 가장 큰 철도 민영화 중 하나였다. 저자들은 민간 소유 경쟁자인 캐나다 태평양 철도(CP)의 비용 자료에 기초한 신뢰할 만한 반사실(counterfactual)을 만들 수 있었다. 저자들은 소비자들(선적처리업자들)의 편익은 0이라고 주장했는데 그 이유는 실증자료에 의하면 민영화는 CN과 CP의 가격과 산출량에 무시할 만한 영향을 미쳤기 때문이다. 이리하여 관심대상인 유일한 생산요소는 고용인이었다. 민영화 후 CN의 고용은 감소했지만 고용 감소율은 (민영화가 발표된) 1992년 전보다 1992년 후가 더 느렸다. CN의 민영화 후 CN에서의 임금 및 급여는 CP보다 빠르게 증가하였다. 이리하여 민영화의 결과로 고용인들이 더 나아졌는지 혹은 더 나빠졌는지에 대한 명확한 증거가 없다. 결과적으로 분석적 관심은 기업들(그리고 그들의 주주들)과 캐나다 정부에 대한 영향에 집중되었다. 그들이 선호한 반사실 추정치를 사용하여 저자들은 (캐나다인이 아닌) 외국인 주주들에게 돌아가는 이윤 증가는 44억 6천만 달러, 캐나다인 주주들에게 돌아가는 이윤 증가는 36억 9천만 달러, 캐나다 정부에게 돌아가는 잉여 증가는 69억 달러로 추정하였다. 이윤과 정부에 동일한 후생가중치를 부여하는(즉, $\gamma_p = \gamma_g = 1$) 표준적인 CBA 관례를 따르면 순 사회적 편익은 150억 6백만 달러가 나온다. 단지 캐나다 국민들만 이해관계를 가지고 있다고 가정하면 이들에 대한 순 사회적 편익은 105억 9천만 달러(=69억 달러 + 36억 9천만 달러)가 된다. 그러나 본문에서 언급하였듯이 $\gamma_g = 1 + METB$로 정하는 것에 찬성하는 효율성 주장이 존재한다. 또한 Boardman과 동료들은 $\gamma_p = 1 +$ **자본의 잠재가격(shadow price of capital)**으로 정하는 것에 찬성하는 효율성 주장도 있다고 주장한다. 이것은 10장에서 자세히 다룰 것이다. 그들은 $\gamma_g = 1.4, \gamma_p = 1.16$을 제안하여 CN 민영화에 따른 캐나다 인의 순편익은 139억 4천만 달러로 추정되었다.

출처: Anthony E. Boardman, Claude Laurin, Mark A. Moore, and Aidan R. Vining, "A Cost-Benefit Analysis of the Privatization of Canadian National Railway," *Canadian Public Policy*, 35(1), 2009, 59-83.

3.7 결론

CBA의 주요 목표는 보다 효율적인 자원의 배분이다. 이 장에서는 비용-편익분석의 기술적 토대를 제공하는 미시경제학과 후생경제학으로부터의 주요 원리를 검토하였다. 주요 개념은 CBA를 수행하는 데 있어서 새로운 정책, 프로그램 또는 프로젝트가 시행될 때 초래되는 사회적 잉여의 변동을 추정해야 한다는 것이다. 사회적 잉여의 변동은 배분적 효율의 변동(또는 순 사회적 편익)의 척도를 제공한다. 사회적 잉여는 종종 소비자잉여와 생산자잉여, 그리고 정부잉여의 합으로 표현된다. 그러나 프로젝트들은 종종 조세로 자금조달이 되는데 모든 조세는 자중손실을 만든다. 조세의 효율 영향을 감안하기 위해 정부 유입액과 유출액은 MCPF, 즉 1+METB로 곱해져야 한다.

이 장에서는 처음에 시장이 완전경쟁적이라 가정한다. 5, 6, 7장에서는 다수의 상이한 상황에서 개념적으로 적절한 편익과 비용의 척도를 개발하기 위해 소개된 개념들을 활용한다.

부록 3A 소비자잉여와 지불의사액

이 장에서 우리는 대부분의 상황 하에서 수요곡선으로 측정된 소비자잉여 변동의 추정치는 정책변동의 효과를 얻거나 회피하기 위한 개인들의 WTP의 합리적 근사치로 CBA에서 사용될 수 있다고 주장했다. 이 부록에서는 소비자잉여 변동의 측정값이 사실상 WTP의 가까운 근사치를 제공하는 상황과 그렇지 않은 상황을 알아본다. 예시적인 목적으로 주어진 가격 인상을 회피하기 위해 소비자가 지불할 의사가 있는 화폐액과 수요곡선에 기초한 가격 인상으로 초래되는 소비자잉여의 손실 간의 관계에 초점을 맞춘다.

보상변화

가격 상승을 피하기 위해 소비자가 지불할 의사가 있는 최대 화폐액은 가격 변동 이전에 그가 누리던 것과 동일한 효용 수준으로 돌아가게 하는데 필요한 금액인데 이를 **보상변화**(compensating variation)라 부른다. 만일 소비자들이 그들의 보상변화의 가치 이상으로 지불해야 한다면 그것이 발생하도록 허용하는 것보다 인상을 피하기 위해 지불함으로써 더 나빠질 것이다. 이리하여 가격인상으로 인한 소비자잉여의 손실이 가격인상을 피하기 위한 소비자들의 WTP와 동일하기 위해서는 그것은 가격인상과 관련된 보상변화의 값과 정확히 일치해야 한다.

이러한 점들은 그림 3A.1(a)에서 볼 수 있듯이 무차별곡선 분석으로 가장 잘 설명될 수 있다. 이 그림은 단지 두 재화 X와 Y만 제공되는 세상에 직면한 한 소비자를 나타낸다. 그림에서 직선은 예산제약을 나타낸다. 한 소비자가 직면하는 특정 예산제약은 그의 소득과 두 재화 X와 Y의 상대가격에 달려 있다. 소비자의 소득이 크면 클수록 그는 X와 Y를 더 많이 사용할 여유가 되고 따라서 원점으로부터 예산제약선의 거리는 점점 멀어지게 된다. 따라서 예를 들어 예산제약선 JK는 예산제약선 GI보다 더 큰 소득 수준을 나타내고, 예산제약선 GH는 LK보다 더 큰 소득을 나타낸다. 소비자의 예

그림 3A.1(a) 가격변동의 무차별곡선 분석

그림 3A.1(b) 가격변동의 수요곡선 분석

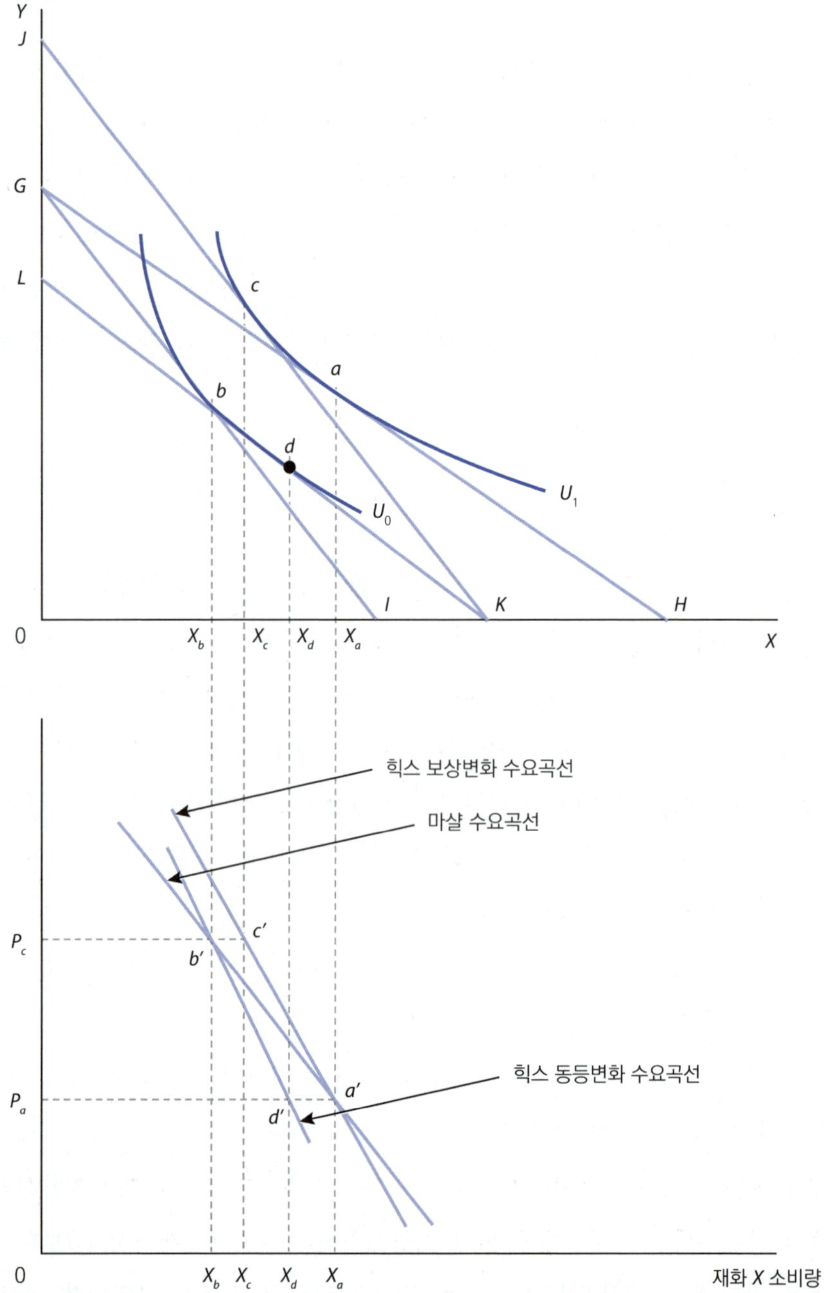

산제약선의 기울기는 만일 X가 한 단위 덜 구입된다면 Y를 추가적으로 얼마나 더 많이 얻을 수 있는지를 나타낸다. 이리하여 다른 모든 것을 일정하게 유지할 때 예산제약선의 기울기는 음의 값이고 Y재 가격 대비 X재 가격에 의존한다. 결과적으로 만일 Y재 가격에 비해 X재 가격이 오른다면 그의 예산제약선은 더 가팔라져서 예를 들어 예산제약선 GH에서 GI로 변한다. 그 결과 그가 포기하는 X재 각 단위에 대해 더 많은 양의 Y재를 구입할 수 있다.

그림 3A.1(a)에 있는 곡선은 **무차별곡선**(indifference curve)이다. 단일 무차별곡선을 따라서 모든 점들은 한 소비자에게 동일한 수준의 효용을 제공해 주는 재화 X와 Y의 조합들을 나타낸다. 이리하여 그 소비자는 U_0상의 점 b와 d, U_1상의 a와 c 간에 무차별하다. 무차별곡선이 원점에서 멀리 있을수록 효용 수준은 더 크다. 이리하여 그 소비자는 무차별곡선 U_0상의 어떠한 점(예를 들어, 점 b)보다 무차별곡선 U_1상의 어떤 점(예를 들어, 점 a)이라도 더 선호하는데 왜냐하면 점 b에서 보다 점 a에서 X재와 Y재 둘 다 더 많이 소비할 수 있기 때문이다.

그림 3A.1(a)의 무차별곡선들은 음의 기울기를 갖는다. 왜냐하면 정의상 무차별곡선을 따라서 어떠한 이동도 한 재화의 소비 증가가 다른 재화 소비의 충분한 감소로 상쇄되어서 소비자의 효용수준은 불변이 되게 하는 상황을 나타내기 때문이다.[1] 개인이 두 재화를 더 또는 덜 소비한다면 효용수준은 확실히 변할 것이다.

무차별곡선의 볼록한 형태(즉, 원점을 향해 안쪽으로 구부러짐)는 체감하는 한계효용을 반영한다. 즉 소비자가 한 재화를 더 많이 소비할수록 추가적 단위에 대해 포기할 의사가 있는 다른 재화의 양은 점점 줄어든다. 예를 들어, 무차별곡선 U_0의 볼록한 형태는 점 b에서 소비자가 X재를 추가적으로 한 단위 더 소비하기 위해 포기할 의사가 있는 Y재의 양이 점 d에서 보다 많다는 것을 의미한다.

이제 그림 3A.1(a)에서 재화 X는 예를 들어, 영화관람표와 같이 소비자가 그의 총소득에서 단지 작은 부분을 지출하는 상품이고 재화 Y는 소비자가 나머지 소득을 지출하는 복합재라고 가정하자. 이 가정하에서 Y재는 소비자의 총 화폐소득의 합리적 근사치이다. 결과적으로 그림에서 예산제약선의 기울기는 재화 X의 가격을 나타낸다. 즉 X재를 추가적으로 한 1단위 더 얻기 위해 소비자가 포기해야 하는 화폐소득(즉 재화 y)의 규모이다.

처음에 소비자가 예산제약선 *GH*에 직면한다고 가정하자. 그러면 그는 무차별곡선 U_1상의 점 *a*를 선택할 것이다. 점 *a*는 균형을 나타내는데 왜냐하면 소비자는 다른 어떠한 점으로 이동하더라도 그의 효용을 증가시킬 수 없고 따라서 그렇게 할 유인이 없기 때문이다.[2] 이제 새로운 정부정책의 결과 재화 *X*의 가격이 두 배가 된다고 가정하자.[3] 이로 인해 소비자의 균형은 더 낮게 위치한 무차별곡선 U_0와 더 가파른 기울기를 갖는 예산제약선 *GI*상의 점 *b*로 바뀐다. 이리하여 그의 *X*재 소비는 X_a에서 X_b로 하락한다.[4]

한편 만일 소비자가 *X*재의 가격상승에 대해 완전히 보상되기에 충분한 목돈을 지불받는다면 그의 예산제약선은 *GI*에서 *JK*로 이동하게 되어 원래의 무차별곡선 U_1으로 돌아갈 수 있도록 한다. 그러나 새로운 상황에서 (점 *a*가 아니라) 점 *c*를 선택할 것이고 (X_a가 아니라) X_c를 소비할 것이다. 두 평행인 예산제약선 간의 수직거리(즉 수직축상의 점 *G*와 *J* 간의 거리)는 가격인상으로 인해 효용을 잃지 않기 위해 그에게 지불되어야 하는 *Y*재의 양(즉, 화폐소득)을 나타내므로 이 거리가 가격인상과 연관된 보상변화가 된다.

요컨대 이 보상변화 값은 소비자가 가격인상을 회피하기 위해 지불할 의사가 있는 최대금액이다. 이것을 확인하기 위해 가령 가격인상이 일어났고 소비자는 그것에 대해 완전히 보상받는다고 하자. 그리고 다음으로 만일 그가 받은 모든 보상−즉 그의 보상변화 전체 값−을 지불할 의사가 있다면, 가격인상은 철회된다고 하자. 그는 이 제안을 수락할 것이가? 거부할 것인가? 사실상 그는 이 철회에 대해 무차별할 것이다. 만일 그가 그것을 수락한다면 그는 무차별곡선 U_1상의 점 *a*인 초기 균형으로 다시 돌아갈 것이다. 만일 그가 거부한다면 역시 U_1상의 점 *c*에 머무를 것이다. 이리하여 보상 값은 가격인상을 회피하기 위해 소비자가 지불할 의사가 있는 최대 금액을 나타낸다. 만일 그가 가격인상을 폐지하기 위해 조금 덜 지불할 수 있다면 그는 폐지 제안을 거부할 것이다. 만일 그가 조금 더 지불해야 한다면 그는 제안을 수락할 것이다.

소득효과와 대체효과

그림 3A.1(a)에 있는 정보 하에서 *X*재의 소비자 수요에 대한 X재 가격인상의 총효과는 두 개의 별개 효과로 분해될 수 있다. 즉 **보상 대체효과**(compensated substitution effect)와 **소득효과**(income effect)이다.[5] 보상 대체효과는 그림 3A.1(a)에서 X_a에서 X_c로의 수요 변동으로 표현된다. 그것은 만일 소비자가 가격인상의 결과로 겪는 효용손실에 대해 정확하게 보상이 되어 그 결과 무차별곡선 U_1에 계속 머무르게 될 때 X재 수요에 대한 X재 가격 변동의 효과를 조사할 수 있게 해 준다. 보상 대체효과는 항상 한 재화에 대한 수요가 해당 재화 가격의 변동과 반대 방향으로 움직이도록 한다. 예를 들어, 소비자의 효용수준을 일정하게 유지한 채 X재 가격의 증가로 인해 소비자는 이제 X재 대신 상대적으로 덜 비싼 Y재로의 대체를 초래한다. 이리하여 그림에서 볼 수 있듯이 X_c는 X_a보다 작다.

소득효과는 그림 3A.1(a)에 X_c에서 X_b로의 수요변동으로 나타나 있다. 그것은 X재 가격의 증가가 소비자의 가처분소득을 감소시키기 때문에 발생한다. 그림이 암시하듯이 만일 X가 **정상재**(normal good)－즉, 재화의 구입량과 가처분소득이 +로 연관됨－라면 소비자는 그것을 덜 구입할 것이다. 이리하여 X_b는 X_c보다 작다. 따라서 대체효과와 같이 가격인상과 연관된 소득효과도 소비자로 하여금 그의 재화에 대한 수요를 감소시킨다.

수요곡선

그림 3A.1(a)에서 예산제약선의 기울기는 X재의 구 가격과 신 가격을 나타내고 이 예산제약선과 무차별곡선이 접하는 점들을 보여준다. 그것들은 각 가격에서 소비자가 원하는 재화의 수량을 나타내므로 그림은 소비자의 X재에 대한 수요곡선을 따라서 두 점에 대한 정보를 제공해 준다. 사실 가격 증가 후에 소비자가 수요하는 산출물 양을 우리는 알기 때문에 그의 효용이 일정하게 유지되든 아니든 우리는 두 개의 상이한 수요곡선을 따라서 한쌍의 점의 위치들을 결정할 수 있다. 그림 3A.1(b)는 각각 이들 점 a'와 c', 그리고 a'와 b' 등(지금은 세 번째 점들의 쌍인 d'와 b'는 무시함) 두 쌍의 점들을 보여 준다. 우리는 각 쌍의 두 점을 직선으로 연결함으로써 수요곡선을 직선으로 근사할 수 있다.

그림 3A.1(b)에서 점 a'와 b'를 연결한 선은 보통 교과서에 나오는 종류의 수요곡선이다. **마샬 수요곡선**(Marshallian demand curve)으로 알려진 이 수요곡선은 X재 가격

변동과 관련된 대체효과와 소득효과를 모두 포함하고 있다. 한 재화의 가격과 구입량 간의 관계를 추정하고자 하는 경제학자들의 통계적 노력은 4장에서 논의되는데 대개 마샬 수요곡선을 실증적으로 추정하고자 하는 시도인데 이 작업은 보통 소득, 다른 가격, 다른 요소들은 일정하게 유지한 채로 시도된다.

그림 3A.1(b)에서 점 a'와 c'를 연결하는 수요곡선은 X재의 가격이 변할 때 효용을 일정하게 유지한다. 이리하여 이 수요곡선은 가격변동과 관련한 보상 대체효과만 포함한다. 종종 이 수요곡선은 **효용 보상된**(utility compensated) 또는 **힉스 보상변화 수요곡선**(Hicksian compensated variation demand curve)이라 부른다. 힉스 수요곡선은 소득효과에 의해 영향을 받지 않기 때문에 그것은 보통 그림 3A.1(b)에서와 같이 마샬 수요곡선보다 기울기가 더 가파르다. 마샬 수요곡선과는 달리 보통 힉스 수요곡선은 통계적 기법을 이용하여 직접 추정될 수 없다. 그러나 처음에 마샬 수요곡선을 추정하고 나서 사실상 소득효과를 제거함으로써 종종 그것을 간접적으로 추정하는 것이 가능하다.[6]

소비자잉여와 보상변화의 동등성

예를 들어 P_a에서 P_c와 같이 힉스 보상변화 수요곡선을 따라 위로 이동하는 것은 그가 원래의 무차별곡선상에 머무르도록 허용하기에 충분한 규모의 일괄지급으로 소비자에게 보상하면서 가격이 증가하도록 허용하는 것과 동일하다. 이 일괄지급은 그림 3A.1(a)에서 두 평행한 예산제약선 간의 수직거리(즉 점 G와 J에서의 화폐소득의 차이)로나 혹은 그림 3A.1(b)에서 힉스 보상변화 수요곡선으로 나타낸 소비자잉여의 변동, 즉 면적 $P_a a' c' P_c$로 그래프상 측정될 수 있다. 이리하여 힉스 보상변화 수요곡선으로 측정된 가격변동에 따른 소비자잉여의 변동은 소비자의 보상변화와 정확히 일치한다. 즉 가격 인상을 회피하기 위해 소비자가 지불하고자 하는 최대 금액이다.

이런 이유로 가격변동과 관련한 보상변화의 측정을 가장 잘 허용하는 것이 힉스 보상변화 수요곡선이다. 두 수요곡선의 값이 다른 한 소비자잉여를 측정하기 위해 마샬 수요곡선을 이용하는 것은 보상변화, 따라서 WTP에 대한 편의 추정치를 초래할 것이다. 그림 3A.1(b)에서 볼 수 있듯이 각 척도는 소비자잉여에 대한 상이한 추정치를 가져오는데 그것들은 삼각형 면적 $a'b'c'$만큼 차이가 난다. 가격이 증가할 때 힉스 보상변화 수요곡선이 아니라 마샬 수요곡선으로 측정하면 소비자잉여의 변동이 더 작고, 가격 하락일 때에는 더 크다.

요약하면 두 유형의 수요곡선 간의 차이는 마샬 곡선은 가격변동과 연관된 대체효과는 물론 소득효과도 포함하는 한편 힉스 곡선은 대체효과만 포함하는 데 있다. 이리하여 소비자잉여를 측정하기 위해 힉스 수요곡선 대신 마샬 수요곡선을 사용하는 데 따른 WTP의 편의 추정치는 가격변동과 연관된 소득효과의 크기에 달려 있다. **보통 이 소득효과, 그러므로 편의는 작아서 CBA에서 안전하게 무시될 수 있다.**[7] 적어도 이것은 가격변동이 크지 않고 해당 재화가 전체 소비에서 차지하는 비중이 크지 않을 경우이다. 이리하여 옥수수, 면, 담배, 휘발유 가격에 영향을 미치는 정부정책에 대한 CBA는 힉스 수요곡선 대신 마샬 수요곡선의 이용으로 인해 일반적으로 크게 영향받지 않는다. 그러나 **주택이나 자동차와 같은 주요 소비재의 큰 가격변동이나 임금률의 큰 변동을 초래할 정부정책의 CBA에서는 편의가 중요할 수 있다**. 그 결과 이 책에서는 그렇게 하는 것이 명백하게 부적절해 보이는 소수의 경우를 제외하고는 다양한 정책변동과 연관된 소득효과는 충분히 작아서 마샬 수요곡선을 이용하여 측정된 소비자잉여는 WTP의 합리적 근사치를 제공하는 것으로 가정한다.

보상변화에 대한 대안으로서의 동등변화

편의가 무시될 수 없는 상황에서 가격변동의 후생효과를 측정하기 위해 보상변화 대신 사용되어야 하는 대안이 존재하는데 왜냐하면 그것이 더 바람직한 속성을 가지고 있기 때문이다. 그것은 **동등변화**(equivalent variation)이다.[8]

그림 3A.1(a)에서 동등변화는 화폐액 GL인데 만일 소비자가 이만큼 지불하면 가격 증가일 때와 동일한 크기의 효용을 잃게 되는 규모이다. 만일 그가 조금 덜 지불할 수 있다면 가격 증가일 때보다는 덜 나빠질 것이다. 만일 그가 조금 더 많이 지불해야 한다면 그는 가격 증가 때보다 더 나빠질 것이다.

동등변화 접근법을 이용하면 그림 3A.1(a)는 X_a에서 X_d로의 수요의 변동으로 소득효과를 보여주고, X_d에서 X_b로의 수요 변동으로 대체효과를 보여준다. 보상변화 접근법의 경우와 같이 가격 증가로 초래되는 두 효과는 그 재화가 정상재인 한 재화의 수요량을 하락시키는 것에 유의하자. 또한 보상변화 접근법은 가격 변동 **이전**의 수준에 효용을 고정시킨 채 대체효과를 측정하는 것인 한편 동등변화 접근법은 가격변동 **이후**의 수준으로 효용을 고정시킨 채 대체효과를 측정하는 것이다. 그러나 두 경우 모두 힉스 수요곡선이 도출될 수 있는데 왜냐하면 효용을 일정하게 유지한 채 재화 X의 옛 가격과 새 가격과 두 가격에서의 수요량을 모두 알고 있기 때문이다. 이리하여 힉스 보상변화 수요곡선은 그림 3a.1(b)에서 점 a'와 c'를 연결한 선으로 표현되며 힉스 동등변화 수요곡선은 점 d'와 b'를 연결한 선으로 표현된다. 두 힉스 수요곡선 모두 소득효과에 의해 영향 받지 않는다. 이런 이유로 그것들은 마샬 수요곡선보다 더 가파른 기울기를 갖는다. 그림 3A.1(b)에서 보상변화는 면적 $P_a a' c' P_c$로 표현되고 동등변화는 면적 $P_d d' b' P_c$로 표현된다.

그림 3A.1(b)에서 볼 수 있듯이 가격 증가로 인한 보상변화는 마샬 수요곡선에서의 소비자잉여 변동보다 삼각형 면적 $a'b'c'$만큼 크고, 동등변화는 면적 $b'd'a'$만큼 작다. 가격 하락의 경우에는 정반대가 성립한다. 앞에서 논의하였듯이 이 차이의 규모는 소득효과의 규모에 달려 있다. 만일 그것이 크다면 이상적으로는 후생변동을 측정하기 위해 마샬 소비자잉여나 보상변화보다는 동등변화가 사용되어야 한다. 만일 마샬 소비자잉여의 척도가 이용가능하다면 항상은 아니지만 종종 이것이 가능하다.[9]

CHAPTER 3 연습문제

1. 간단한 장치에 대한 한 사람의 수요가 다음과 같은 식으로 주어져 있다.

$$q = 6 - 0.5p + 0.0002I$$

여기서 그의 소득이 I일 때 가격 p에서 q는 수요량이다. 처음에 그 사람의 소득은 6만 달러라고 가정한다.

a. 어떤 가격에서 수요는 0으로 하락하나? (이것은 종종 질식 가격이라 부르는데 그 이유는 그것은 수요가 질식하는 가격이기 때문)

b. 만일 간단한 장치의 시장가격이 10달러라면 수요량은 얼마나 되나?

c. 10달러의 가격에서 간단한 장치에 대한 수요의 가격탄력성은 얼마인가?

d. 10달러의 가격에서 소비자잉여는 얼마나 되나?

e. 만일 가격이 12달러로 증가하면 소비자잉여의 손실은 얼마나 되나?

f. 만일 소득이 8만 달러라면 가격이 10달러에서 12달러로 증가하는 데 따른 소비자잉여의 손실은 얼마나 되나?

2. 현재의 시장균형에서 한 재화의 가격은 40달러이고 수량은 10개이다. 이 균형에서 공급의 가격탄력성은 2.0이다. 공급곡선이 선형이라고 가정한다.

a. 가격탄력성과 시장 균형을 이용하여 공급곡선을 구하라. (힌트: 공급곡선은 다음 형태를 갖는다. 즉, $q = a + (\Delta q/\Delta p)p$. 우선 $\Delta q/\Delta p$의 값을 찾은 다음 a의 값을 구하라.)

b. 시장에서 생산자잉여를 계산하라.

c. 특정 정책으로 인해 가격이 40달러에서 34달러로 하락한다고 가정하자. 생산자잉여는 얼마나 하락하나?

d. 생산자잉여의 감소 중 공급량 감소에 기인하는 부분과 판매량 1단위당 받는 가격의 하락에 기인하는 부분은 얼마인가?

3. (이 문제는 부록 3A와 관계된다. 강사에게 제공된 스프레드시트 사용을 권장함) 두 재화 X, Y에 대한 개인의 효용함수를 상상해 보자. 이때 Y는 돈을 나타낸다. 구체적으로 콥-더글러스 효용함수를 가정한다.

$$U(X, Y) = X^a Y^{(1-a)}$$

여기서 $0 < a < 1$.

그 사람의 예산은 B라고 하자. 실현가능한 소비량은 다음 식을 충족시켜야 한다.

$$B = pX + Y$$

여기서 p는 X재 1단위의 가격이고, Y의 가격은 1로 정해진다. 예산제약식을 Y에 대해 풀어서 효용함수에 대입하면 다음과 같다.

$$U = X^a (B - pX)^{(1-a)}$$

수학을 사용하면 효용은 다음 값에서 극대가 된다.

$$X = aB/p$$

또한 가격이 p에서 q로 증가하고 X재의 소비가 x_p에서 x_q로 변할 때 마샬 수요곡선 밑의 면적은 다음과 같다.

$$\Delta CS = [aB \ln(x_q) - px_q] - [aB \ln(x_p) - px_p] - (q-p)x_q$$

B = 100, a = 0.5, p = 0.2일 때 X = 250에서 효용이 극대가 되는데 그 값은

111.80이다. 만일 가격이 p = 0.3으로 오르면 X는 204.12로 하락한다.

a. 효용이 처음 수준으로 증가할 때까지 B를 증가시켜라. 가격 인상 전의 효용 수준으로 돌아가는 데 필요한 B의 증가분이 가격인상에 대한 보상변화이다(그것은 효용이 원래의 수준으로 돌아갈 때까지 값을 추측함으로써 찾을 수 있다).

b. 마샬 수요곡선으로 측정한 ΔCS와 보상변화를 비교하라.

CHAPTER 4

관찰되는 행태로부터의 영향 측정
: 수요곡선의 직접 추정

CHAPTER 4

관찰되는 행태로부터의 영향 측정 : 수요곡선의 직접 추정

정책 영향을 측정하기 위한 주요 개념은 사회적 잉여의 변동이다. 3장에서 논의되었듯이 사회적 잉여의 변동은 면적으로 표현되는데 종종 공급과 수요곡선이 경계가 된 삼각형 또는 사다리꼴 면적이다. 사회적 잉여 변동의 측정은 정책변동 이전과 이후에 관련된 주된 시장의 공급곡선과 수요곡선의 형태(함수 형태)와 위치를 알면 상대적으로 쉽다. 그러나 실제로 이들 곡선들은 보통 알 수 없다. 분석가들은 이용가능한 자료로부터 그것들을 추정하거나 편익과 비용을 측정할 다른 방법을 찾아야 한다. 이 장에서 우리는 수요곡선의 추정을 고찰한다.

비록 우리가 고찰하는 실증적 전략은 공급곡선을 추정하는 데에도 적용되지만 우리는 두 가지 이유로 수요곡선 추정에 초점을 맞춘다. 첫째, 단기 및 장기 수요곡선은 우하향하는 경향이 있는 한편, 장기 공급곡선은 완전 탄력적(수평)인 경향이 있어서 정책 이전의 시장에서 생산자잉여도 없고 정책이 유발한 수요량의 변동에 기인한 생산자잉여의 변동도 없다. 희소 지대를 만들어내는 독특한 생산요소가 없는 경우 양의 생산자잉여는 단지 기존 기업들을 복제하는 새로운 기업들을 산업 내에 끌어들인다. 생산요소가 독특하거나 새로운 기업들에 대한 진입 장벽이 존재할 때에만 사회적 잉여의 측정을 위해 생산자잉여의 변동을 감안하기 위한 공급곡선의 추정이 요구된다. 둘째, **사후적**(ex post) CBA를 위해 생산자잉여의 변동은 보통 이윤의 변동으로 더 쉽게 계산될 수 있는데 이것은 종종 영향받는 기업들로부터 직접 구할 수 있다.

잘 작동하는 시장에서 거래되는 재화의 경우 우리는 보통 시장청산 가격을 관찰할 수 있다. 우리는 또한 정부나 거래협회 통계로부터 총구입량과 총판매량을 관찰할 수 있어서 수요와 공급곡선의 교차점을 알게 된다. 이 장의 임무는 제한된 추가 정보가 존재하는 경우 사회적 잉여의 변동을 추정하는 것이다. 우리는 세 상황을 고찰한다. 첫째, 우리가 수요곡선상의 단 한 점의 관찰치만 가지고 있지만 이전 연구를 통해 그것의 모양(함수 형태), 그리고 그것의 탄력성 또는 기울기에 대한 지식을 가지고 있다고 상정한다. 둘째, 우리는 수요곡선상의 소수의 관찰치들(점들)만 가지고 있다고 상정한다. 셋째, 우리는 상이한 지역에 대한 또는 상이한 기간에 대한 다수의 가격과 수량 관찰치들을 가지고 있다고 상정한다. 처음 두 상황에서는 우리는 단순한 추론을 할 수 있다. 세 번째 상황에서는 수요곡선을 추정하기 위한 표준적인 계량경제 기법을 적용할 수 있다. 부록 4A는 수요곡선 추정을 위한 보편적 출발점인 다중회귀분석에 대한 소개를 포함하고 있다.

4.1 기울기나 수요의 가격탄력성을 아는 경우

많은 지방정부들은 가구가 처리한 쓰레기의 양에 비례하지 않는 가구 쓰레기 수거에 대한 연간 수수료를 부과한다. 그러한 지역들에서는 수거되는 쓰레기 추가적 단위의 한계사적비용(MPC)은 실질적으로 0인 반면, 그것을 수집하고 처리하는 사회적 한계비용(MSC)은 모든 가구 간 똑같이 분담된다.[1] 이 MPC와 MSC간 괴리는 무임승차를 초래하고 사회적으로 과도한 양의 쓰레기 처리를 유발한다. 쓰레기 처리 가격을 인상하면 가구의 쓰레기 처리량을 감소시킬 것이고 그렇게 함으로써 과도한 쓰레기 처리로 인한 사회적 잉여의 손실도 감소시킬 것이다.

웨이스트빌이라는 특정 소도시는 현재 쓰레기 수거에 대해 수거량당 요금을 부과하고 있지 않은데 30갤론 들이 용기당 $2.20(2017 달러)의 요금을 부과한다면 이에 따라 초래되는 사회적 잉여가 얼마나 되는지 측정할 것을 요청받았다고 상상하자. 즉 위생부서가 비울 수 있도록 차도변에 놓아 두는 각 용기당 가구에게 $2.20의 요금이 부과될 것이다. 30갤론 들이 용기는 약 20파운드의 쓰레기를 담기 때문에 새로운 정책은 용기가 가득 찬다는 가정하에 쓰레기 1파운드당 0에서 $0.11로의 가격인상을 의미한다.

위생부서의 기록으로부터 현재의 쓰레기 처리율이 1일 1인당 2.60파운드이고(1b/p/d) 수거되는 쓰레기 1톤당 MSC는 대략 $264(또는 1파운드당 $0.14(미국에서 1톤은 2,000파운드))라는 것을 알아냈다. 이 MSC는 1톤당 한계수거비용 $88와 쓰레기 매립지에서의 쓰레기 처리 위탁수수료인 1톤당 $176의 합계이다. 비록 제안된 요금이 부과되더라도 실제 가격인 MPC는 사회적으로 적정가격인 MSC보다 작지만 발생시키는 쓰레기 양을 감소시킴으로써 사회적 잉여의 이득을 가져올 것이 예상된다.

그러나 사회적 잉여의 이득을 측정하기 위해서는 쓰레기 수거에 대한 수요곡선을 알 필요가 있다. 당신은 수요곡선상 한 점, 즉 가격이 0일 때 쓰레기 양이 2.60 1b/p/d이라는 것만 알고 있다. 여기서 더 진전시키기 위해서 당신은 수요곡선의 나머지를 추정하는 방법을 찾아야 한다. 대개 수요곡선은 선형이거나 로그 선형으로 가정한다. 우선 수요곡선이 선형이라고 가정한다.

4.1.1 선형 수요곡선

특정 재화에 대한 시장수요곡선은 소비자들이 각 가격일 때 얼마나 많은 양의 재화를 구입하고자 하는가를 나타낸다. 선형 함수형태는 재화의 수요량과 그것의 가격 간에 선형 관계를 가정한다. 즉 (통상적인) 수요곡선은 다음과 같이 쓸 수 있다.

$$q = \alpha_0 + \alpha_1 p \tag{4.1}$$

여기서 q는 가격 p에서의 수요량이고, α_0는 가격이 0일 때(q축의 절편)의 수요량이고, α_1은 가격 1단위 증가에 따른 수요량의 변동(기울기)을 나타낸다.

웨이스트빌의 경우 q는 1일 **1인당 수요량**으로 측정된다. 따라서 우리는 $\alpha_0 = 2.60$으로 가정할 수 있다(가격이 0일 때 1인당 1일 쓰레기 처리량 평균). 비록 우리는 기울기 α_1을 모르지만 다른 연구자들이 이 문제를 다루어서 기울기나 수요의 가격탄력성을 추정하였다는 것을 알고 있다.

기울기 추정치의 이용. 만일 당신이 어떤 연구를 수행한다면 쓰레기 수거에 대한 수요곡선의 기울기 추정치를 당신에게 제공하는 연구를 찾아낼 수도 있다. 정말로 Robin Jenkins는 그러한 연구를 수행하였다.[2] 그녀는 1980년부터 1989년까지 30갤론에서 32갤론 용기당 0에서 $1.73의 다양한 쓰레기 요금을 채택한 9개 미국 지역 자료에 기초하여 추정하였다. 그녀는 30갤론에서 32갤론 용기 가격의 1달러 증가가 쓰레기를 0.40 1b/p/d 줄이는 것으로 추정하였다. 즉 $\alpha_1 = -0.40$. 물가상승에 따라 $1를 조정하면 오늘날에는 $2.20의 가격상승에 해당될 것이다.[3] 결국 물가상승에 따라 계수를 조정하면 물가상승 조정 기울기 α_{1new}는 $(-0.40)/(2.20)$ 또는 -0.18이 된다. 이 추정치를 사용하여 만일 웨이스트빌이 용기당 $2.20($0.11/1b)의 요금을 부과한다면 주택의 쓰레기 처리는 2.60 1b/p/d에서 2.20 1b/p/d로 0.40 1b/p/d만큼 하락할 것이다.

그림 4.1 쓰레기 요금으로 인한 사회적 잉여 이익

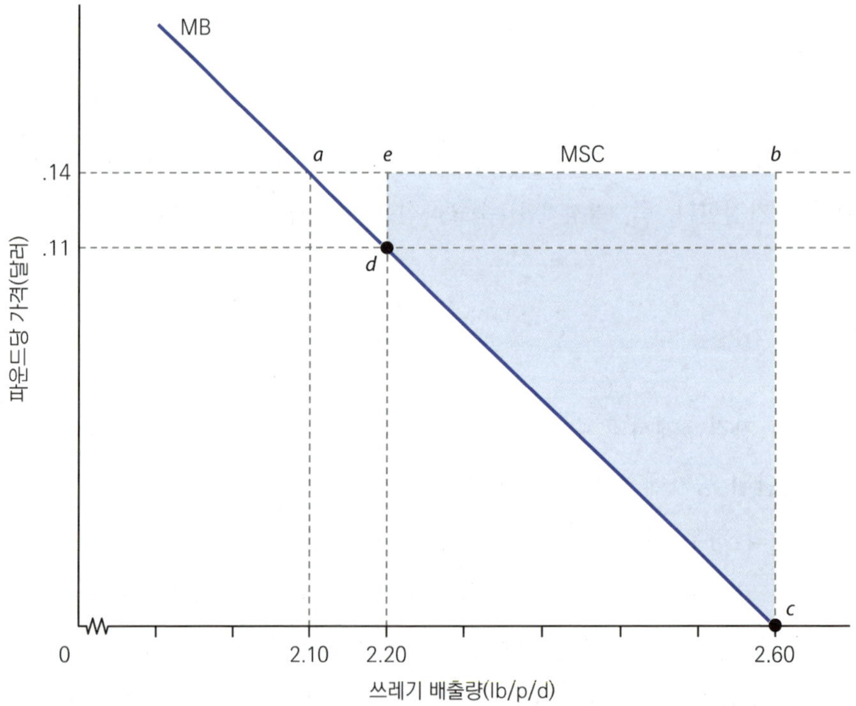

그림 4.1은 Jenkins의 기울기 추정치에 의해 암시되는 선형 수요곡선 $q=2.60-0.18p$를 보여주는데 수직축에 가격을 표시한 통상적인 방법으로 그려졌다.[4] 이 선은 1파운드당 가격 0에서의 현상점인 2.60 1b/p/d(점 c)와 1파운드당 $0.11에서의 예측점인 2.20 1b/p/d(점 d)를 통과한다. 그것은 또한 1파운드당 $0.14 가격에서의 점 2.10 1b/p/d(점 a)를 통과한다.

이 곡선은 사회적 잉여의 변동을 추정하기 위해 사용될 수 있다. 사회적으로 적정가격인 MSC가 1파운드당 $0.14라는 것을 기억하면 삼각형 abc의 면적인 0.5(2.60 1b/p/d -2.10 1b/p/d)($0.14/1b−0.00)=1일 1파운드당(p/d) $0.035는 가격이 0일 때의 1인당 사회적 잉여 손실이고 작은 삼각형 aed의 면적인 0.5(2.20 1b/p/d-2.10 1b/p/d) ($0.14/1b−$0.11/1b)=$0.0015/p/d는 가격 $0.11/1b일 때 1인당 사회적 잉여의 손실이다. 따라서 빗금친 사다리꼴 debc의 면적인 $0.0335/p/d는 0에서 $0.11/1b로 가격 증가에 따른 1인당 사회적 잉여의 이득이다. 만일 웨이스트빌의 인구가 100,000명이라면 용기 요금 $2.20의 부과로 인한 사회적 잉여의 연간 이득은 1백 20만 달러이다(= (0.0335/p/d)(365일)(10만명)). 이 정책의 순 사회적 편익을 얻기 위해 우리는 요금 징수의 행정비용, 사람들이 요금을 회피하기 위해 불법적으로 버린다면 이로 인한 사회적 손실, 요금 수입(소비자들로부터 지방정부로의 이전), 재산세 감소를 가능하게 하는 수입으로 인한 한계초과부담의 회피 등을 차감해야 할 것이다.

가격 탄력성 추정치의 이용. 이제 분석가는 웨이스트빌에서 쓰레기 처리에 대한 수요의 가격 탄력성에 대한 타당한 추정치를 가지고 있고, 위에서와 같이 수요곡선은 선형이라고 하자. 3장에서 논의하였듯이 수요의 가격탄력성 E_d는 가격변동에 대한 수요량의 민감성을 측정한다. 식 (4.1)과 같은 선형 수요곡선의 경우 수요의 가격 탄력성은 다음과 같다.

$$E_d = \alpha_1 \frac{p}{q} \tag{4.2}$$

이것은 항상 음의 값을 갖는데 왜냐하면 $\alpha_1 < 0$(수요곡선의 기울기는 음)이고 p와 q는 양의 값이며 항상 일정한 값이 아니다. 즉 그것은 가격과 수량에 따라 변한다. 만일 우

리가 가격탄력성의 추정치를 가지고 있고, 탄력성이 추정된 점의 가격과 수량도 알고 있다면, 식 (4.2)를 재배열함으로써 우리는 통상수요곡선의 기울기 α_1을 추정할 수 있다. 즉

$$\alpha_1 = E_d \frac{q}{p} \tag{4.3}$$

쓰레기 요금 예로 돌아가서 가령 Jenkins는 기울기의 추정치를 제공하지 않았지만 그 대신 주택 쓰레기 처리에 대한 수요의 가격탄력성 추정치 -0.12를 보고했다고 하자. 그 수치는 그녀의 표본에 있는 0이 아닌 요금을 적용하는 지역들이 부과하는 평균 가격 용기당 \$0.81 또는 1파운드당 \$0.027과 지방정부가 처리하는 평균 폐기물 규모 2.62 1b/p/d에서 측정되었다.[5] 이 정보를 식 (4.3)에 대입하면 $\alpha_1 = (-0.12)(2.62\ 1b/p/d)/(\$0.027/1b) \cong -11.6\ p/d/\$$이다. 전 절에서와 마찬가지로 1985년 달러 가치인 이 추정치를 2.2로 나누어 줌으로써 2017년 달러 가치로 전환할 수 있고, 따라서 기울기는 -5.3 p/d/\$이 된다. \$0.11/1b의 가격변동은 수요량 0.58 1b/p/d의 감소로 예측된다. 이 예측치는 보고된 기울기에 기초한 예측치와 다르다는 것에 유의하자. 그 차이는 표본에서 평균 수량은 웨이스트빌에서 가격이 0일 때의 현재 수량과 일치하지 않기 때문이다. 탄력성을 추정하는 데 사용되는 표본의 특성은 적용할 때의 특성과 거의 정확하게 일치하지 않으므로 그러한 차이는 예상되어야 한다. 비록 명확한 해결방안이 없지만 가장 단순한 접근법은 일반적으로 보고된 탄력성을 계산하기 위해 사용된 기울기의 실제 추정치를 재발견하는 것이다.

일반적 관점은 사회적 잉여의 변동을 측정하기 위해 선형 수요곡선을 구체화하기 위해서는 기울기 자체의 직접 추정치 또는 수요의 가격 탄력성의 추정치와 탄력성이 추정된 점의 가격과 수량을 필요로 한다.

타당성. 이전의 연구로부터 기울기나 탄력성 추정치를 이용할 때 **내적 타당성**(internal validity)과 **외적 타당성**(external validity) 이슈를 고려하는 것이 중요하다. 내적 타당성은 이 장의 뒤에서 다룰 적절한 계량경제 기법의 사용과 연관된 이슈들뿐만 아니라 14장에서 다룰 일종의 평가 디자인 이슈와 연관된다. 외적 타당성은 다른 시기,

다른 장소, 다른 인구로 수집된 데이터로부터 도출된 추정치 사용의 적절성과 관련된다. 그것들이 얻어진 상황과 유사한 상황에 추정치를 적용하는 것은 높은 외적 타당성을 갖는다. 구체적으로 Jenkins의 표본에 있는 지역들과 웨이스트빌이 경제적, 정책적, 인구통계적 그리고 지리적 특성과 유사하면 유사할수록 웨이스트빌의 용량 측정 사용자요금 도입에 따른 쓰레기 처리의 추정된 변동의 정확성에 대해 우리는 더 확신할 수 있게 된다. 그녀의 추정치가 1980년대에 수집된 데이터로부터 나왔다는 사실이 약간 우려스러운데 왜냐하면 환경에 대한 관심 수준 또는 재활용 기반시설과 같은 여타 측정되지 않은 변수들이 변할 충분한 시간이 흘렀기 때문이다.[6]

4.1.2 탄력성이 일정한 수요곡선

시장수요곡선은 선형이 아닐 수도 있다. 경제학자들은 많은 재화들이 가격과 수량이 변동함에 따라 수요의 탄력성이 변하지 않는 **탄력성이 일정한 수요곡선**(constant elasticity demand curve)을 갖는다는 것을 찾았다. 즉

$$q = \beta_0 p^{\beta_1} \tag{4.4}$$

여기서 전과 마찬가지로 q는 가격 p에서의 수요량이고, β_0, β_1은 모수이다. β_1을 해석하기 위해 식 (4.4)의 양변에 ln으로 표기하는 자연대수를 취하는 것이 유용한데, 그 결과는 다음과 같다.

$$\ln q = \ln \beta_0 + \beta_1 \ln p \tag{4.5}$$

전시 4.1

연구자들은 다양한 에너지 재화에 대한 수요의 가격 탄력성을 추정하기 위해 다양한 계량경제 기법을 사용해 왔다. Xavier Labandeira, José M. Labeaga, 그리고 Xiral López-Otero 등은 428개의 이러한 연구들을 검토하고 연구의 계획과 실증적 조건을 감안한 메타분석에 그 결과를 요약하였다. 그들은 회귀모형에서 연구들의 탄력성 추정치를 종속변수로, 연구가 이루

어진 국가의 특성, 연구의 데이터가 포함하는 기간, 연구 저자들이 사용한 통계 기법의 유형 등을 독립변수로 취급하였다. 그들은 5개 에너지 재화에 대한 수요의 평균 단기 및 장기 가격 탄력성을 보고하였다. 즉 전기는 -0,126, -0.365, 천연가스는 -0.180, -0.684, 석유는 -0.293, -0.773, 디젤연료는 -0.153, -0.443, 그리고 난방유는 -0.017, -0.185이다. 이들 재화에 대한 수요는 장기보다는 단기에 더 비탄력적인 것에 유의하자.

출처: Xavier Labandeira, José M. Labeaga, and Xiral López-Otero, "A Meta-Analysis on the Price Elasticity of Energy Demand," *Energy Policy*, 102(March), 2017, 549-68에서 발췌

그림 4.2 탄력성이 일정한 수요곡선

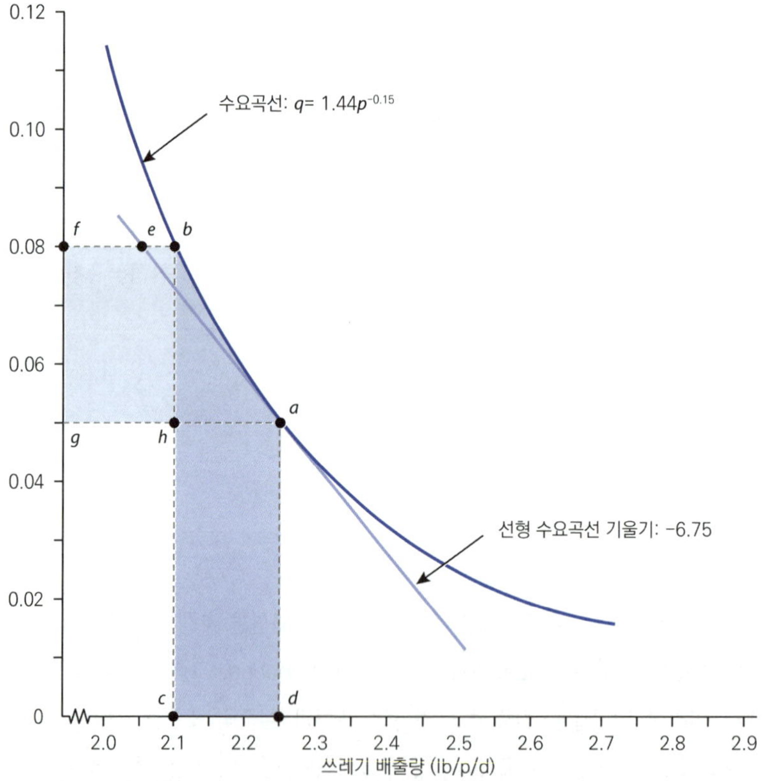

우리는 즉시 탄력성이 일정한 수요곡선이 로그 선형이라는 것을 본다.[7] 더욱이 이 수요곡선의 기울기 β_1은 수요의 가격탄력성 E_d와 같다.[8] E_d가 가격이나 수량에 의존하지 않기 때문에 탄력성이 일정한 수요곡선이라 불리게 된 것이다.

수직축에 수량을 놓고, 수평축에 가격을 놓으면 탄력성이 일정한 수요곡선의 기울기는 일정하지 않다. 구체적으로 그것은 $\beta_1 q/p$와 같다.[9] 다른 수요곡선들과 유사하게 우하향하고 $\beta_1 < 0$이다. 그것은 또한 가격축과 수량축에 점근적이다. 즉 가격이 무한대가 됨에 따라 수요량은 0에 접근하고, 가격이 0에 접근함에 따라 수요량은 무한대에 접근한다. 우리는 가장 흔하게 가격이 0보다 크고 유한인 수요곡선 영역에 관심이 있고 탄력성 추정치는 이 영역 내의 데이터에 기초하고 있기 때문에 보통 이 점근적 극단값들은 우리의 분석과 관련이 없다.

탄력성이 일정한 수요곡선 이용 방법에 대한 실례로서 다음 상황을 생각해 본다. (웨이스트빌이 아닌) 한 지방정부가 현재 $0.05/1b의 쓰레기 수집요금을 부과하고 쓰레기 처리는 2.25 1b/p/d이다. 이 현상점은 그림 4.2에 점 a로 표시되어 있다. 쓰레기 수집 및 처리에 대한 수요가 일정한 탄력성의 함수 형태를 갖는다고 가정할 때 만일 수집 요금이 $0.08/1b로 오른다면 초래되는 소비자잉여의 변동을 추정할 것을 당신이 요청받는다고 상상하자. 이 소비자잉여의 변동은 그림 4.2에 면적 fbag로 나타난다.

약간의 조사 후에 우리는 수요의 가격탄력성 추정치가 -0.15라고 보고한 적용가능한 연구를 찾는다. 이 가격탄력성 추정치를 식 (3.4)에 대입하고 $P^* = \$0.05/1b,\ X^* = 2.25\ 1b/p/d$를 대입해 주면 그림 4.2에서 면적 feag로 표현되는 선형 수요곡선에 따른 소비자잉여의 손실은 대략 $0.0645/p/d가 된다. 100,000명의 인구를 가진 도시의 경우 연간 소비자잉여의 손실은 (0.0645)(365)(100,000) 달러 또는 대략 2.35백만 달러로 계산될 것이다.

보다 정확한 접근법은 수량 q_0에서 q_1까지 탄력성이 일정한 수요곡선하의 면적에 대한 정확한 공식으로 시작한다. 그것은 (정확하게) 다음과 같다.

$$\text{면적} = \left(\frac{1}{\beta_0}\right)^{1/\beta_1}\left(\frac{q_1^{\rho} - q_0^{\rho}}{\rho}\right) \tag{4.6}$$

여기서 $\rho = 1 + (1/\beta_1)$이다. q_1을 추정하기 위해 우리는 먼저 β_0를 추정할 필요가 있는데 그것은 식 (4.5)로부터 얻을 수 있다. 즉 $\beta_0=(2.25)/(0.05)-0.15\approx 1.44\ 1b/p/d/\$$로서 우리의 적용을 위한 내재적 수요곡선은 $q=1.44p^{-0.15}$가 된다.[11] 이 식은 q가 2.10 1b/p/d에서 2.25 1b/p/d까지 수요곡선 아래의 면적은 badc 면적에 해당하는데 그 크기는 $0.0097/p/d라는 것을 의미한다. 이제 만일 우리가 수량 감소에 기인한 요금 지불액의 감소를 측정하는 면적 hadc [($0.05/1b)(2.25 1b/p/d - 2.10 1b/p/d) = 0.0075/p/d]를 공제하면 우리는 면적 bah의 추정치 $0.0022/p/d를 얻게 된다. 마지막으로 우리는 가격인상 후에 남아 있는 수량에 대한 요금 지불액 증가인 옅은 색의 면적 fbhg [($0.08 − $0.05)(2.10 1b/p/d) = 0.063/p/d]을 더해 주면 소비자잉여의 총손실의 추정치인 $0.0652/p/d를 얻게 된다.[12] 인구가 100,000명인 도시의 경우 연간 소비자잉여의 손실은 2.38백만 달러이고, 이것은 선형 수요곡선을 가정할 때보다 약간 더 크다.

우리가 탄력성이 일정한 함수 형태로부터 추정된 탄력성을 이용하여 가격이 0일 때부터 어떤 양의 값을 가질 때까지의 영향을 예측하고자 할 때 한 가지 복잡한 문제가 생긴다. 탄력성이 일정한 수요곡선은 가격이 0인 관찰치와는 모순되므로 탄력성 추정치를 활용할 완전히 만족스러운 방법은 없다. 우리는 가격이 0인 현상점을 통과하는 여타 함수 형태를 상정하고 그것의 모수들을 구체화하는 데 일정 탄력성 추정치를 대략적 안내 지침으로 사용할 수밖에 없다. 이 방편이 민감도분석의 출발점으로 도움이 되는 정보에 의한 추측으로 여겨져야 한다.

4.2 소수의 관찰치로부터의 추론

때때로 최근의 정책이나 다른 우연한 변동(적어도 분석가의 관점에서)은 미래 정책변동의 영향을 예측하는 토대를 제공해 준다. 예를 들어 한 소도시의 메트로폴리탄 교통국(MTA)은 내년에 커다란 예산 적자에 직면한다고 상상하자. 적자를 줄이기 위해 MTA는 승차당 현재의 버스요금 $1.25를 $1.75로 올리는 것을 생각하고 있다. 몇 년 전에 MTA는 요금을 $1.00에서 현재의 요금으로 인상하였다. 분석가들은 어떻게 과거 가격인상의 영향을 제안된 인상의 영향을 예측하기 위한 안내 지침으로 이용할 수 있을까?

그림 4.3 두 점으로부터 수요곡선의 귀속

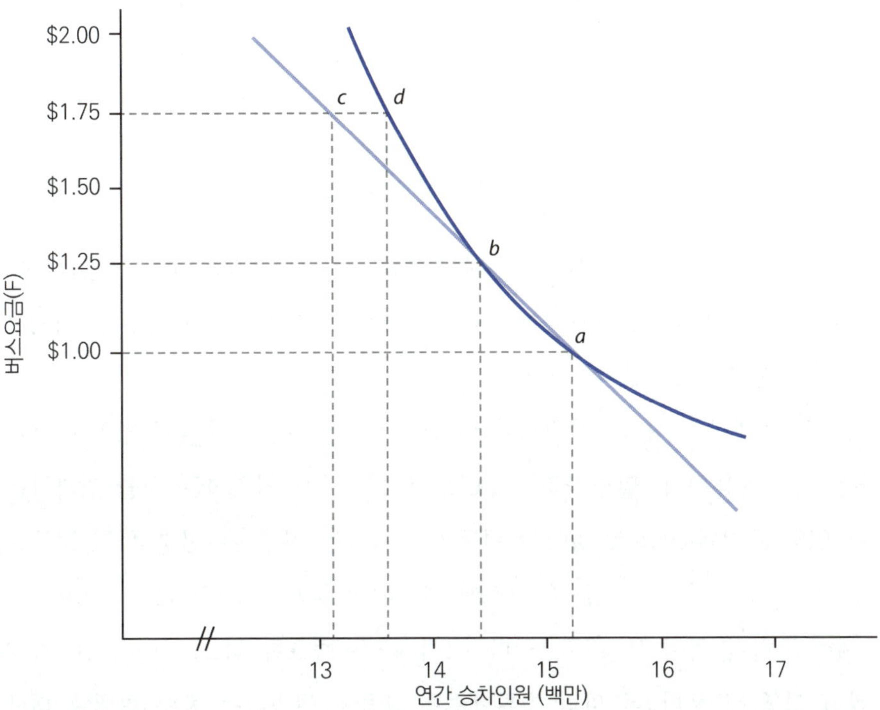

더 나은 정보가 없기 때문에 MTA 분석가들은 이전의 요금 인상을 단순한 “사전 및 사후” 준실험설계에서의 처방인 것처럼 취급할 수도 있다(14장 참조). 만일 승차당 $1.00에서 $1.25로의 인상이 연간 승차인원을 15.2백만명에서 14.5백만명으로 감소시킨다면 합리적인 출발점은 요금과 승객 수간에 선형 관계를 가정하는 것일 것이다. 그림 4.3은 점 a에서 가격 인상 전의 요금과 연간 승객수를, 점 b에서 가격인상 후의 요금과 승객수를 보여준다. 이 두 점을 통과하는 직선은 다음 식으로 표현되는데 수량 단위는 백만이다.

$$q_{trips} = 18 - 2.8F \tag{4.7}$$

여기서 F는 요금이다. 제안된 요금 $1.75일 때 이 식에서 연간 승객수가 13.1백만명으로 하락할 것으로 예측되는데 이것은 그림 4.3에서 점 c로 나타난다.

MTA 분석가들은 여타 함수 형태를 가정할 수도 있었을 것이다. 예를 들어 그들은 두 관찰점에 대해 탄력성이 일정한 수요곡선을 적용시킬 수도 있었을 것이다. 두 점을 통과하는 탄력성이 일정한 함수는 다음 식이 될 수 있는데 수량 단위는 백만이다.[13]

$$q_{trips} = 15.2F^{-0.2} \tag{4.8}$$

제안된 요금 $1.75일 때 이 식은 승객수가 13.6백만명으로 하락할 것으로 예측하는데 이것은 그림 4.3에서 점 d로 나타난다. 이와 같이 함수형태에 대한 상이한 가정으로 예측이 1년에 50만명 정도 차이가 난다.

이 특별한 예에서 선형 및 탄력성이 일정한 수요곡선은 관찰되는 영역에 걸쳐 서로 가깝다는 것에 유의하자. 말하자면 $1.00로 가격을 다시 인하하는 것을 평가하는 것과 같이 이 영역에 걸쳐 사회적 잉여의 변동을 측정하는 경우 두 함수 형태 모두 유사한 값이 될 것이다. 그러나 함수들은 이전에 관찰된 요금과 승객수 값을 벗어나는 "표본 밖의" 예측을 하기 위해 사용되고 있다. 그림 4.3은 중요한 점을 보여 준다. 즉 **분석가들이 과거 경험으로부터 더 멀리 추론할수록 그들의 예측치는 함수 형태에 대한 가정에 더욱 민감해진다**. 이론적 지침이나 기타 실증적 증거가 없는 경우 분석가들은 두 개의 상당히 다른 예측치들 간의 선택에 대한 토대를 가지고 있지 않다. 보통 분석가들은 함수형태에 대한 그들의 불확실성을 11장에서 다룰 민감도분석에서 마주치게 된다.

두 번째 고려사항은 결과의 변동을 정책변수의 변동 때문이라 여기는 것의 타당성과 관련된다. 분석가들은 암묵적으로 고려되는 기간 동안 결과와 연관된 여타 변수들이 변동하지 않는다고 가정하고 있다. 예를 들어, 관찰되는 가격인상 후에 버스 승객 감소의 일정 부분은 자가용으로 통근하는 것이 더 편리한 새로운 고속도로의 개통에 기인할 수도 있다. 만일 이것이 정말이라면 요금의 유사한 규모의 추가 변동은 두 함수형태에 의해 예측된 것처럼 그리 큰 승객수 감소를 유발하지 않을 것이다.

4.3 다수 관찰치가 있을 때의 계량경제 추정

만일 상이한 가격일 때 수요량에 대한 다수의 관찰치들을 이용 가능하다면 수요곡선을 추정하기 위해 계량경제 기법을 사용하는 것이 가능할 수 있다. 보통 선형 회귀모형은 그러한 노력의 출발점이 된다. 여기서 우리는 독자가 선형회귀의 기본 개념에 대해 익숙하다고 가정한다. 이 개념에 익숙하지 않거나 개념들을 복습하길 원하는 독자들은 부록 4A를 읽어야 한다. 더 충분한 논의를 필요로 하는 독자들은 기초 계량경제학 교과서를 참고해야 한다.[14]

4.3.1 모형 표기

수요함수의 계량경제 추정을 위한 첫 번째 단계는 수요량에 영향을 미치는 가격 및 소득과 같은 중요한 설명(또는 독립)변수들과의 관련성에 대한 함수 형태를 구체화하는 것이다.[15] 예를 들어, 우리는 특정 재화 q에 대한 수요가 그 재화의 가격 p, 소득 I, 기온 T의 함수라고 믿을 이론적 이유를 가지고 있을 수 있다. 즉

$$q = f(p, I, T) \tag{4.9}$$

f로 표시된 함수 형태는 선형일 수도, 로그 선형일 수도, 또는 여타 다른 형태일 수도 있다.

때때로 설명변수 집합은 연구마다 약간씩 다르다. 이론상 모형은 수요에 영향을 미치는 모든 변수들을 포함해야 한다. 설령 우리는 기온과 같은 몇몇 설명변수들에 대해서는 실질적인 흥미를 가지고 있지 않다 하더라도 종속변수에 대한 그것들의 영향을 "통제"하여 가격과 소득과 같이 관심 있는 변수들의 **독립적 효과**(independent effects)를 분리할 수 있도록 포함되어야 한다. 예를 들어, 쓰레기 처리로 돌아가서 Kames Strathman, Anthony Rufolo, 그리고 Gerard Mildner의 연구는 쓰레기 처리에 대한 수요는 쓰레기 버리는 요금, 제조 수입, 건설 고용에 달려 있다고 가정하였다.[16] 그들의 연구에서 건설 고용은 통제변수로 포함되었다.

실제로 포함되는 설명변수 집합은 대개 네 가지 이유로 제한된다. 첫째, 합리적인 비용을 들여 변수를 측정하지 못할 수 있다. 예를 들어, 쓰레기 처리에 대한 수요는 비용이 많이 드는 전문적인 서베이가 없이는 우리가 측정할 수 없는 재활용에 대한 태도에 의존할 수 있다. 둘째, 몇몇 변수들은 상대적으로 작은 영향이 예상될 수 있다. 예를 들어, 기온은 특정 재화에 대한 수요에 단지 적은 영향을 미치는 것으로 예상될 수 있다. 셋째, 어떤 변수는 그것이 다른 설명변수들과 매우 높게 상관되어서 – **다중공선성**(multicollinearity) 문제 – 제외될 수도 있다. 다중공선성은 부록 4A에서 다룰 것이다. 넷째, 관찰치 수가 작아서 변수들의 추가는 추정치의 정확성을 결정하는 데 도움이 되는 "자유도"를 현저하게 감소시킨다.

이론적으로 중요한 변수를 제외하는 것의 심각성은 두 요인에 달려 있다. 첫째, 그것은 제외된 변수가 정책효과를 예측하기 위해 우리가 필요로 하는 계수를 갖는 포함된 관심변수와 상관되는 정도에 달려 있다.[17] 상관관계가 높을수록 포함된 변수의 추정된 계수의 편의가 더 커진다.[18] 편의가 발생하는 이유는 추정된 계수가 그것과 상관관계를 갖는 제외된 변수의 영향의 일부를 포함할 것이기 때문이다. 둘째, 그것은 만일 제외된 변수가 포함된다면 그것의 진정한 계수에 의존한다. 만일 이 계수값이 매우 작다면 그것을 제외한데 따른 편의는 작을 수 있다.

이론적으로 중요하고 실제로 이용가능한 변수들을 식별한 후에 다음 임무는 모형의 함수 형태를 구체화하는 것이다. 앞에서 논의하였듯이 선형 및 일정한 탄력성 형태가 가장 흔히 사용된다. 때때로 우리는 둘 중에 선택해야 하는 이론적 이유를 가지고 있기도 하고, 다른 때에는 우리는 어떤 모형이 관찰되는 자료에 더 잘 부합되는지를 본다.

식 (4.9)로 표기된 모형이 선형 함수 형태를 갖는다고 가정하면 다음 모형이 된다.

$$q = \alpha_0 + \alpha_p p + \alpha_I I + \alpha_T T + \epsilon \tag{4.10}$$

여기서 ϵ은 q에 대한 측정되지 않는 변수들의 영향을 포착하는 오차항을 나타낸다. 이 모형은 동시성(즉, 식별) 문제가 없다고 가정하면 **통상최소자승법**(ordinary least squares(OLS))으로 추정될 수 있다. 동시성 문제는 뒤에 다룰 것이다.

선형 모형은 그럼에도 불구하고 설명변수들의 비선형 함수를 포함할 수 있다. 예를 들면, 설명변수로 기온 그 자체와 함께 기온의 제곱을 추가함으로써 우리는 수요량과 기온 간의 비선형 관계를 허용한다. 또한 우리는 교호작용 항을 도입함으로써 우리 표본 내의 상이한 하부 집단에 상이한 수요곡선 가능성을 허용할 수 있다. 예를 들어 만일 우리가 개인 차원의 데이터를 가지고 있고 남성들이 여성들보다 더 가파른 수요곡선을 가지고 있는 것으로 의심된다면 우리는 교호작용을 구성하는 데 사용되는 변수들과 함께 가격과 성별에 대한 가변수(또는 지표 변수)(예를 들어, 남성이면 "0", 여성이면 "1")의 곱인 새로운 변수를 포함할 수 있다. 그리고 나서 우리는 가격의 계수를 남성 수요곡선의 기울기로 해석하고 가격 변수의 계수와 가격-성별 교호작용 변수의 계수의 합계를 여성 수요곡선의 기울기로 해석하면 된다. 일반적 관점은 OLS로 추정될 수 있는 기본적 선형 표기 내에 꽤 복잡한 함수 형태를 가질 수 있다는 것이다.

탄력성이 일정한 함수 형태를 가정하면 다음과 같은 모형이 된다.

$$q = \beta_0 p^{\beta_p} I^{\beta_I} T^{\beta_T} e^{\epsilon} \tag{4.11}$$

여기서 β들은 추정될 모수이고 e는 자연대수의 밑수이며, ϵ은 관찰되지 않는 확률오차이다. 이 식의 양변에 자연대수를 취하면 다음과 같다.

$$\ln q = \ln \beta_0 + \beta_p \ln p + \beta_I \ln I + \beta_T \ln T + \epsilon \tag{4.12}$$

이 "선형화" 모형은 $\ln q$는 종속변수, $\ln p$, $\ln I$, $\ln T$는 설명변수가 되어 OLS로 추정될 수 있다. 모수들, 즉 β들은 표준적인 방법으로 해석될 수 있다. 절편은 β_0가 아니라 $\ln \beta_0$라는 것에 유의할 것. 변수 $\ln p$의 계수는 수요의 가격탄력성이고, 변수 $\ln I$의 계수는 수요의 소득탄력성이다.

4.3.2 데이터의 유형

보통 데이터 이용가능성은 수요곡선 추정에 있어서 제한적 요소이다. 때때로 분석가들은 그들 자신의 데이터를 조립할 수 있는 충분한 자원을 가지고 있다. 그러나 더 자주 자원 제약으로 인해 수용가능한 비용으로 이용가능한 데이터인 **편의표본**(convenience samples)에 의존할 수밖에 없다. 이 것에는 이전에 출판된 데이터, 다른 목적으로 연구자들이 수집한 데이터, 프로그램 의뢰인들을 위한 행정 기록의 표본 등이 포함된다. 그럼에도 불구하고 데이터의 선택과 수요함수 추정에 대한 시사점의 주요 고려사항들을 간단하게 점검하는 것은 가치가 있다.

데이터 종합 수준(Level of Aggregation). 첫 번째 주요 고려사항은 종합 수준이다. 개인 수준의 데이터는 개인, 가정, 가구, 또는 기타 소비단위의 행태를 측정한다. 종합 수준의 데이터는 대개는 지리적 행정구역 또는 인구통계학적 특징에 의해 조직된 소비자 집단의 합쳐진 (종합) 행태를 측정한다.

소비자 이론은 개인의 효용 극대화 모형에 기초하고 있다. 일반적으로 개인 수준의 데이터가 선호되는데 그 이유는 그것들이 이론과 데이터 간 가까운 조화를 형성하기 때문이다. 더욱이 소득과 같이 이론적으로 중요한 변수들은 종종 직접 개인 수준 데이터로 측정될 수 있다. 이와 대조적으로 종합 수준 데이터를 사용할 때에는 보통 평균 또는 중위값이 소득의 척도로 적당하다.

종합 데이터를 사용하는데 있어서 수요에 대한 정책 관련 변수들의 영향에 대한 심각한 오류를 범할 위험이 존재한다. 예를 들어, 가령 우리가 각 주의 수요의 가격탄력성을 추정하기 위해 상이한 주들로부터 개인 수준 데이터를 사용한다고 하자. 더 나아가 예상한 바와 같이 이들 가격탄력성 추정치들은 각각 음수라고 하자. 이제 가령 또 다른 덜 운이 좋은 분석가는 (각 주의 평균 가격과 평균 수요량과 같이) 각 주에 대해 하나의 관찰치로 구성된 종합 수준 데이터만 가지고 있다고 하자. 그는 그가 추정한 가격탄력성이 대략 각 주의 수요의 가격탄력성의 가중평균이고, 가격변동의 영향에 대한 그의 추정치가 상당히 정확하기를 희망할 수도 있다. 그러나 그의 추정된 가격탄력성은 우리가 각 주에 대해 추정한 가격탄력성과 매우 다를 수 있다. 사실 종합 수준 가격과 수량 관찰치에 의존하면 탄력성이 틀린 부호를 가질 수도 있다.[19]

그러나 실제는 종종 개인 수준 데이터는 이용가능하지 않다. 예를 들어, 범죄 행위에 대한 "수요"를 추정하는 데 있어서 중요한 이론적 변수는 "가격"인데, 그것은 인지되는 체포 확률에 달려 있다. 우리는 직접적으로 개인이 인지하는 체포 확률을 관찰할 수 없지만 그것이 객관적 (집단) 확률과 연관된다고 가정할 수 있는데 그것은 특정 지역 내에서 또는 개인 집단 간에 체포로 이어지는 범죄의 비율로 추정될 수 있다. 그러나 인지되는 체포 확률은 거의 확실히 객관적 확률과는 다소 괴리가 있어서 체포 확률의 추정된 영향을 0에 가깝도록 편의가 발생할 가능성이 있는 측정오차를 초래한다.

횡단면 데이터 대 시계열 데이터(Cross-sectional Data versus Time Series Data). 데이터를 선정하는 데 있어서 두 번째 주요 고려사항은 횡단면 데이터와 시계열 데이터 간의 선택과 관련된다. 횡단면은 동일 시점에서 다수의 비교가능한 단위들에 대한 관찰치들과 관련되는 한편, 시계열은 몇몇 시점에서 동일한 단위에 대한 반복된 관찰치와 관련된다. 예를 들어, 만일 우리가 포도주에 대한 수요의 가격탄력성을 결정하고자 한다면 상이한 주들의 상이한 내국소비세율을 이용할 수도 있다. 특정 연도에 50개 주 각각에 대한 관찰치를 이용하여 1인당 포도주 소비를 과세 후 소매 가격과 주의 평균 소득 및 교육 수준과 같은 다른 변수들에 대해 회귀분석할 것이다. 그 대신에 만일 포도주의 실질가격이 시간이 흐름에 따라 변해 왔다면 우리는 각 연도의 국가 1인당 소비를 각 연도의 포도주의 실질가격과 각 연도의 1인당 실질소득과 같은 다른 변수들에 대해 회귀분석할 수도 있다. 횡단면과 시계열 데이터는 상이한 유형의 계량경제 문제를 갖기 쉽고 다소 상이한 해석을 갖는 계수 추정치들을 내놓는다.

일반적으로 횡단면 데이터는 장기 탄력성 추정치를 제공하는 한편 시계열 자료는 대개 단기 탄력성 추정치를 제공한다. 횡단면 데이터로부터 탄력성을 추정할 때 우리는 보통 단위들 간 수요의 차이가 이전 가격변동에 대한 장기 조정을 반영한다고 가정한다. 이리하여 우리는 장기 탄력성 추정치를 얻게 된다. 시계열 데이터로부터 탄력성을 추정할 때 우리는 관찰치들의 시간 단위만큼 자주 발생하는 가격변동에 대한 반응을 관찰한다. 이리하여 연간 데이터는 연간 탄력성의 추정치를 제공하고 월간 데이터는 월간 탄력성 추정치를 제공한다. 대부분의 재화의 경우 월간 탄력성은 단기로 해석될 것이다. 그러나 연간 탄력성은 가격변동에 대한 완전한 조정이 자본재, 위치, 그리고 소비자들이 점진적으로 바꾸는 다른 요인들의 변동을 필요로 하는 정도에 따라 단기나 장기가 될 수 있다.

우리는 장기 가격탄력성보다 단기 가격탄력성이 절대값으로 더 작을 것으로 예상하는데 그 이유는 정의상 소비자들은 가격변동에 적응할 시간이 더 적기 때문이다. 정말로 120개의 실증 연구에 대한 검토에 기초하여 Molly Espey는 석유 수요의 단기 가격

탄력성 평균은 -0.26, 장기 가격탄력성 평균은 -0.58, 단기 소득탄력성 평균은 0.47, 장기 소득탄력성 평균은 0.88인 것을 알아냈다.[20] P. B. Goodwin은 120개의 실증 연구를 검토해서 자동차 연료 가격에 대한 자동차 "운행"수요의 평균 탄력성은 단기에는 -0.16, 장기에는 -0.33으로 보고하였다.[21]

횡단면과 시계열 데이터는 상이한 계량경제 문제에 직면하는 경향이 있다. 횡단면의 경우 특히 상이한 규모의 단위들로 구성되어 있을 때 종종 상이한 분산을 갖는 오차항을 갖게 된다. 즉 **이분산성**(heteroscedasticity) 문제이다. 예를 들어 화재로 인한 사고 사망자 수의 분산은 뉴욕시와 같이 더 큰 도시가 뉴욕주의 우티카와 같은 작은 도시보다 더 클 수 있다. 만일 오차항의 분산이 동일하지 않다면 계수들의 OLS 추정치는 편의가 없지만 계산된 표준오차는 진정한 표준오차보다 더 작다. 즉, OLS 추정치의 보고된 정확성은 너무 낙관적일 것이다. 만일 오차항의 분산에 대한 상대적 크기를 알고 있다면 모형을 **일반화 최소자승법**(generalized least squares(GLS))으로 추정하면 보다 정확한 계수 추정치를 얻게 된다. 이분산성을 탐지하는 검정과 적절한 추정 절차에 대한 논의는 대부분의 계량경제학 교과서에서 찾을 수 있다.

또한 시계열 데이터도 오차항으로 공통 문제에 직면한다. 제외된 설명변수의 영향이 오차항에 포함된다는 것을 기억하라. 만일 제외된 변수가 시간이 감에 따라 점진적으로 변한다면 연이은 오차항들 간에 상관관계가 생길 수 있다. 이것은 보다 일반적인 **자기상관**(autocorrelation) 문제의 한 예인데, 그것은 종종 시계열 데이터에서 한 가지 형태 또는 다른 형태로 존재한다. 그것은 이분산성과 유사한 영향을 가지고 있다. 즉 OLS 계수 추정치들은 편의는 없지만 보고한 것만큼 정확하지가 않다. 만일 자기상관의 패턴을 알고 있다면 GLS를 사용하여 보다 정확한 추정치를 얻을 수 있다. 가장 널리 사용되는 자기상관 검정은 Durbin-Watson 통계량인데 이것은 항상 시계열 분석의 한 구성요소가 되어야 한다. 자기상관을 탐지하고 그것을 교정하는 방법에 대한 논의는 계량경제학 교과서에서 찾을 수 있다.

횡단면과 시계열 데이터를 패널로 통합하는 것 또한 가능하다. 예를 들어, 다수의 연도에 걸쳐 각 주의 데이터를 이용하는 것이다. 비록 패널 데이터로 모형을 설정하는 것이 꽤 복잡해서 여기서 다룰 수는 없지만 세 가지 점들은 주목할 가치가 있다. 첫째, 패널 데이터는 충분한 정보 원천을 제공해 준다. 둘째, 패널 데이터는 횡단면 및 시계열 데이터 모두에서 직면하는 계량경제 문제들에 취약하다. 셋째, 패널 데이터는 횡단면에서 모든 단위들에게 영향을 미치는 측정되지 않은 변수들을 연구자들이 통제할 수 있도록 함으로써 인과 영향을 식별하는 데 도움을 줄 수 있다.

4.3.3 식별

완전경쟁시장에서 가격과 수량은 공급과 수요의 동시적 상호작용에 기인한다. 가격과 수량의 변동은 공급곡선의 이동, 수요곡선의 이동 또는 둘 다의 이동에 기인할 수 있다. 시장의 한쪽에만 영향을 미치는 변수들이 없다면 공급곡선과 수요곡선을 별도로 추정하는 것이 불가능할 수 있다. 정말로 만일 공급량과 수요량이 단지 가격에만 의존한다면 수요곡선과 공급곡선 둘을 추정하는 방정식들은 동일하게 보일 것이다. 우리가 수요곡선과 공급곡선 중 어떤 것을 추정하는지를 결정하는 것이 **식별**(identification) 문제의 한 예이다. 그것은 가격과 수량과 같이 몇몇 변수들이 동시에 결정되는 복수 방정식 모형에서 발생한다. 그러한 변수들은 **내생변수**(endogenous variables)라고 부른다. 이와 대조적으로 고정되어 있거나 모형 밖에서 결정되는 변수들은 **외생 변수**(exogenous variables)라고 부른다.

수요곡선을 식별하기 위하여 우리는 수요가 아니라 공급에 영향을 주는 변수를 가질 필요가 있다. 경쟁적이고 규제받지 않는 밀 시장을 생각해 보자. 만일 강우량이 밀의 공급에는 영향을 미치지만 밀에 대한 수요에는 영향을 미치지 않는다면 강우량을 공급 방정식에는 포함을 시키되 수요 방정식에는 포함을 시키지 않으면 수요곡선을 식별하게 된다. 그 이유는 강우량의 변동은 공급의 체계적 이동을 초래하지만 수요는 아니라서 이것이 수요곡선을 찾아내게 한다. 이와 유사하게 만일 소득이 공급은 아니지만 수요에 영향을 미친다면 공급 방정식이 아니라 수요 방정식에 소득을 포함시키면 우리가 수요곡선의 체계적 이동을 조사할 수 있고 이로 인해 공급곡선을 찾아내게 된다. 일반적으로 만일 첫 번째 방정식에는 속하지만 두 번째 방정식에는 속하지 않는 하나의 외생변수와 두 번째 방정식에는 속하지만 첫 번째 방정식에는 속하지 않는 또 다른 외생변수가 있다면 두 방정식 모형은 식별될 것이다. 여기서 “속한다”는 것은 계수 값이 0이 아니라는 것을 의미하고 “속하지 않는다”는 것은 이론적으로 계수값이 0이라는 것을 의미한다. 0의 계수값 조건은 제일 중요하다. 이론적으로 해당 방정식에 속하는 외생변수를 제외하면 모형을 식별할 수 없다.

수요곡선의 식별은 시장 일반보다는 비용-편익분석에서 보통 관심대상인 시장에서는 덜 문제가 되는 경향이 있다. 첫 번째 이유는 CBA는 종종 외생적인 정부 개입이 이루어지는 시장을 다루기 때문이다. 예를 들어, 담배에 대한 수요는 횡단면 분석에서 쉽게 식별될 수 있을 것인데 그 이유는 각 주의 내국소비세 차이가 각 주마다 다른 크기로 공급곡선을 이동시키기 때문이다.

두 번째 이유는 가격이 외생적으로 정해지는 시장에서 식별 문제는 발생하지 않기 때문이다. 비용-편익 분석가들에게 관심이 있는 몇몇 시장에서는 지방정부의 쓰레기 처리와 같이 정부가 제품이나 서비스를 제공하거나 전기와 같이 정부가 부과 가격을 규제한다. 정부가 특정 재화를 공급하거나 효과적으로 가격을 정할 때 가격은 외생적이 되어서 우리는 식별 문제를 피하게 된다.

비록 일반적으로 시장수요곡선의 추정에는 적용되지 않지만 연구자들은 종종 정책영향의 인과 관계 추정치를 제공하는 진실험을 흉내낸 우연한 무작위적 또는 거의 무작위적인 사건이 있는 **자연실험**(natural experiments)을 통해 정책 영향을 식별할 수 있다.[22] 거의 무작위적인 배치가 발생할 수 있는데 왜냐하면 행정규칙으로 인해 거의 동일한 단위들이 어떤 자의적인 경계 위 또는 아래에 위치하기 때문이다. 그러한 회귀 단절(regression discontinuities)은 거의 무작위적인 방법으로 정책 "처방"을 받거나 받지 못하는 경계 주변에 유사한 단위들이 위치하는 결과를 초래할 수 있다. 예를 들어, 연방정부는 미국에서 가장 가난한 300개의 카운티들이 새롭게 만들어진 헤드스타트 프로그램 참여를 지원하는 것을 돕기 위해 기술적 도움을 제공하였다. 그 결과 경계선보다 약간 부유한 카운티들은 약간 가난한 카운티들보다 프로그램에 참여할 가능성이 매우 낮을 것이다. 이러한 카운티들을 사실상 동일하게 취급한다는 것은 연구자들로 하여금 마치 그들이 프로그램에 무작위로 배정된 것처럼 처리하고 헤드스타트에 대한 자금을 50%에서 100%로 증가시키면 해당 이유로 인한 사망자 수가 33%에서 50%까지 감소할 것으로 추론될 것이다.[23]

4.3.4 신뢰구간

한 모형에서 추정된 계수들의 표준오차는 계수들의 신뢰구간을 설정하기 위해 사용될 수 있다. 95% 신뢰구간은 흔히 계수의 진정한 값이 구간 내에 있을 확률이 95%라고 해석된다. 엄격하게 말하면 이것은 잘못 된 해석이다. 올바른 해석은 만일 우리가 각 반복마다 새로운 데이터 표본으로 우리의 추정 절차를 많이 되풀이한다면 추정된 신뢰구간은 반복 횟수의 95% 정도는 계수의 진정한 값을 포함할 것이라는 것이다. 그럼에도 불구하고 신뢰구간은 민감도분석에 대한 일종의 지침을 제공해 준다. 대부분의 분석가들은 95% 신뢰구간의 양끝을 최선 및 최악의 경우로 취급하는 것이 합리적이라고 생각한다. 그러나 11장에서 논의하겠지만 기울기, 탄력성 또는 다른 모수들의 표준오차는 몬테카를로 시뮬레이션에 기초한 민감도분석에서 확률분포의 선택을 인도하는 데 직접적으로 사용될 수 있다.

4.3.5 예측과 가설검정

수요함수 추정에 대한 마지막 토픽으로서 가설검정과 추정 간의 구분을 명심하는 것이 중요하다. 사회과학자들은 보통 한 회귀모형에서 하나 또는 그 이상의 계수들에 대한 가설검정에 관심이 있다. 만일 추정된 계수들이 통계적으로 0과 유의하게 다르지 않다면 사회과학자들은 그 변수들이 종속변수에 영향을 미치지 않는다는 귀무가설을 기각하지 못 한다. 환언하면 변수들이 어떤 영향을 미친다는 통계적으로 설득력 있는 경우가 없다는 것이다.

그러나 비용-편익 분석가들로서 우리는 예측을 해야 한다. 그러한 목적을 위해 비록 계수의 추정치가 관례적인 수준에서 통계적으로 유의하게 0과 다르지 않다 하더라도 우리는 그것을 사용해야 한다. 비록 우리가 계수의 진정한 값이 0이 아니라고 그다지 확신하지 못한다 하더라도 추정된 계수는 진정한 값에 대한 우리의 최상의 추정치가 될 수도 있다. 만일 그렇다면 그것은 최상의 예측치를 줄 것이다. 민감도분석은 우리 추정치의 부정확성을 반영해야 한다. 만일 우리가 추정한 모형으로부터 통계적으로 유의한 계수들만 사용한다면 우리는 예측에 편의를 유발할 것이고 잠재적으로 순편익에 대한 우리 추정치의 분산을 과소추정하게 될 것이다. 통계적으로 유의하지 않은 추정된 모수들을 마치 그것들과 그것들의 표준오차가 0인 것처럼 처리하는 대신 그것들을 직접 또는 통계적 조정 후에 사용하는 것이 일반적으로 순편익을 예측하는 데 더 적절하다.[24]

4.4 결론

종종 정책의 순 사회적 편익을 추정하기 위해서는 사회적 잉여 변동에 대한 예측이 필요하다. 그 다음 사회적 잉여의 변동을 예측하기 위해서는 적절한 시장수요와 공급곡선에 대한 지식이 필요하다. 이 장은 이들 곡선, 특히 수요곡선에 초점을 맞춘 추정과 연관된다.

만일 우리가 수요곡선 상의 적어도 한 점, 그것의 함수 형태와 그것의 기울기 또는 수요의 가격탄력성을 알고 있다면 수요곡선의 직접 추정이 가능하다. 다수의 실제 상황에서 우리는 기울기나 수요의 가격탄력성을 모른다. 우리는 소수의 관찰치로부터 그러한 정보를 추론할 수 있다. 더 좋게는 다수의 관찰치들이 있을 수 있을 때 분석가는 수요곡선을 추정하기 위해 계량경제 기법을 사용할 수 있다. 이들 상이한 추정방법들의 이점과 잠재적 한계를 고려하는 것이 중요하다.

부록 4A 다중회귀분석의 소개

선형 회귀는 관심이 있는 변수, 즉 종속변수에 대한 하나 또는 그 이상의 설명변수의 영향을 통계적으로 조사하는 감당 가능한 방법을 제공해 준다.[1] 그것을 사용하기 위해서는 종속변수에 대한 다양한 설명변수들의 영향이 더하기 형태라고 가정하는 것이 필요하다. 즉 모형은 다음과 같은 함수 형태를 갖는다.

$$y = \beta_0 + \beta_1 x_1 + \beta_2 x_2 + \ldots + \beta_k x_k + \epsilon \quad \text{(4A.1)}$$

여기서 y는 종속변수, $x_1, x_2, \ldots, x_k$는 k개의 설명(또는 독립)변수이고 ϵ은 모형에 명시적으로 포함되지 않은 모든 요소들의 y에 대한 누적 영향을 합친 오차항이다. 기본 모형은 설명변수들이 비확률적이고 오차 없이 측정되는 것으로 가정한다.

절편 모수 β_0는 **상수**(constant)라고도 부르는데 만일 모든 설명변수들이 0이라면 y의 기대치이다. 기울기 모수라고 부르는 다른 모수들, $\beta_1, \beta_2, \ldots, \beta_k$는 종속변수에 대한 설명변수들의 한계 영향을 측정한다. 예를 들어, 만일 우리가 다른 설명변수들의 값을 일정하게 유지한 채 x_1을 한 단위 증가시킨다면 y는 β_1 크기만큼 변동할 것이다.

우리가 x_1을 제외한 모든 설명변수들의 값을 0으로 정한다고 상상해 보자. 그러면 우리는 2차원 그래프에 x_1에 대한 y의 관계를 표시할 수 있을 것이다. 방정식 $y = \beta_0 + \beta_1 x_1$이 진정한 회귀선을 나타낼 것이다. 이 선의 기울기는 β_1인데 이것은 x_1 1단위 변동에 따른 y의 변동의 크기를 측정한다. 보통 실제 관찰치들은 정확히 그 선상에 놓여 있지 않다. 관찰점과 선과의 수직 편차는 우리의 모형에서 ϵ으로 표시된 확률오차와 같을 것이다. 만일 ϵ의 절대값이 작으면 실제 관찰치들이 그 선에 가깝다는 의미에서 진정한 회귀선은 데이터를 잘 반영한다.

모형의 모수 추정

데이터에 선을 적용시키는 가장 흔하게 사용되는 절차는 통상최소자승법(OLS)이다. 우리가 단지 하나의 설명변수만 가지고 있어서 데이터를 2차원 그래프에 반영시킬 수 있을 때 OLS 절차는 추정된 선과 관찰된 데이터 간의 수직 편차 자승의 합이 최소가 되는 선을 선택한다.

가령 우리가 $k+1$개 모수들의 OLS 추정치를 $\widehat{\beta_0}, \widehat{\beta_1}, ..., \widehat{\beta_k}$로 표기한다고 하자. $\widehat{\beta_j}$은 **모든 다른 변수들을 일정하게** 유지한 채 x_j의 작은 (한 단위) 변동에 따른 y 변동의 추정치를 제공한다. i번째 관찰치$(y_i, x_{i1}, x_{i2}, ..., x_{ik})$에 대해 종속변수의 예측치는 다음과 같다.

$$\widehat{y_i} = \widehat{\beta_0} + \widehat{\beta_1} x_{i1} + \widehat{\beta_2} x_{i2} + ... + \widehat{\beta_k} x_{ik} \quad i = 1, 2, ... n \tag{4A.2}$$

그리고 i번째 **예측오차**(prediction error) 또는 **잔차**(residual)는 다음과 같다.

$$\hat{\epsilon} = y_i - \widehat{y_i} \quad i = 1, 2, ..., n \tag{4A.3}$$

이와 같이 잔차는 종속변수의 관찰값에서 추정된 모수와 설명변수들의 값에 기초하여 우리가 예측한 종속변수의 값을 빼준 것이다. OLS는 이러한 잔차들 자승 합계를 최소화하도록 모수 추정치들을 선택한다.[2]

종속변수의 실제 값과 예측값 간의 상관의 자승인 R^2은 회귀 적합도의 척도로 흔히 사용된다. 모형이 상수를 포함하고 있다고 가정하면 R^2은 0과 1 사이의 값을 갖는데 이것은 추정된 모형에 의해 설명되는 종속변수 변동의 백분비를 측정한다. 이론이 애매할 때 대안적 모형 표기 간 선택하는 데 도움을 받거나 또는 대안적 이론들을 검정하기 위해 R^2이 사용될 수 있다.

다중공선성

우리 표본의 관찰치의 수가 우리가 추정하고자 하는 계수의 수를 능가하는 한 대개 회귀 소프트웨어 패키지로 OLS 추정치를 얻을 수 있다. 그러나 설명변수 하나가 다른 변수들의 선형 조합으로 표현될 수 있을 때 **완전 다중공선성**(perfect multicollinearity)의 경우가 되는데 이것은 모형의 추정을 방해한다. 덜 심각하지만 보다 흔한 형태의 문제는 표본 내의 설명변수들이 높게 상관되어 있을 때 일어난다. 이 조건을 **다중공선성**(multicollinearity)이라 부른다. 만일 둘 또는 그 이상의 변수들이 높게 상관되어 있다면 OLS는 종속변수에 대한 각 설명변수의 독립적 영향을 식별하는 데 어려움이 있다. 그 결과 이 모수 추정치들은 그다지 신뢰할 수 없고 극단적인 경우 그것들은 추정될 수 없다. 두 설명변수들이 높게 상관되어 있을 때 각 개별 계수 추정치가 그것의 진정한 값에 가까운 것보다 추정된 계수들의 합이 진정한 계수들의 합에 더 가깝게 될 것이다. 종종 연구자들은 하나 또는 그 이상의 설명변수들을 제거함으로써 다중공선성 문제에 대응하는데 이것은 몇몇 모수들의 편의 추정치를 초래할 수도 있다. 다중공선성 문제를 다루는 두가지 방법은 능형 회귀를 이용하거나 주성분 분석을 사용하여 공선적인 변수들을 결합하여 지수로 만드는 것이다.[3]

OLS 추정량의 속성

OLS 추정량은 일반적으로 다수의 매우 바람직한 속성을 가질 것이다(주: **추정량**(estimator)은 데이터로부터 특정 모수를 계산하기 위해 사용하는 공식이다. 그에 따른 특정 값이 **추정치**(estimate)이다). 만일 모든 설명변수들이 오차항 ϵ과 상관되지 않고 오차항의 기대치가 0이라면 OLS 추정량은 **편의가 없을**(unbiased) **것**이다. 추정량이 편의가 없다는 것이 무엇을 의미하는지를 이해하기 위해 특정 추정치는 데이터의 실제 표본에 있는 오차에 의존한다는 것을 명심해야 한다. 만일 우리가 새로운 표본을 선정한다면 우리는 상이한 오차를 인식할 것이고 이런 이유로 상이한 계수 추정치를 얻게 된다. 추정량이 편의가 없을 때 상이한 표본 간 우리 추정치들의 평균은 진정한 계수값에 매우 근접할 것이다. 예를 들어, 만일 석유 가격이 석유 수요량에 진정한 영향이 없다면 우리는 거의 확실히 그것의 계수가 정확히 0이 아니라 양 또는 음의 값을 얻을 것이다. 그러나 다수의 표본에 대해 OLS를 반복하고 석유 가격의 계수 추정치들을 평균하면 일반적으로 0에 매우 근접한 결과를 얻게 될 것이다. 표본을 더해감에 따라 우리가 원하는 바와 같이 0에 가까운 평균치를 얻게 될 수 있다.

또한 OLS 추정량은 일치 추정량인데 왜냐하면 그것은 불편 추정량이고 표본 크기가 증가함에 따라 그것의 분산이 0에 접근하기 때문이다.[4] 그 결과 표본크기가 증가함에 따라 우리는 우리 추정치의 정확성에 대해 더 자신감을 갖게 된다. 즉 추정량의 분포는 추정되는 모수의 진정한 값 주변으로 더욱 좁혀진다. 극한값에 도달하면 추정량의 분포는 모수의 진정한 값 주변에서 붕괴된다.

그러나 만일 한 가지 중요한 변수가 추정에서 제외되고 그 변수가 포함된 변수와 상관되어 있다면 문제가 발생한다. 예를 들어 가령 기후(기온)가 석유 수요량에 영향을 미치고 기온 역시 석유 가격과 상관되어 있지만 기온은 모형에서 제외되고 있다고 하자. 이제 석유 가격의 계수는 수요량에 대한 석유 가격의 영향과 그것이 하나의 대리 변수로 기능을 하는 기온의 간접적 영향도 반영할 것이다. 여타 조건이 동일하다면 수요량에 대한 기온의 진정한 영향이 강하면 강할수록, 그리고 석유 가격과 기온 간의 상관계수의 절대값이 크면 클수록 석유 가격 계수의 편의가 더 커질 것이다. 이 문제는 표본크기를 증가한다고 해서 해결될 수 없다.

만일 각 오차는 동일 분산을 갖는 분포로부터 나온 것이라면 OLS 추정량은 종속변수의 선형 함수인 불편 추정량 집합체 가운데에서 어떤 다른 추정량보다도 가장 적은 분산을 가질 것이라는 점에서 효율적이 된다.

통계적 유의성과 가설 검정

종종 모수의 진정한 값이 0이 아니라고 우리가 결론을 내릴 수 있도록 특정 추정치가 0으로부터 충분히 편차가 큰지 여부를 결정하는 것이 중요하다. 만일 우리가 각 관찰치에 대한 오차항이 일정한 분산 σ^2을 갖는 정규분포로부터의 추출로 취급될 수 있다는 합리적 가정을 한다면 우리는 OLS 추정량이 정규분포를 따른다는 것을 보일 수 있다.[5] 구체적으로 우리는 한 계수의 특정 수치 추정치 $\hat{\beta}$을 계수의 진정한 값 β를 중심으로 분산 σ_β^2을 갖는 정규분포를 하는 확률변수로부터의 추출로 해석할 수 있다. 이때 σ_β^2은 σ^2에 의존한다(OLS 추정량은 확률변수이다. 즉 데이터에 기초한 실제 추정치는 그 확률변수의 특정한 실현이다). 우리는 만일 계수의 진정한 값이 0이라면 그 정도의 계수 추정치를 관찰할 가능성이 얼마나 되는지를 알기 원하기 때문에 이제 우리는 계수의 진정한 값이 0이어서 (귀무가설) 우리 추정량의 분포는 0을 중심으로 퍼져 있는 것으로 상정한다. 그리고 나서 우리는 계수 추정치를 그것의 **추정된 표준편차**(estimated standard deviation)로 나누어 1의 분산을 갖도록 분포를 표준화한다. 그에 따른 통계량은 t 통계량 또는 t 비율이라 부르는데 **스튜던트 t 분포**(Student's t distribution) 또는 t 분포를 갖는다.[6] 우리 계수 추정치의 **통계적 유의성**(statistical significance)은 t 분포표에 있는 임계치와 t 통계량을 비교함으로써 결정될 수 있다. t 분포표는 거의 모든 통계학 교과서의 부록에서 찾을 수 있다. 예를 들어 만일 귀무가설이 맞다면 (절대값으로) t 비율만큼 큰 값을 관찰할 확률이 5%의 확률보다 작다면 우리는 계수의 진정한 값이 0이라는 귀무가설을 기각하는 것으로 결정할 수 있다.[7]

t 분포는 자유도에 따라 표가 만들어진다. OLS 추정량은 n으로 표기되는 총 관찰치 수에서 추정되는 계수의 수인 $k+1$을 공제한 크기의 자유도를 갖는다. 자유도가 증가함에 따라 스튜던트 t 분포는 보다 더 표준화 정규분포처럼 보인다. 보통 회귀 소프트웨어 패키지들은 t 비율과 p 값을 모두 보고하는데 후자는 만일 모수의 진정한 값이 0이라면 절대값으로 그 정도로 큰 값을 얻을 확률이다.

우리의 석유 예로 돌아가서 가령 분석가는 석유 가격이 5%의 신뢰수준에서 석유 수요에 통계적으로 유의한 영향을 미치는지 여부를 검정하기를 원한다고 하자. 그는 단측 대립가설 검정이나 양측 대립가설 검정을 설정할 수 있다. 예를 들어 그는 진정한 값이 0보다 작다(단측 대안)는 대안에 대해 귀무가설을 검정할 수 있는데 이것은 **기각영역**(critical region)이 음의 꼬리 5%로 구성되어 있다는 것을 의미한다. 그렇지 않으면 그는 진정한 계수값이 0이 아니라는(양측 대안) 대안에 대한 귀무가설을 검정할 수도 있는데 이것은 기각영역이 음의 꼬리쪽의 2.5%와 양의 꼬리쪽의 2.5%로 구성되는 것을 의미한다.

이제 석유 가격 계수의 t 통계량이 -1.84라고 가정하자. 또한 표본크기는 122이고 단지 하나의 설명변수만 있어서 오직 두 개의 모수들(절편과 기울기)만 추정되고 자유도는 120이라고 하자. 자유도가 120일 때 t 분포의 임계치의 절대값은 단측 대안의 경우 1.658, 양측대안의 경우 1.98이다. 이리하여 5%의 신뢰수준에서 분석가는 만일 그가 단측 대안을 설정했다면 귀무가설을 기각할 것이지만 그가 양측 대안을 설정했다면 귀무가설을 채택할 것이다.

대부분의 회귀 소프트웨어는 우리가 양측 대안에 대해 진정한 모수값이 0이라는 귀무가설을 검정하기를 원한다고 가정하면서 귀무가설 하에서 추정된 것만큼 큰 t 통계량을 관찰할 확률을 직접 계산함으로써 표에서 임계치를 찾아보는 수고를 덜게 해 준다. 이 고전적 가설검정을 하기 위해서 단지 우리는 만일 보고된 확률이, 우리가 수용할 의사가 있는 귀무가설이 잘못 기각될 최대 확률－예를 들어, 5%－보다 작은지를 보기만 하면 된다. 만일 그것이 더 작다면 우리는 귀무가설을 기각한다.

Notes

CHAPTER 4 연습문제

1. 그림 4.3에 제시된 예를 보자. 가격이 $1.25에서 $1.75로 인상될 때 연간 소비자잉여의 손실을 계산하라.

a. 식 (4.7)과 같이 선형 수요곡선을 가정할 것.

b. 식 (4.8)과 같이 탄력성이 일정한 수요곡선을 가정할 것.

2. (회귀 소프트웨어 사용할 것. 강사에게 제공된 스프레드시트 권장) 한 분석가는 인구가 70,230명이고 중위 가구의 소득이 $31,500인 드라이빌에 공립 수영장 건설의 총 사회적 편익을 예측하도록 요청받았다. 그 분석가는 이미 공립 수영장을 가지고 있는 지역내 24개 소도시들을 찾아내었다. 그는 각 도시의 여가 부서와 전화 인터뷰를 통해 방문당 요금은 얼마이고(Fee) 가장 최근 여름 시즌 동안 방문자 수(Visits)는 얼마나 되는지를 알아냈다. 이에 추가하여 가장 최근의 인구조사에서 그는 각 도시의 인구(Pop)와 중위 가구소득(Income)을 알아낼 수 있었다.

a. 분석가가 드라이빌에서 공립 수영장 건설과 요금이 무료일 때의 총편익을 예측하기 위해 이 데이터를 어떻게 사용할 수 있는지를 설명하라.

b. 요금이 $1.00으로 정해지고 드라이빌의 한계초과조세부담이 0.25일 때 총편익을 예측하라. 이 질문에 답할 때 수영장을 운영할 때 발생하는 비용을 지불하기 위해 드라이빌 주민들로부터 징수되어야 하는 세금을 줄이기 위해 요금이 사용된다고 가정할 것.

	Visits	Fee	Income	Pop
1	168,590	0	20,600	36,879
2	179,599	0	33,400	64,520
3	198,595	0	39,700	104,123
4	206,662	0	32,600	103,073
5	170,259	0	24,900	58,386

6	209,995	0.25	38,000	116,592
7	172,018	0.25	26,700	49,945
8	190,802	0.25	20,800	79,789
9	197,019	0.25	26,300	98,234
10	186,515	0.50	35,600	71,762
11	152,679	0.50	38,900	40,178
12	137,423	0.50	21,700	22,928
13	158,056	0.50	37,900	39,031
14	157,424	0.50	35,100	44,685
15	179,490	0.50	35,700	67,882
16	164,657	0.75	22,900	69,625
17	184,428	0.75	38,600	98,408
18	183,822	0.75	20,500	93,429
19	174,510	1.00	39,300	98,077
20	187,820	1.00	25,800	104,068
21	196,318	1.25	23,800	117,940
22	166,694	1.50	34,000	59,757
23	161,716	1.50	29,600	88,305
24	167,505	2.00	33,800	84,103

사례 4 규제영향분석에서의 수요곡선 이용

비록 많은 국가들이 제안된 규제들에 대해 CBA를 수행하도록 요구하지만 미국은 그것의 규제 과정에서 가장 광범위하게 그렇게 하고 있다.[1] 1981년에 Ronald Reagan 대통령은 연방기관의 입법 과정에 CBA의 의무적 사용에 대한 구조를 확립하는 행정명령을 공표하였다.[2] 그의 행정명령 12291은 비용, 편익 또는 이전 측면에서 경제에 연간 1억 달러 또는 그 이상의 영향을 가질 주요 규칙에 대한 필요조건으로 규제영향분석(RIA)을 도입하였다. 기관들은 가장 큰 순편익을 제공하는 규칙의 선정을 인도하기 위해 RIA를 수행하도록 지시되었다. Bill Clinton 대통령이 공표한 행정명령 12866은 주요 규칙의 정의를 확장하였다. Barack Obama 대통령은 RIA 절차를 재확인하였고(행정명령 13563), 기존의 규칙들을 검토할 소급적용 RIA를 위한 계획을 OMB에 제출할 것을 요구하였다(행정명령 13610). 그는 또한 독립기관들이 연방통신위원회나 원자력규제위원회와 같이 고정된 임기로 봉사하는 위원들과 함께 내각 부서가 부과한 RIA 요건들을 자발적으로 준수할 것을 요구하였다(행정명령 13579).

매년 RIA를 수행해야 하는 주요 연방 규칙들의 수는 많다. 2005 회계연도부터 2014 회계연도까지 10년의 기간 동안 OMB는 주요 규칙에 필수적인 549건을 포함하여 약 3,000건의 RIA를 점검하였다.[3] 주요 규칙들에 대해 비용과 편익이 화폐화된 120건의 RIA에서는 2,609억 달러에서 9,810억 달러의 연간 편익과 684억 달러에서 1,029억 달러에 이르는 비용을 예측하였다(2010년 달러). 이같이 큰 액수는 미국 경제에서 규제의 확장적 역할과 그것들을 보다 효율적으로 만들기 위한 노력을 결집시키는 상당한 분석 자원이라는 것을 보여준다.

대부분의 RIA는 소비자나 생산자 잉여의 변동을 직접 측정하지 않는다. 그 대신 그것들은 영향을 예측하기 위해 귀속된 한계 가치인 “잠재가격”을 적용함으로써 간접적으로 측정한다. 비용과 편익의 측정은 발암성 화학물질에 대한 노출로 인한 사망자수의 감소와 같은 영향의 예측과 사람들이 위험과 임금이나 시간과 같이 그들이 가치를 부여하는 것들 간의 상충관계에 직면할 때 그들의 행태 관찰로부터 도출되는 사망위험의 감소를 그들이 가치매기는 추정치를 가지고 이 예측을 화폐화하는 것과 관련된다. 그러나 몇몇 RIA에서는 분석가들은 사회적 잉여의 변동의 관점에서 직접 비용과 편익을 가치매긴다. 우리는 여기에 소비자잉여를 추정한 두건의 실제 RIA로부터 끌어낸 사례를 제시한다. 첫 번째 예로 분석가들은 유기농 라벨링에 대한 요건 강화로 유기농 계란 시장에서 현재의 몇몇 판매자들이 공급을 연관된 닭장 없이 키운 닭의 계란 시장으로 이동하도록 유도할 때 소비자잉여의 순변동을 예측하였다. 두 번째 예로 장애인들의 수영장 이용가능성을 높일 수 있게 하는 규칙의 가치를 예측하기 위해 휠체어를 타는 사람들이 이용하는 공립 수영장 시장을 "설정하기" 위해 분석가들은 다양한 원천으로부터의 정보를 사용하였다.

시장 간의 확산: 2017년 유기농 식품 생산 규칙 제정

1990년의 유기농 식품 보호법(P.L. 101-624)은 미국 농무부 마케팅 지원청(AMS)에 국가 유기농 인증 프로그램을 만들고 표준을 수립할 권한을 주고 있다. 이 표준을 충족하는 생산자들은 그들의 제품을 USDA 유기농 제품이라고 광고하는 것이 허용된다. 2016년에 AMS는 가축 처리와 조류 생활 여건에 관한 새로운 조항을 추가하고 규칙을 명확히 하고자 하는 규칙 제정안에 대한 안내문을 발표하였다. AMS는 이러한 괴리가 USDA 유기농 지정에 대한 소비자 신뢰를 손상시킨다고 주장하였다. 몇몇 규제가 2017년 3월 20일에 효력을 발휘하면서 최종 규칙은 2017년에 채택되었다.[5] 최종 RIA가 최종 규칙과 동시에 발표되었다.[6] 뒤이은 논의는 계란 소비자들에 대한 알 낳는 닭(육식용으로 키우는 영계가 아니라 알을 낳도록 키워지는 닭)을 위한 외부공간에 대한 보다 엄격한 요건의 예측된 영향에 초점을 맞추고 있다.

분석가들은 현재의 유기농 계란 생산자들 중 얼마나 외부공간 요건을 충족시키는 데 비용이 너무 들어 그 결과 시장을 떠나는지를 예측하는 임무에 직면하였다. 한쪽 극단에서는 분석가들은 현재의 모든 유기농 계란 생산자들은 새로운 요건을 충족시켜서 시장에 그대로 머문다고 가정하였다. 이 시나리오하에서 그들은 규칙의 비용을 기존의 생산자들이 부담하는 추가적 실질 비용으로 추정하였다. 또 다른 쪽 극단에서는 그들은 현재의 유기농 계란 생산자들 가운데 50%가 시장을 떠날 것으로 가정하였다. 특히 그들은 닭장이 없이 키운 닭의 계란에 대한 요건을 이미 충족함에 따라 분석가들은 이 생산자들은 단지 그들의 판매를 그 시장으로 전환할 것으로 가정하였다. 우리는 어떻게 분석가들이 이 "확산" 시나리오의 가치를 매겼는지 논의한다.

분석가들의 출발점은 새로운 규제가 없을 때 미래 유기농 및 닭장이 없이 키운 닭의 달걀 시장에서 계란 가격과 수량에 대한 기준선 예측이었다. 분석가들은 2007년부터 2016년까지 10년 기간 동안 이들 시장 각각의 수량과 가격의 평균 성장률을 추정하였다. 두 시장 모두 수량과 명목가격의 유사한 성장률을 보여 주었다. 특별히 의미가 있는 것은 분석가들은 규제가 없을 때 닭장이 없이 키운 닭의 달걀 시장에 내놓는 계란의 규모는 2016년에 4억 6천 4십만 꾸러미에서 2022년에 10억 520만 꾸러미로 증가하고, 유기농 시장에 나오는 계란의 규모는 2016년에 3억 2,580만 꾸러미에서 2022년에 6억 6,760만 꾸러미로 증가하는 것으로 예측하였다. 동일한 기간에 대해 분석가들은 닭장이 없이 키운 닭의 달걀 시장에서 꾸러미당 평균 가격은 $3.16에서 $3.78로 상승하고, 유기농 시장에서는 $3.93에서 $4.50으로 상승할 것으로 예측하였다. 닭장이 완전히 감가상각되는 2017년부터 2029년까지 13년에 대한 예측과 더불어 이 예측은 외부공간 요건의 증가된 영향이 평가되는 것과 대비된 기본 경우를 제공한다.

유기농 시장에서 닭장이 없이 키운 닭의 달걀 시장으로 이동한 생산의 영향을 예측하기 위해 분석가들은 각 시장에서의 수요의 가격탄력성을 추정할 필요가 있었다. 그들은 유기농 시장에 대한 몇몇 추정치들을 찾을 수 있었다. 그들은 상표명, 계란 크기, 패키지 수량, 유기농과 같은 특성 레이블과 같은 상이한 속성을 가진 계란들에 대한 수요탄력성을 추정한 한 연구에 크게 의존하였다.[7] 그 연구는 몇 가지 이점들을 제공해 주었다. 그것은 2008년 4월부터 2010년 3월까지 상이한 속성 조합을 갖는 2,000개가 넘는 개별 제품들에 대한 슈퍼마켓 스캐너로부터 수집된 국가 데이터에 기초하고 있었다. 구매 데이터는 수요방정식에서 가격과 수량의 내재하는 내생성을 다루기 위한 도구변수로 역할을 할 수 있을 생산을 위한 투입물의 월간 가격과 함께 증대되었다.[8] 그 연구는 유기농 계란에 대한 수요의 가격 탄력성을 대략 -1.1로 보고하였다. 즉 가격 1% 증가(감소)는 수요량을 1.1%만큼 감소(증가)시키는 것으로 보인다. 궁극적으로 분석가들은 소비자잉여 변동의 추정치에서 탄력성을 -1.25부터 -0.50까지 고려하였다.

표 4A.1 계란 가격과 소비자잉여 변동(2022년)

탄력성	유기농 가격 ($/꾸러미)	잉여의 변동 (100만$)	무닭장 가격 ($/꾸러미)	잉여의 변동 (100만$)	총변동 (100만$)
기준선	$4.50	$0.00	$3.78	$0.00	$0.00
−1.25	$6.05	−$891.19	$2.92	$946.26	$55.07
−1.00	$5.74	−$712.95	$3.09	$757.01	$44.06
−0.75	$5.43	−$534.71	$3.26	$567.75	$33.04
−0.50	$5.12	−$356.47	$3.43	$378.50	$22.03

출처: Department of Agriculture:Agricultural Marketing Service, *Regulatory Impact Analysis and Final Regulatory Flexibility Analysis, Final Report*, January 2017, table 4, p.48.

그러나 그 연구는 닭장이 없이 키운 닭의 달걀에 대한 수요의 가격탄력성을 보고하지 않았다. 비록 두 시장(샌프란시스코와 댈러스)의 데이터에 기초한 또 다른 연구는 유기농 계란에 대한 탄력성 크기의 두배가 되는 닭장 없이 키운 닭의 달걀에 대한 가격탄력성을 보고했지만[9] 분석가들은 탄력성이 동일한 것으로 가정하기로 결정했다. 유기농 계란보다 덜 탄력적인(탄력성의 절대값이 더 큼) 닭장 없이 키운 닭의 달걀의 탄력성을 사용하는 것은 확산에 따른 소비자잉여의 추정된 이득을 상당히 증가시킬 것이므로 두 탄력성을 동일한 값으로 처리하는 결정은 순편익 추정 관점에서 보수적 가정이다.

그 규칙은 5년간 단계적 도입을 제공한다. 그 결과 2022년이 더 높은 표준을 충족시키지 않기로 선택한 현재의 유기농 생산자들이 시장을 떠나 가정상 덜 수익성이 높은 닭장이 없이 키운 닭의 달걀 시장으로 전환하는 첫 번째 연도가 될 것이다. 분석가들은 표 4A.1에 요약되었듯이 표본 계산결과를 제시하고 있는데 2017년 유기농 생산의 50%가 2022년에 닭장이 없이 키운 닭의 달걀 시장으로 전환되는 영향을 보여주고 있다.

계산 절차는 다음과 같다.

첫째, 시나리오는 2017년 유기농 생산의 50%가 2022년에는 닭장이 없이 키운 닭의 달걀 시장으로의 공급으로 전환될 것으로 가정한다. 그리하여 기준선인 6억 6,760만 꾸러미에 비해 2022년 유기농 시장에서 공급은 4억 8,400만 꾸러미로서 이것은 기준선 예측치 6억 6,760만 꾸러미에서 1억 8,360만 꾸러미(규제가 시행될 때 유기농시장에 있는

"기존 생산자들"에 의한 2017년 생산의 절반)의 확산 손실을 공제한 값이다. 2022년, 닭장 없이 키운 닭의 달걀 시장에서의 10억 520만 꾸러미의 2022년 기준선 공급에 비해, 닭장 없이 키운 닭의 달걀 시장의 공급은 11억 8,880만 꾸러미가 될 것인데 이것은 기준선 예측치 10억 520만 꾸러미에 1억 8,360만 꾸러미의 확산 이득을 더해준 값이다.

둘째, 시나리오는 가정한 탄력성을 사용하여 이들 시장에서의 가격을 예측한다. 유기농 가격은 유산 생산자들의 공급 감소의 결과 상승할 것으로 예측된다. 수요의 가격탄력성을 -1.0으로 가정할 때 유기농 계란 시장에서 가격은 기준선 가격인 꾸러미당 $4.50에서 확산과 함께 꾸러미당 $5.74로 되어 꾸러미당 $1.24 인상될 것으로 예측된다. 닭장이 없이 키운 닭의 달걀 시장에서는 닭장 없이 키운 닭의 달걀 시장으로 전환한 생산자들의 증가된 공급 결과 가격이 하락할 것으로 예측된다. 꾸러미당 $3.78의 기준선 가격에 비해 닭장이 없이 키운 닭의 달걀 시장에서의 가격은 꾸러미당 $3.09로 되어 꾸러미당 $0.69 하락할 것이다.

셋째, 분석가들은 소비자잉여 변동을 예측하기 위해 각 시장에서 선형 수요함수를 가정하였다.[10] 유기농 시장에서의 소비자잉여 손실은 한계 밑의 소비(소비자들이 계속 구입하는 양)에 대한 증가된 지출과 가격 증가분 곱하기 수량 감소분의 1/2에 해당하는 소비 감소에 따른 잉여 손실의 합이다. 이것은 그림 3.2(b)에서 직사각형과 삼각형 면적의 합이다. 닭장 없이 키운 닭의 달걀 시장에서의 소비자잉여 이득은 한계 밑의 소비(소비자들이 이전에 구입했고 계속 구입하는 수량)에 대한 줄어든 지출과 가격 감소분 곱하기 수량 증가분의 1/2에 해당하는 증가된 소비의 가치의 합으로서 그림 3.2(a)에서 직사각형과 삼각형 면적의 합이다. 소비자잉여 변동의 크기는 가정된 수요의 가격탄력성에 달려 있다. −1의 탄력성을 가정하면 유기농 시장에서의 소비자잉여의 변동은 -7억 1,300만 달러이다. 닭장 없이 키운 닭의 달걀 시장에서 소비자잉여 변동은 7억 5,700만 달러이다. 유기농 시장과 닭장이 없이 키운 닭의 달걀 시장에서의 소비자잉여 변동의 합계인 총 소비자잉여의 변동은 4,400만 달러의 이득이다. 닭장 없이 키운 닭의 달걀 시장에서의 더 큰 소비자잉여 변동은 유기농 시장에 비해 한계 밑의 소비의 더 큰 규모에 기인한다.

분석가들은 이 시나리오하에서 규칙의 순비용은 유기농 시장에 머무는 기존 생산자들의 50%의 실질 자원비용 증가에 닭장 없이 키운 닭의 달걀 시장에 기존 생산자들의 또 다른 50%의 생산 확산에 기인한 소비자잉여의 변동을 더한 값으로 추정하였다. 유사한 계산이 연이은 연도들에 대해서 행해졌고 OMB가 권고하는 3%와 7%의 할인율을 사용하여 2016년도 가격으로 할인되었다.

그러나 확산 분석에 따른 비용 추정치는 불완전한데 왜냐하면 그것들은 생산자잉여의 변동을 무시하기 때문이다. 유기농 시장에서의 한계 밑의 소비에 대한 소비자잉여의 손실은 생산자잉여의 증가로 상쇄될 것이라고 가정하는 것이 가장 합리적이다. 다시 각 시장에서 -1.0의 탄력성을 가정하면 유기농 시장에서의 소비 감소에 따른 사회적 잉여 손실은 (0.5)(꾸러미당 $1.24)(1억 8,360만 꾸러미) = 1억 1,400만 달러이다.

닭장 없이 키운 닭의 달걀 시장에서의 사회적 잉여 이득을 추정하기 위해 공급의 가격탄력성이 고려되어야 한다. 공급의 유입으로 인한 가격 하락은 규칙 적용 이전에 닭장 없이 키운 닭의 달걀을 공급했던 기업들의 일부가 시장으로부터 이탈할 가능성이 있다. 예를 들기 위해 공급탄력성이 0.5라고 가정한다. 식 (4.3)에서 규칙 이전의 예측된 가격 $3.78과 수량 10억 520만 꾸러미를 사용하면 공급곡선의 기울기는 1억 3,300만 꾸러미/$를 의미한다(수요의 가격탄력성이 -1.0이라고 가정할 때 유사한 계산을 통해 수요곡선의 기울기는 -2억 6,600만 꾸러미/$가 된다).

그림 C4.1은 닭장이 없이 키운 닭의 달걀 시장에서의 수요곡선은 D_0, 규칙 이전의 공급곡선은 S_0로 나타내는데 그 둘은 점 a에서 교차한다. 규칙에 의해 초래된 유기농 시장으로부터의 공급 확산은 공급곡선을 수평으로 1억 8,360만 꾸러미만큼 이동시켜 S_1이 된다. 규칙 적용 후의 균형 가격과 수량은 $3.32와 11억 2,760만 꾸러미인데 D_0와 S_1의 교차점인 점 b이다. 우상향 공급곡선을 고려하면 RIA에서 가정되는 것보다 더 작은 가격 하락과 더 작은 수량 증가를 초래한다는 것에 유의하자. 시장에서의 사회적 잉여의 변동은 삼각형 abc의 면적으로 나타나는데 그것은 (0.5)($3.78−$3.32)(11억 2,760만 꾸러미−10억 520만 꾸러미) 또는 2,800만 달러이다(두 가격과 점 a와 점 c로 둘러싸인 직사각형은 소비자잉여의 이득인데 이것은 생산자잉여의 손실과 정확히 상쇄된다는 것에 유의할 것). 이와 같이 확산이 4,400만 달러의 순이득을 가져오는 것이 아니라 실제로는 8,600만 달러($1억1,400만 달러−$2,800만 달러)의 순손실을 가져 온다.

단지 소비자잉여가 아니라 사회적 잉여를 고려하는 것은 초래된 확산으로부터의 손실을 나타낸다는 것은 놀라운 일이 아니다. 즉 유기농 및 닭장이 없이 키운 닭의 달걀 시장 모두 효율적이라고 가정하므로 둘중 한 시장으로부터 다른 시장으로 공급을 전환

그림 C4.1 닭장 없이 키운 닭의 달걀 시장에 대한 확산 효과

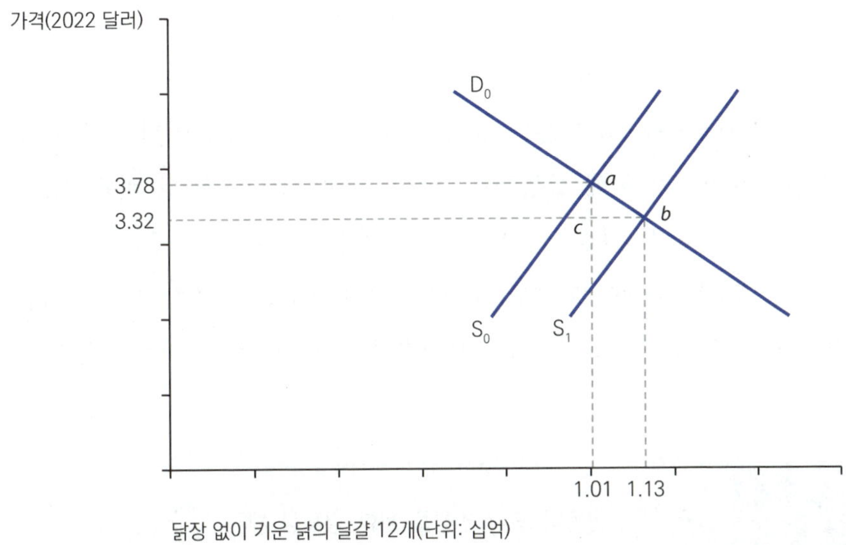

함으로써 사회적 잉여가 증가한다는 것은 가능할 수 없다. 규칙에 대한 비판자들이 RIA의 이러한 측면에 도전하지 않는 것은 놀라운 일이다! 분석가들의 생산자잉여 제외에도 불구하고 이 사례는 시장 내에 수요곡선을 배치하기 위해 실증적 증거를 끌어내고 소비자잉여 변동의 관점에서 영향에 대한 가치를 매기면서 시장 관점에서 정책 영향을 해석하는 과정을 보여준다.

편익 측정을 위한 수요곡선의 "구체화": 2010년 ADA 규칙

1990년의 미국 장애인법(PL 101-336)은 장애를 가진 사람들에 대한 차별을 제거하기 위해 채택되었고 1991년에 주요 시행 규제가 뒤를 이었다. 미국 법무부는 2004년에 규제를 갱신하고 강화하는 과정을 시작하기 위해 제안된 규칙제정의 공고문을 발표하였다.[11] 그것은 또한 관련된 행정명령을 준수하기 위해 제안된 규칙의 비용과 편익을 평가할 RIA를 수행하는 방법을 제시하였다. 피드백을 받은 후 미국 법무부는 2008년에 제안된 규칙의 최종본에 대한 공고문을 발표하였다.[12] 동시에 미국 법무부는 이해관계

인들이 검토할 수 있도록 HDR/HLB Decision Economics사가 수행한 처음의 RIA를 웹사이트에 올렸다. 법률 효력을 갖는 최종 규칙은 2010년에 발표되었는데,[13] RIA의 최종판과 함께 발표되었다.[14]

RIA는 68개의 상이한 시설에 대해 규칙의 비용과 편익을 추정하였다. 각 유형의 시설에 대한 추정된 주요 화폐가치화 편익은 "일반화된 접근 및 이용 비용"의 감소에 따른 추정된 소비자잉여 증가분이었다. 그 편익 범주는 시간에 대한 더 낮은 지출로 인해 이러한 시설을 이용하기 위해 발생하는 장애인 소비자들의 감소된 비용(일종의 편익)의 추정치를 나타낸다. RIA는 그림 ES−1에서 특정 시설 k에 대한 이 접근법을 보여주었다.

분석가들은 새로운 규제에 기인한 소비자잉여의 변동을 예측하기 위해 Q_0와 Q_1의 그럴듯한 값과 P_0와 P_1 값의 차이를 구체화하기 위해 다양한 원천을 이용하였다. 경제

그림 ES-1 접근 시간 변동의 편익 추정을 위한 경제적 체계

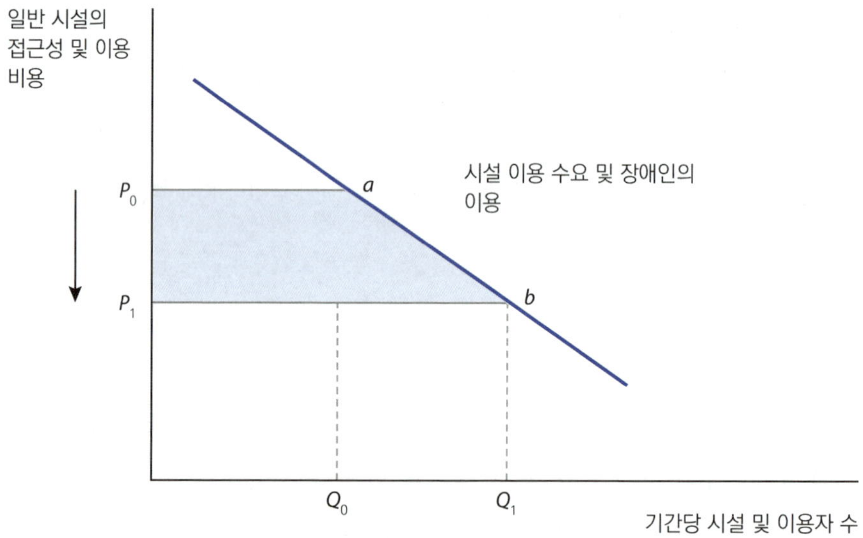

출처: Department of Justice: Disability Rights Section of the Civil Rights Division, *Final Regulatory Impact Analysis of the Final Revised Regulations Implementing Titles II and III of the ADA, Including Revised ADA Standards for Accessible Design, Final Report*, July 23, 2010, p. xvii.

활동 데이터와 발표된 수요의 가격탄력성 추정치에 더하여 그들은 장애인 전문가들과 장애인들로 구성된 패널에 공급하는 특정 규제의 영향에 대한 정보를 이용하였다.

Q_0 추정의 출발점은 보통 연간 소비되는 재화 단위의 수이다. 다음 단계는 처음 숫자에 소득 조정(IA)과 "접근 용이성" 조정(EOA)을 적용하는 것이다. IA는 일반적으로 장애인들의 낮은 소득을 감안한 백분비 조정이다. EOA는 규칙이 시행되기 전에 장애인들의 시설 접근성의 어려움을 감안한 백분비 축소이다. 마지막 단계는 조정된 총수량에 장애인 인구 비율을 곱해주는 것이다.

한 예로 보행장애인이 민간 소유 수영장을 이용하는 것을 용이하게 하기 위해 보다 접근가능한 입장 수단을 보장할 것을 추구하는 필요조건 79를 생각해 보자. 상업용 시설에 대한 평균 입장가격과 그러한 시설들의 연간 총수입에 기초하여 분석가들은 미국에서 수영장 이용자 수는 연간 4억 1백만명으로 추정하였다. 60%의 IA 조정과 60%의 EOA 조정을 적용하면 조정된 수는 1억 4,440만명이 되었다. 보행 장애인 비율을 11.9%로 가정하면 관련 장애를 가진 사람들의 수영장 이용자 수는 1천 718만명으로 추정된다. 이 1천 718만명은 1천 516만명의 휠체어를 타지 않는 보행 장애인과 202만명의 휠체어를 타는 장애인으로 구성되어 있다. 비록 편익은 이러한 이용 유형 각각에 대해 계산되었지만 이 사례 예에서 우리는 휠체어를 타는 장애인들의 이용에 초점을 맞추어서 Q_0는 202만명이다.

Q_1을 예측하는 첫 번째 단계는 필요조건 79와 보행 장애인들에게 시간 비용을 감소시키는 다른 필요조건에 따른 시간 절약을 계산하는 것이다. 한 전문가 패널은 필요조건 79로 인한 직접적인 시간 절약을 0.27시간으로 추정하였다. 이 수치는 필요조건으로 인해 편익을 얻을 수 있는 이용자 비율의 추정치, 필요조건이 가동중일 가능성, 방문당 이용수 등에 대해 더 조정되었다. 이러한 조정 결과 방문당 시간절약은 14.1분으로 추정되었다. 수영장 방문과 관련된 18개의 다른 필요조건에 대한 유사한 절차를 따르면 모든 보행 장애인들에 대해 약 43분의 총 시간절약을 가져 왔다(즉, 휠체어 및 비휠체어 보행 장애인들). 1시간당 10달러의 시간 가치를 가정하면 새로운 필요조건은 보행 장애인의 시각에서 수영장 사용의 총 "가격"을 $7.10달러 감소시킨다는 것을 의미한다.

다음 단계는 수요의 가격탄력성을 필요로 한다. 연구문헌에서 수영장 사용의 유용한 추정치를 발견할 수 없기 때문에 분석가들은 일반적인 레크리에이션에 대한 탄력성 추정치 0.813을 사용하였다.[15] 만일 우리가 EOA의 변동을 무시한다면 이 탄력성은 휠체어를 타는 장애인들에게 있어서 가격 1달러 변동당 16만 4,000명 방문의 기울기를 의미한다. 필요조건이 EOA를 60%에서 100%로 올릴 것이라는 가정을 감안하여 분석가들은 이 기울기에 원래 대비 새로운 EOA 비율을 곱하여 휠체어를 타는 장애인들에게 있어서 가격 1달러당 27만 4,000명 이용의 기울기를 얻을 수 있다(유사한 절차를 거쳐 휠체어를 타지 않는 보행 장애인들에 대해 달러당 205만 이용의 기울기를 얻었다).

마지막으로 수요량의 증가는 가격 하락 규모에 수요곡선의 기울기를 곱해 얻을 수 있다. 그 결과 휠체어를 타는 장애인들과 휠체어를 타지 않는 장애인들은 각각 195만명 이용과 1,456만명 이용 증가가 발생했다. 이 규모를 초기의 이용량에 더해주면 휠체어를 타는 장애인의 경우 Q_1 = 397만명 이용이고 휠체어를 타지 않는 장애인의 경우 Q_1 = 2천 972만명 이용이 된다.

휠체어를 타는 장애인의 경우 연간 소비자잉여 이득은 그림에서 기존 이용에 적용되는 더 낮은 가격을 나타내는 직사각형 면적(7.10달러×202만명 = 1천 430만 달러) 더하기 새로운 이용으로부터의 증가된 잉여를 나타내는 삼각형 면적(0.5×7.10달러×1.95=690만 달러)인 총 2천 120만 달러이다.

Notes

CHAPTER 4 사례에 대한 연습문제

1. (강사에게 제공된 스프레드시트 권장) 그림 C4.1은 공급의 가격탄력성을 0.5로 가정하고 1억 8,360만 꾸러미의 계란을 닭장 없이 키운 닭의 달걀 시장에 더해준 것의 영향을 보여주고 있다. 공급의 가격탄력성이 0.75라고 가정하고 균형가격과 균형수량, 그리고 사회적 잉여의 변동을 재계산하라.

2. 주의 경관 공원 내의 전망이 좋은 곳은 엔젤 호수와 그것을 둘러싼 전원지대의 장관을 제공한다. 그 곳은 특수한 공원 버스로 휠체어를 탄 사람들이 접근 가능한데 거기에 도달하는 데 약 60분이 걸린다. 휠체어를 타지 않는 사람들은 전차로 접근 가능한데 거기에 도달하는 데 15분이 걸린다. 가장 최근의 공원 성수기 동안 600명의 휠체어를 탄 사람들이 공원을 방문했다. 지역의 한 경제학자는 휠체어를 탄 사람들의 전망이 좋은 곳에 대한 수요곡선은 선형이고 수요의 가격탄력성은 -0.8로 추정하였다. 휠체어를 탄 사람들은 그들의 레크리에이션 시간에 대해 시간당 $10의 가치를 매긴다고 가정한다. 휠체어를 탄 사람들에게 전차를 이용가능하게 하는 것의 연간 편익은 얼마인가?

CHAPTER 5

산출물시장에서 영향의 가치 매기기

CHAPTER 5

산출물시장에서 영향의 가치 매기기

3장은 비용-편익분석의 기본적인 미시경제학 기초를 제시하고 있다. 거기에서 논의하였듯이 새로운 프로젝트 또는 정부정책의 변동에 기인한 배분적 효율의 변동(즉 사회적 잉여의 변동)은 소비자잉여, 생산자잉여 그리고 순 정부수입의 변동에 의존한다. 이 장과 다음 두 장에서는 만일 관련된 시장 수요와 공급곡선이 알려져 있다면 이러한 변수들의 변동이 어떻게 추정될 수 있는지를 보여준다.

우리는 정부의 프로젝트를 재료와 노동과 같은 투입물을 사용하여 더 잘 교육받은 사람이나 새로운 지하철과 같은 산출물로 전환시키는 것으로 생각할 수 있다. 이와 같이 새로운 프로젝트는 산출물 시장 영향과 투입물 시장 영향을 가지고 있다. 만일 한 도시에서 새로운 지하철 체계를 건설한다면 주요 산출물 시장은 지하철 이동에 대한 시장이다. 게다가 우리는 설령 그러한 "재화"에 대한 시장이 없을지라도 정책이나 프로젝트와 연관된 오염이나 기타 외부성의 효과를 산출물로 고려한다. 지하철을 건설하기 위해서는 지하철역이 차지하는 토지, 지하철역을 건설하는 데 사용되는 재료, 그리고 노동과 같은 투입물을 필요로 한다. 이러한 재화나 서비스들을 요소 투입물이라 부른다. 이러한 투입물들의 시장은 산출물 시장의 "상류"이다. 이 투입물 시장에 대한 새로운 정부 프로젝트나 정책의 영향은 고려되어야 한다. 또한 정책은 "하류"에서 발생하는 "연쇄적인" 또는 간접효과도 가질 수 있다. 예를 들면 새로운 지하철이나 새로운 지하철역은 역에 가까운 주택시장에 영향을 미칠 수도 있고 만일 일부 통근자들이 자동차 운전에서 새로운 지하철을 타는 것으로 전환한다면 휘발유 시장에도 영향을 미칠 수 있다. 그러한 시장들을 “2차적인 시장”이라 부른다. 요컨대 분석가들은 산출물 시장, 투입물 시장, 2차적인 시장에 대한 정부 정책의 영향을 고려할 필요가 있다.

새로운 프로젝트나 정부 정책의 변동에 따른 배분적 효율의 변동 ΔSS는 위에서 논의된 세 시장에서 발생하는 사회적 잉여 변동의 합계와 같다.

$$\Delta SS = \Delta SS_O + \Delta SS_I + \Delta SS_S \tag{5.1}$$

여기서 ΔSS_O, ΔSS_I, ΔSS_S는 각각 산출물, 투입물, 2차 시장에서 발생하는 사회적 잉여의 변동을 나타낸다.

식 (3.12b)는 정부 잉여의 순변동(정부 현금 흐름)을 정책에 의한 정부 수입의 변동 ΔR에서 정책에 대한 정부지출의 변동 ΔE를 공제한 단일 항으로 포함하고 있다.[1] 정부 수입을 산출물 시장에서 발생하는 것으로 생각하는 것이 유용한데 그 이유는 거기가 그것이 수집되는 곳이기 때문이다. 또한 정부 지출은 투입물 시장에서 발생하는 것으로 생각하는 것이 유용한데 그 이유는 그 곳이 돈이 지출되는 곳이기 때문이다. 따라서 산출물 시장에서의 사회적 잉여 변동은 다음과 같다.

$$\Delta SS_O = \gamma_g \Delta R + \Delta CS_O + \Delta PS_O \tag{5.2}$$

여기서 ΔCS_O와 ΔPS_O는 각각 산출물 시장에서의 소비자잉여의 변동과 생산자잉여의 변동을 나타내고 γ_g는 1+한계초과조세부담과 같다. 산출물 시장에서의 사회적 잉여 변동은 정책의 주된(총) 편익을 측정하는 것으로 해석하는 것이 자연스럽다. 비슷하게 투입물 시장에서의 사회적 잉여 변동은 다음과 같다.

$$\Delta SS_I = -\gamma_g \Delta E + \Delta CS_I + \Delta PS_I \tag{5.3}$$

여기서 ΔCS_I와 ΔPS_I는 투입물 시장에서의 소비자잉여와 생산자잉여 변동을 나타낸다. 투입물 시장에서의 사회적 잉여 변동은 정책의 기회비용을 측정하는 것으로 해석하는 것이 자연스럽다. 마지막으로 2차적 시장에서의 사회적 잉여 변동은 다음과 같다.

$$\Delta SS_S = \Delta CS_S + \Delta PS_S \tag{5.4}$$

여기서 ΔCS_S와 ΔPS_S는 2차적 시장에서의 소비자잉여와 생산자잉여 변동을 나타낸다. 2차적 시장에서의 사회적 잉여 변동은 정책의 2차적 또는 간접적 편익이나 비용을 측정하는 것으로 해석하는 것이 자연스럽다. 이 장에서는 식 (5.2)로 주어진 산출물 시장에서의 영향을 가치 매기는 것에 초점을 맞춘다. 6장에서는 식 (5.3)으로 주어진 투입물 시장에서의 영향을 가치 매기는 것에 초점을 맞춘다. 7장에서는 식 (5.4)로 주어진 2차 시장에서의 영향을 가치 매기는 것에 초점을 맞춘다. 이들 장에서 우리는 편의상 한계초과조세부담은 0이라고 가정하여 $\gamma_g = 1$이다.

이 장은 잠재가격에 대한 간략한 논의로 출발한다. 그 다음 효율적 시장에서의 영향에 대한 가치평가를 논의하고 그 후 시장실패가 발견되는 왜곡된 시장에서의 영향을 어떻게 가치평가하는지에 대해 논의한다. 우리는 독점, 외부성, 정보 비대칭, 공공재, 그리고 중독재를 포함한 시장실패의 흔한 유형에 대해 간략히 설명한다. 시장실패를 논의하는 이유는 그것의 존재가 CBA를 통해 평가되는 전부는 아니더라도 대부분의 정부 개입에 대한 언뜻 보기에 근거를 제공하기 때문이다. 만일 시장이 완벽하게 작동한다면 정부의 개입 없이 파레토 효율이 달성될 것이다. 즉 적어도 다른 한 사람을 더 나빠지게 하지 않으면서 적어도 한 사람이 더 좋아지게 되는 재배분을 찾을 수 없는 방법으로 기업들에게는 자원을, 개인들에게는 재화를 배분하는 가격 집합이 생길 것이다. 뿐만 아니라 3장에서 보았듯이 그러한 결과는 배분적으로 효율적이며 순 사회적 편익을 극대화한다. 정부 개입에 대한 배분적 효율 근거가 존재하는 것은 단지 시장이 실패할 때이다. 그러나 언뜻 볼 때의 사례가 존재하는 것에 지나지 않는다. 구체적 개입이 사회의 관점에서 가치있는지를 보여주는 것은 CBA에 달려 있다. 만일 특정 개입이 이미 이루어지고 있다면 분석가는 현재의 정책이 비효율적인지, 따라서 "정부실패"를 드러내는지 여부를 결정하기 위해 CBA를 수행할 수 있다.

5.1 잠재가격 설정

만일 필요한 시장수요와 공급곡선이 알려져 있다면 이 장과 다음의 두 장은 대개 영향을 어떻게 가치 매기는지를 설명한다. 종종 우리는 시장가격을 가치의 척도로 사용한다. 그러나 시장가격은 왜곡될 수 있다. 예를 들어, 미국 국립공원에 입장하는 사람들은 요금을 내지만 이 요금은 시장에서 결정된 것이 아니라 국립 공원 관리청이 정한 것이다. 그 결과 이 요금이 방문자들이 실제로 공원 방문으로부터 얻는 편익의 가치와 강한 관계를 가질 것 같지 않다. 또한 만일 생산과정에서 오염이 발생한다면 종이 공장이 부여하는 가격은 종이의 진정한 사회적 비용을 적게 반영할 수 있다. 어떤 상황에서는 심지어 시장가격이 존재하지 않을 수도 있다. 예를 들면, 어떤 시장도 인간생명 가치의 직접적 추정치를 제공하지 못한다. 이와 같이 연속체가 존재한다. 이 연속체의 한쪽 끝에는 잘 기능하는 경쟁시장에서 정해진 가격으로 측정될 수 있는 가치가 있다. 다른 끝에는 정부 정책에 기인하는 편익과 비용의 가치를 매기는 데 이용될 수 있는 시장의 완전한 부재가 있다.

관찰되는 가격이 한 재화의 사회적 가치를 정확히 반영하지 못할 때나 관찰되는 가격이 존재하지 않을 때 분석가들은 관찰되는 가격을 조정하거나 이론적으로 옳은 사회적 가치와 가능한 한 가까운 값을 부여한다. 그 결과로 생긴 가격을 **잠재가격**(shadow prices)이라고 부르는데 왜냐하면 그것은 어떤 시장에서도 직접 관찰될 수 없기 때문이다. 경제학자들은 구해지는 통계적 생명 가치의 잠재가격 추정치와 다양한 오염물질의 사회적 비용의 잠재가격 추정치를 포함하여 CBA에서 필요로 하는 많은 "재화"의 잠재가격을 결정하기 위해 많은 노력을 해 오고 있다.14, 15, 16장에서는 잠재가격을 얻는 몇 가지 기법들이 서술되고 17장에서는 중요한 잠재가격의 추정치가 제공된다. 잠재가격은 어떤 시장에서든 영향의 가치를 매기는 데 필요할 수 있다.

5.2 효율적 시장에서 영향의 가치 매기기

우리는 두 가지 흔한 상황을 조사한다. 첫째, 소비자들이 사용가능한 특정 재화의 수량에 직접 영향을 미치는 정책을 생각해 보자. 예를 들어, 한 공립 보육시설의 공급곡선이 오른쪽으로 이동하여 각 가격에서 소비자들에게 더 많은 보육 서비스가 제공된다고 하자. 이것은 (항상 그렇지는 않지만) 종종 가격을 인하시키고 그 결과 소비자들에게 편익을 발생시킨다. 둘째, 한 정책으로 인해 특정 재화를 생산하기 위해 사용되는 어떤 투입물의 가격이나 이용가능성이 변해서 공급곡선이 하향 이동하는 경우를 생각해 보자. 한 가지 예는 항구를 깊게 해서 더 큰 선박들을 수용함으로써 운송회사가 항구로, 그리고 항구로부터 부피가 큰 상품을 수송하는 비용을 감소시킨다. 그 결과 생산자들에게는 직접적인 비용 감소가 된다.

5.2.1 소비자들이 이용가능한 공급의 직접적 증가

가령 정부는 잘 기능하는 시장에서 한 재화의 공급을 직접 증가시키는데 그 증가 규모는 작아서 그 재화 가격은 영향을 받지 않는다고 하자. 예를 들어 한 정부는 잉여 사무실 비품을 가지고 있어서 이것을 팔고자 하는데 그 양이 작아 사무실 비품의 시장가격에 영향을 미치지 않는다. 가격에 대해 무시해도 될 정도의 영향을 미친다는 가정은 소규모로 지역 시장에서 거래되는 재화보다는 대규모 국가 시장에서 거래되는 재화에 더 합리적이다. 또한 구획마다 호감이 다를 수 있는 토지와 같은 이질적 재화보다는 잉여 비품과 같은 동질적인 재화에 더 합리적이다.

그림 5.1은 특정 프로젝트가 잘 기능하는 시장에서 한 재화의 이용가능한 공급을 직접 증가시키지만 그 증가분이 매우 작아 그 재화의 가격에는 영향을 미치지 않을 때의 영향을 보여준다. 만일 정부가 재화의 추가적 단위들을 시장가격에 판다면 정부는 효율적 시장에서 다른 경쟁자들처럼 취급될 수 있다. 이런 이유로 그림에서 볼 수 있듯이 시장가격 P_0에서 수평인 수요곡선 D에 직면하게 된다. 만일 프로젝트로 인해 시장에 q'의 수량만큼 직접 더해진다면 소비자들 입장에서 공급곡선은 S에서 $S+q'$로 이동한

다.[3] 수요곡선이 수평이기 때문에 재화의 가격과 소비자잉여와 생산자잉여는 공급곡선의 이동에 의해 영향받지 않는다. 소비자들이 재화의 추가 단위들을 구입한다고 가정하면 정부는 $P_0 \times q'$, 즉 직사각형 면적 q_0abq_1의 수입을 얻는다. 물론 이 직사각형은 또한 그 재화를 구입하는 소비자들에게는 비용에 해당한다. 수요곡선은 지불의사액을 나타내기 때문에 이 "비용"은 이 사람들이 그 재화를 소비함으로써 누리는 이득과 정확히 상쇄되므로 그 결과 우리의 분석에서 무시될 수 있다. 즉 소비자잉여의 변동은 없다. 따라서 정부가 얻는 수입이 프로젝트로 인해 시장에서 q' 단위를 파는 데서 생기는 유일한 편익이다.

그림 5.1 가격 영향이 없을 때 효율적 시장에서의 영향 측정

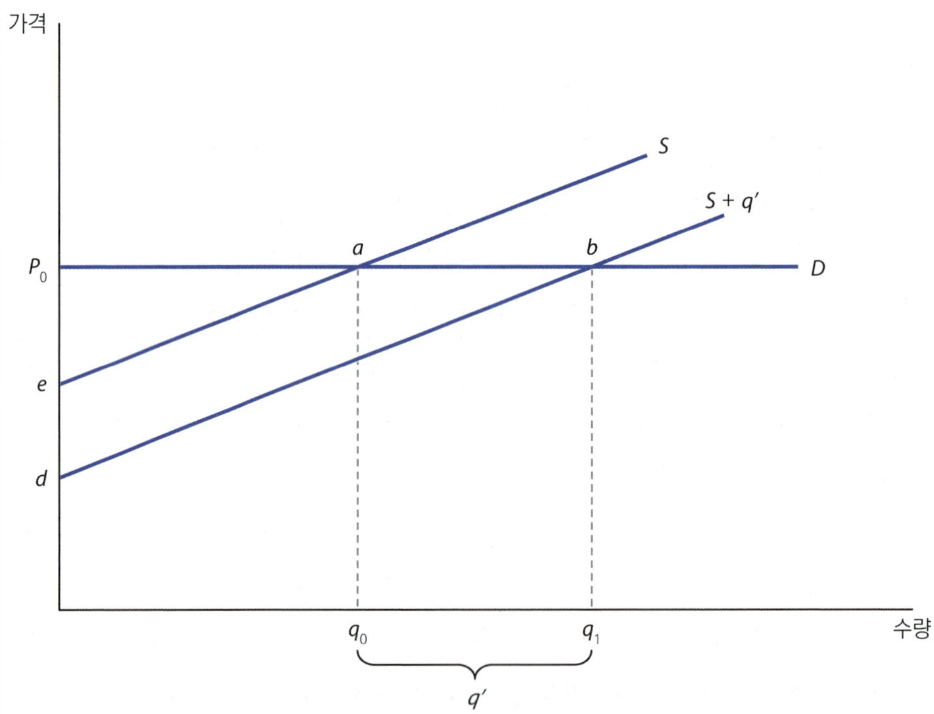

사회적 잉여 변동(정부의 프로젝트 투입물 비용은 무시함)
프로젝트 (a): q'공급의 직접적 증가–프로젝트 수입 이득은 직사각형 면적 q_0abq_1과 같음
프로젝트 (b): 생산자의 비용 감소로 인한 공급곡선의 이동–사다리꼴 면적 abde의 이득

그러나 만일 정부가 충분히 큰 수량을 시장에 추가하여 그 재화의 가격이 하락한다면 소비자들은 소비자잉여의 증가를 누릴 것이다. 그림 5.2는 우하향하는 수요곡선 D를 보임으로써 이러한 가능성을 보여주고 있다. 수요곡선과 공급곡선 S의 교차점은 프로젝트 이전의 균형가격 P_0를 나타낸다. 정부가 q' 단위의 재화를 제공한 후 그 재화의 균형가격은 P_1으로 하락한다. 이때 소비자들이 직면하는 가격 감소 때문에 사다리꼴 면적 P_0abP_1에 해당하는 소비자잉여의 이득이 존재한다. 민간 부문 공급자들은 계속 원래의 공급곡선 S에서 운용되기 때문에 그들이 파는 산출물은 q_0에서 q_2로 하락하여 사다리꼴 면적 P_0acP_1에 해당하는 생산자잉여의 손실을 겪게 된다. 이렇게 하여 민간 부문(소비자들과 생산자들) 잉여의 순이득은 옅게 빗금친 삼각형 abc의 면적과 같다. 게다가 정부는 프로젝트로부터 직사각형 면적 q_2cbq_1에 해당하는 수입을 얻는다. 시장에서의 프로젝트 수입과 사회적 잉여 이득의 합계는 면적 q_2cabq_1과 같은데 이것은 정부가 시장에서 q' 단위를 파는 데 따른 증분 편익이다.

만일 추가적인 q' 단위의 재화가 선정된 소비자들에게 무료로 분배된다면 어떤 편익이 발생할 것인가? 그림 5.1에 묘사된 상황과 같이 만일 재화의 가격이 변하지 않는다면 답은 간단하다. 즉 q' 단위의 재화를 무료로 받은 결과 소비자들은 직사각형 면적 q_0abq_1에 해당하는 잉여를 얻는데 이 면적은 만일 프로젝트 산출물이 팔렸다면 발생했을 수입과 정확히 일치한다. 따라서 전과 마찬가지로 증분 편익은 q_0abq_1이다.

만일 q' 단위의 재화가 무료로 분배되지만 공급의 증가로 가격이 하락한다면 답은 보다 복잡하다. 이 상황은 그림 5.2에서 볼 수 있다. 이러한 상황 하에서 만일 q' 단위가 이것들의 가치를 P_1 또는 그 이상으로 평가하는 소비자들에게만 주어진다면 프로젝트의 편익 측정은 그 산출물이 팔렸을 때와 정확히 일치한다. 전과 마찬가지로 P_0에서 P_1으로의 가격 하락은 면적 abc에 해당하는 사회적 잉여의 증가를 초래한다. 그러나 무료 분배의 경우 프로젝트로 인한 수입이 발생하지 않는다. 그 대신 q' 단위의 재화를 무료로 받은 결과 소비자들은 직사각형 면적 q_2cbq_1에 해당하는 추가적 잉여를 누리게 된다. 이렇게 하여 프로젝트로부터의 이득은 다시 한 번 사다리꼴 면적 q_2cabq_1과 같다.

그림 5.2 가격 영향이 있을 때 효율적 시장에서의 영향 측정

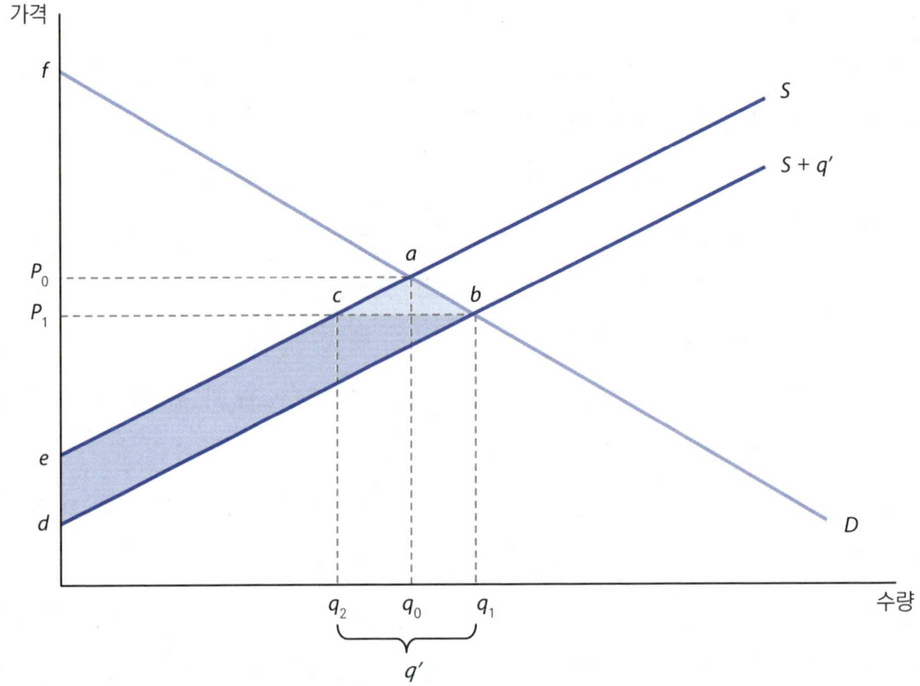

사회적 잉여 변화(정부에 대한 프로젝트 투입 비용 무시):
프로젝트 (a): q'의 공급량 직접 증가 – 삼각형 abc의 증가 + 사각형 q_2cbq_1의 면적과 같은 프로젝트 수익
프로젝트 (b): 생산자 비용 절감을 통한 공급 일정 변경 – 사다리꼴 $abde$의 증가

그러나 만일 q' 단위의 재화가 무료로 분배된다면 이것 중 일부는 그림 5.2에서 수요 곡선상의 점 b 밑에 위치한 소비자들에게도 갈 가능성이 많다. 다시 말해서 몇몇 소비자들에게는 그들이 P_1의 가격에서 구입하였을 양보다 더 많은 양이 분배될 것이다. 만일 이 소비자들이 초과 단위들을 보유한다면 면적 q_2cabq_1은 프로젝트의 편익을 과다추정하는데 왜냐하면 이 사람들은 이들 단위에 대한 그들의 한계 소비를 P_1보다 낮게 가치 매기기 때문이다. 그러나 만일 초과 단위의 수령자들이 (초과 단위의 판매와 연관된 거래비용이 0이라면) P_1의 가격에 그것들을 살 의사가 있는 다른 사람들에게 판다면 면적 q_2cabq_1은 프로젝트의 편익과 비슷하다.

예를 들어, 가령 특정 프로젝트는 원유 공급 붕괴 기간 동안 저소득 소비자들에게 이전에 비축한 휘발유를 무료로 제공(현물보조)한다고 하자. 몇몇 저소득 가구들은 P_1의 가격에서 그들 스스로 구입하였을 양보다 더 많은 양의 휘발유를 가지고 있을 수 있다. 따라서 그들은 초과분을 팔고자 할 것이다. 만일 비축된 휘발유를 합법적으로 이전가능한 쿠폰을 통해 받을 수 있다면 그렇게 하는 것은 상대적으로 쉬울 것이다. 만일 그 휘발유를 저소득 가구들이 물리적으로 소비해야 한다면 그것은 분명히 더 어려울 것이다. 만일 휘발유 쿠폰이 소비자들 간에 비용이 들지 않고 거래될 수 있다면 휘발유가 시장에서 팔리고 수입은 직접 저소득 가구에게 주어지는 것과 동일한 결과를 예상할 것이다.

5.2.2 생산자 비용의 직접 감소

우리는 이제 시장에 공급하는 민간부문의 비용을 감소시키는 항구 준설과 같은 또 다른 유형의 공공부문 프로젝트로 돌아간다. 그림 5.2는 이 상황을 분석하기 위해 이용될 수 있다. 그러나 이 경우는 프로젝트가 직접적으로 q'를 공급하기 때문이 아니라 한계비용의 감소가 민간부문 기업들로 하여금 각 가격에서 수익성 있게 추가적 단위 q'를 제공할 수 있도록 하기 때문에 공급곡선이 $S+q'$로 이동한다.[4] q'의 직접적 공급의 경우에서와 같이 새로운 균형가격은 P_1이다. 이렇게 하여 소비자잉여의 이득은 사다리꼴 면적 P_0abP_1과 같다. 생산자잉여의 변동은 삼각형 P_0ae의 면적(공급곡선 S에서의 생산자잉여)과 삼각형 P_1bd의 면적(공급곡선 $S+q'$에서의 생산자잉여)의 차이와 같다. 면적 P_1ce는 두 삼각형에 모두 포함되기 때문에 상쇄된다. 이런 이유로 생산자들은 면적 ecbd에서 면적 P_0acP_1을 공제한 것과 같은 잉여의 순이득을 누린다. 이 이득을 소비자잉여의 이득인 면적 P_0abP_1과 더하면 프로젝트로 인한 소비자와 생산자의 순이득은 사다리꼴 면적 abde와 같다(즉, 면적 ecbd + 면적 P_0abP_1 − 면적 P_0acP_1 = 면적 ecbd + 면적 abc = 면적 abde[5]). 프로젝트 수입은 발생하지 않기 때문에 면적 $abde$만 프로젝트의 이득이다.

5.3 왜곡된 시장에서 영향의 가치 매기기

만일 시장실패나 정부실패가 연관된 산출물 시장을 왜곡시킨다면 올바른 잉여 변동을 결정하는 데 문제가 생긴다. 우리는 독점, 정보 비대칭, 외부성, 공공재, 그리고 중독재 등 5가지 상이한 시장실패 유형을 검토함으로써 이 문제를 보여준다. 우리는 이 장에서 시장실패에 대한 포괄적인 논의를 제공하려 시도하지 않는다. 포괄적인 논의를 위해서 우리는 두 번째 각주에 인용된 David Weimer and Aidan Vining의 책을 추천한다.[6]

5.3.1 독점

먼저 독점을 검토하는 것이 유용한데 왜냐하면 그것은 3장에서 소개된 주제의 탁월한 예이기 때문이다. 즉 완전경쟁균형으로부터의 이탈과 그 결과로 발생하는 자중손실과 이로 인한 사회적 잉여의 감소이다.[7] 독점을 이해하는 한 가지 열쇠는 정의상 독점자는 시장 내에 유일한 기업이기 때문에 그는 시장수요곡선을 자신의 산출물에 대한 수요곡선으로 여긴다는 것을 인식하는 것이다.

시장수요곡선은 우하향하기 때문에 만일 독점자가 모든 산출물들을 판다면 그는 그가 파는 각 단위에 대한 가격을 낮춤으로써만 추가적인 산출물 단위를 팔 수 있다. 그 결과 독점자의 한계수입−그가 파는 추가적인 산출물 각 단위에 대해 그가 받는 추가적 수입−은 그 단위의 팔리는 가격보다 작다. 예를 들면, 만일 독점자가 4단위의 산출물을 $10의 가격에 팔 수 있지만 5단위를 팔기 위해서는 가격을 $9로 낮추어야 한다면 5번째 단위를 파는 결과로 수입은 $40에서 $45로 증가할 것이다. 따라서 5번째 단위로부터 그가 받는 한계수입 $5는 그 단위의 판매 가격 $9보다 작다. 이렇게 하여 그림 5.3에서 볼 수 있듯이 독점자의 한계수입곡선 MR은 그의 수요곡선 AR 밑에 위치한다.

이 상황에서 독점자는 그의 한계비용과 한계수입이 일치하는 Q_m에서 생산함으로써 이윤을 극대화할 것이다. 그가 부과할 수 있는 가격은 각 단위에 대해 사람들이 지불하고자 하는 금액에 의해 결정되는데 그것은 그가 직면한 수요곡선에 의해 주어진다. 산출량 수준 Q_m에서 그는 가격을 P_m으로 정할 것이다.

그림 5.3 독점

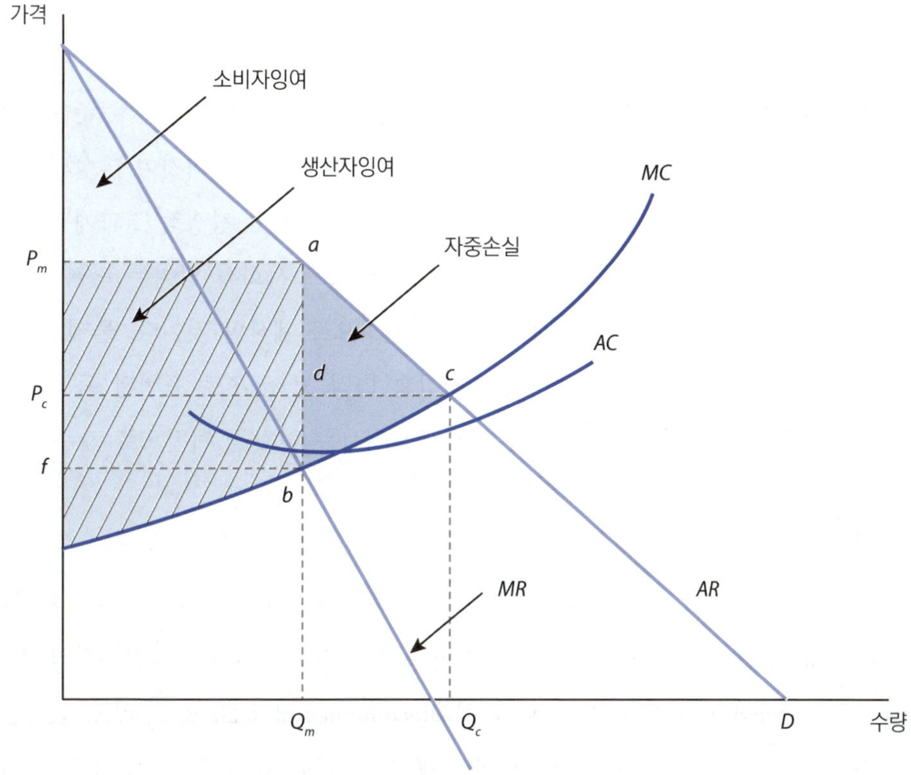

전과 마찬가지로 독점자에 의해 생산되고 팔리는 산출물에 의해 생기는 사회적 잉여는 그림에서 사회의 한계편익을 반영하는 수요곡선과 한계비용 곡선 사이의 면적 중 한계수입과 한계비용곡선 교차점 왼쪽에 있는 면적으로 나타난다. 이것은 소비자잉여와 생산자잉여의 합계이다. 구입자들이 획득하는 소비자잉여는 가격선 위에 있는 연한 색깔의 면적이다. 독점자가 획득하는 생산자잉여는 가격선 아래에 있는 빗금친 면적이다.

비록 **독점가**(monopolist)라는 용어가 때로는 경멸적으로 사용되지만 CBA에서는 정부 정책의 결과 독점가가 얻는 생산자잉여의 어떠한 증가도 정책의 편익으로 계산된다. 그 근거는 독점 기업의 소유주들은 소비자들과 완전경쟁 기업의 소유자들과 마찬가지로 사회의 일부라는 것이다. 따라서 그들에게 발생하는 편익도 "계산한다."[8]

완전경쟁 경우와는 달리 만일 독점가가 방치된다면 사회적 잉여는 극대화가 안 된다. 이것은 왜냐하면 독점가는 순 사회적 편익이 아니라 이윤을 극대화하기 때문이다. 순 사회적 편익은 그림 5.3의 점 c에서 극대화되는데 거기에서 한계비용곡선은 한계편익곡선(수요곡선)과 교차한다. 독점에 기인하는 자중손실인 "잃어버린" 사회적 잉여는 그림 5.3에서 진한 색깔의 삼각형 abc의 면적으로 나타난다. 만일 정부가 독점을 다수의 경쟁적 기업들로 분해하는 것이 가능하다면 각 기업은 가격이 MC와 같은 수준에서 생산할 것이다.[9] 그림 5.3에서 산업의 산출량과 가격이 Q_c와 P_c일 때 이것이 달성되는데 때때로 이것을 "경쟁적" 산출량과 가격이라고 지칭한다. 만일 이 경쟁적 결과에 도달한다면 두 가지가 발생할 것이다. 첫째, 자중손실이 사라지고 사회적 잉여는 면적 abc만큼 증가할 것이다. CBA에서는 이것을 정부 행동의 편익으로 계산할 것이다. 둘째, 경쟁 가격 P_c는 독점가격 P_m보다 작기 때문에 직사각형 면적 $P_m adP_c$로 표현된 독점가의 생산자잉여의 일부를 소비자들은 얻을 것이다. CBA에서는 이것을 이전으로 간주한다.

5.3.2 자연독점

지금까지 우리는 일반적인 형태의 독점에 집중하여 왔다. 이제 우리는 **자연독점**(natural monopoly)이라고 하는 독특한 형태의 독점을 보기로 한다. 자연독점의 핵심적 특징은 넓은 산출량 범위에 걸쳐 **규모의 경제**(economies of scale)를 누리고 있다는 것이다. 보통 그것의 고정비용은 가변비용에 비해 매우 큰데 공기업, 도로, 교량 등이 모두 좋은 예들이다. 그림 5.4에서 볼 수 있듯이 이 커다란 고정비용으로 인해 산출량의 넓은 영역에 걸쳐 평균비용이 하락하게 된다. 달리 말하면 그림 5.4에서 볼 수 있는 것처럼 적절한 산출량 범위에 걸쳐 (장기) 평균비용은 (장기) 한계비용을 능가하는데 그 범위는 산출량 첫 단위와 0의 가격에서 소비자들이 수요할 수량 Q_0 사이이다.

이론상으로는 한계비용은 적절한 산출량 수준에 걸쳐 증가할 수도, 감소할 수도 있지만 단순화를 위해서 우리는 한계비용곡선을 수평으로 그렸다. 중요한 점은 적절한 범위에 걸쳐 (장기) 한계비용이 (장기) 평균비용보다 작아서 산출량이 증가함에 따라 적절한 산출량 범위에 걸쳐 평균비용이 하락한다는 것이다. 그 결과 자연독점자인 한 기업은 둘 또는 그 이상의 기업들이 할 수 있는 것보다 더 낮은 평균비용으로 주어진 산출량을 제공할 수 있다.

그림 5.4 자연독점

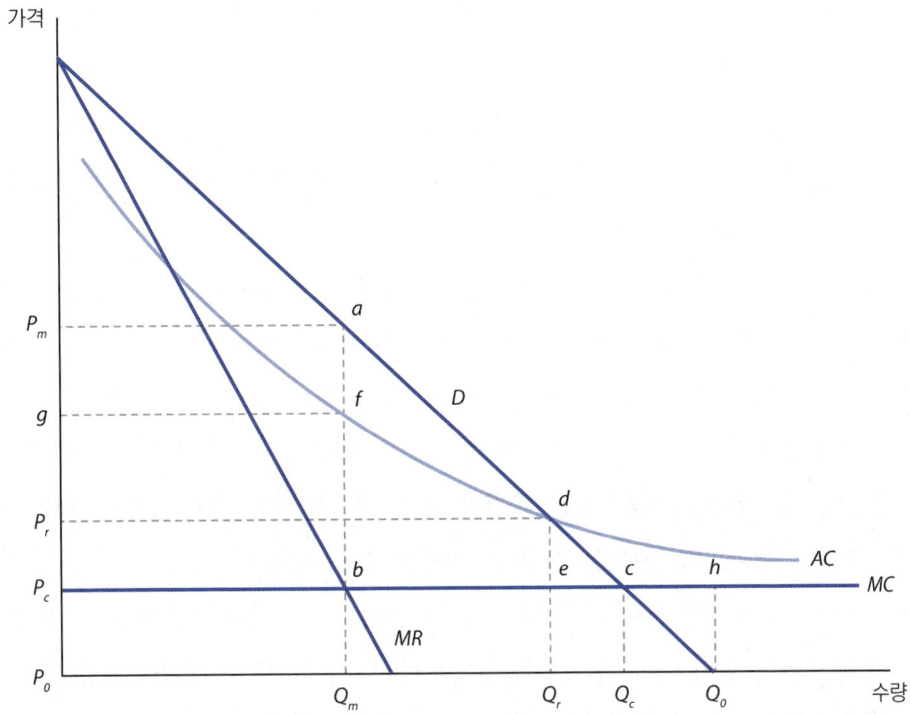

이러한 상황에서 정부는 독점이 존재하도록 허용하는 것이 합리적이다. 그러나 그렇게 하는 경우 독점을 규제할 것인지를 결정해야 하고 만일 규제한다면 어떤 유형의 정책을 적용할 것인지를 결정해야 한다. 이러한 정책에 대한 우리의 논의를 가능한 한 구체적으로 하기 위해 우리는 그림 5.4에 나타나는 자연독점은 도로이고 산출물은 그 도로를 통행하는 차량 수라고 가정할 것이다. 비록 대부분의 도로가 정부 계약하에 건설되고 정부에 의해 운영되지만 도로들은 다양한 규제 체계하에서 민간부문 기업들이 건설하고 운영할 수도 있다. 사실 지난 200년 동안 일부 도로들은 민간 회사나 관민 합작에 의해 건설되어 왔다.[10]

정부는 네 가지 정책 중 한 가지를 따를 수 있다. 첫 번째는 단지 이윤 극대화를 위하여 민간부문 기업이든 정부기관이든 도로 운영 기관을 허용하는 것이다. 앞에서 논의하였듯이 이윤은 한계비용과 한계수입이 일치하는 산출량 Q_m에서 극대화된다. 도로 운영기관은 P_m으로 정한 요금(즉, 가격)을 부과함으로써 이 산출량 수준을 얻을 수 있다. 그러나 이 정책하에서는 산출량은 완전경쟁 수준인 Q_c 아래로 제약되고 지불의사액 P_m은 한계비용 P_c를 능가한다. 이로 인해 면적 abc에 해당하는 자중손실을 초래한다. 이 정책은 정치적으로도 매력적이지 못한데 왜냐하면 그것은 보통 면적 $P_m afg$에 해당하는 상당한 독점 이윤을 허용하기 때문이다.

자연독점을 규제하는 데 종종 이용되는 또 다른 정책은 평균비용곡선이 수요곡선과 교차하는 점인 P_r로 도로 운영 기관이 가격을 정하도록 요구하는 것이다. 이 정책은 도로 운영 기관으로부터 도로를 이용하는 사람들에게 사회적 잉여를 이전함으로써 독점이윤을 제거한다. 그것은 또한 산출량을 증가시켜 사회적 잉여를 증가시키고 자중손실을 면적 abc에서 면적 dec로 감소시킨다. 이렇게 하여 도로 운영 기관이 이윤을 극대화하는 것을 허용하는 경우와 비교할 때 사회는 정책으로부터 면적 $adeb$에 해당하는 편익을 얻는다. 그러나 자중손실은 완전히 제거되지 않는다. 다시 말해서 만일 산출량이 더 증가할 수 있다면 사회는 훨씬 더 편익을 얻을 것이다.

세 번째 정책 대안은 도로 건설 및 운영 기관이 그것의 가격을 한계비용곡선과 수요곡선이 교차하는 점인 P_c로 정하도록 함으로써, 다시 말하면 완전경쟁시장 가격 설정을 요구함으로써 이것을 달성한다. 이것은 자중손실을 완전히 제거함으로써 순 사회적 편익을 극대화한다. 그러나 이 정책은 한 가지 문제가 존재한다. 즉 가격이 평균비용보다 낮아 수입이 더 이상 비용을 충당하지 못한다. 그 결과 도로 건설 및 운영 기관을 보조하기 위해 세금이 사용되어야 한다.

네 번째 정책 대안은 도로의 경우 가장 흔하게 사용되는 것이다. 즉 무료 이용을 허용하는 것, 다시 말해 0의 가격을 부과하는 것이다. 이 경우 산출량은 수요곡선이 수평축과 만나는 점인 Q_0까지 확대된다. 이 정책의 문제점은 한계비용이 한계수입(즉 WTP)을 능가하는 수준까지 산출량이 확대된다는 것이다. 이로 인해 자중손실은 면적 chQ_0와 같다. 더욱이 도로 이용자들로부터 직접 요금을 징수하지 않기 때문에 도로의 건설 및 운영 비용 전부는 조세로 얻어진 정부 보조금을 통해 지불되어야 한다.

5.3.3 정보 비대칭성

정보 비대칭성(information asymmetry)이라는 용어는 한 제품이나 직장에 대한 정보가 시장의 양쪽에 동일하지 않을 수 있다는 것을 의미한다. 예를 들어 판매자들은 구입자들보다 제품이 얼마나 잘 만들어졌고, 얼마나 안전한지에 관해 더 많은 정보를 가질 수 있고, 의사들은 환자들보다 필요한 보살핌에 대해 더 많이 알고 있을 수 있으며, 고용주들은 그들의 노동자들보다 직장과 연관된 건강 위험에 대해 더 많이 알고 있을 수 있다.

정보 비대칭성의 영향은 그림으로 쉽게 보일 수 있다. 이것을 설명하기 위해 우리는 한 제품의 판매자들이 구입자들보다 더 많은 정보를 가지고 있는 경우에 초점을 맞춘

그림 5.5 정보 비대칭성

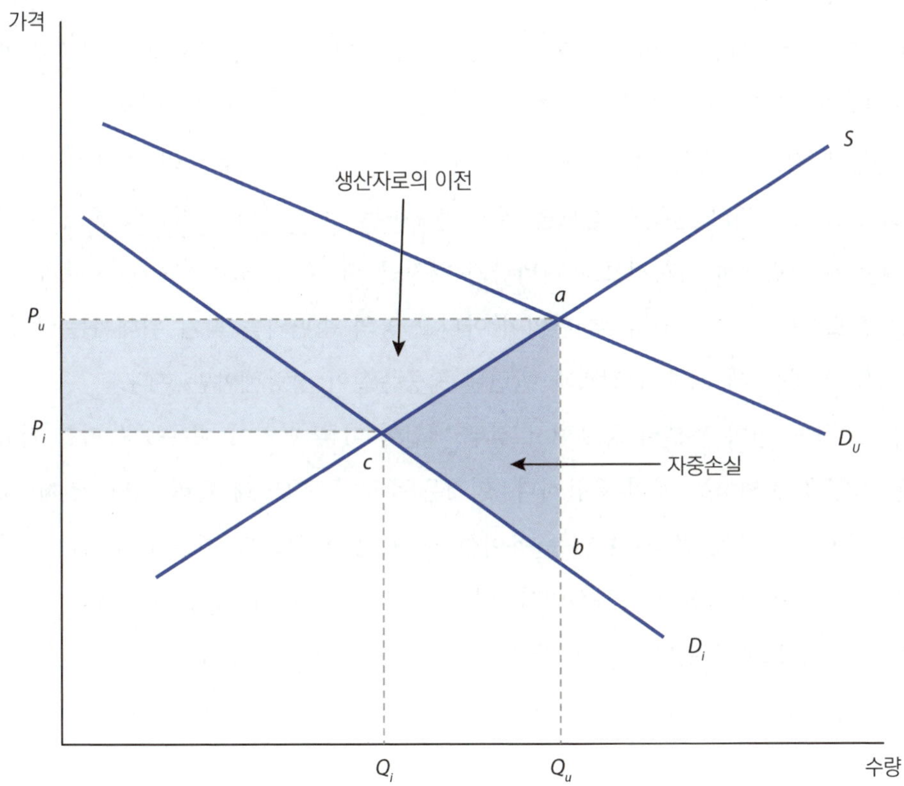

다. 그러한 상황은 그림 5.5에 나타나 있는데 거기에는 두 개의 수요곡선이 있다. 이들 중 하나인 D_i는 그들이 제품에 대한 완전한 정보를 가지고 있다면 구입자들이 얼마나 원하는지를 나타낸다. 한편 또 다른 수요곡선인 D_u는 그들이 완전한 정보를 가지고 있지 않을 때 그들이 실제로 원하는 수량을 나타낸다.[11] 다시 말해서 두 수요곡선들은 각각 제품에 관해 완전한 정보를 가지고 있을 때와 그렇지 않을 때의 소비자들의 WTP를 나타낸다. 그것들은 만일 구입자들이 완전한 정보를 가지고 있다면 그들의 WTP가 더 낮아진다는 것을 보여준다.[12]

그림 5.5는 정보 비대칭성의 두 가지 영향을 보여준다. 첫째, 가격과 구입되는 재화의 양을 증가시킴으로써 정보 비대칭성은 생산자잉여를 증가시키고 소비자잉여를 감소시켜서 소비자들로부터 생산자들로의 이전을 초래한다. 이 이전은 더 옅은 색깔의 사다리꼴 면적 $P_u acP_i$로 나타난다. 둘째, 완전한 정보의 경우에 비해 팔리는 재화의 양이 증가함으로써 정보 비대칭성은 자중손실을 초래하는데 이것은 진한 색깔의 삼각형 면적 abc로 나타난다.

이 두 영향, 특히 두 번째 영향은 놓친 정보를 정부가 제공함으로써 시장에 개입할 근거를 시사한다. 만일 정부가 이것을 효과적으로 수행한다면 자중손실이 줄어들 것이기 때문에 사회는 득을 본다. 게다가 판매자들로부터 구입자들로의 잉여의 (재)이전이 있을 것이다. 그러나 정부가 정보를 얻고 유포하는 것과 관련된 비용도 존재한다. 이러한 비용은 그림에서 명시적으로 나타나지 않지만 꽤 클 수 있다.[13] 이런 이유로 정부의 정보 프로그램이 단지 양의 (총)편익이 아니고 양의 순편익을 갖기 위해서는 대개 정부의 개입이 없을 때 정보의 결핍과 관련된 자중손실이 상당해야만 한다.

정보 비대칭성이 충분히 중요해서 정부 개입에 따른 편익이 비용을 능가할 가능성이 있는 상황을 논의하는 것이 유용하다. 이것은 주로 두 요인에 달려 있다. 첫째, 소비자들이 스스로 정보를 얻을 수 있는 용이성, 둘째 놓친 정보를 제공할 수 있는 제3자가 시장 원리를 통해 발생할 가능성이다. 이 요인들을 논의하기 위해 세 종류의 제품을 구별하는 것이 도움이 된다. 즉 (1) 탐색재, (2) 경험재, (3) 경험 후 재화.[14]

탐색재(search goods)는 소비자들이 그것을 구입하기 전에 조사에 의해 배울 수 있는 특징을 가진 제품이다. 예를 들어, 수강하기 위해 노트북이 필요한 학생은 서점에 가서 그가 대안 노트북들에 대해 알기를 원하는 훨씬 많은 모든 것들을 쉽게 배울 수 있다.

그러한 상황하에서는 정보 비대칭성이 심각할 것 같지 않다.

경험재(experience goods)는 소비자들이 그것에 관한 완전한 정보를 얻을 수 있지만 단지 그것을 구입해서 경험한 후에만 가능하다. 예들로서 영화 티켓, 새로운 레스토랑에서의 식사, 새 텔레비전 세트, 주택 등이다. 적어도 약간은 다수의 그러한 제품들과 연관된 정보 비대칭성은 자연히 해결된다. 예를 들면, 일단 소비자들이 한 레스토랑에 갔었으면 그들은 거기에서 다시 먹어야 하는 음식의 예상 품질에 대한 약간의 정보를 얻는다. 보통 텔레비전이나 다른 많은 주요 소비 내구재에 제공되는 품질보증서는 유사한 목적을 제공한다. 게다가 경험재의 정보에 대한 시장수요는 종종 제3자가 요금을 받고 정보를 제공하도록 유도한다. 이것은 정보 비대칭성을 줄인다. 예를 들어 신문 논평은 영화와 레스토랑에 대한 정보를 제공한다. 미국에서 컨슈머 리포츠는 많은 재화에 대한 정보를 제공하고 검사소는 관점 구입자들을 위해 집을 조사한다.

경험 후 재화(post-experience goods)의 경우 소비가 반드시 소비자들에게 정보를 드러내는 것은 아니다. 경험 후 재화와 연관된 정보 비대칭성을 줄이기 위한 정부의 개입은 효율성을 높이는 것일 가능성이 큰데 그 이유는 개인 행동을 통한 학습은 항상 발생하지 않기 때문이다. 이 상황의 예로는 처방약과 관련된 건강 악영향, 결함 있는 부품이 있는 새 자동차 등이 포함된다. 직장에서 건강에 해로운 종업원의 노출도 유사하다. 이러한 경우에서는 심지어 몇몇 사람들의 건강이 망가진 후에도 정보 비대칭성은 오랜 기간 동안 지속될 수 있다. 더욱이 종종 필요한 정보는 얻기 위해 돈이 많이 들고 사람들은 거기에 지출할 의사가 없을 수 있기 때문에 제3자는 필요한 정보를 제공하지 않을 수 있다. 이러한 상황하에서는 정부개입의 강한 이유가 있을 수 있다.

5.3.4 외부성

외부성(externality)은 생산이나 소비가 그 재화의 생산이나 소비에 연루되지 않은 사람들인 제3자에게 미치는 영향이다. 그것은 생산이나 소비의 부산물로서 해당 시장이 없다. 사실 외부성은 때때로 "실종된 시장"의 문제라고 일컬어진다. 예들로는 특정 공장이 유발하는 오염과 이웃의 아름다운 정원으로 인해 얻은 기쁨 등이 포함된다. 외부성은 매우 다양한 이유로 발생할 수 있다. 예를 들어, 특정 유형의 제조 기술이 사용되기 때문에 초래할 수 있다(예를 들면, 굴뚝산업에 의해 초래되는 대기오염). 또 다른 것들은 생산자들과 소비자들 또는 상이한 생산자 집단(예를 들면, 인근의 과일 재배자들에게 의도치 않게 꽃가루 서비스를 제공하는 양봉업자들) 간의 상호의존성 (또는 동반상승 효과) 때문에 초래된다. 계속해서 또 다른 외부성은 네트워크(예를 들면, 특정 유형의 자동차를 구입하는 사람들이 많으면 많을수록 각 소유주가 이용가능한 자격이 있는 차량 정비공장 수는 더 늘어난다) 때문에 발생한다. 외부성의 수는 매우 크기 때문에 정부가 특정 외부성을 교정하기 전에 조심스러운 CBA가 먼저 수행되어야 한다.

우리는 먼저 음의 외부성(즉 사회적 비용을 부과하는 것)을 검토하고 나서 양의 외부성(즉, 편익을 유발하는 것)을 검토한다. 그림 5.6은 생산 과정에서 대기오염이나 수질오염과 같은 음의 외부성을 초래하는 시장을 분명히 보여주고 있다. 공급곡선 S^*는 재화의 공급자들에게 발생하는 사적 한계비용만 반영하고 있는 한편 두 번째 공급곡선 $S^\#$은 공급자들에게 발생한 사적 한계비용뿐만 아니라 음의 외부성이 제3자에게 부과하는 비용도 포함하고 있다. 구입되는 재화 수량에 걸쳐 측정되는 두 곡선 간의 수직거리는 음의 외부성을 겪는 사람들이 그것을 회피하기 위해 지불할 의사가 있는 금액으로 간주될 수 있다. 다시 말해서 그것은 제3자에게 외부성에 의해 부과된 비용을 나타낸다. 이 거리의 크기는 부분적으로 시장이 어떻게든 음의 외부성에 대해 제3자에게 보상하는지 여부에 달려 있다. 예를 들어 만일 주택소유주들이 이웃의 오염 때문에 그렇지 않은 때에 비해 더 낮은 가격으로 주택을 구입할 수 있다면 그 크기는 줄어들 것이다.

그림 5.6은 만일 그대로 방치된다면 시장에서는 그 재화에 대해 너무 낮은 가격($P^* < P^\#$)이 정해진다는 것을 나타낸다. 그 이유는 그 재화를 생산할 때 제3자에게 부과하는 비용을 고려하지 못하기 때문이다. 그 결과 지나치게 많은 산출물이 생산된다($Q^* > Q^\#$). 이것이 자중손실을 유발하는데, C라고 표시된 삼각형 면적으로 표시된다. 이 자중손실은 $Q^\#$를 초과하여 생산되는 추가적 산출물 각 단위에 대해 사회적 한계비용(공급곡선 S#)이 사회적 한계편익(수요곡선 D)을 점점 더 능가한다는 사실을 반영한다.

음의 외부성에 따른 자중손실을 감소시키는 표준적인 기법은 조세를 부과하는 것이다.[16] 예를 들어 그림 5.6에서 재화의 공급자들은 그들이 파는 각 단위에 대해 t의 조세를 지불할 것이 요구될 수 있는데 이 조세는 사회적 한계비용과 사회적 한계편익 간의

그림 5.6 음의 외부성

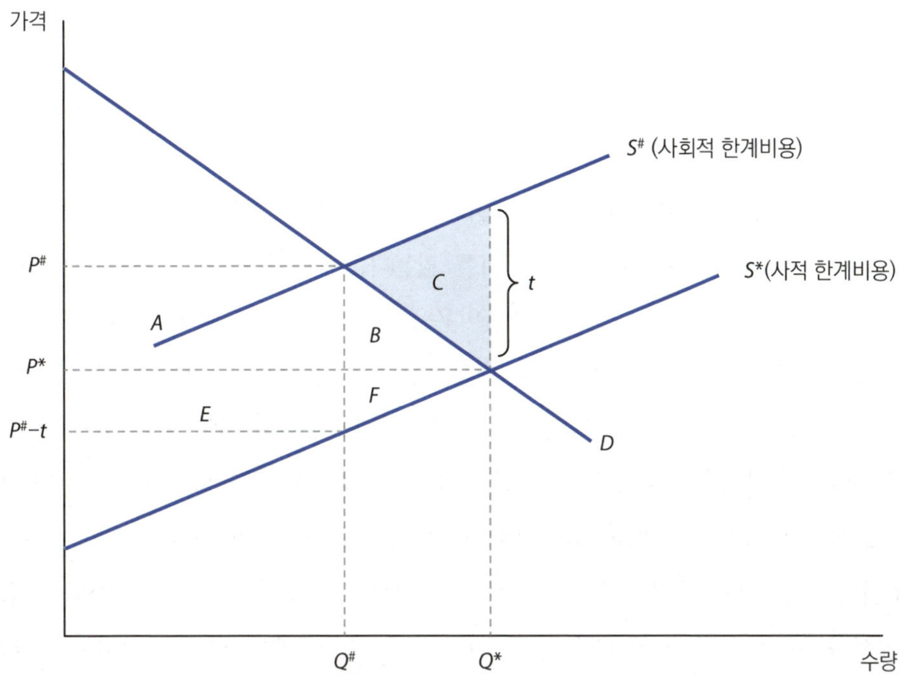

거리(그래프에서 Q^*에서의 두 공급곡선 간의 수직거리로 나타남)와 같게 정해진다. 이제 생산비용이 조세를 포함하기 때문에 판매자들의 공급곡선 S^*는 $S^\#$으로 상향이동할 것이다. 그 결과 소비자들이 지불하는 가격은 P^*에서 $P^\#$으로 증가하고 생산자들이 받는 순가격은 P^*에서 $P^\# - t$로 하락하며 생산되고 판매되는 산출물은 Q^*에서 $Q^\#$으로 감소할 것이다. 재화와 관련된 오염은 줄어들지만 완전히 제거되지는 않는데 왜냐하면 비록 전보다 적은 양이기는 하지만 재화는 계속 생산될 것이기 때문이라는 것에 유의하자.[17]

그림 5.6은 정부의 조세정책의 편익과 비용이 경제 내의 상이한 집단간 불균등하게 분배된다는 것을 시사하고 있다. 이것은 다음의 사회회계 원장에서 볼 수 있다.

	이 득	손 실	변 동
재화 소비자들		A+B	−(A+B)
재화 생산자들		E+F	−(E+F)
제3자 소비자들	B+C+F		B+C+F
정부 수입	A+E		A+E
사회			C

조세는 소비자들로 하여금 더 작은 양의 재화에 대해 더 높은 가격을 지불하게 하므로 그들은 면적 A와 B에 해당하는 잉여를 잃는다. 이와 유사하게 조세는 생산자들로 하여금 더 적은 양의 재화를 팔지만 생산비용을 증가시키기 때문에(그들은 조세를 지불해야 함) 그들은 면적 E와 F에 해당하는 생산자잉여를 잃게 된다. 다른 한편으로는 생산량과 이런 이유로 오염의 감소로 인해 제3자는 정책으로부터 면적 B, C, F에 해당하는 편익을 얻는다. 마지막으로 정부는 면적 A와 E에 해당하는 조세수입을 얻는다. 면적 A, B, E, F는 한 집단에서 다른 집단으로의 이전을 나타낸다. 따라서 수입의 변동 더하기 소비자잉여와 생산자잉여의 변동으로 계산되는 조세정책의 편익은 위의 사회회계원장에서 볼 수 있듯이 면적 C와 같다. 이 면적은 조세정책에 의해 제거되는 자중손실과 일치한다. 조세로 인한 순 사회적 잉여를 계산하기 위해서는 C로 표현되는 편익에서 조세를 집행하는 비용이 공제되어야 할 것이다.

이제 가난한 인근지역에서 설치류 박멸 서비스 구입을 보조하는 프로그램과 같은 양의 외부성 예를 보자. 이것을 행하는 한 가지 방법은 그들이 구입하는 박멸 서비스 각 단위에 대해 v달러의 가치가 있는 쿠폰을 주민들에게 제공하는 것이다. 그들의 서비스에 대해 인근 주민들에게 부과하는 가격에서 이 쿠폰의 액면가를 공제한 후에 구제업자들은 정부로부터 쿠폰의 액면가를 변제받을 것이다.

박멸 서비스 이용 증가에 의해 그러한 프로그램은 양의 외부성을 초래할 수 있다. 즉 인근지역에 설치류가 줄어들면 줄어들수록 인접한 이웃 주민들에게는 그들 자신의 설치류 수를 통제하는 것이 더 용이해진다. 이 상황이 그림 5.7에서 설명되는데 여기서 시장수요곡선 D_M은 사회적 수요곡선 D_S를 축소하고 있는 것을 볼 수 있다. 이 두 수요곡선 사이의 면적은 인접한 이웃의 주민들은 프로그램이 그들에게 미치는 잠재적 편익에 대해 알고 있다고 가정할 때 그들의 박멸 쿠폰 프로그램에 대한 WTP를 나타낸다. 이리하여 시장균형가격 P_0와 수량 q_0는 사회적 관점에서 너무 작아서 $C+F+H$에 해당하는 자중손실을 초래한다.

가난한 이웃 주민들에게 박멸 서비스 단위당 v달러 가치의 쿠폰을 분배하는 프로그램의 사회적 편익은 얼마인가? 그림 5.7에서 시사하듯이 쿠폰이 이용가능할 때 가난한 이웃 주민들은 원래의 시장공급곡선 S에서 v달러만큼 하향이동한 공급곡선에 직면한다. 쿠폰이 초래한 공급곡선 이동의 결과로 이웃 주민들은 박멸 서비스 구입을 q_0에서 q_1

그림 5.7 양의 외부성을 가진 재화의 직접 공급에 따른 사회적 편익

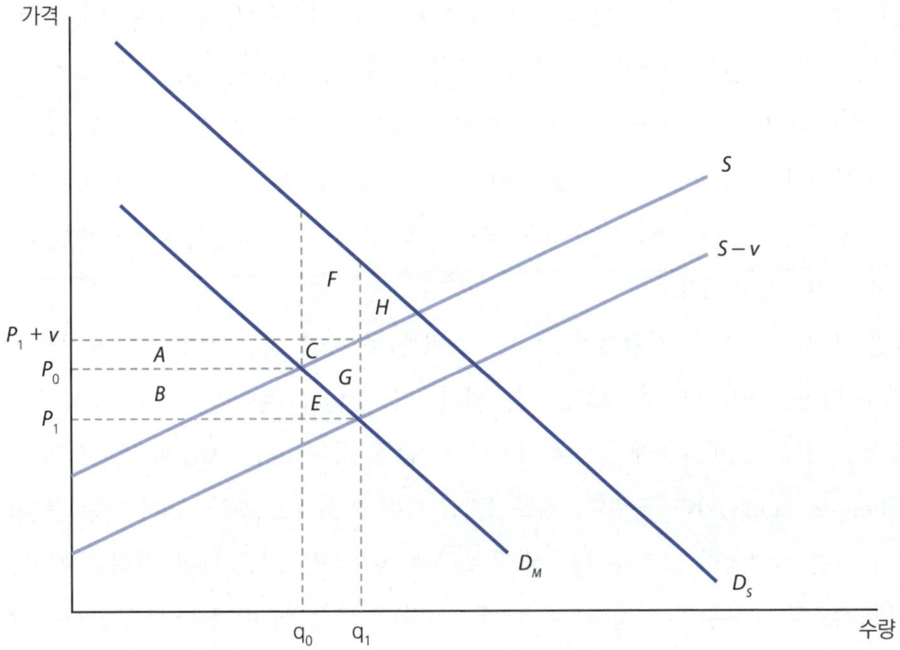

목표 지역 소비자 이득: *B+E*
인근 지역 주민 이득: *C+G+F*
생산자 이득: *A+C*
프로그램 비용: *A+B+C+G+E*
순편익: *C+F*

으로 증가시키고 실효가격 P_1을 지불한다. 목표가 된 이웃의 소비자들은 사다리꼴 면적 $B+E$에 해당하는 잉여 이득을 누리고, 이제 더 높은 공급가격인 P_1+v를 받는 생산자들은 사다리꼴 면적 $A+C$에 해당하는 잉여 이득을 누린다. 그리고 둘러싸인 이웃 주민들은 소비 증가량에 걸쳐 시장수요곡선과 사회적 수요곡선 사이의 면적인 평행사변형 $C+G+F$의 면적에 해당하는 이득인 양의 외부성을 누린다. 프로그램은 $v\times q_1$달러를 보조금으로 지급해야 하는데, 이것은 직사각형 $A+B+C+G+E$의 면적에 해당한다. 시장에서의 사회적 잉여 이득으로부터 이 프로그램 비용을 공제하면 사다리꼴 $C+F$의 면적이 된다. 프로그램이 박멸 서비스에 대한 시장에서 자중손실의 (비록 전부는 아니지만) 일부를 제거하는 데 성공하기 때문에 이 편익이 발생한다.

5.3.5 공공재

예를 들어, 홍수조절 프로젝트나 국방과 같은 공공재는 일단 생산되면 모든 사람들이 이용가능하다. 아무도 그것들의 편익을 누리는 데에서 제외될 수도, 제외되어서도 안 된다. 이런 의미에서 공공재는 양의 외부성의 특별한 유형으로 간주될 수도 있다. 다른 양의 외부성과 유사하게 그대로 방치된다면 사회적으로 적정한 규모보다 적은 양의 공공재가 생산되는 경향이 있다. 순수 공공재는 두 가지 주요 특징을 가지고 있는데 비배제적이고, 비경합적이다.

만일 한 사람이 다른 사람들이 그것을 소비를 못 하게 하는 것이 불가능하거나 적어도 매우 비현실적이라면 그 재화는 비배제적이다. 만일 그것이 한 소비자에게 공급된다면 그것은 모든 소비자들에게 이용가능하다. 종종 이 현상은 **공급에 있어서의 합동성**(jointness in supply)이라 불린다. 예를 들어, 특정 가로등으로부터 발산되는 불빛의 이용자가 다른 사람들이 그것을 이용하지 못하게 방해하는 것은 매우 어려울 것이다. 이와 대조적으로 대부분의 사적재들은 배제가능하다. 예를 들면, 햄버거 구입자는 물리력으로 압도 당하지 않는 한 다른 사람들이 한 입 먹는 것을 차단할 수 있다.

비배제성이 시장 실패를 야기하는 원인이라는 것은 쉽게 볼 수 있다. 일단 가로등이나 국방과 같은 비배제적 재화가 존재하면 모든 사람들이 이용가능하다. 사람들이 그것을 이용하는 데서 제외될 수 없기 때문에 **무임승차자 문제**(free-rider problem)가 초래된다. 그 결과 민간부문이 그것을 제공할 충분한 유인이 없다. 만일 그것이 조금이라도 제공될 것이라면 그것은 공적으로 제공되어야 한다.

비경합성은 특정 재화에 대한 한 사람의 소비가 다른 누군가도 그것을 소비하는 것을 막지 못한다는 것을 의미한다. 그 결과 주어진 공공재 수준으로부터 한 사람 이상이 동시에 편익을 얻을 수 있다. 예를 들어, 밤에 그가 보는 것을 도와주기 위한 가로등의 이용은 다른 사람이 가로등을 이용할 능력을 약화시키지 않는다. 그러나 만일 한 사람이 햄버거를 먹는다면 다른 사람은 동일한 햄버거를 소비할 수 없다. 햄버거는 경합적이고 가로등은 비경합적이다. 이렇게 하여 햄버거와는 달리 두 번째 사람이 가로등을 이용하는 것을 차단하는 것이 가능하다 할지라도 그렇게 하는 것은 비효율적인데 왜냐하면 두 번째 사람에게 가로등을 공급하는 한계비용은 0이기 때문이다.

비경합성이 시장실패를 야기하는 이유는 소비를 위해 이용가능한 특정 재화의 각 추가적 단위로부터 소비자들의 증분 편익을 반영하는 곡선인 **총 한계편익곡선(total marginal benefit curve)**이 경합적 재화의 경우 어떻게 도출되는지와 비경합적 재화의 경우 어떻게 도출되는지를 대조함으로써 검토될 수 있다. 이것을 그래프로 가능한 한 단순하게 하기 위해 우리는 두 재화 각각에 대해 단지 두 잠재적 소비자들만 존재하는 것으로 가정한다. 이렇게 하여 그림 5.8은 두 그래프를 보여주고 있다. 하나는 경합적 재화(햄버거)이고, 다른 하나는 비경합적 재화(가로등)이다. 각 그래프는 세 곡선을 포함하고 있다. 즉 소비자 A의 WTP를 나타내는 수요곡선(d_A), 소비자 B의 WTP를 나타내는 수요곡선(d_B), 총 한계편익(MB) 곡선인데 후자는 두 소비자들의 수요곡선으로부터 도출된다.

경합적 재화에 대한 총 한계편익곡선은 시장수요곡선과 동등하다. 이 곡선을 도출하기 위해서 개별 소비자들의 두 수요곡선은 수평으로 더해진다. 예를 들어, P^*의 가격에서 소비자 A는 q_1을 소비하기를 원할 것이고 소비자 B는 q_2를 소비하기를 원할 것이다. 가격 P^*에서의 그 재화의 총 시장수요는 $q_1 + q_2$, 즉 Q^*가 된다. 이리하여 소비되는 Q^*의 마지막 단위에 대한 WTP(또는 한계편익)는 P^*이다. 가격이 $P^\#$ 이하로 떨어질 때까지는 한계편익곡선은 B의 수요곡선과 일치하는데 왜냐하면 A는 재화를 조금도 수요하지 않을 것이기 때문이라는 것에 유의하자.

그림 5.8a 경합적 재화(예, 햄버거)
그림 5.8b 비경합적 재화(예, 가로등)

(a)

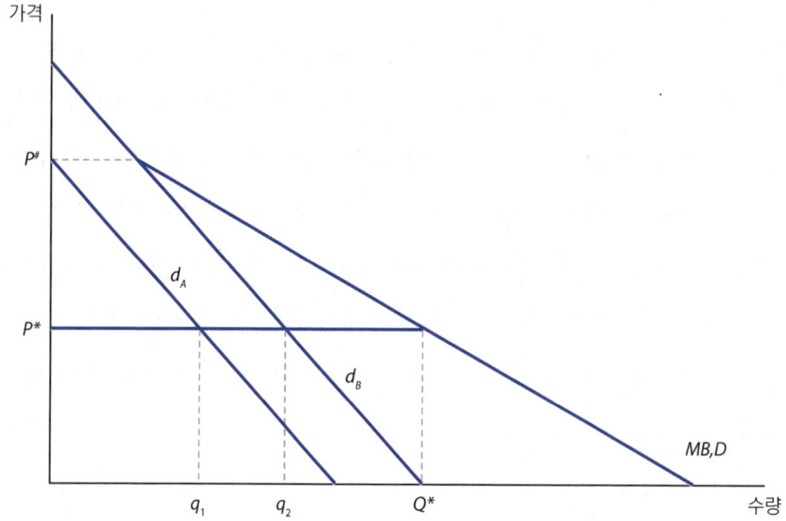

(b)

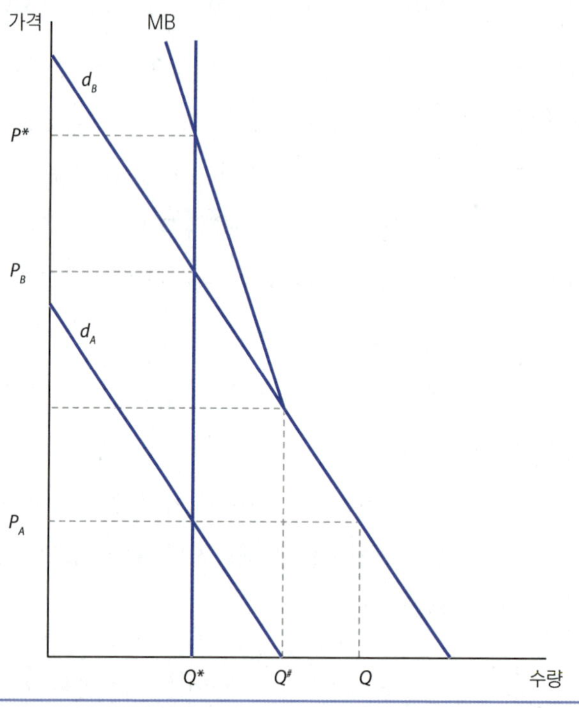

이와 대조적으로 비경합적 재화에 대한 총 한계편익곡선은 개별 소비자들의 수요곡선을 수평이 아니라 수직으로 더해서 도출된다. 예를 들어, Q^*의 산출량 수준에서 총 WTP(즉, 이용가능한 재화의 마지막 단위로부터의 총 한계편익)는 $p_a + p_b$, 또는 P^*와 같다. $Q^\#$ 이상의 산출량 수준에서 소비자 A의 WTP는 0으로 하락하여 한계편익곡선은 소비자 B의 수요곡선과 일치한다.

개별 소비자들의 수요곡선이 경합이 있는 경우는 수평으로 더하고 경합이 없는 경우는 수직으로 더하는 이유는 수치 예를 사용하면 명확해질 수 있다. 만일 $2의 가격에서 소비자 B는 햄버거 2개를 사기를 원하고 소비자 A는 1개를 원한다면 총수요는 3개의 햄버거가 될 것인데 이것은 특정 가격에서 수요의 수평 합계이다. 그러나 만일 $1,000의 가격에서 그들 모두 살고 있는 길에 B는 2개의 가로등을 원했지만 A는 1개만 원했다면 두 개의 가로등은 두 사람의 수요를 완전히 충족시킬 것이다. 이렇게 하여 비경합적 재화에 대한 총수요는 주어진 가격에서 각 소비자가 원하는 재화의 수량을 더해서 결정될 수 없다. 그 대신 그것은 재화의 주어진 수량에 대해 각 소비자의 WTP를 더해서 결정되어야 한다. 이런 이유로 비록 A와 B는 두 가로등에 대해 상이한 WTP를 가지고 있지만 두 가로등에 대한 총 WTP는 두 가로등에 대한 A의 WTP와 B의 WTP를 더해서 결정될 수 있다.

경합적 및 비경합적 재화에 대한 총 수요가 결정되는 법의 구별은 중요한 시사점을 가지고 있다. 경합적 재화의 경우 소비자들은 그들이 얼마나 원하는지를 시장에 드러낸다. 예를 들어, 만일 햄버거의 가격이 P^*로 정해진다면 소비자 A는 실제로 q_1만큼 구매할 것이고 소비자 B는 실제로 q_2만큼 구매할 것이지만 비경합적 재화의 경우 소비자들이 상이한 가격에서 얼마나 많은 단위를 구입할 것인지 드러내도록 초래하는 시장 메커니즘은 존재하지 않는다. 예를 들어, 만일 가로등의 가격이 p_b로 정해진다면 소비자 B는 Q^*만큼의 재화를 구입하기를 원할 것이지만 만일 B가 그렇게 구입한다면 A는 전혀 구입하지 않을 것인데 왜냐하면 B의 구매의 결과 그는 그가 원하는 양을 소비할 수 있을 것이기 때문이다. 다시 말해서 A는 B에 무임승차할 것이다. 이 무임승차자 문제로 인해 A가 어느 정도 기부할 것에 동의할 때까지 B는 어떠한 구매도 거부할 수 있을 것이다.[18]

단지 관련된 집단의 사람들이 적을 때에는 그들은 협상을 통해 공공재의 비배제성과 비경합성에 의해 야기된 무임승차자 문제를 잘 풀어갈 수도 있다. 예를 들어, 주민협회는 가로등을 설치하고 비용을 지불하는 것을 해결할 수도 있지만 과소 또는 과다 수량이 생산될 수도 있다. 예를 들어 만일 소비자 A와 B가 그들의 WTP에 기초하여 가로등에 대한 요금이 청구된다면 그들이 실제로 가로등에 대해 얼마나 가치를 매기고 있는지와 상관 없이 그들은 가로등에 대해 낮은 가치를 부여한다는 것을 아마도 다른 사람에게 납득시키려고 할 것이다. 따라서 설령 소수의 사람들로 된 집단이 관련된다고 하더라도 공공재에 대한 총 한계편익곡선이 어디에 위치할지 결정하기가 어렵다. 국방과 같이 많은 사람들이 비배제적이고 비경합적인 재화를 공유하는 경우 협상은 비현실적이다. 그 결과 만일 그 재화가 조금이라도 생산되고자 한다면 정부는 스스로 그 재화를 생산하든지 또는 생산을 보조하든지 하여 거의 확실히 개입해야 한다.

가로등은 소비에 있어서 비경합적이고 비배제적이기 때문에 그것은 순수 공공재에 가깝다. 순수 공공재에 가까운 다른 재화의 예로는 홍수 조절, 국방, 경찰이 거리를 순찰하는데 따른 범죄 저지 등이다. 다른 재화들은 비경합적이거나 비배제적이지만 둘 다는 아닐 수도 있다. 예를 들어 혼잡하지 않은 도로는 본질적으로 사실상 비경합적이다. 한 사람의 도로 이용이 다른 사람이 도로를 이용하는 것을 금지시키지 못 한다. 그러나 그것은 배제 가능하다. 사람들은 그것을 이용하기 위해 요금 지불을 요구받을 수 있다. 이와 같이 그것은 종종 **요금재**(toll good)라 불린다. 공해의 물고기는 경합적이지만 비배제적인 재화의 예가 된다. 물고기와 어부는 이리저리 움직여서 어부들이 특정 어종, 예를 들어 참치를 못 잡게 하는 것이 어렵다. 그러나 만일 한 어부가 참치 한 마리를 잡는다면 그 참치는 더 이상 다른 어부들은 잡을 수 없다. 이러한 유형의 재화를 **개방 자원**(open-access resource)이라 부른다. 비경합적이거나 비배제적이지만 둘 다는 아닌 재화는 공공재의 특성 전부는 아니고 일부를 보인다. 그러나 번잡을 피하기 위해 우리는 비경합적이고 비배제적인 순수 공공재에 초점을 맞추어 왔다.

앞의 분석에서 시사하였듯이 비경합성과 비배제성으로 인해 순수 공공재에 대한 실제 시장은 존재하지 않을 것 같다. 그러나 시장 수요와 공급곡선과 비슷한 한계편익과 한계비용곡선이 존재한다. 우리는 이미 공공재에 대한 한계편익곡선이 어떻게 도출되는지 보였다. 그리고 사적재의 경우에서와 같이 공공재에 대한 한계비용곡선은 단지 재화의 각 증분 단위를 생산하는 비용을 반영한다. 사회 후생은 한계편익과 한계비용이 같을 때 극대가 되는 한편 자중손실은 더 작거나 더 큰 산출량에서 발생한다. 그러나 진정한 시장의 부재로 인해 순수 공공재는 정부의 개입이나 적어도 일종의 협상과정 없이는 거의 또는 전혀 생산되지 않을 것이다. 이리하여 정부의 개입 또는 협상이 없을 때 사회는 그 재화의 소비로 초래되는 사회적 잉여를 포기할 것이다. 설령 정부가 개입하거나 협상이 일어난다 할지라도 그럼에도 불구하고 그 재화의 산출량이 한계편익과 한계비용이 일치하는 수준이라는 것이라는 보장이 없는데 왜냐하면 순수 공공재에 대한 한계편익곡선은 내재적으로 알 수 없기 때문이다. 그 결과 너무 많거나 너무 적게 생산될 수 있다. 그러나 16장에서 설명되듯이 공공재의 WTP에 대한 정보를 얻기 위해 사용될 수 있는 기법이 존재한다.

5.3.6 중독재: 개인 내의 외부성

몇몇 사람들에게는 오늘날 특정 재화의 소비는 미래 소비에 대한 그들의 수요를 증가시킨다. 예를 들어 어린 시절 고전 음악에의 노출은 성인기에 그 음악에 대한 수요를 지속시킬 수도 있다. 중독재에 대한 경제 모형은 어느 때의 수요량은 이전의 소비량에 달려 있다고 가정한다. **합리적 중독**(rational addiction)은 소비자들이 그들의 현재 소비의 미래 영향을 완전히 고려할 때 발생한다.[19] 만일 현재의 소비가 근시안적이거나 미래의 위험을 고려하지 못 한다면 중독은 합리적이 아니다. 예를 들어, 몇몇 어린이들은 성인기에 담배 중독의 결과를 예측하지 못 하거나 몇몇 성인들은 그들의 무심한 도박이 파괴적인 충동이 될 수 있는 위험을 예측하지 못할 수 있다. 그러한 경우들은 **음의 개인 내 외부성**(negative intrapersonal externalities), 즉 현재의 소비자들이 미래 그들 자신에게 끼치는 해와 관련된다.

음의 개인 내 외부성의 존재는 대안적 정책의 편익을 평가하기 위한 기초로 시장수요곡선 밑에서 측정된 소비자잉여의 변동을 사용하는 것의 적절성에 의문을 던진다. 한편으로는 수요곡선은 시장에서 재화의 추가적 단위에 대한 한계지불의사액을 드러낸다. 다른 한편으로 중독소비로부터의 만족은 실제로 소비자들을 더 좋게 만들지 않을 수도 있다. 그것은 자제의 고통을 피할 수 있지만 중독이 되지 않은 상태에서 대안적 소비만큼 행복을 제공하지 못한다. 다수의 성인 흡연자들이 흡연을 끊기 위해서 하는 공개적인 열망과 비용이 많이 드는 노력은 그들이 그들의 중독을 끝내는 것을 편익으로 여긴다는 것을 시사한다. 다시 말해서 그들은 그들이 젊었을 때 중독되지 않았었기를 바란다.

바람직하지 않은 중독의 경우 소비자잉여를 측정하는 그럴듯한 방법은 중독되지 않은 수요곡선을 이용하여 소비자잉여를 평가하는 것과 연관된다.[20] 그림 5.9는 중독된 소위 문제 도박꾼을 예로 한 방법을 보여주고 있다. 그것은 두 수요곡선을 보여준다. 즉 D_A는 중독 상태의 도박에 대한 수요곡선이고 D_R은 도박을 즐기기는 하지만 그들의 도박 행태를 후회하게 이르게 하는 도박에 대한 강한 충동을 가지고 있지는 않은 다수의 오락을 위한 도박꾼과 비슷하다면 동일한 집단의 중독된 도박꾼들에 대한 수요곡선

그림 5.9 도박 중독이 있는 경우의 소비자잉여

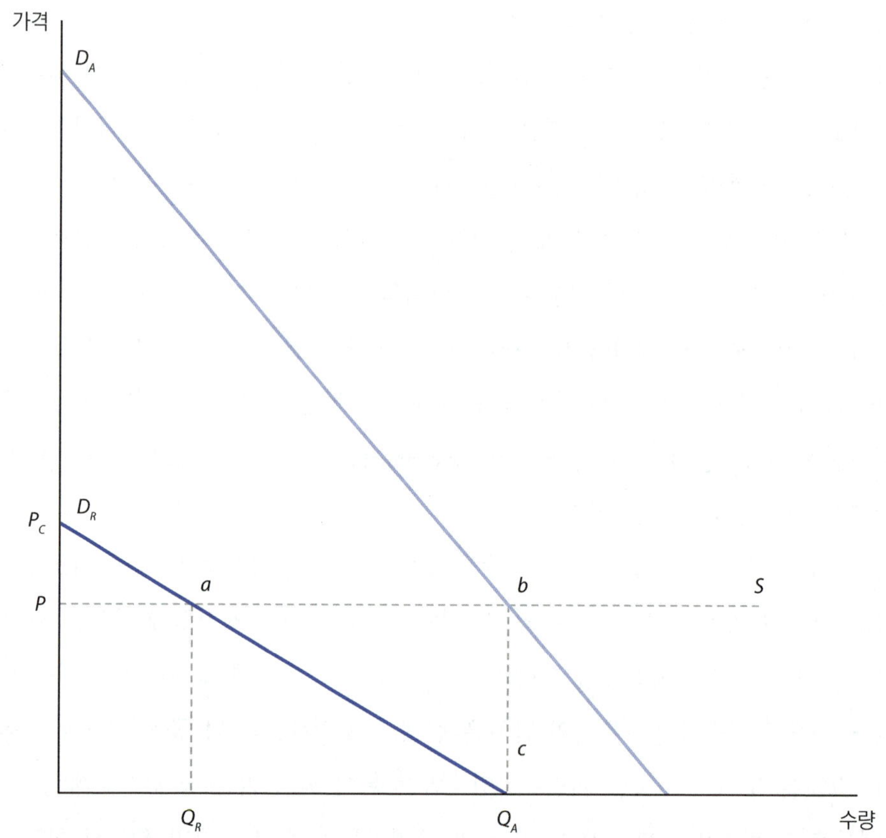

이다. 가격 P에서 이 중독된 도박꾼들이 수요하는 도박의 양은 Q_A이다. 그러나 만일 그들이 중독되지 않았다면 그들은 그 가격에서 단지 Q_R을 소비할 것이다. $Q_A - Q_R$이 중독에 따른 초과 소비이다. Q_R까지의 소비는 PaP_C만큼의 양의 소비자잉여를 수반한다. Q_R부터 Q_A까지의 소비는 Q_RabQ_A의 지출을 수반하는데 소비자는 그들의 오락 수요곡선 밑에서 측정된 단지 Q_RacQ_A에 해당하는 가치를 가지고 있어 면적 abc에 해당하는 자중손실을 초래한다. 종합적으로 중독된 도박꾼들의 이 시장 참여는 $PaP_C - abc$에 해당하는 소비자잉여를 가져 온다. 만일 특정 정책으로 인해 이 중독 도박꾼들이 중독되지 않은 오락 도박꾼들로 되게 한다면 abc에 해당하는 잉여 이득을 가져올 것이다.

호주 생산성위원회는 호주 도박산업의 소비자잉여 손실과 이득을 추정하기 위해 이 방법을 적용하였다. 그 위원회는 오락 도박꾼들(모든 도박꾼의 97.9%)의 소비자잉여 이득은 연간 27억 호주 달러에서 45억 호주 달러로 추정되었지만 문제 도박꾼(모든 도박꾼의 2.1%)의 소비자잉여 손실은 연간 거의 27억 호주 달러로 추정되었다.[21]

5.4 결론

이 장은 정부 프로그램과 프로젝트에 따른 순 정부수입 흐름, 생산자잉여, 소비자잉여의 가치를 매김으로써 이것들과 관련된 이득과 손실이 적절하게 결정된다는 것을 보여주었다. 심지어 관련된 공급곡선과 수요곡선을 알고 있을 때에도 변동을 적절하게 측정하기 위해서는 상당한 주의가 기울여져야 하는데 특히 관련된 시장이 왜곡되어 있을 때 그렇다. 이 장에서는 5개의 유명한 시장실패 유형인 독점, 정보 비대칭성, 외부성, 공공재, 중독재 등을 교정하기 위한 정책이 어떻게 CBA 체제 내에서 분석될 수 있는지를 보여준다.

이 장에서는 정책개입이 일어나는 시장으로 산출물 시장에 초점을 맞추었다. 다음 장에서는 프로그램이나 프로젝트가 필요로 하는 투입물을 정부가 구입하는 요소시장을 살펴본다. 주된 시장인 이 시장들은 특정 정책에 의해 직접 영향을 받는 시장이다. 간접적으로 영향을 받는 2차적 시장은 7장에서 다룬다.

Notes

CHAPTER 5 연습문제

1. 가령 정부가 고속도로의 특정 구간에 대한 통행료를 $0.40에서 $0.50으로 올리는 것을 고려하고 있다고 하자. 현재 그 고속도로 구간은 주당 50,000대의 차가 이용하고 있다. 새로운 요금이 부과된 후에는 단지 45,000대의 차가 그 구간을 이용할 것으로 예측된다. 고속도로 이용의 한계비용이 일정(즉 공급곡선이 수평)하고 차량당 $0.40이라고 가정하면 요금 증가에 기인하는 잉여의 사회적 변동은 얼마인가? (힌트: 요금 증가는 수요곡선이 아니라 공급곡선을 이동시킴)

2. 한 국가는 1년에 30억 배럴의 원유를 수입하고 국내에서도 1년에 30억 배럴의 원유를 생산한다. 원유의 국제가격은 배럴당 $90이다. 선형 곡선을 가정할 때 경제학자들은 현재의 균형에서 국내 공급의 가격탄력성은 0.25, 국내 수요의 가격탄력성은 0.1로 추정하고 있다.

a. 연간 운영비용 2억 5천만 달러를 포함하여 배럴당 $30의 수입 수수료 부과에 따른 사회적 잉여의 변동을 고려하기로 한다. 그 국가가 수입 수수료를 부과한 결과 국제가격은 변하지 않지만 국내 가격은 배럴당 $30 증가할 것으로 가정하라. 또한 국내의 생산자들, 소비자들, 그리고 납세자들만 이해관계가 있다고 가정하라. 소비량과 국내에서 생산되는 양, 그리고 수입 수수료 부과 후의 수입량을 결정하라. 그리고 수입 수수료의 연간 사회적 편익을 추정하라.

b. 경제학자들은 그 국가의 한계초과조세부담을 0.25로 추정하였다(3장을 볼 것). 기존의 조세 체계 하에서 생산자잉여 증가분의 20%가 조세수입으로 실현된다고 가정할 때 순 사회적 편익을 재추정하라. 이 질문에 답할 때 조세수입의 증가분에서 수입 수수료 운영비용을 공제한 액수는 국내 조세를 줄이는 데 사용된다고 가정하라.

c. 그 국가의 수입 수요 감소는 원유의 국제가격에 영향을 미칠 수 있다. 수입 수수료가 국제가격을 배럴당 $90에서 $80으로 낮추어 과세 후 국내 가격은 배럴당 $80 + $30 = $110이어서, 국내 가격의 순 증가는 배럴당 $20라고 가정할 때 a와 b에서 수행한 분석을 반복하라.

CHAPTER 6

투입물시장에서 영향의 가치 매기기

CHAPTER 6

투입물시장에서 영향의 가치 매기기

보통 공공정책은 타 재화나 서비스를 생산하는 데 사용될 수 있는 자원을 필요로 한다. 예를 들어 댐, 교량, 고속도로, 자하철과 같은 공공사업 프로젝트들은 노동, 재료, 토지, 장비 등을 필요로 한다. 이와 유사하게 일반적으로 사회복지 프로그램들은 전문직 직원, 컴퓨터, 전화 그리고 사무 공간을 필요로 한다. 야생보호구역, 휴양지, 그리고 공원은 적어도 토지를 필요로 한다. 일단 자원이 이러한 목적을 위해 투입되면 분명히 그것들은 다른 재화나 서비스를 생산하는 데 더 이상 이용할 수 없다. 그 결과 거의 모든 공공정책들은 기회비용을 초래한다. 개념적으로 이 비용은 거기에 사용된 자원이 대신 최상의 다른 방법으로 사용되었다면 생산되었을 재화와 서비스의 가치와 동일하다.

프로그램이나 정책에서 사용된 자원의 기회비용은 투입물 시장에서 사회적 잉여의 변동과 같다. 뿐만 아니라 이 변동은 투입물 시장에서 필요한 경우 소비자잉여와 생산자잉여의 변동에 의해 조정된 투입물에 대한 지출과 같다. 이전 장에서와 유사하게 이 장에서는 먼저 자원에 대한 시장이 효율적일 때 기회비용을 어떻게 계산하는지를 보이고나서 자원에 대한 시장이 비효율적일 때(즉 시장실패가 있음) 기회비용을 계산하는 법을 보인다. 곧 보겠지만 첫 번째 상황에서는 만일 가격 영향이 없다면 대개 예산 지출액은 프로젝트의 기회비용을 정확히 측정하고 가격 영향이 있다면 프로젝트 기회비용을 약간 과장할 것이다. 두 번째 상황에서는 지출액은 프로젝트 기회비용을 상당히 과장 또는 축소할 수 있다. 이 상황에서 분석가들은 종종 사회적 비용에 대한 최선의 추정치를 얻기 위해 잠재가격을 사용한다.

시작하기 전에 기회비용에 관한 일반적인 요점을 말하는 것이 도움이 될 수 있다. 즉 적절한 결정은 이미 포기된 것이 무엇인가가 아니라 현재와 미래에 포기되어야 하는 것이 무엇인가이다. 앞에 나오는 비용은 **매몰된**(sunk) 것이어서 무시되어야 한다. CBA에서 비용이 매몰된 정도는 **사전적**(ex ante), **사후적**(ex post), 또는 **중간**(in medias res) 분석 중 어느 것을 시행하느냐에 달려 있다. 예를 들어, 당신은 건설 시작 후에 교량이 완공될 결정을 평가하도록 요청받는다고 하자. 이미 사용된 철강과 콘크리트의 기회비용은 현재의 최선의 대안적 사용에서의 재료의 가치인데 그것은 그것들이 폐물로 팔릴 수 있는 최대 금액에서 그것들을 폐기처분하는 비용을 뺀 값으로 측정될 가능성이 높다. 후자 비용이 재료의 폐물 가치를 능가할 수 있으므로 계속적인 건설의 증분적 이득을 계산할 때 기회비용은 음의 값이 될 것이다.

6.1 효율적 시장에서의 비용의 가치 매기기

6.1.1 완전 탄력적인 공급곡선

이 상황의 한 예는 실업자들을 위한 연수 프로그램을 운영하는 정부기관이 연수받는 사람들을 위해 연필을 구입할 때이다. 연필에 대한 시장실패가 없고 정부기관이 구입하는 연필 수량은 시장에서 팔리는 연필 총수의 일부에 지나지 않는다고 가정할 때 그 기관은 사실적으로 수평인 연필 공급곡선에 직면하는 것으로 간주된다. 이리하여 기관의 구입은 연필 가격에 무시할 만한 영향을 미칠 것이다. 즉 기관은 연수 프로그램이 없을 때에 그들이 지불하던 가격으로 추가적 연필을 구입할 수 있다.

이 상황이 그림 6.1에 묘사되어 있다. 만일 프로젝트가 그림에서 제시된 투입요소(예를 들어 연필)를 q'만큼 구입한다면 수요곡선 D는 수평으로 오른쪽으로 q'만큼 이동할 것이다. 수평인 공급곡선이 시사하듯이 한계비용은 변하지 않고 그대로 유지되고 이리하여 가격은 계속 P_0가 된다. 공급곡선 밑의 면적은 요소의 기회비용을 나타내고 P_0는

그림 6.1 가격 영향이 없을 때의 기회비용

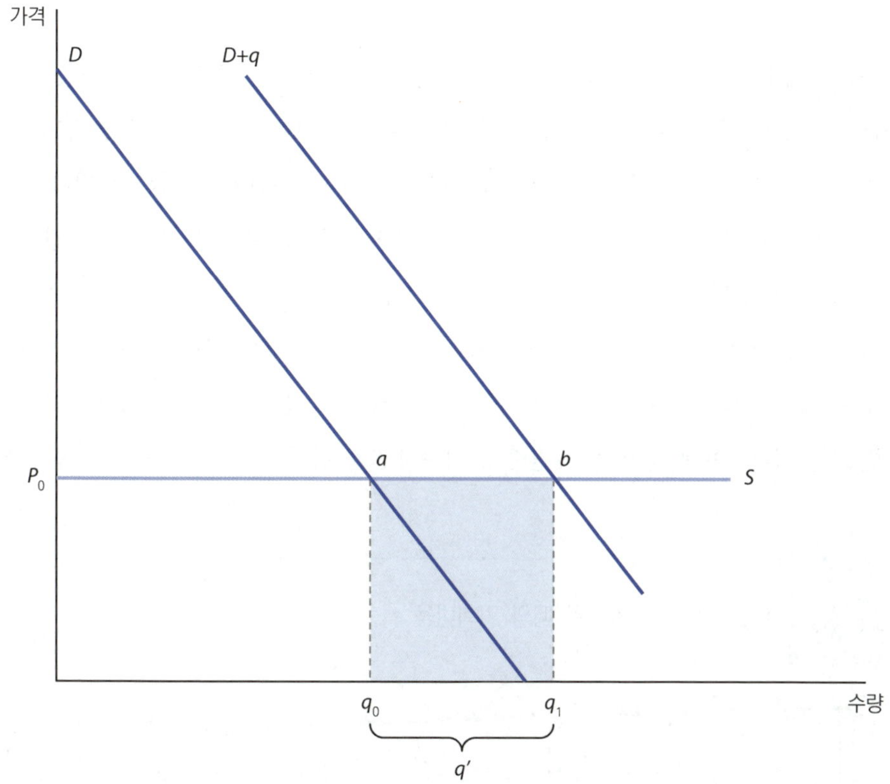

요소의 추가적 한 단위의 기회비용이다. 결과적으로 프로젝트가 필요로 하는 요소의 추가적 q' 단위의 사회에 대한 기회비용은 단지 요소의 원래 가격에 구입량을 곱해준 값(즉 $P_0 \times q'$)이다. 그림 6.1에서 이것은 빗금친 사각형 abq_1q_0로 나타난다. 요소시장에서 소비자잉여나 생산자잉여의 변동은 없다. 이리하여 기관이 사용하는 추가적 연필의 기회비용은 그것을 구입하기 위해 초래되어야 하는 지출액과 같다.

대부분의 투입요소들은 가파르게 상승하거나 하락하는 한계비용곡선을 가지고 있지 않으므로 **종종 프로젝트 투입물을 위해 요구되는 지출을 그것들의 사회적 비용으로 간주하는 것이 합리적이다**. 구입되는 자원의 양이 자원에 대한 총수요에 단지 소규모 추가에 불과하고 게다가 심각한 시장실패가 존재한다고 의심할 이유가 없을 때가 이런 경우이다.

6.1.2 완전 비탄력적인 공급곡선

연필과는 대조적으로 이제 한 정부가 공원을 위해 토지 한 구획을 구입하는 것을 검토하자. 연필과는 달리 우리는 특정 지역 내의 토지 규모는 A 에이커로 고정되어 있다고 가정한다. 이리하여 정부는 수평이 아니라 수직 공급곡선에 직면하게 된다. 게다가 우리는 만일 정부가 그 토지를 구입하지 않는다면 거기에 주택을 건설할 민간 구입자들에게 1에이커 구획당으로 팔릴 것이라고 가정한다.

이 상황은 그림 6.2에 나타나 있는데 S는 공급곡선이고 D는 민간부문 수요곡선이다. 만일 토지 소유주들이 그것을 민간시장에서 판다면 그들은 사각형 $PbA0$로 표시된 금액을 받을 것이다. 이제 정부는 탁월한 토지수용권을 통해 시장가격 P로 소유주들에게

그림 6.2 비탄력적 공급곡선일 때의 기회비용

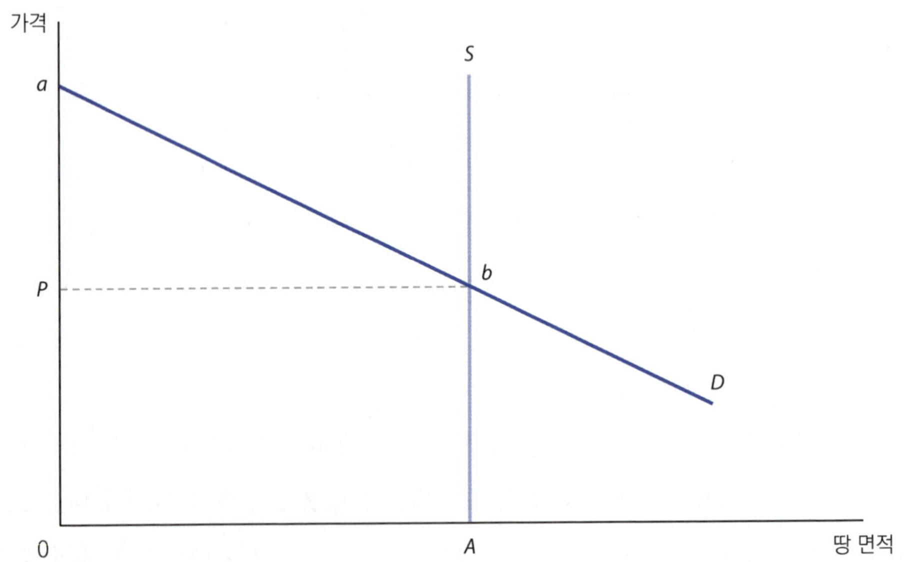

지불하면서 토지 A단위 전부를 획득한다고 가정한다. 이렇게 하여 정부의 예산비용은 그림 6.2에서 면적 $PbA0$로 표시된다.

그러나 정부의 예산 지출은 토지를 민간부문으로부터 제거하는 기회비용을 축소한다. 그 이유는 토지의 잠재적 민간 구입자들은 정부가 그들이 토지를 구입할 기회를 제거한 결과 소비자잉여를 잃게 되기 때문인데(그림 6.2에서 삼각형 aPb) 이것은 정부의 구입 가격에 포함되지 않는 실질적 손실이다. 만일 정부가 구입한다면 토지의 전체비용은 그림 6.2에서 가격선 밑에 있는 사각형 면적이 아니라 수직인 공급곡선 왼쪽에 있는 수요곡선 밑의 면적 전체인 $abA0$이다.[1]

6.1.3 뚜렷한 가격 영향이 있는 효율적 시장

심지어 자원이 본질적으로 효율적인 시장에서 구입될 때에도 그것의 가격이 올라가는 것이 가능하다. 예를 들어, 매우 큰 댐을 건설하기 위해서 엄청난 양의 콘크리트가 필요하다면 이런 일이 일어날 수 있다. 그러한 상황에서 프로젝트는 자원 투입물에 대한 우상향하는 공급곡선에 접한다. 그러한 공급곡선이 그림 6.3에 그려져 있다. 이 예에서 프로젝트의 q' 단위의 자원 구입으로 수요곡선 D는 오른쪽으로 이동한다. 공급곡선 S가 우상향하므로 균형가격은 P_0에서 P_1으로 증가하여 대규모 구입은 자원의 한계비용을 증가시킨다는 것을 보여준다. 가격 상승으로 시장에서의 원래 구입자들은 그들의 구입을 q_0에서 q_2로 감소시킨다. 그러나 프로젝트에 의한 구입을 포함한 총 구입량은 q_0에서 q_1으로 증가한다. 이리하여 프로젝트에 의한 q' 단위의 자원 구입량은 두 가지 별개의 원천에서 나온다. 즉 (1) 이전의 구입자들이 포기한 양, (2) 시장에서 팔리는 추가 단위이다.

자원에 대한 프로젝트의 총지출은 P_1 곱하기 q'이다. 그림 6.3에서 이 지출은 면적 $B+C+G+E+F$로 표시되는데 이것들은 직사각형을 이루고 있다. 기회비용을 계산하기 위해 우리는 소비자잉여와 생산자잉여의 변동을 추가할 필요가 있다. 그림 6.3에서 면적 A + 면적 B는 가격 인상으로 인한 원래 구입자들의 소비자잉여 감소를 나타낸다. 그러나 판매자들은 가격 상승의 결과 면적 $A+B+C$로 표시되는 생산자잉여를 얻는다. 따라서 소비자잉여와 생산자잉여의 순 **증가분**은 면적 C이다. 이 규모가 정부지출

그림 6.3 가격 영향이 있을 때의 기회비용

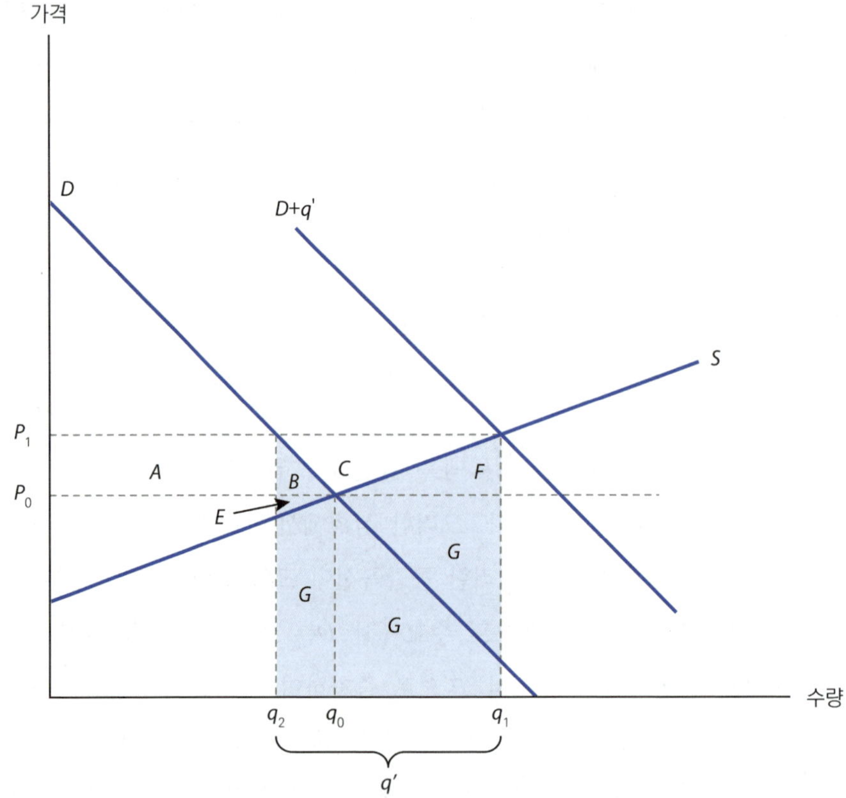

에서 **공제되어** 면적 $B+G+E+F$에 해당하는 비용을 얻는다. 구입의 영향은 다음의 사회회계 원장에 요약되어 있다.

가격이 변할 때 기회비용은 예산지출에서 조정분을 뺀 값인데 후자는 면적 C로 주어진다. 만일 수요와 공급곡선이 선형이라면 이 조정분은 손쉽게 계산될 수 있다. 그것은 프로젝트를 위한 요소 구입량에 새로운 가격과 이전 가격 차이의 절반을 곱해준 값과 같다.[2] 프로젝트를 위한 자원 구입의 사회적 비용인 면적 $B+G+E+F$는 구입량에 새로운 가격과 이전 가격의 평균을 곱해준 값, 즉 $1/2(P_1+P_0)(q')$과 같다.[3] 새로운 가격과 이전 가격의 평균은 이전 가격이나 새로운 가격보다 자원 구입의 사회적 기회비용을 더 정확히 반영한다. 이것은 잠재가격의 한 예이다. 그림 6.3의 검토에서 시사하듯이 가격 상승이 꽤 크지 않은 한 면적 C는 예산 비용에 비해 작을 것이다. 그러므로 가격에 대한 영향이 있을 때에도 많은 경우에 예산 지출액은 사회적 비용의 좋은 근사치를 제공한다.

	이 득	손 실	순이득
소비자들		A + B	−(A+B)
생산자들	A + B + C		A+B+C
정부		B + C + G + E + F	−(B+C+G+E+F)
사회			−(B+G+E+F)

프로젝트나 프로그램을 위한 자원 사용의 사회적 비용은 정부가 그것을 얻기 위해 사용하는 메카니즘에 반드시 의존할 필요는 없다. 예를 들어, 가령 그림 6.3에 나타난 것처럼 q' 단위의 자원에 대해 시장가격을 지불하는 대신 정부가 공급 기업들에게 시장의 원래 소비자들에게 가격을 P_0에서 P_1으로 올리도록 명령하여 이들 구입자들에게 판매가 q_0에서 q_2로 하락하게 한다고 하자. 그 다음 가령 정부가 q' 단위를 그것들을 생산하는 데 요구되는 추가적 비용에 공급하도록 명령한다고 하자. 원래의 구입자들에게 가격 상승으로 인한 사회적 잉여 손실은 면적 $B+E$인데 이것은 가격 인상에 따른 자중손실이다. 정부를 위해 자원 q'를 추가로 생산하는 사회적 기회비용은 이 경우 정부의 예산지출과 일치하는데 사다리꼴 면적 $G+F$이다. 이리하여 정부의 명령으로 인한 사회적 비용은 $B+G+E+F$이다. 이 비용은 정부가 시장 내의 다른 어떤 구입자와도 같은 방법으로 자원을 구입할 때 초래되는 사회적 비용과 정확히 같다. 그러나 이때에는 정부의 예산지출이 자원 사용의 사회적 기회비용보다 크지 않고 오히려 더 작다.

6.2 왜곡된 시장에서의 비용의 가치 매기기

3장에서 보았듯이 효율적인 시장에서는 가격이 사회적 한계비용과 같다. 가격이 사회적 한계비용과 동일하지 않을 때 배분적 비효율이 초래된다. 다양한 상황이 비효율에 이를 수 있다. 즉 작동하는 시장의 부재, 시장실패, 그리고 정부개입(조세, 보조금, 규제, 가격상한과 가격하한 등)으로 인한 왜곡 등이다. 이들 왜곡 중 어느 것도 요소시장에서 발생할 수 있어서 기회비용 추정을 복잡하게 한다.

한정된 공간으로 인해 여기서는 단지 다섯 가지의 왜곡을 검토하는 것이 가능하다. 첫째, 우리는 정부가 요소의 기회비용보다 낮은 가격으로 투입물을 구입하는 상황을 고려한다. 둘째, 우리는 공급량이 고정된 투입물을 정부가 구입하는 상황을 보기로 한다. 셋째, 우리는 정부가 실업자가 존재하는 시장에서 고용을 하는 경우를 검토한다. 넷째, 우리는 정부가 프로젝트를 위해 고용을 하는 것으로 인해 근로자들이 시골지역에서 도시로 이주하는 것을 유발하는 프로젝트를 고려하는데, 이 같은 현상은 개발도상국에서 흔히 발생한다. 다섯째, 우리는 정부가 독점가로부터 프로젝트에 필요한 투입물을 구입하는 상황을 살펴본다.

6.2.1 기회비용보다 낮은 가격으로의 구입

더 많은 법원을 설립해서 더 많은 범죄 재판이 열릴 수 있도록 하는 제안을 생각해 보자. 예산비용은 재판관과 법원 직원들의 봉급, 법정과 사무실의 임대료, 추가적인 교정시설에 들어가는 지출(재판 수용 가능성의 증대로 인해 투옥 증가에 이르기 때문) 등을 포함한다. 이러한 요소들에 대해 예산비용은 사회적 기회비용과 제대로 일치할 수도 있다. 그러나 예산은 또한 보통 교통비만 충당하는 배심원들에 대한 지출을 포함한다. 만일 배심원들에게 그들의 시간에 대한 어떠한 보상이라도 지불된다면 그것은 대개 그들의 임금률이 반영된 시간의 가치와 연관되는 것이 아니라 액면상의 **일일 경비**(per diem)로 정해진다. 이리하여 배심원들에 대한 예산지출은 거의 확실하게 배심원들의 시간의 기회비용을 축소한다. 그 결과 잠재가격이 필요하다. 예를 들어, 배심원들의 기회

비용의 더 나은 추정치는 그들의 교통비에 그 지역의 평균 또는 중위 세전 시간당 임금률에 배심원 시간 수를 곱해준 것을 더해준 값이다. 교통비 추정치는 단지 주머니에서 나온 지출이 아니라 배심원들을 법정으로 수송하는 실제 자원비용을 포함해야 한다. 시간당 세전 임금률에 배심원 임무에 사용된 시간을 곱해준 값은 근로 손실로 인해 포기된 재화 가치의 척도인바, 이에 대한 몇몇 비판이 15장에서 논의된다.

6.2.2 투입물의 공급이 고정되어 있을 때의 구입

때때로 정부는 공급이 고정된 투입물을 구입할 필요가 있다. 공급이 고정된 상황이 그림 6.4에 그려져 있는데 이것은 특정 프로젝트가 필요로 하는 전력에 적용된다. 전력의 생산은 종종 생산능력 한계까지는 일정한 한계비용을 갖는 것으로 특징지어진다. 이것과 일치되게 그림에서 공급곡선은 Q_1까지는 완전 탄력적이고 그 이후에는 국가의 발전역량이 소진될 때 완전히 비탄력적이 된다. D_a는 전력을 필요로 하는 정부 프로젝트가 없을 때의 전력에 대한 수요곡선을 나타내고 D_a'는 프로젝트가 있을 때의 수요곡선을 나타낸다고 하자. 이러한 상황하에서 전력 생산능력의 제약은 구속력이 없다. 그 결과 프로젝트는 현재의 전력 소비자들에게 영향을 미치지 않는다. 그러나 프로젝트가 필요로 하는 추가 전력을 생산하기 위해 추가 투입물이 필요할 것이다. 그 결과 프로젝트에 사용되는 전력 비용은 단지 정부의 구입 지출액일 것이다.

이제 프로젝트가 없을 때 전력 수요곡선은 D_b이고 프로젝트가 있을 때는 D_b'라고 가정한다. 이리하여 프로젝트로 인해 전력의 시장가격은 P_1에서 P_2로 증가할 것이고 현재 소비자들의 전력 소비는 Q_1에서 Q_2로 감소할 것이다. 가격 상승으로 인해 현재의 소비자들은 잉여를 잃는 한편 전력 생산자들은 잉여를 얻는다. 이 장의 앞에서 설명하였듯이 이러한 잉여의 변동은 단지 이전 가격과 새로운 시장가격의 평균 $(P_1+P_2)/2$를 잠재가격으로 사용하여 프로젝트의 전력 비용을 결정하는 데 적절히 고려될 수 있다. 이리하여 시장가격으로 측정된 프로젝트의 전력 비용은 $[(P_1+P_2)/2](Q_1-Q_2)$와 같게 된다.

그림 6.4 전력의 시장공급이 완전탄력적이거나 완전비탄력적일 때

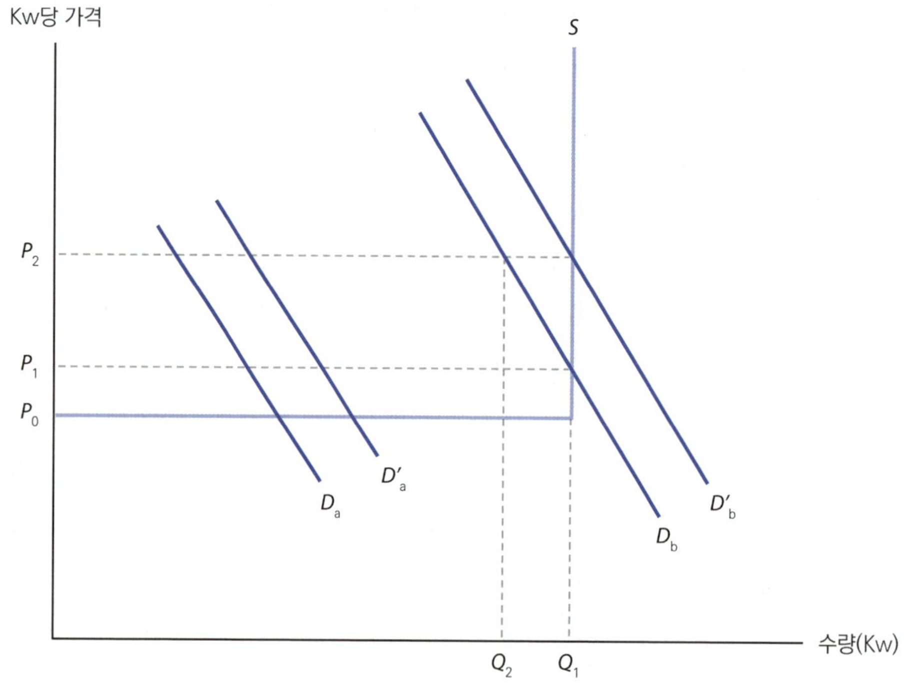

6.2.3 실업자의 고용

우리는 시장실패나 정부개입이 있을 때 기회비용을 측정하기 위해서는 사회적 잉여의 변동에 대한 조심스러운 계산을 필요로 한다는 것을 강조했다. 실업상태에 있는 사람들을 정부 프로젝트를 수행하기 위해 고용한 근로자들의 기회비용에 대한 분석은 어떤 노력이 필요한지를 보여준다.

최저임금법, 노동조합 협상력 또는 기타 다른 요인들로 인해 임금률이 시장 청산 수준보다 높게 유지되고 그 결과 실업자가 존재하는 시장에서의 노동의 기회비용을 검토해 보자. 우리는 여기서 매우 특수한 형태의 실업에 초점을 맞추고 있음에 유의해야 한다. 즉 특정 노동시장에서 지불되는 임금에서 일하고자 하는 근로자의 수가 그 임금에서 고용주들이 채용할 의사가 있는 근로자 수를 능가할 때 발생한다.[4] 이러한 이유로

실업 상태인 근로자들은 종종 **잉여상태**(in surplus)에 있다고 말한다. 우리는 잉여 근로자들에게 초점을 맞추어서 그들이 정부 프로젝트를 위해 채용될 때 그들의 기회비용을 조사할 수 있다. 이 이슈는 특히 중요한데 왜냐하면 특별히 잉여 근로자들이 일할 수 있도록 고안된 정부 프로젝트들과 그러한 근로자들을 채용할 가능성이 높은 수많은 다른 프로젝트들이 있기 때문이다. 물론 여기서 고려되는 유형 외에 다른 유형의 실업이 있다. 예를 들면, 몇몇 사람들은 그들이 한 직장에서 다른 직장으로 이동할 때 잠시 실업상태에 있다.

어떻게 잉여노동의 기회비용이 측정될 수 있는지 논의하기 전에 정부 프로젝트에서 일하기 위해 채용된 근로자들이 실업자 수를 감소시키는 정도에 대해 보다 더 명시적으로 고려하는 것이 유용할 수 있다. 예를 들어, 100명의 근로자를 채용하는 프로젝트를 생각해 보자. 그 결과 실업자들이 얼마나 줄어들 것인가? 이 질문을 숙고하는 데 프로젝트는 실업자 대열로부터 직접 채용할 필요가 없다는 것을 인식하는 것이 중요하다. 설령 프로젝트가 이전에 고용된 사람 100명을 채용한다 할지라도 이것은 100개 일자리를 초래하게 되고 이들 중 일부는 실업자로 채워질 수 있다. 만일 프로젝트를 위해 (그들의 직업과 지리적 위치에 의해 정해지는) 채용되는 유형의 실업률이 매우 높다면(예를 들어, 10%) 실업 근로자의 수는 100에 접근할 수 있다. 그러나 근로자들의 실업률이 낮다면(예를 들어, 4% 정도) 측정된 실업자의 대부분은 잉여상태가 아니라 구직중일 것이다. 그 결과 프로젝트는 실업자 수를 별로 줄이지 못할 가능성이 있다. 그 대신 프로젝트는 다른 어딘가에 고용된 노동력이나 노동인구에서 빠져나온 사람들을 끌어올 것이다. 실제로 보여주기 위해 Donald Vitaliano의 최근 연구에서는 2009년 7월에 나라의 실업률이 9.5%였을 때 한 정부 프로젝트를 위해 채용된 근로자의 절반 이상(55%)이 실업 상태에 있는 사람이거나 노동력에서 철수했지만 일자리를 원한다고 진술한 사람들로부터 나왔다. Vitaliano의 추정된 관계에 기초하면 실업률이 5.0%였던 2016년 11월에 실업자 대열로부터 나온 백분비는 단지 16%였을 것이다.[5]

그림 6.5는 정부 프로젝트가 실업을 감소시키는 상황을 묘사하고 있다. 이 그림에서 프로젝트 이전 노동에 대한 수요곡선 D와 노동에 대한 공급곡선 S는 P_e에서 교차하는데 이것은 임금 하한 P_m이 없을 때의 균형가격이다. 임금 하한에서 L_s의 근로자들이

그림 6.5 가격하한이 있을 때의 기회비용

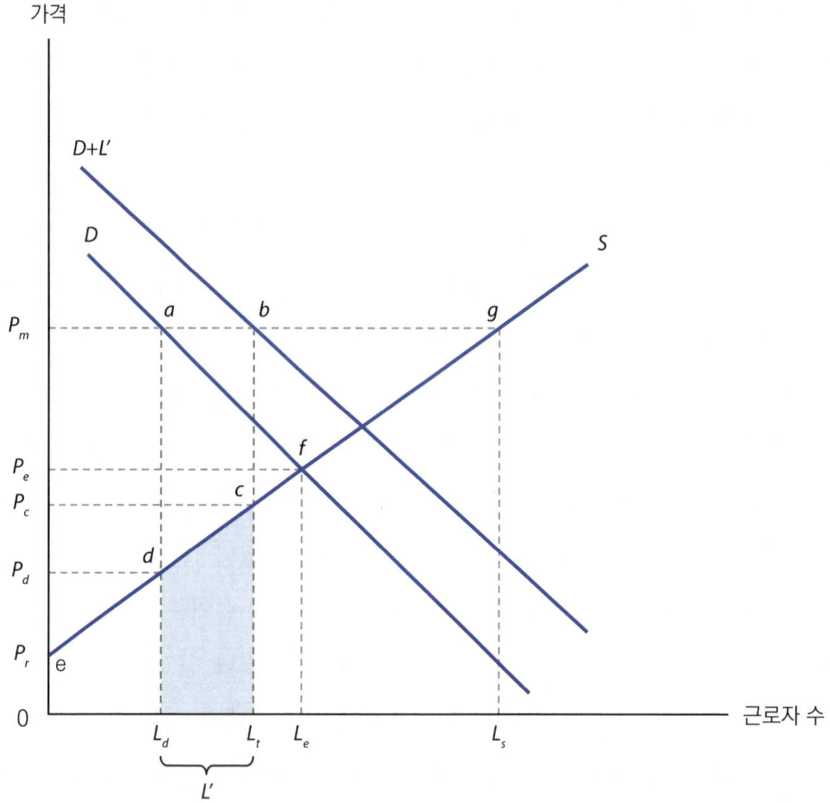

고용을 원하지만 단지 L_d의 근로자들만 수요되어 $L_s - L_d$의 근로자들은 잉여가 되고 실업이 된다. 이제 P_m의 임금으로 정부 프로젝트에 L'의 근로자들이 채용된다고 가정한다. 이것은 수요곡선을 L'만큼 오른쪽으로 이동시킨다. L'가 실업자의 수보다 작은 한 가격은 하한에 머무른다.

이제 L'의 실업자들을 채용하는 사회적 비용에 대한 다섯 가지 대안 척도들을 살펴보자. 이들 다섯 개의 척도 모두 비판의 대상이다. 사실 현실적인 문제로 실업자를 채용하는 사회적 비용의 정확한 값을 얻는 것이 가능한지는 분명하지 않다. 그러나 여기에 묘사된 대안 척도 중 몇몇은 다른 것들보다 훨씬 좋은 근사치들이다.

1. **척도 A.** 실업자들은 일하고 있지 않기 때문에 그들을 일하도록 하는 기회비용은 0이라고 종종 제안된다. 그러나 이것은 그들의 시간이 가치가 없는 것처럼 취급하는 것이다. 이것은 분명히 두 가지 이유로 부적절하다. 첫째, 다수의 실업자들은 직장 탐색, 아동 보호, 주택 개량과 같은 생산적인 일로 바쁘다. 둘째, 설령 그들이 전적으로 한가하게 지낸다 할지라도 여가 그 자체는 그것을 즐기는 사람들에게 가치가 있다. 그 결과 0의 임금으로 일하고자 하는 실업자는 거의 없다. 사실 그림 6.5의 공급곡선은 고용되어 있는 사람과 실업인 사람 모두 그들이 고용되지 않을 때 그들의 시간에 부여하는 가치를 나타낸다. 예를 들어 점 f에 위치한 사람은 가격이 P_e 또는 그 이상일 때만 고용을 수락할 의향이 있다. 이리하여 P_e는 이 사람이 그의 시간에 부여하는 가치의 한 척도를 제공해 준다. 다시 말해서 그가 일하기 위해 포기하는 여가 시간의 기회비용은 P_e이다. 이와 유사하게 공급곡선상 점 c와 d에 위치한 사람들은 그들 시간의 가치를 각각 P_c와 P_d로 매긴다. P_r 이하의 가격에서는 아무도 일할 의사가 없고 P_r이 양수이므로 그림 6.5는 실업자를 채용하는 기회비용은 0보다 커야 한다는 것을 의미한다.
2. **척도 B.** 그림 6.5는 이 프로젝트를 위한 노동에 대한 총 예산지출은 $P_m \times L'$인데 이것은 직사각형 abL_tL_d의 면적과 같다. 그러나 노동에 대한 이 예산지출은 프로젝트를 위한 근로자 채용의 진정한 사회적 비용을 상당히 과다계상할 가능성이 있다. 그림 6.5에 있는 공급곡선이 의미하듯이 비록 고용된 근로자들에게는 P_m의 가격이 지불되지만 대부분의 사람들은 그 이하의 가격에서도 일할 의사가 있다. 공급곡선이 나타내는 바와 같이 그들이 자신의 시간에 대해 부여하는 가치와 그들이 고용되면 실제로 지급받는 가격 P_m 간의 이 차이가 생산자(즉 근로자) 잉여인데 이것은 그들을 채용하는 정부기관으로부터 근로자들로의 이전으로 간주될 수 있다. 프로젝트를 위해 채용하는 근로자들의 사회적 비용 척도를 얻기 위해서는 이 생산자잉여가 노동에 대한 예산지출에서 공제되어야 한다.[6] 척도 B는 이렇게 하지 못 한다.
3. **척도 C.** 그림 6.5에 나타나 있듯이 프로젝트로 인해 시장에서의 고용이 L_d에서 L_t로 증가하므로 사다리꼴 $abcd$는 새롭게 채용된 사람들이 누리는 생산자잉여를 나타낸다고 가정할 수도 있다. 이러한 가정 하에서 프로젝트를 위해 채용하는 근

로자들의 사회적 비용의 척도를 얻기 위해 면적 abL_tL_d에서 면적 $abcd$를 공제할 것이다. 이렇게 하여 사회적 비용은 빗금친 사다리꼴 cdL_dL_t로 측정되는데 이것은 L_d와 L_t 사이의 공급곡선 밑의 면적이다. 이 면적은 새로이 채용된 근로자들의 기회비용과 같을 것이다. 즉 그들이 일하러 갈 때 포기한 시간의 가치이다.

4. **척도 D.** 척도 C의 결점은 프로젝트에 채용되는 모든 실업자들은 그들 시간의 가치를 P_d보다 크고 P_c보다 작게 생각한다는 암묵적인 가정에 기초하고 있다는 것이다. 다시 말해서 이 접근법은 이 근로자들이 공급곡선 상의 점 c와 d 사이에 위치하고 있다고 가정한다. 그러나 그러한 가정의 기반은 없다. 사실 고용된 실업자 중 일부는 그들 시간의 가치를 P_c보다 높게 생각할 수도 있고, 또 다른 사람들은 P_d보다 낮게 생각할 수도 있다. 사실상 그림에 따르면 그들 시간의 가치를 P_r만큼 낮고 P_m만큼 높게 생각하는 실업자들은 프로젝트에서 일할 의사가 있을 것인데 왜냐하면 프로젝트는 그들에게 P_m을 지불할 것이기 때문이다. 이렇게 하여 아마도 더 나은 가정은 프로젝트에 실제로 채용되는 실업자들은 공급곡선의 점 d와 c 사이에 국한되지 않고 점 e와 g 간에 다소 균등하게 분포되어 있다는 것이다. 이 가정은 프로젝트에 채용되는 실업자들은 그들 시간의 가치를 P_r보다는 작지 않고 P_m보다는 크지 않아 평균적으로 $1/2(P_m + P_r)$로 여긴다는 것을 의미한다. 이리하여 프로젝트에서 L' 근로자들을 채용하는 사회적 비용은 $1/2(P_m + P_r)(L')$와 같다.

5. **척도 E.** 실제 CBA에서 척도 D를 사용하는 데 있어서의 실질적 문제는 그림 6.5에서 어떤 근로자가 고용을 수락할 용의가 있는 가장 낮은 임금인 P_r의 값을 모른다는 것이다. 따라서 P_r의 값에 대한 가정이 있어야 한다. 한 가지 가능한, 그리고 그다지 불합리하지는 않은 가정은 공급곡선이 원점을 지나서 P_r의 값이 0이라는 것이다. 실업상태에서는 질병, 이혼, 그리고 자살 확률은 모두 증가하는 한편, 직무기술은 저하된다는 사실은 실제로 적어도 일부 실업자들에게는 P_r이 상당히 낮을 수 있다는 것을 시사한다. 만일 우리가 다시 한번 프로젝트에 채용되는 실업자들이 공급곡선이 수직축과 교차하는 점과 점 g 사이의 공급곡선을 따라 균등하게 분포되어 있다고 가정하면 이것은 프로젝트에 채용되는 실업자들이 그들 시간의

가치를 0보다 높고 P_m보다 낮게 생각한다는 의미이므로 평균 $1/2(P_m+0)=1/2P_m$이다. 따라서 프로젝트에 채용되는 근로자들의 사회적 비용은 $1/2P_m(L')$로 계산된다. 이 계산에 따른 추정치는 정부 예산지출의 절반이라는 것에 유의하자. 이 비용 추정치는 척도 D를 사용하여 계산된 값보다 작고 거의 분명하게 덜 정확할 것이지만 이것은 대개 얻기가 더 쉽다.

비노동시간이 양의 가치를 가지고 있다는 우리의 지금까지의 주장을 받아들이면 척도 E가 아마도 프로젝트의 노동에 대한 진정한 사회적 비용을 쉽게 구할 수 있는 추정치 하한으로 간주될 수 있고 노동에 대한 프로젝트의 예산비용인 척도 B는 추정치 상한이 된다.

6.2.4 개발도상국 내의 시골에서 도시로의 이주가 중요할 때 노동의 채용

개발도상국에서 프로젝트에 투입되는 비숙련 근로자들의 상당 부분은 궁극적으로 시골지역 출신일 가능성이 있다. 이 같은 사실은 설령 프로젝트에 직접 채용된 근로자들이 현재 도시지역에서 거주할지라도 시골지역의 프로젝트뿐만 아니라 도시지역 프로젝트도 마찬가지일 것이다. 그 이유는 개발도상국에서 도시지역의 고용이 증가함에 따라 시골지역의 근로자들은 고용이 증가하는 지역으로의 이주가 유도되기 때문이다.

이 이주가 발생하는 이유는 John Harris와 Michael Todaro가 개발한 잘 알려진 모형이 제시하고 있다.[7] 그들의 모형은 개발도상국에 대한 두 가지 관찰치에 기초하고 있다. 즉 도시지역의 실업이 종종 매우 높다는 것과 일반적으로 시골지역보다 도시지역의 수입이 상당히 더 높다는 것이다. Harris와 Todaro는 도시의 임금이 더 높은 이유를 설명하지 않고 있지만 그것은 시골지역에서는 적용되지 않지만 도시지역에 적용되는 최저임금법, 노동조합의 역할, 최저생계비를 능가하는 임금을 지급하도록 모국에서 압력을 받고 있는 외국 기업의 결정, 또는 더 많이 지급받는 근로자들이 더 건강하고 이직할 확률이 낮으며 더 많이 동기가 부여되기 때문에 더 높은 임금은 더 높은 생산성을 유발한다는 믿음 때문일 수 있다.[8] Harris–Todaro 모형의 주요 포인트는 도시의 임금이 균형 수준보다 높고 그 결과 도시의 실업이 초래된다는 것이다.[9] 이와 대조적으로 시골 임금은 균형 수준에 있고 그 결과 도시 임금보다 낮다.

Harris와 Todaro는 도시의 높은 임금으로 인해 근로자들은 시골지역에서 도시로 이주할 것인데 그들 중 일부는 일자리를 찾을 수 없을 것이다. 보다 구체적으로 그들은 시골 근로자가 도시로 이주하여 일자리를 얻을 확률은 $(L-U)/L$로 가정하고 있는데 여기서 L은 도시의 노동력 규모이고 U는 실업자 수이며 $E=(L-U)$는 고용되는 근로자 수이다. 따라서 모형은 다음 식이 성립하는 한 근로자들은 시골지역에서 도시로 이주할 유인을 가질 것이라는 것을 시사한다.

$$RW < UW(E/L) \tag{6.1}$$

여기서 RW는 시골 임금이고, UW는 도시 임금이며, $UW(E/L)$은 평균적으로 이주 근로자들이 받을 임금이다(다시 말하면 $UW(E/L)$은 그들의 기대임금). 이리하여 모형에 따르면 시골–도시 이주는 다음 식이 성립할 때 멈춘다.

$$RW = UW(E/L) \tag{6.2}$$

이 모형의 두 가지 중요한 시사점은 이주에 대한 더 이상의 유인이 없을 때에도 도시의 실업은 계속 높은 수준으로 유지될 수 있고 도시의 임금은 시골 임금을 계속 능가하게 될 것이라는 것이다.

이제 우리는 Harris–Todaro 모형을 이용하여 한 도시에 새로운 프로젝트가 입지하는 것의 영향을 검토하기로 한다. 프로젝트가 착수되기 전에 식 (6.2)의 균형조건은 충족되고 있는 것으로 가정한다. 이제 ΔE의 비숙련 근로자들이 프로젝트에서 일하기 위해 채용된다고 가정한다. 만일 ΔE가 노동력 규모에 비해 꽤 작다면 임금률은 변하지 않을 것같다. 더욱이 도시의 임금률도 변하지 않을 것 같은데 그 이유는 그것은 이미 균형수준보다 높기 때문이다. 그러나 가능한 도시 일자리 수의 증가로 인해 시골 근로자들이 직면하는 예상 도시임금은 $UW[(E+\Delta E)/L]$로 증가하여 몇몇 시골 근로자들의 이주를 유도한다. 그 결과 다음 조건이 성립할 때에만 균형이 복구될 수 있다.

$$E/L = (E + \Delta E)/(L + \Delta L) \quad (6.3)$$

여기서 ΔL은 도시의 노동력에 추가되는 근로자 수이다.

여기서 주목할 것이 두 가지가 있다. 첫째, 만일 도시 임금률의 변동이 없다면 현재 노동력에 속하지 않는(즉 이미 고용되거나 직장을 구하고 있지 않는) 현재의 도시 거주민들은 가능한 일자리 수 증가에 의해서가 아니고는 노동력에 합류하도록 유도되지 않을 것이다. 따라서 도시의 노동력에 추가된 대부분은 아니더라도 많은 근로자들은 시골 지역으로부터의 이주자들일 것이다. 둘째, 모형에 따르면 이주자의 수는 프로젝트에 의해 만들어진 일자리 수를 능가할 가능성이 있다. 먼저 식 (6.3)의 항들을 재배열하면 다음과 같다.

$$L + \Delta L = L(E + \Delta E)/E \quad (6.4)$$

그리고 식 (6.4)에서 L=L(E)/E를 공제하여 재배열하면 다음을 얻어 그 가능성을 볼 수 있다.

$$L + \Delta L - L = L(E + \Delta E)/E - L(E)/E \text{ 또는 } \Delta L/\Delta E = L/E \quad (6.5)$$

도시의 노동력은 근로자들과 실업자들로 구성되기 때문에(즉, $L = E + U$) L/E은 1보다 커야 하고 따라서 식 (6.5)은 $\Delta L/\Delta E$도 그렇다는 것을 의미한다.

이 단순한 모형의 시사점은 하나의 예로 볼 수 있다. 만일 도시 임금이 시골 임금보다 50% 높다면(즉 만일 $1.5RW = UW$라면) 식 (6.2)에서 $E/L = 0.67$이다. 이런 이유로 도시 노동력의 1/3은 실업자가 될 것이다. 더욱이, 식 (6.5)는 프로젝트에 의해 만들어지는 각 일자리에 대해 1.5명이 도시 노동력으로 들어간다는 것을 의미한다(즉 $\Delta L = \Delta E(L/E) = 1(3/2) = 1.5$). 이미 강조한 이유로 이 사람들 중 대부분은 아니더라도 다수가 시골로부터의 이주자들일 것 같다.

정부 프로젝트의 결과 노동력에 추가되는 비숙련 근로자들 대부분은 아마도 시골로부터 유인된 것이기 때문에 포기된 산출물은 시골 지역에서의 생산이다. 만일 프로젝트가 시골 지역에 입지한다면 시골-도시 이주는 고려대상이 아니고 포기된 산출물의 가치를 추정하는 데 이용되는 잠재임금은 단순히 시골 임금이다. 다시 말하면 프로젝트의 노동비용을 결정하기 위해 채용된 근로자 수에 시골 임금이 곱해질 것이다. 그러나 만일 프로젝트가 도시 지역에 입지한다면 만들어지는 각 일자리에 대해 시골을 떠나는 근로자의 수가 고려되어야만 한다. Harris-Todaro 모형에 따르면 만일 프로젝트의 결과 노동력에 추가되는 **모든** 근로자들이 시골로부터의 이주자들이라면 이것은 시골 임금에 L/E을 곱해 달성될 수 있다. 그 대신에 식 (6.2)가 $RW(L/E) = UW$를 시사한다는 것을 조건으로 도시 임금이 사용될 수도 있다.[10]

그러나 도시 임금률은 **상한**(upper bound)으로 간주되어야 하는데 왜냐하면 실제로 L/E 시골 근로자보다 작은 수가 도시 프로젝트에 의해 만들어진 각 일자리에 따라 이주할 것이기 때문이다. 첫째, 앞에서 언급되었듯이 프로젝트에 의해 일자리가 생김에 따라 일부 도시 거주자들이 노동력에 유입될 수 있다. 둘째, 만일 근로자들이 위험기피적이거나 이주와 관련한 화폐비용 또는 심리적 비용이 있다면 실제 이주자 수는 더 작을 수 있다. 셋째, 만일 프로젝트가 상당히 크다면 시골 근로자들의 이주는 시골 임금 상승을 야기하고 그것으로 인해 이주자 수를 궁극적으로 감소시킨다. 만일 L/E 근로자보다 작은 수가 이주한다면 잠재임금을 결정하기 위해 이용할 적절한 시장임금은 도시 임금보다 낮을 것이다. 이리하여 Caroline Dinwiddy와 Francis Teal은 다양한 가정하에서 적절한 잠재임금은 시골 시장임금과 도시 시장임금 사이 어딘가로 떨어질 것 같다는 것을 보여주고 있다.[11] 그 결과 **만일 개발도상국에서 도시 프로젝트에 다수의 비숙련 근로자들이 고용된다면 그리고 시골임금과 도시임금 간에 상당한 차이가 존재한다면 잠재임금률을 결정하는 데 먼저 시골 시장임금을 사용하여, 그리고 도시 임금을 사용하여 민감도분석을 수행해야 한다**.

비숙련 근로자들의 도시 임금률은 서베이 데이터-예를 들어, 제조업 평균 임금이 사용될 수 있음[12]-로부터 얻을 수 있지만 다수의 시골 근로자들은 그들 자신의 소비를 위해 작물을 생산한다. 이런 이유로 이 근로자들의 실효 임금률은 알아내기가 더 어렵다. 시골 시장임금 추정치를 고안하는 한 가지 방법은 우선 평가되고 있는 프로젝트에 의해 영향받을 것 같은 전형적인 시골 근로자가 그의 생산적 시간을 어떻게 배분하는지를 결정하고 나서 그 근로자의 산출물의 가치를 추정하는 것이다. 예를 들어, 가령 전형적인 근로자는 반년 동안 카카오 농장에 고용되어 일당 40페소의 임금과 10페소의 식대와 교통비를 받아 총 50페소를 받는다고 하자. 이 근로자는 농장에서 단지 6개월만 필요로 하기 때문에 그는 나머지 6개월 동안 집에서 일하는데 3개월은 옥수수를 재배하고 나머지 3개월은 바나나를 재배한다. 비록 옥수수와 바나나는 주로 집에서 소비하기 위해 키우지만 만일 그것들을 동네 시장에 가지고 간다면 그것들은 각각 910페소와 1,365페소에 팔릴 수 있다. 옥수수와 바나나의 시장가치를 그것을 키우는 데 걸리는 기간인 91일로 나눠주면 그 근로자는 옥수수 재배에 대해서는 10페소의 일당 시장임금과 바나나에 대해서는 15페소의 일당 시장임금을 받는다는 것을 시사한다. 이러한 정보가 주어졌을 때 근로자의 일일 임금은 각 노력으로부터의 일일 보수의 가중평균으로 계산될 수 있는데 가중치는 그가 각 활동에 투입하는 시간의 비율이다. 즉

$$RW = 0.5(50) + 0.25(10) + 0.25(15) = 31.25 \text{ 페소} \quad (6.6)$$

원칙적으로 시골의 비숙련 근로자들의 잠재임금률을 결정하는 데에는 적어도 두 가지 추가적 요인들이 고려되어야 하는데 실제로는 적절한 정보의 결핍으로 인해 거의 그렇게 되고 있지는 않다. 첫째, 도시로의 이주로 근로자들은 더 오랜 시간 동안 일해야 하고 더 큰 스트레스를 받으며 결과적으로 덜 만족스러운 생활방식을 가져오는 것이 가능하다. 만일 그렇다면 원칙적으로 잠재임금률은 초래되는 효용의 손실을 감안하기 위해 상향 조정되어야 한다.

둘째, 개발도상국에서 많은 시골 근로자들은 대가족으로 살고 있다. 만일 프로젝트로 인해 시골 근로자가 도시로 이주하게 되면 남아 있는 가족 구성원들에 대한 영향도 원칙적으로 고려되어야 한다. 남아 있는 가족 구성원들은 물론 이주하는 근로자의 산출물을 잃게 되지만 그 근로자는 더 이상 가족이 이용가능한 소득을 소비하지 않기 때문에 이득이 된다. 이 두 금액이 반드시 전적으로 상쇄되는 것은 아니다. 이득이 손실을 능가할 수도 있다. 예를 들어, 만일 가구가 소득(모든 가구원들이 생산한 산출물의 총가치)을 구성원들 간에 동등하게 나눈다면 그럴 수도 있다. 이러한 상황하에서 각 가구원의 소비 수준은 가구가 생산한 산출물의 평균값과 같을 것이다. 그러나 가구원의 가구 산출물에 대한 기여는 그의 한계생산물과 같을 것이다. 보통 시골 가구는 집에 있는 고정된

토지에서 대부분의 산출물을 생산하기 때문에 가구는 한계생산물 곡선이 하락하는 부분에서 생산할 것 같다. 만일 그렇다면 가구원의 한계생산물 가치는 그가 소비하는 산출물의 가치보다 더 작을 것이다. 이리하여 만일 그러한 상황에서 프로젝트에 의해 이주하게 된다면 남아 있는 가구원들의 소비 수준은 증가할 것이다.

전시 6.1

1974년에 세계은행은 서부 아프리카에서 사상충증(열대 피부병)을 박멸하기 위해 국제적 노력을 기울였다. 11개 국가를 포괄하는 이 프로젝트는 20년 이상으로 연장되었고 사상충증을 유발하는 기생충의 매개체인 흑파리를 죽이는 살충제를 사용하였다. 이 프로그램의 편익은 사상충증 사례수의 감소에 기인한다. 개발도상국에서 유사한 프로그램의 CBA는 잠재가격으로 질병이환과 사망에 미치는 영향을 화폐화함으로써 편익을 측정했을 것이다(이러한 가격의 추정치는 17장 참조). 그러나 매우 가난한 국가에서 필요한 잠재가격을 추정하는 것은 비현실적이었다. 그 대신 1995년에 세계은행이 수행한 프로젝트의 CBA는 노동과 토지의 증가에 기인한 증가된 농업 산출물의 가치로 편익을 측정하였다. 실명한 사람은 평균 8년 동안 앓고 12년 먼저 사망하므로 각 회피된 사례는 약 20년의 생산적 삶을 추가하게 된다. 이들 기간 동안 농업에 고용된다고 가정하면 프로젝트로 인한 시골 노동공급의 백분비 증가가 예측되고 추정된 노동의 산출물 탄력성인 0.66과 곱해져서 농업 산출물의 백분비 증가 예측치를 얻게 된다. 결국 농업 산출물 증가의 가치가 세계은행에 의해 추정되었다. 박멸을 통해 이용가능하게 된 추가적인 농지의 가치를 매기기 위하여 유사한 절차가 이용되었다. 전체적으로 심지어 노동참가율과 토지활용률을 단지 70%로 가정할 때에도 프로젝트는 양의 순편익을 제공하였다.

출처: Aehyung Kim and Bruce Benton, "Cost-Benefit Analysis of the Onchocerciasis Control Program," World Bank Technical Paper Number 282, May 1995에서 발췌

6.2.5 독점기업으로부터의 구입

우리는 이제 비효율적 시장에서 프로젝트 또는 프로그램 구입의 사회적 비용을 측정하는 마지막 예를 살펴보기로 한다. 즉 독점기업이 공급하는 투입물의 구입이다. 이 상

황에서 정부기관의 예산지출은 구입이 초래하는 진정한 사회적 비용을 과다측정한다. 이러한 과다측정이 발생하는 이유는 투입물의 가격이 그것을 생산하는 사회적 비용을 능가하기 때문이다. 그 결과 독점기업이 얻는 수입의 상당 부분은 이전 또는 **독점 지대**(monopoly rents)이다. 따라서 원칙적으로 CBA에서는 예산지출을 사회적 비용의 척도로 사용해서는 안 된다.

그림 6.6은 정부기관이 독점기업으로부터 투입물을 구입하는 것을 보여주고 있다. 구입 전에는 투입물은 독점가의 한계비용과 한계수입곡선이 교차하는 Q_1에서 생산되고 있다. 수요곡선에 의해 결정되는 Q_1에서의 가격은 P_1이다. 이제 정부기관이 Q'를 구입한 결과 독점가의 수요곡선과 한계수입곡선은 오른쪽으로 이동한다. 투입물의 가격은 P_2로 증가하고 판매량은 Q_2로 증가한다. 더 높아진 새로운 가격에서 기관은 Q_3에서 Q_2까지의 거리에 해당하는 수량을 구입하는 한편 시장에서의 원래 구입자들은 그들의 구입량을 Q_1에서 Q_3로 감소시킨다.

그림 6.6 독점기업으로부터 구입할 때의 기회비용

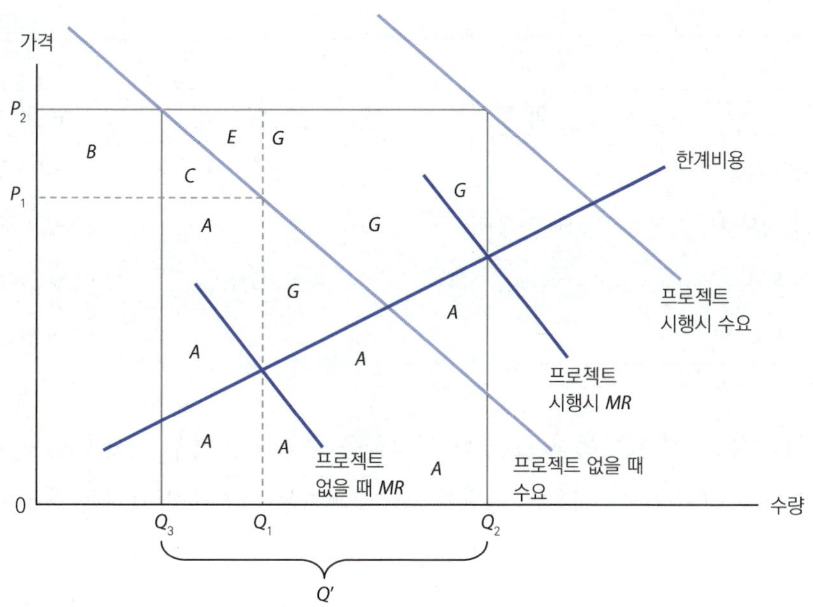

앞에서의 예와 마찬가지로 기관 구입의 직접 예산비용은 가격에 구입량을 곱해준 $P_2(Q_2 - Q_3)$이다. 그림 6.6에서 이것은 Q_3와 Q_2 사이 P_2까지의 직사각형(즉 면적 $A+C+G+E$)으로 표시된다. 그러나 이 예산비용은 진정한 사회적 비용을 과장하고 있다. 기관 구입의 진정한 사회적 비용을 찾기 위해서 구입이 기관의 수입뿐만 아니라 독점가와 투입물의 원래 구입자들에게 미치는 영향을 검토해야 한다.

정부의 구입으로 인해 독점가는 더 많은 투입물을 더 높은 가격으로 판매하기 때문에 그의 생산자잉여는 증가한다. 이 증가는 두 부분으로 이루어진다. (1) 독점가가 이전에 판매한 단위에 대해 받는 더 높은 가격에 기인(그림 6.6에서 면적 $B+C+E$), (2) 독점가가 지금 팔고 있는 추가적 단위에 기인(면적 G). 이렇게 하여 그림에서 볼 수 있듯이 기관 지출비용의 일부인 면적 $C+G+E$는 독점가로의 이전이다.

시장에서 원래 구입자들은 기관의 구입으로 인해 명백히 더 나빠지는데 그 이유는 그들은 이제 투입물에 대해 더 높은 가격을 지불해야 하기 때문이다. 그들의 소비자잉여 손실을 측정하는 데 있어서 적절한 것은 원래의 수요곡선인데 왜냐하면 이것이 원래 구입자들의 투입물에 대한 WTP를 반영하는 곡선이기 때문이다. 원래 구입자들의 소비자잉여 총손실은 모두 독점가로의 이전인데 면적 $B+C$와 같다.

다음의 분배적 사회회계 원장은 구입의 영향을 요약하고 있다.

	이 득	손 실	순 이 득
소비자들		B+C	−(B+C)
독점 생산자	B+C+G+E		B+C+G+E
정부		A+C+G+E	−(A+C+G+E)
사회			−(A+C)

이 분석의 주요 결론은 독점가로부터 투입물을 구입하는 경우 예산지출은 사회적 비용보다 크다는 것이다. 그 이유는 독점기업이 부과하는 가격은 투입물을 생산하는 한계비용을 능가하기 때문이다. 그 결과 CBA를 수행할 때 정부의 예산비용은 잠재가격 설정을 통해 하향 조정되어야 한다. 그러나 실제로 조정되지 않은 예산비용을 사용하는

데 기인하는 오차는 종종 그리 크지 않다. 그림 6.6의 예가 시사하듯이 편의의 크기인 면적 $G+E$는 독점기업이 부과하는 가격이 그것의 한계비용을 능가하는 정도에 달려 있다. 다시 말하면 그것이 실제로 얼마나 큰 독점력을 가지고 있는가에 달려 있다. 이것은 결국 수요곡선이 얼마나 가파른지에 달려 있다. 이리하여 분석가가 종종 어려운 임무인 잠재가격을 개발하기 전에 그렇게 하는 것이 정말로 필요한지 물어봐야 한다.

일반적 규칙

투입물시장에서의 다른 시장 왜곡들도 예측가능한 정도로 기회비용에 영향을 미친다. 이러한 몇몇 왜곡에 의해 만들어진 편의의 방향을 요약하는 것이 유용하다. 공급에 과세가 되는 투입물 시장에서 직접 비용지출은 기회비용을 과다 추정한다. 공급에 보조금이 지급되는 투입물 시장에서는 지출은 기회비용을 과소 추정한다. 공급이 양의 외부성을 보이는 투입물 시장에서는 지출은 기회비용을 과다 추정하고 공급이 음의 외부성을 보이는 투입물 시장에서는 지출은 기회비용을 과소 추정한다. 그러한 경우들에서 기회비용을 결정하기 위해 다음 규칙을 적용한다. 즉 **기회비용은 투입물에 대한 직접 지출 빼기(더하기) 투입물 시장에서 발생하는 생산자잉여 또는 소비자잉여의 이득(손실)과 같다.**

6.3 결론

이 장에서는 정부가 프로그램이나 프로젝트가 필요로 하는 투입물을 구입하는 투입물 시장에 초점을 맞추었다. 투입물에 대한 정부의 예산지출은 만일 가격이 영향을 받거나 또는 다양한 이유로 인해 구매가 이루어지는 시장이 왜곡되어 있다면 구입의 사회적 가치인 기회비용과 다를 것이라는 것을 보였다. 종종 예산지출에 대한 데이터는 손쉽게 얻을 수 있고 (초래되는 정부 순수입 흐름, 생산자잉여, 소비자잉여의 변동을 고려해야 하는) 개념적으로 적절한 척도의 추정치는 종종 도출하기가 어렵기 때문에 CBA를 수행하는 사람들은 만일 그들이 예산지출에 의존할 때 얼마나 큰 오차를 초래하는지 그리고 그것을 교정하고자 할 때 노력 비용의 가치가 있는지 고려할 필요가 있다. 때때로 상한 및 하한 추정치가 가능하다(예를 들어, 실업자군으로부터의 채용에 있어서). 하여튼 투입물 시장에서 구입의 비용 추정치를 보고할 때 가능한 오차와 그 방향에 대해 가능한 한 투명한 것이 필수적이다.

Notes

CHAPTER 6 연습문제

1. 저임금 노동시장을 생각해 보자. 이 시장의 근로자들은 현재 최저임금을 받지 못 하고 있지만 정부는 그에 대한 입법 시행을 고려하고 있다. 만일 시행된다면 이 법은 시장의 고용주들이 근로자들에게 시간당 $5를 지불할 것을 의무화한다. 가령 시장의 모든 근로자들이 똑같이 생산적이고 현재의 시장 청산 임금률은 시간당 $4이며 이 시장 청산 임금에서 600명의 근로자들이 고용되어 있다고 가정한다. 더 나아가 최저임금 입법하에서는 단지 500명의 근로자들이 고용되고 300명의 근로자들은 실업상태라고 가정한다. 마지막으로 시장수요와 공급곡선은 선형이고 시장의 어떠한 근로자도 일할 의사가 있는 최저 임금인 유보임금은 $2이다.

   고용주, 근로자, 그리고 사회 전반에 대한 정책 영향의 화폐가치를 계산하라.

2. 개발도상국에서 전형적인 비숙련 시골 근로자는 만일 그가 도시로 이주해서 일자리를 찾는다면 1주에 2더브야를 받을 것이라고 가정한다. 그러나 도시에서 비숙련 근로자들의 실업률은 40%이다.

   a. 근로자의 시골 임금을 Harris-Todaro 모형은 얼마로 예측하나?

   b. 이제 정부는 상당수의 비숙련 근로자들을 사용하는 도시 내의 프로젝트에 재정지원을 고려하고 있다고 가정한다. a항의 답변을 이용하여 제안된 프로젝트의 CBA를 수행할 때 정부가 사용할 수도 있는 비숙련 근로자들의 시장임금률에 대한 합리적인 상한 및 하한 추정치를 제안하라.

3. (강사에게 제공된 스프레드시트 권장) 100명의 실업자가 존재하는 시골지역에서 제안된 정부 프로젝트는 20명의 근로자들을 채용할 것을 요구한다. 프로젝트는 시간당 $12의 임금을 제의할 것이다. 실업자 100명의 유보임금이 $2와 $20 사이라고 가정한다.

   a. 정부가 20명이 일자리를 수락할 때까지 100명의 실업자들에게 무작위로 제의를 한다고

가정할 때 프로젝트가 필요로 하는 노동의 기회비용을 추정하라. (먼저 공식 \$2+\$18u에 따라 100명의 유보가격 리스트를 만든다. 여기서 u는 [0, 1]에서 균등분포하는 확률변수이다. 둘째, 유보임금이 \$12 이하인 처음 20명의 근로자들을 식별할 목록을 만든다. 셋째, 프로젝트에 사용되는 노동의 기회비용을 얻기 위해 이 20명 근로자들의 유보임금을 합산한다.)

b. 정부가 가장 낮은 유보임금을 갖는 20명의 실업자들을 식별하여 채용할 수 있다고 가정할 때 프로젝트가 필요로 하는 노동의 기회비용을 추정하라.

c. 기회비용의 분포를 얻기 위하여 a항을 15번 반복하고 그것의 표준편차를 계산하라.

CHAPTER 7

2차 시장에서 영향의 가치 매기기

CHAPTER 7

2차 시장에서 영향의 가치 매기기

정부정책에 대한 CBA를 수행할 때 분석가의 상상이 허용하는 한 가급적 많은 정책 영향들을 나열하는 것이 자연스러운 경향이다. 예를 들어, 특정 도시 내의 대중교통 개선으로 버스 이용이 늘고 자가용 이용이 줄어들 수 있다. 이로 인해 도심의 오염과 정체가 줄 수 있다. 뿐만 아니라 자동차 수리, 주차장, 휘발유에 대한 수요가 줄어들 수 있다.

이러한 영향을 평가하기 위하여 우선 1차 시장과 2차 시장에서 어떤 영향이 발생하는지를 결정해야 한다. 1차 시장은 정책에 의해 직접 영향을 받는 시장(즉 5장과 6장에서 논의된 산출물과 투입물 시장)을 말하고 2차 시장은 간접적으로 영향을 받는 시장을 말한다. 버스 이용의 변동은 분명히 대중교통에 대한 1차 시장에서 발생한다. 오염과 정체의 감소도 비록 이들 특별한 영향들이 시장의 외부나 부재한 부분에 있기는 하지만 1차 시장에서 발생하는 것으로 생각될 수 있다. 1차 시장에서 발생하는 어떠한 효과도 CBA에서 고려되어야 한다. 반면에 자동차 수리, 주차장, 휘발유에 대한 수요에 미치는 영향은 2차 시장에서 발생하고 CBA를 수행할 때 종종 무시될 수 있고, 경우에 따라 무시되어야 한다. 후자의 영향을 종종 **2차**(secondary), **2회전**(second-round), **확산**(spillover), **한쪽**(side), **금전적**(pecuniary), 또는 **간접적**(indirect) 효과라 부른다.

5장과 6장에서는 1차 시장에서 발생하는 정부정책의 편익과 비용을 검토했지만 이 장에서는 2차 시장에서의 정책 영향에 초점을 맞추고 있다. 앞의 장들과 마찬가지로 우리는 효율적 시장과 왜곡된 시장을 구별한다. 게다가 이 장에서는 경기장과 컨벤션 센터와 같은 지역의 사회간접자본 프로젝트 옹호자들이 종종 그것들의 편익을 광고하므로 지역사회에 대한 2차 시장 영향의 특별한 시사점을 간략히 살펴보도록 한다.

7.1 효율적인 2차 시장에서의 편익과 비용 가치 매기기

7.1.1 보완재와 대체재

2차 시장 효과는 정부정책이 1차 시장의 재화의 가격에 영향을 미치고 결국 다른 재화에 대한 수요에 현저하게 영향을 미치기 때문에 발생한다. 후자의 재화를 **1차 시장에서 거래되는 재화에 대한 보완재와 대체재**라 부른다.

다음 예를 보기로 하자. 도시 인근의 호수에 물고기를 방류하면 도시 주민들이 낚시터에 접근하는 실효가격을 낮춘다. 그들은 보다 자주 낚시를 할 뿐만 아니라 미끼와 낚시 장비에 대한 수요도 늘어날 것이다. 우리는 낚시터로의 접근성과 낚시 장비는 보완재라 말하는데 왜냐하면 한 가지의 가격 하락(상승)은 다른 것에 대한 수요의 증가(감소)를 초래하기 때문이다. 이와 대조적으로 낚시는 골프와 대체 관계인데 왜냐하면 낚시 가격이 하락(상승)함에 따라 골프에 대한 수요는 감소(증가)하기 때문이다.

만일 정부정책이 2차 시장의 재화에 대한 수요에 영향을 미친다면 그 결과로 이 2차 시장에서의 가격은 변할 수도, 변하지 않을 수도 있다. 우리는 먼저 가격이 변하지 않는 보다 단순한 상황을 논의한다. 그리고 난 다음에 2차 시장에서 가격이 변하는 보다 복잡한 상황을 분석한다.

7.1.2 가격변동이 없을 때 효율적인 2차 시장의 영향

대부분의 재화들은 상당수의 보완재와 대체재를 가지고 있기 때문에 다수의 정부 프로젝트들은 다수의 2차 시장에 영향을 미친다. 이 모든 영향을 처리하는 것은 분석가들에게 엄청난 부담을 부과하는 것이다. 그러나 다행히도 이러한 영향들은 종종 순편익 추정치에 큰 왜곡을 주지 않는다고 판단되어, CBA에서 무시될 수 있다. 언제 우리는 2차 시장 영향을 무시할 수 있나? **정부 프로젝트로 인한 1차 시장에서의 사회적 잉여의 변동이 측정되고 2차 시장에서의 가격이 변하지 않는 한 왜곡되지 않은 2차 시장의 영향은 우리가 무시할 수 있고, 사실은 무시되어야 한다**. 이러한 이유는 1차 시장에서의 가격 변동에 따른 2차 시장의 가격 조정이 없는 경우 보통 영향은 1차 시장의 잉여 변동으로 완전하게 측정된다. 따라서 두 시장에서 동일한 영향을 측정하는 것은 이중 계산을 초래한다. 예를 들어, 만일 낚시 장비의 가격이 변하지 않는다면 낚시 장비의 소비 증가는 낚시터로의 접근성을 증가시키는 프로젝트의 CBA와 관련이 없다.

낚시 예를 보다 면밀히 보면 2차 시장의 취급에 대한 규칙을 보다 명확히 해야 한다. 단순화를 위해 우리는 낚시의 가격은 낚시의 사회적 한계비용과 동일하고 사회적 한계비용은 일정하다고 가정한다. 이것은 결국 1차 시장에 생산자잉여나 외부성이 존재하지 않는다는 것을 의미한다(예를 들어, 새롭게 물고기가 방류된 호수로의 여행 증가로 인해 고속도로 정체가 발생하지 않음).

그림 7.1(a)는 "낚시일"에 대한 시장을 보여준다. 인근의 호수에 물고기를 방류하기 전에는 하루 낚시의 실효가격(주로 여행 시간 비용)은 P_{F_0}로서 훨씬 멀리 떨어진 호수로의 여행비용이다. 일단 인근 호수에서 낚시가 가능해지면 실효가격은 P_{F_1}으로 하락하고 그 결과 지역 주민들의 낚시일 수는 q_{F_0}에서 q_{F_1}으로 증가한다. 이로 인해 증가하는 사회적 잉여는 사다리꼴 면적 $P_{F_0}abP_{F_1}$으로 소비자잉여의 증가이다. 우리는 이 소비자잉여의 이득을 낚시에 대한 수요곡선 D_F를 사용하여 측정한다. 교과서에서 관례적이듯이 이 수요곡선은 만일 모든 2차 시장의 가격들이 일정하게 유지된다면 1차 시장에 존재할 가격과 수량 간의 관계로 간주되어야 한다. 나중에 우리는 이 가정의 중요성에 대해 논의하기로 한다.

이제 낚시장비에 대한 시장을 보자. 그림 7.1(b)에서 보는 바와 같이 낚시일의 실효가격 하락으로 낚시장비에 대한 수요곡선은 D_{E_0}에서 D_{E_1}으로 이동한다. 만일 지역의 시장이 광역이나 국가 수요에 비해 차지하는 비중이 매우 작아 공급곡선이 완전탄력적이라면 수요곡선의 이동으로 낚시장비의 가격은 증가하지 않을 것이다.

그림 7.1(a) 1차 시장: 낚시일 시장

그림 7.1(b) 2차 시장: 낚시 장비 시장(가격 영향 없음)

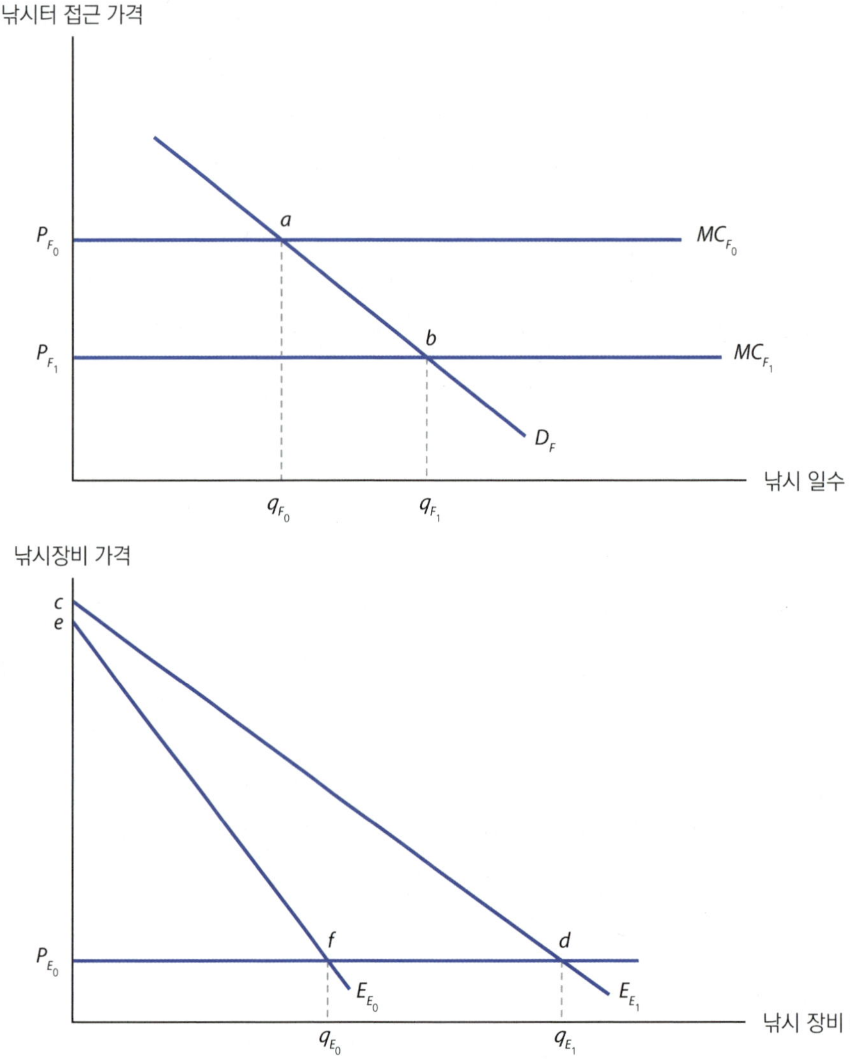

물고기 방류 프로젝트에 대한 CBA에서 낚시장비에 대한 수요의 이동이 소비자 후생의 변동을 나타내나? 다시 말하면 가격선 위에 있는 예전과 새로운 수요곡선의 차이가 소비자잉여의 추가적 증가로 계산되어야 하나? 그림 (b)에서 efP_{E_0}에서 cdP_{E_0}로의 소

비자잉여 증가는 사회적 편익의 추가적 증가로서 그림 (a)의 $P_{F_0}abP_{F_1}$에 더해져야 하는 것으로 생각하기 쉬운데 이렇게 해서는 안 된다. 다음에 논의하겠지만 그렇게 하면 2중 계산을 초래한다. 호수에 물고기 방류 결과 장비시장에서 가격이 변동하지 않는 한 낚시 시장에서의 사회적 잉여 변동은 방류 프로젝트의 편익 모두를 측정한다.

이를 보기 위해 먼저 호수에 물고기가 방류되는 시점에 그들이 필요로 하는 모든 낚시장비를 이미 소유하고 있어서 낚시장비시장의 수요에 어떤 기여도 하지 못하는 낚시꾼들을 생각해 보자. 이들이 기존 낚시장비에 부여하는 가치는 인근 호수에 물고기를 방류한 결과 증가하는 경향이 있으나 그들은 새로운 낚시장비시장에 들어가 있지 않기 때문에 새로운 낚시장비에 대한 예전 및 새로운 수요곡선 간의 차이는 이 증가를 반영하지 않는다. 물론 이 낚시꾼들의 낚시일에 대한 지불의사액은 아마도 그렇지 않을 때에 비해 높을 것인데 왜냐하면 그들은 낚시장비에 대한 추가 지출을 할 필요가 없기 때문이다. 그러나 인근 호수에 물고기가 방류되는 시점에 이미 낚시장비를 소유한 결과 이 낚시꾼들이 누리는 소비자잉여의 추가적 증가는 그렇지 않을 때에 비해 오른쪽으로 이동한 낚시일에 대한 1차 시장수요곡선에 이미 반영될 것이다. 그것은 낚시장비에 대한 2차 시장에는 나타날 수 없다.

이제 호수에 물고기가 방류되는 시점에는 낚시장비를 보유하고 있지 않지만 그것을 구입하도록 권장되는 사람들을 보자. 그림 7.1(b)에서 두 수요곡선 간의 차이는 이 사람들이 낚시장비에 부여하는 증가된 가치를 정확히 드러낸다. 즉, 이 사람들은 이제 낚시장비에 대해 더 지불할 의사가 있고 실제로 그들은 더 많은 낚시장비를 구입할 것이다. 그것이 방류 프로젝트로부터 그들이 잉여 이득을 완전히 실현할 수 있는 유일한 방법이다. 그러나 이 지출을 해야만 하는 것이 방류 프로젝트로부터의 추가적 편익은 아니다. 낚시장비를 이미 소유한 낚시꾼들과 마찬가지로 방류 프로젝트로부터 이 사람들이 얻는 소비자잉여의 증가는 낚시일에 대한 시장수요곡선을 사용하여 측정된 소비자잉여에 완전히 포함된다. 이것은 그들이 낚시장비의 구입으로부터 얻는 어떠한 소비자잉여도 포함한다. 이와 같이 그림 (b)에서 두 수요곡선 간의 차이를 편익으로 계산하고 그림 (a)에서 소비자잉여의 증가를 편익으로 계산하면 동일한 편익을 두 번 계산하는 결과가 될 것이다.

호수에 물고기가 방류되는 시점에 낚시장비를 소유하고 있지 않은 사람들은 현재 낚시장비 소유자들과 같이 만일 새롭게 방류된 호수를 활용하기 위해 새로운 장비를 구입할 필요가 없다면 더 나아졌을 것이다. 이리하여 다른 모든 것이 동일하다면 낚시일에 대한 WTP는 아마도 낚시장비를 구입해야 하는 사람들보다는 이미 낚시장비를 소유한 사람들이 더 클 것이다. 방류 프로젝트로부터 양 집단에 초래되는 소비자잉여의 증가는 비록 서로 다를지라도 낚시일에 대한 1차 시장수요곡선에 완전히 반영될 것이다.

1차 시장의 사회적 잉여가 직접 측정될 때에만 2차 시장의 영향이 무시될 수 있다는 것이 강조되는 것이 중요하다. 15장에서 매우 상세하게 논의되겠지만 비용－편익 분석가들이 1차 시장에서 사회적 잉여 변동을 측정할 수 없는 상황에서 그들은 그 대신 2차 시장에서의 수요 이동으로부터 그것을 추론할 수도 있다. 예를 들어 분석가들이 낚시일에 대한 수요곡선에 대한 정보를 가지고 있지 않지만 낚시장비에 대한 수요곡선이 어떻게 변할지를 안다고 하자. 호수에 물고기를 방류하는 것에 대한 편익의 직접적 척도는 없지만 그들은 프로젝트 후 (수요곡선 D_{E_1}에 기초한) 낚시장비시장에서의 사회적 잉여와 프로젝트 이전의 (수요곡선 D_{E_0}에 기초한) 장비시장에서의 사회적 잉여 간의 차이는 측정할 수도 있다. 그리고 난 다음에 그것들은 과소 추정을 교정하기 위해 일종의 계수인자가 적용될 것인데 과소 추정은 낚시로부터의 모든 소비자잉여가 장비시장에 전부 반영되지 않는 데 기인한다(이미 보여주었듯이 몇몇 낚시꾼들은 낡은 장비를 사용하고 그들 스스로 미끼를 수집할 것이기 때문에 그들의 잉여는 장비시장에 나타나지 않는다).

가격 변동이 있는 효율적인 2차 시장의 영향[1]

2차 시장에서의 공급곡선이 우상향할 때 상황은 더 복잡하다. 이것을 보기 위해서 우리는 물고기 방류가 골프 수요에 미치는 영향을 검토한다. 그림 7.2에서 패널 (a)는 다시 한번 낚시일에 대한 수요를 나타내고, 패널 (b)는 골프일에 대한 수요를 나타낸다. 전과 마찬가지로 호수 방류에 따른 낚시일 가격의 P_{F_0}에서 P_{F_1}으로의 감소는 면적 $P_{F_0}abP_{F_1}$에 해당하는 사회적 잉여의 증가를 유발한다(당분간 수요곡선 D_{F_1}과 D^*는 무시할 것).

그림 7.2(a) 1차 시장: 낚시일 시장
그림 7.2(b) 2차 시장: 골프일 시장(가격 영향)

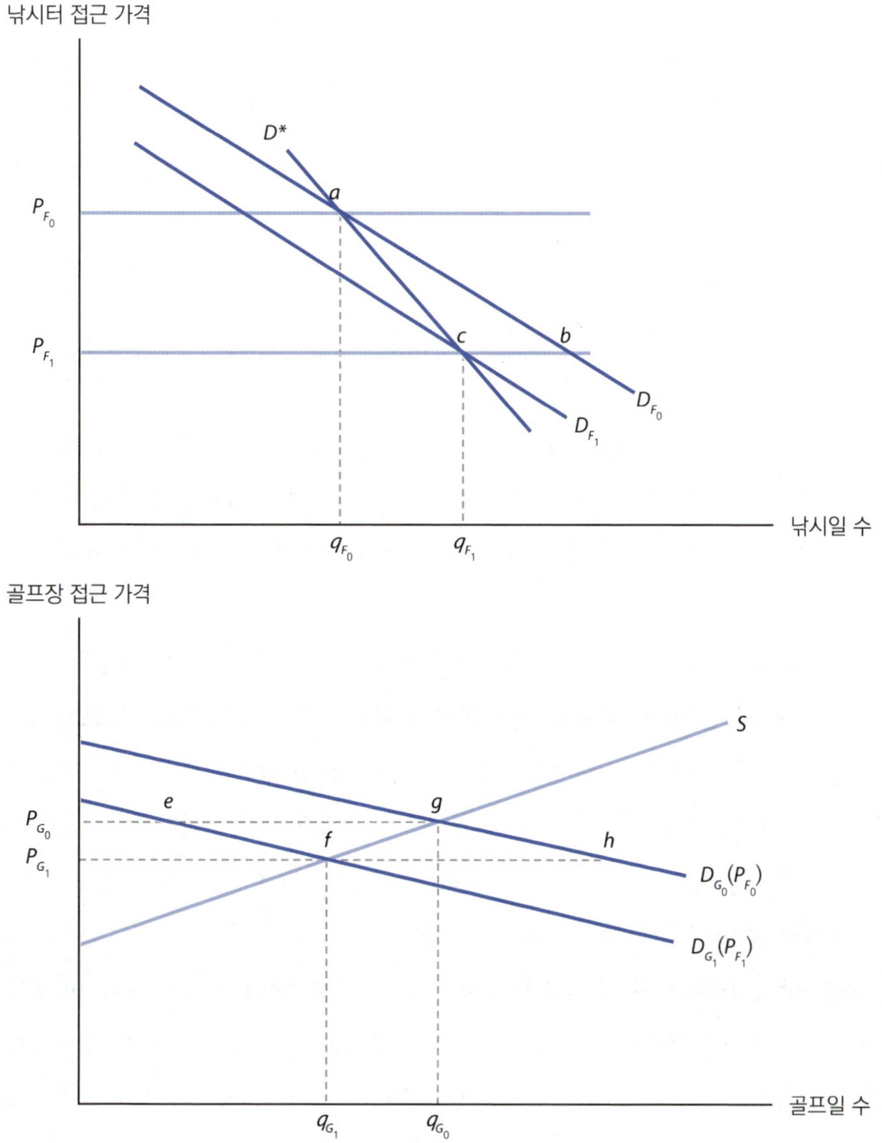

낚시와 골프는 대체재로 가정하고 있으므로 낚시일의 가격이 P_{F_0}에서 P_{F_1}으로 감소하면 골프에 대한 수요를 하락시킨다. 이리하여 패널 (b)에서 골프에 대한 수요곡선은

D_{G_0}에서 D_{G_1}으로 왼쪽으로 이동할 것이다. 앞에서 강조하였듯이 이 이동이 저절로 1차 시장에서 소비자잉여의 변동을 측정하는 데 있어서 이미 완전히 설명되지 못한 소비자잉여의 변동을 나타내는 것은 아니다. 골퍼들은 설령 몇몇은 이제 골프 가치를 낮게 평가할지라도 분명히 물고기 방류에 의해 더 나빠지는 것은 아니다. 대신에 그것만으로 수요의 이동은 골프가 없을 때에 호수 방류로부터의 소비자잉여 이득은 더 커질 것이라는 것을 시사한다. 골프의 존재는 낚시일에 대한 수요곡선인 D_{F_0}의 위치에 반영되는데 만일 골프가 낚시의 대체재로서 이용가능하지 않았더라면 위치했을 것보다 훨씬 더 멀리 왼쪽에 위치한다.

그러나 D_{G_0}에서 D_{G_1}으로의 수요곡선 이동은 골프장 이용료를 P_{G_0}에서 P_{G_1}으로 하락시킨다. 이것은 결국 면적 $P_{G_0}efP_{G_1}$으로 표현된 소비자잉여의 증가를 초래하는데 이것은 이전에 고려되지 않았다. 가격 감소로 인한 소비자잉여는 낚시 가격 하락 후에 골프의 한계가치를 나타내는 새로운 수요곡선으로 측정된다는 것에 유의하자. 게다가 골프요금 하락은 또한 면적 $P_{G_0}gfP_{G_1}$에 해당하는 생산자잉여의 감소를 초래한다. 생산자잉여의 감소가 소비자잉여의 증가를 능가하기 때문에 사회적 잉여의 순손실은 삼각형 efg의 면적과 같다.[2]

프로젝트의 순이득을 측정할 때 골프 시장에서의 이 사회적 잉여 손실은 낚시 시장에서의 사회적 잉여 이득으로부터 공제되어야 하나? 흔히 그렇게 할 필요가 없다. 그 이유는 종종 낚시시장에서의 소비자잉여 이득 증가는 실제로는 면적 $P_{F_0}abP_{F_1}$이 아니라 면적 $P_{F_0}acP_{F_1}$으로 측정될 가능성이 있다. 이런 식으로 측정된다면 낚시시장에서의 소비자잉여 증가는 삼각형 abc 면적만큼 축소될 것이지만 이 삼각형은 골프시장에서의 사회적 잉여의 순손실인 삼각형 efg와 근접한다.

왜 종종 낚시시장에서의 소비자잉여 이득이 실제로 면적 $P_{F_0}abP_{F_1}$이 아니라 면적 $P_{F_0}acP_{F_1}$으로 측정될 가능성이 있는지 보기 위해서는 우리의 낚시 이야기가 2차 시장에서의 수요곡선의 이동으로 끝나는 것이 아니라는 것을 인식해야 한다. 만일 골프와 낚시가 대체재라면 골프장 이용요금의 감소로 인해 몇몇 사람들은 낚시에서 골프로 전환하여 낚시일에 대한 수요가 하락할 것이다. 이것은 패널 (a)에서 낚시일에 대한 수요곡선이 D_{F_0}에서 D_{F_1}으로 왼쪽으로 이동하는 것으로 나타난다. 낚시일의 공급이 완전탄력적이라는 것을 전제하면 낚시일의 시장에서 가격은 영향받지 않으므로 이 이동만으로는 사회적 잉여의 어떠한 변동도 초래하지 않는다. 그러나 그림 7.2(a)에서 원래와 최종 균형점인 점 a와 c 간 선을 그으면 새로운 유형의 수요곡선 D^*를 도출할 수 있다.

이 수요곡선은 때때로 **관찰된**(observed) 또는 **균형수요곡선**(equilibrium demand schedule)이라 불리는데[3] 골프일에 대한 시장을 포함하여 다른 시장들의 가격이 골프일에 대한 시장의 가격 변동에 완전히 조정될 때 낚시일에 대한 수요를 나타낸다. 이리하여 D^*는 수요곡선 D_{F_0}와 D_{F_1}과 상이한데 이것은 **모든 다른 재화들의 가격을 일정하게 한 채** 낚시일에 대한 각 가격에서 수요되는 낚시일의 수를 나타낸다. 1차 시장에서 가격과 수요량 간의 관계를 추정하면서 2차 시장의 가격들을 일정하게 유지하는 것이 종종 통계적으로 어렵기 때문에 실증적으로 추정되는 수요곡선은 실제로 관찰되고 CBA에서 이용가능한 것으로서 "교과서 타입의" D_{F_0}와 D_{F_1}이 아니라 D^*와 같이 균형수요곡선에 많이 가깝다.[4]

이리하여 균형수요곡선 D^*는 낚시일 가격의 감소로 인한 사회적 잉여 증가의 척도를 얻기 위해 실제로 종종 사용되는 수요곡선이다. 그러나 만일 그렇다면 결과적인 척도인 $P_{F_0}acP_{F_1}$은 1차 시장에서의 사회적 잉여 이득의 진정한 척도인 $P_{F_0}abP_{F_1}$을 삼각형 abc 면적만큼 과소추정한다. 그러나 앞에서도 제시하였듯이 면적 abc는 호수 방류로부터의 총 순이득의 정확한 척도를 얻기 위하여 1차 시장에서의 사회적 잉여 이득인 면적 $P_{F_0}abP_{F_1}$에서 공제되어야 하는 면적인 패널 (b)의 면적 efg[5]에 대한 좋은 근사치를 제공한다. 다시 말해서 면적 abc는 물고기 방류 프로젝트로부터의 편익의 일부를 나타내고 면적 efg는 근사적으로 상쇄되는 프로젝트의 비용을 나타낸다. 이런 이유로 낚시에 대한 1차 시장에서의 사회적 잉여의 변동을 측정하기 위해 균형수요곡선을 이용함으로써 낚시일에 대한 시장에서 발생하는 것뿐만 아니라 골프일에 대한 2차 시장에서 발생하는 사회적 잉여 변동을 합치게 된다. 우리는 2차 시장에서 발생하는 잉여 변동의 개별 척도들을 얻을 필요가 없다.[6]

이것은 중요한데 왜냐하면 그것이 중요한 일반적 관점을 보여주기 때문이다. 즉 종종 실증적으로 추정되어 이용가능한 수요곡선의 유형인 1차 시장에서의 균형수요곡선을 이용함으로써 정책개입이 시작된 1차 시장에서와 모든 2차 시장에서 정책개입의 영향을 포착할 수 있다. 이렇게 하여 우리는 2차 시장에서의 프로젝트 영향에 관한 우리의 이전 규칙을 다음과 같이 고쳐 말할 수 있다. **만일 우리가 2차 시장에서의 가격을 일정**

하게 유지하지 않은 채 추정된 실증적으로 측정된 수요곡선을 이용하여 1차 시장에서의 편익을 측정한다면 가격 변동 유무와 상관없이 우리는 왜곡되지 않은 2차 시장에서의 영향을 무시해야 한다.

7.2 왜곡된 2차 시장에서의 편익과 비용 가치 매기기

불행하게도 1차 시장에서 균형수요곡선을 이용하게 되면 가격이 사회적 한계비용과 일치하지 않는 왜곡된 2차 시장에서 발생하는 적절한 몇몇의 영향을 놓치게 된다. 그 이유를 보기 위하여 그림 7.1(b)의 약간의 변형인 그림 7.3을 검토하기로 한다. 이 새로운 그림은 음의 외부성으로 인해 낚시장비의 시장가격인 P_{F_0}가 사회적 한계비용을 x센트만큼 과소추정한다는 가정에 기초하고 있다(납추와 같은 장비를 생각해 보라. 이들 중 일부는 궁극적으로 호수에 남겨지는데 이로 인해 오리와 기타 야생동물을 오염시킨다. 그러면 x 센

그림 7.3 왜곡된 2차 시장: 낚시장비 시장(가격 영향 없음)

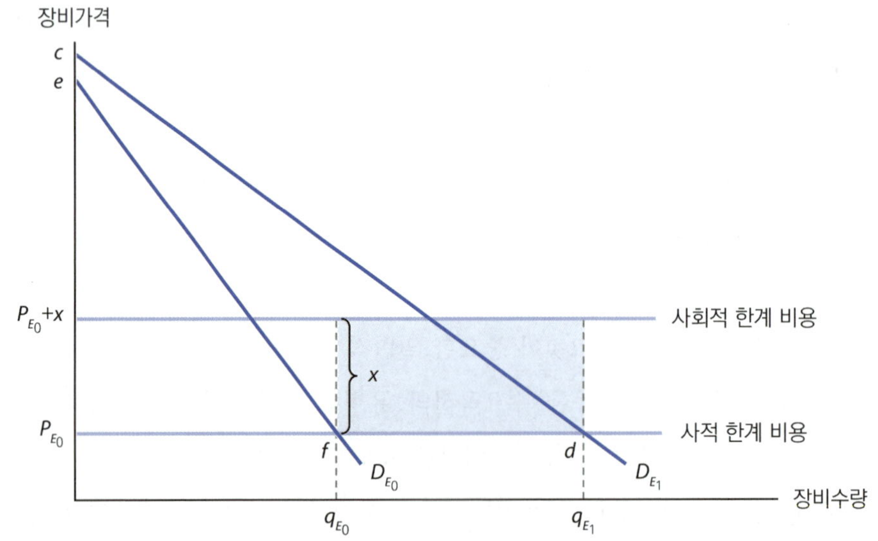

트는 또 다른 납추 판매로부터의 야생동물 기대 손실의 가치를 나타낸다). 이 경우 소비 확대는 x 곱하기 $q_{E_1} - q_{E_0}$에 해당하는 사회적 잉여 손실을 초래하는데 그림 7.3의 사각형으로 표시된다. 이 손실은 낚시시장에서 시장수요나 공급곡선에 전혀 반영되지 않는데 프로그램으로부터의 순이득의 정확한 척도를 얻기 위해 그 시장에서 발생하는 편익에서 공제되어야 한다.

비록 단순화를 위해 그림 7.3에서 사회적 한계비용곡선이 수평으로 그려졌지만 왜곡된 시장에서의 실제 수요곡선은 보다 복잡할 수 있다. 예를 들어, 도로에서의 정체는 증가추세를 띠며 사회적 한계비용곡선은 비선형으로 우상향할 수 있다. 참으로 교통체증 (때때로 "와해"라고 부름) 직전에 사회적 한계비용은 무한대에 접근한다. 그러한 상황에서 2차 시장에서의 수요 증가(감소)를 초래하는 1차 시장에서의 변동은 2차 시장에서 사회적 비용의 큰 증가(감소)에 이를 수 있는데 이것은 CBA에서 계산되어야 한다.

2차 시장에서의 또 다른 유형의 왜곡은 조세의 부과이다. 예를 들어 그림 7.4는 서로 대체재 관계인 지역의 소고기와 닭고기 생산시장을 보여준다. 단순화를 위해 두 시장의 공급곡선들은 완전탄력적이라고 가정한다. 이들 제품에 어떤 조세도 없을 때에는 (1차 재화인) 소고기의 가격은 P_B이고 (2차 재화인) 닭고기의 가격은 P_C이다.

예시를 위하여 현재 닭고기에 1파운드당 t_C센트의 세금이 부과되지만 소고기에는 세금이 없다고 가정하자. 이 상황에서 기존의 소고기와 닭고기의 수요곡선은 각각 D_{B_0}와 D_{C_0}이다. 그림 7.4의 패널 (b)가 나타내듯이 닭고기에 대한 조세 부과로 정부는 면적 T에 해당하는 수입을 얻지만 소비자잉여는 면적 $T+U$만큼 감소한다. 따라서 닭고기에 대한 조세는 삼각형 U에 해당하는 면적의 자중손실을 초래한다.

이제 정부는 소고기 1파운드당 t_B센트의 조세를 부과할 것을 고려한다고 가정한다. 패널 (a)에서 보여주듯이 만일 새로운 조세가 채택된다면 정부는 면적 A에 해당하는 수입을 얻지만 소고기 소비자들은 면적 $A+B$에 해당하는 잉여를 잃게 될 것이다. 그 결과 새로운 조세의 부과는 소고기 시장에서 면적 B에 해당하는 자중손실을 초래한다.

그림 7.4(a) 소고기 시장
그림 7.4(b) 닭고기 시장

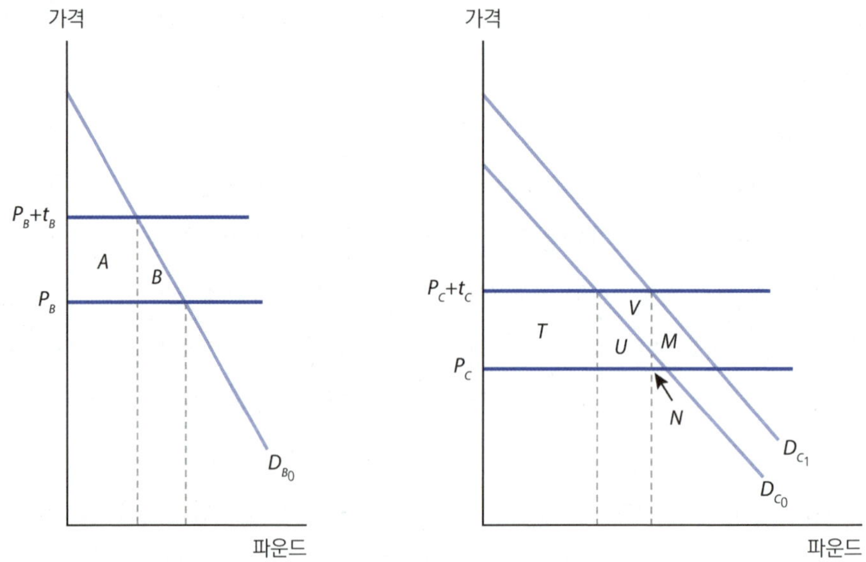

소고기 시장가격의 상승으로 대체재인 닭고기의 수요곡선이 D_{C_0}에서 D_{C_1}으로 이동한다. 앞에서 논의된 이유로 인해 이 이동은 소비자잉여의 변동을 나타내지 않는다. 참으로 닭고기 시장에서의 자중손실은 비록 면적 U에서 면적 $M+N$으로 이동하지만 계속 똑같이 남아 있다. 그러나 이 이동은 소비자들이 소고기 대신 닭고기로 대체함에 따라 닭고기의 판매를 증가시켜 정부의 조세수입을 증가시킨다. 패널 (b)에서 면적 $U+V$로 표시되는 이 증가는 소고기에 부과된 조세로부터의 편익인데 소고기 시장에서 발생한 자중손실을 상쇄하고도 남을 가능성이 있다. 소고기에 대한 조세의 다양한 영향이 다음의 사회회계 원장에 요약되어 있다.

	편 익	**비 용**
소비자	–	A + B
정부 수입	A + U + V	–
사회적 편익과 비용	U + V	B

소비자잉여의 **모든** 변동이 1차 시장에서 발생하는 한편 조세수입 증가는 두 시장에서 발생한다는 것에 유의하자.

이 예시로부터의 중요한 교훈은 2차 시장에 왜곡이 없는 상황과는 달리 정책 개입의 편익과 비용이 1차 시장에서 발생하는 영향만 관찰해서는 완전하게 측정될 수 없다는 것이다. 원칙상 왜곡된 2차 시장에서 발생하는 영향은 별개로 가치 매겨져야 한다. 이것을 행하는 방법이 전시 7.1에 묘사된다. 그러나 실제로는 그리고 전시에 나타나 있듯이 보통 그렇게 하는 것은 매우 어렵다. 대개 추정문제로 인해 2차 시장에서 발생하는 후생변동의 정확한 측정은 불가능하게 된다. 자기 가격 영향(재화의 가격이 변함에 따라 해당 재화의 수요량이 얼마나 변하나)을 추정하는 것은 종종 어렵다. 교차 가격 영향(재화 Z의 가격이 변할 때 재화 Y의 수요량은 얼마나 변하나)을 추정하는 것은 더 어렵다. 그 결과 우리는 2차 시장에서의 수요 이동에 대한 예측을 거의 자신있게 하지 못 한다. 더욱이 2차 시장이 왜곡되어 있을 때 왜곡의 규모를 측정하는 것도 어렵다(또 다른 납추 판매로부터의 야생동물에 대한 x센트 손실을 상기할 것. x값이 어떻게 추정되나?). 그럼에도 불구하고 만일 왜곡된 2차 시장에서의 프로그램 영향이 고려되고자 한다면 보통 그러한 척도들이 필요하다.

다행스럽게도 대부분의 2차 시장에서의 가격 변동은 작을 가능성이 크다. 대부분의 재화 묶음들은 강한 보완재 관계도 강한 대체재 관계도 아니다. 이런 이유로 2차 시장에서 눈에 띌 만한 수요 이동이 있기 위해서는 보통 1차 시장에서 큰 가격변동이 필요하다. 이리하여 2차 시장이 왜곡된 때에도 이 시장을 무시하더라도 CBA에 상대적으로 작은 편의를 초래한다.

전시 7.1

사회적 잉여의 변동을 추정하기 위해 밀접하게 연결된 시장 모형을 설정하는 것이 때로는 바람직하고 실현가능하다. 그것들은 흔히 **계산 가능한 일반균형(computable general equilibrium:** CGE) 모형이라 불리는데 이것은 부적절한 명칭이다. 그것은 경제를 구성하는 다수 시장의 작은 집합을 고려해서 계산가능한 다시장 균형 모형이라 부르는 것이 더 정확할 수 있다. 1차 시장에서 균형수요곡선에 대한 제한적 분석이 아니라 다중 시장을 고려하는 것은 소비나 생산에 있어서의 외부성으로 인해 시장이 깔끔하게 분리 가능하지 않을 때 적절하다. CGE 모형의 한 가지 적용은 생산 외부성이 존재하는 이질적 재화에 대한 시장에서 정책변동을 평가하는 것이다. 예를 들어, 흔히 정유시장이라 불리는 것은 다양한 지역에서 다양한 품질의 원유 추출, 석유제품 생산을 위해 다양한 기술을 적용하는 정유공장으로의 수송, 다양한 지역 시장에서 이들 석유제품의 판매 등을 포함한다. George Horwich, Hank Jenkins-Smith, David Weimer 등은 석유 공급 붕괴에 대한 다양한 공공정책 대응의 효율성을 평가하기 위해 그러한 모형을 사용하고 있다.

산업별 CGE 모형을 세우고 보정하고 사용하는 것은 상당한 자원을 필요로 하는 부담되는 작업이고 따라서 단일 CBA 목적을 위해서는 종종 개발할 가치가 없다. 예를 들어, 오헤어 국제공항의 수용력 변동에 대한 적절한 CBA는 항공사 시스템에 내재하는 네트워크 외부성인 오헤어 공항에서 비롯된 미국 다른 공항으로의 그리고 다른 공항으로부터의 항공편 지연을 고려한 모형을 필요로 할 것이다. 미국 항공산업의 CGE 모형을 만드는 것은 제안된 오헤어 확장에 대한 일회성 연구를 하는 분석가들에게는 너무 비용이 많이 드는 임무일 가능성이 크지만 미국 연방항공국에게 어떠한 제안된 공항 확장이라도 그것의 순편익을 평가하기 위한 도구를 제공하기 위해 적절한 투자일 수 있다.

유용한 CGE 모형을 만드는 어려움에도 불구하고 그것은 정책분석에 점점 더 많이 사용되고 있다. 예를 들어, Thomas Nechyba는 주거 선택에 대한 학교 성과의 영향과 학교교육 성과의 중요 요소들인 학생의 구성과 조세수입에 대한 주거 선택의 영향력을 고려하기 위해 공교육 모형을 개발하였다.

출처: George Horwich, Hank Jenkins-Smith, and David L. Weimer, "The International Energy Agency's Mandatory Oil-Sharing Agreement: Tests of Efficiency, Equity, and Practicality." In George Horwich and David L. Weimer, editors, *Responding to International Oil Crises* (Washington, DC: American Enterprise Institute for Public Policy Research, 1988), 104-33; Thomas J. Nechyba, "What Can Be (and What Has Been) Learned from General Equilibrium Simulation Models of School Finance?" *National Tax Journal*, 54(2), 2003, 387-414. 또한 Allen H. Klaiber and V. Kerry Smith, "Developing General Equilibrium Benefit Analyses for Social Programs: An Introduction and Example." *Journal of Benefit-Cost Analysis*, 3(2), 2012, 1-52 참조.

7.3 사회기반시설 프로젝트의 간접적 영향

도로 건설 또는 항만 준설과 같은 수송이나 통신을 개선하는 공공 사회기반시설 프로젝트들은 몇몇 산업의 생산비용을 크게 감소시킬 수도 있다. 이 비용감소는 소비재 시장에서 재화의 판매가격을 하락시킴으로써 간접 영향을 미칠 수 있다. 이 간접 영향은 이 장의 주요 토픽인 2차 시장 영향과 유사하기는 하지만 동일하지는 않다. 2차 시장의 경우 정부정책은 1차 시장의 가격에 영향을 주고 그것은 결국 1차 시장 재화에 대해서 보완재이거나 대체재인 재화가 팔리는 2차 시장에서 수요에 영향을 미친다. 간접 영향의 경우 정부의 사회기반시설 프로젝트는 다양한 투입물에 대한 지출을 감소시킴으로써 기업들의 생산비용을 감소시키고 프로젝트의 이 직접 영향이 기업들이 생산한 재화가 팔리는 시장에서 가격을 인하시킴으로써 간접 영향을 유발한다.

비록 두 상황은 다르지만 둘 다 유사한 질문을 제기한다. 즉 정부정책으로 인한 사회적 잉여의 변동이 개입이 발생하는 시장에 집중함으로써 적절하게 측정될 수 있나? 두 경우 모두 대답은 유사하다. 즉 간접적으로 영향을 받는 시장이 심각하게 왜곡되어 있지 않다면 그것은 가능하다.[7]

2차 시장 영향이 발생할 때 우리는 이미 이 점을 보여주었다. 사회기반시설 개선에 대한 공공지출로 인한 간접 영향의 경우 이것을 실제로 보여주기 위해 5장에서 논의되었던 항만 준설 프로젝트를 생각해 보자. 항만을 이용하는 해운회사에 대한 프로젝트의 직접 영향은 그림 5.3에서 면적 P_0abP_1으로 표시된 잉여 이득이다. 그러나 해운회사는 이 전체 이득을 꼭 보유할 필요는 없다. 경쟁 압력으로 인해 항구를 통해 선적되는 생산을 위한 투입물에 대해 더 낮은 가격을 지불할 가능성이 있다. 이것은 결국 이들 기업이 그들의 재화를 파는 시장에서 비용곡선이 오른쪽 아래로 이동하도록 한다. 그 결과 이 시장에서의 가격이 하락한다면 소비자잉여는 증가할 것이다.

이들 재화에 대한 완전경쟁시장에서 이 소비자잉여의 간접 이득은 이미 그림 5.3의 면적 P_0abP_1으로 나타난 직접 잉여 이득으로 포착된다.[8] 그 이유는 처음에 해운회사가 누리던 잉여 이득의 일부는 이들 재화 가격의 하락을 통해 궁극적으로 소비자 구입자들에게 전가되기 때문이다. 그러나 만일 간접 영향이 발생하는 시장이 왜곡되어 있다면 이 시장에서의 잉여 변동의 일부는 직접 영향이 발생하는 시장에서의 잉여 변동에 의해 포착되지 않을 수도 있다. 예를 들어, 가격 감소는 양 또는 음의 외부성을 갖는 시장에서 판매 증가를 야기할 수도 있다. 만일 그렇다면 양의 외부성이 있을 때 제3자가 잉여 증가를 누릴 것이고 음의 외부성이 존재할 때 잉여 감소를 겪을 것이다. 이러한 변동은 잉여의 직접 변동에 의해 반영되지 않는다.

7.4 지역 사회 관점에서의 2차 시장 영향

예를 들어 새로운 경기장, 박물관, 공원의 지지자들과 같이 지역의 레크리에이션 시설 지지자들은 자주 2차 시장에서 발생할 주요 편익을 주장한다. 예를 들어, 지역 내 식당, 호텔, 그리고 기타 상업에 대한 수요가 증가할 것으로 예측한다. 게다가 그들은 종종 그러한 프로젝트들이 **승수효과**(multiplier effects)를 유발한다고 주장한다. 즉 인근 상점으로부터의 구입이 증가함에 따라 결국 이들 상점들은 그들이 새롭게 얻은 수입도 인근에서 지출할 것이고 이것은 결과적으로 지역적으로 지출될 더 많은 수입을 창출할 것이다.

지역 내 2차 시장이 왜곡되지 않은 한 프로젝트의 편익으로서 2차 시장 영향과 승수효과에 의해 창출된 지역 프로젝트로부터의 수입을 계산하는 데 우리는 매우 조심해야 한다. 주의를 할 몇 가지 이유가 있다.

첫째, 시장 왜곡이 없을 때 이해관계자가 사회 전반보다 특정 지역의 주민과 같이 작은 소집단에 한정될 때만 이 수입은 의미가 있다. 이 장에서 논의하였듯이 사회가 광범위하게 정의될 때 그러한 주장은 2차 시장이 왜곡되지 않은 한 정당화될 수 없다. 예를 들어, 지방이라는 협소한 관점에서 물고기 방류 프로젝트를 평가할 때 비거주민이 지역 내에서 낚시장비를 구입하거나 지역 내 호텔이나 식당을 자주 이용하는 데 따라 지역 상권이 얻는 수입의 증가를 편익으로 계산할 수도 있다. 그러나 광역 사회적 또는 국가적 관점에서 이 지출은 단지 비거주민으로부터 거주민으로의 이전을 나타내는데 왜냐하면 소비자들이 한 지역에서 다른 지역으로 그들의 지출을 옮긴 결과로 발생하기 때문이다. 이와 유사하게 비거주민들의 조세 지불은 지역의 편익으로 계산될 수 있지만 국가 관점으로는 다른 어딘가에서의 조세 지불 감소에 의해 상쇄될 것이다.

둘째, 이해관계자가 지역 사회의 주민들에게만 국한될 때 지역의 프로젝트로 인해 비거주민들에게 발생하는 편익은 더 이상 프로젝트의 편익으로 계산될 수 없다. 예를 들어, 스포츠 팀 팬들이나 지역 밖에 거주하는 소유주들이 누리는 잉여 이득은 더 이상 계산되지 않는다. 이리하여 지역 프로젝트를 위한 사례는 이해관계자가 지역 사회에 국한될 때보다 국한되지 않는다면 실제로 더 강할 것이다.

셋째, 이 장의 앞에서 시사한 것과 같이 설령 지역 프로젝트의 결과 지역 상품과 서비스에 대한 수요가 증가한다고 하더라도 가격이 증가하지 않는 한 공급자들은 잉여의 증가를 얻지 못 한다. 그리고 심지어 가격이 증가하는 때에도 생산자잉여는 적어도 부분적으로 상쇄되는데 왜냐하면 지역 사회의 거주민인 소비자들은 재화와 서비스에 대해 더 많이 지불해야만 하고 그 결과 소비자잉여를 잃게 된다. 그러나 일부 거주민들은 지역 경제에 발생하는 성장 그 자체로 가치를 매길 수도 있다. 더욱이 지역 상업의 확장은 규모의 경제를 활용할 몇몇 기회를 제공할 수도 있고 따라서 생산비용의 하락이라는 형태로 편익을 창출할 수도 있을 것이다.

넷째, 국지적인 승수효과는 보통 상대적으로 작은 경향이 있는데 그 이유는 지역의 상점들이 종종 비거주민들에 의해 소유되기 때문이다. 더욱이 지역 상점에 의한 구입량의 다수는 지역 외부에서 이루어진다. 이리하여 지역 내에서 이루어지는 지출은 순조롭게 다른 곳에서 쓰여지는데 이것은 이해관계자가 더 작은 지리적 지역에 국한됨에 따라 점점 더 타당하게 된다.

이러한 시장에서의 영향이 사회에 대한 편익을 잠재적으로 창출할 수 있는 때는 단지 2차 시장이 왜곡되어 있을 때이다. 그러나 비거주민들이 레크레이션 시설에 가기 위하여 지방 도로를 이용할 때 초래되는 오염과 정체의 증가와 같이 음의 영향도 발생할 수 있다. 지역 실업률이 높거나 또는 다른 지역 자원이 가동되고 있지 않고 자원이동에 상당한 장벽이 존재하는 때에 지역 프로젝트는 상당한 양의 편익을 창출할 것이다. 그러한 상황하에서 2차 시장에서 수요의 증가와 이 수요 증가와 동반한 승수효과는 실업 수준을 상당히 감소시킬 수 있고 빈 건물과 같은 여타 가동되지 않는 자원의 활용을 증가시킬 수 있을 것이다. 그리고 6장에서 논의하였듯이 실업자들이 채용될 때 다수의 실업 노동자들에게 잉여의 대규모 증가가 발생할 것이다. 그러나 또한 6장에서 지적하였듯이 그것은 실업률이 꽤 높아서 채용되는 사람들 중 상당수가 실업자군으로부터 유인될 가능성이 클 때뿐이다.

7.5 결론

5, 6, 7장의 주요 개념 대부분이 표 7.1에 요약되어 있다. 표에서 볼 수 있듯이 사회적 잉여의 변동은 정책의 비용과 편익을 측정하는 데 기초 역할을 한다. 기회비용 개념은 우리가 정책이 다른 용도로부터 전환시키는 투입물의 가치를 매기는 것을 도와주고 WTP 개념은 우리가 정책 산출물의 가치를 매기는 것을 도와준다. 산출물의 가치를 매기는 비결은 그것들이 발생하는 1차 시장을 식별하는 것이다. 산출물이 체계적인 시장에서 거래되지 않을 때 공급과 수요곡선을 추론하기 위해 종종 독창성이 필요하다("낚시일"에 대한 시장을 기억할 것). 이 목적을 위해 이 책의 14~17장에서 논의되는 것과 같은 다양한 잠재가격 설정 기법이 종종 필요하다. 왜곡되지 않은 2차 시장에서 발생하는 비용과 편익은 보통 가치를 매기기가 매우 어렵지만 일반적으로 1차 시장에서 측정되는 비용과 편익에 더해질 필요도 없고 사실은 더해져서도 안 된다. 대개 그렇게 하면 2중 계산을 초래한다.

표 7.1 정부 개입에 대한 사회적 편익과 비용 측정 규칙

개입의 형태	효율적 시장	비효율적 시장
투입물시장의 변동 (개념: 비용을 구입되는 자원의 기회비용으로 측정.)	만일 공급곡선이 수평이라면, 비용은 직접적 예산지출로 측정(예: 완전경쟁 국가시장으로부터의 재료 구입) 만일 공급곡선이 수평이 아니라면, 비용을 직접 예산지출 -(+)	비용을 직접 예산지출 -(+) 시장에서의 사회적 잉여 증가(감소)로 측정(예: 실업노동의 채용; 독점기업으로부터의 재료 구입)

개입의 형태	효율적 시장	비효율적 시장
	시장에서의 사회적 잉여 증가분(감소분)으로 측정(예: 완전경쟁 지역시장으로부터의 재료 구입)	
산출물시장의 변동 (개념: 편익은 변동을 위한 WTP로, 비용은 변동을 회피하기 위한 WTP로 측정)	가치의 변동을 사회적(즉 소비자와 생산자) 잉여의 순변동 +(-) 정부수입의 증가(감소)로 측정(예: 소비자들과 생산자들에게 정부가 재화와 서비스 제공)	가치의 변동을 사회적(즉, 소비자, 생산자, 제3자) 잉여의 순변동 +(-) 정부수입의 증가(감소)로 측정(예: 외부성이 있는 시장에서의 조세 또는 보조금)
투입물시장이나 산출물시장에서 정부개입의 결과 2차 시장에서 거래되는 수량의 변동 (개념: 보통 2차 시장에서 거래되는 재화는 1차 시장에서 거래되는 제품에 대한 보완재나 대체재임; 2차 시장에서의 대부분의 영향은 1차 시장에서 측정될 수 있음.)	만일 2차 시장에서 가격이 변하지 않는다면 2차 시장 영향을 무시할 것. 만일 가격이 변하지만 1차 시장에서의 편익이 다른 시장 가격들을 일정하게 유지한 채 수요곡선을 이용하여 측정된다면 2차 시장에서의 사회적 잉여 변동은 1차 시장의 변동으로부터 공제되어야 하는 사회적 잉여의 감소를 나타냄. 그러나 만일 1차 시장의 편익이 다른 가격들을 일정하게 유지하지 않은 수요곡선을 이용하여 측정된다면 2차 시장 영향을 무시할 것(예: 1차 시장의 가격 변동이 완전경쟁인 2차 시장에서 수요곡선 이동을 야기함)	왜곡의 규모 증가로부터 직접 초래되는 비용이나 편익은 원칙적으로 측정되어야 한다. 만일 가격이 변하지 않는다면 2차 시장에서의 다른 영향은 무시되어야 한다(예: 1차 시장에서의 가격 변동은 외부성이 존재하는 2차 시장에서 수요곡선의 이동을 야기함)

이 규칙들은 사회 전반에 대한 정부개입의 영향을 측정하는 데만 적용된다. 이해관계자 관련 이슈는 규칙에서 무시되고 있다.

표 7.1에 나와 있는 규칙들은 프로젝트나 프로그램의 다양한 잠재적 영향이 발생하는 시장의 유형–투입물, 산출물 또는 2차 시장–이 먼저 결정되고 그리고 나서 시장이 효율적인지 비효율적인지 결정되지 않고서는 사용될 수 없다. 실제로 이것은 종종 어렵다. 실제로 이루어져야 하는 판단의 종류를 보여주기 위해 노선을 따라 교통량을 상당히 증가시킬 가상적인 도로확장 프로젝트의 선정된 영향을 목록화하고 어떤 유형의 시장이 각각 발생하는지 그리고 각각이 프로젝트의 비용–편익분석에 포함되어야 하는지를 독자에게 질문하면서 끝낸다. 각각에 대한 우리 자신의 판단은 거리에서 운전하는 사람들에 의한 잉여 이득은 통행에 대한 균형수요곡선을 이용하여 측정된다는 가정에 기초한 것으로 전시 7.2에서 보여주고 있다.

전시 7.2

1. 증가된 교통량으로 진동을 유발하고 이로 인해 인근 주택의 벽에 금이 간다. 증가된 교통량으로 인해 주택의 벽에 금이 가는 것은 음의 외부성이다. 비록 외부성은 주택에 대한 2차 시장에서 발생하지만 이것은 연구에서 고려되어야 한다.
2. 노선상에 입지한 주유소의 이윤은 증가할 것이다. 2차 시장에서 휘발유 구입 증가가 일어날 것이다. 만일 이 시장이 심각하게 왜곡되어(예를 들어, 외부성이나 독점력에 의해) 있지 않다면 휘발유 구입 증가는 연구에서 무시되어야 하는데 사회적 잉여에 대한 어떠한 영향도 1차 시장에서의 잉여 측정으로 포착될 것이기 때문이다(그러나 이렇게 하는 것은 휘발유 구입 증가로부터 잉여의 증가를 얻는 사람들은 자동차 운전자가 아니라 주유소 주인이라는 사실을 무시한 것이라는 점을 주목할 것. 그것은 또한 다른 도로상에 위치한 주유소의 주인들이 잉여의 감소를 겪을 수 있다는 가능성도 무시하고 있다).
3. 이 주유소의 재산가치도 상승할 것이다. 부동산시장도 역시 2차 시장이다. 따라서 이 영향도 무시되어야 한다.
4. 인근 도로의 교통량이 감소할 것이다. 따라서 그곳에서의 운전자들은 더 빠르고 값이 저렴한 여행을 경험할 것이다. 인근 도로의 교통량 감소는 2차 시장을 왜곡시키는 음의 외부성인 정체의 감소로 간주될 수 있다(인근 도로는 아마 확장되는 도로의 대체재일 것이다). 이것은 연구에서 고려되어야 하는 진정한 편익이다.
5. 노선을 따라 대기오염이 증가할 것이다. 대기오염은 산출물시장을 왜곡시키는 음의 외부성

이다. 따라서 이것은 CBA에서 고려되어야 한다.

6. 증가된 자동차 통행량으로 인해 교통 통제를 강화하기 위해 시는 경찰관 3명을 더 채용해야 한다. 3명의 추가적 경찰관 채용은 노동에 대한 투입물 시장에서 발생하고 프로젝트의 직접 비용으로 간주될 수 있다.
7. 운전자 수의 증가는 교통위반 건수의 증가를 초래하고 이로 인한 벌금은 시의 수입을 증가시킨다. 교통 범칙금의 증가는 단지 운전자와 시 사이의 이전이다. 그것의 분배 측면에서의 시사점 외에는 CBA에서 무시될 수 있다.
8. 버스 승객이 줄어들 것이다. 그 결과 버스회사는 10명의 버스 기사를 해고할 것이다. 10명의 해고된 버스 기사들은 직장을 잃게 되는데 그 이유는 대중교통에 대한 2차 시장의 수요곡선이 왼쪽으로 이동하기 때문이다. 이 시장이나 이 시장을 위한 요소시장이 왜곡되어 있지 않다면 수요의 이동은 무시될 수 있다. 그러한 왜곡의 예로 버스회사에서 독점이윤의 상실 또는 높은 실업률로 인해 버스 기사들이 새로운 직장을 찾는 것이 불가능한 경우 등이다. 그렇지 않다면 버스 기사들은 유사한 수준의 보상을 받는 새로운 직장을 쉽게 찾을 것이고 이는 도로 확장이 그것이 창출하는 산출물의 사회적 가치에 아무 영향을 미치지 않는다는 것을 의미한다.
9. 도로 확장을 위해 상당수의 나무를 베는 것이 필요하다. 이 나무들은 인근 제재소에 팔릴 것이다. 나무를 베어서 제재소에 파는 것의 편익과 비용은 도로 확장 프로젝트와 독립적으로 평가될 수 있다. 만일 나무를 베는 것의 편익이 비용을 능가한다면 도로 확장 프로젝트의 수행 여부와 관계없이 나무는 베어져야 한다. 그러나 만일 비용이 편익을 능가한다면 나무를 베는 비용과 편익은 도로 확장 프로젝트의 CBA에 포함되어야 한다.

Notes

CHAPTER 7 연습문제

1. 고속도로에서 통행료를 $.40에서 $.50으로 인상하면 고속도로 이용이 주당 5,000대가 줄 것이라는 5장의 연습문제 1을 상기할 것.

   a. 고속도로 이용의 감소로 인해 지하철 탑승의 2차 시장수요가 증가한다. 지하철 탑승 가격은 지하철 운행의 한계비용과 같게 정해지고 한계비용은 일정하며(즉 공급곡선은 수평) 고속도로 이용 감소와 지하철 이용 증가로 인한 외부성이 없다고 가정할 때 지하철 탑승에 대한 수요 증가에 기인한 추가적인 비용이나 편익이 있나? 왜 있거나 없나?

   b. 고속도로 이용의 감소로 인해 휘발유에 대한 2차 시장의 수요가 1년에 20,000갤론 줄어든다. 새로운 통행료 이전부터 존재한 휘발유에 대한 강력한 조세가 있다. 휘발유 생산의 한계비용이 갤런당 $1이고 이 한계비용은 일정하며(즉 공급곡선은 수평) 휘발유 소비로부터 외부성이 발생하지 않으며 휘발유세는 공급 가격에 30센트를 더한다고 가정할 때 이러한 이동으로 인한 추가적 비용이나 편익이 있나? 만일 있다면 그것은 얼마나 큰가?

2. 한 국가가 수입하는 원유에 수입 수수료를 부과하는 5장의 연습문제 2를 상기할 것. 수입 수수료 부과 전에 그 나라는 국내에서 채굴한 연간 9억 톤의 석탄을 톤당 $66의 가격으로 소비하였다고 가정한다. 만일 수입 수수료 부과 후에 에너지 소비자들이 원유로부터 석탄으로 전환한 결과 다음 상황이 초래된다고 가정한다면 수입 수수료의 CBA는 어떻게 변하나?

   a. 석탄의 연간 소비는 4천만 톤 증가하지만 석탄의 가격은 변하지 않고 그대로이다.

   b. 석탄의 연간 소비는 4천만 톤 증가하고 석탄 가격은 톤당 $69로 상승한다. 이 질문에 답할 때 원유에 대한 수요곡선을 추정하는 데 있어서 석탄을 포함한 다른 재화의 가격은 일정하게 유지된다고 가정하라.

   c. 석탄의 연간 소비는 4천만 톤 증가하고 석탄 가격은 톤당 $69로 상승한다. 이 질문에 답할 때 원유에 대한 수요곡선을 추정하는 데 있어서 석탄을 포함한 다른 재화의 가격은 일정하게 유지된다고 가정하라. 또한 석탄에 대한 수요곡선은 완전 비탄력적이라고 가정하라.

d. 석탄의 시장가격은 사회적 한계비용을 톤당 $7만큼 과소추정하고 있는데 왜냐하면 국내에서 채굴되는 석탄은 연소할 때 스모그를 발생시키는 높은 황 함량을 가지고 있기 때문이다. 이 질문에 답할 때 석탄의 연간 소비는 4천만 톤 증가하지만 석탄가격은 변하지 않고 유지된다고 가정하라.

3. 한 국가가 수입하는 원유에 수입 수수료를 부과하는 5장의 연습문제 2를 상기할 것. 모든 원유 수입은 자국민들이 소유한 선박으로 이루어지고 있다고 가정하라. 석유 해운회사 협회는 수입 수수료로 초래되는 수입 감소는 선적 서비스의 가격을 하락시키고 그것 때문에 그들에게 손실을 가한다고 주장한다. 수입 수수료에 찬성하는 에너지 독립위원회는 선적 가격의 하락은 선적 서비스 소비자들에게 편익을 줄 것이라고 주장한다. 어느 주장이 옳은가? 답을 준비할 때 다음과 같이 가정하라. 즉 수입 수수료로 인해 원유 수입량은 1년에 30억 배럴에서 25억 배럴로 감소할 것이고, 선적되는 배럴의 감소로 인해 배럴당 선적 비용은 $4에서 $3으로 감소할 것이며, 새로운 균형에서($3, 25억 배럴) 선적시장에서의 수요 탄력성은 -0.3이다. 또한 선적시장은 왜곡되지 않았고, 원유에 대한 수요곡선을 추정하는 데 있어서 선적 서비스를 포함한 다른 재화의 가격은 일정하게 유지되었다고 가정하라.

4. (강사에게 제공된 스프레드시트 권장) 두 재화 q_m, q_s에 대한 개인의 효용함수를 생각해 보자. 여기서 m은 정책이 그 영향을 미치는 1차 시장을 나타내고 s는 연관된 2차 시장이다.

$$U = q_m + \alpha q_s - (\beta_m q_m^2 + \gamma q_m q_s + \beta_s q_s^2)$$

여기서 $\alpha, \beta_m, \beta_s, \gamma$는 모수들인데

$\beta_m > 0, \beta_s > 0, \beta_m < (1-\gamma q_s)/2q_m, \beta_s < (1-\gamma q_m)/2q_s, \gamma < p_m\beta_s/p_s + p_s\beta_m/p_m$이 성립한다. 연습문제를 풀기 위해 $\alpha = 1, \beta_m = 0.01, \beta_s = 0.01, \gamma = -0.015$로 가정한다. 또한 한 개인은 $30,000의 예산을 가지고 있고 q_m의 가격인 p_m은 $100, q_s의 가격인 p_s는 $100이라고 가정한다. 고려 중인 정책은 p_m을 $90으로 낮춘다고 가정한다.

제공된 스프레드시트에는 두 모형이 있다. 모형 1은 1차 시장의 가격변동에 대응하여 2차 시장의 가격이 변하지 않는다고 가정한다. 즉 p_m의 하락 전과 후에 p_s는 $100이다. 단계 1은 처음의 p_m에서 효용을 극대화하는 수량을 구한다. 단계 2는 새로운 p_m에서 효용을 극대화하는 수량을 구한다. 단계 3은 가격 하락 이전의 원래의 효용 수준으로 돌아가는 새로운 예산 수준에 대한 추측을 요구하는데 올바른 예산 수준을 찾을 때까지 계속 추측하라(당신은 반복적인 추측을 하는 대신 스프레드시트에 있는 Tools|Goal Seek 함수를 이용할 것을 바랄 수도 있음). 단계 4는 원래의 예산과 새로운 예산 간의 차이로 보상변화를 계산한다. 단계 5는 1차 시장에서의 소비자잉여 변동을 계산한다.

모형 2는 $p_s = a + bq_s$라고 가정한다. $b = 0.25$, 그리고 a는 정해져서 모형 1의 단계 2에서의 수요량에서 $p_s = 100$이라고 가정한다. 가격변동 전에 수량에 대한 분석적 해가 존재하지 않으므로 단계 1은 처음의 p_m에 대한 예산제약을 충족시키는 값을 찾을 때까지 화폐의 한계효용에 대한 추측이 요구된다. 단계 2는 새로운 p_m 값에 대해 이 과정을 반복한다. 단계 3은 개인으로 하여금 처음의 효용 수준으로 돌아가도록 하는 새로운 예산 수준과 새로운 예산제약을 충족시키는 화폐의 한계효용에 대한 추측이 요구된다. 사각형은 원래의 효용 수준으로 돌아가도록 하는 데 필요한 새로운 예산에 대한 추측과 부합하는 한계효용을 찾기 위해 Tools|Goal Seek 함수를 사용하는 법을 설명하고 있다. 단계 4는 보상변화를 계산한다. 단계 5는 1차 시장에서의 소비자잉여 변동과 2차 시장에서의 소비자잉여 변동에 대한 한도를 계산한다.

1차 시장에서 사회적 잉여의 변동이 보상변화를 얼마나 잘 근사하는지를 조사하기 위해 이 모형들을 이용하라. 효용이 단지 두 재화 소비에만 의존하기 때문에 상당한 소득효과가 존재한다는 것에 유의하라. 즉 둘 중 한 재화의 가격 하락은 개인의 실질소득을 상당히 증가시킨다. 프로그램의 착수: 스프레드시트에서의 값은 p_m이 $100에서 $95로 감소하는 것으로 정해진다. 새로운 1차 시장 가격을 $90으로 바꾸고 모형을 해결하라.

CHAPTER 8

영향의 예측과 화폐가치화

CHAPTER 8
영향의 예측과 화폐가치화

1장에 있는 CBA의 처음 세 단계를 끝마쳤다고 상상하라. 정책 대안들을 식별하였고, 이해관계자를 결정하였으며 적절한 영향들을 적절한 측정 단위로 범주화하였다. 다음으로 각 대안들의 영향을 예측하고 그것들을 화폐가치화하여야 한다. 1장에서 언급하였듯이 때때로 예측과 화폐가치화는 동시에 이루어질 수 있지만(예를 들어, 수요곡선이 이용가능할 때) 종종 그것들은 별개로 시행되어야 한다(예를 들어, 특정 정책이 잠재적으로 건강이나 범죄율에 영향을 미칠 때). 전형적인 CBA에서는 함께 하든 따로 하든 상관없이 많은 노력이 이 두 단계에 들어가므로 이 장에서는 그것을 시행하기 위해 사용할 수 있는 접근법에 대한 간단한 검토가 이루어진다. 이러한 접근법의 하나인 수요곡선의 추정은 4장에서 이미 논의되었지만 종종 그러한 추정은 실행 불가능하다. 따라서 여기서는 다른 접근법들도 간략하게 설명된다. 이들 접근법에 대한 보다 상세한 내용은 책의 뒷부분에 나온다.

이 장에서 우리는 당신이 **사전적**(ex ante) 분석을 수행하는 것으로 간주한다(즉, 당신은 현재 고려중인 정책의 영향에 대한 예측을 하고 있다). 그러나 우리가 말하는 것의 많은 부분은 **중간 단계의**(in media res) 분석에도 적용가능하다. 더욱이 우리는 당신이 "순수한" 비용－편익분석을 수행하고 있는 것으로 간주한다. 즉 심지어 강한 방증자료가 없을 때에도 당신은 가능한 한 최선을 다해 **모든** 영향들을 예측하고 있다. 이것을 하기 위하여 당신은 정책 연구, 적절한 이론을 이용해야 하고 모든 다른 것들이 실패할 때 주제에 대해 배우고 정보에 입각한 추측을 해야 한다. 특히 분석가들이 심각한 예산과 시간 제약에 직면한다면 다수의 실제 CBA는 이 접근법을 택한다. 그러나 2장에서 보여주었듯이 정성적 CBA와 비용-효과 분석과 같은 다른 대안들이 존재한다. 더욱이 모든 CBA에서와 마찬가지로 다수의 또는 심지어 모든 예측된 화폐화된 영향과 관련된 다수의 불확실성이 있지만 우리는 이 장에서 1장에 열거된 10개의 CBA 단계 중 단지 두 개에만 집중한다. 발생할 수 있는 불확실성 유형에 대한 자세한 설명과 CBA에서 그것들이 처리될 수 있는 방법은 11장과 12장에 나온다. 물론 당신은 불확실성에 대해 의식할 필요가 있고 그것들을 제시하는 데 솔직할 필요가 있다. 그리고 궁극적으로 당신은 열 개 단계를 모두 끝마칠 필요가 있다.

8.1 영향의 예측

예측은 미래에 발생하는 영향에 관한 것이다. 그러나 보통 예측의 주된 기초는 과거에 일어났던 것이다. 때때로 정책분석가들 그러나 보다 더 자주 대학교나 연구기관에서 일하는 정책 연구자들은 과거 정책 변동의 결과를 평가하기 위해 관찰되는 데이터를 사용한다. 평가로부터 얻은 이전 정책변동의 영향에 대한 그들의 추론은 만일 그 정책이 계속되거나 종료되거나 확장되거나 되풀이된다면 어떤 일이 발생할 수 있을지에 대한 예측에 영향을 미칠 수 있다. 평가된 적이 없는 참신한 정책이나 가동 중인 정책결과를 예측할 때 분명히 분석가들은 이 예측에 기초한 평가 접근법 너머로 나아가야 한다. 아마도 평가된 적이 있는 유사한 정책 개입이 적어도 예측을 위한 약간의 지침을 제공하기 위해 발견될 수 있을 것이다. 혹은 다른 맥락에서 얻은 탄력성 추정치가 영향을 예측하기 위해 사용될 수 있다.

CBA를 적용하는 동안 세 가지 주요 오류 원천이 발생한다.[1] 첫째, **누락 오류**(omission errors)로서 비용이나 편익과 관련된 영향의 제외는 CBA가 포괄적이 되는 것을 방지한다. 때때로 영향은 예측되지 않는다. 어떤 경우에는 그것들이 예측되지만 그것의 크기에 대한 정량적 예측값이 없거나 화폐가치로 환산하기 위한 이치에 맞는 잠재가격이 없어서 분석에 포함되지 않는다. 2장에서 논의하였듯이 예측하거나 화폐가치화할 능력이 없거나 할 의사가 없으면 정성적 CBA로의 후퇴를 강요할 수밖에 없다. 단지 하나의 주요 영향이 예측되거나 화폐가치화될 수 없는 경우에는 분석가는 우선 그것 없이 순편익을 계산하고 다음과 같은 질문을 할 수도 있다. 즉 순편익의 부호가 바뀌기 위해서는 제외된 영향의 화폐화된 가치가 얼마나 커야 할 것인가?

둘째, **예측 오차**(forecasting errors)는 단순히 우리가 미래를 확실하게 예측할 수 없기 때문에 발생한다. 사회과학의 실증 초점인 과거는 미래에 대한 불완전한 지침이다. 평가되는 정책이 대형이고 참신할수록 미래가 과거와 상이할 위험이 더 커진다. 다음에 나올 논의의 상당 부분은 과거가 예측을 하기 위한 기초로 이용될 수 있는 방법들을 고려한다. 아래에 언급되었듯이 개인들의 심리적 편의는 몇몇 유형의 예측을 과도하게 낙관적으로 만드는 경향이 있다. 또한 실제 경험이 예측에서 벗어나게 만드는 예기치 못한 어려움과 조정이 존재할 수도 있다. 대형이고 복잡한 사회기반시설 프로젝트에 요구되는 실질 자원에 대한 예측은 시행을 통해 현장과 사용되는 자본 장비의 실제 성과에 대한 정보가 드러남에 따라 재설계 필요로 인해 종종 너무 낮다. 규제 영향의 예측은 종종 너무 큰데 왜냐하면 위험 감소비용[2]이나 준수비용[3]을 줄이는 상쇄적 행동을 예측하지 못하기 때문이다.

셋째, **평가 오차**(valuation errors)는 종종 우리가 각 예측된 영향을 기회비용 또는 WTP로 전환하기 위한 적절한 잠재가격에 대한 자신 있는 추정치를 가지고 있지 못하기 때문에 발생한다. 예측과 마찬가지로 화폐가치화되는 영향이 참신하면 할수록 적절한 잠재가격을 찾는 도전이 더 커진다. 그럴듯한 잠재가격은 종종 이용가능한 조사를 통해 얻어질 수 있지만 때때로 그것들은 개발되고 연구자들에 의해 방어되어야만 한다.

분석가들은 종종 종합적인 CBA를 마무리하기 위해 혁신적이고 용감해야 한다. 그들은 또한 그들 노력에 내재하는 오류를 예측하고 가능한 한 최대 한도로 그것들을 의식적으로 평가해야 한다.

8.1.1 현상과 대비한 증분 영향을 예측함으로써 단순화하기

훌륭한 정책분석은 항상 고려되는 대안 중 어느 것도 현상보다 우월하지 않은 경우에 대비하여 현상을 잠재적 옵션으로 유지한다. 보통은 비록 암묵적이지만 CBA도 현상을 유지한다. **현상 정책하에서 발생할 영향 대비 정책 대안들의 증분 영향을 예측함으로써** CBA는 그렇게 하고 있다. 1장에서 논의하였듯이 가장 효율적인 대안 프로젝트는 현상에 대한 대안들 가운데 가장 큰 순편익을 가지고 있고 현상보다 더 큰 순편익을 제공한다는 것을 보장하기 위해 양의 순편익을 갖는다.

예를 들어 평가되는 대안들이 Z_1, Z_2, Z_3, Z_4 등 네 가지 유형의 영향을 가지고 있다고 가정한다. 만일 한 대안 정책과 현상이 논리적으로 동일한 영향 Z_1과 Z_2를 갖는다면 현상 대비 대안의 평가는 이들 영향을 정량적으로 예측할 필요가 없게 되는데 왜냐하면 현상의 예측된 영향이 대안의 예측된 영향에서 공제될 때 그것들은 상쇄되기 때문이다. 분석가는 대안과 현상 간에 영향 Z_3와 Z_4의 차이를 예측해야 할 것이다. 예를 들어, 대안적 형사사법 정책이 현상 정책과 동일한 실질 자원을 사용할 것이라 가정한다. 즉 요구되는 자원 증분은 0이 될 것이다. 그러나 만일 대안이 현상에 비해 범죄를 줄인다면 이 차이를 정량적으로 예측하는 것이 필요할 것이다.

8.1.2 진행 중인 정책으로부터의 데이터를 이용한 예측

정책은 종종 특정 지역 사람들이나 특정 조건을 가진 사람들과 같이 특정 인구에 대한 프로그램의 형태를 갖는다. 이 기존의 정책들은 다른 인구에 적용되는 유사한 정책의 영향을 예측하는 데 유용한 데이터를 제공해 줄 수 있다. 14장에서 논의되듯이 대상을 실험 집단과 통제 집단, 후자는 현상이 지속되는 집단으로 무작위 할당하는 진정한 실험은 일반적으로 한 정책이 실제로 창출하는 영향에 대한 가장 자신있는 추론을 제공한다. 실험 집단과 비교 집단 간 비확률적 할당을 하는 준실험은 일반적으로 덜 자신있는 영향의 평가를 제공하고 종종 비확률적 할당을 감안하기 위해 통계적 조정을 필요로 한다. 아무튼 기존의 프로그램에 대한 분석은 유사한 정책의 영향을 예측하는 데 적어도 약간의 토대를 제공한다.

심지어 실험적 또는 준실험적 평가가 없을 때에도 가동중인 정책의 조사는 그것을 시행하는 데 필요한 자원을 식별하는 데 유용한 것으로 입증될 수 있다. 또한 사회적 프로그램의 경우 적어도 프로그램 참여자들의 관련된 결과에 대한 데이터가 이용가능할 수 있다. 이 프로그램 척도들을 활용하기 위해 분석가는 "무엇과 비교하나?"라는 질문에 답하기 위해 적절한 "비교"집단을 찾아야 한다.

예를 들어, 참여자들의 형사사법제도와의 접촉, 그들의 입원, 고용기록, 그들의 자살을 기록하면서 사회의 생활 현황에서 조현병 환자를 지원하는 것을 목표로 하는 정부개입을 생각해 보자. 실험이나 준실험 디자인의 일부로서 명백한 통제 또는 비교집단이 없으므로 분석가들은 인구의 평균을 취하거나 비교의 기초로서 특정 연구 보고를 취할 수도 있다. 예를 들어, 입원에 관하여는 조현병 환자로서 캘리포니아 메디케이드 수혜자들에 대한 연구에서 연간입원율이 정신과 입원이 27%, 내과 입원이 11%로 밝혀졌다.[4] 입원율에 대한 개입 영향의 추정치에 대한 첫 번째 삭제는 캘리포니아에서 보고된 비율로부터 개입을 받고 있는 사람들에게서 관찰된 비율을 공제하는 것일 것이다. 보다 세련된 접근법은 개입을 받고 있는 사람들의 인구통계적 특성을 가진 집단에 대해 입원율이 어떻게 될 것인지를 추정한 논문에 나타난 통계 모형을 사용할 수도 있다. 또한 만일 1998년부터 2000년까지 메디케이드 프로그램에 참여한 캘리포니아 조현병 환자와 개입을 받고 있는 조현병 환자 간 체계적 차이가 있을 가능성이 있다면 이를 고려하는 것도 중요하다. 이러한 종류의 고려를 감안한 후 도출된 추정치는 만일 개입이 지속되거나 되풀이된다면 입원에 대한 개입의 영향을 예측하는 데 기초가 될 것이다.

8.1.3 유사한 정책의 단일 평가에 기초한 예측

분석되고 있는 것과 유사한 정책의 평가는 이용가능할 수 있다. 예측 기초로서의 그것의 가치는 그것이 고려되고 있는 정책과 얼마나 밀접하게 일치하느냐와 평가가 얼마나 잘 수행되었는지에 달려 있다.

정책들은 동일한 근본적 모형을 갖는다는 점에서 유사할 수 있지만 사용되는 투입물의 강도와 유형, 목표 집단에서 다를 수 있다. 예를 들어, 위험한 환경에 있는 가구에서의 아동 학대를 줄이는 것을 목표로 하는 두 방문 간호사 프로그램을 생각해 보자. 하나는 그들 자녀들을 학대한 것으로 의심이 되는 성인들이 있는 가구에 공공 보건 간호사가 2주에 한 번 1시간 방문하는 것이다. 또 다른 것은 과거에 그들 자녀들을 학대했던 것으로 공식적으로 알려진 성인들이 있는 가구에 간호사가 한 달에 한 번 1시간 방문하는 것이다. 다른 프로그램의 결과를 예측하기 위해 한 프로그램의 평가를 이용하는 데 있어서 이 차이의 어떤 것이 적절한가? 자신있는 예측을 허용하기에는 이 두 프로그램들은 너무 많은 차이점을 가지고 있을 수 있다. 아마도 만일 그것들이 방문 빈도에서만 차이가 있다면 분석가는 그럴듯한 예측 범위를 얻기 위해 방문 빈도와 영향 간의 관계에 대해 다양한 가정을 할 수 있을 것이다. 그래서 만일 선형 관계를 가정한다면 빈도가 절반인 프로그램은 영향의 절반을 창출할 것으로 예측된다. 비선형 관계를 가정하면 다른 예측치를 가져올 것이다. 분석가들은 그러한 차이를 어떻게 감안하는지에 대해 결정하기 위해 그들의 실질적인 지식과 이론에 의지해야 한다.

평가 디자인의 질을 고려하는 것은 단일 연구를 예측을 위한 기초로 사용할 때 특히 중요하다. 일반적으로 대상을 실험 집단과 통제 집단으로 무작위 할당하는 진정한 실험 디자인이 가장 바람직하다. 그러나 만일 대상의 수가 작거나 확률화 메커니즘의 결함이 있으면 확률화는 비교가능한 실험 및 통제 집단을 제공하는 데 실패할 수 있다. 실험 및 통제 집단에 대한 무작위 할당이 없이 비교가 이루어지는 준실험 디자인은 14장에서 논의될 다양한 이유로 빈약한 추론을 만들어낼 수 있다.

평가 디자인이 정상적인 때에도 예측을 단일 연구에 기초하는 것은 몇몇 이유로 부정확한 예측을 하게 되는 위험을 무릅쓰게 된다. 첫째, 실제로는 통계적으로 유의한 영향을 찾을 수 없는 출판되지 않은 연구들이 있는 한편 통계적으로 유의한 결과를 갖는 연구들이 출판되는 학술지의 편의가 존재한다.[5] 그 결과 출판된 연구는 대표성이 없는 영향을 보여줄 수 있다.

둘째, 사람들은 과도하게 낙관적인 예측에 이르는 경향이 있는 예측 결정을 포함하여 그들의 의사결정에 인지적 편향을 가져오는 경향이 있다.[6] 평가자는 복제할 때 가능한 것보다는 정책과 밀접하게 연관될 때 더 세심한 수행을 할 뿐만 아니라 인지적 편향은 양의 영향을 갖는 것을 다소 지나치게 낙관적으로 만드는 경향이 있다.[7] 분석가들은 그들이 지지하는 정책의 결과를 예측할 때 이 **낙관 편향**(optimism bias)이 생기지 않도록 조심해야 한다. 동일한 이유로 몇몇 분석가들은 평가자가 프로그램의 디자인이나 수행과 밀접하게 연관된 연구에 대해 일상적으로 영향의 크기를 할인한다.[8]

셋째, 비록 실제로는 거의 고려하고 있지 않지만 무엇이 발생하였는지에 대한 가장 적절한 통계적 추론은 앞으로 일어날 것에 대한 최상의 예측과 일치하지 않을 수도 있다. 4장에서 논의하였듯이 평가로부터 영향을 예측하고자 하는 분석가들에게 흔한 접근법은 아마도 예측된 영향으로서 실험에서의 평균 차이나 회귀분석의 특정 계수와 같이 추정된 영향을 해석하는 것이다. 그러나 표본 크기가 작거나 데이터에 대한 모형의 적합성이 빈약할 때 추정된 영향은 실제로 실험의 반복으로부터 초래될 영향과 가까울 가능성이 있다는 관점에 비해 (절대값 측면에서) 너무 큰 예측을 할 수도 있다.[9] 그 결과 만일 추정된 영향이 데이터에 대한 모형 적합도의 빈약한 정도에 비례하여 "줄어들게" 한다면 보다 신뢰할 만한 예측을 가져올 수도 있다. 예를 들어 회귀분석 맥락에서 권장되는 교수법은 계수를 $(F-1)/F$만큼 축소시키는 것인데 여기서 F는 모형의 데이터 적합도에 대한 F 통계량이다.[10]

단지 표준적인 통계적 접근법에 의존하는 것도 영향의 과소추정에 이르게 할 수 있다. 만일 그것들이 실제로 0일 때 그것들을 관찰할 확률이 5%보다 크면 사회과학자들은 추정된 영향을 0으로 취급하는 것이 보통이다. 다시 말해서 관례적인 수준에서 통계적으로 유의하지 않은 영향은 0으로 취급된다. 이것은 어떤 대안적 이론을 지지하여 0의 영향을 거부하기 전에 연구자들이 압도적인 증거를 갖기를 희망하는 사회과학에서 적절한 접근법일 수도 있다. 그러나 아마도 축소된 추정된 영향이 0보다 더 나은 예측일 수 있는 CBA에서는 일반적으로 옳은 접근법은 아니다. 추정된 영향의 표준오차는 그 값의 불확실한 정도를 전달하고 순편익에 대한 몬테카를로 시뮬레이션에 사용되어야 한다.[11] 사실 몬테카를로 시뮬레이션으로 도출되는 순편익의 분포는 관심 대상 가설인 예측된 순편익이 양의 값이라는 가설을 조사하는 기초를 제공해 준다.

간략히 말해 몬테카를로 시뮬레이션은 먼저 편익과 비용 추정치 주변의 불확실성의 범위를 결정하는 것을 포함하는데 예를 들어, 영향의 표준오차에 의해 표시되는 신뢰구간의 이용에 의해서이다. 그리고 난 다음 불확실성이 존재하는 편익과 비용 각각의 추정치들은 불확실성의 범위 내에서 무작위 추출에 의해 대체된다. 이것이 여러 번 반복되고 그렇게 함으로써 사실상 다수의 CBA를 수행하는 것이다. 결과적으로 양의 값을 갖는 순편익의 다수 추정치의 일부가 연구되고 있는 정책의 순편익이 실제로 양의 값일 확률의 척도이다. 몬테카를로 시뮬레이션에 대해 더 상세한 내용은 11장에서 볼 수 있다.

8.1.4 유사한 정책들에 대한 메타 분석에 기초한 예측

몇몇 정책 개입들은 많은 지역에서 되풀이되고 실험 또는 준실험 연구 디자인으로 평가된다. 어떤 정책 영역에서는 상당수의 이러한 평가들이 공개되어서 그것들의 결합된 결과에 대한 통계적 평가를 허용하고 있다. **메타 분석**(meta-analysis)이라 불리는 이 과정은 영향의 규모(보통 "영향 크기"로 불림)와 영향의 분산을 찾기 위해 연구들에서의 정보 이용을 추구한다.[12] 다수의 평가로부터 정보를 추출하면 전반적인 결과가 어떤 특정 평가의 한계로 인해 고통 받을 기회를 줄인다.

메타 분석은 그것의 데이터의 원천인 적절한 평가의 식별로 시작된다. 사회과학 연구자들은 종종 그들이 고려하는 평가를 학술지에 실린 논문들에서 찾은 것들에 한정시킨다. CBA를 적용하고자 하는 정책 분석가들은 만일 발간된 평가가 별로 없다면 상대적으로 새롭거나 특이한 출판되지 않은 평가를 포함하는 것을 선택할 수도 있다. 평가 원천의 질은 그 자체로 연구 디자인 질의 직접 구분과 함께 메타분석에서 하나의 변수가 될 수 있다. 일반적으로 동료 심사를 겪은 출판된 연구들은 보다 더 신뢰할 수 있다. 그러나 심사 과정은 통계적으로 유의한 영향을 보이는 논문에 유리하도록 출판 결정에 편향되는 경향이 있고, 이것은 잠재적으로 이용가능한 출판된 논문 집단이 과도하게 낙관적이게 한다.[13] 게다가 처음 원고의 제출부터 논문 출판까지 발간과정의 지연은 몇 년이 걸릴 수도 있어서 출간된 연구에만 의존하게 되면 가장 최근의 그리고 아마도 가장 적절한 연구결과를 놓칠 수도 있다.

메타 분석에서는 각 연구로부터 **영향 규모**(effect size)의 표준화된 척도가 결정되고 추출되어서 다소 상이한 척도들에 기초한 결과들이 합쳐질 수 있다. 예를 들어, 표준화 없이는 직접적 비교가 불가능한 상이한 학력검사들은 교실 개입의 평가에 사용될 수도 있다. 이 상이한 검사 결과는 그것들의 근원적인 분포의 측면에서 표준화될 수 있고 척도 단위는 표준편차가 된다. 예를 들어, 학생 성취도에 대한 개인교습의 영향에 대한 평가는 영향 규모를 실험 집단과 통제 집단에 대한 검사 점수 간의 차이를 통제 집단 점수의 표준편차로 나누어 준 값으로 측정하였다.[14] 각 연구에서 영향 규모의 변동의 척도도 역시 연구들로부터 추출된다. 가장 단순한 접근법에서 표준화된 영향 규모와 그것의 분산은 평균 영향 규모와 그것의 분산을 알아내기 위해 합쳐진다. 보다 정교한 접근법에서는 연구의 질, 연구에서의 대상 인구의 구성 변동, 그리고 개입 시행에 있어서의 상세 내용의 차이들을 통제하면서 평균 영향 규모와 분산을 추정하기 위해 다변량 회귀분석을 사용할 수도 있다.

워싱턴 주립 공공정책 연구소(WSIPP)는 주의회의 요구로 분석을 수행하는데 예비 정책들에 대한 CBA 적용을 지지하기 위한 메타 분석의 모범적 사용을 하고 있다.[15] 한 예로 분석가들로 구성된 한 팀이 유초등 학교교육 정책 개입의 비용과 편익을 평가하기 위한 노력이다. 그 팀은 학급 크기 축소에 대한 38개 평가의 메타 분석과 반나절 유치원에서 종일 유치원으로 전환하는 데 대한 23개의 평가에 대한 메타 분석을 수행하였다.[16] 검사 점수의 표준편차로 영향 규모를 측정할 때 메타 분석 결과 학급 크기를 20명에서 19명으로 축소하는 것의 영향 규모는 유치원부터 2학년까지에 대해서는 표준편차가 0.019, 3학년에서 6학년까지는 표준편차 0.007, 그리고 더 높은 학년에 대해서는 통계적으로 유의한 영향이 없는 것으로 나타났다. 그 팀은 고학년으로 갈수록 영향이 쇠퇴하는 것을 허용하면서 이 영향을 그들 분석의 출발점으로 사용하였다. 그 다음에 그들은 개선된 검사 점수를 평생소득과 여타 사회적 영향과 연관시켰다. 이 장에 나오는 사례 연구에서는 메타 분석을 모범적으로 사용한 WSIPP가 수행한 또 다른 연구에 대한 보다 상세한 설명을 하고 있다.

CBA를 위한 영향 예측에 적절한 다수의 평가들이 이용가능할 때 만족할만한 메타 분석을 완수하기 위해 상당한 자원을 투자할지 여부를 고려할 가치가 있다. 심지어 단지 소수의 평가들이 이용가능할 때에도 그들의 영향을 결합하기 위해 메타 분석 방법을 사용하는 것은 가치가 있다. 사실 단지 소수의 이용가능한 연구에 대해서 메타 분석을 수행하는 비용은 낮을 것 같다. 물론 WSIPP가 수행한 다수의 연구와 같이 CBA와 직접적으로 연관되거나 특정 영향을 예측하는 데 적절한 연구를 요약하거나 하더라도 분석가들은 다른 사람들이 수행한 메타 분석을 활용할 수 있다.

8.1.5 포괄적인 탄력성을 사용한 예측

분석되고 있는 대안과 유사한 정책의 평가는 종종 모든 또는 다수 영향의 예측과 관련된 증거를 제공해 준다. 그것들이 없을 때에는 분석가들은 그들의 예측을 지지할 다양한 증거를 찾아내야 한다. 한 가지 흔한 접근법은 적절한 탄력성에 대한 탐색이다. 종종 정책이나 프로그램은 그들 가격의 변동을 통해 직접적으로 또는 소비 편의성의 변동을 통해 간접적으로 재화의 실효가격을 변동시킨다. 이러한 경우에 영향은 재화 소비량의 변동이다. 만일 수요의 가격탄력성 추정치가 이용 가능하다면 4장에서 제시된 방법이 실효가격의 변동을 소비에 있어서의 변동으로 바꾸는 데 사용될 수 있다.

예를 들어 보건 서비스를 받는 참여자들에게 가격을 낮추어주는 프로그램을 생각해 보자. 이것이나 유사한 정책에 대한 이용가능한 평가가 없으면 분석가는 RAND의 건강보험 실험 데이터를 이용하여 추정된 수요의 가격탄력성 -0.2에 기초하여 가격 감소에 의해 야기된 의료 서비스 활용의 변동을 예측할 수도 있다.[17] 비록 실험으로부터 적절한 탄력성이나 다른 예측의 실증적 토대를 찾는 것은 다소 행운인 것으로 보일 수 있지만 미국에서 완료된 다수의 사회 정책 실험들에서 그것들을 탐색하는 것은 종종 가치가 있다.[18]

사회과학, 의학 그리고 다수의 다른 분야에서 많은 실증 작업들은 관측 자료들을 활용한다. 예를 들어, 경제학에서는 상이한 조세로 인한 시간에 걸친 또는 지역간 가격과 수량의 변동이 관찰될 수 있다. 연구자들은 종종 탄력성과 예측에 유용한 다른 모수들을 추정하기 위해 그러한 자연 발생적인(미리 계획하지 않은) 변동을 이용한다. 분석가들은 일반적이고(예를 들어, ECONLIT, Google Scholar, JSTOR, 그리고 Proquest Digital Dissertations) 상당히 구체적인(예를 들어, 교육에 대해서는 ERIC, 건강에 대해서는 PubMed) 논문의 전자 데이터베이스를 탐색함으로써 이러한 연구들을 찾을 수 있다. 월드 와이드 웹(WWW)은 이들 데이터베이스에 접근하는 것을 훨씬 용이하게 할 뿐만 아니라 심사위원이나 편집자에 의해 심사되지는 않았지만 어디에서도 이용 가능하지 않은 탄력성 추정치를 제공할 수도 있는 출간되지 않은 연구를 잠재적으로 찾을 방법도 제공해 준다.

여러 번 추정된 적이 있는 보편적인 탄력성 일부는 메타 분석에서 평가되어 왔다. 예를 들어, 휘발유,[19] 전기,[20] 가정용수,[21] 담배[22]에 대한 수요의 가격탄력성에 대한 메타 분석은 이용가능하다. 다른 메타 분석은 기업행태에 대한 조세 탄력성, 경제발전에 대한 조세 탄력성,[23] 대중교통 수요에 대한 가격, 서비스 품질, 소득, 휘발유 가격, 자동차 소유 탄력성을 검토하고 있다.[24]

시 가치가 매겨져야 하는 몇몇 미래 영향을 포함하여 다른 영향들에 대해 즉각적인 정책 영향을 연결하는 일련의 탄력성을 식별하는 것이 가능할 수도 있다. 예를 들어, 고등학교 졸업은 노동시장에서의 더 큰 성공부터 범죄 감소, 더 잘 아는 출산 선택에 이르는 다양한 잠재적으로 연관된 영향을 가진다.[25] 혹은 학교에 대한 준비도를 증가시키는 유아기 개입을 생각해 보자. 비록 준비도 증가는 어린이들과 부모들에게 약간의 직접적인 영향을 미칠 수 있지만 그것은 교육과정에도 영향을 미칠 수 있고 결과적으로 다른 가치 있는 영향을 미칠 수도 있다. 즉 저학년에서의 성취도 증가는 고등학교 졸업과 그것의 연관된 영향 가능성을 높이는 데 기여할 수 있다고 상상할 수 있다. 물론 초기의 추정된 영향과 미래 영향의 예측을 연결시키는 인과관계 사슬이 길면 길수록 예측은 더 불확실하게 된다.

8.1.6 어림짐작

때때로 특정 영향을 예측하기 위해 기존의 정량적 증거를 찾는 것이 불가능하다. 예측이 이루어져야 하므로–영향을 배제하는 것은 확실하게 0이라고 예측하는 것에 해당함–그것의 그럴싸한 범위를 구체화하기 위해 논리나 이론에 의지할 수 있다. 예를 들어, 만일 어떤 정책으로 인해 특정 재화의 가격이 증가한다면 소비량이 증가하지 않을 것이라고 가정하는 것은 확실히 이치에 맞는다. 당신은 더 가격 탄력적일 가능성이 있다고 주장할 수 있는 다른 어떤 재화 수요의 가격탄력성 추정치를 가지고 소비 감소에 대한 상한을 부여할 수도 있을 것이다. 가정된 범위는 영향 규모의 불확실성을 감안하기 위해 몬테카를로 시뮬레이션에서 사용될 수 있다. 당신의 어림짐작이 꽤 넓은 범위를 가질 때 당신은 먼저 모든 다른 영향을 감안하여 순편익의 부호를 변화시키기 위해서 그것의 값이 얼마나 크거나 작아야 하는지를 결정하는 민감도분석을 하기를 원할 수도 있다.

만일 위의 접근법 중 어느 것도 허용되지 않는다면 당신이 어림짐작을 하도록 허용하는 암묵적인 지식을 개발한 전문가로부터 조언을 얻을 수도 있다. 고속도로 엔지니어와 같은 전문가는 주요하고 아마도 꽤 돈이 많이 드는 연구를 수행하지 않고도 일반적인 경험법칙을 사용하는 데 있어서의 그의 경험에 기초하여 프로젝트 비용에 대한 꽤 자신있는 예측 범위를 제공할 수도 있다. 어떤 상황에서는 체계적인 방법으로 다수의 전문가들과 상의하는 것이 가치가 있을 수 있다. 이것을 행하는 가장 잘 알려진 접근법이 델파이 법인데 이것은 국방 이슈에 대한 분석에 도움을 주기 위해서 처음에 RAND 기업이 개발하였다. 그것은 다수 전문가들의 참여를 필요로 한다. 집단 조정관이 여러 번 각 전문가를 상담하다. 처음에 이은 각 회수에 조정관은 이전 회에 동료 전문가들이 제공한 답변을 출처가 모호한 요약의 형태로 전문가들에게 피드백을 제공한다. 최종 생산품은 답변의 통계적 요약이다. 델파이 법은 때때로 경제분석에서 투입물을 창출하기 위해 사용된다.[26]

8.2 영향의 화폐가치화

CBA는 정량적으로 예측된 정책 영향이 달러나 유로와 같이 관련된 국가나 지역의 통화에 기초한 공통적인 화폐 단위로 가치가 매겨지는 것을 필요로 한다. 2장에서 소개된 WTP와 기회비용의 기본 원칙은 화폐가치화를 위한 개념적 기초를 제공한다. 가치가 매겨지는 영향에 따라 화폐가치화는 상대적으로 간단하고 확실할 수도 있고 예측의 경우와 같이 간접적이고 불확실할 수도 있다.

8.2.1 영향이 시장에서의 소비량을 변동시킬 때의 화폐가치화

시장재의 소비를 변동시키는 정책은 화폐가치화하는 것이 상대적으로 쉽다. 3, 5, 6, 7장에서 논의하였듯이 이들 변동은 사회적 잉여의 변동, 정부수입의 변동, 정부수입 변동의 한계 초과조세부담에 상응하는 대수학적 합계로 화폐화되어야 한다. 특정 정책이 완전탄력적인 공급곡선을 가진 왜곡되지 않은 시장에서 투입물을 구입하는 것을 수반하는 가장 단순한 경우 시장에서 소비되는 투입물 수량의 변동은 시장가격으로 화폐가치화된다. 덜 완전탄력적인 공급곡선을 갖거나 왜곡된 시장 또는 두 조건 모두를 드러내는 시장은 시장 외부적인 것을 포함한 사회적 잉여의 변동과 정부수입의 변동을 조심스럽게 감안하는 것이 요구된다. 일반적으로 그러한 시장에서 발생하는 영향은 직접적으로 관찰되는 시장가격에 의해 화폐가치화되지 않고 시장에서 모든 관련된 영향들을 감안한 **잠재가격**(shadow prices)에 의해 화폐가치화 된다(잠재가격의 한 예는 3장에서 논의한 한계초과조세부담이다. 또 다른 예는 전시 8.1에 나와 있다). 시장 공급곡선과 수요곡선 그리고 해당되는 경우 사회적 한계편익과 사회적 한계비용곡선이 예측되는 한 화폐가치화는 여전히 간단하다. 더 나아가 그러한 경우에 화폐가치화 그 자체는 관련된 곡선의 예측에 내재한 것을 넘어선 불확실성을 추가하지 않는다.

전시 8.1

몇몇 개발도상국들의 시장은 대부분의 선진국에서 보다 훨씬 더 왜곡되어 있다. 예를 들어, 다음과 같은 일들이 흔히 존재한다. 즉 노동시장은 분할되고 노동 이동성은 토지 임대법에 의해 제약된다. 공식적인 환율은 자국 통화의 가치를 정확히 반영하지 못한다. 국제시장에서 거래되는 재화의 가격은 무역세, 수입 통제, 그리고 높은 관세로 인해 왜곡된다. 신용대출시장은 공식적 및 비공식적 부문으로 나뉘어 있다. 그 결과 전문가들은 개발도상국에서 CBA를 수행할 때 시장가격 대신 종종 그리고 오히려 혼란스럽게 **회계가격(accounting prices)**이라고 불리는 잠재가격을 지지하였다. 잠재가격을 사용하는 방법은 1970년대 초에 유엔 공업개발기구(UNIDO)에서, 그리고 Ian Little과 James Mirrlees에 의해 개발되었다. 후에 이들 아이디어는 세계은행의 두 직원인 Lyn Squire와 Herman G. van der Tak에 의해 합성되었다. 이 접근법을 촉진하는 데 있어서 중요한 경제학자들의 성의 첫 글자를 사용하여 이것은 때때로 LMST **회계가격법(accounting price method)**이라 불린다.

LMST 방법론은 교역재와 비교역재 간 기본적인 구분을 한다. **교역재(tradeable goods)**는 잠재적으로 국제시장에 있을 생산품, 예를 들어, 국제적으로 거래되는 재화의 가까운 대체재는 물론 수출되거나 수입되는 소비재와 생산요소들을 포함한다. 그러므로 교역재는 국제수지에 영향을 주거나 또는 잠재적으로 영향을 줄 수 있다. **비교역재(non-tradeable goods)**는 지방 운송, 전기, 서비스와 (가장 중요하게) 지역 노동과 같은 다른 모든 소비재와 생산요소를 포함한다. LMST 방법의 요점은 교역재로 분류되는 모든 프로젝트 투입물과 산출물의 잠재가격을 설정하기 위해 국제적으로 실제로 재화가 구입되고 팔리는 가격인 **세계 가격(world prices)**을 사용하는 데 있다. 비교역재는 종종 거래되는 투입물을 가지고 생산되므로 그것들의 가치를 매기기 위해 세계 가격이 사용될 수 있다. 심지어 프로젝트를 위한 노동도 이전에는 교역재를 생산하던 경제의 다른 부문으로부터 끌어들일 수 있으므로 세계 가격이 다시 한번 더 사용될 수 있다.

세계 가격을 사용하는 이유는 자유무역이 널리 퍼져있다거나 그것이 왜곡되지 않아서-비록 세계 가격은 다수의 개발도상국의 국내 시장가격보다 덜 왜곡되어 있고 LMST 방법론이 처음 개발되던 때보다 오늘날 아마도 덜 왜곡되어 있을 것이기는 하지만-가 아니라 그것이 한 국가에서 이용가능한 기회를 정확히 반영하고 이 기회는 프로젝트를 평가할 때 인식되어야 하기 때문이다. 예를 들어, 만일 프로젝트 투입물이 수입되어야 한다면 그것을 수입 가격으로 가치 매기는 것이 합리적이다. 마찬가지로 만일 프로젝트 산출물이 수출된다면 그것의 수출가격에 기초하여 가치 매기는 것이 합리적인데 왜냐하면 이것은 해당 국가의 외환에 얼마나 기여하는지를 보여주기 때문이다. 이렇게 하여 이 방법론은 **교역 기회비용(trade opportunity costs)** 원리에 기초하고 있다.

프로젝트 산출물과 투입물을 보다 명확하게 가치 매기기 위하여 세계 가격을 사용하는 이유를 보기 위해 한 개발도상국이 재정자금으로 제강소를 건설하는 제안에 대한 CBA를 수행한다고 가정하자. 비록 그 국가는 현재 수입 철강에 대해 높은 관세를 부과하고 있지만 그렇더라도 그것은 다른 국가들에서 생산되는 철강에 의존한다. 관세는 철강의 국내 시장가격에 통합되므로 그것은 국내 철강 구입자들과 정부 간의 이전으로 간주될 수 있다. 그러나 세계 가격은 관세를 포함하지 않는다. 이렇게 하여 철강 수입에 대한 세계 가격은 종종 개발도상국에서의 시장 가격보다 상당히 낮다. 그 결과 국내 시장가격에 기초한 CBA는 실제로는 철강 수입의 실질 자원 비용(즉, 관세를 제외한 비용)이 그것의 국내 생산의 자원 비용보다 작을 때 제강소 프로젝트를 추진해야 한다는 것을 시사할 수도 있다. 마찬가지로 만일 프로젝트가 높은 관세나 수입 할당으로 인해 인위적으로 부풀려진 가격을 갖는 지역에서 생산된(그러나 잠재적으로 수입할 수 있는) 투입물을 사용한다면 지역에서 보다 세계 시장에서 더 싸게 투입물을 구입할 가능성은 프로젝트의 비용을 결정할 때 인식되어야 한다. 세 번째 예로서 농산물의 생산 및 외국 판매를 증가시키는 프로젝트를 생각해 보자. 몇몇 개발도상국에서는 국가 정책으로 일부 농산물의 국내 시장가격을 인위적으로 낮게 유지한다. 이런 일이 발생할 때 만일 국내 시장가격이 사용된다면 수확물 생산 프로젝트는 비용-편익 테스트를 통과하지 못할 수 있지만 만일 분석이 세계 가격에 기초한다면 통과할 수 있다. 이렇게 하여 LMST 방법은 세계 시장에서 수입품과 수출품의 가치는 국내 프로젝트에 대한 결정의 기초가 되어야 한다고 주장한다.

출처: *United Nations Industrial Development Organization, Guidelines for Project Evaluation* (New York, NY: United Nations, 1971); I. M. D. Little and J. A. Mirrlees, *Project Appraisal and Planning for Developing Countries* (London: Heinemann Educational, 1974); and Lyn Squire and Herman van der Tak, *Economic Analysis of Projects* (Baltimore, MD: Johns Hopkins University Press, 1975). LMST 접근법에 대한 탁월한 간결한 개요에 대해서는 Terry A. Powers, "An Overview of the Little-Mirrlees/Squire-van der

Tak Accounting Price System," in Terry A. Powers, editor, *Estimating Accounting Prices for Project Appraisal* (Washington, DC: Inter-American Development Bank, 1981), 1-59 참조. 책 전반에 걸친 논의는 다음 문헌에서 볼 수 있다. Caroline Dinwiddy and Francis Teal, *Principles of Cost-Benefit Analysis for Developing Countries* (Cambridge: Cambridge University Press, 1996); Robert J. Brent, *Cost-Benefit Analysis for Developing Countries* (Cheltenham: Edward Elgar Publishing, 1998); and Steve Curry and John Weiss, *Project Analysis in Developing Countries* (London: Macmillan, 1993).

8.2.2 시장이 없는 경우 영향의 화폐가치화

대부분의 공공정책들, 그러나 특히 사회 및 환경 문제를 다루는 정책들은 잘 작동하는 시장에서 소비 변동과 일치하지 않는 영향을 갖는다. 이러한 영향을 화폐가치화하기 위해서는 잠재가격이 요구된다. 연구자들은 이 잠재가격을 추정하는 방법을 찾는 데 있어 영리해야 한다. 15장에서 논의되겠지만 헤도닉 가격 설정과 자산평가법이 관찰되는 행태에 대해 갖는 간접효과로부터 영향의 사회적 가치에 대한 추론을 하기 위해 종종 이용될 수 있다. 그러나 때로는 존재가치를 갖는 재화의 이용가능성 변동과 같은 영향은 관찰가능한 행태로부터 얻어질 수 없고 따라서 16장에서 설명되듯이 조건부 가치 서베이나 진술 선호법을 통해서만 추정될 수 있다.[27]

다행스럽게도 17장에서 검토되겠지만 연구자들은 흔히 맞닥뜨리는 영향에 대한 다수의 잠재가격을 추정하여 왔다. 사망위험 감소에 대한 지불의사액(통계적 생명의 가치 추정의 기초), 소음의 사회적 비용, 또는 통근 시간의 기회비용과 같은 몇몇 잠재가격들은 메타 분석이 가능하도록 충분히 많은 수의 연구에서 추정되어 왔다. 다른 잠재가격들은 상대적으로 소수의 연구로부터 얻어져야 하는데 종종 포괄성 측면에서 상이하다. 예를 들어, 다수의 사회 정책의 중요한 영향이 범죄 감소이다. 포괄적인 잠재가격은 피해자들에 대한 직접적 비용과 형사사법 체계에서의 자원 이용뿐만 아니라 범죄의 공포가 잠재적 피해자들에게 부과하는 비용도 포함할 것이다. 이 주요 잠재가격을 개선하는 것이 CBA 적용을 촉진하기를 바라는 사회과학자들에게 중요한 프로젝트이다.[28]

예측과 마찬가지로 심지어 단일 관련 연구가 필요로 하는 잠재가격을 결정하는 데 실증적 토대를 제공할 수 있다. 예를 들어, 당신은 어린이와 관련이 있는 영향을 화폐가치화하는 임무에 직면하여 있다고 상상하자. 아마도 당신은 성인에 대해서는 그럴듯한 잠재가격을 가지고 있을 수 있다. 만일 그렇다면 독감 증상 감소를 위해 부모들은 자기 자신보다 그들의 어린 자녀들을 위해 두 배 더 지불할 의사가 있는 것으로 보인다는 Mark Dickie와 Victoria L. Messman의 연구 결과를 당신은 이용할 수도 있다.[29] (흥미롭게도 자녀가 18세에 도달하면 그 비율은 1로 떨어지는데 10대 자녀를 둔 부모들에게는 아마도 매우 그럴싸한 결과일 것임) 물론 당신이 화폐가치화 하고자 하는 영향이 독감 증상과 다르면 다를수록 이 특정 연구에 나오는 비율을 사용하는 데 덜 자신있을 것이다.

보다 일반적으로 실증적으로 도출된 잠재가격은 불확실한 예측으로 취급되어야 한다. 순편익을 계산할 때 분석가들은 보통 영향의 불확실한 예측에 불확실한 잠재가격을 곱해야 한다. 한번 더 순편익에 있어서의 불확실성을 평가하기 위한 몬테카를로 시뮬레이션의 중요성이 명확해야 한다.

8.3 결론

정책 영향의 예측과 화폐가치화를 지지하기 위한 이용가능한 증거의 품질 범위는 매우 넓다. 때로는 그러나 비교적 드물게 엄격한 실험 디자인을 사용하는 다수의 평가들은 정책의 지속 또는 반복으로 인한 영향 규모에 대해 꽤 자신있는 예측을 하는 기초를 제공한다. 심지어 더 드물게 이 영향들은 손쉽게 이용가능하고 널리 수용되는 잠재가격으로 화폐가치화 될 수 있다. 좀 더 자주 분석가들은 다양한 원천으로부터의 예측을 지지하기 위한 증거를 종합해야 하고 다양한 출처를 가진 잠재가격을 사용해야 한다. 임무를 잘 수행하기 위해서는 CBA에 대한 정상적인 개념에 대한 기초교육과 심지어 지지하는 증거가 약할 때에도 예측하고 화폐가치화 할 용기가 필요하다. 그것은 또한 분석가들이 발표에 있어서와 불확실성을 고려하기 위한 몬테카를로와 다른 방법을 통해서 그들의 가정과 불확실성이 투명하게 할 것을 요구한다.

Notes

CHAPTER 8 연습문제

1. 다음 CBA를 검토하라. David L. Weimer and Mark A. Sager, "Early Identification and Treatment of Altzheimer's Disease: Social and Fiscal Outcomes." *Alzheimer's & Dementia*, 5(3), 2009, 215-26. 예측과 화폐가치화에 대한 실증적 기초를 평가하라.

2. 주거용 부동산 인근에 고압 송전선을 설치하는 프로젝트를 생각해 보자. 당신은 주민들에 대한 그것의 영향을 어떻게 예측하고 화폐가치화 할 것인지 논의하라.

사례 8 간호사-가정 파트너십 프로그램에 대한 WSIPP CBA

워싱턴 주 의회는 아동복지제도로 들어오고 계속 남아있는 아동수를 줄이기 위해 워싱턴주에서 시행할 수 있는 프로그램을 식별하도록 WSIPP에 요청하였다. 우리는 분석가들이 특정 개입인 저소득 가구를 위한 간호사-가구 동업(NFP)의 CBA를 수행할 때 사용한 예측 및 화폐가치화를 하기 위한 접근법을 간략하게 검토한다.

예측과 화폐가치화 접근법에 대한 풍부한 실례를 제공하는 것과는 별개로 WSIPP의 작업에 친숙해지는 것은 CBA 분석가들에게 몇 가지 이유로 가치가 있다. 첫째, WSIPP는 실제로 CBA가 어떻게 수행되는지 그리고 공공정책에 영향을 미치기 위해 어떻게 제시되는지를 보여준다.[1] 둘째, 그것의 CBA들은 세심한 메타 분석을 통해 경험적 증거의 체계적 이용에 있어서 본보기가 된다. 셋째, 비록 WSIPP가 사용하는 복잡한 방법들은 때때로 제시된 대로 따르는 것이 어렵지만 그것들을 가능한 한 투명하게 하려고 노력한다. 넷째, 그것의 메타 분석은 사회정책을 평가하는 분석가들에게는 탁월한 자원이다. 다섯째, 퓨-맥아더 결과 1차 발의는 WSIPP CBA모형을 그들의 지역 조건에 적응시키는 데 있어서 다른 주와 지방정부들을 도와줌으로써 많은 미국 행정구역들의 분석가들이 그것을 사용할 기회를 증가시킨다.[2]

NFP는 간호사들이 저소득 여성이 임신 중일 때와 첫 번째 아기 출생 후 2년 동안 집중적인 방문을 통해 아동 발달과 양육 기술 촉진 의도가 있다.[3] 사례의 끝부분 표에 요약되어 있는 다음의 예측 전략이 분석가들에 의해 사용되었다. 첫째, 두 주에서 NFP 시행에 대한 이용가능한 평가의 메타 분석이 아동 학대와 소아 방치에 대한 평균 영향 규모를 추정하기 위해 행해졌다. 즉 모든 이용 가능한 연구를 고려할 때 NFP 프로그램이 평균적으로 학대와 방치를 얼마나 줄이나? 이 평균 영향 규모가 WSIPP 분석가들에 의해 예측 영향으로 사용되었다.

둘째, 분석가들은 아동 학대와 방치를 다른 관심있는 영향과 연결시키면서 연구들에 대한 메타 분석을 수행하였다. 이 메타 분석은 아동 학대와 방치의 평균 영향 규모의 범죄, 고등학교 졸업, K-12 학년 반복, 출생, 18세 이하 여성의 임신, 테스트 점수, 불법 마약 사용, 그리고 알코올 남용의 2차 효과에 대한 추정치를 제공하였다.

셋째, 2차 영향 각각에 대한 NFP 프로그램의 예측 영향은 아동 학대와 방치에 대한 NFP 프로그램의 예측 영향 규모에 2차 영향의 평균 영향 규모를 곱해서 얻어졌다. 그래서 보고서에 제공된 예를 따라서 생애 아동 학대와 방치율 13.7%와 고등학교 졸업률 70%를 갖는 목표 집단을 생각해 보자. NFP 프로그램 참여는 생애 아동 학대 및 방치율을 2.7% 포인트 낮출 것이다.[4] 아동 학대 및 방치를 제거하면(즉 그 비율을 100% 포인트 낮추면) 고등학교 졸업률을 7.9% 포인트 증가시킬 것이다. 이 두 %-포인트를 모두 곱해주면 고등학교 졸업 확률을 0.2% 포인트 증가시키는 것으로 예측된다.

분석가들은 예측된 영향을 화폐가치화 하기 위해 다양한 접근법들을 사용하였다. 예를 들어 아래에 있는 표에서 볼 수 있듯이 아동 학대와 방치 사례의 사회적 비용은 두 개의 주요 요소를 가지고 있는데 그것이 각각 추정되었다. 첫 번째 요소는 입증된 아동 학대 또는 방치 사례에 대한 워싱턴 주 아동복지 제도에 대한 평균비용의 추정치이다. 그것의 화폐가치 추정은 아동 학대 항의를 처리하는 단계에서의 실질 자원 비용과 확률, 그리고 피해자들에게 제공되는 서비스를 고려한 복지 제도 모형에 기초하고 있었다. 두 번째 요소는 아동 학대 사례에 따른 의료 및 정신 건강 치료 비용과 삶의 질 비용의 추정치이다. 이 비용들은 1993년부터의 펜실베이니아 자료를 사용한 연구자들이 수행한 청소년 범죄에 대한 성인의 연구로부터 추정되었다.[5] 분석가들이 발표된 연구로부터 데이터를 수집할 때 보통 그러하듯이 그 결과는 소비자 물가지수를 사용하여 현재의 화폐가치로 바뀌어야 한다.

NFP 프로그램에 대한 예측과 화폐가치화

참가자당 영향	예측(메타 분석)	화폐가치화
아동 학대 및 방치(CAN)	콜로라도와 뉴욕에서 두 NFP 프로그램의 실험적 평가; 10개의 연구로부터 추정된 일반대중의 CAN 생애 빈도	복지제도 비용: 워싱턴 주에서의 사례 처리 및 서비스 이용 모형

참가자당 영향	예측(메타 분석)	화폐가치화
범죄	CAN의 범죄에 대한 영향 관련 10개 연구	의료 및 정신 건강 치료 비용과 삶의 질 비용: 펜실베이니아의 청소년 폭력 연구로부터의 추정치에 기초[1] 형사사법제도 비용: 워싱턴주의 사례처리모형 피해자 비용: 개인적 지출, 재산 손실, 사망[2]
고등학교 졸업	고등학교 졸업에 대한 CAN의 영향의 3개 연구	인구조사국의 인구현황조사의 데이터에 기초한 고등학교 졸업으로 인한 할인된 평생 화폐소득 이득
테스트 점수	테스트 점수에 대한 CAN의 영향의 7개 연구	검토 논문[3]에 기초한 테스트 점수 이득의 표준편차당 수익률 곱하기 인구현황조사에 기초한 대학 학위는 없지만 고등학교 학위를 가진 사람들의 수입
K-12 학년 반복	학년 반복에 대한 CAN의 영향의 2개 연구	1년 학교교육 비용 곱하기 학교교육 마지막에 1년 제거를 고려한 고등학교 완료의 확률
알코올 남용	알코올 남용에 대한 CAN의 영향의 4개 연구	사망 및 질병에 기인한 납세 후 평생소득 손실 치료, 의료비, 자동차 충돌, 화재 피해, 복지행정비용[4]
불법적 마약 남용	불법적 마약 남용에 대한 CAN의 영향의 4개 연구	사망 및 질병에 기인한 납세 후 평생소득 손실 치료, 의료비, 자동차 충돌, 화재 피해, 복지행정비용[5]
프로그램 비용	프로그램 설명에 기초	워싱턴주 임금 및 부가수당률

[1] Ted R. Miller, Deborah A. Fisher, and Mark A. Cohen, “Costs of Junenile Violence: Policy

Implications." *Pediatrics*, 107(1), 2001, e3 (7쪽).

[2] Miller, Ted R., Mark A. Cohen, and Brian Wiersema, *Victim Costs and Consequences: A New Look* (Washington, DC: National Institute of Justice, 1996).

[3] Eric A. Hanushek, "The Simple Analytics of School Quality." National Bureau of Economic Research Working Paper W10229, January 2004.

[4] Henrik J. Harwood, "Updating Estimates of the Economic Costs of Alcohol Abuse in the United States." Report prepared by Lewin Group for the National Institute of Alcohol Abuse and Alcoholism, 2000에 기초함.

[5] Office of National Drug Control Policy, *The Economic Costs of Drug Abuse in the United States 1992-1998* (Washington, DC: Executive Office of the President, 2002)에 기초함.

Notes

CHAPTER 8 사례에 대한 연습문제

1. 워싱턴 주는 고등학생 연령 자녀가 특정 목표(예를 들어, 학교 출석, 표준화된 테스트에 대한 성취, 규칙적인 치과 검진, 독감 예방주사 맞기)를 충족시킨 가구에게 금전적 보상을 하는 프로그램을 시행할 것을 고려하고 있다고 가정하자. 주 의회는 WSIPP에게 주가 이 정책을 채택해야 할지 여부를 평가해 줄 것을 요청하였다.

   a. WSIPP가 정책을 평가할 때 고려할 수 있는 세 가지 잠재적 2차 영향의 명칭을 제시하라.

   b. 어떻게 WSIPP가 이들 영향 중 하나의 예측을 시작하고 화폐가치화 할 수 있을 것인지 보여라(사례에 대한 표에서 제시된 상세한 수준을 넘어설 필요는 없지만 완전한 문장으로 기술하라).

CHAPTER 9

미래 영향의 할인과 인플레이션의 처리

CHAPTER 9

미래 영향의 할인과 인플레이션의 처리

사적 및 공적 투자결정은 모두 시간이 지남에 따라 연장되는 중요한 결과를 가질 수 있다. 소비자들이 주택, 자동차, 또는 교육에 투자할 때 일반적으로 그들은 여러 해에 걸쳐 편익을 얻고 비용이 발생할 것으로 예상한다. 정부가 댐을 건설하고 직업훈련을 보조하며 이산화탄소 배출을 규제하며 석유탐사를 위해 외양 대륙붕을 임차할 때 그것 역시 여러 해에 걸친 영향이 작동하게 한다. 그러한 프로젝트들을 평가하기 위해 분석가들은 미래의 편익과 비용을 할인하여 모든 비용과 편익이 공통의 측정 척도인 현재가치가 된다. 각 기간에 발생하는 각 정책 대안의 비용과 편익의 현재가치를 더함으로써 분석가들은 각 대안의 순현재가치를 계산한다. 보통 분석가들은 가장 큰 순현재가치를 갖는 대안을 추천한다.

이 장은 프로젝트(또는 정책)의 순현재가치를 계산하는 데 필요한 실용적인 기법을 다룬다. 그것은 분석가들이 프로젝트의 미래 편익과 비용을 할인해야 하는 사회적 할인율을 안다고 가정한다. 우리가 다음 장에서 논의하겠지만 사회적 할인율의 적절한 값에 대한 약간의 논쟁이 남아 있다. 그러나 실제는 미국의 행정 관리 예산국(OMB), 영국의 재정부 또는 캐나다의 국가재무위원회와 같은 감독기관들은 거의 항상 분석가들이 사용해야 할 할인율을 명시한다(우리도 또한 다음 장에서 그런 비율을 제공한다). 이 장은 또한 불확실성과 위험이라는 주제를 무시한다. 즉 기대 비용과 편익을 실제 비용과 편익처럼 취급한다.

이 장에서는 다음과 같은 중요한 주제들을 다룬다. 즉 할인의 기초, 복리계산, 수년간에 걸친 할인, 편익과 비용의 타이밍, 상이한 시간 구조를 갖는 프로젝트 비교의 문제, 실질 대 명목 가치의 사용, 상대적 가격 변동의 고려, 오래 지속하는 프로젝트와 관련된 특별한 이슈들, 시계(horizon) 가치(종가라고도 불림), 시간에 따라 감소하는 할인의 적절성, 그리고 할인에 대한 민감도 분석 등이다.

이 장의 부록에는 확정연금과 영구연금의 현재가치 계산과 일정한 비율로 증가하거나 감소하는 정액연금과 영구연금의 현재가치를 계산하는 유용한 손쉬운 공식이 제시되어 있다.

9.1 할인의 기초

9.1.1 1년의 수명을 갖는 프로젝트

기술적으로 말하면 할인은 연(year)이 아니라 **기간**에 걸쳐 발생한다. 그러나 거의 모든 공공부문 적용대상에서 할인 기간은 연이기 때문에 기간이 아니라 연이라고 생각하는 것이 더 수월하므로 우리는 일반적으로 연이라는 용어를 사용한다.

이 절에서 우리는 정확히 1년만 지속하는 프로젝트를 생각하기로 하자. 다음 절에서는 1년 이상 지속하는 프로젝트를 생각하기로 한다. 예를 들어, 한 시정부가 1천만 달러에 한 구획의 토지를 구입할 기회를 갖는다고 하자. 또한 만일 토지를 구입하면 지금부터 1년 후에 그 토지는 1천 1백만 달러에 팔릴 것이라고 하자. 만일 토지를 구입하지 않는다면 시는 5% 이자율을 갖는 재무부 증권(T-bill)에 투자할 것이다.[1] 시는 토지를 구입해야 하나? 이 결정을 하기 위한 세 가지 방법이 있는데 각각은 동일한 답변을 가져온다.

분석가가 어떤 방법을 사용하든 처음 단계로서 종종 그림 9.1에서 보는 바와 같이 **시간선**상에 프로젝트의 편익과 비용을 펼치는 것이 유용하다. 수평축은 연으로 측정되는 시간을 나타낸다(연도 0은 현재를 의미한다). 편익은 시간선 위에 나타나고 비용은 그 아

그림 9.1 도시 토지 구입 예에 대한 시간선에 대한 도표

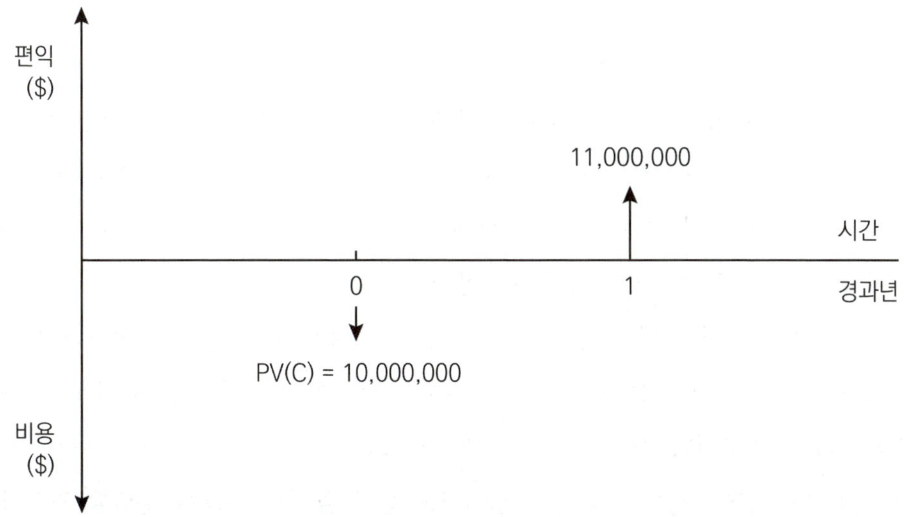

래 나타난다. 비록 이 단순한 예에서는 시간선이 불필요한 것으로 보일 수도 있지만 이 도구는 프로젝트의 편익과 비용의 시기를 명확히 하여 영향의 수와 영향의 시기가 보다 복잡할 때 특히 유용하다.

9.1.2 미래가치 분석

이 방법은 만일 시가 프로젝트에 참여한다면 미래에 받을 금액과 시가 그 돈을 투자한다면 미래에 받을 금액을 비교한다. 만일 시가 돈을 재무부 증권에 투자한다면 1년 후에 1천 50만 달러를 갖게 되는데 1천만 달러의 원금과 50만 달러의 이자의 합이다. 이 1천 50만 달러는 재무부 증권의 **미래가치**(future value: FV)라고 불리는데 왜냐하면 시가 그것을 구입한다면 미래에 시가 받을 금액이기 때문이다. 시는 이 미래가치와 시가 토지를 구입한다면 받을 미래가치인 1천 1백만 달러를 비교할 수 있고 가장 큰 미래가치를 갖는 대안을 선택할 수 있다. 이렇게 하여 시는 토지를 구입해야 하는데 왜냐하면 그렇게 하면 1년 후에 이 경우에는 50만 달러만큼 더 나아질 것이기 때문이다.

오늘 이용 가능한 특정 금액 X(원금이라 불림)의 1년 후의 미래가치는 다음 공식에 따른다.

$$FV = X(1+i) \tag{9.1}$$

여기서 i는 연간 이자율이다. 미래가치 개념은 저축 계정을 가져본 경험이 있는 사람은 누구나 직관적으로 이해할 수 있다. 예를 들어 만일 당신이 1천 달러를 4%의 저축 계정에 투자한다면 당신은 1년 후에 $1,000(1+0.04)=$1,040을 가질 것이다. 식 (9.1)을 보면 이자율이 상승하면 미래가치도 증가한다.

이자율은 종종 5%와 같이 퍼센트로 지정되는 것에 유의하자. 만일 그렇다면 식 (9.1)에서 **이자율** i는 0.05와 같을 것이다. 5%로 투자되는 1천 달러의 1년 후 미래가치를 얻기 위해 엑셀을 이용하기 위해서는 "=−FV(.05,1,,1000)" 또는 "=FV(.05,1,,−1000)"을 입력한다. 우리는 이자율(보통 0<i<1)을 입력하고 원금 앞에 - 부호를 포함할 필요가 있는데 그것은 다소 생소하지만 곧 익숙해진다. 괄호 안에 있는 첫 번째 숫자는 이자율이고 두 번째 숫자는 기간 수이며 세 번째 숫자는 연금과 관련 있는데 우리는 나중에 논의할 것이다(현재는 빈 공간으로 남겨짐). 네 번째 숫자는 원금이다.

9.1.3 현재가치 분석

이제 우리는 미래가치에서 현재가치로 전환한다. 현재가치 분석은 **현재가치**(present value: PV)라고 불리는 프로젝트의 현재에 상당하는 가치를 최상의 대안 프로젝트의 현재에 상당하는 가치와 비교한다. 시가 5%로 돈을 투자할 수 있다는 것을 전제로 1년 후에 1천 1백만 달러의 가치가 있을 토지 구입의 현재가치는 식 (9.1)에 $X = PV$, FV=$11,000,000, $i=0.05$를 대입하면 얻게 된다.

$$11{,}000{,}000 = PV(1+0.05)$$

이 식을 PV에 대해 풀면 다음과 같다.

$$PV = \frac{\$11{,}000{,}000}{1.05} = \$10{,}476{,}190$$

이와 대조적으로 최상의 이용 가능한 대안인 지금 재무부 증권 구입의 현재가치는 1천만($10,500,000/1.05) 달러이다. 이들 두 현재가치를 비교하여 시가 토지를 구입한다면 현재가치로 $476,190 더 나아지는 것을 보여준다. $500,000/(1.05)=$476,190이라는 것에 유의하자. 즉 현재 $476,190을 받는 것은 1년 후 $500,000(의 이자)와 동일하다.

일반적으로 만일 통상적인 이자율이 i라면 1년 후에 받는 금액 Y의 현재가치(PV)는 다음과 같다.

$$PV = \frac{Y}{1+i} \tag{9.2}$$

식 (9.2)에서 명확하듯이 이자율이 상승함에 따라 미래 금액의 현재가치는 감소한다. 이자율이 5%일 때 1년 후에 받는 $1,000의 현재가치를 얻기 위해 엑셀을 사용하기 위해서는 "=−PV(.05,1,,1000)" 또는 "=PV(.05,1,,−1000)"을 입력한다. 한번 더 우리는 - 부호를 포함할 필요가 있다는 것에 유의하자.

9.1.4 순현재가치 분석

이 방법은 초기 투자를 포함하여 프로젝트의 모든 편익과 비용의 현재가치를 계산하고 그 프로젝트의 **순현재가치**(NPV)를 얻기 위해 그것들을 합한다. 토지 구입 예의 경우 NPV는 만일 시가 구입한다면 토지의 현재가치에서 토지의 현재 비용을 공제한 것과 같다.

$$NPV = \$10,476,190 - \$10,000,000 = \$476,190$$

이 금액은 그림 9.2의 시간선상에 그림으로 나타나 있다. 토지 구입의 NPV가 양의 값이므로 시는 토지를 구입해야 한다. 시는 현재가치로 $476,190 더 나아질 것이다.

그림 9.2 프로젝트 I과 프로젝트 II의 시간선

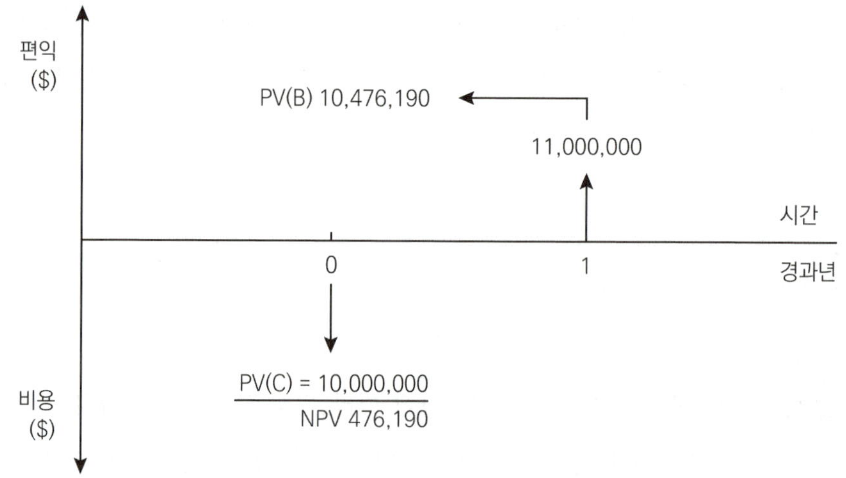

정의상 한 프로젝트의 NPV는 편익의 현재가치 PV(B)와 비용의 현재가치 PV(C)의 차이와 같다.

$$NPV = PV(B) - PV(C) \tag{9.3}$$

1장에서 논의하였듯이 NPV법은 프로젝트를 수행할 것인지 여부를 결정하는 데 단순한 기준을 제공한다. 만일 한 프로젝트의 NPV가 양의 값이라면 우리는 그것을 진행해야 한다. 만일 NPV가 음의 값이라면 우리는 그것을 해서는 안 된다. 양의 NPV 결정기준은 암묵적으로 더 높은 NPV를 갖는 여타 대안이 존재하지 않는다는 것을 가정한다. **만일 다수의 상호 배타적인 대안들이 존재한다면 가장 높은 NPV를 갖는 대안을 선택해야 한다.**

앞서 말한 예는 시는 토지를 구입하는 데 사용하거나 이자율 i로 투자하는 데 사용할 수 있는 이용 가능한 1천만 달러를 가지고 있다고 가정한다. 때때로 분석가들은 정부가 즉시 이용 가능한 현금 모두를 가지고 있지 않아서 일부 자금을 빌려야만 할 경우에 대한 프로젝트의 NPV를 계산한다. **암묵적으로 분석가들은 동일한 이자율 i로 자금을 빌릴 수도 대출할 수도 있다고 가정한다. 이 가정하에서는 정부가 현재 돈을 가지고 있는지 안 가지고 있는지는 중요하지 않다. NPV 규칙은 계속 유지된다.** 10장에서 우리는 프로젝트의 자금 원천이 어떻게 할인율의 선택에 영향을 미칠 수 있는지에 대해 논의한다. 그러나 심지어 이러한 상황에서도 분석가들은 가장 큰 NPV를 갖는 프로젝트를 선택해야 한다.

9.2 여러 해에 걸친 복리 계산과 할인

이제 우리는 여러 해에 걸쳐 발생하는 영향을 갖는 프로젝트에 적용하기 위해 이 결과를 일반화한다. 다시 한번 우리는 우선 미래가치에 대해 논의하고 그리고 나서 현재가치, 마지막으로 순현재가치를 논의한다.

9.2.1 여러 해에 걸친 미래가치

가령 시는 연리 5%에 5년 동안 1천만 달러를 투자할 수 있다고 하자. 식 (9.1)을 이용하여 첫 번째 해의 말에 시는 1천만 달러 × 1.05 = 1천 50만 달러를 갖게 될 것이다. 미래 해의 이자를 계산하기 위해 우리는 단리인지 복리인지 알 필요가 있다.

만일 **단리**(simple interest)라면 원래의 원금에 대해서만 매년 이자를 받게 된다. 즉 1년에 50만 달러이다. 이리하여 5년간 투자의 미래가치는 1천 250만 달러가 될 것이다 (초기의 1천만 달러 + 연간 5십만 달러의 5년간 이자). 매년 받는 이자에 대해서는 이자가 지급되지 않는다. 그러나 만일 이자가 **매년 복리로 계산되면**(compounded annually) 표 9.1에서 보는 바와 같이 이자가 증가할 것이다. 첫 번째 해의 말에 투자의 미래가치는 1천 50만 달러가 될 것이다. 두 번째 해의 초에 이 금액을 투자하면 두 번째 해의 말에 FV는 1천 50만 달러 × 1.05 = 1천 102만 5천 달러가 될 것이다. 두 번째 해의 이자인 52만 5천 달러는 첫 번째 해의 이자인 50만 달러보다 큰 것에 유의하자. **복리**

(compound interest)의 경우 원금과 재투자된 **이자에 대한 이자**(interest on interest)를 벌게 된다. 이 절차를 **복리 계산**(compounding interest)이라 부른다. 이후부터 우리는 달리 명확히 얘기하지 않는 한 이자는 항상 매년 복리로 계산되는 것으로 가정할 것이다.

표 9.1은 이자가 매년 북리로 계산될 때 미래가치는 단리에서보다 더 빠르게 증가하는 것을 보여준다. 비교적 장기(10년 또는 그 이상)에 걸쳐 복리와 단리 간의 차이는 꽤 커진다. 이 격차는 시간이 감에 따라 증가하므로 젊은이들에게 "일찍 투자하고 내버려 둬"라고 열심히 권하는 다수 연금기금 판매 대리인의 격언으로 입증된다. 더욱이 복리와 단리 간의 차이는 이자율에 따라 증가한다.

표 9.1 1년에 5%의 복리로 계산되는 1천만 달러 투자

연도	연도 초 수지(1백만 달러)	연간 이자(1백만 달러)	연도 말 수지(1백만 달러)
1	10.000	0.500	10.500
2	10.500	0.525	11.025
3	11.025	0.551	11.576
4	11.576	0.575	12.155
5	12.155	0.608	12.763

일반적으로 어떤 금액 X가 n년간 투자되고 이자 i로 복리로 계산된다면 미래가치 FV는 다음과 같다.[2]

$$FV = X(1+i)^n \tag{9.4}$$

예를 들어 만일 연간 5%의 복리로 1천만 달러가 4년간 투자된다면 미래가치는 FV $= 10(1+.05)^4 =$ 1천 215만 5천 달러이다.

$(1+i)^n$은 연간 이자율 i일 때 1달러의 복리로 계산한 n년 후의 미래가치인데 이것을 **복리 인자**(compound interest factor)라 부른다. 이 예에서 복리인자는 1.216이다. 5%에 투자된 1달러의 4년 후의 FV에 대한 복리인자를 얻기 위해 엑셀을 사용하기 위해서는 "=−FV(.05,4,,1)" 또는 "=FV(.05,4,,−1)"을 입력한다. 5%로 4년 동안 10달러를 투자

할 때의 FV를 얻기 위해서는 "= −FV(.05,4,,10)" 또는 "=FV(.05,4,,−10)"을 입력한다. FV는 이자율이 증가함에 따라 그리고 기간 수가 증가함에 따라 증가한다.

9.2.2 여러 해에 걸친 현재가치

가령 정부기관이 3년에 걸쳐 조직 재구축을 수행하기를 원하는데 끝나는 시점에 비용은 10만 달러가 드는 것으로 예상된다고 하자. 만일 이자율이 6%라면 3년 후에 10만 달러를 얻기 위해 지금 필요로 하는 금액인 PV는 식 (9.4)에 대입하면 찾을 수 있다.

$$PV(1+0.06)^3 = \$100,000$$

PV에 대해 이 식을 풀면

$$PV = \frac{\$100,000}{(1+0.06)^3} = \frac{\$100,000}{1.19102} = \$83,962$$

그 결과 정부기관은 3년 후에 10만 달러를 갖기 위해 현재 83,962달러가 필요할 것이다.

일반적으로 연간 이자율 i로 복리 계산할 때 n년 후에 받는 Y달러의 현재가치는 다음과 같다.

$$PV = \frac{Y}{(1+i)^n} \tag{9.5}$$

$1/(1+i)^n$은 **현재가치 인자**(present value factor) 또는 **할인 인자**(discount factor)라고 부른다. 이것은 이자율 i로 연간 복리 계산할 때 n년 후에 받는 1달러의 현재가치와 같다. 예를 들어 앞의 예에서 현재가치 인자는 $1/(1+.06)^3 = 0.8396$이다. 6%의 이자로 3년 후에 1달러를 받는 것의 현재가치 인자를 얻기 위해 엑셀을 사용하기 위해서는 "= −PV(.06,3,,1)" 또는 "=FV(.06,3,,−10)"을 입력한다.

미래 금액의 현재가치를 계산하는 절차를 **할인**(discounting)이라 부른다. 식 (9.5)에서 명백하듯이 미래 금액의 현재가치는 미래 금액 자체보다 작은데 그것이 할인되기 때문이다. 할인 규모는 이자율이 증가함에 따라 그리고 연도 수가 증가함에 따라 커진다. 더욱이 PV에 대한 이자율의 영향은 시간이 감에 따라 증가한다. 식 (9.4)와 (9.5)를 비교해 보면 할인은 복리의 역이다. 다음 공식은 할인과 복리 간의 관계를 요약하고 있다.

$$PV = \frac{FV}{(1+i)^n} \quad \text{9.6A}$$

$$FV = PV(1+i)^n \quad \text{9.6B}$$

만일 어떤 프로젝트가 1기간 이상 동안 편익을 창출한다면 우리는 각 기간에 얻는 편익의 현재가치들을 더함으로써 전체 주기의 현재가치를 계산할 수 있다. 구체적으로 만일 B_t가 t기(t = 0, 1,..., n)에 받는 편익을 나타낸다면 편익 흐름의 현재가치 PV(B)는 다음과 같다.

$$PV(B) = \frac{B_0}{(1+i)^0} + \frac{B_1}{(1+i)^1} + \ldots + \frac{B_{n-1}}{(1+i)^{n-1}} + \frac{B_n}{(1+i)^n} \quad \text{9.7}$$

$$PV(B) = \sum_{t=0}^{n} \frac{B_t}{(1+i)^t}$$

이와 유사하게 만일 C_t가 t기(t = 0, 1,..., n)에 발생하는 비용을 나타낸다면 비용 흐름의 현재가치 PV(C)는 다음과 같다.

$$PV(C) = \sum_{t=0}^{n} \frac{C_t}{(1+i)^t} \quad \text{9.8}$$

식 (9.7)을 이용하는 것을 보여주기 위해 정부기관은 두 프로젝트 대안 간에 선택을 해야 한다고 가정하자. 프로젝트 I는 지금부터 4년 후에 $10,500의 편익을 창출하는 한편 프로젝트 II는 지금부터 4년 후에 $5,500의 편익을 그리고 지금부터 5년 후에 $5,400

의 추가적 편익을 창출한다. 이자율은 8%라고 가정한다. 어떤 프로젝트가 더 나은가? 두 프로젝트의 현재가치는 다음과 같다.

$$PV(I) = \frac{\$10,500}{(1+0.08)^4} = \$7,718$$

$$PV(II) = \frac{\$5,500}{(1+0.08)^4} + \frac{\$5,400}{(1+0.08)^5} = \$4,043 + \$3,675 = \$7,718$$

이 예에서 두 프로젝트의 현재가치는 동일하다. 따라서 둘 간에 무차별하다. 이 두 프로젝트의 시간선이 그림 9.3에 그려져 있다.

그림 9.3 프로젝트 I과 프로젝트 II의 시간선

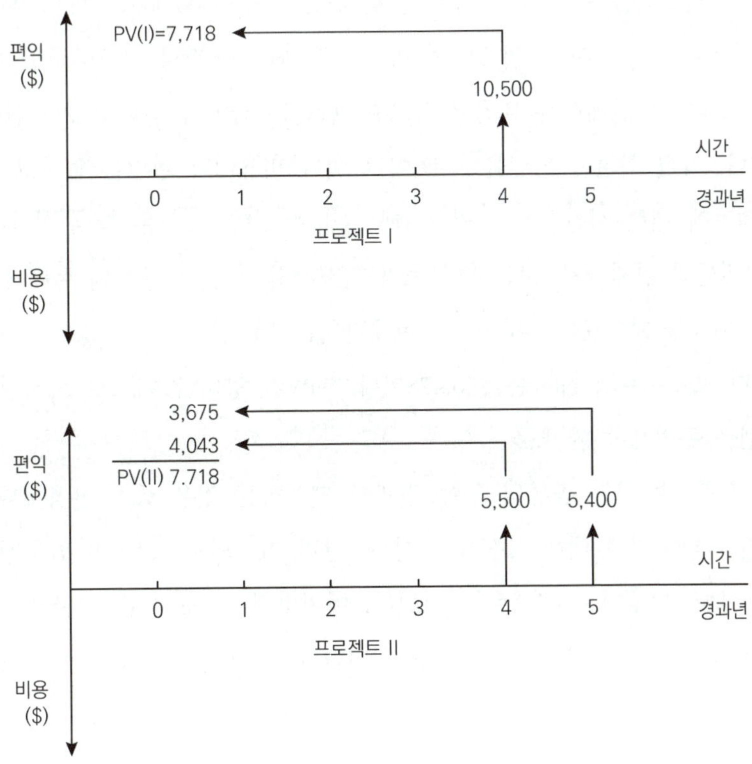

9.2.3 프로젝트의 순현재가치

우리는 CBA에 필요한 할인의 모든 기초를 소개하였다. 앞에서 논의되었듯이 특정 프로젝트의 NPV는 식 (9.3)에 나타난 것과 같이 편익의 현재가치와 비용의 현재가치의 차이이다. 식 (9.7)과 (9.8)을 식 (9.3)에 대입하면 다음과 같은 유용한 식이 나온다.

$$NPV = \sum_{t=0}^{n} \frac{B_t}{(1+i)^t} - \sum_{t=0}^{n} \frac{C_t}{(1+i)^t} \tag{9.9}$$

이 공식을 사용하여 특정 프로젝트의 NPV를 계산하는 기술을 보여주기 위해 가령 한 지역도서관은 사용자들에게 5년 동안 수많은 온라인 데이터베이스에 접근하게 하는 새로운 정보 시스템을 구입할 것을 고려하고 있다고 가정하자. 이 시스템의 편익은 1년에 $150,000로 추정되는데 이 수치는 도서관의 비용 절감과 사용자 편익을 모두 반영한 것이다. 정부 시스템을 구입하고 처음에 설치하는 데 $500,000와 매년 유지하는 데 $25,000의 비용이 든다. 5년 후에 그 시스템은 해체되어서 팔릴 것이다. 이 예에서 우리는 그것을 해체하고 판매하는 비용은 그것이 팔리는 금액과 같다고 가정한다. 따라서 종가는 0이다. 가령 적절한 할인율이 4%이고 여타 비용이나 편익은 없다고 하자.

이 프로젝트에 대한 시간선은 그림 9.4에 그려져 있다. 그것은 각 편익과 비용의 발생 시기, 그것들의 현재가치, 모든 편익들의 현재가치, 모든 비용들의 현재가치, 그리고 프로젝트의 NPV를 보여준다. 편익들의 현재가치는 $667,773이고 비용들의 현재가치는 $611,296이며 프로젝트의 NPV는 $56,478이다. NPV가 양의 값이므로 도서관은 새로운 정보 시스템을 구입해야 한다.

표 9.2에서 볼 수 있는 종류의 표에 결과를 제시하는 것은 종종 유용하다. 이 경우 우리는 사건의 타이밍에 대해 조심해야 한다. 달리 기술되지 않는 한 암묵적으로 금액은 각 연도 말에 발생하는 것으로 가정된다. 이리하여 "연도 1"은 지금부터 1년 후를 의미하고 "연도 2"는 지금부터 2년 후를 의미한다. 시간선과 비슷하게 표 9.2는 연간 편익, 연간 비용, 그리고 마지막 줄에 이 금액들의 PV를 보여주고 있다.

표 9.2 도서관 정보시스템에 대한 분석

연도	사건	연간 편익	연간 비용	연간 순사회적 편익
0	구입 및 설치	0	500,000	-500,000
1	연간 편익과 비용	150,000	25,000	125,000
2	연간 편익과 비용	150,000	25,000	125,000
3	연간 편익과 비용	150,000	25,000	125,000
4	연간 편익과 비용	150,000	25,000	125,000
5	연간 편익과 비용	150,000	25,000	125,000
	PV	667,773	611,296	56,478

그림 9.4 도서관 정보시스템의 편익과 비용 시간선

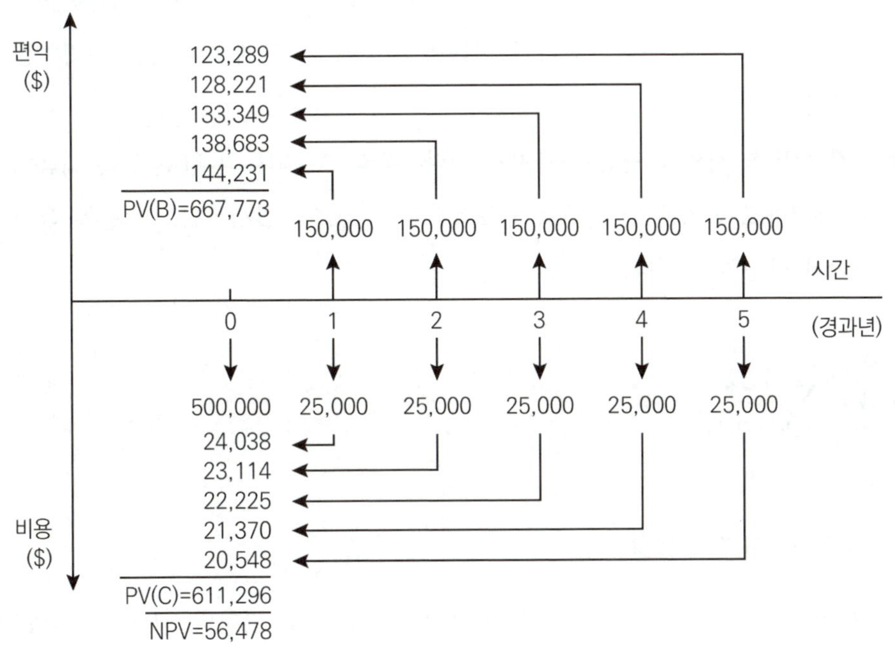

특정 프로젝트의 NPV를 계산하는 또 다른 방법은 연간 **순사회적 편익**(net social benefit)의 현재가치를 계산하는 것이다. $NSB_t = B_t - C_t$는 연도 $t(t = 0, 1, 2,..., n)$에 발생하는 연간 순사회적 편익이라 하자. 식 (9.9)로부터 **특정 프로젝트의 NPV는 순사회적 편익의 현재가치와 같다**.[4]

$$NPV = \sum_{t=0}^{n} \frac{NSB_t}{(1+i)^t} \tag{9.10}$$

표 9.2는 식 (9.9)와 식 (9.10)이 동일한 NPV를 가져온다는 것을 보여준다. 마지막 열은 전과 정확히 동일한 액수인 $56,478의 NPV를 갖는 연간 순 사회적 편익을 포함하고 있다.

많은 점에서 표와 시간선은 대체가능하다. 그것들은 모두 주요 정보를 간단명료하게 제시하여 프로젝트 PV와 NPV의 계산을 용이하게 한다. 어떤 것도 꼭 필요한 것은 아니다. 분석가들은 도움이 될 때 그것들을 가지고 실험하고 이용할 수 있다. 복잡한 프로젝트의 경우 언제 영향이 발생하는지를 정확하게 나타내기 위해서 시간선을 가지고 시작하고 나서 PV와 NPV를 계산하기 위해서 스프레드시트에 데이터를 입력하는 것이 종종 유용하다.

한 가지 특별한 상황을 언급할 가치가 있다. 몇몇 프로젝트의 경우 모든 비용이 초기 $(t=0)$에 발생하고 편익은 단지 다음 연도들$(t=1,2,...,n)$에 발생한다. 이 경우 식 (9.9)는 다음과 같이 단순하게 된다.

$$NPV = \sum_{t=1}^{n} \frac{B_t}{(1+i)^t} - C_0$$

9.2.4 확정연금과 영구연금

확정연금(annuity)은 여러 해 동안 매년 받는 동일한 고정된 금액이다. **영구연금**(perpetuity)은 무한히 지속되는 확정연금이다. 예를 들어, 가령 새로운 주 고속도로의 자금을 조달하기 위해 주정부는 1억 달러의 연간 이자율 4% 30년 만기 채권을 발행한다고 하자. $40,000의 연간 이자 지불액은 확정연금이다. 만일 매 30년 기간 말에 주정부는 이자율이 역시 4%인 또 다른 30년 만기 채권을 발행하여 부채를 차환한다면 $40,000의 연간 이자 지불액은 무한히 지속할 것이고 이것이 영구연금이다.

도서관 정보시스템 문제는 두 확정연금을 포함하고 있다. 즉 5년 동안 1년에 $150,000의 편익(우리는 이것을 확정연금 A1으로 부르기로 함)과 5년 동안 1년에 $25,000의 비용(우리는 이것을 확정연금 A2로 부르기로 함)이다. 그림 9.4로부터 A1의 현재가치는 $667,773이다. A2의 현재가치는 $111,296인데 이것은 비용의 현재가치에서 $50,000을 공제하여 쉽게 계산된다. 때때로 확정연금의 현재가치를 계산하기 위해 식들을 사용하는 것이 유용하다. 식 (9.7)이나 식 (9.8)로부터 이자율 i로 n년간의 확정연금 A의 현재가치는 다음과 같다.

$$PV = \sum_{t=1}^{n} \frac{A}{(1+i)^t}$$

따라서

$$PV = A\sum_{t=1}^{n} \frac{1}{(1+i)^t} = Aa_i^n \quad (9.11)$$

a_i^n은 이자율이 i일 때 n년 동안 1년에 $1의 확정연금의 현재가치와 같은데 이를 **확정연금 인자**(annuity factor)라 부르고 부록 9A의 식 (9A.2)에 나와 있다. 확정연금 인자표는 대부분의 계산기와 컴퓨터 스프레드시트에 장착되어 있다. 엑셀을 이용하면 4%의 이자율로 5년간 $1의 확정연금에 대한 확정연금 인자는 "=PV(.04,5,−1)"을 입력하면 얻을 수 있는데 그 값은 4.452이다. 괄호 안의 세 번째 숫자가 확정연금 금액(여기서는 $1)의 음수 값이다. 이전의 PV 예에서 이 자리는 빈칸이었었는데 왜냐하면 확정연금이 없었기 때문이다.

때때로 편익이나 비용은 일정한 비율로 증가하거나 감소하는 확정연금과 유사하다. 예를 들어, 가령 도서관 정보시스템의 편익이 첫해에는 $150,000이지만 더 많은 시스템 이용으로 인해 표 9.3에서 보는 바와 같이 매년 3%씩 증가한다고 하자. 세 번째 열은 매년 3%씩 증가하는 편익을 보여주고 있고 네 번째 열은 이 금액들의 현재가치를 포함하고 있어서 총편익의 현재가치가 $707,418이 된다. 이 예에서 3%의 성장률은 PV를 $39,645 또는 거의 6% 증가시킨다. 명백히 확정연금의 성장에 대한 가정은 NPV에 큰 영향을 미칠 수 있다. 때때로 일정한 비율로 증가하거나 감소하는 확정연금의 PV를 계산하기 위해 공식을 사용하는 것이 더 쉽다. 이 공식들은 부록 9A에서 논의된다. 특히 식 (9A.4)와 식 (9A.5)를 참조하라.

표 9.3 일정한 비율로 성장하는 확정연금에 대한 분석

연도	사 건	연간 편익	PV(연간 편익)
1	연간 편익과 비용	150,000	144,231
2	연간 편익과 비용	154,500	142,844
3	연간 편익과 비용	159,135	141,470
4	연간 편익과 비용	163,909	140,110
5	연간 편익과 비용	168,826	138,763
	PV		707,418

영구연금(perpetuity)은 단지 무한대로 지속되는 확정연금이다. 다행스럽게도 다음 공식을 사용하면 영구연금으로 매년 말에 A의 금액을 받는 것의 현재가치를 계산하기가 쉽다.

$$PV = \frac{A}{i} \text{ 만일 } i > 0\text{이면} \tag{9.12}$$

약간의 직감을 제공하기 위해 가령 한 시가 1천만 달러의 기부금을 가지고 있다고 하자. 만일 이자율이 6%라면 이 기부금은 영원히 매년 $600,000의 이자를 제공할 것이다. 보다 일반적으로 만일 그 시가 X의 기부금을 가지고 있고 이자율이 i라면 기부금으로부터의 종신 연간 소득 A는 $A = iX$이다. 이 식을 재배열하면 영구연금의 현재가치는 $X = A/i$인데 이것은 식 (9.12)이다.

식 (9.12)는 적용하기 쉽다. 예를 들어 이자율이 8%일 때 매년 $150,000의 영구연금

의 현재가치는 다음과 같다.

$$PV = \frac{\$150,000}{0.08} = \$1,875,000$$

이자율이 10%일 때 영구연금의 현재가치는 단지 영구연금 곱하기 10과 같다. 예를 들어 이자율이 10%일 때 매년 $150,000의 영구연금의 현재가치는 $1,500,000이다.

9.2.5 연속적인 복리계산

이 장 내내 우리는 기간이 1년일 때 이자는 기간당 한 번 복리계산되는 것으로 가정하고 있다. 실제로 저당, 저축계정, 그리고 다른 투자에 대한 이자는 종종 기간당 한 번 이상 복리계산된다. 반년에 한 번, 매달마다 또는 심지어 매일 복리계산될 수도 있다. 때때로 이자는 연속적으로 복리계산된다. 이자율이 일정하다고 가정하면 원금의 미래가치는 할인 빈도가 증가할수록 커지고 유사하게 미래 금액의 현재가치는 할인 빈도가 증가할수록 감소한다. 그러나 기간당 한 번의 이자 복리계산과 연속적인 복리계산 간의 차이는 크지 않다. 예를 들어 연속적인 복리계산 하에서 도서관 정보시스템 편익의 PV는 $666,255로 이자가 복리로 1년에 한번 계산된다면 단지 $1,518 더 작다.[5]

9.3 편익과 비용의 타이밍

위에서 제시된 복리계산과 할인 공식들은 즉시 발생하는 초기 비용을 제외하고 모든 편익과 비용이 각 기(연)의 말에 발생한다고 가정한다. 이 가정은 다수 프로젝트에 대해서 합리적이다. 더욱이 프로젝트의 대부분의 비용이 일찍 발생하고 프로젝트의 대부분의 편익이 늦게 발생할 때 이 가정은 다른 가정하에서 계산될 때보다 NPV가 더 작다는 면에서 보수적이다.

이러한 점을 보여주기 위해 도서관 정보시스템 예로 돌아가는데 이제는 모든 비용의 타이밍은 변하지 않고 그대로 유지되지만 $150,000의 연간 편익은 모두 매년 말이 아니라 매년 초에 발생하는 것으로 가정한다. 편익의 현재가치와 프로젝트의 NPV는 $26,711만큼 증가한다. 명백히 프로젝트의 NPV는 편익과 비용의 타이밍에 대해 정해지는 가정에 따라 상당히 변할 수 있다.

이 새로운 가정 하에서 편익의 PV를 계산하는 다양한 방법들이 존재한다. 그것들을 이해하기 위해 그림 9.4에서와 같이 각 연도 말에 지급되는 **일상적 확정연금**(ordinary annuity) 혹은 **정기적 확정연금**(regular annuity)과 각 연도 초에 지급되는 **거치 확정연금**(deferred annuity) 혹은 **기초 지급연금**(annuity due) 간의 차이를 구별하는 것이 유용하다.[6] 각 연도 초에 발생하는 것으로 가정된 편익의 현재가치를 계산하는 한 가지 방법은 그것들은 두 요소로 구성되어 있다고 생각할 수 있다는 것을 인식하는 것이다. 즉 지금 받는 $150,000 더하기 매년 $150,000를 **4번** 지급받는 일상적 확정연금이다. 후자 금액은 $544,484인데 $150,000에 더해지면 $694,484의 PV가 창출된다.[7] 두 번째 방법은 공식이나 스프레드시트를 사용하여 직접 기간당 $150,000의 기초 지급연금의 PV를 계산하는 것이다. 엑셀에서는 매년 초에 받는 기간당 $150,000의 기초 지급연금의 PV는 "=PV(.04,5,−150000,0,1)"이다. 괄호 안의 마지막 숫자는 연금의 종류를 나타내는데 일상적 확정연금의 경우 0이거나 빈칸으로 남겨 놓고 기초 지급연금인 경우 1이 된다.

비용이나 편익이 한 해에 걸쳐 발생할 때 그것들이 연초나 연말에 발생한다기보다는 그 해의 중간에서 발생하는 것으로 취급될 수 있다. 이리하여 맨 먼저 발생하는(시점 0에 발생) 비용과 일년 내내 발생하는 연간 순사회적 편익을 갖는 도서관 정보시스템과 유사한 프로젝트의 경우 우리는 식 (9.9) 또는 식 (9.10)에서 $t = 0.5, 1.5, 2.5$ 등으로 놓고 공식을 이용할 수 있다.

$$NPV = -C_0 + \sum_{t=1}^{n} \frac{NSB_t}{(1+i)^{t-.5}} \tag{9.13}$$

우리는 두 가지 다른 방법으로 NPV를 계산할 수 있을 것이다. 즉 한 사람은 영향이 연초에 발생한다고 가정하는 한편 또 다른 사람은 영향이 연말에 발생한다고 가정하고 평균을 낸다.

9.4 상이한 시간 구조를 갖는 프로젝트들의 비교

프로젝트들은 항상 동일한 할인 기간에 걸쳐 비교되어야 하므로 그것들은 비용과 편익을 축적할 동일한 기회를 갖는다. 즉 그것들은 동류여야 한다. 상이한 시간 구조를 갖는 프로젝트들은 동류가 아니어서 직접 비교할 수 없다. 분석가는 조정을 해야 한다.

가령 정부 소유 전력공급회사는 새로운 두 가지 발전원을 고려하고 있다고 하자. 첫 번째 대안은 75년간 지속하는 대규모 수력발전 댐(HED)이고 두 번째는 15년간 지속하는 열병합 발전소(CGP)이다. 모든 관련된 사회적 편익과 비용을 고려하고 6%의 할인율을 가정한 후에 75년 지속하는 수력발전 프로젝트의 NPV는 4천만 달러이고 15년 지속하는 열병합 발전 프로젝트의 NPV는 2천 5백만 달러이다. 수력발전 프로젝트가 단지 그것의 NPV가 더 크기 때문에 더 나은가? 답변은 '아니오'이다. 이 프로젝트들은 동류가 아닌데 왜냐하면 그것들은 상이한 기간을 갖기 때문이다. 그러나 상이한 시간구조를 갖는 프로젝트들을 평가하는 두 가지 방법이 존재하는데 **연장법**(rollover method)과 **등가 연간 순편익법**(equivalent annual net benefit method)이다.

9.4.1 연장법

만일 공기업이 처음에 CGP를 건설했다면 15년 후에는 또 다른 CGP로 교체될 수 있을 것이다. 더 나아가 회사는 30년 후에 세 번째 CGP를, 45년 후에는 네 번째, 60년 후에는 다섯 번째 CGP를 건설할 수 있을 것이다. 만일 그렇다면 이 다섯 개의 연속적 CGP들의 수명은 단일 75년 지속 수력발전 프로젝트의 수명과 같을 것이다. HED 프로젝트와 다섯 개의 연이은 CGP 프로젝트들은 직접 비교가능하다.

5개의 연이은 CGP들의 NPV는 표 9.4에서 볼 수 있듯이 4천 240만 달러이다. 이 NPV가 대안인 수력발전 프로젝트의 NPV보다 크기 때문에 회사는 이 대안을 선택해야 한다. 이 방법은 수명 측면에서만 상이한 두 프로젝트를 비교하기 위해 사용될 수 있다. 예를 들어, 만일 프로젝트 A의 수명은 프로젝트 B 수명의 2/3라면 분석가는 3개의 연이은 프로젝트 A와 2개의 연이은 프로젝트 B를 직접 비교할 수 있다.

표 9.4 5개의 연이은 열병합 발전소의 NPV

연도(t)	사 건	연도 t의 PV	연도 0의 PV
0	첫 번째 CGP	25	25.0
15	두 번째 CGP	25	10.4
30	세 번째 CGP	25	4.4
45	네 번째 CGP	25	1.8
60	다섯 번째 CGP	25	0.8
	PV		42.4

9.4.2 등가 연간 순편익법

상이한 수명을 갖는 프로젝트들을 비교하는 데 **등가 연간 사회적 순편익법**(equivalent annual net social benefit method), 편의상 등가 연간 순편익(EANB)법을 사용하는 것이 종종 더 용이하다. 특정 프로젝트의 EANB는 NPV를 프로젝트 자체와 동일한 항과 할인율을 갖는 **확정연금 인자**(annuity factor)로 나누어 준 것과 같다(즉 NPV를 계산하는 데 사용된 비율로 할인된, 프로젝트의 수명 동안 1년에 $1 확정연금의 현재가치).

$$EANB = \frac{NPV}{a_i^n} \quad (9.14)$$

여기서 a_i^n은 확정연금 인자이다. EANB는 프로젝트의 수명 동안 매년 받는다면 프로젝트 자체와 동일한 NPV를 가질 금액이다. 이 과정은 **상각**(amortization)이라 불리는데 종종 비용에 적용된다. 여기서는 두 대안의 NPV에 적용된다. HED와 CGP 프로젝트에 대한 EANB는 다음과 같다.

$EANB(HED) = \$40/16.46 = 243$만 달러

$EANB(CGP) = \$25/9.71 = 257$만 달러

CGP 프로젝트의 EANB는 257만 달러인데 이것은 이 프로젝트는 15년 동안 1년에 257만 달러의 확정연금을 받는 것과 등가라는 것을 의미한다. 이와 대조적으로 HED 대안의 순 사회적 편익의 PV는 75년 동안 1년에 243만 달러의 확정연금을 받는 것과 등가이다. 만일 우리가 프로젝트의 수명 말에 대안 프로젝트를 유사한 프로젝트로 연속적으로 대체할 수 있다면 CGP 프로젝트는 1년에 257만 달러의 영구연금과 등가인 연간 순 사회적 편익을 창출할 것이고 HED 프로젝트는 1년에 243만 달러의 영구연금과 등가인 연간 순 사회적 편익을 가져올 것이다. 결과적으로 가용 수명 말에 두 유형의 공장의 대체가 가능하다고 가정할 때 CGP 대안의 지속적 대체가 더 낫다.

9.4.3 열병합 프로젝트의 추가 이점

사실상 만일 공기업이 처음에 CGP 프로젝트를 선택한다면 15년 후에 똑같은 CGP로 대체하는 것이 바람직하지 않을 수도 있다. 그 시점에는 더 효율적인 CGP가 이용 가능할 수 있다. 이와 대조적으로 만일 기업이 HED 프로젝트를 건설하면 그 기업은 아마도 75년 동안 갇혀 있을 것이다. 이렇게 CGP 프로젝트는 추가적 편익을 가지고 있는데 왜냐하면 75년의 기간에 걸쳐 다수의 시점에서 보다 효율적인 기술의 도입이 허용되는 신축성 때문이다. 11장에서는 준옵션 가치라고 불리는 그러한 편익을 보다 상세하게 논의한다. 여기서는 상대적으로 짧은 수명을 가진 프로젝트들이 위의 분석에서는 포함되지 않은 추가적 편익을 가지고 있다는 것을 인식하는 것으로 충분하다.

9.5 인플레이션과 실질 대 명목 달러

전형적인 민간 부문 재무 분석은 역사적인 화폐 단위로 수입, 지출, 순소득, 자산, 부채, 그리고 현금 흐름을 측정한다. 그러한 단위는 **명목 달러**(nominal dollars)(때때로 **경상 달러**(current dollars)라고 부름)라 부른다. 그러나 만일 당신이 노인의 회고담을 한 번이라도 들은 적이 있다면 현재보다 과거에 1달러로 더 많은 재화와 서비스를 구입했다는 것을 알 것이다. "1달러는 더 이상 1달러의 가치를 갖지 못한다." 예를 들어 2004년보다 2014년에 미국의 1인당 명목 가처분 개인소득은 약 33% 더 컸지만($40,690 대 $30,709) 평균적인 사람은 33% 더 재화와 서비스를 살 수 없었다.[8] 구매력은 가격 인플레이션에 따라 감소한다. 인플레이션에 기인한 1달러의 구매력 감소를 조절하기 위해 우리는 경상 달러를 **실질 달러**(real dollars)(때로는 **불변 달러**(constant dollars)라 부름)로 전환시킨다.

실질 달러 척도를 얻기 위해 분석가들은 명목 달러를 **수축시킨다**(deflate). 여러 가능한 디플레이터들이 존재한다. 보통 **디플레이터**(deflator)는 소비자들이 구입하는 재화와 서비스 묶음의 시장가격, 즉 소비자 물가에 기초하고 있다. 미국에서 가장 흔히 사용되는 디플레이터는 CPI－U로 표시되는 모든 도시 소비자들에 대한 **전 항목**(all-items) CPI인데 이것은 1913년 1월부터 지난 달까지 노동통계국에서 발표한다.[9] 때때로 분석가들은 국내총생산(GDP)을 사용하는데 이것은 공공부문을 포함하여 보다 더 광범위하고 경제 내의 모든 재화와 용역 가격을 반영한다. 소비자 물가 디플레이터를 사용할 것인지 혹은 GDP 디플레이터를 사용할 것인지에 대한 선택은 프로젝트의 영향이 소비자들에게만 집중되어 있는지 아니면 보다 더 광범위한지에 달려 있다. 실제로 대부분의 CBA 연구들은 소비자 물가 디플레이터를 사용하는데 특히 소비자잉여를 계산할 때 그렇다. 몇몇 연구에서는 생산자잉여를 계산할 때 GDP 디플레이터를 사용한다.

현재 CPI－U에 대한 기준연도(즉 CPI－U＝100인 기간)는 1982－1984년이다. CPI－U는 기준연도의 시장재 표준 묶음 구입 비용에 대한 특정 연도의 동일한(또는 매우 유사한) 재화 묶음 구입 비용의 비율에 100을 곱한 값이다. 예를 들어 1980년의 CPI－U는 82.4이었는데 이것은 1980년의 재화 묶음의 비용이 1982－1984년 유사한 재화 묶음 비용의 82.4%이었다는 것을 의미한다. 이와 대조적으로 2016년의 CPI－U는 240.0이었는데 이것은 2016년의 재화 묶음의 비용이 1982－1984년 유사한 묶음의 비용의 240%이었다는 것을 의미한다.

특정 연도의 명목 달러로 측정된 금액을 기준 연도(1982－1984)에 대한 실질 달러로 측정된 금액으로 전환시키기 위해 우리는 단지 그 금액을 그 해의 CPI(100으로 나누어서)로 나누어 준다. 예를 들어, 1982－1984달러로 측정된 2004년의 사람들의 평균 실질소득은 $16,257($30,709/1.889)이었고 1982－1984달러로 측정된 2014년 사람들의 평균 실질소득은 $17,188($40,690/2.36736)이었다. 그러므로 인플레이션에 대해 조절을 하고 나면 사람들은 2004년에 비해 2014년에 5.7% 더 많은 재화를 구입할 수 있었다. 비록 그들의 명목소득은 2004년에 비해 2014년에 33% 높아졌지만 그들의 실질소득은 단지 5.7% 높아졌다.

기준 연도 달러로 표시된 금액을 예를 들어, 2016년 달러로 전환시키기 위해서는 그 값에 단지 2016년의 CPI(100으로 나누어서)를 곱해준다. 이리하여 2004년과 2014년 사람들의 평균 실질 가처분소득을 2016년 달러로 표현하면 각각 $39,018($16,257×2.40007)와 $41,252($17,188×2.40007)이 되었다.

보다 일반적으로 연도 a의 명목 달러로 표현된 금액을 연도 b의 실질 달러로 표현된 금액으로 전환시키기 위해서는 연도 a의 달러 금액을 연도 a의 CPI로 나눈 다음 연도 b의 CPI를 곱해준다. 미국에 있는 분석가들에게 다행스럽게도 다음의 정부 웹사이트는 이 전환을 자동적으로 하는 인플레이션 계산기를 포함하고 있다: www.bls.gov/data/inflation_calculator.htm.

9.5.1 소비자 물가에 기초한 지수의 문제점

비용-편익 분석가들에게 CPI의 값은 중요하고 지불 받는 많은 사람들은 그것에 의해 영향 받는다. 예를 들어, 다수의 연금은 매년 CPI에 기초하여 조정된다. 지수 연계 채권 보유자들에게 수익도 역시 CPI 값에 의존한다. 비록 CPI(또는 CPI-U)는 미국에서 가장 널리 쓰이는 물가지수이지만 그것은 다수의 비판의 대상이다.

대부분 학계 경제학자들은 CPI는 시장가격 증가율을 다소 과장하고 있다고 믿는다. 1990년대 중반에 상원 재무위원회가 설립하고 Michael Boskin이 의장인 위원회는 미국에서 CPI는 생계비 증가를 1년에 0.8%p에서 1.6%p 범위를 가지면서 약 1% 정도 과대 추정하는 것으로 추정하였다.[10] 그 결과 CPI와 연계된 재정지원 혜택을 받는 사람들은 사실상 그들의 구매력을 일정하게 유지하는 데 필요한 금액보다 더 많이 받고 있었다.

CPI가 상향 편의를 가질 수도 있는 주요 이유는 그것이 소비자들의 **현재**(current) 재화 구입을 정확히 반영하지 못하기 때문이다.[11] 이것은 때때로 **재화 대체효과**(commodity substitution effect)라고 부른다. 특정 재화의 가격이 상승할 때 소비자들은 그들의 소비

패턴을 바꾸어서 유사하지만 덜 비싼 재화를 구입한다. CPI는 이러한 덜 비싼 재화로의 전환을 즉시 포착하지 못해서 생계비를 과다추정한다.[12] 또한 정부의 통계전문가들은 동일한 오래되고 상대적으로 비싼 상점을 방문하는 데 반해, 소비자들은 새롭고 더 싼 할인 상점과 온라인 매장으로 전환하는데 이것이 소위 **할인매장 효과**(discount stores effect)이다. 제약 특허가 만료되는 때에도 유사한 문제가 발생한다. 특허가 만료되면 몇몇 소비자들은 새로운 제네릭 의약품으로 전환하는데 이것은 종종 특허가 있는 의약품만큼 효과가 있지만 훨씬 덜 비싸다. 그러한 새로운 제네릭 의약품은 표본 묶음에 포함되지 않는다. 이 **"새로운 재화" 문제**("new goods" problem)는 아이패드 또는 주문 제작된 통신 판매 유전자 검사 키트와 같은 새로운 "첨단 기술" 재화에도 적용되는데 이것들은 우리의 삶의 질을 개선시키고 이전의 대체재들보다 종종 더 싸다. 두 번째 유형의 문제는 기존의 제품에 증분적 질적 개선과 연관된다. CPI는 더 안전하고 더 신뢰할만한 자동차와 같이 제품 품질의 변동을 즉시 반영하지 못한다. 미국 정부는 진행중인 것에 기초하여 이 문제의 일부에 대해 CPI를 수정하였다. 1998년에 미국 정부는 추정된 편의를 1년에 약 0.65% 줄이는 몇몇 주요 수정을 착수하였다.

소비자 물가지수의 하향 편의는 아마도 다른 나라들에서는 미국만큼 크지 않을 것이다. 예를 들어 Allan Crawford는 1998년에 캐나다에서 편의는 1년에 약 1/2%p로 추정하였다.[13] 미국보다 캐나다에서 이것이 더 낮은 한 가지 이유는 미국에서는 기본 재화 묶음이 대략 매 10년마다 갱신되는 한편 캐나다에서는 매 4년마다 갱신되어 왔기 때문이다. 또한 캐나다 지수는 의료 서비스에 대해 더 낮은 가중치를 부여한다.

영국은 두 개의 주요 소비자 중심 지수가 있다. 영국 소비자 물가지수(이것도 약자로 CPI)와 소매 물가지수(RPI)이다.[14] 영국의 CPI는 거시경제 정책 목적을 위한 인플레이션의 주요 척도인데 현재는 2%로 목표를 정하고 있다. 그것은 유럽 연합 전역에 일관된 방법으로 만들어지므로 그것 때문에 유럽 연합 전역에서 인플레이션 비교가 가능하다. RPI는 1947년으로 돌아가는 보다 친숙한 지수인데 연금, 정부 보조금, 그리고 지수 연계 우량 채권(단기 정부 채권)의 물가 연동에 사용된다. 영국의 CPI와 RPI의 가중치는 매년 갱신된다. 일반적으로 RPI 지수가 CPI 지수보다 시간이 지남에 따라 훨씬 더 가변적이다.

9.5.2 실질 또는 명목 달러를 사용한 할인

분석가들은 프로젝트 편익과 비용을 실질 달러나 명목 달러 어느 것으로도 작업할 수 있다. 또한 그들은 실질 이자율이나 명목 이자율을 사용하여 할인할 수 있다. 편익과 비용의 측정단위와 할인율의 측정단위가 일치해야 하는 것에 주의해야 한다. **만일 편익과 비용이 경상 달러로 측정된다면 분석가는 경상 할인율을 사용하여 할인해야 하고, 만일 편익과 비용이 실질 달러로 측정된다면 분석가는 실질 할인율을 사용하여 할인해야 한다**. 두 방법 모두 동일한 수치의 답변을 가져 온다.[15]

민간 부문에서는 경상 달러로 작업하는 것이 더 자연스럽다. 이자율과 다른 시장 데이터는 경상 달러로 표현되고 형식적인 소득과 현금 흐름 예측은 보통 경상 달러로 이루어지며 조세 체계는 경상 금액에 기초하고 있다. 그러나 공공정책 프로젝트의 분석에 있어서는 **보통 모든 비용과 편익을 실질 달러로 표현하고 실질 할인율을 사용하여 할인하는 것이 더 쉽고 직관적으로 더 매력적이다**. 도서관 정보시스템 예로 돌아가서 미래의 부풀려진 가격보다 오늘의 가격으로 현재 및 미래의 연간 비용 절약에 대해 생각하는 것이 더 좋다. 마찬가지로 미래의 가치로 보다는 오늘의 시간당 가치로 사용시간 수에 따른 사용자 편익에 대해 생각하는 것이 더 쉽다. 예를 들어, 만일 더 많은 사람들이 시스템을 사용하거나 각 개인이 더 자주 사용하게 되어 사용자 편익이 시간이 지남에 따라 증가할 것으로 예상한다면 예측된 실질 연간 편익은 증가할 것이다. 만일 연간 편익이 실질 달러로 측정된다면 이것은 즉각적으로 알 수 있을 것이다. 그 대신에 만일 연간 편익이 경상 달러로 표현된다면 증가가 편익의 실질 증가에 기인하는 것인지 또는 인플레이션에 기인하는 것인지 즉각적으로 명백하지 않을 것이다.

만일 분석가가 실질 달러로 작업하기를 선호하지만 편익, 비용, 또는 이자율은 경상 달러로 표현된다면 경상 달러 금액은 실질 달러로 전환되어야 한다. 이 과정은 **프로젝트의 생애인 m에 걸친 예상 인플레이션**의 추정치를 필요로 한다. 경상 달러로 측정된 미래 영향(편익 또는 비용)을 실질 달러로 전환하기 위해 **우리는 식 (9.7) 또는 식 (9.8)인 현재가치 계산 공식을 사용하지만 비율 m으로 할인한다**.[16]

$$실질비용또는편익_t = \frac{경상비용또는편익_t}{(1+m)^t} \quad (9.15)$$

예를 들어, 만일 시가 5%의 경상 할인율로 5년간 1천만 달러를 투자할 수 있다면 5년 후의 경상 미래가치는 1,276만 3천 달러가 될 것이다(표 9.1 참조). 그러나 기간에 걸친 2%의 예상 인플레이션율로 연도 0 달러로 이 금액의 실질가치는 식 (9.15)를 사용하여 1,156만 달러($\$14.026/(1.02)^5$)가 될 것이다.

경상 이자율 i로 실질 이자율 r에 대한 공식을 도출하기 위해 가령 우리는 오늘 $1로 시작한다고 하자. 경상 이자율 i로 우리는 지금부터 1년 후 $\$(1+i)$를 받을 것이다. 그러나 만일 인플레이션율이 m이라면 지금부터 1년 후에 받는 $\$(1+i)$는 바로 위에 있는 공식이나 식 (9.2)를 사용하면 오늘 단지 $\$(1+i)/(1+m)$만큼만 구입할 것이다. 따라서 실질 이자율 r은 $(1+r)=(1+i)/(1+m)$으로 정의된다. 이 식을 재배열하면 다음 식이 되는데 이것을 우리는 인플레이션율이 m일 때 경상 이자율 i를 실질 이자율 r로 전환하기 위해 사용한다.[17]

$$r = \frac{i-m}{1+m} \quad (9.16)$$

예를 들어, 만일 경상 이자율이 5%이고 인플레이션율이 2%라면 실질 이자율은 $(.05-.02)/1.02 = 0.0294$ 또는 2.94%이다. 따라서 만일 시가 실질 이자율 2.94%로 5년간 1천만 달러를 투자할 수 있다면 시는 실질 달러로 $\$10(1.0294)^5 = \$11.56$백만 달러를 갖게 되는데 이것은 우리가 위에서 계산한 금액과 동일하다. 만일 인플레이션율이 상당히 낮다면(m이 작음) 실질 이자율은 **대략적으로** 경상 이자율에서 인플레이션율을 차감한 값과 같다. 즉 $r \approx i-m$. 예를 들어, 만일 경상 이자율이 5%이고 인플레이션율이 2%라면 실질 이자율은 대략적으로 3%이다.

편익이나 비용을 실질 달러에서 경상 달러로 전환하기 위해서는 분석가들은 식 (9.4)인 미래가치를 계산하는 공식을 사용할 수 있지만 인플레이션율 m으로 복리계산한다. 실질 이자율을 경상 이자율로 전환하기 위해서는 식 (9.16)을 i에 대해 풀면 된다.

9.5.3 인플레이션 취급 예: 새로운 쓰레기 트럭

한 실용적 예는 인플레이션을 다루고 경상 이자율인 시장 이자율로부터 실질 이자율로 이동하는 기초 기술을 보여주고 있다. 한 시는 고체 쓰레기를 처리하기 위해 시골의 쓰레기 매립지를 사용하고 쓰레기 차량으로 신형의 대형 트럭들을 추가하는 것을 고려하고 있다고 하자. 이 트럭들을 추가함으로써 시는 연간 처리비용을 줄일 것이다. 구체적으로 시는 첫해 동안 $100,000를 절약할 것이고 이어지는 연도마다 실질 달러로 동일한 금액을 절약할 것이다. 이 가정은 몇몇 암묵적 가정에 기초하고 있는데 예를 들어, 기사들이 트럭을 운전하는 데 걸리는 시간은 일정하게 유지되고 자동차 운행비용과 기사 임금은 인플레이션에 따라 증가한다는 것이다. 트럭은 오늘 $500,000에 구입될 것이고 4년 후에 표층 매립을 필요없게 하는 자원재생시설을 개장할 때 팔릴 것이다. 시가 살 수도 있을 것과 동일한 유형과 품질을 갖는 4년 된 트럭의 **현재**(current) 시장가치는 $200,000이다. 이것은 4년 후에 **실질** 달러로 표현된 트럭의 청산가치이다.

가령 시는 5%의 시장 이자율로 돈을 빌릴 수 있고 분석가들은 앞으로 4년간 인플레이션율은 2%로 예상한다고 하자. 시는 트럭을 구입해야 하나? 늘 그렇듯이 만일 NPV가 양의 값이라면 대답은 '예'이어야 한다.

9.5.4 실질 달러의 사용

실질 달러로 표시된 연간 편익과 비용이 표 9.5의 세 번째 열에 주어져 있다. 편익과 비용이 실질 달러로 표현되기 때문에 우리는 실질 할인율을 사용하여 그것들을 할인할 필요가 있는데 그것은 식 (9.16)을 이용하면 2.94%이다. 일반적으로 분석가들은 편익과 비용이 한 해의 말에 발생하는 것으로 가정한다. 그러나 가령 **우리는 절약은 1년 내내 발생한다고 가정한다**고 하자. 할인된 금액은 네 번째 열에 나타나 있는데 모두 더하면 NPV는 $55,772가 된다. 이리하여 다른 대안적 장비 구성이 더 큰 NPV를 제시하지 않는 한 시는 대형 트럭을 구입해야 한다.

9.5.5 경상 달러의 사용

만일 한 분석가가 시가 직면하는 시장 이자율을 적절한 할인율로 받아들인다면 그것은 경상 비율이므로 미래의 비용과 편익도 경상 달러로 예측하여야 한다. 실질 달러를 경상 달러로 전환시키기 위해서는 우리는 단순히 식 (9.4)를 사용하여 그것들을 예상 인플레이션율 m에 의해 부풀리기만 하면 된다. 연간 절약액에 대해 $n=1, 2, 3, 4$를 사용하고 싶을 수도 있다. 그러나 이 절약액은 1년에 걸쳐 발생하는 것으로 가정하기 때문에 우리는 각각 $n=0.5, 1.5, 2.5, 3.5$를 사용해야 한다. 트럭들은 4기 말에 팔리기 때문에 식 (9.4)를 적용할 때 우리는 $n=4$로 정할 것이다. 표 9.5의 5번째 열은 2%의 연간 인플레이션율을 가정할 때 경상 달러로 이 프로젝트의 추정된 비용과 편익을 보여준다. 시는 4번째 해 말에 트럭들을 팔 때 경상 달러로 $216,486을 받을 것으로 예상한다는 것을 의식할 것. 이것은 트럭들의 **경상 청산가치**(nominal liquidation value)라 부른다. 5%의 경상 이자율을 사용하여 경상 편익을 할인하면 6번째 열의 금액이 되는데 이것의 합계는 전과 마찬가지로 $55,772이다. 이리하여 두 방법은 정확히 동일한 답변을 준다.

표 9.5 신형 쓰레기 트럭 구입의 순현재가치

연도	사 건	연간 편익과 비용(실질 달러)	PV(실질 연간 편익과 비용)[a]	연간 편익과 비용(경상 달러)	PV(경상 연간 편익과 비용)[b]
0	트럭 구입	-500,000	-500,000	-500,000	-500,000
1	연간 절약액	100,000	98,561	100,995	98,561
2	연간 절약액	100,000	95,745	103,015	95,745
3	연간 절약액	100,000	93,009	105,075	93,009
4	연간 절약액	100,000	90,352	107,177	90,352
4	트럭 청산	200,000	178,104	216,486	178,104
	NPV		55,772		55,772

[a] 실질 할인율 2.94%를 사용하여 할인

[b] 명목 할인율 5%를 사용하여 할인

9.5.6 미래 인플레이션의 추정치

위의 예가 보여주듯이 사전적 CBA를 수행할 때 제안된 프로젝트의 수명에 걸친 예상 인플레이션율의 추정치를 반드시 필요로 하는 것은 아니다. 그러나 만일 어떤 영향(일반적으로 편익)은 실질 달러로 측정되고 또 어떤 영향(일반적으로 비용)은 경상 달러로 측정된다면 그것은 필요하다. 분석가들은 현재의 연간 인플레이션율을 사용할 유혹을 받지만 이것은 특히 상대적으로 수명이 긴 프로젝트에 있어서 극히 부정확할 수 있다.

단기 인플레이션 예측치는 연방정부나 경제협력개발기구(OECD)로부터 이용 가능하다. 매달 The Economist는 몇몇 국가들에 대한 올해와 그 다음 해의 소비자 물가 변동에 대한 예측치를 제시하고 그것의 웹사이트에는 더 많은 데이터가 있다. 미국에서는 잠재적으로 유용한 세 서베이가 있다. 즉 직업 경제학자들의 리빙스턴 서베이, 미시간 대학교 소비자 서베이, 그리고 전문 예측가 서베이(SPF) 등이다.[18]

장기 예측치는 찾기 힘들다. 그러나 SPF 응답자들은 1991년 이래 CPI의 10년 후의 예측치를 제공해 왔다. 또 다른 옵션은 **인플레이션 연동 정부 채권(inflation-indexed government bonds)**의 물가에 의해 암시된 인플레 기대를 이용하는 것이다.[19] 비록 꽤 긴 기간(30년까지)에 걸쳐 인플레 기대를 추론하기 위해 이 접근법을 사용하는 것이 가능하지만 종종 이 채권은 드문드문 거래가 되고 그래서 추정치는 믿을 수 없을 수 있다.[20]

9.6 상대적 가격 변동

이전 절에서는 인플레이션에 기인한 일반적인 물가 증가를 어떻게 다루는지에 대해 논의하고 있다. 이것은 상대 가격이 변하지 않는다고 가정하고 있다. 즉 각 재화나 서비스의 가격은 동일한 비율로 증가한다고 가정한다. 그러나 실제로 몇몇 가격들은 다른 것들보다 더 빠르게 증가(감소)한다. 즉 상대가격은 변할 수 있다. 분석가들은 항상 이 가능성을 고려해야 한다. 특히 장기 수명을 가진 프로젝트들은 더욱 그렇다. 다행스럽게도 상대적 가격 변동을 다루는 데 있어서 개념적 어려움은 없다. 전과 마찬가지로 모든 가격들은 실질 달러로 전환되어 실질 사회적 할인율(SDR)로 할인되거나 모든 가격들은 경상 가격으로 전환되어 명목 SDR로 할인되어야 한다. 상대 가격 변동의 중요성은 일본 고객들에게 석탄을 공급하기 위한 브리티시 콜롬비아의 개발 프로젝트에 대한 CBA인 이 장 끝의 사례 연구에서 실제로 보여준다.

9.7 종가와 고정 수명 프로젝트

다수의 CBA 프로젝트들의 비용과 편익은 신형 쓰레기 트럭 프로젝트와 동일한 구조를 가져서 시점 0에서 초기 비용이 발생하고 프로젝트의 편익과 운영 비용은 연도 1부터 n까지 발생하며 자산은 연도 n의 말에 청산된다. 그러한 프로젝트의 경우 NPV는 다음 공식을 사용하여 계산될 수 있다.

$$NPV = -C_0 + \sum_{t=1}^{n} \frac{RNSB_t}{(1+i)^{t-.5}} + \frac{T_n}{(1+i)^n} \quad (9.17)$$

여기서 C_0는 초기 비용, $RNSB_t$는 “정기적인” 연간 순 사회적 편익(즉 종가 제외, $t = 1,2,\ldots, n$), T_n은 연도 n의 말의 종가, i는 적절한 할인율이다. 실질 달러를 사용한 쓰레기 트럭 예에서 $C_0 = \$500{,}000$, 매년 $RNSB_t = \$100{,}000$, $T_n = \$200{,}000, i = 2.94\%$이다.

이 예에서 종가는 자산의 청산가치이다. 외부성이 존재하지 않고 쓰레기 트럭의 가치를 매길 잘 작동하는 시장이 존재한다고 가정하면 중고 시장 가격은 그 시점에서 자산의 사회적 가치를 반영할 것이다. 몇몇 프로젝트의 경우 음(−)의 종가를 갖는다. 예를 들어 세계 엑스포, 올림픽 게임 또는 핵발전소에 이용된 부지 해체와 연관된 비용이 있을 수 있는데 그것은 자산 매각 가치를 능가한다. 몇몇 프로젝트의 경우 종가는 0이다. 사실 도서관 정보시스템 예는 이 가정을 하였다.

9.8 최종(또는 잔존) 가치와 수명이 긴 프로젝트

지금까지 논의된 모든 프로젝트의 경우 사회적 편익과 비용은 제한된 해 동안 발생하는데 보통 프로젝트가 시행되는 기간이다. 프로젝트 말에 남아 있는 자산은 즉각적으로 팔리거나 어떤 다른 방법으로 사용되어 후속 비용이나 편익이 없는 것으로 가정된다. 즉 식 (9.9), 식 (9.10) 또는 식 (9.17)을 적용할 때 n번째 해 후에는 편익이나 비용이 없는 것으로 가정한다. 이 가정은 종종 민간부문 의사결정에서 합리적인데 왜냐하면 프로젝트 평가는 보통 프로젝트가 끝난 후에 0인 민간 편익과 비용만 고려할 필요가 있기 때문이다. 그러나 정부 프로젝트의 영향은 설령 그것이 공학 또는 관리 측면에서 완료된다 할지라도 미래의 여러 해에 걸쳐 발생할 수 있고 어쩌면 무한히 있을 수도 있다. 예를 들어 영국에서는 자동차들이 18세기 이상 전에 로마제국이 건설한 도로 위를 운행한다. 중국의 만리장성은 비록 그것이 수 세기 전에 특히 달갑지 않은 '방문자들'을 막기 위해서 건설되었지만 지속적으로 관광 편익을 창출하고 있다. 동일한 이슈가 인적자본 투자 프로그램, 특히 교육과 보건 프로그램에서 발생한다. 예를 들어, 취학전 교육 프로그램은 그들이 프로그램을 끝마친 후부터 그들의 전 생애에 걸쳐 참여자들에게 편익을 줄 수 있고 몇몇 편익은 심지어 그들 자녀들에게도 생길 수 있다. 이 모든 영향들은 CBA에 포함되어야 한다. 그러나 실제로 종종 프로그램이 끝난 후에 발생하는 비용과 편익을 어떻게 취급하는지 명확하지 않다.

만일 편익이나 비용이 무한히 발생한다면 NPV는 식 (9.9)나 식 (9.10)에서 n 대신 ∞로 대체하여 계산될 수 있다.

$$NPV = \sum_{t=0}^{\infty} \frac{NSB_t}{(1+i)^t} \tag{9.18}$$

이 공식을 적용하는 데 있어서의 어려움은 미래 먼 시점까지 NSB를 예측하는 데 있다. 보통 분석가들은 무한대 기간을 두 부분으로 나눈다. 즉 **할인 시계**(the discounting horizon)와 그 후의 전 기간이다. 연간 순사회적 편익은 할인 시계, 예를 들어 k년에 걸쳐 할인된다. **할인 시계 말에** 그 후의 모든 순사회적 편익의 현재가치는 **잔존 가치**(horizon value)라 부르고 H_k로 표시한다. 이리하여 NPV는 다음과 같이 쓸 수 있다.

$$NPV = \sum_{t=0}^{k} \frac{NSB_t}{(1+i)^t} + \frac{H_k}{(1+i)^k} \quad (9.19)$$

여기서

$$H_k = \sum_{t=k+1}^{\infty} \frac{NSB_t}{(1+i)^t} \quad (9.20)$$

실제로 잔존 가치와 종가는 상호 호환적으로 사용된다.

할인 기간 k의 길이는 이론상 자의적이다. 실제로 보통 그것은 각 프로젝트의 본성과 그 후의 "아주 먼" 미래가 아니라 "가까운 미래"(처음 k기간) 동안의 비용과 편익을 예측하는 분석가의 자신감에 의해 결정된다. 처음 k년은 프로젝트의 **유효수명**(useful life)일 수 있다. 예를 들어, 1장에서 소개한 코퀴할라 고속도로 예에서 볼 수 있듯이 분석가들은 종종 고속도로에 대해 20년의 할인 기간을 사용하는데 그 이유는 그것은 대수선을 하기 전 약 20년을 지탱하는 경향이 있기 때문이다. 일단 할인기간이 선택되면 잔존 가치를 측정하는 두 가지 방법이 있다.

9.8.1 직접 추정되는 잔존 가치

장기 수명을 갖는 프로젝트의 경우 어떤 시점 후에는 NSB는 동일한 비율로 증가하거나 감소하는 것으로 가정하는 것이 아마 가장 적절할 것이다. 만일 그렇다면 부록 9A에 있는 식들이 PV를 계산하는 데 유용하다.

9.8.2 자산의 감가상각 후 가액에 기초한 잔존 가치

고정자산 비율이 높은 프로젝트의 경우 이 가치가 미래 순사회적 편익의 현재가치와 같다고 가정하면서 할인 기간 말에 그 자산의 **경제적 가치**(economic value)를 추정하려고 시도할 수 있을 것이다. 이 가치를 추정하는 한가지 방법은 초기의 고정비용으로부터 **경제적 감가**(economic depreciation)를 공제하는 것이다. 대부분의 자산의 경제적 가치는 기하학적 비율로 감소한다. 즉 특정 해의 가치는 이전 해의 가치의 일정 비율이다. 감가율은 타이어, 자동차, 그리고 의료장비와 같이 수명이 짧은 자산의 경우 높고 증기 터빈, 창고, 철도 구조물, 상수도와 같이 수명이 긴 자산의 경우 낮다. Barbara Fraumeni는 미국 경제분석국(BEA)이 경제적 감가를 계산하기 위해 사용하는 방법론을 기술하고 많은 자산들의 감가율과 서비스 수명에 대한 포괄적 요약을 제시하였다.[21] 이 방법은 **회계적 감가상각**(accounting depreciation)이 아니라 경제적 감가상각에 기초하고 있다는 것을 강조하는 것이 중요하다. 전자는 종종 경제적 가치와는 별로 관계가 없다. **회계적 감가상각은 CBA에서 비용으로 포함되어서는 안 된다**.

다소 유사한 접근법은 특정 자산의 경제적 가치가 초기 프로젝트 비용의 일정 비율과 같다고 가정하는 것이다. 예를 들어, 1장의 코퀴할라 고속도로 예는 고속도로의 실질 잔존 가치는 초기 건설비용의 75%와 같아서 0.75×6억 6,180만 달러=4억 9,635만 달러와 같다고 가정했다.[22] 그렇지만 75%라는 숫자는 분명히 다소 자의적이다.

물론 알맞은 경우에 조정을 해야 한다. 예를 들어 만일 자산이 보다 더 심하게 사용되거나 정상보다 저조하게 유지된다면 감가상각률을 높여야 한다. 또한 잔존 가치는 미래의 순사회적 편익에 의존해야 하는데 그것은 결국 미래 사용에 달려 있다. 비록 항공기는 꽤 높은 감가상각률을 가질 수 있지만 만일 그것이 쓰이지 않아 아무도 타지 않는다면 그것의 사회적 가치는 낮을 것이다. 이와 유사하게 만일 정부가 "애물단지", 예를 들어, 소위 "갈 곳 없는 다리"를 건설하는 것을 고려한다면 경제적 감가상각의 단순한 적용은 잔존 가치를 과다추정하게 될 것이다.

9.8.3 잔존 가치의 반복

분석가는 할인 기간과 잔존 가치를 계산하는 방법을 결정해야 한다. 이것들은 상호의존적일 수 있다. 예를 들어, 만일 분석가가 잔존 가치가 0이라고 가정할 예정이라면 그는 상대적으로 긴 할인 기간을 사용해야 한다. 만일 분석가가 잔존 가치로 별도로 추정할 예정이라면 프로젝트의 유효 수명에 걸쳐 할인하는 것이 타당하다. 잔존 가치의 실제 크기에 대한 불확실성 때문에 대안적 잔존 가치를 선정하고 이것이 결과에 어떻게 영향을 미치는지를 보기 위해 종종 **민감도 분석**(sensitivity analysis)이 시행된다. 추가적 고려사항은 몇몇 매우 긴 수명을 가진 프로젝트에 대해 분석가들은 시간에 따라 감소하는 할인율을 사용해야 한다는 것이다. 이제 우리는 이 이슈를 다루기로 한다.

9.9 시간에 따라 감소하는 할인

지금까지 이 장에서는 할인율이 일정하다고 가정하였다. 즉 그것은 시간에 따라 변하지 않는다. 이 가정은 상대적으로 단기 영향을 갖는 프로젝트에 대해서는 합리적이다. 그러나 기후 변화에 영향을 주는 것과 같이 먼 미래에 발생하는 몇몇 영향을 갖는 프로젝트에 대해서는 이치에 맞지 않는다. 10장에서 우리는 시간에 따라 감소하는 할인율의 사용에 대해 논의하고 선진국들의 경우 처음 50년에 대해서는 3.5%로 할인하고, 50−100년에 대해서는 2.5%로, 100−200년에 대해서는 1.5%, 200−300년에 대해서는 0.5%, 300년 이상의 미래에 대해서는 0.0%의 할인율을 사용해야 한다고 제안한다.

시간에 따라 감소하는 할인을 어떻게 수행하는지를 이해하기 위해서 가령 오늘 1백만 달러의 비용이 들고 400년 후에 10억 달러의 편익을 갖는 프로젝트가 있다고 하자. 연속적 할인을 가정하면 편익의 PV는 10억 달러 $\times [(e^{-0.035*50}) \times (e^{-0.025(100-50)}) \times (e^{-0.015(200-100)}) \times (e^{-0.005(300-200)})]$인데 이것은 대략 \$6,737,945가 되어 프로젝트의 NPV는 \$5,737,945가 된다. 편익의 PV를 얻기 위해 우리는 먼저 0%의 할인율로 300년 후의 가치를 계산하는데 그 값은 10억 달러이다. 그리고 나서 우리는 이것을 300년에서 200년까지 100년에 대해 0.5%로 할인하며, 200년 후에 나온 값을 100년 후까지 100년에 대해 할인한다. 100년 후에 나온 값을 50년 후까지 2.5%로 할인하고 마지막으로 그 값을 연도 0의 값으로 3.5%로 할인한다. 이것은 400년에 걸쳐 단일의 일정한 비율인 1.26%를 적용한 것과 결과가 동일하다.

9.10 할인에 대한 민감도 분석

이 장에서는 미래의 편익과 비용을 할인하기 위해 사용되어야 하는 비율(또는 시간에 따라 감소하는 할인의 경우 비율들)을 알고 있다고 가정한다. 그러나 10장에서 논의할 이유들로 인해 사회적 할인율의 올바른 값에 대한 상당한 견해 차이가 존재한다. 따라서 우리는 할인율에 대한 NPV의 민감성을 결정해야 한다. 종가 역시 민감도 분석의 후보이다.

11장에서 좀 더 자세하게 논의하겠지만 민감도 분석을 수행하는 가장 쉬운 방법은 불확실성이 존재하는 각 모수를 변화시켜 NPV를 재계산하는 것이다. 이것은 스프레드시트에서 행하는 것이 쉽다. 만일 모든 그럴싸한 모수 값들 하에서 정책 권고가 확고하다면(즉 NPV는 계속 양이거나 음) 우리는 권고가 유효하다는 더 큰 자신을 가질 수 있다.

그림 9.5에는 두 개의 상이한 실질 종가, 하나는 $200,000(위의 선)과 또 하나는 $150,000(밑의 선)에 대해 실질 할인율을 적용하여 신형 쓰레기 트럭을 구입하는 것의 NPV를 표시하고 있다. 종가를 일정하게 유지하는 경우 프로젝트의 NPV는 할인율이 증가함에 따라 감소한다. 이 흔한 양상은 비용이 일찍 발생하고 편익이 늦게 발생하는 투자 프로젝트에서 나타난다. 더 높은 할인율이 더 낮은 NPV를 초래하는데 왜냐하면 보다 즉각적인 비용보다 미래의 편익이 더 많이 할인되기 때문이다.

정의상 특정 프로젝트의 **내부수익률**(internal rate of return: IRR)(때로는 **손익 분기 할인율**(breakeven discount rate)이라 부름)은 NPV=0이 되게 하는 할인율이다. 이 크기는 NPV=0이 되는 그래프상 수평축에서 읽어낼 수 있고 스프레드시트에서 시행착오를 통해 찾거나 분석적으로 찾을 수 있다.[23] 만일 실질 잔존 가치가 $200,000이면 실질 IRR은 7.25%이다. 만일 적절한 실질 할인율이 7.25%보다 작다면 프로젝트는 양의 NPV를 갖게 될 것이어서 채택되어야 한다. 반대로 만일 적절한 실질 할인율이 7.25%보다 크다면 프로젝트는 음의 NPV를 갖게 되어 채택되어서는 안 된다.

만일 잔존 가치가 실질 달러로 $150,000이면 NPV 곡선은 $50,000의 할인된 값만큼 하향 이동한다. 할인율이 증가함에 따라 NPV가 감소하므로 낮은 이자율일 때에 비해 높은 이자율일 때 곡선은 덜 하향 이동한다. 비록 모든 할인율에서 NPV는 전보다 작지만 실질 할인율이 3.86%보다 작은 한 그것은 계속 양의 값을 갖는다.

그림 9.5 민감도 분석: 실질 할인율과 실질 잔존 가치 함수로서의 신형 쓰레기 트럭 구입의 NPV

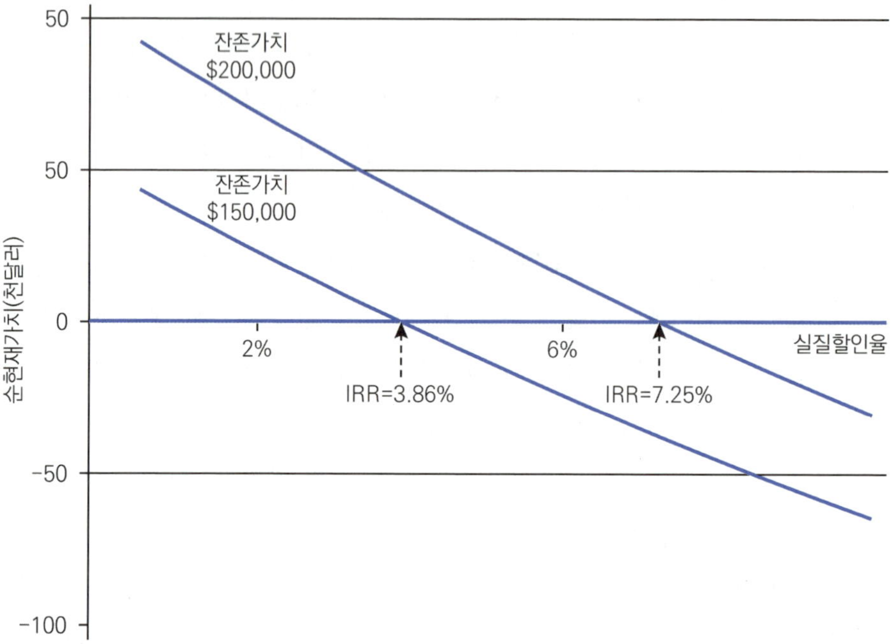

9.10.1 의사결정 규칙으로서의 내부수익률

신형 쓰레기 트럭 프로젝트의 실질 IRR은 7.25%인데 이것은 이 프로젝트가 5년간(프로젝트의 길이) 원래 금액의 7.25%의 연간 편익을 가져오고 5년째 말에 초기 투자된 자본 전부를 회수하는 유사한 규모의 프로젝트와 동등하다는 것을 의미한다. IRR은 이 예에서와 같이 **현상에 대한 단지 한 개의 대안이 존재할 때** 프로젝트 선택을 위해 사용될 수도 있다. 기본 아이디어는 10장에서 자세히 논의하겠지만 사회(또는 사회를 위해 활동하는 정부)는 다른 어딘가에 자원을 투자할 때 벌 수 있는 것보다 더 높은 수익을 얻는 프로젝트에만 투자해야 한다는 것이다. 다시 말해서 적절한 할인율은 자금의 기회비용을 반영해야 한다.

그러나 IRR을 의사결정을 위해 사용하는 데에는 다수의 잠재적 문제점들이 존재한다. 첫째, IRR은 한 개의 값이 아닐 수 있다. 즉 NPV가 0이 되는 할인율이 한 개 이상일 수 있다. 이 문제는 할인 기간 동안 연간 순편익이 양에서 음으로(또는 그 반대로) 한 번 이상 변동할 때 발생할 수 있다. 둘째, IRR은 백분비(즉 비율)이지 달러값이 아니다. 따라서 규모가 다른 프로젝트 집단으로부터 한 프로젝트를 선택할 때 사용해서는 안 된다. 이 규모 문제는 편익－비용 비율, 비용－효과성 비율, IRR과 같은 비율을 사용할 때 항상 발생한다. 그럼에도 불구하고 만일 그것이 유일한 값이라면 결과가 할인율의 선택에 얼마나 민감한지를 알고자 하는 의사결정자들이나 기타 분석가들에게 유용한 정보를 전달해 준다.[24]

9.11 결론

이 장에서는 할인 기법에 관한 주요 이슈들을 제시하고 있다. 그것은 적절한 할인율을 알고 있다고 가정한다. 사실상 CBA에서 사용할 적절한 할인율의 결정은 다소 논쟁이 있는 이슈로 우리는 10장에서 논의할 것이다.

부록9A 확정연금과 영구연금의 현재가치 계산 공식

확정연금의 현재가치

이자율 i%로 n년간 매년 A의 확정연금을 받는(매해 말에 지불) 것의 현재가치는 다음과 같다.

$$PV=\sum_{t=1}^{n}\frac{A}{(1+i)^{t}}$$

이 금액은 공통의 비율 $1/(1+i)$을 갖는 기하급수 n개 항의 합이다. 따라서

$$PV=Aa_{i}^{n} \tag{9A.1}$$

여기서

$$a_{i}^{n}=\frac{1-(1+i)^{-n}}{i} \tag{9A.2}$$

확정연금의 현재가치는 이자율이 증가함에 따라 감소한다(그리고 그 반대도 성립)는 것에 유의하자. 이것은 왜 채권 가격이 이자율이 하락함에 따라 증가하는지에 대한 부분적 설명이다. 또 다른 중요한 의견은 **약 20년째 후에 받는 확정연금 지불액은 이자율이 10%나 그 이상일 때는 현재가치에 거의 더해주는 것이 없다**. 이리하여 민간 회사들은 종종 재조림과 같은 매우 장기적인 투자를 하는 것을 꺼린다.

일정한 비율로 증가하거나 감소하는 확정연금의 현재가치

때때로 특정 프로젝트의 편익(또는 비용)은 일정한 비율로 증가한다. B_t는 연도 t의 연간 편익이라 하자. 이리하여 연도 1에 발생하는 연간 편익은 B_1로 표시된다. 가령 이 편익은 매년 g의 일정한 비율로 성장한다고 하자. 그러면 연도 t의 편익은 다음과 같다.

$$B_t = B_{t-1}(1+g) = B_1(1+g)^{t-1} \quad t = 2, \ldots, n \tag{9A.3}$$

n년에 걸친 흐름인 총편익의 현재가치는 (만일 $i > g$라면) 다음과 같다.[1]

$$PV(B) = \frac{B_1}{(1+g)} a_{i_0}^n \tag{9A.4}$$

여기서 $a_{i_0}^n$은 식 (9.2)에 의해 정의되고

$$i_0 = \frac{i-g}{1+g}, \; i > g \tag{9A.5}$$

식 (9A.1)과 식 (9A.4)를 비교하면 연도 1에 B_1으로 시작하고 $n-1$년간 일정 비율 g로 증가하는 편익 흐름의 이자율이 i일 때 현재가치는 이자율 i_0가 식 (9A.5)에서와 같이 주어질 때 n년간 확정연금 $B_1/(1+g)$의 현재가치와 같다. **식 (9A.5)를 사용할 때 확정연금은 B_1이 아니라** $B_1/(1+g)$라는 것에 유의하자.

이 공식을 사용하여 일정한 비율로 증가하는 편익 흐름의 현재가치를 어떻게 계산하는지 보여주기 위해 도서관 정보시스템 예로 돌아가서 **첫 번째 해 이후에** 편익은 연간 3%로 증가한다고 가정한다. 위로부터 이 편익 흐름의 현재가치는 다음 비율로 할인된 5년간의 연간 \$150,000/1.03 = \$145,631인 확정연금의 현재가치와 같다.

$$i_0 = \frac{i-g}{1+g} = \frac{.04 - .03}{1.03} = 0.0097087$$

이 금액은 전과 마찬가지로 \$707,418이다.

만일 성장률이 작은 값이라면 $B_1/(1+g) \cong B_1$이고 $i_0 \cong i-g$이다. 따라서 식 (9A.5)로부터 B_1으로 시작하고 추가적 $n-1$년간 g의 비율로 성장하는 편익 흐름의 현재가치는 $i > g$인 한 비율 $i-g$로 할인된 n년간의 확정연금 B_1의 현재가치와 같다. 이 근사치는 편익이 양의 비율로 증가하고 확정연금은 더 낮은 비율로 할인되어 더 높은 PV를 가져온다는 것을 분명하게 한다. 반면에 만일 편익이 일정한 비율로 감소한다면 확정연금은 더 높은 비율로 할인되어 더 낮은 PV를 가져온다.

식 (9A.5)는 이자율이 성장률을 능가($i > g$)하는 경우에만 성립한다. 만일 $i \leq g$라면 그것은 사용되어서는 안 된다. 그렇지만 중요한 것은 만일 g가 음의 값이라면 즉 편익이 일정한 비율로 하락한다면 그것은 항상 사용될 수 있다.

일정한 비율로 성장하거나 하락하는 영구연금의 현재가치

만일 첫 번째 해의 순사회적 편익 NSB_1이 일정한 비율 g로 무한히 성장하고 이자율이 i라면 순사회적 편익의 PV는 n이 무한대로 증가함에 따라 식 (9A.4)의 극한값을 취하면 찾을 수 있다.

$$NPV = \frac{NSB_1}{(i-g)} \quad \text{만일 } i > g\text{이면} \tag{9A.6}$$

몇몇 재무 전공 학생들은 이 공식을 Gordon 성장모형으로 인식할 수 있을 것인데 이것은 또한 배당금 성장 모형이라고도 불린다. 이것은 종종 일정한 비율로 성장하는 일정한 흐름의 배당금을 창출하는 주식의 가치를 매기기 위해 사용된다. 전과 마찬가지로 이 공식은 $i > g$일 때만 성립한다.

Notes

CHAPTER 9 연습문제

1. 고속도로부는 영구 교량을 건설하는 데 걸리는 3년 동안 운행 시간을 단축하기 위해 임시 교량 건설을 생각하고 있다. 임시 교량은 $730,000의 비용으로 몇 주 내에 세워질 수 있다. 3년 말에 그것은 제거될 것이고 철강은 고철로 팔릴 것이다. 이것의 실질 순비용은 $81,000이다. 시간 절약과 임금률, 연료 절약 그리고 사고 위험의 감소 추정치에 기초하여 부서의 분석가들은 첫째 해 동안 실질 달러로 편익은 $275,000, 둘째 해 동안 $295,000, 셋째 해 동안 $315,000가 될 것으로 예측한다. 부서 규정은 4%의 실질 할인율을 사용할 것을 요구한다.

   a. 편익이 3년 각각의 말에 실현된다고 가정할 때 순편익의 현재가치를 계산하라.

   b. 편익이 3년 각각의 초에 실현된다고 가정할 때 순편익의 현재가치를 계산하라.

   c. 편익이 3년 각각의 중간에 실현된다고 가정할 때 순편익의 현재가치를 계산하라.

   d. 각 연도의 편익의 반은 연도 초에 실현되고 나머지 반은 연도 말에 실현된다고 가정할 때 순편익의 현재가치를 계산하라.

   e. 임시 교량은 순편익 테스트를 통과할 수 있는가?

2. 정부 데이터 처리센터는 최근 요통이 있는 종업원들의 불평에 시달려 왔다. 상담가들은 $430,000의 순비용으로 사무실 가구를 업그레이드하면 허리부상의 발생 정도와 심각성을 줄여서 매년 센터의 $68,000의 의료비를 피할 수 있을 것으로 추정하였다. 그들은 또한 새로운 가구로 인해 근로시간 손실 회피와 종업원 안락함이 연간 $18,000 가치의 편익을 가져오는 것으로 추정하였다. 가구의 유효 수명은 5년이고 그 후에는 초기 순비용의 10%인 실질 잔존가치를 가질 것이다. 상담가들은 비용 회피가 매년 초에 발생하는 것으로 취급된다고 가정하면서 그것의 추정치를 구했다. 그것에 대한 투자 결정을 할 때 센터는 9%의 명목 이자율을 사용하고 일반 인플레이션율은 3%로 가정한다. 그것은 의료에 대한 인플레이션율도 다른 재화와 마찬가지로 3%이거나 6%로 예상하고 있다. 센터는 새 가구를 구입해야 하나?

3. 한 소도시의 여가부는 토지 한 구획을 어떻게 사용할지 결정하고자 한다. 한 가지 옵션은 8년의 예상 수명을 갖는 농구코트를 건설하는 것이다. 또 다른 것은 24년의 예상 수명을 갖는 수영장을 건설하는 것이다. 농구코트는 건설하는 데 $180,000의 비용이 들고 8년 동안 각 연도 말에 $40,000의 순편익을 창출한다. 수영장은 건설하는 데 220만 달러의 비용이 들고 24년 동안 각 연도 말에 $170,000의 순편익을 창출한다. 각 프로젝트는 각 수명 말에 잔존가치가 0인 것으로 가정한다. 5%의 실질 할인율을 사용할 때 어떤 프로젝트가 더 큰 순편익을 제공하나?

4. 특정 군의 환경보호국은 토지 한 구획을 자연보호구역으로 보존하고 싶어 한다. 현재 소유주는 20년 기간의 초에 지불될 110만 달러의 정액 지불과 맞바꾸어서 20년간 주에 임대할 것을 제의하였다. 보호국은 사냥꾼, 탐조객, 도보 여행자들에 대한 편익으로 연간 $110,000를 창출할 것으로 추정하였다. 임차 가격이 토지의 사회적 기회비용을 나타내고 적절한 실질 할인율은 4%라고 가정한다.

a. 실질 달러로 측정된 연간 편익이 20년 동안 각 연도 말에 발생한다고 가정할 때 토지 임차의 순편익을 계산하라.

b. 보호국 내의 몇몇 분석가들은 인구와 군 소득 증가로 인해 연간 실질 편익은 매년 2%씩 증가할 가능성이 있다고 주장한다. 그들이 옳다고 가정할 때 순편익을 재계산하라.

5. 앞의 문제에서 토지의 현재 소유주가 그 토지를 2백만 달러에 팔 용의가 있다고 가정한다. 이 금액이 토지의 사회적 기회비용과 같다고 가정할 때 만일 군이 영구적 야생동물 피난처로서 이 토지를 구입하고자 한다면 순편익을 계산하라. 이 계산을 할 때 먼저 $110,000의 연간 실질 편익에 대해 연간 성장률 0%를 가정하라. 그리고 이 편익이 연간 2%로 성장하는 것으로 가정하라.

6. (강사에게 제공된 스프레드시트 권장) 신도시는 레크레이션 센터를 건설할 것을 고려하고 있다. 추정된 건설비용은 1천 2백만 달러이고 프로젝트의 20년 수명에 걸쳐 $750,000의 인건비와 유지비용이 든다. 프로젝트 수명 말에 신도시는 그 토지를 4백

만 달러에 팔 수 있을 것으로 예상하는데 그 금액은 적게는 2백만 달러가 될 수도 있고 많게는 5백만 달러가 될 수도 있다. 분석가들은 첫 번째 해 편익(첫 번째 해의 말에 발생)을 120만 달러로 추정한다. 그들은 인구와 소득 증가에 의해 실질 금액으로 연간 편익이 증가할 것으로 예상한다. 그들의 예측은 4%의 성장률이지만 그것은 낮게는 1%도 될 수 있고 높게는 6%도 될 수 있다. 분석가들은 신도시의 실질 할인율은 6%로 추정하지만 그들은 그 값이 1%p 높을 수도, 낮을 수도 있다는 것을 인정한다.

a. 분석가들의 예측치를 사용하여 프로젝트의 순편익의 현재가치를 계산하라.

b. 분석가들에 의해 주어진 범위 내에서 대안적 예측에 대한 순편익의 현재가치의 민감도를 조사하라.

사례 9 북동부 탄광 개발 프로젝트의 CBA

대부분의 재화와 서비스 가격은 시간이 흐름에 따라 상승하는 경향이 있다. 즉 우리는 인플레이션을 경험한다. 그러나 실제로 모든 가격들(가치들)이 동일한 비율로 증가하지는 않는다. 주택가격과 연료 가격과 같이 몇몇 가격들은 종종 다른 것들보다 더 변동이 심하다. 이러한 이유로 몇몇 국가들은 CPI를 계산할 때 그러한 변동이 심한 항목들을 재화 묶음에서 제외한다. 그리고 때때로 몇몇 재화와 서비스 가격들은 다른 가격들과 상이한 방향으로 움직인다. 예를 들어, 2010년 12월부터 2016년 12월까지 미국에서 모든 항목들로 된 CPI는 10% 올랐지만 주택 가격은 약 21% 오른 한편 금값은 15% 하락했다.[1]

표 C9.1 북동부 탄광 개발 프로젝트의 CBA(2016 백만 달러)

부 문	편익	비용	순사회적 편익	기준가격의 90%	기준 가격과 수량의 90%
채광 부문	9,677	9,513	163	-426	-700
운송 부문					
트럭 수송	96	96	0	0	0
캐나다 국립철도	1,471	1,045	426	426	353
BC 철도	630	589	41	41	18
항구 터미널	394	438	-44	-44	-67
분석과 서베이	32	32	0	0	0
브리티시 콜롬비아					
사용료와 조세	674	0	674	566	493

부 문	편익	비용	순사회적 편익	기준가격의 90%	기준 가격과 수량의 90%
생산자잉여(노동)	73	0	73	73	73
환경	29	15	15	15	15
사회기반시설*	0	257	-257	-257	-257
철도 지선	266	779	-514	-514	-540
캐나다					
법인세	385	0	385	312	268
고속도로, 항만 항해	0	76	-76	-76	-76
생산자잉여(노동)	73	0	73	73	73
합계	13,800	12,840	959	189	-347

*고속도로, 전력, 도시계획 지역

출처: W. G. Waters II, "A reanalysis of the North East Coal Development"(undated), tables 2 and 3 에 기초. 모든 수치들은 실질 할인율 10%, 할인기간은 2003년에 끝나고 종가는 없다고 가정하면서 2016 캐나다 달러로 표시된 현재가치임.

상대가격 변동의 중요성은 수출을 위한 광물을 공급하기 위한 브리티시 콜롬비아의 탄광 개발 프로젝트의 CBA로 설명된다. 이 탄광은 주의 북동부에 위치하고 있었으며 1980년대 외국(주로 일본) 고객들에게 배타적으로 공급하는 것으로 계획되었다. 사례 표 9.1에 보이는 추정치들은 연관된 숫자의 현실적 이해를 용이하게 하기 위하여 2016달러로 전환되었다. 둘째, 셋째, 넷째 열은 제안된 프로젝트의 예상 편익, 비용, 그리고 순사회적 편익을 요약하고 있다. 이 열들은 "기준 사례" 추정치들을 보여준다. 전반적으로 분석 결과 순사회적 편익의 현재가치가 9억 6천만 달러로 추정되었다(4열). 수혜자의 주요 범주는 캐나다 국가 철도(CNR)와 캐나다 연방정부로 예상되었다. 그 당시에는 CNR은 광물 산출물을 수송하는 국립 주 소유 철도회사였다. 캐나다 연방정부는 법인세를 받을 것이다. 광산 소유주 역시 이윤 증가의 형태로(생산자잉여) 편익을 얻을 것으로 예상되었다. BC 주정부는 요구되는 기타 사회기반시설뿐만 아니라 탄광으로의 지선 철도에 대해서도 지불할 것이지만 광산 사용료와 더 높은 법인세로부터 편익을 얻을 것이다. 그 당시 BC와 캐나다 나머지 지역의 실업자들은 고용급여를 누릴 것으로 예상되었다.

5번째 열은 만일 광물 가격이 기준 가격의 90%로 하락한다면 예상되는 순사회적 편익을 포함하고 있다. 모든 다른 가격들은 일정하게 유지되는 것으로 가정되었다. 이 가정하에서 총 순사회적 편익은 7억 7천만 달러만큼 하락하지만 그러나 여전히 양의 값일 것이다. 이리하여 이것은 상대적 가격변동이 추정된 NPV에 상당한 영향을 미칠 수 있다는 것을 보여준다.

기준 사례로부터 더 멀리 이동하면 6번째 열은 광물 가격이 예상 기준가격의 90%로 하락하고 외국 고객들이 이전에 예상되었던 주문의 90%로 광물 구입을 축소할 때의 예상 순사회적 편익을 보여준다.[3] 이 가정하에서 총 순사회적 편익은 음의 값으로 바뀐다.

사례 표 9.1은 또한 기준 사례 가정하에서 주요 예상 “승자”는 CNR, 캐나다 연방정부, 그리고 보다 적게 채광 부문일 것이라는 것을 보여준다. 만일 광물 가격이 10% 하락한다면 채광 부문은 순손실자가 될 것이다. 또한 브리티시 콜롬비아 주민들은 한계적 “승자”에서 한계적 “패자”로 전환될 것인데 그 이유는 주로 사용료와 법인세가 감소하는 한편 고속도로와 지선 연장 비용은 이미 발생했기 때문이다. 만일 가격과 수량 수준이 예상 수준의 90%로 하락한다면 채광 부문은 크게 잃을 것이다.

사실 지선 연장은 1983년에 개통되고 BC철도가 운영하였다. 대부분의 이러한 종류의 지선과는 달리 수력발전을 생산하는 주요 댐의 근접성과 그것이 두 개의 긴 터널을 통과하기 때문에 그것은 전기로 움직였다. 비록 그 지선은 처음에 이득이 되었지만 부분적으로 광상 규모의 과다추정으로 인해 수송량은 결코 예측 수준을 달성하지 못했다. 대략 12년의 운행 기간 후에 그 지선은 전기로 운행되는 것이 폐지되고 장기계약으로 CNR에 임대되었다. 그 지선은 현재 사용되지 않는다. 그러나 CNR(현재 민영화됨)은 2017년 말 이전에 그것이 재운행될 것이라고 주장한다.

Notes

할인 사례연구의 연습문제

1. 당신은 이 연구를 분배적 CBA로 묘사할 것인가?

2. 왜 소비자잉여가 편익으로 포함되지 않나?

3. 이 CBA에서 당신은 어떤 약점들을 보고 있나? 만일 그것들이 정정된다면 그것들은 예상 NPV를 증가시킬 것인가, 감소시킬 것인가?

CHAPTER 10

사회적 할인율

CHAPTER 10

사회적 할인율

정부 정책이나 프로젝트를 평가할 때 분석가들은 보통은 연도로 측정되는 상이한 기간에 발생하는 정책 영향에 적용할 가중치에 대해 결정하여야 한다.[1] w_t로 표기되는 가중치와 연간 실질 순사회적 편익 NSB_t를 사용하여 특정 프로젝트의 추정된 순현재가치(NPV)는 다음과 같다.[2]

$$NPV = \sum_{t=0}^{\infty} w_t NSB_t \qquad (10.1)$$

식 (10.1)에서 가중치는 **사회적 할인 인자**(social discount factors)라고 부른다. 가중치의 사용으로 미래에 발생하는 비용, 편익 또는 순편익은 오늘 실현된 비용, 편익 또는 순편익과 같은 기준으로 잴 수 있게(즉 비교 가능하게) 된다. 이렇게 함으로써 프로젝트 가치의 단일 척도인 NPV를 얻기 위해 우리는 상이한 시기에 걸쳐 발생하는 사회적 비용과 편익을 더할 수 있다.

CBA에서는 보통 사회적 할인 인자는 다음과 같다.

$$w_t = \frac{1}{(1+SDR)^t} \quad t = 0, 1, 2, \ldots \qquad (10.2)$$

여기서 SDR은 실질 **사회적 할인율**(social discount rate)로 상수이다.[3] 만일 식 (10.2)가 성립한다면 식 (10.1)은 9장에서 소개되었던 NPV를 계산하는 공식에서 SDR로 할인하는 것에 해당한다. 식 (10.2)는 SDR을 선택하는 것은 식 (10.1)에 사용할 사회적 할인 인자 집합을 선택하는 것에 해당한다는 것을 의미한다.

할인은 어떤 미래 시점에 이용 가능한 자원은 지금 당장 이용 가능한 동일한 규모보다 오늘 기준에서는 덜 가치가 있다는 생각을 반영한다. 두 기본적 이유가 존재한다. 첫째, 투자를 통해서 오늘의 자원은 미래에 사용할 더 큰 규모의 자원을 창출할 수 있다. 이것은 오늘 자원 소비의 기회비용, 즉 투자를 하지 않음으로써 포기되는 미래의 자원을 정의한다. 둘째, 사람들은 미래보다는 지금 소비하는 것을 선호한다(그들은 성급하다). 이러한 이유로 일반적으로 가중치는 시간이 감에 따라 하락하는 것으로 받아들여진다. 즉 $0 \le w_t \le w_{t-1} \le \dots \le w_1 \le w_0 = 1$

만일 식 (10.2)가 성립하면 $w_t = \dfrac{w_{t-1}}{(1+SDR)}$, 여기서 $t > 0$, $w_0 = 1$. 이 경우 사회적 할인 인자는 기하학적으로 감소한다. 즉 한 기의 가중치는 이전 기의 가중치에 비례하고 이 관계는 시간이 흐름에 따라 일정하다. 가중치에서 감소율은 SDR과 같다.[4] SDR이 일정하다는 가정은 세대 내 프로젝트의 경우 적절하다. 그러나 식 (10.1)은 9장에서 소개되었던 프로젝트의 NPV 계산 공식보다 더 일반적이다. 이 장의 뒷부분에서 우리는 사회적 할인 인자가 일정한 비율로 감소하지 않는다고 가정하는 것이 더 합리적인 상황에 대해 논의한다. 즉 **시간에 따라 감소하는 사회적 할인율**(time-declining social discount rates)이 존재한다. 이 중요한 이슈는 매우 장기(세대간) 영향을 갖는 기후변화 정책이나 다른 정책을 분석할 때 발생한다.

실제로 우리가 이 장의 뒤에서 논의하겠지만 정부나 정부기관은 보통 분석가들이 사용하도록 원하는 할인율을 지시한다. 그러나 심지어 단기 프로젝트의 경우에도 어떤 비율이 사용되어야 하는지에 대해 의견충돌이 존재한다.[5] 이 장에서는 식 (10.1)에서 사용할 **적절한 사회적 할인 인자 집합의 선택**, 요컨대 사회후생을 극대화하는 목표가 주어졌을 때 적절한 SDR의 선택과 관련된 이론적 이슈들을 다룬다. 사회적 할인율의 선택과 관련된 이론적 이슈들을 충분히 이해하지 않은 채 CBA를 수행하는 것은 가능하다. 그러나 누군가는 NPV를 용이하게 계산할 수 있을지 모르지만 그는 이 장을 읽지 않았다면 할인율 값의 선택에 대한 질문에 대해 조언을 하거나 답변할 수 없을 것이다.

학자들은 SDR을 결정하기 위한 두 가지 주된 방법을 제안하였다. 즉 자본의 사회적 기회비용(SOC)법과 사회적 시간선호(STP)법이다. 이 장에서는 두 가지 방법을 기술하고 그 차이를 설명한다. SOC법은 시장 기준 추정치에 의존하여 결과적으로 종종 기술적 접근법이라 불린다. STP법은 최적 성장모형의 모수들에 대한 잠재가격을 도출하여 결과적으로 종종 명시적 접근법이라 불린다.

적절한 사회적 할인율에 대한 논의에서 변함없이 등장하는 한 가지 이슈는 위험과 불확실성에 대한 취급이다. 한 가지 접근법은 위험을 반영하기 위해 할인율에 리스크 프리미엄을 더해주는 것이다. 우리의 견해로는 위험과 할인을 별개로 다루는 것을 선호한다. 위험을 다루는 가장 적절한 방법은 순편익을 확실 등가치로 전환시키고나서 이 확실 등가치를 무위험 사회적 할인율로 할인하는 것인데 12장에서 논의될 것이다. 그러나 대부분의 상황에서 확실 등가치를 계산하는 것은 매우 힘들다. 그러나 다행스럽게도 역시 우리가 12장에서 논의하듯이 사회적 리스크 프리미엄은 대개 작아서 **분석가들은 합리적으로 무위험 SDR로 예상 순편익을 할인할 수 있다**.[6]

10.1 할인율의 선택은 중요한가?

그렇다! SDR의 선택은 CBA에서 가장 중요한 토픽 중 하나이다. 많은 사람들에게 그것의 중요성은 기후변화 경제학에 대한 **스턴 보고서**(Stern Review)를 둘러싼 논쟁의 중심에 있었다.[7] 그 보고서의 저자들은 기후 변화를 늦추기 위해 세계 GDP의 1%를 즉각적으로 현 시점에서 희생할 것을 주장하였다. 그러나 이에 대응하여 William Nordhaus는 이 외침은 "할인에 대한 극단적인 가정"에 기초하였고 만일 "다른 지구 온난화 분석에 사용되는 더 전형적인 할인율로 대체한다면 **보고서**의 극적인 결과는 사라진다"고 주장하였다.[8] 비록 SDR 수준은 지구 온난화에 대한 것처럼 대부분의 정책문제에 대해 극적인 영향을 가지고 있지는 않지만 공공투자의 순편익의 현재가치를 결정하는 데 그래서 권고되는 정책 대안에 거의 항상 중요한 역할을 한다.

SDR 값이 왜 중요한지를 보기 위해 지금부터 100년 후에 발생하는 $100의 비용을 생각해 보자. 3.5%의 SDR일 때 당신은 이 비용을 피하기 위해 지금 $3.2를 지불할 의사가 있을 것이다. 그러나 7%의 SDR일 때는 이 비용을 피하기 위해 지금 단지 11.5센트를 지불할 의사가 있을 것이다. 명백하게 SDR의 선택은 먼 미래에 발생하는 비용과 편익을 현재 어떻게 가치 매기는지에 영향을 미친다.

심지어 단기간 지속되는 프로젝트의 경우에도 SDR 값이 어떻게 프로젝트의 서열을 변동시킬 수 있는지 보기 위해 세 잠재적 프로젝트 가운데 단지 하나에만 지출될 수 있는 $100,000의 예산을 가진 정부기관을 생각해 보자. 이들 프로젝트 각각의 연간 순편익이 표 10.1에 나와 있다. 2%의 낮은 SDR을 선택하면 프로젝트 C가 선호되는 반면 10%의 높은 SDR이 선택되면 프로젝트 B가 선호될 것이다. 이리하여 프로젝트의 서열은 할인율의 선택에 중요하게 의존한다.

표 10.1 세 대안 프로젝트들의 연간 순편익과 순현재가치(달러)

연 도	프로젝트 A	프로젝트 B	프로젝트 C
0	-80,000	-80,000	-80,000
1	25,000	80,000	0
2	25,000	10,000	0
3	25,000	10,000	0
4	25,000	10,000	0
5	25,000	10,000	140,000
NPV(SDR=2%)	37,836	35,762	**46,802**
NPV(SDR=10%)	14,770	**21,544**	6,929

일반적으로 유사한 비용을 갖는 프로젝트들의 경우 할인율이 낮을 때 편익이 언제 발생하는지에 상관 없이 가장 큰 총편익을 갖는 프로젝트가 선호되는데 그 이유는 모든 사회적 할인 인자(가중치)가 1에 가깝기(즉 높기) 때문이다. 할인율 증가는 먼 미래에 발생하는 편익이나 비용에 더 작은 가중치를 적용하여 편익이 후반부에 실린 프로젝트

C와 같은 프로젝트를 약화시킨다. 이와 대조적으로 그것은 프로젝트 B와 같이 편익이 전반부에 실린 프로젝트를 강화시킨다.

10.2 언제 사회적 할인율 값에 대해 의심의 여지가 없나?

후생경제학은 정책 선택을 사회후생–사회를 구성하는 개인들의 행복 또는 효용의 합계–을 극대화하고자 하는 시도로 틀을 만든다. 일반적으로 사회후생 분석은 행복이 (음식과 같이 사적으로 소비되는 재화와 서비스는 물론 환경 질과 같은 공공재의) 소비에 의존한다고 가정한다. 개인들은 미래에 발생하는 동일한 수준의 소비 편익보다 현재의 소비 편익을 선호하는 경향이 있다. 경제학자들은 이같이 나중보다는 빠르게 소비하는 것을 더 선호하는 것을 **시간 선호**(time preference)라 부른다. 한 개인이 한 해에 더 소비하고 다음 해에 덜 소비하는 것간에 절충할 의사가 있는 비율을 개인의 **한계 시간선호율**(marginal rate of time preference: MRTP)이라고 부른다. 또한 사람들은 **투자에 대한 한계수익률**(marginal rate of return on investment: ROI)이 양의 값이라고 가정할 때 돈을 미래 사용을 위해 투자하는 대신 오늘 쓸 때 포기된 이자의 기회비용에 직면하게 된다. 이러한 고려들이 다른 연도에 사회에 의해 실현되는 편익과 비용이 어떻게 할인되어야 하는지를 결정하는 데 기초를 제공한다.

10.2.1 개인의 한계 시간선호율

시간선호 개념은 대출과 차입 맥락에서 가장 쉽게 이해될 수 있다. 가령 한 대학원생이 올해는 $15,000의 급료를 받고 내년에는 $20,000의 급료를 받는다고 하자. 가령 당신이 그 학생이고 부유한 삼촌이 돈을 주겠다며 당신이 올해 $1,000를 선호하는지 아니면 내년에 $1,200를 선호하는지 묻는다고 하자. 가령 당신이 이 선물 간에 무차별하다고 하자. 즉 당신은 내년보다는 올해 가외의 $1,000를 소비하기 위해 내년에 $200의 추가적 소비를 희생할 의사가 있는 것이다.[9] 이 경우 당신은 20%의 한계 시간선호율

(MRTP)을 가지고 있을 것이다. 달리 말하면 MRTP는 당신은 당신의 현재 소비를 소액만큼 감소시키기 위해 내년에 20% 더 많은 액수를 필요로 한다는 것을 우리에게 말해준다.

부유한 삼촌이 없다면 당신은 차입을 통해서 오늘 더 많이 소비할 수도 있다. 비록 무일푼의 대학원생인 당신에게 많은 은행들이 상환하지 못할 수도 있는 대출을 하는 것에 흥미가 없을 수 있지만 지역의 신용조합이 10%의 연간 이자율로 당신에게 대출할 의사가 있다고 가정하자. 즉 만일 당신이 내년에 $1,000 더하기 $100를 이자로 상환할 것을 계약한다면 당신은 $1,000를 빌릴 수 있다. 만일 당신이 당신의 삼촌으로부터 즉시 추가적인 $1,000를 얻기 위해 $200를 포기할 의사가 있다면 올해 $1,000를 더 소비하기 위해 다음 해의 소비를 단지 $100 포기할 것을 요구하는 대출을 확실히 활용할 것이다.

일단 당신이 $1,000의 대출을 취득하면 당신은 올해 쓸 돈 $16,000를 갖게 되고 내년에는 쓸 돈 $18,900를 갖게 된다. 이제 당신은 내년에 써야 할 돈 대비 올해 써야 할 돈 간의 격차를 줄였으므로 당신은 아마도 20%보다 작은 MRTP를 가지고 있을 것이다. 대출을 취득한 후에 선택이 주어진다면 당신은 이제 올해 $1,000의 선물보다 내년에 $1,200의 선물을 선호할 수 있다. 만일 그렇다면 이것은 당신의 MRTP가 이제 20%보다 작다는 것을 나타낸다. 이 예는 우리가 한해에서 다른 해로 소비를 전환시킴에 따라 MRTP가 어떻게 변하는지를 보여준다.

10.2.2 MRTP와 완전경쟁시장에서의 시장 이자율의 동등

개인들이 원하는 만큼 차입할 수 있는 한 그들의 MRTP가 그들이 지불해야 하는 이자율만큼 하락할 때까지 그들은 계속 추가적으로 미래로부터 현재로 소비를 이동시킬 수 있다. 만일 은행이 당신의 MRTP를 능가하는 이자율을 제시한다면 당신은 기꺼이 지금 저축을 하고 약간의 소비를 미래로 연기할 것이다. 예를 들어, 만일 당신이 오늘의 추가적 $1,000와 내년의 추가적 $1,050간에 무차별하지만 올해 $1,000를 저축하여 내년에 추가적인 $1,060를 받을 수 있다면 당신은 저축하기를 원할 것이다. 당신이 버는 이자율이 당신의 MRTP와 같을 때에만 당신은 추가적인 $1를 쓰거나 저축하는 것 간에 무차별할 것이다.

시장실패도 없고, 조세나 거래비용도 없는 이상적인 완전경쟁시장에서 각 개인의 MRTP는 시장이자율과 같다. 이것을 보기 위해 가령 한 소비자의 효용이 2년에 걸친 소비의 함수라고 하자. C_1은 올해(연도 1)의 소비를 나타내고, C_2는 내년(연도 2)의 소비를 나타낸다. 소비자는 예산 제약하에서 그의 효용 $U(C_1, C_2)$를 극대화한다. 여기서 T는 2년 동안 소비할 수 있는 총소득의 현재가치이고 i는 시장이자율을 나타낸다.

$$Max\ U(C_1, C_2) \quad (10.3)$$

$$s.t.\ C_1 + \frac{C_2}{1+i} = T \quad (10.4)$$

이 문제는 그림 10.1에 나타나 있다.

U^1과 U^2로 라벨이 붙은 곡선들은 **무차별곡선**(indifference curves)이다. 각 무차별곡선은 개인에게 동일한 효용 수준을 제공하는 현재와 미래소비 조합을 나타낸다. 이리하여 개인은 무차별곡선상의 어떤 두 점 간에도 무차별하다. 곡선 U^2상의 모든 점들은 곡선 U^1상의 모든 점들보다 선호된다. 즉 선호 방향은 북동쪽이다.

각 무차별곡선의 기울기는 음의 값인데 이것은 소비자가 지금 기간에 약간의 소비를 포기하기 위해서는 다음 기간에 더 많은 소비를 필요로 한다는 사실을 반영하고 있다. 예를 들어, 만일 한 개인이 오늘의 추가적 \$1,000와 내년도의 추가적 \$1,050 간에 무차별하다면 그의 무차별곡선의 기울기는 -1,050/1,000 = −1.05와 같다. 무차별곡선의 기울기의 절대값은 한 개인이 미래소비 대신 현재소비로 대체하는 것 간에 무차별한 비율을 측정하는데 이것을 올해 소비와 내년 소비 간의 소비자의 **한계대체율**(marginal rate of substitution: MRS)이라 부른다.

이 예에서 개인은 소비를 연기하기 위해 내년도에 5% 추가를 필요로 한다. 즉 그의 MRTP는 0.05이다. **일반적으로 만일 한 개인이 현재의 소비 1단위를 포기하기 위해 미래에 1+p의 추가적 단위를 필요로 한다면 무차별곡선의 기울기는 -(1+p)이고 한계대체율은 1+p이며 한계 시간선호율은 p이다.** 관련 범위에서 $p > 0$이고 무차별곡선의 기울기는 절대값으로 1보다 크다.

그림 10.1 MRTP와 시장이자율의 동등

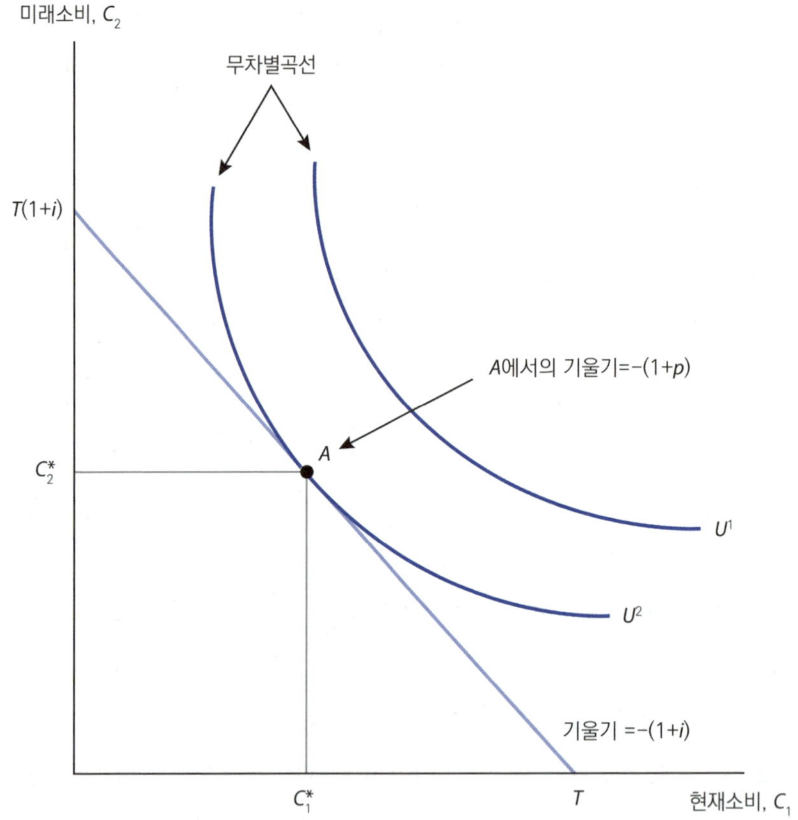

현 기간의 소비가 증가함에 따라 무차별곡선은 점점 더 평평해지는데 이는 그 사람이 주어진 현 소비 규모를 포기하기 위해 상대적으로 작은 추가적인 미래 소비 규모를 필요로 한다는 것을 나타낸다. 즉 현 소비가 증가함에 따라 한계대체율과 한계 시간선호율은 감소한다.

첫 번째 기간에 그의 소득 전부를 받는 사람은 이자율 i로 소득의 전부 또는 일부 투자를 선택할 수 있다.[10] 이리하여 소득 전부를 연도 1에 쓸 수 있는 이것은 $C_1 = T$, $C_2 = 0$을 의미한다. 연도 2에 소득 전부를 쓸 수도 있는데 이 경우는 $C_1 = 0$, $C_2 = (1+i)T$가 된다. 또는 그는 $(1+i)T$와 T 간의 직선으로 표현되는 예산제약선상의 어떤 다른 점에서 소비할 수도 있다. 이 선의 기울기는 $-(1+i)$이다.[11] 이리하여 기간 1의 각 추가적인 소비 단위는 기간 2의 소비 $(1+i)$ 단위의 비용이 들고 기간 2의 각 추가적인 소비 단위는 기간 1의 $1/(1+i)$ 단위의 비용이 든다.

개인의 적정 소비수준을 결정하기 위해 우리는 그의 무차별곡선이 예산제약선과 어디에서 접하는지를 찾는다. 이 접점은 그림 10.1에서 점 A에서 발생하는데 거기에서 적정 소비수준은 C_1^*와 C_2^*로 표시된다. 이 점에서 무차별곡선 U^1의 기울기 $-(1+p)$는 예산제약선의 기울기 $-(1+i)$와 같다. 따라서 그의 적정 소비수준에서 $p=i$이다. 즉 시장이자율은 그의 MRTP와 같다.

이 결과는 일반적으로 동일한 이자율로 개인들이 원하는 만큼 차입하거나 대출할 수 있고 “제대로 작동하는” 선호 함수를 갖는 완전히 효율적인 시장에서는 성립한다.[12] 그러한 세상에서는 **모든** 개인은 시장이자율과 동일한 MRTP를 가질 것이다. 모든 소비자들이 동일한 시장이자율에 직면하기 때문에 그들은 동일한 MRTP를 가질 것이다. 결과적으로 모든 사람들은 동일한 비율로 현재와 미래소비를 거래하고자 할 것이다. 이 비율이 시장이자율과 동일하기 때문에 시장이자율을 사회적 할인율로 사용하는 것은 자연스러울 것이다.

10.2.3 사회적 시간선호율과 완전한 시장에서의 투자에 대한 수익의 동등

이제 우리는 생산을 포함한 2기간 모형으로 분석을 확장하기로 한다. 이것은 다른 나라와 교역을 하지 않는, 즉 폐쇄경제인 어떤 가상적인 나라에 적용된다. 더욱이 전과 마찬가지로 시장실패나 조세가 없고 대출과 융자와 관련된 거래비용이 없다고 가정함으로써 분석을 단순화한다.

이 가상적 국가의 경제가 그림 10.2에 그려져 있다. 수평축은 현재 기간 동안의 소비를 나타내고 수직축은 미래 기간 동안의 소비를 나타낸다. 곡선 CPF는 만일 경제가 자원을 효율적으로 사용한다면 이용 가능한 현재와 미래소비의 모든 조합을 나타내는 소비가능성 곡선이다. 가령 첫 번째 기간의 초에 그 나라는 T단위의 자원을 가지고 있는데 이것은 현재의 소비와 투자 간에 배분될 수 있다. 한 극단은 수평축의 점 T로 표시되는데 “사회”(즉 그 나라의 국민들)는 현재 기간에 T단위 모두를 소비하여 투자는 0이고 따라서 미래소비는 없다. 또 다른 극단은 수직축의 점 S로 표시되는데 현재 기간에는 아무 것도 소비하지 않고 T단위를 모두 투자하여 미래 기간 동안 S단위를 소비한다. $S > T$라는 데 유의하자. 이것은 현재 기간에 투자되는 모든 자원에 양의 수익률이 존재한다는 것을 의미한다.

점 X는 현재의 소비가 C_t^*이고 미래의 소비가 C_{t+1}^*인 보다 현실적인 중간 위치를 나타낸다. 이 점에서 사회는 잠재적 현재의 소비중 $I_t = T - C_t^*$단위를 투자를 위해 포기한다. 미래 기간에는 $C_{t+1}^* = I_t + R$단위를 소비하는데 I_t는 첫 기에 투자된 규모를 나타내고 R은 이 투자에 대한 수익을 나타낸다. 미래 소비는 그림 10.2에서 X와 C_t^* 간의 선에 점 T로부터의 45° 선을 그림으로써 두 요소로 분할될 수 있다. 밑의 부분은 I_t에 해당되고 위의 부분은 R에 해당된다.

그림 10.2 생산이 존재하는 2기간 모형에서 소비와 투자의 적정 수준

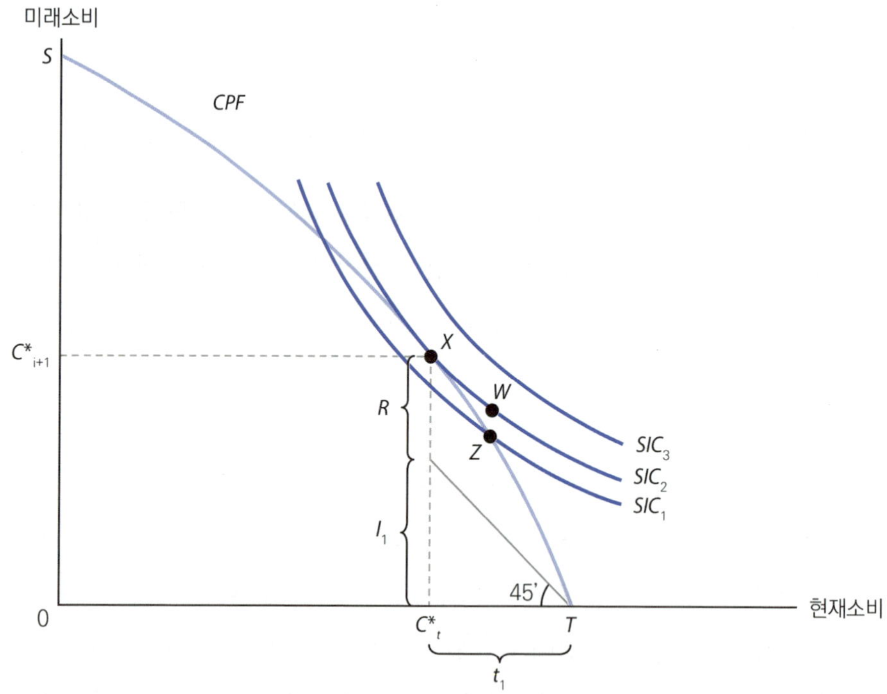

투자 I_t는 다수의 소규모 투자의 합계로 간주될 수 있다. 이 투자에 대한 **평균** 수익률은 R/I_t과 같다. ROI는 소규모 투자에 대한 한계수익률(marginal rate of return on a small investment)이라 하고 ROI_X는 점 X에서의 한계수익률이라 하자.[13] 점 X에서의 CPF의 기울기는 $-(1+ROI_X)$와 같다. 그림 10.2에서 볼 수 있듯이 CPF는 오목하다. 즉 사회가 점 T에서 점 S로 이동함에 따라 ROI는 감소한다. 암묵적으로 CPF의 형태는 사회가 최상의 투자를 먼저 한다고 가정한다. 그 결과 어떤 점에서든 한계수익률은 이 점에서 투자의 평균 수익률보다 작다.

그림 10.2에서 SIC라 라벨이 붙은 세 곡선 집합은 **사회적 무차별곡선(social indifference curves)**이다. 각 곡선은 사회에 동일한 수준의 효용을 제공하는 현재와 미래소비의 조합을 나타낸다. 예를 들어, SIC_2상에서 사회는 점 X와 W 간에 무차별하다. SIC가 음의 기울기를 갖는 것은 이 가상적 사회가 만일 미래 소비가 증가한다면 현재 소비의 단지 몇 단위만 포기할 의사가 있다는 것을 시사한다. **사회적 한계 시간선호율(marginal social rate of time preference:** STP)은 1단위의 현재 소비를 포기하는 데 대한 보상으로서 사회가 필요로 하는 미래 소비의 **추가** 규모이다. 점 X에서 이 사회는 현재 소비 1단위를 포기하기 위하여 미래에 적어도 $1+STP_X$ 단위를 필요로 한다.

물론 사회는 가능한 한 가장 높은 무차별곡선에 도달하기를 원한다. 그림 10.2가 보여 주듯이 T단위의 초기 부존과 CPF가 주어졌을 때 이 곡선은 SIC_2이다. 비록 SIC_3는 SIC_2보다 선호되지만 그 나라의 자원은 SIC_3에 도달하기에는 불충분하다. 정말 그 나라의 경제는 단일 점 X에서만 SIC_2에 도달할 수 있다. X에서 SIC_2와 CPF 곡선은 접하고 그들의 기울기는 동일하다. 그 결과 점 X에서 $1+STP_X=1+ROI_X$이고 따라서 **사회적 한계 시간선호율과 투자에 대한 한계수익률은 같다**. 더욱이 이 비율들은 시장이자율 i와 같다. 게다가 만일 대출과 융자 이자율이 같고 모든 개인들이 이용 가능하다면 사회의 모든 구성원은 i와 동일한 한계 시간선호율을 가질 것이다. SDR의 선택은 명백하고 모호하지 않다.

왜 모든 사람이 동일한 MRTP를 가지는지를 보기 위해 가령 한 개인이 처음에 i보다 큰 MRTP를 가지고 있다고 하자. 즉 그 사람은 지금 더 소비하기를 원할 것이다. 이 사람은 그가 지불하고자 하는 것보다 더 낮은 비율인 i에 돈을 빌릴 수 있고 그렇게 함으로써 그의 미래소비를 희생하면서 현재소비를 증가시킨다. 이러한 현재소비의 증가는 미래소비의 상대적 가치를 증가시켜서 그의 MRTP가 결국 i와 같아질 때까지 하락하게 된다. 이와 유사하게 MRTP가 i보다 낮은 또 다른 사람은 미래소비 증가 대신 약간의 현재소비를 기꺼이 연기할 것이다. 그렇게 함으로써 그의 MRTP는 i와 같아질 때까지 증가할 것이다. 이렇게 하여 X에서 모든 개인은 i와 같은 동일한 MRTP를 갖게 될 것이다.

10.2.4 현실 경제에서의 복잡성

위에서 논의된 예는 폐쇄경제에서의 완전경쟁시장에서는 SDR 값의 선택에 대한 애매함이 없다는 것을 보여주었다. 모든 개인의 한계 시간선호율, 사회의 한계 시간선호율, 투자에 대한 한계수익률, 그리고 시장이자율은 모두 서로 같을 것이다. 불행하게도 현실 경제는 완전경쟁적이 아니고 이 비율들은 다르게 된다!

조세와 거래비용이 존재하는 실제 경제는 그림 10.2에서 점 X에서가 아니라 점 Z에서 기능할 가능성이 더 높다. 여기서 사회는 과소투자할 것이고(실제 투자 < I_t), SIC_2가 아니라 간신히 SIC_1에 도달할 수 있으며 투자의 한계수익률(ROI)은 사회적 한계 시간선호율(STP)을 능가할 것이다.[14] ROI와 STP 간의 불일치를 보여주기 위해 어떤 한 기업이 $100의 주주 투자에 대해 6%의 연 수익률을 번다고 하자. 만일 그 기업이 40%의 법인세율에 직면한다면 기업은 $2.40를 정부에 지불하고 단지 $3.60를 주주에게 돌려줄 것이다. 30%의 개인소득세율에 직면한 주주는 $3.60 중 $1.08를 정부에 지불하고 나면 그에게 단지 $2.52만 남는다. 더 나아가 주주가 거래비용(투자기회의 탐색, 그것의 위험에 대한 정보 수집, 위험을 줄이기 위한 조치를 취함 등)에 직면하는 것은 불가피하다. 만일 그러한 비용이 $0.52에 달한다면 주주가 실현한 실제 보수는 단지 $2일 것이다. 미래의 목적을 위해 우리는 개인들이 **실제로** 미래 소비 대신 현재소비로 절충할 수 있는 비율을 **이자소비율**(consumption rate of interest: CRI)이라고 부른다는 것에 주목한다. 이 예에서는 2%인 저축에 대한 **납세 후** 수익과 $100 투자에 대한 6%의 ROI는 보통 동일하다고 가정된다.

이 예에서와 같이 보통 특정 수익률을 갖는 투자 기회는 ROI보다 훨씬 낮은 MRTP를 갖는 개인들로부터만 투자를 끌어낼 것이다. 상이한 개인들과 상이한 기업들은 상이한 선호를 갖고 상이한 세율에 직면하고 투자 프로젝트 간, 그리고 개인 간 상이한 투자와 연관된 다양한 거래비용에 직면하기 때문에 MRTP와 ROI에 대한 많은 개별값들이 존재한다. 이리하여 SDR의 값에 대한 명백한 선택은 없다. 위에서 언급하였듯이 SDR 값을 선택하는 두 가지 제안된 방법이 있다. 우리는 먼저 SOC법에 대해 논의하고나서 STP법을 논의한다.

10.3 자본의 사회적 기회비용(SOC)법

자본의 사회적 기회비용(SOVC)법은 Arnold Harberger의 영향력 있는 작업을 기반으로 한다.[15] Harberger는 그림 10.3에서 보는 것과 같이 투자와 저축에 대한 폐쇄된 국내시장을 분석하였다. 조세와 정부 차입이 없을 때 민간부문 차입자에 의한 투자 자금에 대한 수요곡선은 D_0로 나타나 있고, 대출자(저축자)의 자금 공급곡선은 S_0로 나타나 있다. 수요곡선은 그림 10.2에서 CPF를 반영하고 수요곡선상의 점들은 상이한 투자 수준에 대한 ROI를 보여준다. 공급곡선은 그림 10.2에서 SIC를 반영한다. 보다 구체적으로 공급곡선상의 점들은 상이한 저축 수준과 연관된 저축의 납세 후 보수에 의해 측정된 CRI를 보여주는데 포기된 소비의 기회비용을 반영한다.

이제 법인소득세와 개인소득세의 도입을 생각해 보자. 법인 이윤에 대한 조세는 수요곡선을 D_t로 하향 이동시킬 것인데 왜냐하면 투자로부터의 수익의 일부가 이제 정부로 지불되어야 하기 때문이고 한편 이자소득에 대한 조세는 공급곡선을 S_t로 상향 이동시키는데 왜냐하면 저축에 대한 이자의 일부가 정부에 지불되어야 하기 때문이다. 이리하여 두 조세는 투자를 감소시킬 것이다. 초기에 수요와 공급곡선과 이들 조세가 주어질 때 시장 청산 이자율은 i가 될 것이다. 즉 투자자들은 자금을 빌리기 위해 이자율 i를 지불할 것이고 저축가들은 조세를 지불하기 전에 이자율 i를 받을 것이다. 그러나 조세 전 투자의 한계수익률(즉 포기된 민간부문 투자의 기회비용) ROI는 i를 능가하는데 그것들 간의 격차는 기업과 투자자들이 지불하는 조세를 나타낸다. 포기된 소비의 기회비용과 같은 CRI는 i보다 작을 것인데 그 격차는 저축가들이 지불하는 조세를 나타낸다.

그림 10.3 저축과 투자에 대한 조세와 정부 차입의 영향

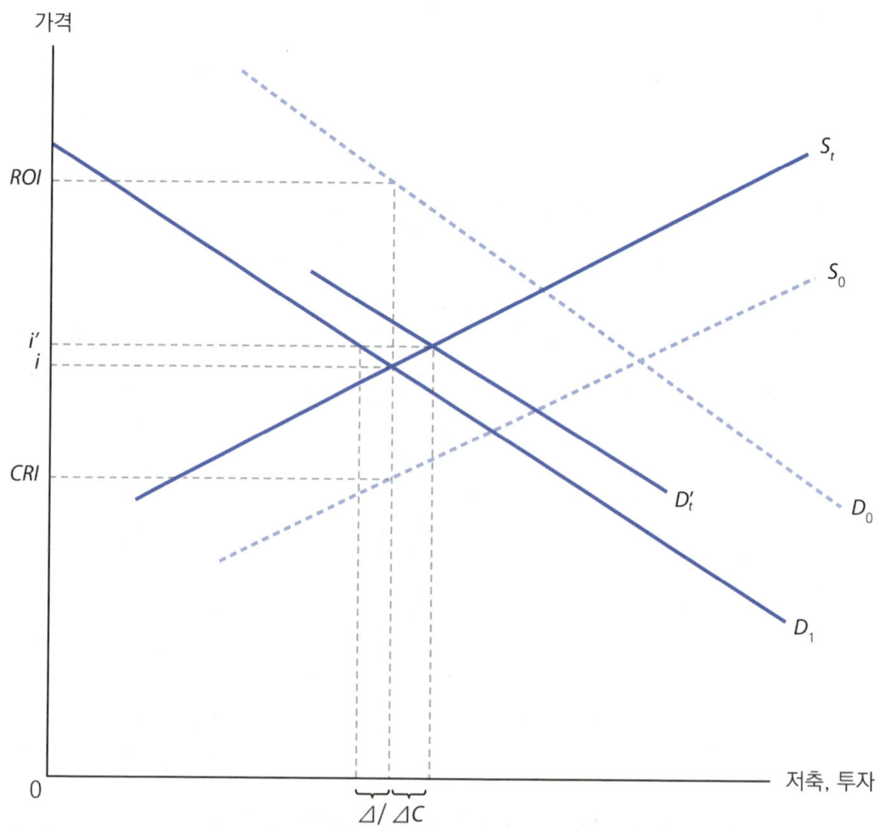

이제 이 폐쇄된 국내 금융시장에서 전적으로 차입에 의해 자금조달을 하는 정부 프로젝트의 영향을 생각해 보자. 가령 새로운 프로젝트를 위한 자금에 대한 수요는 시장 수요곡선을 D_t에서 D_t'로 상향 이동시킨다고 하자. 시장이자율은 i에서 i'로 증가할 것이다. 민간부문 투자는 ΔI만큼 하락할 것이고 저축은 ΔC만큼 증가할 것이다.

Harberger는 사회적 할인율은 자본의 사회적 기회비용을 반영해야 한다고 주장하는데 그것은 투자와 소비가 프로젝트 자금조달을 하는 데 있어서의 상대적 기여 규모에 의해 가중치가 부여되는 ROI와 CRI에 의해 구할 수 있다. 즉 그는 SDR은 자본의 사회적 기회비용 SOC를 이용하여 계산되어야 한다고 제안한다.

$$SOC = a \times CRI + b \times ROI \tag{10.5}$$

여기서 $a = \Delta C / (\Delta I + \Delta C)$, $b = \Delta I / (\Delta I + \Delta C)$이고 a+b=1이다.[16]

Lind 등은 대부분의 경제에서 차관은 또 다른 잠재적인 자금 원천이라고 주장한다.[17] 만일 그렇다면 정부 프로젝트는 국내의 민간 소비나 투자를 한푼 한푼까지 밀어낼 필요는 없다. 만일 a는 민간 국내소비를 대체하는 프로젝트 재원의 비율이고, b는 민간 국내투자에 의해 조달되는 재원 비율이며 c=1-a-b는 외국 재원으로부터 빌린 재원 비율이라면 SOC는 다음과 같다.

$$SOC = a \times CRI + b \times ROI + c \times CFF \tag{10.6}$$

여기서 CFF는 **외국 자본의 한계비용**(marginal cost of foreign funds)이다. 만일 정부가 정부의 장기 차입률 i에서 완전탄력적인 외국 자본의 공급곡선에 직면한다면 CFF=i이다.[18]

10.3.1 SOC의 특수한 경우

몇몇 경제학자들과 정책 담당자들은 자본의 사회적 기회비용은 ROI와 같아야 한다고 주장해 왔는데 이것은 식 (10.5)와 (10.6)에서 b=1로 놓는 것과 동등하다. 만일 정부의 모든 자금조달이 조세(이것은 소비에 영향을 미침)나 외국으로부터의 차입을 통해서가 아니라 민간부문 투자를 희생하면서 된 것이라면 이 접근법은 적절할 것이다. 이 조건이 유지될 것 같지 않기 때문에 우리는 ROI로 할인하는 것을 권고하지 않는다. 그러나 나중에 논의하겠지만 사실 많은 국가들은 이 방법을 채택하였다. 불행하게도 그것은 또한 약간의 의미론적 혼란을 야기할 수 있다. 이 혼란이 발생하는 이유는 자본의 사회적 기회비용이라는 용어가 식 (10.5), 식 (10.6) 또는 ROI를 지칭하는지 종종 분명하지 않기 때문이다. 몇몇 경제학자들은 식 (10.5)나 식 (10.6)을 하버거법이나 자본의 가중된 사회적 비용법이라 부르고 ROI를 자본의 사회적 기회비용이라 부른다. 혼란을 극소화하기 위해 우리는 식 (10.5)와 식 (10.6)을 자본의 사회적 기회비용이라 부르고 ROI는 그냥 ROI라고 부르기로 한다.

다른 경제학자들은 식 (10.5)나 식 (10.6)에서 a=1로 정할 것을 제안하였는데 이것은 CRI를 사회적 할인율로 사용하는 것이다. 보통 저자들은 CRI는 사회적 시간선호율의 대리변수라고 주장하면서 이 접근법을 정당화한다. 사회적 시간선호율은 다음 절에서 다룬다.

몇몇 경제학자들은 정부의(또는 재무부의) 무위험 차입률인 TBR을 SDR로 쓰는 것을 제안하여 왔다. 이 비율은 CFF와 같고 따라서 이 방법은 식 (10.6)에서 a=b=0으로 놓는 것과 동일하다. 그러나 이 방법의 지지자들은 모든 자금조달이 외국으로부터의 차입에서 온다는 것을 이유로 그것을 정당화할 수 없다. 대신에 그들은 정부의 차입률이 적절한데 왜냐하면 그것이 정부가 프로젝트의 자금조달을 위해 지불하는 것이기 때문이라고 주장한다. Anthony Boardman과 Mark Hellowell은 만일 목표가 배분적 효율의 극대화가 아니라 정부(또는 재무부)로의 순수입(현금 흐름)의 현재가치를 극대화하는 것이라면 이 비율은 적절할 수 있다고 지적한다.[19]

마지막으로 몇몇 저자들은 무위험 비율은 특정 프로젝트의 체계적 위험에 대해 조정되어야 한다고 주장한다.[20] ROI는 어떤 것은 저위험이고 또 다른 것은 고위험인 자산 "묶음"에 대한 한계 수익이다. 그것은 프로젝트별로 변하지 않는다. 우리가 ROI(SRP)법이라고 부르는 ROI법의 한 변형은 무위험률에 프로젝트 특유의 위험 프리미엄(SRP)을 더한다. 대개 SRP는 평가되고 있는 프로젝트와 동일한 부문에 있는 민간부문 프로젝트의 투자자들이 안고 있는 체계적 위험에 의존한다.[21] 다시 또 만일 목표가 배분적 효율의 극대화가 아니라 정부(또는 재무부)로의 순수입(현금 흐름)의 현재가치를 극대화하는 것이라면 이 방법은 적절할 수도 있다. 그러나 흥미롭게도 Boardman과 Hellowell은 만일 이 규칙이 올바로 적용된다면 그것은 종종 무위험률보다 더 낮은 비율로 할인한다는 것을 의미한다고 지적하는데 왜냐하면 정부 자체(또는 재무부)에 대한 프로젝트 특유의 체계적 위험은 종종 음의 값이기 때문이다.

10.3.2 SOC의 추정과 수치

SOC의 추정은 식 (10.6)에서 모수들의 추정치를 필요로 한다. ROI를 추정하는 많은 방법들이 존재한다. 우선 그것은 한계 ROI이어야 한다는 것을 상기하라. 상대적으로 쉬운 한 가지 방법은 투자의 예상 순현재가치가 양의 값이 아닌 한 이윤 극대화 기업들은 투자를 하지 않는다고 가정한다. 이리하여 투자에 대한 납세 후 ROI가 기업 자본의 가중평균비용보다 클 때에만 기업은 새로운 프로젝트에 투자할 것이다.[22] 이 접근법을 사용하여 미국의 실질 한계 ROI는 1947년부터 2010년까지 평균 약 6.8%가 되는 것으로 제시하는 증거가 있다.[23]

한계 CRI의 직접적 추정치는 정부 채권 또는 저축예금과 같은 동등한 저축 수단 보유에 대한 실질 예상 과세 후 수익에 의해 제공된다. 이 수익을 추정하기 위해 저축가들이 이용 가능한 명목이율, 저축가들의 한계 소득세율, 예상 인플레이션의 추정치가 필요하다. 이것은 어려운데 왜냐하면 저축가들은 무수한 저축률에 직면하고 상이한 개인들은 상이한 세율에 직면하기 때문이다. 1953년부터 2011년까지 10년 만기 미국 재무부 채권의 평균 실질 예상 수익과 저축에 대한 개인 세율 30%를 사용하면 실질 CRI는 약 1.2%인 것을 의미한다.

외국 차입의 실질 한계비용을 추정하는 한가지 방법은 10년 만기 미국 재무부 채권에 대한 실질 예상 납세전 수익을 사용하는 것이다. 이 수익은 1953년부터 2011년까지 평균 2.6%이었다.

David Burgess와 Richard Zerbe는 a=0.10, b=0.54, c=0.36을 제안하고 있다.[24] 이 가중치와 위에서의 CRI, ROI, CFF 추정치인 1.2%, 6.8%, 2.6%를 각각 사용하면 미국의 SOC 추정치는 4.7%, 또는 대략 5%와 같다.[25] Burgess와 Zerbe는 CRI, ROI, CFF의 추정치로 3.5%, 8.5%, 5.5%를 제안하고 있다. 그들 자신의 가중치를 사용하면 SOC는 7%가 된다. 이리하여 우리는 미국의 SOC에 대한 "최상의" 추정치로 5%를 제안하고 3%와 7%에 대한 민감도 분석을 제안한다.

10.3.3 SOC법에 대한 비판과 그 결과로 생긴 SDR 추정치

SOC법과 SOC 모수의 추정치들은 많은 비판을 받기 쉽다. 첫째, 가중치가 옳지 않을 수 있다. 구체적으로 세 구성요소 중 가장 큰 값을 갖는 ROI에 대한 가중치는 너무 높을 수 있다. 위의 b 추정치는 자금조달이 주로 민간부문 투자를 희생하여 온다는

Harberger의 주장과 일치한다. 그러나 2008－2009 금융위기 이전에 대부분의 선진국 정부와 대중들은 새로운 연방지출이 추가적인 조세를 필요하게 만든다고 보았고, 부채 규모의 감소가 조세 감소를 가능하게 하는 것으로 간주하였다. 미국에서 거의 모든 주 정부들은 예산을 균형시켜야 하는 요건의 대상이다. 이리하여 대부분의 상황에서 정부 프로젝트는 부채에 의해 조달되지 않고 조세에 의해 조달된다고 가정할 수 있다. 더욱이 다수 조세는 소비자들로부터 걷는다.[26] 게다가 "정상적인 시기에" 소비자 가처분소득의 변동은 저축의 변동이 아니라 소비의 변동을 유발한다는 꽤 강한 증거가 존재한다.[27]

두 번째 비판은 상이한 프로젝트들은 상이한 방법으로 조달될 수 있다, 즉 프로젝트 간 가중치가 다를 수 있고 따라서 SOC는 프로젝트마다 달라야 한다는 것이다. 예를 들어, 어떤 프로젝트들은 주로 또는 전적으로 적자재정으로 조달되는데 이 경우 c는 크고, a와 b는 작을 것이다. 셋째, 분석가들은 종종 더 작은 한계 ROI가 아니라 평균 ROI를 추정한다. 넷째, ROI의 시장 추정치는 SDR에서는 포함되어서는 안 되는 위험 프리미엄을 포함하고 있다. 다섯째, ROI 추정치는 상향 편의를 가질 수 있는데 왜냐하면 그것은 진입장벽이나 음의 외부성과 같은 시장실패로 인해 사회적 수익보다 높은 실제 수익을 반영하기 때문이다. 위의 각 비판은 SOC법이 SDR의 과다추정을 유발한다는 것을 시사한다.

SOC를 사용하는 데 대한 추가적 우려가 존재한다. 하나는 사회적 시간선호율의 대리변수인 CRI의 값과 관련된다. 개인들은 그들의 선호와 기회 측면에서 상이하다. 어떤 사람들은 저축을 하고 또 다른 사람들은 차입을 한다. 한계에서는 사실상 어떤 사람들은 그들의 부채를 줄임으로써 저축을 한다. 소비자 차입금리가 저축 이자율을 능가하고 부채 감소는 과세되지 않기 때문에 그들의 부채를 감소시킴으로써 저축하는 소비자들은 저축가들보다 훨씬 높은 실질 납세 후 수익을 번다. 이 상이한 이자율들을 어떻게 단일 CRI로 합치는지 분명하지 않다. 두 번째 우려는 사람들은 때때로 시기 간 맥락에서 합리적이고 일관된 선택을 하지 못한다.[28] 개인들은 시간 불일치성을 드러낸다. 구체적으로 개인의 시간선호율과 암묵적인 할인율은 그것이 적용되는 시계에 걸쳐 하락한다.[29] 한 시점에서의 선택은 어떤 새로운 정보도 이용 가능하지 않음에도 불구하고 나중에 뒤집힐 수 있다. 프로젝트에 개입하지 않는다는 결정은 시간 경과 이외에는 아무것도 변한 게 없더라도 나중에 실수한 것으로 보일 수도 있다. 더욱이 시점 간 선택이 구조화되는 방법은 개인의 내포된 시간선호율에 영향을 미친다는 증거가 존재한다. 사람들은 손실 대 이득을 할인하기 위해 상이한 비율을 사용하고(손실 혐오), 큰 손실 대 작은 손실, 가까운 미래에 대한 선택과 먼 미래에 대한 선택, 소비를 가속화하는 선택 대 소비를 연기하는 선택 간에 다른 비율을 사용한다.[30] 또한 많은 사람들이 동시에 차입하고 빌려준다. 즉 그들은 주택담보대출을 상환하고 은퇴를 대비하여 채권과 주식을 구입하며 심지어 그들의 신용카드로 차입을 하기도 한다.[31] 그러한 행태 자체가 비논리적일 수 있지만 사람들이 한계 시간선호율을 단일 시장이자율에 일치시킨다고 가정하는 것은 비합리적이다.

마지막으로 시장이자율의 사용은 미래 세대의 선호가 아니라 현재 살아있는 사람들의 선호만 반영하는 것이다. 특히 이것은 프로젝트의 영향이 여러 세대에 걸칠 때 문제가 된다. 아직 태어나지 않은 사람들은 현재의 시장에서 직접적인 목소리를 낼 수 없지만 그들은 우리의 현재 CBA에서 이해관계자여야 한다고 믿을 수도 있다.[32] 이 모든 고려사항들은 SDR의 추정치를 도출하기 위해 SOC법을 사용하는 경우를 심각하게 약화시킨다.

10.4 사회적 시간선호(STP)법

STP법은 사회가 미래 소비를 위해 현재 소비를 절충하고자 하는 것에 초점을 맞추고 있다. 이것은 사회(또는 단일 대표적 개인)가 시간이 흐름에 따라 1인당 소비에 부여하는 가치를 반영하는 사회후생함수를 극대화하고자 시도하는 무한기간 모형을 제안한 Frank Ramsey의 작업에 기초하고 있다.[33] 이 모형은 현재 살아있는 사람들뿐만 아니라 미래 세대의 선호도 반영한다. 투자를 통해서 소비는 시간이 감에 따라 증가한다. 정책담당자들은 현재와 미래 사회의 행복을 극대화하기 위해 공공투자 금액을 선택한다. 위에서 논의하였듯이 설령 개인들이 민간재와 공공재에 대한 일관되고 올바른 시점 간 소비 선택을 못 한다 할지라도 사회는 마치 그들이 그렇게 하는 것처럼 공공투자를 해야 한다.

다수의 경제학자들은 그러한 사회후생함수의 극대화는 최적 성장경로에서 사회의 **한계시간선호율** STP가 두 구성요소의 합과 같다는 것을 의미한다는 것을 보였다. 즉 하나는 성급함이라는 현실을 반영하는 것과 또 하나는 시간에 걸쳐 소비를 고르게 펼치는 사회의 선호를 반영하는 것이다.[34] 그들은 미래의 편익과 비용을 할인하기 위해 STP가 사용되어야 한다고 주장한다.

이 법은 정부 프로젝트를 위한 자금은 궁극적으로 개인의 소비 감소로부터 오는 것으로 간주한다. 그러나 프로젝트는 어떤 더 큰 수익을 가져오는 민간 투자를 밀어내는 차입으로부터 자금조달이 되는 것도 가능하다. 이러한 가능성을 감안하기 위해 투자로부터(또는 투자로의) 자금은 STP로 할인하기 전에 그것을 자본의 잠재가격(SPC)으로 곱해줌으로써 소비 등가치로 전환되어야 한다. 따라서 때로는 이 방법이 STP－SPC법으로 알려져 있다. 나중에 우리는 정부 프로젝트를 위한 대부분의 자금은 실제로 소비로부터 오고 잠재가격 설정은 대부분의 상황에서 불필요하다고 주장한다.

10.4.1 램지(Ramsey) 공식

사회의 행복이 소비의 함수라고 가정할 때 SDR은 사회가 현재와 미래 소비 흐름에 부여하는 가중치를 반영해야 하는데 여기서 소비는 식품과 같이 사적으로 소비되는 재화와 서비스는 물론 국방이나 환경의 질과 같은 공공재도 포함한다. 이 가중치를 도출하기 위해 램지는 정책 담당자들이 1인당 소비로부터의 현재 및 미래 효용의 현재가치를 동등하게 하는 사회후생함수 W를 극대화하는 것처럼 행동해야 한다고 주장했다.

$$W = \int_{0}^{\infty} e^{-\rho t} U(c_t) dt \tag{10.7}$$

여기서 $U(c_t)$는 t기 동안 1인당 소비로부터 사회(또는 대표적 개인)가 도출하는 효용이고 $e^{-\rho t}$는 t기에 소비 증가로부터의 증분적 효용에 적용되는 할인 인자(또는 가중치)이며 e는 지수함수이고 ρ는 미래 효용의 할인율이다. 모수 ρ는 미래에 발생하는 증분적 소비의 효용 감소율이다. 그것은 성급함을 반영하여 종종 **순수한 시간선호율**(pure rate of time preference)이라고 부른다.

STP를 결정하기 위해 우선 우리는 식 (10.7)에서 시작된 사회후생 극대화를 위해 사회가 t기의 증분적 소비에 적용해야 하는 할인 인자를 계산한다.[35] STP는 시간이 흐름에 따라 이 할인인자의 비례적 감소율과 같은데 다음과 같이 쓸 수 있다.[36]

$$STP = \rho + g\epsilon \tag{10.8}$$

여기서 g는 1인당 소비의 백분비 변동(즉 소비 성장)이고 ϵ은 소비 변동에 대한 소비의 한계효용의 탄력성의 절대값이다. 그리고 $\rho, g, \epsilon \geq 0$. 이 식은 (SDR 계산을 위한) 램지 공식으로 알려져 있다. 원칙적으로 $\rho, g,$ 혹은 ϵ은 시간에 따라 변할 수 있다. 그러나 그것들이 일정하다고 가정할 것이고 따라서 적어도 한 세대 내에서는 STP는 일정하다.

식 (10.8)에 주어진 STP는 사회가 현재와 미래 1인당 소비로부터의 효용의 현재가치를 극대화하기 위해 소비가 할인되어야 하는 비율이다. 만일 정부가 투자에 대한 실질 수익이 이 비율과 같을 때까지 프로젝트에 투자한다면 사회는 소비의 적정 성장률을 달성할 것이다. 이러한 이유로 SDR을 도출하는 이 방법은 때때로 "최적 성장률 모형"이라 불린다.

램지(Ramsey) 공식은 사회가 두가지 이유로 미래소비를 할인한다는 것을 의미한다. 첫째, 식 (10.8)의 첫 번째 항으로부터 사회(또는 대표적 개인)는 성급하고 다른 것들이 동일하다면 미래보다 현재 소비하는 것을 선호한다. 둘째, 식 (10.8)의 두 번째 항으로부터 미래 소비가 증가할 경제성장을 가정할 때 사회는 시간이 지남에 따라 1인당 소비가 보다 균등한 것을 그렇지 않은 것보다 더 선호한다(즉 소비 평준화).

이 모형은 사람들의 소비의 한계효용이 체감한다는 것을 가정하고 있다. 성장하는 것을 가정할 때 증분적으로 더 높은 소비 수준이 덜 가치가 매겨짐에 따라 미래는 현재보다 더 낮은 가중치를 갖는다. 매개변수 ϵ은 1인당 소비가 증가함에 따라 소비의 한계효용이 얼마나 빠르게 감소하는지를 측정한다. ($\rho=0$과 함께) ϵ을 0으로 놓는다는 것은 미래소비에 대한 할인이 없다는 것을 의미한다. 즉 사회는 미래에 얻는 각 단위의 소비를 현재의 한 단위 소비와 동일한 것으로 취급한다. 그것은 현재 우리들의 작은 부에 대해 철저한 관심 부족을 의미하고 따라서 세대 간 불균등에 대해서도 마찬가지이다. 이와 대조적으로 ϵ이 무한대에 접근함에 따라 사회는 (더 부유한) 미래에 받는 소비 각 단위를 완전하게 할인하는데 이는 시간이 흐름에 따라 1인당 소비를 균등하게 하고자 하는 압도적인 욕망을 의미한다. ϵ이 1일 때 각 기간에 사회의 소비에 대한 상대적 가중치는 상대적 1인당 소비의 역수와 같다. 이리하여 예를 들어, 오늘 $40,000에서 $36,000로 소비의 10% 감소는 예를 들어 $80,000에서 $88,000로의 더 부유한 미래에 10%의 소비 증가와 수용할 수 있는 절충이다. 사회는 오늘 소비 $1의 손실을 미래 $1의 이득에 비해 2배 더 중요하게 여기는데 왜냐하면 미래 사회가 두 배 더 부유하기 때문이다.

10.4.2 STP의 추정과 수치

STP의 값은 세 모수 ρ, g, ϵ의 값에 달려 있다. 램지의 원래 논문이래 ρ의 값에 대한 상당한 논쟁이 있어 왔다. 순수한 시간 선호나 성급함으로 인해 올해의 소비에 대비한 내년의 소비를 사회가 할인하는 것은 합리적으로 보일 수 있다. 또한 현재의 사회 구성원들은 영원히 살지 못하고 그러므로 전혀 소비하지 못하는 위험보다는 더 빨리 소비하고자 할 것이다. 그러나 세대 간 영향이 있는 장기 프로젝트에 적용할 때에는 양의 ρ 값은 미래 세대의 효용을 현 세대의 효용보다 덜 가치가 있는 것으로 취급하는 것에 해당할 것이다. Ramsey 자신은 양의 값을 사용하는 것은 윤리적으로 옹호의 여지가 없다고 생각했다. 그러나 Kenneth Arrow는 모든 세대의 후생에 동일한 가중치를 부여하면 현(또는 심지어 모든) 세대에 비합리적으로 높은 저축률이 요구되는 결과를 초래한다는 것을 보이고 있다.[37] 이 결과를 피하기 위해서 양의 순수 시간선호율이 사용되어야 한다. Arrow는 ρ에 대해 약 1.0%의 수치를 제안하고 있다.

1인당 소비의 미래 성장률 g는 과거의 성장률을 추정하고 미래 성장률이 유사할지에 대한 가정을 함으로써 도출될 수 있다. 비록 미국의 1947–2009년간 연간 성장률이 대략 평균 2.2%이었지만 하향 경향을 보이고 있다.[38] 데이터가 이용 가능한 가장 최근의 10년 동안(1999–2009) 1년에 단지 평균 1.63%이었다. 최근의 미국 성장률은 더욱더 낮아지고 있다. 위의 사실에 기초하여 우리는 미래에 g가 약 1.9%일 것으로 생각한다.

소비의 한계효용의 탄력성의 절대값인 ϵ값을 추정하거나 규정하는 다양한 방법이 존재한다. 제안된 값의 범위는 1에서 4이지만 대부분은 1~2에 있다.[39] ϵ을 추론하는 한 가지 방법은 연방소득세율표에 들어가 있는 누진성으로부터이다.[40] 이 추정치는 선진국들의 경우 약 1.35%인데 이것은 우리에게 합리적으로 보인다.

$g = 1.9\%$, $\epsilon = 1.35$, $\rho = 1.0\%$일 때 STP에 대한 우리의 최상의 추정치(선진국들 대상)는 3.5%이다. 다른 학자들은 다른 추정치를 제시하였다.[41] 2.0%와 5.5%에 대해 민감도 분석을 수행하는 것이 합리적일 것이다.

10.4.3 STP의 특수한 경우: 자본의 잠재가격(SPC)

STP를 사회적 할인율로 사용하는 데 있어서의 잠재적 문제는 대개 민간부문에 투자된 재원은 STP보다 높은 수익을 얻는다는 것이다.[42] 만일 정부가 민간부문보다 낮은 할인율을 사용한다면 정부는 민간부문이 떠맡지 않을 프로젝트를 떠맡을 것이고 그것은 바람직하지 않은 방향으로 크게 성장할 것이다. 또한 특정 프로젝트가 착수되는지 여부는 자산이 주 소유인지 또는 민간 소유인지에 달려 있어서 프로젝트의 장점에만 전적으로 의존하지 않을 것이다. 공공부문 프로젝트는 그것의 편익이 자원의 기회비용을 능가한다면 착수되어야 하고 그렇지 않다면 착수되어서는 안 된다. 사회가 정부 프로젝트를 통해 더 나아질 것이라는 것을 보장하기 위해 특정 프로젝트와 관련된 민간부문 투자 흐름의 변동은 할인을 하기 전에 **자본의 잠재가격**(SPC)이라 불리는 1보다 큰 값인 모수에 의해 가중치가 부여된 **소비 등가치**(consumption equivalents)로 전환시켜야 한다.[43]

소비와 민간부문 투자는 상이하게 취급되는데 왜냐하면 소비는 즉각적인 편익을 제공하는 한편 투자는 미래 기간에 발생하는 편익의 흐름을 창출하기 때문이다. 이것을 보기 위해 가령 무한 기간 동안 1달러가 민간부문에 투자된다고 하자. 또한 가령 그것은 매기에 ROI의 수익을 얻는 한편 원래의 1달러는 재투자된다고 하자. 이리하여 영원히 매기에 ROI가 소비된다. 이 영구적인 소비 흐름의 현재가치는 9장에서 소개된 영구연금 공식을 사용하면 다음과 같다.

$$SPC = \frac{ROI}{STP} \tag{10.9}$$

ROI가 STP보다 크기 때문에 SPC의 값은 1보다 커서 한계적으로 **대체된 민간부문 투자는 대체된 소비보다 사회에 더 많은 비용이 들고 민간부문 투자에의 증분은 소비 증분보다 더 유익하다**.

잠재가격 접근법을 좀 더 분석하기 위해 가령 한 프로젝트가 NB의 연간 실질 순편익을 무한히 가져온다고 하자. 만일 이 순편익이 발생할 때마다 소비된다면 이 영구적 소비 흐름의 현재가치는 STP로 할인하여 NB/STP이다. 이제 두 극단적인 경우를 생각하자. 만일 프로젝트의 자본비용 C_0가 연도 0에 발생하고 모든 자금이 소비로부터 조성된다면 NPV 규칙에 따르면 만일 $NB/STP > C_0$이면 프로젝트가 착수되어야 한다는 것을 시사한다. 이리하여 이 극단적인 상황에서 STP−SPC법은 편익과 비용을 STP로 할인하는 것과 동등하다. 이제 대신에 가령 연도 0에 발생하는 모든 자본비용이 민간투자를 대체한다고 하자. 이 가정하에서 STP−SPC법은 만일 $NB/STP > SPC \times C_0 = (ROI/STP)C_0$ 또는 동등하게 만일 $NB/ROI > C_0$이면 프로젝트가 착수되어야 한다는 것을 시사한다. 이 조건은 편익과 비용을 ROI로 할인하는 것과 동등하다.

식 (10.9)의 SPC에 대한 표현은 투자로부터의 모든 수익이 그것이 발생한 기간 동안에 소비될 것이라는 단순화 가정에 기초하고 있다. 그것의 일부는 소비되고 또 일부는 재투자될 가능성이 높을 것으로 보인다. 이 가능성을 감안하면 SPC에 대한 보다 일반적인 표현에 도달한다.

$$SPC = \frac{(1-f)ROI}{STP - fROI} \tag{10.10}$$

여기서 f는 매 기에 재투자되는 수익의 비율이다.[44] 재투자가 없을 때, 즉 $f=0$일 때 이 공식은 식 (10.9)가 된다는 것에 유의하자.

비록 이 방법은 이론적으로 강한 호소력을 가지고 있지만 실제로 사용하기에는 다소 어려워서 공공부문 프로젝트를 평가하기 위해 실제로 사용된 예는 별로 없다. 다음 절에서는 그것을 적용하는 방법에 대해 설명하고 그 과정에 프로젝트가 실제로 부채로 조달될 때의 어려움을 보여준다.

10.4.4 SPC의 수치

SPC를 계산하기 위해서는 STP, ROI, f의 값이 필요하다. 우리는 이미 STP는 3.5%, ROI는 6.8%를 제안하였다. 총투자율(실질 GDP에 대한 실질 총 고정투자의 비율)은 재투자되는 총수익의 비율인 f에 대한 대략적 추정치를 제공한다. 세인트 루이스 연방준비은행 경제연구소 데이터베이스(FRED)의 데이터를 이용하여 우리는 1947－2011년 실질 GDP에 대한 실질 총 민간 국내투자의 평균 비율을 12.8%로 계산하고 있다. 이 추정치를 식 (10.10)에 대입하면 SPC의 값은 약 2.2가 된다.[45] 이것은 민간부문의 1달러 투자는 NPV가 $2.2인 소비 편익 흐름을 창출한다는 것을 의미한다. 만일 STP가 매우 낮고(2.3%) ROI가 매우 높으며(8%) 재투자되는 비율이 높다면(15%) SPC는 대략 6이 될 것이다. **이리하여 SPC에 대한 우리의 최상의 추정치는 2.2이고 1과 6에 대한 민감도 분석을 시행하는 것이다**.

10.4.5 SPC법의 예

3백만 달러의 조세로 조달되어 한 도시 학교의 체육시설을 개선하는 프로젝트를 생각해 보자. 더 나아가 5년 동안 연간 편익은 $700,000이고 그 밖에 다른 영향은 없다고 가정하자. SPC를 무시하고 연간 편익을 3.5%로 할인하면 편익의 PV는 $3,160,537가 된다. 이리하여 프로젝트의 NPV는 $160,537가 되어 그것은 진행되어야 한다고 권고할 것이다.

이제 프로젝트는 채권 발행에 의해 자금이 조달되는데 그 채권은 4%의 (실질) 수익을 가져오고 5년에 걸쳐 상환될 것이라고 하자. 가령 채권은 오직 시민들만 구입하고 5년의 동일한 매년 할부금 $673,854로 상환된다고 하자. 채권 발행은 민간 투자를 대체할 것이고 따라서 SPC법을 사용하는 것이 적절할 것이다.[46] 이 방법은 할인을 세 단계로 수행할 것을 요구한다. 첫째, 매 기의 비용과 편익은 소비에 직접적으로 영향을 주는 것과 투자에 직접적으로 영향을 주는 것으로 나뉜다. 둘째, 투자로 들어가는 것과 투자로부터 나오는 흐름에 대해 SPC가 곱해져서 소비 등가치로 전환된다. 셋째, 그 결과로 생긴 소비 등가치와 원래의 소비 흐름은 STP로 할인된다.

정부의 연간 채권 지급은 조세로부터 나올 가능성이 있고 따라서 소비로부터 나올 가능성이 있다. 그러나 채권 보유 수령인들은 그들이 받는 이 돈으로 무엇을 하나? 연간 각 지불은 이자와 원금 감소의 조합으로 구성되어 있다. 우리는 채권 보유자들이 그들이 받는 이자는 소비하고 원금 감소에 해당하는 금액은 투자한다고 가정할 것이다.[47] 이 금액은 표 10.2에 나와 있다. 연도로 된 시간은 1열에 나와 있고 연간 채권 지불액은 2열에, 이 지불에서의 이자액은 3열, 연금 감소액은 4열에 나와 있다.[48]

단계 1은 흐름을 투자의 변동과 소비의 변동으로 분리하는 것이다. 투자의 변동은 5열에 나와 있다. 그것은 채권의 원래 금액과 원금의 연간 감소액으로 구성되어 있다. 소비의 변동은 6열에 나와 있다. 그것은 $700,000의 연간 편익 빼기 원금 $673,991(1열)의 연간 상환액 더하기 이자 지불액(3열)으로 구성되어 있다. 단계 2는 투자의 변동분이 소비 등가치로 전환되기 위해 우리가 2.2로 가정한 자본의 잠재가격으로 곱하는 것이 요구된다. 그 결과는 7열에 나와 있다. 단계 3은 이 금액을 STP로 할인하여 −$633,997의 PV를 얻는다. 마지막으로 이 금액은 소비 변동의 PV와 더해져서 $458,803이 된다. 이리하여 결과적으로 나오는 NPV는 −$175,194이다.

이 예는 SPC가 중요할 수 있다는 것을 보여준다. 위의 가정에 의해 프로젝트는 음의 NPV를 가져서 추진되어서는 안 된다. 만일 SPC가 무시된다면(즉 1로 놓음) 추정된 NPV는 양의 값이 되어 프로젝트는 적극적인 권고를 받게 될 것이다.

표 10.2 SPC법의 예시

연도	채권 지급	이자	원금 감소	투자 변동	소비 변동	투자 변동×SPC
0				-3,000,000		-6,600,000
1	673,881	120,000	553,881	553,881	146,119	1,218,539
2	673,881	97,845	576,037	576,037	123,963	1,267,281
3	673,881	74,803	599,078	599,078	100,922	1,317,972
4	673,881	50,840	623,041	623,041	76,959	1,370,691
5	673,881	25,919	647,963	647,963	52,037	1,425,518
PV					458,804	-633,997

10.4.6 언제 잠재가격 설정이 불필요한가

다수의 정책 평가 시 잠재가격 설정은 필요하지 않은데 왜냐하면 프로젝트가 민간 투자를 대체하지 않기 때문이다. 예를 들어, 다수의 규정들은 투자가 아니라 (예를 들어, 더 높은 가격을 통해서) 주로 민간소비에 영향을 미친다. 보다 일반적으로 만일 정부의 적자와 부채에 대해 전체 목표를 정한다면 한계적으로 어떤 새로운 프로젝트도 조세로 자금조달 되어야 한다. 소득세(와 여타 조세)는 주로 투자가 아니라 소비를 감소시키는데 왜냐하면 대부분의 소득이 소비에 지출되기 때문이다.[49] 이리하여 정부 프로젝트에 관여하는 주요 영향은 투자가 아니라 소비 감소일 것이어서 잠재가격 설정은 대체로 불필요하게 된다. SPC를 사용하는 데 찬성하는 경우는 저축과 외국 자금의 공급이 이자율에 대해 거의 반응이 없는 폐쇄경제에서 부채로 자금조달이 되는 경우 강하다.

10.4.7 STP와 SPC법 및 결과적인 SDR 추정치에 대한 비판

SPC법은 이론적으로 적절한 방식으로 민간 투자와 소비의 증가와 대체를 설명하는데 이것이 다른 방법 대비 중요한 장점이다. 그럼에도 불구하고 몇몇 잠재적 이의가 존재한다. 첫째, 그냥 할인율을 선택해서 그것을 NPV 공식에서 사용하는 것에 반대하여 SPC를 사용할 때 정책담당자들은 이유는 말할 것도 없고 NPV 계산이 어떻게 되었는지를 설명하기가 어렵다. 둘째, 앞의 예에서 분명하듯이 SPC의 정보 필요량은 다른 할인 접근법들보다 훨씬 더 상당하다. 투자와 소비 간에 어떻게 편익과 비용을 배분할지를 결정하는 데 대한 판단이 중요한 역할을 한다. 이 결정은 다소 주관적이고 조작하기 쉽다. 그러나 우리가 주장하였듯이 만일 프로젝트가 투자가 아니라 소비로부터 자금조달이 된다면 SPC법을 사용할 필요가 없다.

STP의 비판가들은 사실 정부 자금은 차입으로부터 나오는데 이것은 민간투자를 줄인다고 주장한다. 만일 SPC가 부적절하게 무시된다면 사회는 공공부문 프로젝트에 과다투자하고 민간부문 프로젝트에 과소투자할 수도 있다. 두 번째 비판은 STP(그리고 SPC) 추정치와 관련된 불확실성이 존재한다는 것이다. 성장에 대한 과거 추정치는 소비에 있어서의 미래 장기 성장률에 대한 좋은 예측치가 아닐 수도 있다. 또한 모수 ϵ과 ρ는 세대 간 평등에 대한 가치 판단에 기초하고 있다. 다른 학자들은 상이한 모수 값을 제안

한다.[50]

10.5 세대에 걸친 프로젝트의 할인

지금까지 우리는 일정한(시간에 따라 변하지 않는) SDR만 고려해 왔다. 예를 들어, 우리는 연도 0과 1 사이에서와 연도 400과 401 사이의 비용과 편익을 할인하는 데 동일한 SDR이 사용되는 것으로 가정하였다. 그러나 아래에서 논의되듯이 시간에 따라 감소하는(즉 먼 미래에 발생하는 비용과 편익은 더 낮은 비율을 사용) SDR을 사용하는 것을 고려할 적어도 네 가지 이유가 존재한다. 이들 대부분의 고려사항들은 프로젝트 영향이 세대를 초월할 때에는 적절해진다. 그러나 특정 프로젝트가 언제 세대를 넘어서는지를 결정할 분명한 방법은 존재하지 않는다. 많은 상황에서 프로젝트가 시작될 때 아직 태어나지 않은 사람들은 살아가면서 수혜자이든 납세자이든 둘 다든 프로젝트에 의해 영향을 받을 것이다. 살아있는 사람들은 착수비 일부를 부담하지만 편익을 누릴 때까지 살지 못할 수도 있다. 그럼에도 불구하고 장기 프로젝트를 고려할 때 발생하는 심각한 도덕적 딜렘마와 실질적인 차이는 약 50년의 기간 이전에는 시작하지 않는다. 이리하여 할인 목적을 위해서는 세대 내 프로젝트는 50년의 시계 내에서 그 영향이 발생하는 프로젝트로 정의하는 것이 합리적이다.[51] 우리는 50년이 넘어서 심각한 영향을 갖는 프로젝트를 세대 간으로 고려한다.

시간에 따라 감소하는 할인율을 사용하는 첫 번째 이유는 앞에서도 간략하게 논의하였지만 사람들은 "시간에 대해 비일관적"인 것으로 보인다.[52] 실증적인 행동 증거에 의하면 더 먼 미래에서 발생하는 사건에 대해 사람들은 더 낮은 할인율을 적용하는 것을 시사한다. 즉 그들은 감소하는 시간 혐오를 보인다. 전시 10.1은 지금 생명을 구하는 것 대 미래에 생명을 구하는 것에 대한 개인의 MRTP는 시계가 미래로 더 멀리 연장될수록 감소한다는 증거를 보여준다. David Laibson은 사람들의 할인 함수는 대략적으로 쌍곡선 형태인데 이것은 그들이 **쌍곡선 형태의 할인**(hyperbolic discounting)을 한다는 증거를 인용하고 있다.[53] 그가 만일 사람들이 저축에 전념하지 않는다면 (높은 단기 할인율을 사용하여) 매일 매일 그들이 해야 한다고 알고 있는 만큼 (낮은 장기 할인율을 사용하여) 미래를 위해 저축하지 않을 것이라는 것을 그들은 인식하고 있다고 설명한다. 자신의 자기통제 결핍을 인식하면서 사람들은 그들의 현재 소비를 달리 극대화하기 위해 개설된 사용 한도 중 미사용 부분을 사용하면서 조기 해약에 대한 큰 위약금을 갖는 저축 제도에 전념할 수도 있다. 그들은 (정부의 저축 채권과 같이) 상대적으로 낮은 납세 후 실질 수익을 갖는 비유동성 자산을 구입함으로써 저축하고 동시에 미리 정해진 부동산 담보 대출에 대한 지불을 하며 높은 실질 이자율로 신용 카드 단기 차입을 할지도 모른다. 이러한 저축과 차입에 대해 관찰되는 패턴은 단지 자기 통제 결핍과 이로부터 초래되는 시간에 따라 하락하는 할인율에 대한 사람들의 인식을 반영한다.

전시 10.1

Maureen Cropper와 동료들은 어떻게 참여자들이 오늘 구해지는 생명과 미래에 구해지는 생명 간에 절충할 의사가 있는지를 측정하기 위한 서베이를 수행하였다. 대략적으로 이 연구는 사람들은 오늘 구해지는 1명의 생명과 5년 후에 구해지는 2명의 생명, 10년 후에 구해지는 3명의 생명, 25년 후에 구해지는 6명의 생명, 50년 후에 구해지는 11명의 생명, 100년 후에 구해지는 44명의 생명 간 무차별하다는 것을 시사하고 있다. 보다 정확하게 그리고 한계 시간선호율(MRTP)로 결과를 표현하면 이 연구는 5년의 시계에 대해서는 16.8%의 암묵적 한계 시간선호율, 10년의 시계에 대해서는 11.2%, 25년의 시계에 대해서는 7.4%, 50년의 시계에 대해서는 4.8%, 100년의 시계에 대해서는 3.8%라는 것을 찾아내었다. 이 결과는 개별 MRTP는 의미 있게 0보다 크지만 그것들은 시계가 먼 미래로 확장됨에 따라 감소한다는 것을 시사한다.

출처: Maureen L. Cropper, Selma K. Aydede, and Paul R. Portney, "Rates of Time Preference for Saving Lives." *American Economic Review: Papers and Proceedings*, 82(2), 1992, 469-72에서 발췌.

두 번째 이유는 재조림과 같은 환경 영향, 온실가스 저감에 의한 지구 기후 변화 완화 노력, 유일한 생태계 보호를 통한 생물 다양성 보존, 방사성 폐기물 저장과 같이 먼 미래에 발생하는 영향을 갖는 결정을 평가하는 것과 연관된다. 시간에 따라 일정한 할인율로 할인하는 것은 윤리적 딜렘마를 제기할 수 있다. 일정한 SDR을 사용하면 사회적 할인인자는 기하학적으로 감소한다. 심지어 보통 정도의 SDR을 사용할 때에도 충분히 먼 미래에 발생하는 비용과 편익은 무시할 만한 값을 갖는다. 1.0%나 2.0%를 많이 능가하는 일정한 할인율을 사용하면 재앙이 충분히 먼 미래에 발생한다는 것을 조건으로 매우 비용이 많이 드는 환경 재앙을 회피하기 위해 사회가 오늘 아주 소액을 지출하는 것도 배분적으로 효율적이지 않다는 것을 암시한다. 예를 들어, 온실가스 증가가 400년 후에 1조 달러의 엄청난 비용을 부과한다면 이것은 2%의 일정한 할인율로는 현재 3억 3,600만 달러보다 적은 NPV를 갖게 되고 4%의 할인율로는 11만 3천 달러보다 적은 NPV를 갖게 된다. 이리하여 만일 CBA에서 4% 이상의 할인율을 사용했다면 우리는 400년 후에 1조 달러의 비용이 드는 주요 재앙을 회피하기 위해 오늘 $113,000를 지출할 가치가 없다고 결론내릴 것이다.

시간에 따라 감소하는 SDR을 사용할 세 번째 이유는 현 세대의 구성원들은 미래 세대의 후생에 대한 장기 프로젝트의 영향을 적절하게 처리하는 데 실패할 수 있기 때문이다. 주로 이런 이유로 Nicholas Stern은 기후변화를 다루는 프로젝트의 경우 SDR에 대한 기초로 시장 수익률을 사용하는 것은 "전적으로 부적절하다"고 결론 내렸다.[54] 이와 대조적으로 STP법은 미래 세대의 후생을 고려한다.[55] 그러나 식 (10.7)의 사회후생함수는 사회를 그것의 후생이 현재와 미래의 1인당 소비로부터 도출되는 효용의 할인 합계와 같은 단일의 대표적 개인으로 취급한다. 이것은 50년의 투자를 평가하는 데에는 타당할 수 있지만 기후변화나 핵 폐기물 저장과 같이 다수 세대를 포괄하는 400년 또는 1만년의 투자를 평가하는 데에는 덜 적절할 수 있다.

시간에 따라 감소하는 SDR을 사용하는 네 번째 이유는 우리가 보는 미래가 멀면 멀수록 경제의 미래 성장률 따라서 미래의 STP에 내재하는 불확실성이 커진다. 이러한 불확실성을 허용한다는 것은 먼 미래에 발생하는 영향을 할인하기 위해 더 낮은 할인율이 사용되어야 한다는 것을 의미한다.[56] 가령 한 프로젝트가 400년 후에 10억 달러의 단일 편익을 가져온다고 하자. 더 나아가서 가령 이 기간에 걸친 적절한 (일정한) 할인율이 50%의 가능성으로 7%이고 또 50%의 가능성으로 1%가 될 것이라고 하자. 우리는 예상 할인율 4%를 얻기 위해 두 비율을 평균하여 미래 편익 10억 달러의 예상 PV인

10억 달러 $\times e^{-(0.04)\times 400}$, 약 110달러를 계산하기 위해 이 비율을 사용하는 것을 상상할 수도 있다. 그러나 이것은 틀리다. 예상 PV는 \$9,157,800, 즉 10억 달러 $\times (e^{-(0.07)\times 400} + e^{-(0.01)\times 400})/2$이다. 이 금액은 대략 1.2%의 단일이고 확실한 할인율을 사용하는 것과 동등하다. 우리는 할인인자들인 $e^{-(0.07)400}$과 $e^{-(0.01)400}$을 평균내고 있는데 전자는 (6.9×10^{-13})이고 후자는 0.0183이다. 더 큰 할인율과 연관된 할인인자는 시계가 길어질수록 0에 접근한다. 그것들은 시계가 증가함에 따라 덜 영향을 갖게 되어 결과적으로 시간에 따라 감소하는 할인율이 된다.

10.5.1 시간에 따라 감소하는 할인율 수치

램지(Ramsey) 공식과 Richard Newell과 William Pizer의 연구에 기초하여 우리는 다음과 같이 시간에 따라 감소하는 할인율을 제안한다. 즉 **연도 0에서 연도 50까지는 3.5%, 연도 50에서 연도 100까지는 2.5%, 연도 100에서 연도 200까지는 1.5%, 연도 200에서 연도 300까지는 0.5%, 그 후는 0%이다.**[57] 연도 300의 단일 편익에 대해 이 스케줄은 모든 기간에 대해 1.67%의 단일이고 일정한 비율을 적용하는 것과 동등하다. 이 스케줄은 시간에 따라 불변인 할인율보다 먼 미래 세대에 대한 영향에 더 큰 가중치를 부여하는 것을 허용한다. 주어진 기간 후에는 모든 미래 세대들은 본질적으로 똑같이 취급된다.

10.6 실행상 사회적 할인율

정부에서 현재의 할인 관행은 상당히 다양하다. 지방정부기관은 아예 할인을 하지 않는다는 몇몇 증거가 존재한다. 연방정부 수준에서 대부분의 정부는 영향을 할인하지만 국가마다 상당한 차이가 있다. 한 가지 중요한 추세는 많은 정부와 연방기관에서 규정된 비율은 낮아지는 경향이 있다. 예를 들어, 1970년대와 1980년대에 미국의 행정 관리 예산국(OMB)과 캐나다의 재무부 이사회 사무국(TBS)은 대부분의 기관들이 10%의 SDR

을 쓸 것을 요구하였다. 보다 최근에는 OMB는 이 비율을 3%와 7%로 하향 수정하였고 TBS는 이 비율을 8%로 하향 조정하였다. 유럽연합 집행기관(EC)과 대부분의 다른 유럽 국가들도 또한 그들의 권고 비율을 낮추었고 뉴질랜드, 멕시코, 페루, 그리고 필리핀도 마찬가지이다. 이러한 더 낮은 비율은 2003년에 영국 정부가 주도한 STP법의 수용 증가로 동기부여가 되었다.

표 10.3은 몇몇 국가에서의 규정된 (실질) SDR과 비율이 기초하고 있는 사회적 할인율법을 제시하고 있다. 이 국가들이 선택된 이유는 그들의 정부기관들은 최소 한도로 상당히 명확하고 일관된 정보와 설명을 제시하고 있는데 많은 다른 기관들은 그렇지 않다.[58] 표 10.3은 여러 가지 점들을 보여준다. 첫째, 기관들은 그들의 규정된 SDR을 지지하기 위해 SOC, ROI, ROI(SRP), TBR, STP, 그리고 SPC(즉 STP–SPC)법을 포함한 다양한 할인법에 호소하고 있다. 둘째, 비록 STP법이 영향력이 커지고 있지만 ROI와 SOC와 같이 기술적인(시장에 기초한) 할인법들이 지시적인 방법보다 더 널리 보급되고 있다.

표 10.3 할인율법과 선택된 국가에서의 사회적 할인율 규정

국가와 기관	방법	SDR(%)	감소하는 SDR
북아메리카			
캐나다(기본)[59]	SOC	8	아니오
캐나다(때때로)[60]	SPC	3	아니오
멕시코[61]	SOC	10	아니오
미국(OMB)[62, 63]	SPC를 이론적으로 선호, 그러나 CRI와 ROI 사용	3과 7	세대 간일 때 민감도분석
미국(OMB: CEA)[64]	TBR	-0.5~0.7	아니오
미국(CBO)[65]	STP	2	아니오
미국(GAO)[66]	TBR	-0.5~0.7	민감도 분석
미국(EPA)[67]	SPC를 이론적으로 선호, 그러나 CRI와 ROI 사용	3과 7	50년 후

국가와 기관	방법	SDR(%)	감소하는 SDR
유럽			
유럽연합(EC)[68]	STP	4	대안적 낮은 비율 고려
프랑스[69]	ROI(SRP)	4.5+SRP	사실상 아니오
네델란드[70]	ROI	5.5	아니오
노르웨이[71]	ROI	4	40년 후
스웨덴[72]	STP	3.5	아니오
영국[73]	STP	3.5	30년 후
다른 국가들			
호주(기본)[74, 75]	ROI	7	"추가 논의" 포함
칠레[76]	SOC	6	아니오
뉴질랜드(기본값)[77]	ROI(SRP)	6	아니오
뉴질랜드(텔레콤, 미디어, 기술)	ROI(SRP)	7	아니오
필리핀[78]	ROI	10	아니오

SOC법은 캐나다와 멕시코에서만 선호된다. 셋째, 기관들은 상이한 유형의 프로젝트와 관련된 권고를 하기 위해 상이한 방법을 이용할 수 있다. 비록 캐나다, 호주, 미국의 OMB, 그리고 다른 국가들은 대부분의 CBA에서(기준 사례) ROI나 SOC법을 찬성하지만 그들은 건강이나 (기후변화를 포함한) 환경 프로젝트에 대해서는 더 낮은 (STP에 기초한 비율) 것을 권고한다. 넷째, 규정된 비율은 OMB가 고려하는 단기 비용-효과(CEA) 프로젝트에 대한 잠재적으로 음의 값으로부터 멕시코와 필리핀에서 대부분의 프로젝트에 대한 10%까지 상당히 다양하다. 다섯째, 일반적으로 할인율은 다른 국가들보다 유럽 국가들이 더 낮다. 일반적으로 SDR은 개발도상국보다 선진국에서 더 낮지만 캐나다, 미국(OMB), 호주, 그리고 뉴질랜드의 기본 SDR은 높아서 7%나 그 이상이다. 여섯째, 시간에 따라 감소하는 할인율을 지지하는 나라는 별로 없다. 마지막으로 비록 표에는 보이지 않지만 민감도 분석에 대한 권고는 상당히 다양하다. 몇몇 지침은 구체적인 특정

값이 없이 민감도 분석을 논의하고 어떤 기관들은 ±2%를 권고하기도 하고 다른 기관들은 몬테카를로 분석을 장려한다.

세계은행이나 미주 개발은행(IDB)과 같이 대부분의 다국가 개발은행들은 약 10-12%의 상대적으로 높은 할인율을 사용한다.[76] 그러나 최근 아시아 개발은행은 STP법 사용으로 바뀌어서 권고 비율을 9%로 낮추었고 몇몇 프로젝트의 경우 심지어 6%로 낮추었다.[80]

10.7 결론

SDR의 구체적 값은 물론 적절한 할인법에 대한 상당한 논쟁이 있어 왔다. 이제는 올바른 개념적 할인 방법은 투자 흐름에 잠재가격 설정을 하고 결과로 초래된 소비 등가치와 소비 흐름을 소비에 기초한 할인율을 사용하여 할인하는 것이라는 데 대한 광범위한 합의가 존재한다. 우리는 SDR의 값을 결정하는 가장 적절한 현실성 있는 방법은 최적 성장률법이라고 믿는다. 우리는 상당한 세대 간 영향을 갖는 프로젝트에 대해 시간에 따라 감소하는 할인율을 사용하는 것을 지지한다. 분석가들이 사용하는 할인율이 무엇이든 간에 그들이 완전한 자신감을 가질 수는 없다는 것을 우리의 논의는 명확하게 했어야 했다. 따라서 할인에 사용되는 모수들의 변동에 대한 결과의 민감도를 테스트하는 것이 거의 항상 바람직하다.

Notes

CHAPTER 10 연습문제

1. (강사에게 제공된 스프레드시트 권장) 다음 표는 내륙항으로부터 공해로의 가항수로를 준설하는 데 대한 비용과 편익 추정치를 실질 달러로 제시하고 있다.

연도	준설 및 순찰비용($)	해운회사의 절약($)	유람선 타기의 가치($)
0	2,548,000	0	0
1	60,000	400,000	60,000
2	60,000	440,000	175,000
3	70,000	440,000	175,000
4	70,000	440,000	175,000
5	80,000	440,000	175,000
6	80,000	440,000	175,000
7	90,000	440,000	175,000

수로는 7년 동안 항해가 가능할 것이고 그 후에는 토사로 인해 항해가 불가능하게 될 것이다. 지역 경제학자들은 해운회사 절약액의 75%는 기업들 또는 주주들에게 직접 투자될 것이고 나머지 25%는 주주들이 소비를 위해 사용할 것으로 추정하고 있다. 그들은 또한 모든 정부지출이 민간투자를 희생하여 온다고 결정한다. 사회적 한계 시간선호율은 3.5%, 민간투자에 대한 한계수익률은 6.8%, 자본의 잠재가격은 2.2로 가정한다.

비용과 편익은 그것들이 걸친 연도의 말에 발생한다고 가정하고 시장에 기초한 이자율 접근법을 사용하여 다음 각 방법을 사용하여 프로젝트의 순편익의 현재가치를 계산하라.

a. 미국 OMB가 제안한 비율로 할인하라.

b. 자본의 잠재가격법을 사용하여 할인하라.

c. 자본의 잠재가격법을 사용하여 할인하라. 그러나 이제는 사회적 한계 시간선호율이 3.5%가 아니라 2.0%라고 가정하라.

d. 자본의 잠재가격법을 사용하여 할인하라. 그러나 이제는 자본의 잠재가격이 식 (10.9)에 주어진 것이라고 가정하라. 다시 사회적 한계 시간선호율은 3.5%라고 가정하라.

e. 자본의 잠재가격법을 사용하여 할인하라. 그러나 이제 해운회사 절약분의 75%가 아니라 50%만 기업들이나 주주들에게 투자된다고 가정하라. 다시 사회적 시간선호율은 3.5%이고 자본의 잠재가격은 2.23이라고 가정하라.

2. 한 시의 공공주택기관의 분석가는 할인율의 선택에 대해 다음과 같이 설명하였다. "우리 기관은 자본투자를 국가가 발행한 채권을 통해 조달한다. 우리가 채권에 대해 지불하는 실효 이자율은 수입을 미래로부터 현재로 이전하는 데 있어서 기관이 직면한 비용이다. 따라서 그것은 대안적 투자를 평가하는 데 있어서 기관이 사용하는 적절한 할인율이다." 이 할인율의 작절성에 대해 논평하라.

3. 다음을 가정하자. 사회는 METB로 표기되는 공적 수입 창출의 한계 초과조세부담에 직면해 있고, 자본의 잠재가격은 θ이고 공적 차입은 민간 투자를 1대 1로 대체하고 조세를 통해 걷은 공적 수입은 소비(투자가 아니라)를 대체한다. 초기의 대형 자본지출 C가 들어가고 뒤이어 전적으로 소비되는 편익 흐름 B가 발생하는 공공 프로젝트를 생각해 보자.

a. 만일 프로젝트가 완전히 현재의 조세로부터 조달된다면 이 프로젝트에 자본의 잠재가격법을 어떻게 적용할지 논의하라.

b. 만일 프로젝트가 완전히 공적 차입에 의해 조달되고 이것은 나중에 조세에 의해 상환된다면 이 프로젝트에 자본의 잠재가격법을 어떻게 적용할지 논의하라.

4. 특정 프로젝트가 500년 후에 일어날 환경 재앙을 회피함으로써 1조 2천억 달러의 편익을 초래한다고 가정하자.

a. 3.5%의 시간에 따라 일정한 할인율을 사용하여 이 편익의 현재가치를 계산하라.

b. 이 장에서 제안된 시간에 따라 감소하는 할인율을 사용하여 이 편익의 현재가치를 계산하라.

CHAPTER 11

불확실성 다루기
: 기댓값, 민감도 분석, 정보의 가치

CHAPTER 11

불확실성 다루기 : 기댓값, 민감도 분석, 정보의 가치

비용 편익 분석에서는 미래 예측이 필요하다. 사업을 시작하는 것이 효율적인지 여부는 사업이 시작된 후 어떤 일이 발생하는가에 따라 달라진다. 미래에 대해 정확한 예측을 할 수 있는 경우는 거의 없지만, 분석가는 역병, 홍수, 풍작, 국제 석유 가격 변동과 같은 통제 불가능한 요인이 사업의 편익과 비용에 어떠한 영향을 미칠지 합리적인 가정을 하여야 한다. 분석가가 비용편익분석에서 이러한 불확실성을 어떻게 합리적으로 고려할 수 있는가?

11장에서 우리는 불확실성과 관련된 세 가지 주제에 중점을 둔다. 첫째는 위험을 고려한 척도로서의 **기댓값**, 둘째는 다양한 불확실성을 해결하기 위한 순편익 추정치의 견고성을 조사하는 방법으로서의 **민감도 분석**, 셋째는 비용편익분석의 편익 카테고리 또는 분석 작업을 할당하기 위한 지침으로서 **정보의 가치** 등 세 가지 주제에 중점을 둔다. 기댓값은 편익과 비용이 특정 우발사건 또는 현실 세계에서의 발생에 의존한다는 것을 고려하며, 분석가는 우발사건의 발생 확률을 할당할 수 있다. 민감도 분석은 예측에서 중요한 매개변수 값에 대한 불확실성을 인식하는 방법이므로 거의 모든 비용편익분석의 구성요소가 되어야 한다. 분석가가 비용 및 편익에 대한 추가 정보를 얻을 수 있는 기회가 있는 경우, 분석가는 결정에 내재된 불확실성을 명시적으로 모델링하여 해당 정보를 평가할 수 있다. **준옵션 값**이라 불리는 특정 유형의 정보 가치는 미래를 알 수 있는 다양한 영향을 가진 현재의 대안을 평가할 때 적절하다.

11.1 기댓값 분석

미래의 불확실성에는 여러 가지 유형이 있다. 가장 심각한 경우에 분석가는 발생할 수 있는 모든 관련 상황을 식별하지 못할 수 있다. 사실, 인간과 자연의 세계는 매우 복잡하기 때문에 가능한 모든 미래 상황을 예측할 수 없다. 그러나 일상 생활과 공공 정책과 관련된 상황에서, 둘 이상의 다른 예기치 않은 상황으로 미래를 단순화하는 것은 합리적일 수 있다. 예를 들어, 우산을 들고 직장에 출근할 지 여부를 결정하는 경우, 미래를 비가 내리거나 내리지 않는 경우 등 두 가지 예기치 않은 상황으로 나누는 것이 합리적이다. 물론 어떠한 예기치 않은 상황도 발생할 수 있다. 강도 미수의 피해자가 될지 안 될지 모르는 상황에서는 우산이 자기 방어에 도움이 될지도 모른다. 이러한 추가적인 예기치 않은 상황이 발생할 가능성이 매우 낮으면 일반적으로 무시하는 것이 합리적이다.

일련의 관련된 상황의 집합으로 미래를 모형화하는 것은 불확실성을 좁히는 것이다. 각 우발사건은 어느 정도 확률로 일어날 것인가? 각 우발사건에 발생 확률을 할당할 수 있다면 미래에 대한 불확실성은 **위험**에 대처하는 문제가 된다. 상대적으로 간단한 상황에서 위험은 기댓값 분석을 통해 비용편익분석에서 다루어질 수 있다.

11.1.1 우발사건과 확률

위험으로서 불확실성을 모델링하려면, 단순화된 세계 모델 내에서 **포괄적**이고 **상호배타적**인 우발사건 집합으로 구체화하여야 한다. 우발사건은 관련 가능성 집합 중 실제로 발생할 수 있는 이벤트, 결과 또는 세계 상태로 간주될 수 있다. 우발사건 집합이 사업의 비용편익분석을 실행하는 데 적합한 모델의 기초가 되는 이유는 무엇인가?

우발사건 집합은 이상적으로 사업 순편익의 가능한 모든 변동을 포함해야 한다. 예를 들어, 향후 석유 가격 급등이 발생할 경우를 대비한 석유 비축 시설 건설 사업을 평가함에 있어서, 분석가는 최소한 두 가지 예기치 않은 상황을 고려한다. 향후 석유 가격 급등이 다시 발생하지 않아 사업으로 순손실이 발생할 가능성이 높은 상황과 특정 대규모 석유가격 급등이 발생하여 사업이 순편익이 발생할 가능성이 높은 상황을 생각할 수 있다.

분석가는 일련의 예기치 않은 상황이 양극단 사이에 발생할 수 있는 결과를 얼마나 포괄적으로 나타낼 수 있는지를 평가해야 한다. 상황에 따라서는 일어날 수 있는 예상치 못한 상황이 전부 나열되어 전체 상황이 포함될 수 있다. 하지만, 대부분의 경우, 선택된 예기치 않은 상황은 무한한 가능성으로부터 추출된 샘플이다. 이러한 상황에서 추출된 샘플은 실제로 미래에 일어날 수 있는 **시나리오**로 생각할 수 있다. 실용적인 문제는 추출된 샘플들이 발생할 수 있는 미래를 적절하게 설명할 수 있는 충분한 시나리오를 제공하는지 여부이다. 충분한 시나리오를 제공한다면 추출된 샘플은 대표적이다.

그림 11.1은 이산적 우발사건을 연속적인 척도로 표현하고 있다. 가로축은 농업 지역의 여름 강우량(인치)을 나타낸다. 세로축은 강우량이 감소함에 따라 증가하는 저수 시

그림 11.1 우발 사건의 대표성

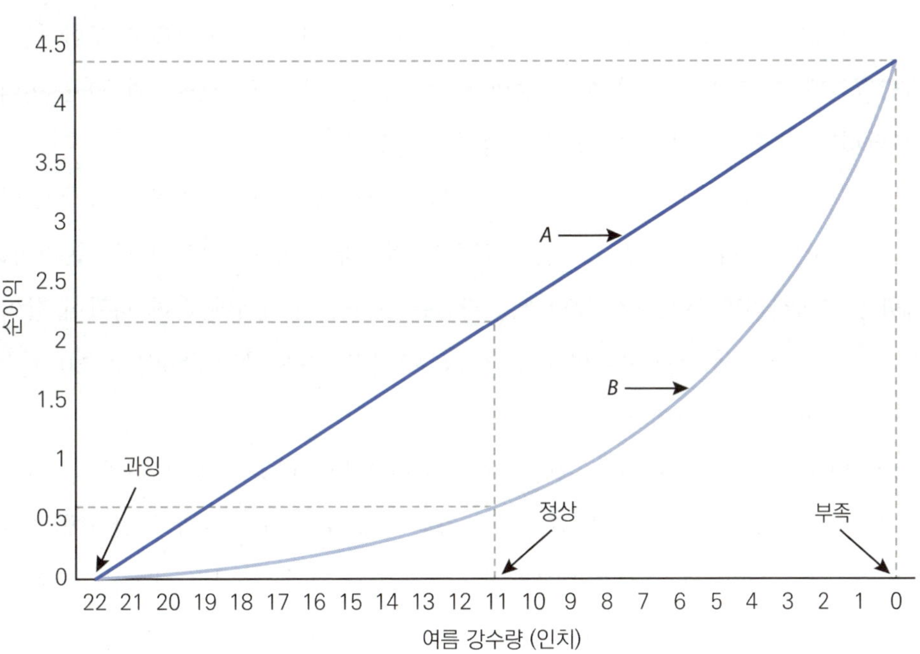

스템의 순수익을 나타낸다. 분석가가 강우량에 대한 불확실성을 과도한 강우와 부족한 강우의 두 가지 우발사건으로만 표현한다고 가정하여 보자. 과잉 강우의 우발사건은 강우량이 22인치로 가정되며 저수 시스템의 순편익은 0이다. 부족 강우의 우발 사건은 강우량이 0인치로 가정되며 순편익은 440만 달러이다. 강우량과 순편익의 관계가 A로 표시된 직선을 따르고 0에서 22까지의 모든 강우량이 동일하게 발생하는 경우 연속 범위에 걸쳐 순편익의 평균은 220만 달러이다. 분석가가 각 예기치 않은 상황이 같은 정도로 발생할 수 있다고 가정하면 두 가지 예기치 않은 상황의 평균도 220만 달러가 되고 두 가지 시나리오를 사용하면 충분히 대표적이 된다.[1]

여기서 순편익이 B로 표시된 곡선을 따르는 것으로 가정하여 보자. 0에서 22인치의 강우량이 모두 같은 정도로 발생할 수 있다고 가정하면 전체 연속 범위에 걸쳐 순편익의 평균은 약 110만 달러에 불과하며, 두 가지 예기치 않은 상황만 사용하면 저수 시스템의 평균 순편익이 크게 과대 평가된다.[2]

강우량이 11인치로 예상되는 예상치 못한 상황으로 정상적인 강우량을 추가하고 세 가지 예상치 못한 모든 상황에서 순편익을 평균하면 순편익은 160만 달러가 된다. 이는 두 가지 예기치 않은 상황에서 계산된 평균보다 더 대표적이지만 연속 범위에 걸쳐 예측된 110만 달러보다 훨씬 크다. 이와 같이, 더 많은 예기치 않은 상황을 포함하는 것이 바람직한데, 예를 들어, 균등한 간격의 5개의 우발 사건으로 전환하면 평균 이익은 130만 달러가 되고 연속 범위의 평균에 상당히 가깝다.[3]

다루기 쉬우면서도 대표적인 일련의 우연성을 지정했으면, 다음 과제는 각각에 발생 확률을 할당하는 것이다. 함께 고려된 우연성이 철저하고 상호배타적이라는 논리적 요구 사항에 부합하려면 분석가가 할당하는 확률은 음수가 아니어야 하며 정확히 합이 1이어야 한다. 따라서 세 가지 우발사건 C_1, C_2, C_3이 있는 경우, 해당 확률은 $p_1 \geq 0$, $p_2 \geq 0$, $p_3 \geq 0$이고 $p_1 + p_2 + p_3 = 1$이다.

확률은 역사적으로 관찰된 빈도에만 기반할 수도 있고, 다양한 정보와 이론 또는 역사와 전문성을 기반으로 고객, 분석가 또는 기타 전문가가 내린 주관적 평가에 기반할 수도 있다. 예를 들어, 그림 11.1의 우발성으로 돌아가 보자. 농업적으로 물 저장 시스템이 제안된 강 계곡의 과도한 비, 정상적인 비, 부족한 비의 설정에서, 국가 기상청은 지난 세기의 연평균 강수량에 대한 데이터를 제공할 수 있으며, 이를 통해 분석가는 역

사적 빈도에서 지정된 세 가지 강수량 수준의 확률을 추정할 수 있다. 이러한 데이터를 사용할 수 없는 경우 분석가는 전문가 의견, 데이터가 있는 지역의 유사한 계곡과의 비교 또는 기타 주관적 평가에 따라 확률을 정해야 한다. 이러한 주관적 평가는 거의 확실하게 이루어지지 않으므로 선택한 특정 확률에 대한 결과의 민감도를 조사하는 것이 특히 중요하다.

11.1.2 순편익(Net Benefit: NB)의 기댓값 계산

우발사건과 각각의 확률을 정하면 분석가는 정책의 기대 순편익을 계산할 수 있다. 분석가는 각 우발사건에서 정책의 순편익을 먼저 예측한 다음 모든 예상 상황에 대한 순편익의 가중 평균을 구한다. 여기서 가중치는 해당 우발사건이 발생할 확률이다. 구체적으로, I개의 우발사건에 대해 B_i는 우발사건 i의 편익, C_i는 우발사건 i의 비용, p_i는 우발사건 i가 발생할 확률이라고 가정하자. 그러면 기대 순편익 E[NB]는 다음 공식으로 주어진다.

$$E[NB] = p_1(B_1 - C_1) + p_2(B_2 - C_2) + \ldots + p_i(B_i - C_i) \tag{11.1}$$

이는 가능한 i개의 결과에 대한 순편익의 기댓값일 뿐이다.[4]

전시 11.1

우발사건, 우발사건의 확률, 그리고 우발사건 결과를 명확히 하면 복잡한 의사 결정 문제를 구성하는 데 도움이 된다. Abraham Lincoln 대통령이 1862년 2월 3일에 George B. McClellan 소장에게 쓴 다음 편지를 살펴보자.

친애하는 선생님:

당신과 저는 Potomac 군대의 이동에 대한 서로 다른 독특한 계획을 가지고 있습니다. 당신은 Chesapeake 강을 따라 내려가고, Rappahannock 강을 따라 Urbana까지 올라가고, 육로를 건너 York 강에 있는 철도 종착지까지 가는 것이고, 저는 Manassas 남서쪽 철도의 한 지점으로 바로 이동하는 것입니다.
다음 질문에 만족스러운 답변을 해주시면 기꺼이 제 계획을 당신의 계획에 양보하겠습니다.
첫째, 당신의 계획은 제 계획보다 훨씬 더 많은 시간과 비용이 들지 않습니까?
둘째, 당신의 계획에 따르면 제 계획보다 승리가 더 확실한 이유는 무엇입니까?
셋째, 당신의 계획에 따르면 제 계획보다 승리가 더 가치 있는 이유는 무엇입니까?
넷째, 사실, 적의 통신망을 크게 끊지 않는 반면, 내 통신망은 끊을 수 있다면 덜 가치 있지 않겠습니까?
다섯째. 재난이 발생했을 때, 당신의 계획으로는 내 계획보다 안전한 퇴각이 더 어렵지 않겠습니까?

Abraham Lincoln 드림

출처: John G. Nicolay and John Hay, editors, *Abraham Lincoln: Complete Works, Volume Two* (New York, NY: The Century Company, 1894), 120.

복잡한 위험 문제에 직면했을 때, 분석가들은 종종 이를 **자연에 대한 게임**으로 모델링하는 것이 유용하다고 여긴다. 자연에 대한 게임은 자연이 무작위로, 그리고 비전략적으로 세계의 특정 상태를 선택할 것이라고 가정한다. 세계 상태의 무작위 선택은 가정된 확률에 따른다. 분석가가 선택한 행동에 대한 반응으로, 자연이 세계 상태의 확률을 변경하지 않는다는 의미에서 선택은 비전략적이다. **정상적**인 형태의 자연에 대한 게임은 **자연 상태**와 그 **발생 확률**, 자연에 직면한 의사 결정자가 취할 수 있는 행동, 그리고 자연 상태와 행동의 각 조합에 따른 의사 결정자의 **보상** 등과 같은 요소를 갖는다.

전시 11.2

1980년대 초에 정부의 대안적인 석유 비축 프로그램을 평가하면서, 미국 에너지부의 Glen Sweetnam과 동료들은 석유 시장 상황을 둘러싼 불확실성을 **5가지 우발 사건**으로 모델링했다. **여유 시장**은 최대 150만 배럴/일(mmb/d)까지 미국 비축 석유를 세계 석유 가격에 영향을 미치지 않고 구매할 수 있는 상황이다. **어려운 시장**은 석유 구매로 인해 세계 가격이 mmb/d당 3.60달러의 비율로 상승한다. **작은 혼란 시장**은 석유 수출국에서 혁명이 발생하는 이유 등으로 세계 시장에서 1.5mmb/d가 손실된다. **중간 혼란 시장**은 페르시아만에서 제한적인 전쟁이 발생하는 이유 등으로 세계 시장에서 6.0mmb/d가 손실된다. **심각한 혼란 시장**은 Persian만에서 대규모 전쟁이 발생하는 이유 등으로 세계 시장에서 12.0mmb/d가 손실된다. 24년의 계획 기간 동안 그들은 각각의 우발사건이 발생할 확률은 전년도에 발생한 우발사건에만 의존한다고 가정했다. 그들은 매년 5가지 시장 우발상황과 재고 규모 변화에 따라 미국 석유 시장의 사회적 잉여를 계산하였다.

그들은 구축한 모델을 통해 그들은 다음 질문에 답할 수 있었다. 현재 시장 상황과 재고 규모에 대해, 어떤 재고 규모 변화가 예상 순편익의 현재 가치를 극대화 할수 있는가? 얼마나 많은 저장 용량을 건설해야 하는가? 얼마나 빨리 추가 건설해야 하는가? 이 모델과 그 모델이 제공한 답변은 미국의 전략 석유 비축량인 전략 석유 비축량 확대와 관련된 정책 논쟁에 영향을 미쳤다.

출처: Sources: Adapted from Glen Sweetnam, "Stockpile Policies for Coping with Oil-Supply Disruptions," in George Horwich and Edward J. Mitchell, editors, *Policies for Coping with Oil-Supply Disruptions* (Washington, DC: American Enterprise Institute for Public Policy Research, 1982), 82-96. 정책 결정 과정에서 모델의 역할에 대해서는 Hank C. Jenkins-Smith and David L. Weimer, "Analysis as Retrograde Action: The Case of Strategic Petroleum Reserves." *Public Administration Review*, 45(4), 1985, 485-94을 참고.

표 11.1은 정상적인 형태의 자연에 대한 게임으로서 소행성 충돌에 대한 행성 방어를 위한 대안 분석을 보여준다. 다음 1세기 100년 동안의 세 가지 가능한 자연 상태를 1) 지름이 1km 이상인 소행성과 충돌하여 사회에 심각한 지역적 또는 전 세계적인 영향을 미칠 만큼 충분한 운동 에너지를 갖는 경우(지구에 충돌할 확률 및 천체 충돌 시 예상되는 피해를 나타내는 Torino 척도 10), 2) 지름이 1km 미만이지만 20m 이상인 소행성과 충돌하여 사회에 심각한 지역적 또는 지역적 영향을 미칠 경우(Torino 척도8 또는 9), 3) 지름이 20m 이상인 소행성에 지구가 노출되지 않는 경우로 가정한다. 이 게임은 세 가지 대안적 행동으로 1) 전방 기반 소행성 방어를 구축하여 지구와의 충돌 경로에서 소행성을 돌리는 데 적시에 사용할 수 있고 좋은 결과를 얻을 수 있을 만큼 우주 깊은 곳에 핵 장치 배치, 2) 전방 기반 방어만큼 비용이 덜 들지만 효과적이지 않은 지구 근처 소

행성 방어 구축, 3) 소행성 방어 구축 없음 등을 생각한다.

실제로 이 게임의 보상을 추정하는 것은 기념비적이고 논란의 여지가 있는 분석 작업이지만, 표 11.1은 몇 가지 가정적인 수치를 보여준다. 다음 1세기 100년 동안에 걸쳐 발생하는 순비용의 현재 가치로 표시된 보상은 30조 달러(소행성 방어가 없는 상태에서 지구가 직경 1km 이상의 소행성과 충돌에 노출됨)에서 0달러(지구가 20m 이상의 소행성과 충돌에 노출되지 않고 방어 시스템이 구축되지 않음)까지 다양하다. 지구와 소행성 간의 충돌 비용을 추정하는 데는 소행성의 크기, 구성 및 충돌 지점을 고려한 기댓값 계산이 포함된다는 점에 유의하여야 한다. 30조 달러라는 수치는 세계 연간 국내총생산의 약 3분의 1이다.

표 11.1의 마지막 열은 세 가지 대안 각각에 대한 기댓값을 보여준다. 각 대안에 대한 예상값은 자연 상태에 따른 보상과 해당 상태의 확률의 곱을 합산하여 계산된다. 예를 들어, 소행성 방어가 없는 경우의 보상(순비용의 현재 가치)에 대한 예상값은 다음과 같다.

$$0.001 \times \$30{,}000\text{십억} + 0.004 \times \$6{,}000\text{십억} + 0.995 \times \$0 = \$54\text{십억}$$

표 11.1 자연에 대항하는 게임: 소행성 방어 대안의 기댓값

자연 상태	직경 1km 이상의 소행성과 충돌에 노출	직경 20m에서 1km 사이의 소행성과 충돌에 노출	직경 20m 이상의 소행성과 충돌에 노출되지 않음	
자연 상태의 확률(다음 세기 동안)	.001	.004	.995	
행동(대안)	**보상(2000년 달러로 환산한 순비용 (단위: 십억 달러))**			**기댓값**
전방 기반 소행성 방어	5,060	1,060	60	69
근지구 소행성 방어	10,020	2,020	20	38
소행성 방어 없음	30,000	6,000	0	54

비슷한 계산을 통해 전방 기반 소행성 방어 대안은 690억 달러, 근지구 소행성 방어 대안은 380억 달러가 산출된다. 예상 순편익 극대화는 예상 순비용을 최소화하는 것과

동일하므로 가장 효율적인 대안은 근지구 소행성 방어이다. 또는 근지구 소행성 방어는 방어가 없는 경우 대비 160억 달러의 예상 순편익을 제공하는 것으로 생각할 수 있다(예상 순비용 540억 달러에서 예상 순비용 380억 달러를 빼면 예상 순편익 160억 달러가 됨). 반면 전방 기반 소행성 방어는 방어가 없는 경우 대비 150억 달러의 마이너스 예상 순편익이다(예상 순비용 540억 달러에서 예상 순비용 690억 달러를 빼면 예상 순편익 150억 달러가 마이너스).

비용편익분석에서는 예상값을 특정 금액인 것처럼 처리하는 것이 일반적이다. 예를 들어 완벽한 소행성 방어 시스템의 현재 가치 비용이 각 자연 상태에서 1,000억 달러라고 가정해 보자. 이 경우, 비용을 정확하게 예측한다고 가정하면, 1,000억 달러는 실제로 어떤 자연 상태가 발생하는지에 따라 달라지지 않기 때문에 **확실한 값으로 여겨진**다. 비용편익분석은 일반적으로 이와 같은 특정 금액이 예상값이 되지 않는다고 할지라도 예상값과 완전히 상응한다고 본다. 다시 말해, 소행성 방어가 없는 경우의 예상 순비용이 540억 달러이지만, 보상을 정확하게 예측한다고 가정하면 실제로 실현된 순비용은 30조 달러, 6조 달러 또는 0달러가 된다. 완벽한 방어 시스템의 비용이 540억 달러라면 비용편익분석은 방어 시스템과 방어가 없는 시스템을 동등하게 효율적이라고 평가한다.

예상값을 특정 금액인 것처럼 취급한다는 것은 비교를 하는 사람이 위험 **중립적인 선호도**를 가지고 있다는 것을 의미한다. 사람은 특정 금액과 동일한 예상 보상이 있는 복권에 대해 차별이 없을 때 위험 중립적인 선호도를 갖는다. 사람은 특정 금액을 선호하면 **위험 회피적**이고 복권을 선호하면 **위험 추구적**이다. 특정 보험료보다 낮은 예상 수익을 제공하는 보험을 구매하는 것은 위험 회피를 나타내며, 가격보다 낮은 기댓값을 제공하는 복권을 구매하는 것은 위험 추구를 나타낸다.

12장은 기댓값과 특정 등가물을 비례적으로 취급하는 것의 적절성(예: 위험 중립성)을 고려한다. 그렇게 하는 것은 개인이 불확실성에 직면한 상황에서 지불의사를 측정하는 데 개념적으로 올바르지 않다. 그럼에도 불구하고, 실제로는 **정책들의 집합이나 정책에 영향을 받는 사람들의 집단을 통해 위험이 분산될 경우, 실제 실현되는 비용과 편익의 값이 기댓값에 가까워지기 때문에, 기댓값과 확정적인 금액을 동일하게 취급하는 것은 일반적으로 타당하다**. 예를 들어, 고속도로 사고의 확률에 영향을 미치는 보험 계약은 많은 운전자(일부는 사고를 당하고 다른 일부는 사고를 당하지 않음)에 걸쳐 위험을 합리적으로 풀링하는 것을 포함하므로 실현된 가치가 기댓값에 가까워진다. 반면, 소행성 충돌 위험에 영향을 미치는 정책은 개인 간에 풀링을 포함하지 않는다(충돌이 발생하면 모든 사람이 전 세계적인 피해를 입거나 충돌이 없으면 아무도 피해를 입지 않음). 따라서 비용의 실현된 가치는 기댓값과 매우 다를 수 있다. 12장에서 논의하겠지만, 이러한 풀링되지 않은 위험은 예상 편익에 대한 조정, 즉 **옵션 가치**가 필요할 수 있다.

11.1.3 의사결정트리와 예상 순편익

기댓값 분석의 기본 절차는 우발상황에 대한 가중평균을 취하는 것으로, 각 연도의 위험이 이전 연도의 위험 실현과 무관한 경우, 여러 해에 걸쳐 비용과 편익이 발생하는 상황으로도 직접 확장될 수 있다. 예를 들어, 수명이 20년인 댐의 비용편익분석에서 댐에서 발생하는 비용과 편익이 현재 연도의 평균 이하 강우량과 평균 이상 강우량이라는 우발상황에만 의존한다고 가정하여 보자. 또한 분석가가 어느 연도의 강우량이 이전 연도의 강우량에 의존하지 않는다는 가정을 할 경우, 분석가는 단순히 각 연도의 예상 순편익의 현재 가치를 계산한 다음, 평소와 같은 방식으로 이 순편익 흐름의 현재 가치를 계산할 수 있다.

기본적인 기댓값 절차는 예상치에 따라 발생하는 순편익이나 예상치의 확률이 이전에 발생한 예상치에 따라 달라지는 경우(즉, 서로 독립적이지 않은 경우)에는 직접 적용할 수 없다. 예를 들어, 1년 동안 평균 이상의 강우량이 발생하면 다음 해에 지하수가 축적되어 댐의 관개 편익이 줄어들 수 있다. 지진 비용을 줄이기 위한 정책에서 대지진의 확률은 전년에 발생한 지진의 발생 상황들에 따라 매년 바뀔 수 있다.

이러한 상황에서는 기본 기댓값 분석보다 위험을 처리하기 위한 보다 유연한 분석틀이 필요하다. **의사 결정 분석**은 그러한 분석틀을 제공한다.[5] 여기에서는 의사 결정 분석을 심도 있게 설명하기 보다는, 일반적인 접근 방식을 간략하게 설명하고 CBA에서 유용함을 보여주는 간단한 예를 제시한다. 이 주제를 더 심도 있게 탐구하고자 하는 사람들을 위해 의사 결정 분석에 대한 장편의 논문이 많이 있다.[6]

의사 결정 분석은 **자연에 맞선 순차적 또는 확장된 형태의 게임**으로 생각할 수 있는데, 이는 두 가지 기본 단계로 진행된다. 첫째, 초기 의사 결정(줄기)을 최종 결과(가지)

그림 11.2 백신 접종 프로그램 분석을 위한 의사결정 트리

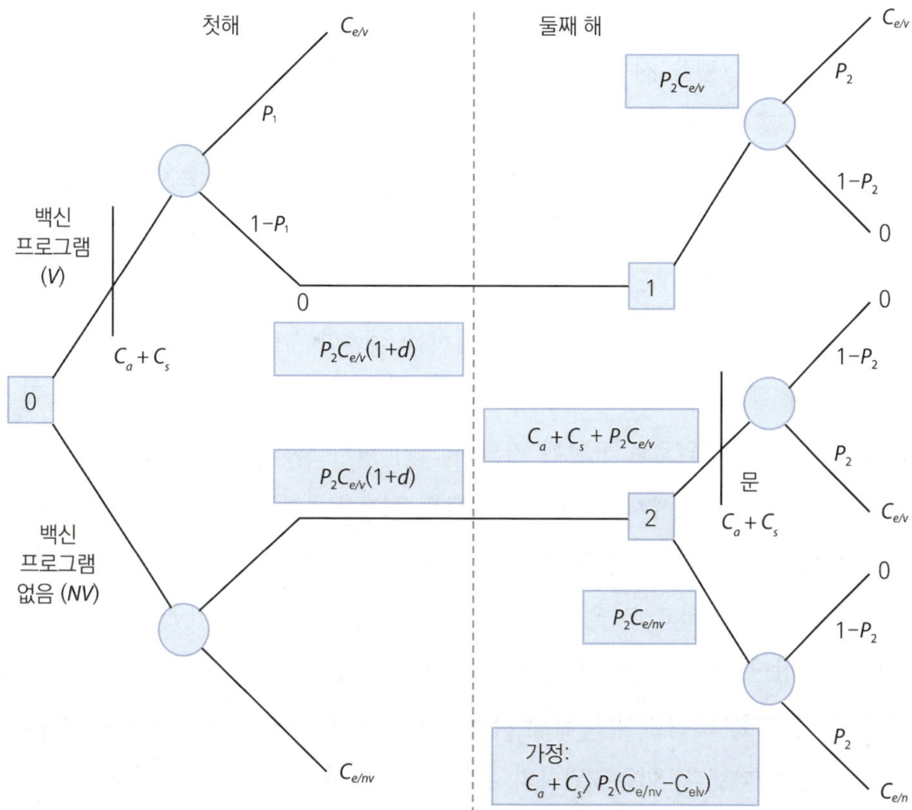

에 연결하는 **의사 결정 트리**라는 다이어그램을 사용하여 의사 결정의 순서와 우발성의 실현 측면에서 의사 결정 문제의 논리적 구조를 지정한다. 두 번째로, **역방향 귀납 사고**를 사용하여 최종 결과에서 초기 결정으로 거슬러 올라가서, 여러 사건에 대한 순편익의 기댓값을 계산하고 순편익 기댓값이 낮은 가지를 제거한다.

다양한 종류의 비용이 수반되는 특정 유형의 독감에 대한 백신 접종 프로그램을 생각하여 보자.[7] 이 프로그램의 비용은 접종 비용과 접종의 부작용에서 비롯된다. 편익은 전염병이 발생할 경우 피할 수 있는 건강에 해로운 영향으로 구성된다. 이 독감은 전 세계적으로 충분한 면역력이 생겨 확산을 막기 전까지 2년 동안 인구를 감염시킬 수

있다. 그림 11.2는 이 예방 접종 프로그램의 CBA에 대한 간단한 의사 결정 트리를 보여준다. 트리는 열린 사각형으로 표시된 결정의 순서를 따르기 위해 그리고 열린 원으로 표시된 우발사건의 무작위 선택을 따르기 위해 왼쪽에서 오른쪽으로 읽어야 한다. 트리는 맨 왼쪽에 ⓪으로 표시된 사각형인 의사 결정 노드로 시작한다. 위쪽 가지는 올해 백신 접종 프로그램을 시행하기로 한 결정을 나타내고, 아래쪽 가지는 올해 프로그램을 시행하지 않기로 한 결정을 나타낸다.

백신 접종 프로그램인 위쪽 가지. 먼저 위쪽 가지를 따라가면, 프로그램이 시행되면 직접적인 행정 비용인 C_a와 백신을 접종한 사람이 겪는 백신 자체에서 독감에 걸리는 것과 같은 부작용 비용인 C_s가 발생한다. 이 예에서 다른 대부분의 비용과 마찬가지로 C_s는 부작용, 부작용을 겪는 사람의 비용, 백신을 접종한 사람의 수에 따라 예상되는 비용이다. 가지의 실선 수직선은 프로그램 비용 $C_a + C_s$가 발생하는 지점인 문으로 생각할 수 있다. 다음으로 원으로 표현된 기회 노드가 나타난다. 독감이 인구를 감염시키거나(상단 분기, 확률 P_1로 발생하고 비용 $C_{e|v}$가 발생, 여기서 아래 첨자는 "예방 접종 프로그램이 시행되었는데도 전염병이 발생함"으로 읽어야 함), 독감이 인구를 감염시키지 않는다(하단 분기, 확률 $1 - P_1$로 발생하고 그 당시 비용이 0임). 독감이 발생하면 인구는 내년에 면역이 된다. 따라서 상단 분기는 계속되지 않는다. 독감이 발생하지 않더라도 내년에 발생할 가능성은 여전히 있다. 따라서 하위 분기는 2년차로 이어지며, ①로 표시된 사각형은 2년차의 시작을 나타낸다. 이는 2년차의 두 가지 우연성을 지정하는 또 다른 우연 노드로 직접 이어진다. 즉, 인플루엔자가 인구를 감염시키거나(상위 하위 분기, 확률 P_2로 발생하고 비용 $C_{e|v}$가 발생함), 인플루엔자가 인구를 감염시키지 않는 것(확률 $1 - P_2$로 발생하고 비용이 0인 하위분기).[8] 우리는 초기 결정 시점에 P_2가 알려져 있다고 가정한다.[9]

백신 접종 프로그램 없는 하위가지. 이제 초기 결정 노드(⓪)로 돌아가서 첫 해에 백신 접종 프로그램이 없는 하위 가지에서 시작한다. 처음에는 이 결정과 관련된 비용이 없다. 두 가지 분기가 있는 기회 노드가 이어진다. 독감이 인구를 감염시키거나(하위 가지, 확률 P_1로 발생하고 비용 $C_{e|nv}$가 발생함) 독감이 인구를 감염시키지 않는다(상위 가지, 확률 $1 - P_1$로 발생하고 비용 0이 발생함).[10] 독감이 발생하면 다음 해를 고려할 필요가 없다. 독감이 발생하지 않으면 트리는 결정 노드 ②로 계속된다. 2년차에 백신 접종 프로그램을 시행하거나(위의 하위 가지가 프로그램 비용 $C_a + C_s$가 발생하는 게이트를 교차함) 시

행하지 않는다(낮은 하위 가지).

프로그램이 구현되면 문이 생겨 우연 노드가 생긴다. 독감이 인구를 감염시키거나(확률 P_2로 발생하고 비용 $C_{e|v}$가 발생하는 아래쪽 가지), 또는 독감이 인구를 감염시키지 않는다(확률 $1 - P_2$로 발생하고 비용 0이 발생하는 위쪽 가지). 독감이 인구를 감염시키거나(확률 P_2로 발생하고 비용 $C_{e|nv}$이 발생하는 아래쪽 가지), 또는 독감이 인구를 감염시키지 않는다(확률 $1 - P_2$로 발생하고 비용 0이 발생하는 위쪽 가지). 이와 같이 2년차에 프로그램을 구현하지 않기로 결정한 후의 평행 우연 노드를 고려하여 트리가 완성된다.

의사 결정 트리 풀기. 의사 결정 문제를 풀려면 오른쪽에서 왼쪽으로 작업하면서 우연 노드를 예상 비용으로 바꾸고 지배적인 평행 노드를 제거해야 한다. 의사 결정 노드 사각형 [1] 다음에 오는 우연 노드를 고려하여 보자. $P_2 C_{e|v} + (1 - P_2) \times 0$으로 계산한 예상 비용은 $P_2 C_{e|v}$와 같다.

제 의사 결정 노드 사각형 [2]에 이어지는 기회 노드를 고려하여 보자. 백신 접종 프로그램을 시행하지 않기로 결정한 후, 아래쪽 기회 노드는 예상 비용이 $P_2 C_{e|nv}$이다. 2년차에 백신 접종 프로그램을 시행하는 위쪽 기회 노드는 예상 비용이 $P_2 C_{e|v}$에다가, 특정 프로그램 비용을 더해야 하므로 전체 예상 비용은 $C_a + C_s + P_2 C_{e|v}$가 된다. 분석가는 이제 노드 [2]에서 두 가지 가능한 결정의 예상 비용을 비교할 수 있다: $P_2 C_{e|nv}$ 대 $C_a + C_s + P_2 C_{e|v}$. 예를 들어, 프로그램 비용이 백신의 예상 비용 감소보다 크다고 가정하여 보자. 즉, $C_a + C_s > P_2 (C_{e|nv} - C_{e|v})$이면 $P_2 C_{e|nv}$가 $C_a + C_s + P_2 C_{e|v}$보다 작아서 프로그램을 시행하지 않는 것이 시행하는 것을 지배한다. (그렇지 않다면, 하위 분기는 분명히 상위 분기에 의해 지배된다.[11]) 이제 분석가는 상위 분기 중 낮은 분기를 잘라낼 수 있다. 결정 노드 2에 도달하면, 2년차 예상 비용 $P_2 C_{e|nv}$를 얻을 수 있다.

결정 노드 [0]에서 백신 접종 프로그램을 시행하는 예상 비용(즉, 상위 가지를 따르는 것)은 직접 비용과 기회 노드를 따르는 예상 비용으로 구성되며, 이제 전염병이 있는 경우 $C_{e|v}$의 보수를 받고 전염병이 없는 경우 노드 [1]의 할인된 기댓값 $P_2 C_{e|v}/(1 + d)$를 받는다. 후자의 비용은 2년차에 발생하므로 할인율 d를 사용하여 할인한다. 따라서 백신 접종 프로그램을 시행하는 것으로 인한 예상 비용의 현재 가치는 다음과 같다.

$$E[C_v] = C_a + C_s + P_1 C_{e|v} + (1 - P_1)\ P_2 C_{e|v}/(1+d) \qquad 11.2$$

여기서 마지막 항은 2년차의 예상 비용을 포함한다.

백신 접종 프로그램을 시행하지 않을 경우의 예상 비용은 같은 방식으로 계산한다. 전염병이 발생하지 않을 경우의 이익은 결정 노드 ②의 할인된 예상 비용인 $P_2\ C_{e|nv}/(1 + d)$가 된다. 전염병이 발생할 경우의 이익은 여전히 $C_{e|nv}$이다. 따라서 다음 표현식은 프로그램을 시행하지 않을 경우의 예상 비용의 현재 가치를 나타낸다.

$$E[C_{nv}] = P_1 C_{e|nv} + (1 - P_1) P_2 C_{e|nv}/(1 + d_1) \qquad 11.3$$

마지막 단계는 노드 0에서 가능한 두 가지 결정에 대한 예상 비용의 현재 가치를 비교하는 것이다. 예상 비용의 현재 가치가 더 큰 가지를 없애 나가면 남은 가지는 최적의 결정이다.

예를 들어, 의사결정 트리의 매개변수에 대해 다음 값을 제안하는 데이터를 수집했다고 가정해 보자. $P_1 = .4$, $P_2 = .2$, $d = .05$, $C_{e|v} = .5C_{e|nv}$(예방 접종 프로그램은 독감 비용을 절반으로 줄임), $C_a = .1C_{e|nv}$예방 접종 비용은 독감 비용의 10%임), $C_s = .01\ C_{e|nv}$(부작용 비용은 독감 비용의 1%임). 이러한 값의 경우 $E[C_v] = .367C_{e|nv}$ 및 $E[C_{nv}] = .514\ C_{e|nv}$이다. 따라서 $E[C_v] < E[C_{nv}]$ 이기 때문에 예방 접종 프로그램은 첫해에 시행해야 한다.

백신 접종 프로그램의 예상 순편익 계산. CBA로 명확히 돌아가서, 백신 접종 프로그램의 편익은 절감비용 또는 $E[C_{nv}] - E[C_v]$이며, 이는 이전 문단에서 보여준 수치 예에서 $0.147\ C_{e|nv}$ 같다. 12장에서는 CBA에서 순편익의 일반화로서 기대 순편익의 적절성 문제를 다룬다.

의사결정 분석 확장. 의사결정 분석은 공공 및 민간 부문 문제에 모두 사용할 수 있으며, 백신 접종 프로그램의 CBA보다 훨씬 더 복잡한 분석을 구성하는 데 사용할 수 있다. 간단한 확장에는 의사 결정 노드에서 두 개 이상의 대안, 우연 노드에서 두 개 이상의 우연성, 두 개 이상의 기간, 다른 기간의 다른 이벤트 확률이 포함된다. 미국의 석유 비축 프로그램 분석에는 일반적으로 컴퓨터로만 완전히 표현하고 해결할 수 있을 만큼 큰 나무가 포함된다.[12] **복잡하든 아니든 모든 문제에 대해 의사결정 분석은 예상 순편익 계산에 위험을 어떻게 통합해야 하는지 보여주는 데 매우 유용할 수 있다.**

11.2 민감도 분석

CBA를 우발성과 그 확률에 따라 명시적으로 구조화하든 그렇지 않든, 분석가는 항상 예측된 영향의 규모와 할당된 값에 대해 약간의 불확실성에 직면한다. 초기 분석은 일반적으로 알려지지 않은 수량의 가장 가능성 있는 추정치를 사용하여 불확실성을 줄인다. 이러한 추정치는 소위 **기본 사례**를 구성하게 된다. 민감도 분석의 목적은 기본적인 불확실성을 인지하고 명확히 하는 것이다. 특히 예측된 순편익이 가정의 변화에 얼마나 민감한지 전달해야 한다. 분석가가 합리적인 가정의 범위를 고려할 때 순편익의 부호가 변하지 않으면 결과는 견고하다고 볼 수 있다.

알려지지 않은 가정이 많은 것은 CBA에서 일반적인 상황이다. 모든 가정의 조합을 살펴보는 무차별 대입 접근 방식을 실행할 수 없게 만든다. 예를 들어, 다음 섹션에서 더 자세히 설명하는 예방 접종 프로그램 분석에는 17가지의 서로 다른 불확실한 수치적 가정이 필요하다. 분석가가 각 가정에 대해 세 가지 다른 값만 고려하더라도 여전히 평가해야 할 가정의 조합이 1억 2,900만 개가 넘는다.[13] 이러한 모든 조합에 대한 순편익을 계산하는 것이 가능하다 하더라도 분석가는 여전히 결과를 분류하고 효과적인 방식으로 전달해야 하는 어려운 과제에 직면하게 될 것이다.

이를 극복하기 위해 우리는 민감도 분석을 수행하여 세 가지 더 관리하기 쉬운 접근 방식을 고려한다. 첫째, 다른 모든 가정은 일정하게 유지하면서 단일 가정이 변할 때 순편익은 어떻게 변하는가를 살펴보는 **부분 민감도 분석**을 수행한다. 부분 민감도는 분석가가 가장 중요하고 불확실한 가정이라고 생각하는 것에 가장 적절하게 적용될 수 있다. 순편익이 0이 되거나 손익분기점에 도달하는 수치적 가정의 값을 찾는 데 사용할 수 있다. 둘째, **최악 및 최상의 경우에 해당하는 분석**을 고려한다. 합리적인 가정의 조합이 순편익의 부호에 어떠한 변화를 주는가? 분석가들은 일반적으로 가장 그럴듯한 추정치가 긍정적인 순편익을 가져오는 상황에 집중하고 있지만, 가장 불리하거나 가장 보수적인 가정을 포함하는 최악의 경우 어떤 일이 일어날지 알고 싶어한다. 셋째, 핵심 가정의 수치 값을 확률 분포에서 추출한 것으로 취급하면 어떤 순편익 분포가 생성되는가를 살펴보는 **몬테카를로**(Monte Carlo) **시뮬레이션**을 한다. 순편익 분포는 프로젝트의 위험성에 대한 정보를 전달하는데, 평균(또는 중간값)은 분포의 중심을 측정하는 데 도움이 되고, 분산, 평균 주변의 분포, 긍정적인 순편익 확률은 정책의 위험성에 대한 정보를 제공한다.

11.2.1 백신 접종 프로그램 분석에 대한 자세한 살펴보기

그림 11.2에 제시된 가상 백신 접종 프로그램의 의사 결정 분석과 관련된 비용에 대한 보다 자세한 상황을 고려하여 이러한 기술을 설명하여 보자. 이 프로그램은 카운티의 일부 주민을 대상으로 잠재적인 독감 유행병에 대한 예방 접종을 한다.[14]

다음의 프로그램에 대한 일반적인 설명을 고려하여 보자. 보건부의 광고 및 홍보 활동을 통해 카운티는 독감으로 인한 사망 위험이 높은 건강이 좋지 않은 노인 거주자의 상당수와 일반 인구의 훨씬 적은 수의 사람들을 백신 접종 대상으로 모집할 수 있을 것으로 기대한다. 백신은 살아있는 바이러스를 기반으로 하기 때문에 백신을 접종한 사람 중 일부는 부작용을 겪게 되는데, 이는 실제로 그들을 고위험 상태로 전환시키고 독감을 유발한다. 이러한 백신의 부작용에 포함된 비용을 C_s라고 한다. 백신이 항상 면역을 부여하는 것은 아니며, 종종 독감 바이러스에 노출되기 전에 충분히 접종하지 않기 때문에 효과율은 100% 미만이다. 독감에 걸린 모든 사람은 며칠 동안 침상 안정을 취해야 한다. 분석가는 카운티의 평균 임금률에 평균 근무 시간 손실 시간을 곱하여 이 손실을 평가할 수 있지만, 이 절차는 노령자의 시간 기회 비용을 과대평가하고 젊은 사람과 노령자 모두의 독감 증상으로 인한 불쾌감 비용을 과소평가할 수 있다. 그들은 예상 사망자 수에 생명의 달러 가치 추정치를 곱하여 독감으로 인한 사망자 수에 달러 가치를 부여할 수 있다. 분석에 대한 다양한 수치적 가정은 표 11.2에 나와 있다. 예를 들어, 구한 생명 하나에 사용된 기본 사례 가치가 1,000만 달러라는 점에 유의해야 한다. 즉, 사람들이 사망 위험의 사소한 변화에 얼마나 많은 가치를 두는지에 대한 결정을 마치 자신의 생명을 1,000만 달러로 평가하는 것처럼 내린다고 가정한다.

예방 접종의 이점은 두 가지 영향을 통해 발생한다. 첫째, 효과적으로 예방 접종을 받은 사람은 독감에 면역이 된다. 따라서 이 프로그램은 면역에서 가장 큰 이점을 얻는 사망 위험이 높은 사람을 대상으로 한다. 둘째, 집단 면역 효과라고 알려진 긍정적인 외부 효과를 통해 예방 접종을 받은 사람은 예방 접종을 받지 않은 사람의 감염 위험을 줄인다. 이것이 일부 저위험 사람을 모집하여 예방 접종을 받은 전체 인구 비율을 늘리는 이유이다.[15] 이 두 가지 효과로 인해 예방 접종을 받은 경우의 전염병 예상 비용 $C_{e|v}$가 예방 접종 프로그램을 받지 않은 경우의 전염병 예상 비용 $C_{e|nv}$보다 낮아진다.

표 11.2 백신 접종 프로그램 CBA에 대한 기본 사례 값

파라미터	값(범위)	설명
카운티 인구(N)	380,000	카운티의 총 인구
분율 고위험(r)	.06 [.04, .08]	64세 이상 인구의 절반
저위험 백신 접종률(v_l)	.05 [.03, .07]	백신 접종한 저위험군 비율
고위험 백신 접종률(v_j)	.60 [.40, .80]	고위험군 백신 접종률
부작용률(a)	.03 [.01, .05]	백신 접종자 중 고위험군이 되는 비율
저위험 사망률(m_t)	.00005 [.000025, .000075]	저위험군 감염자의 사망률
고위험 사망률(m_j)	.001 [.0005, .00015]	고위험군 감염자의 사망률
집단 면역 효과(θ)	1.0 [.5, 1.0]	효과적으로 백신 접종을 받은 사람 중 집단 면역 효과에 기여하는 사람
백신 효과율(e)	.75 [.65, .85]	백신 접종을 받은 사람 중 발병하는 사람
손실 시간(t)	24 [18, 30]	질병으로 인해 손실된 평균 근무 시간
감염률(i) .	.25 [.20, .30]	백신을 접종하지 않은 경우의 감염률

파라미터	값(범위)	설명
1년차 전염병 확률(p_1)	.40	당해년도 전염병 발생 가능성
2년차 전염병 확률(p_2)	.20	내년의 전염병 발생 가능성
백신 복용 가격(q)	$9/복용량	백신 1회 투여 가격
경비(o)	$120,000	백신 접종자 수에 따라 달라지지 않는 비용
시간의 기회 비용(w)	$20/시간	평균 임금률(복리후생 포함)
생명의 가치(L)	$10,000,000	가정된 생명 가치
할인율(d)	.035	실질 할인율
고위험 백신 접종 횟수(V_h)	13,680	백신 접종을 받은 고위험군 : v_h r_N
저위험 백신 접종 횟수(V_l)	17,860	백신 접종을 받은 저위험군 : $v_l(1 - r)N$
백신 접종률(v)	.083	백신 접종을 받은 전체 인구 비율: $rv_h + v_l(1 - r)$

표 11.3은 표 11.2의 특정 수치 가정을 그림 11.2의 매개변수와 연관시킨다. 표 11.3에서 직접 프로그램 비용 C_a는 경비(즉, 고정) 비용 0과 백신당 비용 q에 제공된 백신 접종 횟수($V_h + V_l$)를 곱한 값에 따라 달라진다. 부작용 비용 C_s는 부작용 발생률 a, 백신 접종자 수, 고위험 감염당 비용 wt + m_hL에 따라 달라진다. 여기서 wt는 손실된 노동력의 기회 비용이고 m_hL은 생명 손실 비용이다. 백신 접종 프로그램이 없는 경우 전염병 비용 $C_{e|nv}$는 감염률 i, 고위험 감염자 수 rN, 저위험 감염자 수 (1 − r)N, 고위험 및 저위험 감염당 비용에 따라 달라진다. 마지막으로, 백신 접종 프로그램에 따른 전염병 비용, $C_{e|v}$는 백신 접종 후 감염률, i − θve, 감염에 취약한 고위험 개인 수, rN − eV_h, 감염에 취약한 저위험 개인 수, (1 − r)N − eV_p, 저위험 및 고위험 감염당 비용에 따라 달라진다. 표 11.3에 있는 공식을 사용하면 표 11.2에 제시된 기본 사례 가정에 대한 순편익이 2,030만 달러로 계산된다.

부분 민감도 분석. 분석에서 중요한 가정은 전염병이 발생할 확률이다. 기본 사례에서 현재 연도에 전염병이 발생하지 않았다고 가정할 때 내년에 전염병이 발생할 확률, p_2는 현재 연도에 전염병이 발생할 확률, p_1의 절반이라고 가정한다. 순편익과 전염병 발생 확률 간의 관계를 조사하기 위해 다른 모든 기본 사례 값을 일정하게 유지하고 p_1(그리고, p_2)를 변경한다. 구체적으로, 우리는 p_1를 0에서 0.05씩 증가시켜 0에서 0.5까지 변화시켜서 순편익에 대한 확률 변화의 한계적 부분 효과를 분리할 수 있다.

표 11.3 백신 접종 프로그램의 순편익을 계산하기 위한 공식

변수	값(백만달러)	공식
C_a	0.404	$o + (V_h + V_l)q$
C_s	9.916	$\alpha(V_h + V_l)(wt + m_hL)$
$C_{e\mid nv}$	147.3	$i[rN(wt + m_hL) + (1 - r)N(wt + m_tL]$
$C_{e\mid v}$	87.9	$(i-\theta ve)\{(rN-eV_h)(wt+m_hL) + [(1 - r)N - eV_l](wt + m_lL)\}$
EC_v	55.7	$C_a + C_s + p_1C_{e\mid v} + (1 - p_1)\ p_2\ C_{e\mid v}/(1 + d)$
EC_{nv}	76.0	$p_1\ C_{e\mid v} + (1 - p_1)p_2\ C_{e\mid v}/(1 + d)$
$E[NB]$	20.3	$EC_{nv} - EC_v$

이 절차의 결과는 그림 11.3에서 L = $10백만달러라는 선으로 표시된다. 이 레이블은 또 다른 기본 사례 가정을 상기시킨다. 생명의 가치는 1,000만 달러와 같으며, 다음에 이를 변경한다. 순편익 계산의 기본 방정식이 개인용 컴퓨터의 스프레드시트에 내장되어 있었기 때문에 p 값을 변경하고 해당 순편익을 기록하기만 하면 이 선을 그리는데 필요한 점을 쉽게 생성할 수 있다.

예상대로 이 선은 우상향이다. 전염병의 확률이 높을수록 백신 프로그램의 순편익이 커진다. p값이 약 0.12 미만인 경우 순편익은 음수가 된다(즉, 우상향 직선이 실선 수평선 아래에 있음). 즉, 올해 전염병의 확률이 0.12 미만이라고 생각하고 다른 기본 사례 가정을 받아들일 의향이 있다면 프로그램을 실행하지 않아야 한다. 순편익이 부호가 바뀌는 확률을 손익분기점 값이라고 한다. 다양한 매개변수에 대한 손익분기점을 찾아 보고하는 것은 종종 매개변수의 중요성을 전달하는 유용한 방법이다.

그림 11.3 두 가지 삶의 가치에 대한 백신 접종의 기대되는 순편익

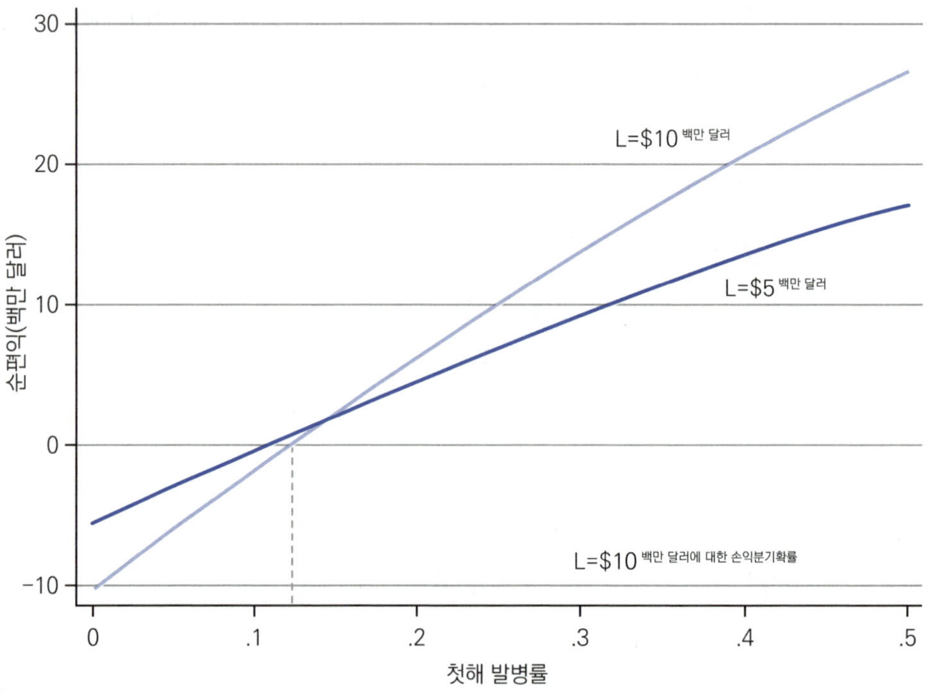

L = $5 백만 달러라는 라벨이 붙은 선은 생명 가치에 대한 기본 가정을 생명당 1,000만 달러에서 생명당 500만 달러로 변경하는 절차를 반복한다.[16] 따라서 그래프는 두 가지 가정의 변화의 영향에 대한 정보를 전달한다. 각 선은 개별적으로 전염병 확률의 한계적 영향을 제공한다. 선을 따라 살펴보면 가정된 생명 가치의 변화의 영향에 대한 정보를 전달한다. 이 그림에서 알 수 있듯이 2차원 그래프에서 직선 계열을 구성하여 두 가지 가정을 동시에 변경하는 것에 대한 순편익의 민감도를 쉽게 고려할 수 있다. 컴퓨터로 3차원처럼 보이는 그래프를 생성할 수 있지만 이러한 그래프가 전달하는 추가 정보는 시각적으로 처리하기 어려운 경우가 많으므로 피해야 한다.

그림 11.4 백신의 기대 순편익

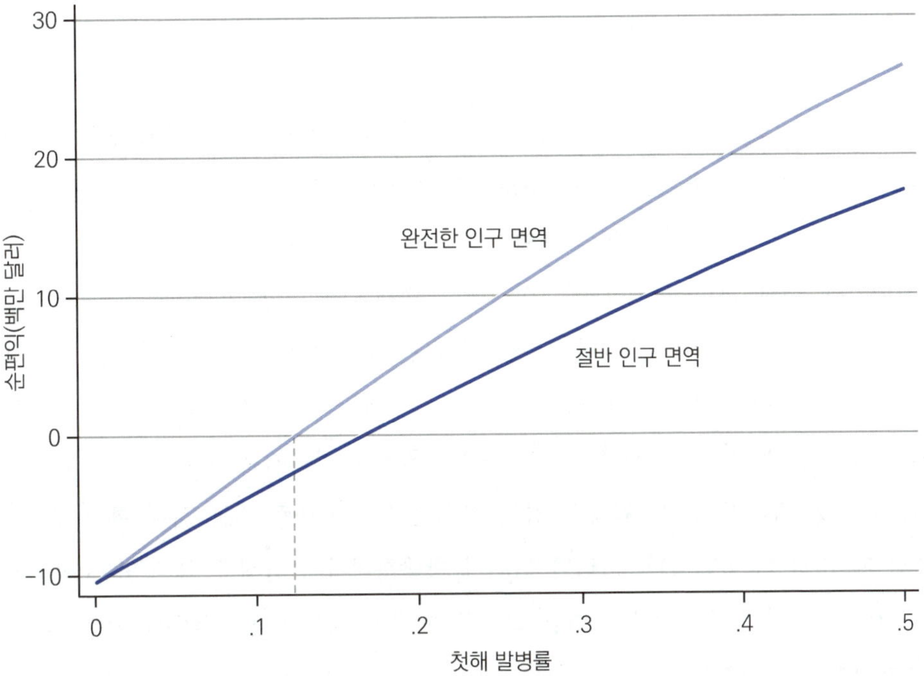

그림 11.4는 부분 민감도 분석의 한 가지 예를 더 살펴보고 있다. 이는 집단 면역 효과의 크기인 θ에 대한 두 가지 다른 가정에 대한 순편익에 대한 전염병 확률의 한계적 영향에 대한 조사를 반복한다. 위쪽 곡선은 전체 집단 면역 효과(θ = 1)를 가정하는 기본 사례에 대한 것이다. 아래쪽 곡선은 효과의 절반만 발생한다고 가정한다(θ = .5). 아마도 기본 사례에서 가정한 단순한 집단 면역 모델을 적용하기에 인구가 충분히 균등하게 섞이지 않았기 때문일 것이다(두 사례 모두 구한 생명당 1,000만 달러라는 기본 사례 가정으로 돌아간다). 이제 손익분기확률은 약한 집단 면역 효과에 대해 0.16 이상으로 상승한다. 물론, 전염병 확률을 일정하게 유지하고 순편익을 집단 면역 효과의 크기에 대한 그래프로 표시하여 집단 면역 효과에 주로 초점을 맞출 수 있다.

민감도에 대한 철저한 조사는 이상적으로는 각 중요한 가정의 변화에 따른 부분적인 한계적 영향을 고려한다. 그러나 "닭과 달걀" 문제가 있다. 중요한 가정을 식별하는 것은 종종 민감도 분석을 실제로 수행하기 전에는 할 수 없다. 왜냐하면 중요성은 가정의 변화에 대한 순편익의 한계적 반응과 가정의 타당한 범위에 따라 달라지기 때문이다. 예를 들어, 백신 접종 프로그램을 분석할 때 표 11.2에 제시된 대부분의 가정에 대해 부분적 민감도 분석이 필요할 수 있다

최악의 경우와 최상의 경우 분석. 일반적으로 알려지지 않은 매개변수에 가장 그럴듯한 수치 값을 할당하는 기본 사례 가정은 우리가 가장 가능성이 높다고 생각하는 순편익의 추정치를 생성한다. 백신 접종 프로그램 예에서 이러한 가정은 상당히 큰 양의 순편익을 산출한다. 반면, 각 가정에 대한 그럴듯한 값 범위 중 가장 불리한 값을 고려하여 순편익에 대한 그럴듯한 하한을 설정하여 순편익에 대한 비관적인 예측을 계산할 수 있다. 또한 가장 유리한 가정을 사용하여 순편익에 대한 낙관적인 예측을 계산할 수 있다. 이 장의 후반부에서 논의하겠지만, 정보는 일반적으로 다른 선택을 하는 의사 결정에 도움을 준다. 따라서 최악의 경우 분석은 일반적으로 기본 사례 예상 순편익이 양수일 때 가장 가치가 있고, 최상의 경우 분석은 일반적으로 기본 사례 예상 순편익이 음수일 때 가장 가치가 있다. 그러나 범위가 타당하더라도 실제로 최악 또는 최상의 경우와 같이 극단적인 순편익을 실현할 확률은 매개변수 수가 많아질수록 매우 작아진다는 점을 명심해야 한다.

최악의 경우 분석은 사회 또는 특정 의사 결정권자가 위험을 회피할 수 있다는 것을 인정한다. 즉, 그들은 종종 대부분의 경우 적절한 고려 사항인 예상 순편익뿐만 아니라 가능한 “하향”도 신경을 쓴다. 게다가 1장과 8장에서 지적했듯이 낙관적인 예측을 생성하는 데는 종종 인지적 한계와 관료적 인센티브가 있다. 최악의 경우 분석은 이러한 편향(biases)에 대한 유용한 검사를 제공할 수 있다.

최악의 경우 분석의 실증으로서, 우리는 r, v_h, V_i, m_p m_h, θ, e, t 및 i에 대해 표 11.2에 제시된 각 범위의 하한을 취하고 α에 대해 범위의 상한을 취한다. 예를 들어, 우리는 높은 사망 위험에 처한 인구의 분율인 r이 기본 케이스 값인 0.06이 아니라 0.04라고 가정한다(당분간 p1 p2, q, o, w, L, d를 기본 케이스 값으로 유지한다). 최악의 가정을 적용하면 순편익은 0.11백만 달러로 떨어진다. 여전히 양수이기는 하지만, 이보다 보수적인 추정치는 기본 케이스 가정보다 두 자릿수(10^2) 이상 낮다.

순편익이 전염병의 확률에 민감하다는 질문으로 돌아가 보자. 손익분기확률은 기본

케이스 가정에서 약 12%에서 보다 보수적인 최악의 케이스 가정에서는 거의 42%로 증가한다. 다시 말해, 기본 케이스에서 가정한 값인 전염병의 확률을 0.4로만 평가하면 예상 순편익은 더 이상 양수가 아니다.

가장 보수적인 가정을 결정할 때는 주의해야 한다. 예를 들어 기본 케이스 가정에서 순편익은 가정한 생명 가치가 증가함에 따라 증가한다. 그러나 보수적인 가정하에서는 생명의 가치가 증가함에 따라 순편익은 감소한다. 생명의 가치에 대한 한계적 영향 방향으로의 이러한 역전은 보수적인 사례에서 더 높은 부작용 비율인 α가 충분히 커서 백신 접종 프로그램이 있는 경우(사망 1.8명)가 백신 접종 프로그램이 없는 경우(사망 1.7명)보다 더 많기 때문에 발생한다.

보다 일반적으로 순편익이 매개변수의 비선형 함수인 경우 주의가 필요하다. 이러한 경우 순편익을 최소화하거나 최대화하는 매개변수의 값이 그럴듯한 범위의 극단에 있지 않을 수 있다. 부분 민감도 그래프를 자세히 살펴보면 일반적으로 관계의 일반적인 본질을 잘 알 수 있지만 이러한 그래프는 다른 모든 매개변수의 특정 가정 값에 따라 달라지기 때문에 때로는 오해의 소지가 있다. 보다 체계적인 접근 방식은 순편익을 계산하는 데 사용된 모델의 기능적 형태를 검사하는 것이다. 비선형 관계가 있는 경우 가정의 극단적인 값이 반드시 순편익의 극단적인 값으로 이어지지는 않을 수 있다. 실제로 표 11.3을 살펴보면 순편익은 직접 효과와 무리 효과의 곱인 $C_{e|v}$에 따라 달라지기 때문에 백신 접종률 v_l과 v_h의 2차 함수임을 알 수 있다. 예를 들어 기본 사례 가정에 따르면 모든 고위험 인구가 백신을 접종하고 저위험 인구의 46%가 백신을 접종하면 순편익이 극대화된다. 이러한 비율은 프로그램을 통해 현실적으로 얻을 수 있는 비율보다 훨씬 높으므로 백신 접종률의 상한과 하한을 순편익의 극단값에 해당하는 것으로 합리적으로 처리할 수 있다.

기본 케이스 가정이 부정적인 순편익을 낳는다면, 더 낙관적이거나 최상의 케이스 가정이 긍정적인 순편익을 가져오는지를 살펴보는 것이 합리적일 것이다. 최상의 케이스 순편익 예측이 여전히 부정적인 경우, 우리는 그 정책을 채택해서는 안 된다는 것을 확신할 수 있다. 반대로 기본 케이스 가정이 긍정적인 경우, 우리는 다소 덜 낙관적인 가정의 조합이 긍정적인 순편익을 유지할 수 있는지 보고 싶을 수 있다.

몬테카를로 시뮬레이션. 부분적 및 극단적인 경우 민감도 분석에는 두 가지 주요 한계가 있다. 첫째, 가정된 매개변수 값에 대한 모든 사용 가능한 정보를 고려하지 못할 수 있다. 특히, 기본 가정에 가까운 값이 가능한 범위의 극단에 가까운 값보다 발생할 가능성이 더 높다고 믿는 경우 최악의 경우와 최상의 경우는 많은 수의 독립적인 낮은 확률 이벤트가 함께 발생해야 하기 때문에 발생할 가능성이 매우 낮다. 둘째, 이러한 기술은 실현된 순편익의 통계적 분포의 분산 또는 확산에 대한 정보를 직접 제공하지 않으므로 점 추정치의 위험성을 전달한다. 또한 순편익의 기댓값 측면에서 두 정책을 구별할 수 없는 경우, 기댓값 근처에서 실현된 순편익을 생성할 확률이 더 높기 때문에 분산이 더 작은 정책을 추천하는 데 더 확신을 가질 수 있다.

몬테카를로 시뮬레이션은 이러한 문제를 극복하는 방법을 제공한다. 이름은 유명한 도박장의 카지노에서 유래되었다. 이는 접근 방식의 본질이 여러 번 확률 게임을 하여 결과 분포를 도출하는 것이기 때문에 적절하다. 몬테카를로 시뮬레이션은 수학적 기법만으로는 속성을 적절히 결정할 수 없는 통계적 추정치를 조사하는 데 중요한 역할을 한다. 컴퓨팅의 기회 비용이 낮기 때문에 몬테카를로 시뮬레이션은 대부분의 실무 정책 분석가에게 실행 가능하다. 복잡한 분석의 불확실성을 효과적으로 고려하기 때문에 모든 분석가의 도구 키트에 있어야 하고, 실제로 CBA에서 일상적으로 사용되어야 한다.

몬테카를로 시뮬레이션을 수행하는 데는 세 가지 기본 단계가 있다. 첫째, 분석가는 모든 중요한 불확실한 양적 가정에 대한 확률 분포를 지정해야 한다. 백신 프로그램의 몬테카를로 시뮬레이션의 경우 분석은 표 11.2에 표현된 범위가 있는 10개 매개변수에 초점을 맞춘다. 특정 분포를 시사하는 이론이나 경험적 증거가 없는 경우 범위에 걸쳐 균등 분포를 지정하는 것이 합리적이다. 즉, 가장 합리적인 가정은 가능한 값의 상한과 하한 사이의 모든 값이 동일하게 발생할 가능성이 있다는 것이다. 예를 들어, 분석은 위험에 처한 인구 비율 r의 분포가 0.04와 0.08 사이에서 균등하게 분포한다고 가정한다. 그러나 종종 더 합리적인 가정은 가장 그럴듯한 추정치에 가까운 일부 값에 더 많은 가중치를 부여해야 한다. 예를 들어, 분석가는 인플루엔자로 인한 손실 시간이 정규분포를 따른다고 믿을 수 있다. 그런 다음 이를 가장 좋은 추정치인 24시간에 중심을 두고 표준 편차를 3.06으로 설정하여 값이 가장 그럴듯한 범위인 18~30시간을 벗어날 확률이 5%에 불과하도록 할 수 있다(확률 분포 작업에 대한 간략한 논의는 부록 11A 참조). 4장에서 논의했듯이 분석가는 때때로 회귀 분석이나 기타 기술을 사용하여 알 수 없는 매개변수를 통계적으로 추정할 수 있다. 일반적으로 사용되는 회귀 모델을 사용하면 분석가는 경험적 추정치에 의해 주어진 평균과 표준 편차를 사용하여 알 수 없는 매개변수의 분포를 정규 분포로 근사할 수 있다.

두 번째 단계는 각 매개변수의 분포에서 무작위로 추출하여 실현된 순편익을 계산하기 위한 특정 값 집합에 도달하여 시행을 실행하는 것이다. 예를 들어, 백신 접종 프로그램 분석의 경우 분석가는 두 기간 각각에서 발생할 가능성이 있는 우발 상황을 결정해야 한다. 당해 연도에 전염병이 발생하는지 여부를 판단하기 위해 베르누이 분포에서 추출하여 확률 p_1가 "전염병"을 나타내고 $(1 - p_1)$가 "전염병 없음"을 나타낸다. 즉, "전염병"이 앞면이 위로 향하게 나올 확률이 p_1인 동전을 던지는 것과 같다. 거의 모든 스프레드시트에서 사용자는 0과 1−a 사이에 균등하게 분포된 난수 변수에서 추출할 수 있다. 균등 분포에서 추출하면 범위 내의 다른 결과와 마찬가지로 발생할 가능성이 있는 결과가 생성된다. 따라서 0과 p_1 사이의 값이 발생할 확률은 p_1이다. p_1의 확률로 "전염병"을 산출하는 베르누이 분포에서 추첨을 구현하려면 균등 분포에서 추첨한 결과를 p_1과 비교하면 된다. 균등 분포에서 무작위로 추첨한 결과가 다음보다 작거나 크면 현재 연도에 전염병이 발생하지 않는다고 가정한다. 현재 연도에 전염병이 발생하지 않으면 비슷한 절차를 따라 2년차에 전염병이 발생하는지 확인한다. 순편익에 대한 세 가지 상호 배타적 실현이 가능하다. 여기서 NB의 값은 이 시행을 위해 도출된 매개변수의 특정 값에 따라 달라진다.[17]

어느 해에도 전염병이 발생하지 않음: $NB = -(C_a + C_s)$

현재 연도의 전염병: $NB = -(C_a + C_s) + (C_{e|nv} - C_{e|v})$

내년의 전염병: $NB = -(C_a + C_s) + (C_{e|nv} - C_{e|v})/(1 + d)$

전시 11.3

인플루엔자 백신 접종 프로그램은 일반적으로 유아, 노인, 면역 체계가 약한 사람과 같은 고위험군을 대상으로 한다. 건강한 근로자에게 예방 접종하는 것이 비용상 유리한가? Kristin L.

Nichols는 비용-편익 분석을 통해 이 질문에 답하였다. 예방 접종의 이점에는 손실된 근무일, 입원 및 사망을 피하는 것이 포함된다. 비용에는 예방 접종 비용과 손실된 근무일, 입원 및 부작용으로 인한 사망이 포함된다. 그녀는 몬테카를로 분석을 사용하여 순편익을 추정했다. 이전 연구에서 관리자가 일반적으로 다른 직원보다 병가를 적게 썼다는 것을 참고하여, 몬테카를로 시험에 병가와 임금률, 두 가지 중요한 매개변수 간의 음의 상관 관계를 구축했다. 순편익의 평균값을 18.27달러(2010년 달러)로 추정했으며, 95% 신뢰 구간은 양의 순편익 44.10달러에서 음의 순편익 2.92달러까지였다. 다양한 가정된 매개변수의 순편익에 대한 상대적 중요성을 평가하기 위해, 매개변수의 무작위로 추출된 값에 대한 각 시행의 순편익을 회귀시켰다. 순편익은 질병률, 독감으로 인한 결근율, 시급에 가장 민감했다. 또한, 백신과 순환하는 바이러스 균주 간의 불일치는 순편익이 마이너스라는 결과를 보였다. 놀랍지 않게도, 몬테카를로 분석의 95% 신뢰 구간은 긍정적 순편익 233.15달러에서 부정적 순편익 28.45달러까지의 최상/최악의 범위보다 훨씬 좁았다.

출처: Kristin L. Nichol, "Cost-Benefit Analysis of a Strategy to Vaccinate Healthy Working Adults Against Influenza." Archives of Internal Medicine, 161(5), 2001, 749-59에서 발췌.

NB에 대한 이러한 추정치는 더 이상 전염병의 우연성에 대한 기대를 포함하지 않지만, 비용 추정치 자체는 예상 값이다.

세 번째 단계에서는 두 번째 단계에서 설명한 시행을 여러 번 반복한다. 일반적으로 천 번 이상 반복하여 많은 수의 순편익 실현을 생성한다. 이러한 시행의 평균은 순편익의 예상 값에 대한 추정치를 제공한다. 실현된 순편익의 범위를 여러 개의 동일한 증분으로 나누고 시행이 각 증분에 속하는 빈도를 세어 순편익의 확률 분포에 대한 근사치를 얻을 수 있다. 이러한 카운트의 결과 **히스토그램**은 분포에 대한 그림을 제공한다. 히스토그램에 들어가는 시행이 많을수록 결과 그림이 순편익의 분포를 잘 나타낼 가능성이 커진다. 이 절차의 근간에는 대수의 법칙이 있다. 시행 횟수가 무한대에 가까워질수록 빈도는 실제 기본 확률로 수렴한다.

그림 11.5는 표 11.2의 괄호로 묶인 가정에서 무작위로 추출한 10,000번의 반복 실험 히스토그램을 보여준다. 가정된 분포는 모두 균등하지만 손실 시간 t는 정규 분포를 따

그림 11.5 실현된 순편익의 막대그래프

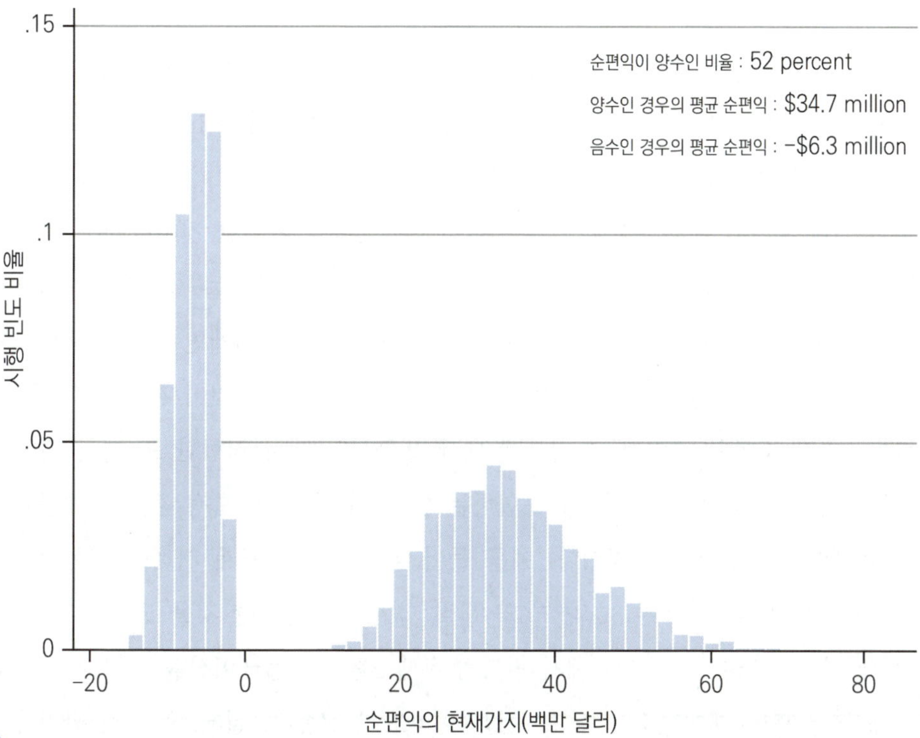

르고, 전염병 발생 여부는 베르누이 분포이지만 쉽게 구할 수 있는 균등 분포로 구현된다. 각 막대의 높이는 해당 증분에 순편익이 있는 시행 횟수에 비례한다.

10,000건의 시도에 대한 순편익의 평균은 1,500만 달러이다. 이는 기본 사례 계산인 2,030만 달러와 다르다. 기본 사례 값인 집단 면역 계수가 가능한 범위의 중간 지점이 아닌 1로 설정되었기 때문이다. 집단 면역 계수를 1로 설정하여 몬테카를로 절차를 반복하면 실현된 순편익의 평균은 1,870만 달러가 되는데, 이는 예상 순편익의 기본 사례 계산과 비슷하다.[18]

히스토그램은 순편익의 전체 분포를 시각적으로 표시하여 분포와 대칭성을 쉽게 식별할 수 있게 한다. 이러한 히스토그램을 사용하여 표본 분산, 표준 편차, 양성 시도 비율 및 순편익을 설명하는 기타 요약 통계를 직접 계산할 수 있다.

히스토그램의 가장 눈에 띄는 특징은 이중 모드 분포를 나타낸다는 것이다. 어느 해에든 전염병이 발생하면 백신 접종 프로그램은 순편익이 긍정적이고 분포의 가장 오른쪽 혹에서만 데이터를 추출하는 것과 같다. 어느 해에도 전염병이 발생하지 않으면 백신 접종 프로그램은 순편익이 부정적이고 분포의 가장 왼쪽 혹에서만 데이터를 추출하는 것과 같다. 2년 동안 전염병이 발생할 확률을 가정하면 순편익이 52% $[p_1+(1-p_1)p_2]$로 예상할 수 있으며, 이는 몬테카를로 시뮬레이션에서 순편익이 긍정적으로 나타난 시행의 52.8%에 가깝다.

그림 11.5에 제시된 몬테카를로 결과는 여러 매개변수를 확실한 것처럼 처리한다. 가장 중요한 것은 시간 값, 통계적 수명 값, 할인율을 확실한 것으로 처리한다는 것이다. 그러나 17장에서 설명했듯이 이러한 값은 불확실하다. 이러한 매개변수 값에 대한 분포를 지정하여 확장된 시뮬레이션에 포함할 수 있다. 그렇게 하는 것이 시간 값과 통계적 수명 값에 가장 적합할 것이다. 할인율에 대한 불확실성에 더 적합한 또 다른 접근 방식은 단일 시뮬레이션에 매개변수를 포함하는 대신 매개변수의 특정 값에 대해 몬테카를로 시뮬레이션을 반복하는 것이다. 예를 들어, 4장 이후의 규제 사례에 대한 논의에서 언급했듯이, 관리예산국은 3%와 7%의 실질 할인율로 할인할 것을 권장한다. 이 권장 사항에 따라 이러한 각 할인율에서 별도의 몬테카를로 시뮬레이션을 수행할 수 있다.

그림 11.5는 또한 매개변수가 서로 독립적이라고 가정한다. 실제로는 상관관계가 있을 수 있다. 그러나 이러한 상관관계를 고려하려면 매개변수의 분산-공분산 행렬을 알아야 한다. 이러한 보다 정교한 접근 방식은 이 책의 범위를 벗어난다.

민감도 분석 전략. 민감도 분석을 수행하기 위해 다음 전략을 권장한다. 첫째, 실제 CBA를 수행하는 가장 일반적인 상황인 불확실한 매개변수가 몇 개 이상인 경우 분석가는 몬테카를로 시뮬레이션을 분석틀로 사용해야 한다. 가장 가능성 있는 매개변수 값에 대한 믿음에 따라 순편익을 보고하는 대신, 몬테카를로 시행에서 얻은 순편익의 평균값을 보고한다. 순편익 예측에 대한 불확실성의 정도를 전달하기 위해, 여러 시뮬레이션 시험에서 발생한 순편익의 분포를 히스토그램으로 제시하고, 순편익이 양(+)의 값을 나타낸 실험의 비율을 보고한다.[19] 둘째, 부분 민감도 분석을 사용하여 특히 중요한 매개변수의 값이 순편익에 어떤 영향을 미치는지에 주의를 기울인다. 매개변수는 순편익에 큰 영향을 미치거나, 값이 매우 불확실하거나, 할인율과 같은 특정 매개변수의 특정 값을 사용해야 한다는 기대 때문에 중요할 수 있다. 마지막으로, 몬테카를로 시뮬레이션이 비실용적일 때만 최악의 경우와 최상의 경우 분석을 대체 방편으로 사용한다.

11.3 정보와 준옵션 가치

이전 섹션에서 개발한 다양한 분석 기법은 CBA에서 사용되는 가정 또는 추정 매개변수에 대한 정보의 불확실성을 평가하기 위한 기반을 제공한다. 이 섹션에서는 자연에 대한 게임을 사용하여 정보 자체에 가치를 부여하는 방법을 보여준다. 전략과 보수를 표 형식으로 정리한 정형형 표현을 사용하면 기본개념들을 설명하는 데 도움이 된다. 그런 다음 의사 결정 트리를 사용하여 회복할 수 없는 결정을 지연시키는 상황에서 발생하는 특정 정보 가치, 즉 미래에 대한 정보를 수집하거나 공개할 시간을 확보하는 준옵션 가치를 설명한다.

11.3.1 정보 가치 소개

자연에 대한 게임의 맥락에서 정보의 가치는 정보가 게임을 하는 기댓값을 얼마나 증가시키는가에 대한 답을 준다. 이 질문에 답하는 방법의 예로 표 11.1에 제시된 소행성 방어 게임으로 돌아가 보자. 과학자들이 지구가 다음 100년 안에 직경이 1km 이상인 대형 소행성과 충돌할지 여부를 확실하게 판단할 수 있는 탐지 장치를 개발하자고 제안했다고 가정해 보자. 이 장치를 개발하기 위해 투자해야 할 최대 금액은 얼마인가?

장치를 만든다면 두 가지 가능한 미래 중 어느 것이 사실인지 보여줄 것이다. 첫째, 확률 0.001로 대형 소행성과 충돌할 것이라고 보여준다. 둘째, 확률 0.999로 대형 소행성과 충돌하지 않을 것이라고 보여준다. 이 두 가지 미래는 각각 표 11.4에 표시된 대로 자연에 대한 다른 게임을 의미한다.

게임 1은 표 11.4의 왼쪽에 표시되어 있으며, 탐지 장치가 지구가 대형 소행성과 충돌할 것이라고 표시할 경우의 결과이다. 놀랍지 않게도, 이 게임에서 가장 좋은 행동은 세 가지 행동 중 순 비용이 가장 적은 전방 기반 소행성 방어를 선택하는 것이다(5조 600억 달러). 게임 2는 표 11.4의 오른쪽에 표시되어 있으며, 탐지 장치가 지구가 대형 소행성과 충돌하지 않을 것이라고 표시할 경우의 결과이다. 대형 소행성과 충돌할 가능성이 배제되므로, 다른 두 가지 자연 상태의 확률은 합이 1이 되도록 위쪽으로 조정된다(0.004004와 0.995996). 이 게임에서 가장 좋은 행동은 소행성 방어를 선택하지 않는 것이며, 세 가지 대안 행동 중 순 비용이 가장 적다(240억 2천만 달러).

표 11.4 자연에 대한 재구성된 게임: 대형 소행성 탐지 장치의 가치

	게임 1 p = 0.001		**게임 2 p = 0.9999**		
자연 상태	직경 1km 이상 소행성과의 충돌에 노출		직경 20m~1km의 소행성과의 충돌에 노출	직경 20m 이상 소행성과의 충돌 노출 없음	
자연 상태의 확률 (다음 세기 동안)	1		0.004004	0.995996	
대안	보상금(2000년 기준 순비용(단위: 십억 달러))	기댓값	보상금(2000년 기준 순비용(단위: 십억 달러))		기댓값
전방 기반 소행성 방어	5,060	5,060	1,060	60	64.01
지구 근처 소행성 방어	10,520	10,520	2,020	20	28.01
소행성 방어 없음	30,000	30,000	6,000	0	24.02

게임 1: 전방 기반 소행성 방어 선택: 예상 순비용 = 5조 600억 달러.

게임 2: 소행성 방어 선택 안 함: 예상 순비용 = 240억 2,000만 달러.

탐지 장치를 사용한 결정의 예상 순비용:

(0.001)(5조 6000억 달러) + (0.999)(240억 2000만 달러) = 290억 6,000만 달러.

탐지 장치가 제공한 정보의 가치: 380억 달러 − 290억 6000만 달러 = 89억 4,000만 달러

탐지 장치를 개발하기 전에는 자연이 우리에게 두 가지 게임 중 어떤 게임을 할지 알 수 없었다. 그러나 우리는 그것이 확률 0.001로 게임 1을 표시하고 확률 0.999로 게임 2를 표시할 것이라는 것을 알고 있다. 따라서 두 게임에 대한 예상 순 비용을 (0.001)(5조 600억 달러.) + (0.999)(240억 2000만 달러) = 290억 6,000만 달러로 계산할 수 있다. 분석가는 장치가 제공하는 정보에 가치를 부여하기 위해 장치가 없는 게임에서 최적 선택의 예상 순 비용(표 11.1에 표시된 380억 달러)을 장치가 있는 게임에서 최적 선택으로 인한 예상 순 비용(290억 6000만 달러)과 비교한다. 이러한 순 비용(380억 달러~290억 6,000만 달러)의 차이는 89억 4000만 달러이며, 이는 장치가 제공하는 정보의 가치이다. 결과적으로 탐지 장치 비용이 89억 4000만 달러 미만인 한, 이를 개발하는 것이 효율적이다.

정보의 가치는 다양한 최적의 결정으로 이어진다는 사실에서 비롯된다. 장치가 없는 최적의 선택은 지구 근처 소행성 방어이다. 장치가 있는 최적의 선택은 충돌 노출이 확인되면 전방 기반 소행성 방어이고 충돌 노출이 없는 것이 확인되면 소행성 방어가 없다.

실제로 분석가는 소행성 탐지 장치에서 제공하는 것과 같은 완벽한 정보를 평가해야 하는 선택에 직면하는 경우가 드물다. 그러나 순편익을 계산하는 데 사용되는 여러 매개변수 값의 불확실성을 줄이기 위해 시간, 에너지, 예산과 같은 자원 할당과 관련된 선택에 직면하는 경우가 많다. 예를 들어, 600개의 임의 표본 크기에 기반한 통계적 추정치는 300개의 표본 크기에 기반한 추정치보다 훨씬 정확하다. 분석가는 더 큰 표본 크기에 대한 투자가 가치 있는지 어떻게 판단할 수 있는가?

가정된 매개변수가 많은 CBA에서 몬테카를로 시뮬레이션은 특히 유용한 정보를 제공할 수 있다. 예를 들어, 어떤 기관이 이전 섹션에서 설명한 인플루엔자로 인한 시간 손실의 분산 추정치를 줄이는 연구를 수행하는 데 분석 자원을 투자할 가치가 있는지 결정한다고 가정해 보자. 그림 11.5에 제시된 분석을 더 작은 가정 시간 손실 분산으로 복제하고 그 결과 순편익 분포를 더 큰 분산으로 얻은 분포와 비교할 수 있다. 분석 자원을 투입할 가치가 있으려면, 실현된 순편익의 분포에 의미 있는 변화가 있어야 한다는 것이 필요조건이다.

전시 11.4

연구 개발 프로젝트는 일반적으로 시작 시 비용과 편익이 매우 불확실하다. 6개의 연구 개발 프로젝트(초음속 운송, 응용 기술 위성 프로그램, 우주 왕복선, 클린치 증식로, 석탄으로부터 합성 연료, 태양광 상용화)에 대한 자세한 사례 연구를 평가한 결과, Cohen & Noll은 다음과 같이 결론지었다. "프로그램의 최종 성공은 일반적으로 몇 가지 핵심 기술 목표와 수요 또는 대체 기술 비용, 또는 둘 다에 대한 기본 경제적 가정에 달려 있다. 핵심 기술적 문제를 다룬 연구 결과와 해당 프로그램이 시작된 후 몇 년 후에 핵심 알려지지 않은 경제적 매개변수에 대한 실현은 일반적으로 프로젝트의 성공 가능성을 매우 명확하게 보여주었다."(82쪽)

예를 들어, Susan Edelman은 여러 해 동안 양심적인 분석가가 이용할 수 있었을 정보로 초음속 운송 프로젝트의 CBA를 준비했다. Susan Edelman은 1963년의 1.97~4.97에서 1971년의 1.32~1.84로 편익-비용 비율의 가능한 범위가 감소했다고 보고하였다. 기술적 목표를 달성하지 못하면 운영 비용이 더 많이 들거나 승객이 감소할 것이고, 육지에서의 운행은 소닉 붐(sonic booms)이 사람들에게 미치는 영향을 줄이기 위해 제한될 가능성이 높기 때문에 이 비율이 감소했다(112~121쪽).

출처: Linda R. Cohen and Roger G. Noll, editors, The Technology Pork Barrel (Washington, DC: The Brookings Institution, 1991)에서 발췌.

11.3.2 준옵션 가치

향후에 결정과 관련된 더 나은 정보가 제공될 경우 결정을 미루는 것이 현명할 수 있다. 특히 프로젝트가 시작된 후 현 상태로 돌아가는 비용이 너무 커서 결정을 효과적으로 되돌릴 수 없는 경우에 그렇다. 예를 들어, 개발되지 않은 자연 지역을 개발할 여부에 대한 결정을 생각해 보자. 분석가는 현재 세대에 대한 개발 비용과 편익에 대해 상당히 확신할 수 있지만 자연 지역을 잃는 미래 세대의 기회 비용에 대해서는 매우 불확실할 수 있다. 시간이 지남에 따라 공개된 정보가 미래 세대가 야생 지역을 어떻게 평가할지에 대한 불확실성을 줄일 수 있다면 돌이킬 수 없는 개발에 대한 결정을 미루어 새로운 정보를 의사 결정 프로세스에 통합하는 것이 바람직할 수 있다. 돌이킬 수

없는 결정을 지연하여 얻은 정보의 기댓값을 **준옵션 가치**라고 한다.[20]

준옵션 가치는 이후 기간에 옵션 가치에 대한 정보를 공개할 수 있는 다기간 결정 문제를 명시적으로 공식화하여 정량화할 수 있다.[21] 일부 환경 분석가는 준옵션 가치를 자연 보호 구역, 경치 좋은 전망, 동물 종과 같은 고유한 자산을 보존하는 정책에 대한 뚜렷한 편익 범주로 보지만, 부적절한 1기간 결정 문제를 통해 기대 순편익을 계산하는 것에 대한 수정으로 생각하는 것이 더 적절하다. 준옵션 가치 자체를 계산하려면 적절한 결정 문제를 지정해야 하므로 **준옵션 가치를 정량화할 수 있는 경우 올바른 기대 순편익을 직접 계산할 수 있고 계산해야 한다**.

표 11.5 학습이 없다고 가정한 대안적 개발 정책의 편익과 비용

	보존 상황	
상황	**낮은 가치**	**높은 가치**
전체 개발(FD)	B_F	$-C_F$
제한된 개발(LD)	B_L	$-C_L$
개발 없음(LD)	0	0
우연성 확률	p	1 − p
전체 개발의 기댓값:	$E[FD] = pB_F - (1 - p)C_F$	
제한된 개발의 기댓값:	$E[LD] = pB_L - (1 - p)C_L$	
개발 없음의 기댓값:	$E[ND] = 0$	
전체 개발 채택 조건:	$pB_F - (1 - p)C_F > pB_L - (1 - p)C_L$ 그리고 $pB_F - (1 - p)C_F > 0$	

준옵션 가치에 대한 설명의 배경으로서, 표 11.5는 자연 보호 구역 사용에 대한 대안의 CBA에 대한 매개변수를 나타내고 있다. 완전 개발(FD)과 제한 개발(LD)을 통한 순편익의 가치는 두 가지 우발 사건에 대해 개발 없음(ND)과 비교하여 측정된다. 확률 p로 발생하는 "낮은 가치"라는 우발상황에서 미래 세대는 자연 보호 구역의 보존에 현재 세대와 동일한 가치를 둔다. 확률 $1-p$로 발생하는 "높은 가치"라는 우발상황에서 미래 세대는 자연 보호 구역의 보존에 현재 세대보다 훨씬 더 높은 가치를 둔다. 낮은 가치

우발상황이 발생하면 FD는 B_F와 같은 순편익의 현재 가치를 산출하고 LD는 B_L과 같은 순편익의 현재 가치를 산출한다. 즉, 모든 비용과 이익을 고려한 후 FD와 LD의 순편익의 현재 가치는 각각 양의 금액 B_F와 B_L이다. 대신 높은 가치 우발성이 발생하면 FD는 순편익의 음의 현재 가치를 $-C_F$와 동일하게 산출하고 LD는 순편익의 음의 현재 가치를 $-C_L$과 동일하게 산출한다. 여기서 C_F와 C_L은 순비용이므로 순편익의 현재 가치로 음수로 부호가 지정된다. $B_F > B_L > 0$이고 $C_F > C_L > 0$이라고 가정하면 FD는 낮은 가치 우발성에서 더 큰 순편익을 산출하고 높은 가치 우발성에서 LD보다 더 큰 순비용을 산출한다.

이제 분석가가 시간이 지남에 따라 학습이 발생하지 않을 것이라고 가정하고 CBA를 수행한다고 가정하여 보자. 즉, 향후 기간에 유용한 정보가 공개되지 않을 것이라고 가정한다. FD의 예상 순편익은 $pB_F-(1-p)C_F$와 같고, LD의 예상 순편익은 $P_BL-(1-p)C_L$와 같고, ND의 예상 순편익은 0과 같아, 단순히 예상 순편익이 가장 큰 대안을 선택할 것이다.

이제 **외생적 학습**이 가능하여, 첫 번째 기간 이후에 두 가지 우연 중 어느 것이 발생할지 확실히 알 수 있다고 가정하자. 학습은 어떤 행동을 취하든 정보가 공개된다는 의미에서 외생적이다.

그림 11.6은 외생적 학습 상황에 대한 의사 결정 트리를 보여준다. 그림의 맨 왼쪽에 있는 정사각형 상자는 초기 의사 결정을 나타낸다. FD를 선택하면 결과는 학습이 없는 경우와 동일한 기댓값이다. 의사 결정은 되돌릴 수 없으므로 기간 2에서 내릴 의사 결정이 없으므로 학습에는 가치가 없다. 첫 번째 기간에 LD 또는 ND를 선택하면 어떤 우연이 발생했는지 알게 되면 기간 2에서 내릴 의사 결정이 남는다. 기간 1의 LD 및 ND 의사 결정의 기댓값은 이 장의 앞부분에서 개발한 백신 예에서 소개한 역방향 귀납법을 사용하여 찾을 수 있다.

먼저 LD를 보자. 낮은 가치의 우발성이 기간 2의 시작 부분에 실현된다면 최적의 결정은 순편익 B_F-B_L을 얻기 위해 개발을 완료한다. 이 금액의 현재 가치는 할인율 d로 할인하여 얻는다. 그런 다음 낮은 가치의 우발성이 발생하는 조건에 따른 LD의 순편익을 얻기 위해 기간 1의 순편익인 B_L에 더한다. 기간 2의 시작에 높은 가치 우발성이 실현된다면 최적의 결정은 더 이상 개발을 포기하여 높은 가치 우발성이 발생하는 조건

그림 11.6 외생적 학습

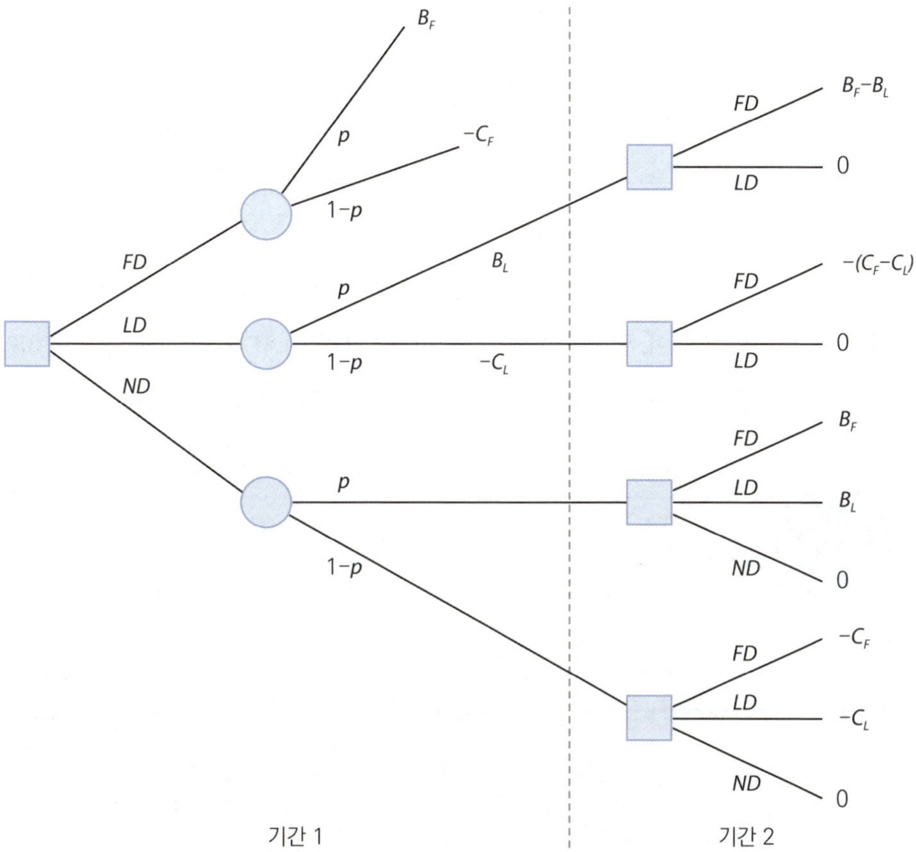

하의 순편익이 기간 1에서 실현된 $-C_L$로만 구성되도록 하는 것이다. 이러한 조건 순편익을 각각의 확률로 곱하면 기간 1에서 제한된 개발에 대한 예상 순편익은 + $(B_F-B_L)/(1+d)]-(1-p)C_L$이 된다. 학습이 없는 경우의 예상값과 기간 2 옵션의 예상 순편익인 $p(B_F-B_L)/(1+d)$가 다르며, 이는 LD의 준옵션 가치이다.

다음으로 기간 1의 결정 ND를 보자. 기간 2의 시작에 낮은 가치 우발성이 실현되면 최적의 결정은 FD이며, 현재 가치는 $B_F/(1+d)$이다. 기간 2의 시작에 높은 가치 우발성이 실현된다면 최적의 결정은 ND이며 현재 가치는 0이다. 결과적으로 기간 1에서 ND를 선택하는 것으로 예상되는 순편익은 $pB_F/(1+d)$이며, 이는 ND의 준옵션 가치와 같다.

표 11.6의 중간 열은 외생적 학습의 경우에 대한 기간 1 대안의 기댓값을 요약한 것이다.

그림 11.7은 내생적 학습 상황에 대한 결정 트리를 보여준다. 외생적 학습의 상황과 달리 정보는 개발 자체에서만 생성된다. 예를 들어, 미래 세대가 보존에 두는 가치는 이동 중에 야생 지역에서 먹이를 찾는 새 무리에게 개발이 초래하는 위험에 따라 달라질 수 있다. 새 무리에 대한 제한된 개발의 효과는 완전한 개발의 효과를 신뢰할 수 있게 예측할 수 있는 충분한 정보를 제공할 수 있다. 개발이 수행되지 않으면 두 번째 기간의 시작 부분에서 새로운 정보를 사용할 수 없다. 완전한 개발이 이루어지면 새로운 정보가 생성되지만, 그것에 영향을 미칠 결정은 없다.

표 11.6의 마지막 열에 나와 있듯이, 내생적 학습이 있는 FD 및 LD 대안에 대한 예상 순편익은 외생적 학습이 있는 대안과 동일하다. 그러나 ND의 예상 순편익은 0이다. 미래에 개발하지 않기로 한 결정을 변경할 새로운 정보가 없기 때문이다.

그림 11.7 내생적 학습

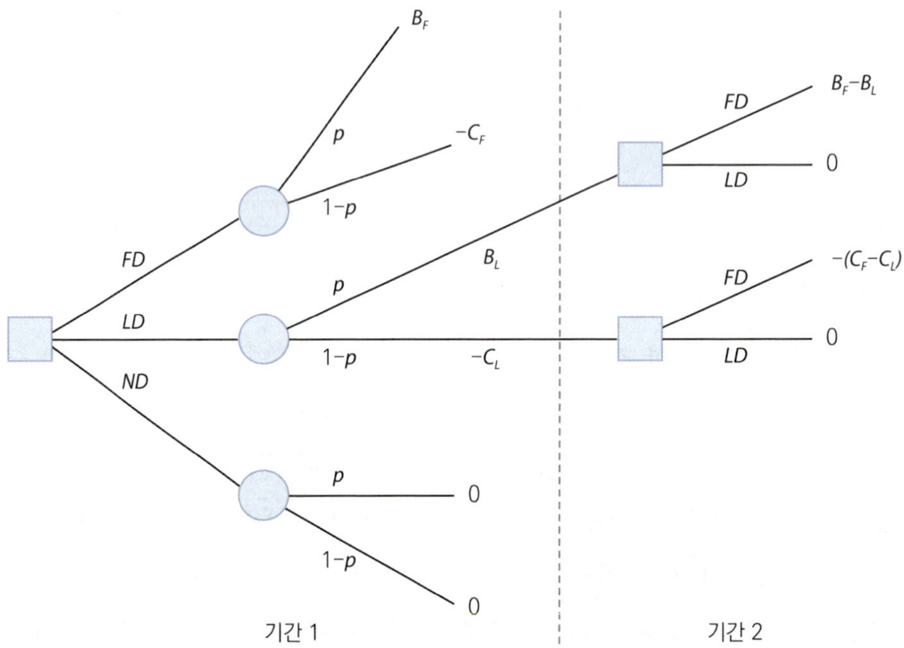

표 11.6 의사결정 문제에 대한 기댓값: 학습 사례가 없는 경우를 기준으로 측정된 준옵션 가치(QOV)

	학습없음	외생적 학습	내생적 학습
E[FD]	$pB_F - (1 - p)C_F$	$pB_F - (1 - p)C_F$	$pB_F - (1 - p)C_F$
QOV		0	0
E[LD]	$pB_L - (1 - p)C_L$	$p[B_L+(B_F+BL/(1+d)]-(1- p)C_L$	$p[B_L+(B_F-B_L)/(1+d)]-(1-p)C_L$
QOV		$p(B_F - BL)/(1 + d)$	$p(B_F - B_L)/(1 + d)$
E[ND]	0	$pB_F (1 + d)$	0
QOV		$pB_F /(1 + d)$	0

표 11.7은 특정 매개변수 값 집합에 대한 다양한 학습 사례를 비교한다. 분석가가 결정 문제를 학습 없음으로 지정하면 FD가 가장 큰 예상 순편익을 갖는다. 대신 결정 문제를 외생적 학습으로 지정한다고 가정해 보자. 이제 ND가 가장 큰 예상 순편익을 갖는다. 또한 학습 없음의 경우와 비교했을 때 ND의 준옵션 가치는 4,630만 달러(4,630만 달러 – 0)이고 LD의 준옵션 가치는 2,315만 달러(2,815만 달러 – 500만 달러)이다. 결정 문제를 내생적 학습이 있는 것으로 지정하면 어떻게 되는가? 이제 LD가 가장 큰 예상 순편익을 갖는다. 학습이 없는 경우와 관련하여 LD의 준옵션 가치는 2,315만 달러(2,815만 달러 – 500만 달러)이고 ND의 준옵션 가치는 0(0 - 0)이다.

표 11.7 준옵션 가치의 수치적 설명

기댓값	학습 없음	외생적 학습	내생적 혁신
E[FD]	10.00	10.00	10.00
E[LD]	5.00	28.15	28.15
E[ND]	0.00	46.30	0.00

가정

B_F=100　　C_F=80

B_L=50　　C_L=40

p=.5　　d=.8

이 간단한 수치적 설명은 준옵션 가치에 대한 일반적인 직관에 부합한다. **외생적 학습의 경우 개발이 없는 경우 크고 내생적 학습의 경우 개발이 제한적인 경우 큰 경향이 있다**. 그러나 이 설명은 매우 양식화된 학습 모델을 기반으로 한다는 점을 명심하는 것이 중요하다. 다르게 지정된 모델은 대안에 대해 다른 순위와 다른 준옵션 가치를 산출할 수 있다. 이 간단한 모델에서도 다른 수치적 가정은 대안의 다른 순위로 이어질 수 있다.

지금의 설명에서 준옵션 가치의 수치적 추정치는 올바른 두 기간 의사 결정 문제로 가정된 것과 학습 가능성을 고려하지 못한 1기간 의사 결정 문제를 비교하여 계산된 기댓값에 따라 달라진다. 물론, 누군가가 올바른 의사결정 문제를 알고 있다면 준옵션 가치를 별도의 편익 범주로 생각할 필요가 없을 것이다. 왜냐하면 의사결정 문제를 풀면 예상 순편익을 적절히 계산할 수 있기 때문이다.

11.3.3 준옵션 가치의 실제

분석가는 준옵션 가치를 현실에서 어떻게 다루어야 하는가? 두 가지 휴리스틱이 타당해 보인다. 첫째, **양적 준옵션 가치는 예상 순편익 계산을 구조화하는 명시적 의사 결정 문제에 기반해야 한다**. 명시적 의사 결정 문제는 준옵션 가치의 크기를 결정하는 주요 가정에 초점을 둔다. 또한 준옵션 가치를 별개의 편익 범주로 고려할 필요가 없다. 둘째, **준옵션 가치의 크기를 명시적으로 계산하기 위한 의사 결정 문제를 공식화할 수 있는 지식이 부족한 경우, 예상 순편익을 임의적 양적 조정으로 추가하기보다는 편차의 가능한 원인으로 논의해야 한다**. 다른 편차와 마찬가지로 다음과 같은 질문을 할 수 있다. 준옵션 가치는 정책 순위에 영향을 미치려면 얼마나 커야 하는가?

11.4 결론

불확실성은 어느 정도 모든 CBA에 내재되어 있다. 기댓값 분석을 통해 분석가는 가능한 우발상황에 대한 평균을 구하여 순편익에 대한 그럴듯한 예측으로 기대 순편익을 도출하려고 시도한다. 명시적으로 위험이 포함되지 않은 상황에서는 종종 확실성보다는 확률 분포에서 추출한 매개변수 값을 가정한다. 민감도 분석의 목적은 이러한 매개변수가 가정된 값에서 벗어나면 순편익이 어떻게 변하는지 확인하는 것이다. 가장 일반적으로 사용되는 접근 방식인 부분 민감도 분석은 주요 매개변수에 대한 대체 가정의 결과에 주의를 기울인다. 극단적인 경우 분석은 순편익의 부호를 반전시키는 그럴듯한 가정의 조합이 있는지 여부를 조사한다. 몬테카를로 시뮬레이션은 가정된 매개변수 값을 임의 변수로 명시적으로 처리하여 순편익의 분포를 추정한다. 이는 정책의 위험이 특히 중요하고 순편익 계산 공식에 불확실한 매개변수가 단순한 합이 아닌 다른 형태로 포함될 때 특히 유용하다. 즉, 불확실한 매개변수를 곱하거나 나눌 때이다. 고려 중인 정책의 특성과 편익과 비용을 추정하려는 분석가에게 제공되는 자원 규모가 적절한 민감도 분석 형식을 결정하지만, 모든 CBA는 사용하는 가정에 대한 민감도 테스트를 거쳐야 한다.

자연에 대한 게임을 포함한 명시적 의사 결정 분석틀은 정상적인 형태와 광범위한 형태 모두에 대해서 위험한 상황의 정보 가치를 평가하기 위한 기반을 제공한다. 이를 통해 준옵션 가치에 대한 명시적 계산이 가능하며, 이는 때때로 CBA에서 별도의 편익 범주로 처리된다. 준옵션 가치는 미래 정보에 따라 행동할 수 있는 가치를 고려한다. 올바르게 지정된 의사 결정 문제를 해결하는 데에는 자연스럽게 준옵션 가치가 포함되므로 별개의 편익으로 처리할 필요가 없다. 준옵션 가치에 대한 양적 주장은 명시적 의사 결정 문제를 기반으로 해야 한다.

부록11A 일반적으로 사용 가능한 소프트웨어를 사용한 몬테카를로 민감도 분석

일반적으로 사용 가능한 두 가지 유형의 소프트웨어를 사용하면 분석가가 몬테카를로 시뮬레이션을 쉽게 수행할 수 있다. 스프레드시트를 사용하면 행을 시행에 대응시켜 수행할 수 있고, 통계 패키지를 사용하면 관찰치를 시행에 대응시켜 수행할 수 있다. 스프레드시트는 모든 유형의 민감도 분석을 수행하는 데 필요한 노동력을 크게 줄여준다. Excel과 함께 사용할 수 있는 Crystal Ball(Decisioneering, Inc.) 및 의사 결정 분석을 위한 DATA(TreeAge, Inc.)와 같이 몬테카를로 분석을 수행하는 데 사용할 수 있는 전문 소프트웨어가 있지만, 약간의 노력으로 난수 생성기를 제공하는 간단한 스프레드시트로 몬테카를로 시뮬레이션을 수행할 수 있다. 마찬가지로 난수 생성기를 제공하는 모든 통계 패키지를 사용할 수 있다. 매우 복잡한 시뮬레이션의 경우 매크로 및 하위 프로그램 생성과 같은 구조화된 프로그래밍을 허용하는 통계 패키지는 오류를 방지하여 투명성을 높인다.

불확실한 매개변수에 대한 분포 지정

많은 경우 분석가는 불확실한 매개변수의 값에 한계를 두려고 하지만, 이 한계 내의 값이 다른 값보다 더 높거나 낮을 것이라고 가정하려고 하지 않는다. 이런 경우 균등 분포가 적절하다. 대부분의 스프레드시트와 통계 패키지는 0에서 1까지 균등하게 분포된 난수 변수를 생성하는 함수를 제공한다. 예를 들어 Excel에서 함수 RAND()는 이 분포에서 난수를 생성한다. 통계 패키지 Stata에서 runiform()은 이를 수행한다. 다른 범위의 균등 난수 변수를 생성하려면 0에서 1까지 균등하게 분포된 난수 변수에서 추첨을 원하는 범위로 곱한 다음 최솟값을 더하기만 하면 된다. 예를 들어, 표 11.2에서 인구의 고위험 인구 비율 r에 대한 적절한 확률 변수를 얻으려면 다음 공식을 사용한다. 0.04 + (0.08 − 0.04)z, 여기서 z는 범위가 0~1인 등 확률 변수이다.

분석가가 값이 경계 내에 있다고 믿지만 경계의 중심에 더 가깝게 떨어질 가능성이 더 높은 매개변수에 대해 균등 분포에서 직접 다른 유용한 분포를 생성할 수 있다. 예를 들어, 0과 1 사이의 대칭 삼각형 분포에서 추첨을 얻으려면 0~1에 걸쳐 균등 분포에서 두 개의 독립적인 추첨의 합의 절반을 취하기만 하면 된다. 균등 분포에서 비대칭 삼각형 분포를 생성하는 것은 조금 더 복잡하다. 먼저 변수 $t=$(최빈값−최솟값)/(최댓값−최솟값)을 만든다. 여기서 최솟값은 가장 작은 값이고, 최댓값은 가장 큰 값이고, 최빈값은 최솟값과 최댓값 사이에 있는 피크의 위치이다.

둘째, 균등 분포에서 u 값을 그린다. 셋째, $u < t$이면 값은 다음과 같다.

$$\text{최솟값} + \sqrt{u\,(\text{최빈값} - \text{최솟값})(\text{최댓값} - \text{최솟값})}$$

넷째, $u > t$이면 값은 다음과 같다.

$$\text{최솟값} + \sqrt{(1-u)\,(\text{최댓값} - \text{최빈값})(\text{최댓값} - \text{최솟값})}$$

단순히 균등 분포된 세 개의 난수를 더하면 밀도의 대부분이 중심 주변에 있는 0과 3 사이의 경계를 갖는 분포가 생성되어 경계 범위에서 정규 분포와 다소 유사한 분포가 생성된다.

불확실한 매개변수에 대한 실제 정규 분포를 가정하는 것은 두 가지 이유로 매우 일반적이다. 첫째, 중심극한정리는 매개변수의 값이 여러 독립적인 임의 이벤트의 합으로 결정되는 경우 분포가 대략 정규 분포가 될 것이라고 설명하기 때문이다. 중심극한정리는 증가하는 수의 독립적인 균등 분포를 더하면 정규 분포에 근접하는 분포가 생성된다고 한다. 실제로 스프레드시트와 통계 패키지가 균등한 난수 생성기만 제공했을 때, 많은 수의 균등한 분포를 합산하면 정규 분포에 근사하는 것으로 나타났다.

둘째, 분석가는 종종 필요한 매개변수의 추정을 위해 데이터의 통계적 분석에 의존한다. 예를 들어, 회귀 계수는 종종 모수의 점추정값으로 사용된다. 연속 종속 변수에 대한 기존 가정에 따라 계수의 추정치는 대략 정규 분포를 갖는다. 평균이 점 추정치와 같고 표준 편차가 추정치의 표준 오차와 같은 정규 분포를 가정하는 것이 타당하다.

오늘날 스프레드시트와 통계 패키지는 정규 분포 추출 함수를 제공한다. 예를 들어,

Excel에서 NORM.INV(RAND(),μ,σ)는 표준 정규 분포(평균은 μ와 같고 분산은 σ^2와 같음)에서 추출한 결과를 반환한다. Stata에서 normal()은 표준 정규분포(평균은 0, 분산은 1)를 제공하며, 이는 원하는 기댓값과 같은 상수를 더하고 원하는 분산의 제곱근을 곱하는 것과 같은, 간단한 변환을 통해 임의의 평균과 분산을 갖는 정규분포로 변환할 수 있다. 3.92 표준편차의 범위에는 정규분포의 95%가 포함된다. 표 11.2에서 손실된 시간에 대한 몬테카를로 시뮬레이션에서 사용한 난수 변수 t를 구하기 위해 표준화된 정규 분포에 24를 더하고 (30 −18)/3.92로 곱하였는데, t 값이 18−30 범위 밖에서 생성될 확률은 5%에 불과했다.

표 A11.1은 Excel, Stata 및 통계 분석에 널리 사용되는 오픈 소스 컴퓨터 언어인 R에 대한 몬테카를로 시뮬레이션에서 균등 분포와 정규 분포의 일반적인 응용 프로그램을 요약한 것이다. 다른 분포도 사용될 수 있다. 대부분의 수학적 통계학 서적은 카이제곱, t, F 및 다변량 정규 분포로 분포된 난수 변수가 정규 분포된 난수 변수의 함수 조합을 사용하여 생성될 수 있는 방법을 설명한다. 감마, 포아송 및 지수와 같은 분포와 기타 잠재적으로 유용한 분포가 일반 소프트웨어 패키지에 내장되어 있다.

표 A11.1 몬테카를로 시뮬레이션 사용을 위한 공통분포

분포	Excel	Stata	R*
균등 최소 a, 최대 b	+a+ (b − a)*RAND()	gen x =a+(b — a)*runiform()	x < −runif(n, a,b)
정규 μ,σ	+NORM. INV(RAND(μ,σ)	gen x = μ + σ rnormal()	x < −rnorm(n,μ,σ)
대칭삼각형 최소 a, 최대 b	+a+ (b−a)* (RAND()+RAND())/2	gen c = runiform()+ runiform() gen x= a+(b−a)*c/2	x <−(runif(n,a,b) + runif(n,a,b))/2
비대칭 삼각형 최소 a, 최대 b, 최빈 c	+RAND() in cell Z + IF(Z < (c − a)/ (b −a), a +	gen t = (c − a)/(b − a) gen u = runiform() gen x = a + sqrt(u*	t < −(c − a)/(b − a) u < − runif(n,0,1) x < −ifelse(u < t,

분포	Excel	Stata	R*
	SQRT(Z*(c - a)*(b - a)), b- SQRT((1 - Z)*(b -c)*(b - a)))	(c -a)*(b - a)) 만일 u < t x = b - sqrt((1 - u)*(b - c)*(b - a)만일 u >= t	a + sqrt(u*(c - a)*(b -a)), b - sqrt((1 - u)*(b - c)*(b - a)))
제한된 정규 유사 최소 a, 최대 b	+a + (b - a)*(+RAND() + RAND()+(RAND())/3	gen c = runiform() + runiform() + runiform() gen x = a + (b - a)* c/3	x < -(runif(n,a,b) + runif(n,a,b) + runif(n,a,b))/3

* R에서는 배열을 사용하므로 난수 변수를 생성할 때 배열의 길이인 n(시행 횟수)을 지정해야 한다.

스프레드시트를 사용한 기본 단계

적절하게 분포된 난수 변수를 생성하기 위한 절차가 개발되면 다음 단계에서 몬테카를로 시뮬레이션을 구현할 수 있다.

먼저 적절한 난수 변수의 행과 이를 사용하여 순편익을 계산하는 공식을 구축한다. 행의 마지막 셀에는 순편익이 포함되어야 한다.

둘째, 전체 행을 여러 번 복사하여 결과 블록의 마지막 열에 순편익의 다른 실현이 포함되도록 한다. 대부분의 스프레드시트는 메모리 또는 속도 문제 없이 1,000개가 넘는 행의 블록을 처리할 수 있다.

셋째, 그림 11.5의 선을 따라 마지막 열의 누적 실현을 분석하여 평균과 표준 편차를 계산하고 히스토그램으로 표시한다.

통계 패키지를 사용한 기본 단계

몬테카를로 시뮬레이션에서 통계 패키지를 사용할 때, 각 시행은 관측값(observation)으로 표현된다. 먼저, 1,000과 같이 구하는 시행 횟수에 해당하는 관찰 횟수로 데이터 세트를 만들고 필요한 변수를 만드는 데 사용할 명령 파일을 연다.

둘째, 불확실한 매개변수 각각에 변수 이름을 지정하고 분포에서 각 관찰에 대한 값을 도출한다.

셋째, 비용, 편익 및 순편익에 대한 적절한 공식에서 매개변수를 결합한다. 중간 변수를 사용하면 오류 가능성을 줄이고 자신 또는 다른 사람이 시뮬레이션을 해석하고 수정하는 것을 용이하게 할 수 있다. 실제로 명령 기록은 계산에 대한 투명한 기록을 제공한다. 복잡한 계산이 포함된 CBA의 경우 이러한 기록은 비교 가능한 스프레드시트보다 훨씬 쉽게 해석할 수 있다.

넷째, 사용 가능한 통계 및 그래픽 명령을 사용하여 순편익이 포함된 변수를 분석하고 분포를 표시한다.

Notes

CHAPTER 11 연습문제

1. 영구 댐(즉, 영원히 지속될 것으로 예상되는 댐)을 건설하는 초기 비용은 8억 3천만 달러이다. 연간 순편익은 강수량에 따라 달라지는데 "건조한" 해에는 3천 6백만 달러, "습한" 해에는 5천 8백만 달러, "홍수" 해에는 1억 4백만 달러이다. 기상 기록에 따르면 지난 100년 동안 "건조한" 해가 86년, "습한" 해가 12년, "홍수" 해가 2년이었다. 실제 달러로 측정한 연간 이익은 1년 말에 발생하기 시작한다고 가정한다. 기상 기록을 예측의 기준으로 사용할 때, 실제 할인율이 5%일 때 댐의 순편익은 얼마인가?

2. 여러 가지 대체 할인율 값을 사용하여 연습문제 1의 댐 순편익 현재 가치의 민감도를 실제 할인율 가정 값에 대해 조사하시오.

3. 특정 인구에서 질병의 유병률은 0.40이다. 즉, 인구에서 무작위로 선택된 사람이 질병에 걸릴 확률은 40%이다. 비용이 250달러인 불완전한 검사를 통해 실제 증상이 나타나기 전에 질병에 걸린 사람을 식별할 수 있다. 질병에 걸린 사람은 양성 검사 결과의 확률이 90%이고, 질병에 걸리지 않은 사람은 양성 검사 결과의 확률이 5%이다. 증상이 나타나기 전에 질병을 치료하는 데는 2,000달러가 들고, 실제로 질병에 걸리지 않은 사람에게는 200달러의 추가 비용이 발생한다. 증상이 나타난 후에 질병을 치료하는 데는 10,000달러가 든다. 정부는 질병과 관련하여 다음과 같은 가능한 전략을 고려하고 있다.

   S1. 검사하지 않고 조기에 치료하지 않는다.

   S2. 검사하지 않고 조기에 치료한다.

   S3. 양성이면 조기에 검사하고 치료하고 음성이면 조기에 치료하지 않는다.

   인구 구성원에게 예상 비용이 가장 낮은 치료/검사 전략은 어떤 것인가?

이 연습을 할 때 다음 표기법이 도움이 될 수 있다. D는 질병의 존재를 나타내고, ND는 질병의 부재를 나타내며, T는 양성 검사 결과, NT는 음성 검사 결과를 나타낸다. 따라서 다음과 같은 정보를 얻을 수 있다.

P(D) = .40, 이는 P(ND) = .60을 의미한다.

P(T|D) = .90, 이는 P(NT| D) = .10을 의미한다.

P(T|ND) = .05, 이는 P(NT| ND) = .95를 의미한다.

이 정보를 통해 다른 유용한 확률을 계산할 수 있다.

P(T) = P(T | D)P(D) + P(T | ND)P(ND) = .39 및 P(NT) = .61

P(D | T) = P(T | D)P(D)/P(T) = .92 및 P(ND |T) = .08

P(D | NT) = P(NT | D)P(D) / P(NT) = .07 및 P(ND | NT) = .93

4. 위의 문제 3에서 최적의 전략에는 테스트가 포함되었다. 인구 내 질병 유병률이 0.05에 불과한 경우에도 검사가 최적 상태를 유지하는가? 이러한 답변은 일반적인 원칙을 시사하는가?

5. (a~e는 스프레드시트 사용이 권장되고 f 부분에 필요한 스프레드시트 사용) 39,050가구에 거주하는 164,250명의 인구를 가진 도시는 주민들이 가정 쓰레기에서 종이를 분리하여 나머지 도시 쓰레기처럼 매립지에 묻지 않고 판매할 수 있도록 하는 재활용 프로그램 도입을 고려하고 있다. 두 가지 주요 편익이 예상된다. 폐지 판매 수익과 팁 수수료(도시가 매립지 소유자에게 쓰레기를 매립하기 위해 지불하는 수수료) 없음이다. 특수 수거 장비, 가정용 용기 및 분류 시설의 자본 비용 외에도 이 프로그램에는 더 높은 수거 비용, 가정의 불편 비용 및 수거되지만 판매되지 않는 종이의 폐기 비용이 포함된다. 이 프로젝트의 계획 기간은 특수 장비의 예상 수명인 8년으로 설정되었다.

다음 정보는 마을의 위생부에서 수집되었다.

폐기물 양: 주민은 현재 1인당 하루 3.6파운드의 폐기물을 배출한다. 지난 20년 동안 1인당 일일 폐기물 양은 연간 약 0.02파운드 증가했다. 그러나 지난 몇 년 동안 증가가 미미하거나 전혀 없었기 때문에 미래에 실현될 수준은 추세에 미치지 못할 가능성

이 있다.

자본 비용: 이 프로그램은 1,688,000달러의 초기 자본 투자가 필요하다. 현재 재판매 가치를 기준으로 8년 후 자본의 폐기물 가치는 초기 비용의 20%가 될 것으로 예상된다.

연간 비용: 이 부서는 종이를 별도로 수거하면 가정 쓰레기 수거 비용에 평균 6달러/톤이 추가될 것으로 추정된다. 수거하고 판매하지 않은 종이 1톤을 매립지로 반환하는데 4달러가 소요된다

절감 및 수익: 장기 계약에 따라 현재 1톤당 45달러의 팁 수수료가 있으며 연간 증가율은 인플레이션율과 같다. 재활용 종이의 현재 지역 시장 가격은 톤당 22달러이지만 최근 몇 년 동안 톤당 12달러의 최저치와 32달러의 최고치 사이에서 변동했다.

종이 회수: 종이로 구성된 가정 폐기물의 비율은 최근 몇 년 동안 32%로 상당히 안정적으로 유지되었다. 다른 마을에서 실시한 유사한 프로그램의 경험을 바탕으로, 이 프로그램에 포함된 종이의 60~80%가 다른 폐기물과 분리되고, 분리된 종이의 80%는 판매에 적합하며, 수거된 종이의 나머지 20%는 매립을 위해 폐기물 흐름으로 반환될 것으로 추정된다.

가정 분리 비용: 위생 부서는 종이를 폐기물 흐름에서 분리하고 보관해야 하는 필요성이 가정에 비용을 부과할 수 있다는 가능성을 인식했다. 가구당 주당 평균 10분의 추가 폐기 시간이 필요할 것이다. 그러나 최근 지역 신문의 설문 조사에 따르면 응답자의 80%가 프로그램의 불편함을 무시할 만하다고 생각했다. 따라서 부서는 가정 분리 비용이 0이라고 가정하기로 결정했다.

할인율: 위생 부서는 예산 사무소로부터 마을의 실제 차입 비율인 6%로 할인하라는 지시를 받았다. 또한 프로그램의 8년마다 연간 순편익이 발생한다고 가정하도록 지시했다.

a. 프로그램의 순편익 현재 가치에 대한 추정치를 계산하라.

b. 순편익 현재 가치가 0으로 떨어지려면 가구당 연간 가구 분리 비용이 얼마나 커야 하나?

c. 가구 분리 비용이 0이라고 가정하고 폐기물 양, 폐지 가격, 폐기물 흐름에서 분리된 종이 비율의 증가와 관련하여 최악의 경우 분석을 수행하라.

d. c 부분의 최악의 경우 가정에 따라 순편익 현재 가치가 0으로 떨어지려면 평균 연간 가구

분리 비용이 얼마나 커야 하는가?

e. 폐지 가격에 대한 순편익 현재 가치의 민감도를 조사하라.

f. 프로그램의 순편익 현재 가치에 대한 몬테카를로 분석을 하라.

6. 할인율이 5%일 때 수명이 70년인 수력 발전소의 순현재가치는 2,573만 달러이고 수명이 35년인 화력 발전소의 순현재가치는 1,877만 달러라고 가정하자. 따라서 수력 발전소의 수명과 일치하도록 화력 발전소를 두 번 굴리면 순현재가치는 ($1,877만 달러) + ($1,877만 달러)/(1 + 0.05)35 = $2,217만 달러가 된다. 이제 첫 35년이 끝나면 개선된 두 번째 35년 발전소가 있을 것이라고 가정해 보자. 구체적으로, 순편익을 3배로 증가시킬 수 있는 고급 태양열 또는 핵 대체 에너지가 있을 확률은 25%이고, 열 기술의 주요 개선으로 순편익이 50% 증가할 확률은 60%이며, 열 기술의 보다 적당한 개선으로 순편익이 10% 증가할 확률은 15%이다.

a. 수력발전소나 화력발전소를 오늘 건설해야 하는가?

b. 화력발전소의 준옵션 가치는 얼마인가?

사례 11 몬테카를로 시뮬레이션 사용: 알츠하이머병(Alzheimer's Disease) 조기 발견의 순편익 평가

가장 흔한 치매 형태인 알츠하이머병(AD)은 현재 65세 이상 미국 인구의 최소 5%에 영향을 미친다. 이 만성 진행성 신경퇴행성 질환은 나이가 들면서 유병률이 증가하여 85세 이상 인구의 거의 절반에 영향을 미친다. 미국 인구의 고령화로 인해 현재 약 500만 명인 AD 유병률이 2050년에는 1,400만 명으로 증가할 가능성이 크다.[1] AD 환자 수가 빠르게 증가할 것으로 예상됨에 따라 가계, Medicaid 프로그램, 장기요양 보험사가 지불하는 공공 및 민간 장기요양 비용이 증가할 것이다. 연구에 따르면 AD로 인해 미국 경제에 발생하는 연간 총 비용은 매우 다양하지만, 가장 그럴듯한 추정치는 현재 2,000억 달러가 넘는다.[2] 일차 진료 의사는 일반적으로 AD 초기 단계에서 나타나는 경미한 인지 장애를 종종 발견하지 못한다. 그들은 AD 진단을 의료 기록에 입력하는 빈도가 훨씬 낮다.[3] 그럼에도 불구하고 AD를 진단하기 위한 상당히 저렴하지만 효과적인 프로토콜이 있다.[4] 잘 설계된 한 연구에 따르면 70세 이상의 사람들을 선별하는 데는 양성 진단당 4,000달러 미만의 비용이 든다.[5] 진단을 받은 사람의 70%가 치료 또는 상담 개입에 참여한다고 가정하면 치료된 진단당 비용은 약 5,700달러가 된다. AD를 조기에 발견하는 편익이 진단 비용을 정당화하는가?

AD를 조기에 발견하면 세 가지 면에서 유익할 수 있다. 첫째, 사용 가능한 약물은 AD의 진행을 역전시키거나 멈출 수는 없지만 진행을 늦출 수는 있다. 질병의 초기 단계에서 약물을 사용하면 AD 환자가 값비싼 장기 치료를 받는 것을 지연시킬 수 있다. 둘째, AD 환자의 간병인에게 지원을 제공하면 사랑하는 사람을 더 오래 집에 두고, 자신에게 부정적인 심리적 비용을 줄일 수 있다는 강력한 증거가 있다. 셋째, 일반적인 인식과는 달리 대부분의 사람들은 자신이 AD의 초기 단계에 있는지 알고 싶어한다.[6] 이러한 지식을 통해 장기 요양 계획에 참여하고 여행과 같은 바람직한 활동에 참여할 수 있다.

조기 치료와 간병인 지원은 AD 환자가 요양원에서 보내는 총 시간을 줄여 큰 잠재적 편익을 제공한다. 미국에서 연간 요양원 비용의 중간값은 90,000달러가 넘는다. 놀랍지 않게도 요양원에 입원한 대부분의 AD 환자는 재정적 자원을 상당히 빨리 고갈시키고 현재 미국에서 모든 요양원 비용의 절반 이상을 지불하는 Medicaid 프로그램을 통한 공적 보조금에 의존해야 한다. 따라서 1년 동안 요양원 치료를 피하면 사회 자원을 절약하고 주 및 연방 Medicaid 지출을 줄일 수 있다. 연구에 따르면 질병의 각 단계에서 AD 환자는 요양원에서 사는 것보다 지역 사회에서 사는 것이 더 높은 삶의 질을 경험한다. 이는 AD 환자가 요양원에서 사는 것보다 지역 사회에서 사는 경우 간병인의 삶의 질이 낮아지는 것으로 다소 상쇄된다. 치료와 간병인 지원에는 고려해야 할 비용이 있다. 또한 간병인의 시간 비용은 요양원에서 사는 것보다 지역 사회에서 사는 AD 환자의 경우 훨씬 더 크다.

조기 발견의 순편익은 개입이 없는 비용에서 개입이 있는 비용을 뺀 것과 같다. 즉, 조기 발견의 순편익은 조기 발견으로 인해 발생하는 회피 비용이다. 표 C11.1은 아래에 설명된 몬테카를로 시뮬레이션을 통해 구현된 조기 발견의 비용–편익 분석에 포함된 비용 범주를 요약한 것이다.

이러한 비용을 합산하면 여러 가지 분석적 과제가 발생한다. 첫째, 많은 공공정책에서 그렇듯이, 비용은 편익보다 먼저 발생한다. 조기 발견 및 치료에 대한 지출은 지금 발생하지만, 요양원 입소 지연은 질병이 간병인을 압도하는 단계로 진행될 때 몇 년 후에 발생할 가능성이 높다. 둘째, 생애 과정의 불확실성은 특정 환자가 실제로 편익을 실현할지 여부에 영향을 미친다. 해당 연령대의 사람들은 여러 가지 원인으로 사망한다. 결과적으로 일부는 지연된 요양원 치료의 편익을 실현하기 전에 사망한다. 셋째, 사회 정책 분석에서 흔히 그렇듯이 영향을 예측하려면 불확실한 매개변수에 대한 가정이 필요하다. 무엇보다 중요한 것은, 약물 치료 여부에 따른 알츠하이머병(AD)의 진행 경과와 간병인 지원의 효과에 대한 가정들이 추정 오차가 있는 연구들에 기반하고 있다는 점이다.

이러한 과제를 해결하기 위해 David Weimer와 Mark Sager(이하 W&S)는 AD의 조기 발견으로 가능해진 개입 여부에 따라 환자의 남은 생애 과정을 추적하는 몬테카를로 시뮬레이션을 구축했다.[7] 시뮬레이션의 각 시행은 개입(intervention)에 따른 순편익을 추정하며, 이는 환자가 충분히 오래 살아 요양원 입소 기간이 단축되는 경우에는 양수일 수 있는데, 환자가 요양원 입소 기간 단축 효과를 누리기 전에 사망하는 경우에는 순편익이 음수가 될 수도 있다. 또한 이 시뮬레이션은 표 C11.1에 제시된 비용에 대한 불확실성과, 약물 치료 및 간병인 지원의 효과에 관한 중요한 불확실성 역시 반영하고 있으며, 이는 기존 연구 문헌에서 얻어진 추정치를 바탕으로 한다. 예를 들어, 생명 연수의 통계적 가치와 가정 내 서비스의 가치는 일정한 구간 내에서 균등 분포로 변동하도록 설정되었지만, 요양원의 연간 비용과 같은 다른 비용들은 점추정값으로 처리되었다. 또한, 간병인 상담이 시설 입소 위험에 미치는 영향은 상담 참여에 대한 오즈비(odds ratio)에 대해 보고된 신뢰구간을 기반으로 하였다. 전체적으로 시뮬레이션 반복을 통해 가능한 결과들의 분포가 생성되었다. 이러한 반복의 평균값은 개입이 이루어진 경우에 기대할 수 있는 순편익의 추정치를 제공한다. 조건부 순편익이 진단당 비용보다 큰 경우에는 조기 발견이 효율적이다.

표 C11.1 AD 환자, 간병인 및 기타 사회가 부담하는 비용

비용 항목	금전 환산 전략	사용된 가치(2009년 달러)
요양원에서 보낸 시간	연간 요양원 비용	66,795달러/년
환자 효용	수명 연도의 통계적 가치	93,500~187,000달러(균등 분포)
보호자효용		
보호자 시간	중간 임금 및 편익 비율	14.69달러/시간
약물 치료	시장 가격	1,825달러/년
보호자 지원	임금 및 편익 비율	35.05달러/시간
재택 서비스	지출	백신 접종을 받은 전체 인구 0~2,968달러/년(균등 분포)

출처: 정보는 from David L. Weimer and Mark A. Sager, "Early Identification and Treatment of Alzheimer's Disease: Social and Fiscal Outcomes." Alzheimer's & Dementia, 5(3), 2009, 215-26에서 인용.

AD 환자의 생애 과정 모델링

일반적으로 사용되는 인지적 지표인 간이 정신 상태 검사(MMSE)는 W&S가 AD 환자의 생애 과정을 모델링하는 데 중심적인 역할을 한다. MMSE는 정상적인 인지 능력에 해당하는 30점에서 모든 인지 능력을 상실한 경우인 1점까지의 척도이다. 28－21점, 20－11점, 10－1점은 각각 경미한 AD, 중간 수준, 심각한 AD를 나타낸다. 연구는 약물 치료를 받거나 받지 않은 AD 환자의 MMSE 감소율에 대한 추정치를 제공한다. 연구는 또한 MMSE, 연령, 성별, 결혼 상태(결혼한 환자는 간병인이 있을 가능성이 더 높음)의 함수로 AD 환자가 기관에 수용될 확률에 대한 추정치를 제공한다.

W&S에서 채택한 일반적인 접근 방식은 초기 MMSE, 연령, 성별, 결혼 상태, 개입(약물 치료, 간병인 상담, 간병인 상담과 결합된 약물 치료) 또는 개입 없음의 조합으로 정의된 다양한 유형의 AD 환자에 대한 별도의 몬테카를로 시뮬레이션을 포함했다. 각 환자는 사망할 때까지 해마다 진행 경과를 시뮬레이션하였다. 각 생명 연수 동안 환자가 지역 사회에 있는지 기관에 있는지, AD가 경미한지, 중간인지, 심각한지에 따라 간병인이 소비한 시간에 대한 문헌 추정치를 기반으로 한 시간 비용(중간 임금 요율로 화폐화), 경미한, 중간, 심각한 AD에 대한 간병인과 환자 모두의 유틸리티 비용(생명 연수의 가치로 화폐화), 기관에 있는 사람들을 위한 요양원 비용(연평균 비용으로 화폐화), 개입 비용(약물 가격, 상담사 임금, 재택 서비스에 대한 증가 지출로 화폐화) 등 다양한 종류의 비용이 발생했다.

시뮬레이션 1년 후, AD 환자는 일반 인구의 남성과 여성의 높은 사망률을 조정한 생존 확률을 기준으로 다음 해까지 살 가능성이 있다. AD 환자가 배우자와 함께 시작하는 경우, 조정되지 않은 생존 확률을 사용하여 배우자가 다음 해까지 생존하는지 여부를 확인한다. 환자가 지역 사회에 거주하는 각 후속 연도의 시작 시, 업데이트된 MMSE, 연령, 결혼 상태, 성별 및 간병인 상담 제공 여부를 기준으로 기관에 수용될 확률을 통해 환자가 지역 사회에 남을지 요양원에 들어갈지 여부를 결정한다. 환자가 요양원에 들어가면 사망할 때까지 그곳에 머물러야 한다.

W&S는 두 가지 다른 방식으로 질병 진행을 모델링했다. 첫 번째 접근 방식은 약물 치료 여부에 관계없이 MMSE가 감소한다는 추정에 기반하였다. 두 번째 접근 방식은 환자를 느리게 감소하는 환자와 빠르게 감소하는 환자로 나눌 수 있으며 약물 치료가

환자가 느리게 감소할 가능성을 높인다는 연구 결과에 기반했다. 이러한 접근 방식 각각은 지정된 분포에서 매개변수를 도출했다. 예를 들어, 평균 감소 모델은 약물 치료를 받지 않는 환자의 평균 3.5 MMSE 포인트와 표준 편차 1.5 MMSE 포인트의 정규 분포에서 감소를 도출했다.

단순히 개입 여부에 따른 발생 비용을 비교하는 것은 개입의 편익을 과대평가하게 된다. 왜냐하면 조기에 확인되지 않은 일부 알츠하이머병(AD) 환자들도 결국 증상이 더 뚜렷해졌을 때에는 진단을 받게 되기 때문이다. 따라서 조기 발견의 반사실적 시나리오에서는 이후의 진단과 개입 가능성을 고려하였다. 특히, 이용 가능한 연구에 따르면, 처음에 발견되지 않은 각 환자는 MMSE가 19점으로 떨어졌을 때 진단될 확률이 25%였다.

각 개입에 대한 순편익은 다음 단계에 따라 계산되었다. 첫째, 각 연도의 개입 순편익은 초기 개입이 없는 비용(그러나 반사실적에 명시된 대로 나중에 개입이 있을 수 있음)과 개입이 있는 비용의 차이로 계산되었다. 둘째, 이러한 차이를 현재로 할인하여 순편익의 현재 가치를 얻었다. 셋째, 처음 두 단계를 10,000번의 시도에서 반복하여 순편익의 현재 가치 분포를 생성했다. 넷째, 순편익의 평균 현재 가치는 시도에 대한 평균으로 계산했다. 개입은 순편익의 평균 현재 가치가 스크리닝을 통해 AD 환자를 진단하는 비용보다 클 경우 효율적이라고 평가된다. 유사한 방법을 사용하여 Wisconsin과 연방 정부가 조기 발견의 재정적 영향을 추정하여 조기 발견의 예산적 의미를 평가했다.

표 C11.2는 보다 보수적인 AD 진행 및 약물 반응 모델을 사용하여 기혼 남성에 대한 분석의 대표적인 결과를 보여준다. 몇 가지 일반적인 패턴이 분명하다. 첫째, 다른 모든 것이 동일하다면 개입은 젊은 AD 환자에게 더 큰 순편익을 제공한다. 젊은 환자는 더 오래 생존할 가능성이 높으므로 요양원에서 장기 체류할 위험이 더 크다. 둘째, 약물 치료는 AD 진행 초기에 환자에게 더 큰 순편익을 제공한다. 질병 진행을 일찍 늦추면 환자가 AD의 경미한 단계에 더 오래 머물러 간병인 비용과 조기 기관화 가능성을 모두 줄일 수 있다. 셋째, 간병인 상담의 순편익은 이 AD 진행 범위에서 크게 변하지 않는다. 표 C11.2에 보고된 현재 가치는 여성 환자의 경우 더 크고, 미혼 환자의 경우 더 작다.

정책적 함의

표 C11.2에 제시된 시나리오는 모두 AD의 조기 진단에 따른 개입의 순편익이 70세 이상의 사람들을 선별하여 얻을 수 있는 치료 진단당 5,700달러 비용보다 크다는 것을 보여준다. 약물 치료의 편익에 대한 추정치에 정책을 근거로 삼는 데는 어느 정도 주의가 필요하다. 추정치를 도출한 이용 가능한 연구는 일반적으로 환자를 몇 년 동안만 추적했기 때문이다. 결과적으로 시뮬레이션의 약물 치료 모델은 관찰된 데이터를 넘어서 외삽법을 포함하고 있으며 약물이 몇 년 이상 진행을 늦출 수 있다고 가정하는 데 지나치게 낙관적일 수 있다. 간병인 상담의 비용과 영향은 간병인을 상담과 대조군에 무작위로 배정한 장기 연구를 기반으로 하며 따라서 훨씬 더 강력한 경험적 근거를 가지고 있다.[8] 상담만으로 얻는 순편익이 진단 비용보다 크기 때문에 분석은 간병인 지원과 결합된 선별을 강력히 뒷받침한다. W&S는 또한 간병인 상담의 순편익의 약 절반이 위스콘신 주에 재정적 절감으로 발생할 것으로 추정했으며, 이는 스크리닝과 간병인 상담이 재정적으로나 사회적으로 유익할 것이라고 시사했다. W&S 분석은 위스콘신과 미네소타에서 AD 스크리닝에 대한 주 지원을 촉진하는 데 영향을 미쳤다.[9]

표 C11.2 기혼 남성의 조기 AD 감지 후 개입으로 인한 순편익의 현재 가치(1,000달러)

나이	처리	MMSE		
		26	24	22
65	약물 치료만	94.5	71.4	48.7
	상담만	12.0	11.6	11.9
	약물 치료 및 상담	119.3	96.6	72.9
70	약물 치료만	80.9	62.3	41.5
	상담만	9.2	10.5	11.5
	약물 치료 및 상담	103.0	82.2	66.1
75	약물 치료만	66.5	51.6	34.9
	상담만	7.4	11.7	10.7
	약물 치료 및 상담	82.7	69.3	56.8

출처: W&S 모델을 사용하여 계산되었음

다양한 유형의 불확실성 수용

W&S 분석은 몬테카를로 시뮬레이션을 사용하여 세 가지 유형의 불확실성을 모델링하는 방법을 보여주었다. 첫째, 몬테카를로 시뮬레이션을 사용하여 CBA에서 가장 일반적으로 사용되는 매개변수 불확실성을 고려할 수 있다. 핵심은 불확실성을 매개변수의 가능한 값에 대한 확률 분포로 표현한 다음 여러 시도의 분포에서 매개변수 값을 도출하는 것이다. 예를 들어, 간병인 상담 연구에서 보고된 기관화 위험 감소에 대한 점 추정치를 사용하는 대신, W&S는 몬테카를로 시도에서 점 추정치 주변의 보고된 신뢰 구간에서 무작위로 값을 도출했다. 둘째, 몬테카를로 시뮬레이션은 확률을 할당하여 무작위 사건을 포함하는 프로세스를 모델링하는 데 사용할 수 있다. 이 기능은 요양원 시설화 및 환자 사망과 같은 무작위 사건이 비용과 이익의 축적에 중요하기 때문에 W&S 분석에서 특히 중요했다. 셋째, 모델 불확실성을 고려하기 위해 여러 몬테카를로 시뮬레이션을 수행할 수 있다. 예를 들어, W&S 분석에서 별도의 몬테카를로 시뮬레이션은 두 가지 다른 AD 진행 모델을 사용했다. W&S 분석에서 수행되지는 않았지만 결과는 모델 전체에서 가중 평균으로 보고될 수 있다.

Notes

CHAPTER 11 사례에 대한 연습문제

1. 65세 노인을 대상으로 한 주 전체 알츠하이머병 검진 프로그램의 순편익을 추정하려면 어떤 정보가 필요한가?

2. 알츠하이머병 모델과 유사한 생애 과정 모델을 사용하여 누군가의 금연을 돕는 것의 순편익을 추정하고자 한다고 가정해 보자. 가장 중요한 유사점과 차이점은 무엇인가?

CHAPTER 12

위험, 옵션 가격(Option Price) 및 옵션 가치(Option Value)

CHAPTER 12

위험, 옵션 가격(Option Price) 및 옵션 가치(Option Value)

상당한 위험이 수반되는 상황에서 **사전** CBA를 실제로 실행하는 경우, 분석가는 거의 항상 예상 순편익에 칼도-힉스(Kaldor-Hicks) 기준을 적용한다. 분석가는 일반적으로 특정 우발 상황이 발생하는 조건에 따라 사회적 잉여의 변화를 추정한 다음, 11장에서 설명한 대로 우발 상황에 대한 기댓값을 계산한다. 그러나 경제학자들은 현재 일반적으로 **옵션 가격**(개인이 우발상황이 실현되기 전에 정책에 대해 기꺼이 지불할 금액)이 불확실성이나 위험 상황에서 지불할 의향의 이론적으로 정확한 척도라고 생각한다. 사회적 잉여는 개인이 우발상황이 이미 발생한 것처럼 정책을 평가한다는 의미에서 **사후적** 복지 변화 척도로 생각할 수 있는 반면, 옵션 가격은 소비자가 실제로 발생할 우발상황을 알지 못한 채 정책을 평가한다는 의미에서 **사전적** 복지 척도이다. 이러한 두 가지 척도는 일반적으로 서로 다르다. 이 장에서는 순편익을 측정하는 방법으로 옵션 가격이 아닌 예상되는 사회적 잉여를 사용하는 것의 의미를 고려한다.

이 장의 핵심적인 관심사는, 개인이 불확실한 상황에 처해 있을 때 이들의 지불의사를 개념적으로 올바르게 측정하는 것이다. 개인은 상품에 대한 수요, 상품의 공급 또는 둘 다에 대한 불확실성에 직면할 수 있다. 수요와 관련하여 미래 소득, 효용 함수(기호) 및 다른 상품의 가격 등이 불확실할 수 있다. 예를 들어, 스키로 인한 효용은 무릎의 견고성에 따라 달라질 수 있는데, 이는 확실하게 예측할 수 없는 신체적 상태이다. 공급과 관련하여서도 미래 상품의 양, 품질 또는 가격이 불확실할 수 있다. 예를 들어, 호수에 게임 피시를 다시 방류하면 낚시의 질이 향상될 것인지는 날씨와 독성 화학 물질의 유출과 같은 상황에 따라 달라지므로 어느 정도 불확실을 내포하고 있다.

11장과는 대조적으로 우리는 개인과 직접적으로 관련된 불확실성에만 주의를 기울인다. 우리는 개인적으로 직접적으로 관련이 없지만 분석가가 WTP를 추정하기 위해 미래에 대한 예측을 해야 하기 때문에 발생하는 불확실성은 무시한다. 예를 들어, 11장에서 논의한 백신 접종 프로그램의 CBA 맥락에서 전염병의 확률, 백신 접종을 받지 않은 개인이 감염될 확률, 백신 접종을 받은 개인이 감염될 확률, 백신 접종을 받은 개인이 부작용을 겪을 확률 등이 이 장에서 고려하는 불확실성의 유형이다. 이러한 확률의 크기, 시간의 적절한 잠재가격 또는 백신 접종을 선택할 사람의 수에 대한 분석가의 불확실성은 11장에서 제시된 민감도 분석에 대한 논의에서 적절하게 다루었다. 이러한 분석적 불확실성은 CBA에서 중요한 실무적 관심사이지만 우리는 여기에서 개인이 상당한 불확실성에 직면했을 때에 비용과 편익에 적절한 척도를 이해하는 데 필요한 개념적 기초를 제공하고자 한다. 우리는 특히 개인이 직면한 불확실성을 증가시키거나 감소시키는 정부 정책을 평가하는 방법에 관심이 있다.

이 장에서 우리는 종종 "불확실성"이라는 단어를 사용한다. 그러나 방금 언급했듯이 이 장에서는 확률의 크기를 알고 있다고 가정한다. 따라서 이 장은 실제로 **위험**에 관한 것이다. 실제로 위험은 사람마다 의미가 다르다. 종종 하방 위험을 의미하는데, 예를 들어, 이익을 과대평가하거나 비용을 과소평가할 위험이 있다. 반면, 우리는 위험을 순편익의 분산으로 정의한다.[1] 위험 감소 정책은 현재 정책에 비해 순편익의 분산을 줄이는 반면, 위험 증가 정책은 현상 유지에 비해 순편익의 분산을 증가시킨다.

이 장에는 세 가지 주요 섹션이 있다. 첫 번째 섹션은 옵션 가격(option price)을 소개하고 기대 잉여(expected surplus)와의 관계를 명확히 한다. 두 번째 섹션은 **옵션 가치(option value)**의 개념, 옵션 가격과 기대 잉여의 차이를 소개하고 그 부호를 결정하려는 이론적 문헌을 검토한다. 때로는 개념적으로 별개의 이익 범주로 생각되지만, 옵션 가치가 옵션 가격이 아니라 기대 잉여에 기반하기 때문에 옵션 가치는 측정된 순편익에 대한 조정이다. 세 번째 섹션에서는 기대 잉여를 옵션 가격의 대리 지표로 사용하는 것이 적절한지에 대한 전반적인 평가를 한다.

12.1 사전 WTP: 옵션 가격과 확실성 등가치[2]

개인이 바람직한 또는 바람직하지 않은 정책 영향에 대하여 기꺼이 지불할 의향이라는 측면에서 편익(또는 비용)을 정의하면, 예상 순편익을 특정 금액인 것처럼 취급하는 것이 적절하다. 얼마나 올바른 방법으로 불확실한 비용과 편익을 평가하느냐에 따라 예상 순편익의 적절성이 달라진다.

거의 모든 경제학자는 위험이 수반되는 상황에서 정책 편익을 개념적으로 올바르게 평가하는 올바른 방법으로 정책의 영향을 받는 개인이 정책에 대해 기꺼이 지불할 의향이 있는 **사전** 금액을 합산하는 것에 동의한다.[3] 이를 알아보기 위해, 정책에 따라 발생할 각 우연성의 확률을 아는 각 개인이 다음 질문에 진실하게 답을 한다고 상상해 보자. **"실제로 발생할 우연성을 알기 전에, 정책을 얻기 위해 기꺼이 지불할 수 있는 최대 금액은 얼마입니까?"** 이 질문에 대한 각 개인의 답을 경제학자는 정책에 대한 개인의 **옵션 가격**이라고 부른다. 정책을 개인에게 다양한 이익이 발생할 확률이 있는 복권으로 생각한다면, 개인의 옵션 가격은 복권의 확실성 등가치이다. 즉, 실제로 실현되는 이익 또는 우연성을 알지 못한 채 개인이 티켓에 지불할 금액이다. 복권에 지불한 금액은 확실하지만 수익은 확실하지 않기 때문에 확실성 등가치라고 한다.

모든 사람의 옵션 가격을 합산하면 정책의 총 편익을 얻을 수 있으며, 이를 기회 비용과 비교할 수 있다. 기회 비용이 실제로 발생하는 우연성에 독립적인 경우, 실제로 발생하는 우연성과 독립적인 총 WTP와 확실한 기회 비용을 비교함으로써 위험을 충분히 고려할 수 있다.

12.1.1 옵션 가격의 예

옵션 가격의 개념을 설명하기 위해 이전 장의 표 11.1에 나와 있는 소행성 방어 정책으로 돌아가 보자. 유엔이 인류의 관점에서 전방 기반 소행성 방어를 평가하고자 한다고 가정해 보자. 분석가들은 16장에서 설명한 유형의 조건부 가치 평가 조사를 활용할 수 있다. 조사자는 각 사람에게 가능한 우발성(직경 1km 이상인 소행성과의 충돌 가능성, 직경 20m에서 1km 사이의 소행성과의 충돌 가능성, 직경 20m 이상인 소행성과의 충돌 가능성 없음), 각 우발성의 확률, 전방 기반 소행성 방어가 있거나 없는 경우 각 우발성에서 지구에 미치는 결과를 설명해야 한다. 그런 다음 각 사람에게 전방 기반 소행성 방어를 위해 기꺼이 지불할 최대 금액을 알아내기 위한 질문을 해야 한다. 이 금액은 전방 기반 소행성 방어의 사회적 편익을 얻기 위해 모든 지구인에 대해 합산된다. 이 합계는 사람들이 어떤 우발성이 발생하는지 알기 전의 총 WTP를 나타내므로 실제로 어떤 우발성이 발생하는지와 관계없는 WTP이므로 확실성 등가로 생각할 수 있다. 개별 옵션 가격의 합계가 1,000억 달러라고 가정해 보자. 그러면 전방 기반 소행성 방어의 순편익은 이 금액에서 특정 프로그램 비용 600억 달러를 차감하여 400억 달러로 계산된다.

실제 CBA에서 분석가는 일반적으로 각 우발상황에 따른 사회적 잉여를 먼저 추정한 다음 우발상황의 확률을 사용하여 이러한 금액의 기댓값을 구하여 이익을 측정한다. 예를 들어, 표 11.1의 정보는 전방 기반 소행성 방어의 예상 순편익이 프로그램이 없는 경우와 비교하여 −150억 달러(프로그램이 없는 경우의 순비용의 기댓값 540억 달러에서 전방 기반 소행성 방어의 순비용의 기댓값 690억 달러를 뺀 값)임을 나타낸다. 따라서 이 예에서 기대 잉여는 순편익을 550억 달러(400억 달러에서 −150억 달러 차감)만큼 과소평가한다. 옵션 가격과 기대 잉여의 차이가 전방 기반 소행성 방어의 옵션 가치이다. 이 경우, 옵션 가치는 프로그램의 추가 "보험 편익"으로 생각할 수 있다. 이는 개인이 방어 프로그램을 사용하여 대형 소행성과의 방어되지 않은 충돌로 인해 발생할 재앙적 결과의 위험을 줄이기 위해 기꺼이 지불할 수 있는 예상 순편익을 초과하는 최대 금액이다.

일반적으로 이 기대잉여 측정은 옵션 가격과 어떻게 비교되는가? 개인이 위험 회피적이라고 가정하면, **기대잉여는 위험의 근원에 따라 옵션 가격을 과소평가하거나 과대평가할 수 있다. 위험 회피적이고 효용함수가 소득에만 의존하기 때문에, 기대잉여는 소득 위험을 줄이는 정책에 대한 옵션 가격을 과소평가하고 소득 위험을 높이는 정책에 대한 옵션 가격을 과대평가한다**. 이러한 가능성이 어떻게 발생할 수 있는지 이해하려면 개별 소비자의 관점에서 옵션 가격과 기대잉여 간의 관계를 보다 주의 깊게 살펴볼 필요가 있다. 다음의 도식적 설명은 옵션 가격이 기대잉여를 초과하는 경우(임시 댐)와 기대잉여가 옵션 가격을 초과하는 경우(다리)를 보여준다.

표 12.1은 관개용수를 제공하기 위해 임시 댐을 건설할 경우의 조건부 보상을 보여준다. 댐이 있든 없든 농부는 비가 많이 오거나(우기인 우발적 상황), 비가 많이 오지 않는

표 12.1 위험감소 프로젝트 예

예상치	정책: 댐 건설	정책: 댐 없음	우발상황 확률
우기	110	100	.5
건기	100	50	.5
기댓값	105	75	
분산	25	625	

잉여점: $U(110 - S_w) = U(100)$은 $S_w = 10$을 의미

$U(100 - S_d) = U(50)$은 $S_d = 50$을 의미

기대잉여: $E(S) = 0.5\ S_w + 0.5\ S_d = 30$

댐이 없는 경우의 예상 효용: $EU = 0.5U(100) + 0.5U(50)$

지불의사 궤적 $0.5U(110 - S_w) + 0.5U(100 - S_d) = EU$을 만족하는 S_w, S_d)

$0.5U(110 - OP) + 0.5U(100 - OP) = EU$

옵션 가격: $EU = 4.26$ 및 $OP = 34.2$

$U(c) = \ln(c)$의 경우, 여기서 c는 순수익임

비교: $OP > E(S)$

경우(건기인 우발적 상황)라는 두 가지 조건부 상황에 직면한다. 비가 오면 항상 마른 경우보다 더 많은 작물이 생산된다. 댐이 없는 경우 농부는 비가 많이 오면 100달러의 돈을 벌고 비가 많이 오지 않으면 50달러만 번다. 댐이 건설되는 경우 건조하면 그의 소득은 50달러 증가하지만, 비가 오면 10달러만 증가한다. 이 50달러와 10달러 수치는 농부가 각 조건 상황에서 댐에서 받는 잉여금이다. 기댓값 측면에서 건조하고 습한 조건 상황이 동등하게 일어날 가능성이 있다고 가정할 때, 이 잉여금은 30달러와 같다. 이 30달러의 기대 잉여금 수치는 옵션 가격이 추정되지 않을 때 CBA에서 사용되는 편익 측정에 해당한다.[4]

이 예에서는 댐이 건기에는 관개 목적으로 사용할 수 있는 물을 저장할 것이라고 가정한다. 결과적으로 댐은 우기 때보다 건기 때 농부에게 더 많은 것을 제공한다. 결과적으로 농부의 소득은 댐이 건설된 후 실제로 발생하는 조건 상황에 따라 댐이 없을 때

그림 12.1 위험 감소 프로젝트를 위한 효용 함수와 옵션 가격

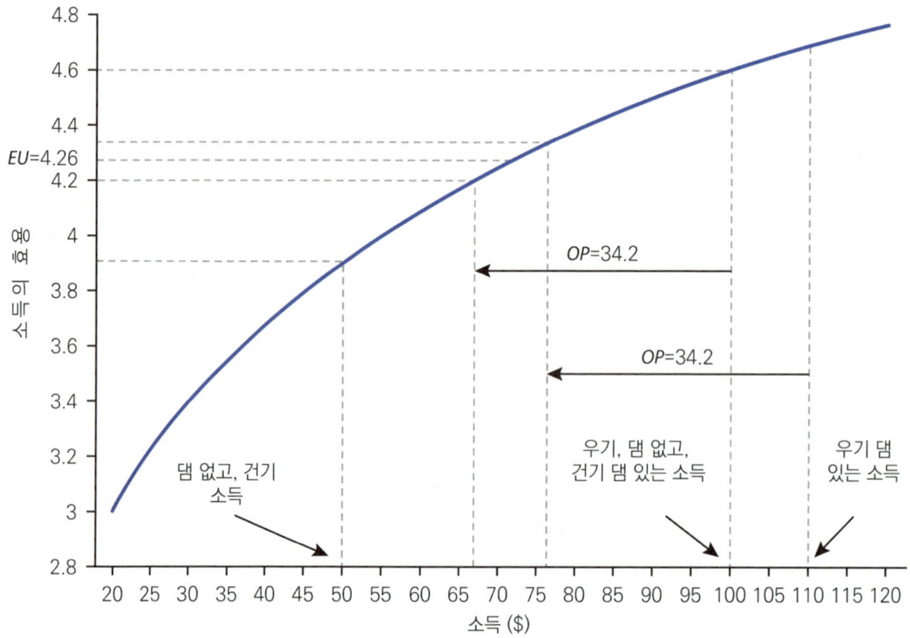

보다 훨씬 덜 좌우된다. 다시 말해, 댐은 소득 변동을 줄임으로써 농부가 직면한 소득 위험을 줄인다. 댐이 없을 때 농부의 소득 분산은 625달러이지만 댐이 있으면 25.5달러에 불과하다.

농부의 옵션 가격을 결정하려면 농부의 효용함수를 알아야 한다. 일반적으로 이 정보가 없으므로 실제로는 옵션 가격이 아닌 기대잉여를 사용하여 순편익을 결정하는 것이 일반적이다. 그러나 설명을 위해 농부의 효용은 그림 12.1의 곡선에서 볼 수 있듯이 소득의 자연 로그로 주어진다고 가정한다.

댐에서 농부의 옵션 가격을 결정하기 위해 먼저 댐이 없을 때의 기대 효용을 계산한다. 이를 EU라고 한다. 댐이 없을 때 농부는 건기에 50달러의 소득을 얻게 되는데, 이때의 효용은 3.912이고, 우기일 경우 100달러의 소득을 얻게 되는데, 이때의 효용은 4.605이다. 우기와 건기의 확률이 각각 절반이기 때문에 댐이 건설되지 않을 때 농부의 기대 효용은 4.26이다. OP라고 하는 댐의 옵션 가격은 농부가 댐이 없을 때와 같은 기

대 효용을 제공하는 댐을 갖기 위해 포기할 의향이 있는 소득 금액이다. 이 예에서 OP = 34.2이다. 이를 확인하기 위해, 댐이 있는 각각의 조건부 소득에서 34.2를 빼면(건기 시 100달러, 우기 시 110달러), 순 조건부 소득은 이제 65.80달러와 75.80달러가 된다. 해당 효용은 4.187과 4.328로, 기대 효용은 4.26과 같으며, 이는 댐이 없는 경우의 기대 효용이다. 따라서 댐이 없거나 34.20달러의 특정 지불금이 있는 댐은 농부에게 동일한 기대 효용이다.[6]

농부의 댐에 대한 옵션 가격 34.20은 그의 기대 잉여 30달러를 초과한다. 따라서 프로젝트의 기회 비용이 32달러이고 농부가 유일한 수혜자라면 기대 잉여를 사용하는 일반적인 관행은 실제로 옵션 가격이 댐을 건설하면 농부의 효용이 증가할 것이라고 나타낼 때 댐 건설을 거부하는 결과를 낳는다.

그림 12.2는 농부의 기대 잉여와 옵션 가격 간의 관계에 대한 그림이다. 수직축은 건기인 경우 농부의 지불의사 금액(WTP)을 나타내고, 수평축은 우기인 경우 지불의사 금액(WTP)을 나타낸다. 따라서 점 A는 조건 상황에서 농부의 잉여를 나타낸다.

점 A를 보는 약간 다른 방법이 있다. 정부가 댐을 건설하기 전에 농부가 계약 A에 서명해야 한다고 가정해 보자. 이 계약은 댐이 우기인 경우 X_w 달러에 해당하는 금액을 정부에 지불하고, 건기인 경우 X_d 달러에 해당하는 금액을 지불해야 한다고 정하고 있다. 이를 조건부 계약이라고 하는데, 그 이유는 그 조건이 미래의 어느 시점까지 알 수 없는 사건에 따라 달라지기 때문이다. 정부가 실제로 조건부 계약을 요구할 가능성은 낮지만, 농부가 댐을 얼마나 가치 있게 생각하는지, 다시 말해 댐에서 얻는 이익을 판단하는 데 유용한 수단이다. 이 편익은 정부가 X_w 달러와 X_d 달러에 할당할 수 있는 최대 가치에 해당하며, 농부가 계약 A에 서명하도록 하는 데 각각 $10과 $50이다. 농부는 이 금액에 서명할 의향이 있을 것이다. 왜냐하면 농부는 댐이 없을 때의 상황으로 정확히 돌아갈 것이기 때문이다. 비가 오면 그의 소득이 $100이고 비가 오지 않으면 $50이 된다. 다시 말해, 계약 A에 따른 그의 최대 WTP는 $10과 $50이다.

그림 12.2 위험 감소 프로젝트: 기대잉여와 옵션가격

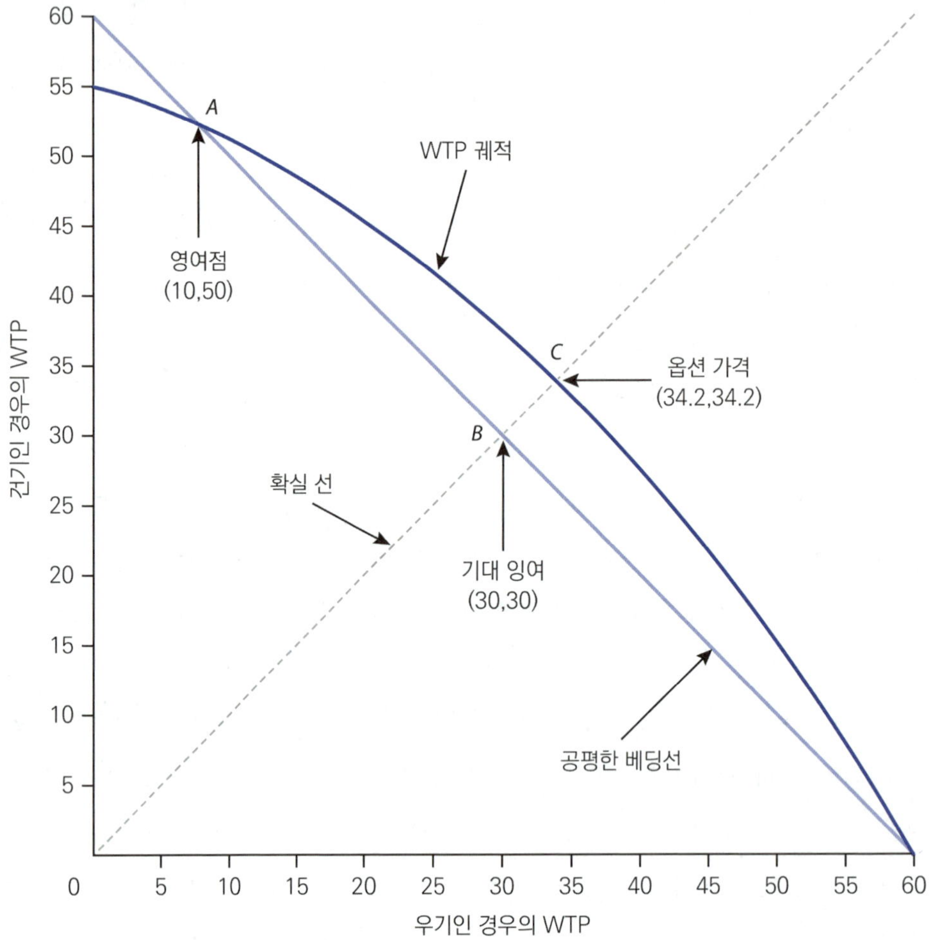

비가 오면 $10을 지불하고 비가 오지 않으면 $50을 지불하면 농부가 댐이 없을 때의 상황으로 돌아갈 것이기 때문에, 이는 농부가 받는 잉여를 측정하지만 댐이 농부가 직면한 소득 위험을 줄여주기 때문에 그가 받는 효용은 측정하지 않는다는 점에 주의해야 한다. 농부가 이러한 지불을 하면 농부의 소득 변동성은 댐이 없을 때와 정확히 같다. 댐으로 인한 소득 위험의 변화를 살펴보기 위해, 정부가 농부가 실제로 어떤 조건 상황이 발생하든 같은 금액인 30달러를 지불할 수 있는 대체 계약인 계약 B를 선택하

도록 허용할 의향이 있다고 가정해 보자. 정부가 이렇게 하면 두 계약에서 받을 지불금의 예상 가치는 동일하다. 그러나 계약 B는 농부를 그림 12.2의 원점을 양분하는 선이 된다. 이 선을 확실선이라고 하는데, 실제로 어떤 조건 상황이 발생하든 지불 금액이 동일하기 때문이다. 따라서 B를 포함하여 이 선을 따라 있는 모든 지점은 확실성 등가치를 나타낸다.

확실선은 다른 선과 교차한다. 이 선은 잉여 지점을 통과하지만, 그 위의 모든 지점은 동일한 기댓값을 갖는다. 예를 들어, 그림 12.2에서, 이 선을 따라 기댓값은 항상 $30과 같다. 이 선을 공평한 베팅선이라고 한다. 그 이유를 알아보려면 동전 던지기를 상상하면 된다. 앞면이 나오면 $10, 뒷면이 나오면 $50의 보상은 앞면이 나오면 $20, 뒷면이 나오면 $40과 정확히 같은 기댓값을 갖는다. 따라서 공평한 베팅선의 기울기, −1은 우발성의 확률 비율의 음수와 같다. 공평한 베팅선을 따라 확실성 선으로 이동하면 기댓값은 항상 동일하게 유지되지만 소득의 변화는 감소한다. 마지막으로 확실선의 B 지점에서 실제로 앞면이나 뒷면 중 어떤 우연성이 발생하든 보상은 동일하다.[7] 우리의 예에서 이 보상은 $30이다.

이제 농부와 댐으로 돌아가서, 농부가 우기이면 10달러, 건기이면 50달러를 지불해야 하는 계약 A와 우기이든 건기이든 상관없이 30달러를 지불해야 하는 계약 B에 서명하는 것 등 두 계약에서 농부의 소득에 대한 기댓값은 동일하지만, 아무런 차이가 없는 것인가? 이에 답하기 위해, 우리는 두 계약에서 농부의 소득이 어떻게 될지 살펴보아야 한다.

두 계약에서 소득에 대한 기댓값은 동일하지만, 두 가지 우발성에서 발생하는 소득 차이는 계약 B에서 훨씬 적다. 따라서 표 12.2에서와 같이 계약 A와 B를 비교함으로써, 그의 소득에 대한 기댓값은 일정하게 유지하면서 댐이 농부가 직면한 위험에 미치는 영향을 살펴볼 수 있다. 농부가 위험 회피적이고 따라서 매년 덜 안정적인 수입보다 더 안정적인 수입을 선호한다면, 그는 두 계약 간에 무차별하지 않을 것이지만 B를 A보다 선호할 것이다. 그림 12.2의 A 지점에서 농부는 비가 내리면 10달러, 비가 내리지 않으면 50달러를 지불해야 하는 계약에 서명할 의향이 있었고 이러한 지불의 기댓값은 30달러였다. 농부가 A 지점보다 B 지점을 선호하기 때문에 확실선에 도달하기 위해 농부는 30달러 이상의 확실성 등가를 지불해야 하는 계약에 서명할 의향이 있음을 시사한

표 12.2 댐에 대한 조건부 계약 비교

상황	확률	계약 A 하의 소득	계약 B 하의 소득
우기	.5	100 달러	80달러
건기	.5	50 달러	70달러
기댓값		75 달러	75달러

다. 농부가 지불할 최대 금액은 그림 12.2의 점 C로 표시되어 있다. 이 점은 확실선을 따라 점 B보다 북동쪽으로 더 멀리 있다. C점은 농부의 옵션 가격을 의미하며, 댐건설로 인해 기대 소득이 증가하고 소득 위험이 감소하는 모두에 대해 농부가 지불할 의향이 있는 최대 금액이다.

다시 말해, 농부가 지불할 의향이 있는 최대 금액은 농부에게는 댐의 전체 가치를 의미한다. 개념적으로 농부가 댐에서 받을 수 있는 이익의 정확한 척도이다. 그러나 CBA는 일반적으로 댐에서 발생하는 잉여의 예상 가치인 B 지점을 예측한다. B 지점은 예상 소득에 대한 댐의 효과를 포착하지만 소득 변동성이나 위험에 대한 댐의 효과를 통합하지 않는다.

농부는 A점보다 B점을 선호하지만 A점과 C점 간에는 무차별하다. 실제로 이러한 지점 사이에 그려진 곡선은 무차별 곡선과 매우 유사하다. 이 곡선은 **지불의사 궤적**이다.[8] 지불의사 궤적은 댐이 있든 없든 농부에게 동일한 기대 효용을 제공하는 댐에 대한 모든 우발적 지불 조합을 보여준다.[9] 이는 실제로 발생할 우발적 사건의 확률에 대한 지식을 기반으로 한다. 옵션 가격이 확실성 선을 따라 북동쪽으로 더 멀리 떨어져 있고 확실성 프로젝트 비용보다 더 멀리 떨어져 있다면, 프로젝트는 농부의 복지를 증가시킬 것이다.

표 12.3은 지진 확률이 20%인 지역에 다리를 건설하는 정책을 설명한다. 다리는 표에 설명된 개인이 받는 소득의 기댓값을 증가시키지만, 동시에 개인의 소득은 지진이 실제로 발생하는지 여부에 더 많이 의존하게 된다. 다시 말해, 다리는 개인이 직면한 소득 위험을 증가시킨다. 결과적으로 표에 표시된 대로, $84의 기대 잉여는 $71.10의 옵션 가격을 초과한다. 따라서 만약 다리의 기회비용이 확정적으로 75달러이고, 해당

표 12.3 위험 증가 프로젝트 예

상황	정책: 다리 건설	정책: 다리 없음	확률
지진 없음	200	100	.8
지진 발생	100	80	.2
기댓값	180	96	
분산	1,600	64	

잉여점:	$U(200 - S_n) = U(100)$. $S_n = 100$
	$U(100 - S_e) = U(50)$, $S_e = 20$
기대잉여:	$E(S) = 0.8\ S_n + 0.2\ S_e = 84$
댐이 없는 경우의 예상 효용:	$EU = 0.5U(100) + 0.5U(50)$
지불의사 궤적	$0.8U(200 - s_n) + 0.2U(100 - s_e) = EU$을 만족하는 (s_n, s_e)
	$0.8U(200- OP) + 0.2U(100 - OP) = EU$
옵션 가격:	$EU = 4.56$ 및 $OP = 71.1$
	$U(c) = \ln(c)$의 경우, 여기서 c는 순수익임
비교:	$OP < E(S)$

인물이 유일한 수혜자라면, 옵션 가격은 개인이 실제로 그 기회비용을 부담해야 할 경우 다리를 건설하는 것이 오히려 기대 효용을 감소시킨다는 것을 나타낸다. 따라서 다리를 건설하는 것으로 인한 기대 잉여가 양(+)이더라도 다리를 건설해서는 안 된다.

그림 12.3은 이 상황을 설명한다. 다리는 처음에 개인을 D 지점에 배치하는 것으로 볼 수 있다. 정부가 개인에게 조건부 계약인 계약 D에 서명하도록 요구한다고 가정하면, 이 경우 개인은 지진이 발생하지 않을 경우 최대 100달러를 지불할 의향이 있지만 지진이 발생하면 20달러만 지불할 의향이 있다. 이러한 계약에 서명함으로써 개인은 다리가 없는 것보다 나쁘지 않을 것이다.

그림 12.3 위험 증가 프로젝트: 기대잉여와 옵션가격

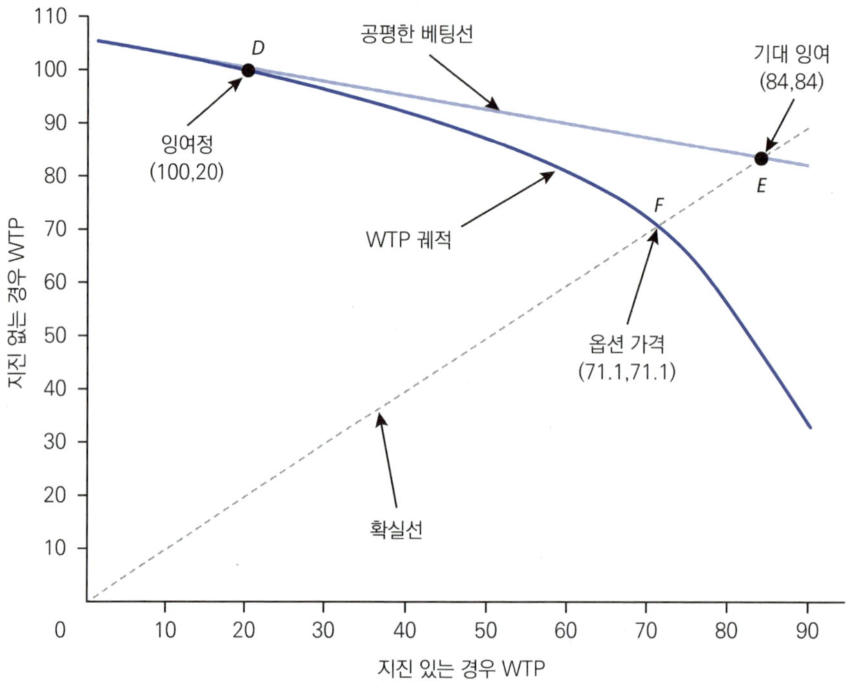

우리는 다리가 기대 잉여를 증가시킬 것이라는 사실을 고려했지만 소득 위험에도 영향을 미칠 것이라는 사실은 고려하지 않았다. 따라서 이전과 마찬가지로 정부는 지불의 예상 가치가 계약 D에 따른 예상 가치인 84달러와 계속 동일한 한 다른 계약인 계약 E에 서명할 의향이 있다고 가정하여 보자.

개인은 어떤 계약을 선호할까? 개인이 위험 회피적이라면 개인은 계약 E보다 계약 D를 선호할 것이다. 표 12.4에서 두 계약에서 개인의 소득에 대한 예상 가치가 동일하더라도 개인의 소득은 덜 위험할 것이기 때문이다.

위험 회피적 개인은 계약 E보다 계약 D를 선호할 것이므로 다리에 대한 개인의 지불 의사 궤적은 개인의 공평한 베팅선 아래에 있다. 결과적으로, 지점 F로 표현된 개인의 옵션 가격은 84달러 보다 작다. 이전 그림에서와 같이, 개인은 D와 F 사이에서는 무차별하지만, D와 E 사이에서는 그렇지 않다.

표 12.4 다리에 대한 조건부 계약 비교

상황	확률	계약 A 하의 소득	계약 B 하의 소득
지진 없음	.8	100 달러	116달러
지진	.2	80 달러	16달러
기댓값		96달러	96달러

12.1.2 옵션 가격이 가장 좋은 편익 척도인가?

댐과 다리의 예제에서 일반적으로 불확실한 상황에서는 옵션 가격이 기대 잉여와 같지 않음을 알았다. 첫 번째 예제에서 옵션 가격은 기댓값보다 컸고 두 번째 예제에서는 더 작았다. 우리는 암묵적으로 옵션 가격을 올바른 편익 척도로 받아들였는데, 이것이 일반적으로 성립할까라는 질문에 대한 답을 하기 위해서는 정책 선택의 제도적 환경을 더 명확하게 명시해야 한다.

주요 고려 사항은 문제가 되는 위험에 대한 보험 가용성과 관련이 있다. **관련 위험에 대해 완전하고 공정한 보험이 존재하지 않는다면, 옵션가격(option price)이 편익을 평가하는 데 있어 개념적으로 올바른 기준이 된다.** 개인이 위험을 완전히 제거하기에 충분한 보장을 구매할 수 있는 경우 보험은 완전하다. 가격이 관련 우발성의 실제 확률에만 의존하는 경우 보험은 공정하다. 두 가지 조건상황이 존재하는 경우, 조건상황1의 확률이 p이고 조건상황2의 확률이 $1-p$인 경우, 공정한 보험은 개인이 조건상황1의 소득을 조건상황2의 소득과 $p/(1-p)$의 가격으로 교환할 수 있도록 한다. 예를 들어, p가 .2이면 보험 가격은 .25(.2/.8)가 되므로, 조건 1의 소득을 100달러 늘리려면 개인은 조건 2에서 25달러를 포기해야 한다. 도식적으로 보면, 공정한 보험의 가용성은 개인이 보험 구매를 통해 그림 12.2 및 12.3에 표시된 확실선을 향해 공평한 베팅선을 따라 이동할 수 있음을 의미한다.

현실 세계에서 완전하고 공정한 보험은 거의 없거나 전혀 없다.[10] 보험 적용 범위에 의해 유발된 피보험자의 위험 관련 행동의 변화인 **도덕적 위험**의 문제는 이익을 극대화하는 보험자가 공제금을 통해 적용 범위를 제한하도록 장려한다.[11] 보험자는 시장에서 쉽게 평가할 수 없는 고유한 자산에 대한 손실에 대해 완전한 보험을 제공하기를 꺼릴 수 있다.[12] 피보험자가 보험자보다 실제 위험에 대한 정보가 더 많을 때 **역선택**이 발생한다. 역선택은 동일한 가격 조합에 저위험 및 고위험 사람을 결합하거나 고위험 사람이 자신을 드러내도록 유도하기 위해 적용 범위를 제한하는 결과를 초래할 수 있다.[13] 고위험 및 저위험 사람을 같이 조합한다는 것은 그룹 중 적어도 하나가 불공정한 보험 가격을 받는다는 것을 의미한다. 사용 가능한 적용 범위를 고위험 사람으로 제한한다는 것은 완전한 보험을 이용할 수 없다는 것을 의미한다. 일상적인 행정 비용과 도덕적 위험 및 역선택을 통제하려는 노력은 보험 가격을 공정한 수준 이상으로 만든다. 보험자 조합이 제한적이거나 위험 규모에 대한 불확실성이 있는 경우 보험사의 파산 위험을 줄이기 위해 가격을 추가로 인상해야 할 수 있다.[14] 마지막으로 일부 위험은 개인 간에 매우 높은 상관관계가 있어 위험 조합으로는 공정한 보험 가격이 총체적 위험을 충분히 줄일 수 없다.[15] 파산 위험을 관리하기 위해 상관관계가 있는 위험에 직면한 보험사는 공정한 보험 가격보다 높은 금액을 청구하여 재정적 완충 장치를 구축하거나 동시에 많은 손실을 갚아야 할 가능성을 방지하기 위해 재보험을 구매해야 한다.

이러한 실질적인 제한에도 불구하고 해당 위험에 대해 완전하고 수학적으로 공정한 보험이 가능하다고 가정해 보자. 그러면 프로젝트 후원자가 수학적으로 공정한 보험을 나타내는 공평한 베팅선을 따라 확실선으로 이동하기에 충분한 보험을 구매하여 우발적 잉여 금액을 특정 지급금으로 교환할 수 있다. 이런 식으로 기대잉여금에 해당하는 특정 지급금을 달성할 수 있다. 예를 들어, 그림 12.3에서 프로젝트 후원자는 옵션 가격 71.10달러보다 큰 84달러의 특정 지급을 보장할 수 있다. 그러나 옵션 가격이 기대잉여금을 초과하는 경우(그림 12.2에 나와 있는 상황) 후자는 완전하고 수학적으로 공정한 보험을 구매할 수 있더라도 개념적으로 올바른 프로젝트 편익 측정치를 과소평가할 것이다. 따라서 일반적으로 **완전하고 수학적으로 공정한 보험을 이용할 수 있는 경우 옵션 가격이나 기대잉여금 중 더 큰 금액이 적절한 편익의 측정치이다**.

이러한 일반화는 하나의 추가적인 제도적 제약을 무시한다. 즉, 개인의 우발적 잉여 지점에서 지불의사 궤적의 다른 지점으로 이동시키는 우발적 상황에 맞게 지불을 특정화하는 것은 실용적이지 않다. 비실용성은 전체 지불의사 궤적의 모양에 대한 정보가 부족하거나, 그 규모는 사건의 발생에 따라 달라지는 세금과 보조금을 통해 조건부 계약을 작성하고 실행할 수 있는 행정적 역량 부족에서 발생할 수 있다. 그러나 그러한 계약이 행정적으로 실행 가능하고, 분석가가 지불의사 위치 전체를 알고 있다면, 최적의 우발적 지급으로 정책을 설계하여 해당 개인의 지급 후 우발적 잉여금이 가장 큰 기댓값을 갖게 할 수 있으며, 이는 보험 구매를 통해 확실하게 실현될 수 있다.

그림 12.4는 이러한 가능성을 보여준다. 지급이 없는 경우, 해당 개인은 조건 사건에 따라 S_1 또는 S_1를 실현한다. 정책의 직접적인 효과 외에도 해당 개인에게 조건 사건 1이 발생하면 $FB_1 - S_1$에 해당하는 지급금이 제공되고, 조건 사건 2가 발생하면 $S_2 - FB_2$의 수수료가 지불된 경우, 해당 개인의 지급 후 우발적 잉여금은 FB^* 지점으로 주어진다. FB^*는 지불의사 위치와 공평한 베팅선 사이의 접점이기 때문에 지불의사 위치의 모든 지점 중 가장 큰 기댓값을 갖는다. 이 지점에서 시작하여 완전하고 공정한 보험은

그림 12.4 옵션 가격과 지불의사액의 최대 기댓값

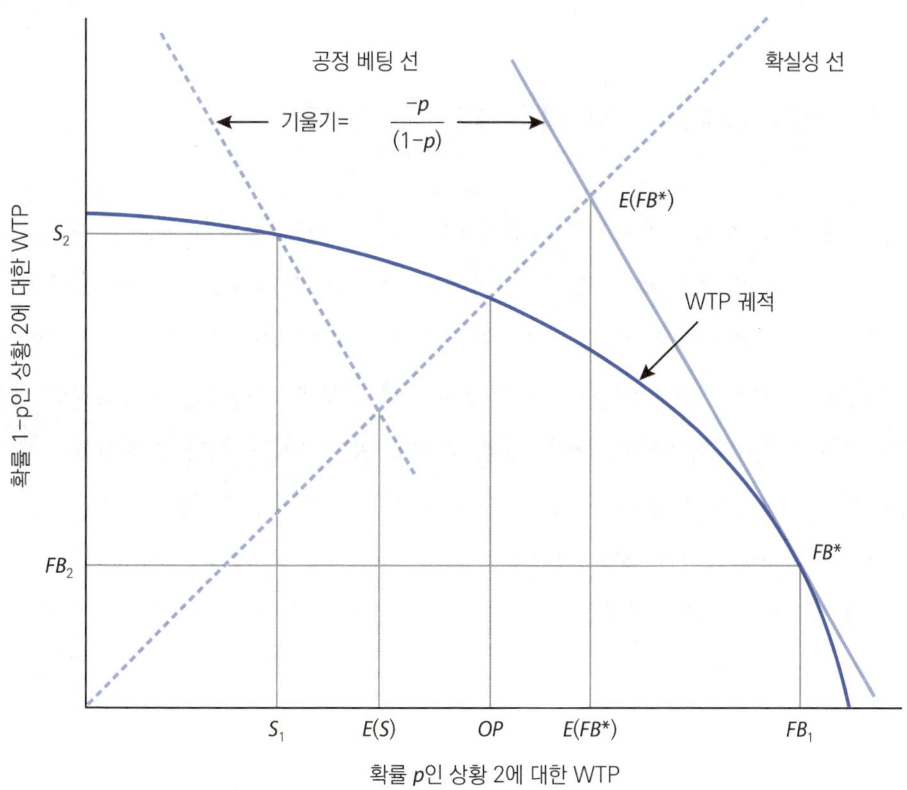

정책 후원자가 공평한 베팅선을 따라 확실선으로 이동할 수 있도록 한다. 그 결과 발생하는 확실한 지급액인 E(FB*)는 지급 조정된 정책에서 생성된 최대 확실 금액의 편익이 된다.[16]

따라서 **최적의 조건부 지급이 가능하고 완전하고 공정한 보험이 이용 가능한 극히 가능성이 낮은 상황에서는 공평한 베팅선에 접하는 지불의사 궤적상 점의 기댓값이 적절한 편익 측정값이다**.

요약하면 고려 중인 정책에서 비용이 확실하고, 완전하며 공정한 보험이 불가능한 경우, 옵션 가격은 특정 지불의사 금액과 특정 비용을 비교할 수 있기 때문에 적절한 편익 측정값이다. 그러나 실제로 옵션 가격은 측정하기 어렵다. 실제로 다음 섹션에서 옵션 가치에 대한 논의를 통해 알 수 있듯이, 옵션 가격이 일반적으로 측정되는 예상 초과금보다 크거나 작은지를 판단하려면 위험의 본질에 대한 매우 구체적인 가정을 해야 한다.

12.2 기대 잉여의 편차 결정: 옵션 가치 부호

국립 공원과 같은 레크리에이션 자원에 CBA를 적용하려는 초기 시도는 순편익 측정 기준으로서 기대 잉여가 과연 적절한지에 대한 불안을 불러일으켰다. 이 문제를 다룬 선구적 기사에서 Burton Weisbrod는 실제 방문객에게 발생하는 이익에만 근거한 국립 공원 보존의 이익에 대한 추정치는 언젠가 미래에 방문할 가능성을 예상하지만 실제로는 방문하지 않는 사람들에게 국립공원의 가치를 포착하지 못한다고 지적했다.[17] 그는 이러한 비방문자가 방문 옵션을 보존하기 위해 무언가를 지불할 의향이 있을 것이라고 주장했다. 그는 이 금액을 옵션 가치라고 불렀는데, 많은 사람이 미래 소비 기회를 제공하는 천연 자원과 같은 자산을 평가하는 데 관련된 별도의 이익 범주로 해석했다.

그러나 CBA는 옵션 가치에 대한 보다 정확한 정의를 요구한다.[18] 이를 공식화하는 핵심은 옵션 가격이 **사후**에 발생할 편익에 대한 불확실성이 있는 상황에서 정책에 대한 사전 지불의사를 완전히 측정한다는 인식에 있다. 불확실성은 정책이 시행될 경우 정책에 의해 생산된 상품에 대한 개인의 실제 수요에 대한 불확실성(Weisbrod의 관점)뿐만 아니라 상품의 양, 품질, 가격 및 기타 상품의 가격에 대한 불확실성을 포함하여 다양한 출처에서 발생할 수 있다. 이러한 불확실성이 있더라도 지불의사를 완전히 측정하기 때문에 옵션 가격에는 옵션 가치가 포함된다.

현재 **옵션 가치**를 옵션 가격과 기대잉여금의 차이로 정의하는 것이 표준이다.

$$OV \equiv OP - E[S] \tag{12.1}$$

여기서 OV는 옵션 가치, OP는 옵션 가격, E[S]는 기대잉여금이다. 예를 들어, 표 12.1에 제시된 댐의 옵션 가치는 $4.20이고, 옵션 가격은 $34.20이며, 기대잉여금은 $30이다. 표 12.3에 제시된 다리의 옵션 가치는 −$12.90이며, 옵션 가격은 $71.10이며, 기대잉여금은 $84이다.

옵션 가치를 정의하는 방정식을 재배치하면 옵션 가치를 옵션 가격과 같게 만들기 위해 필요한 기대잉여금에 대한 조정으로 해석할 수 있다.

$$OP = E[S] + OV \tag{12.2}$$

여기서 왼쪽은 개인이 기꺼이 지불할 특정 금액이며, 개념적으로 올바른 편익 측정이고, 오른쪽은 일반적으로 측정 가능한 기대잉여금과 옵션 가격과 같게 만들기 위해 기대잉여금에 추가해야 하는 금액인 옵션 가치로 구성된다. 옵션 가치를 별개의 편익 범주로 해석하는 것이 자연스러울 수 있지만, 옵션 가격이 아닌 기대 잉여로 측정한 결과 추정된 편익의 편차로 해석하는 것이 더 좋다. 안타깝게도 두 가지 해석 모두 옵션 가치의 부호는 물론 크기를 파악하기 어려운 경우가 많기 때문에 주의가 필요하다.

관련 문헌에서 옵션 가격(확실성 등가)과 기대 잉여의 차이를 위험 프리미엄(RP)라고 한다.

$$RP = E(S) - OP \tag{12.3}$$

따라서 다소 혼란스럽게도 RP = −OV이다. RP는 개인이 위험한 투자에 대한 노출에 대한 보상으로 요구하는 무위험 순편익(OP) 이상의 최소 추가 금액이다. 또는 개인이 위험에 대한 순편익을 보장하기 위해 지불할 최대 금액이라고 생각할 수도 있다.

12.2.1 옵션 가치의 부호 결정

옵션 가치의 부호는 위험의 근원과 본질, 분석되는 정책의 특성, 개별 유용성의 기본 구조에 대한 다양한 가정에 따라 양수 또는 음수일 수 있다. 몇 가지 예외를 제외하면 옵션 가치의 부호는 이론적으로 모호한 것으로 입증되었다. 이는 기대 잉여가 옵션 가격의 근사치로 사용될 때에도 편차의 방향을 결정하는 데 옵션 가치 개념의 유용성 문제를 제기한다.

가장 초기의 연구(부록 12A 참조)는 평가되는 상품의 가격 또는 수량의 변화가 확실하지만 상품에 대한 수요가 불확실할 때 옵션 가격의 부호를 알아보는 시도하였다. 예를 들어, 옵션 가치의 부호를 알아내려는 최초의 시도에서 Charles J. Cicchetti와 A. Myrick Freeman III는 사람이 상품에 대한 양의 수요를 가질 가능성이 있다고 가정했다.[19] 수요가 불확실할 때 옵션 가격은 항상 양수라는 그들의 결론은 나중에 일반적인 가정에서는 부호가 모호하다는 것을 보여준 Richard Schmalensee에 의해 반박되었다.[20]

개인의 효용 함수에 대한 구체적인 가정을 하지 않고 옵션 가치를 알아보려는 후속 시도는 소득의 불확실성과 관련하여서만 명확한 결과를 보였다. 구체적으로, 정상재의 가격이나 수량의 특정 변화를 평가할 때(수요량은 소득 증가에 따라 증가), 상품의 가격이나 수량의 변화가 소득 불확실성을 강조하기 때문에 소득이 불확실한 위험 회피적 사람에게 옵션 가치는 음수가 된다. 반대로, 열등재의 가격이나 수량의 특정 변화를 평가할 때(수요량은 소득 증가에 따라 감소), 옵션 가치는 위험 회피적 사람에게 양수가 된다. CBA는 일반적으로 일반재의 변화를 평가하므로, 이러한 일반적인 결과는 옵션 가치를 기대 잉여에 대한 양(+)의 조정으로 생각하는 경향에 대해 주의를 기울여야 함을 시사하고 있다.

전시 12.1

1980년 Richard G. Walsh, John B. Loomis, Richard A. Gillman은 콜로라도 가구가 황무지로 지정된 토지 증분에 대해 기꺼이 지불할 금액을 추정하기 위해 조사 및 레크리에이션 사용 데이터를 결합했다. 그들은 주민들이 260만 에이커 땅에 연간 총 4,160만 달러를 지불할 의향이 있다고 추정하였다. 이 총액 중 약 600만 달러 또는 거의 15%가 옵션 가치였다.

출처: Richard G. Walsh, John B. Loomis, Richard A. Gillman, "Valuing Option, Existence, and Bequest Demands for Wilderness." *Land Economics*, 60(1), 1984, 14-29에서 발췌.

반면에 다양한 제한적 가정 아래에서 위험 회피적인 사람들에게는 정상재의 양, 품질 또는 가격에 대한 불확실성(공급 측 불확실성)이 일반적으로 양의 옵션 가치를 초래하는 것으로 보인다. 예를 들어, Douglas M. Larson과 Paul R. Flacco는 정상재(열등재)에 대한 수요가 가격에서 선형, 반로그 또는 로그선형인 경우 옵션 가격은 평가되는 상품의 가격 또는 품질에 대한 불확실성에 대해 양수(음수)임을 보였다.[21] 그들은 또한 다른 상품과 취향의 가격에 대한 불확실성(수요 측 불확실성)이 이러한 수요 함수에 대해 정상재(열등재) 상품에 대해 양수(음수) 옵션 가치를 산출한다는 것을 보여주었다.[22]

옵션 가치의 부호를 설정하는 데 어려움이 있다는 점을 감안할 때 기대잉여의 크기에 대한 경계를 설정하는 데 있어 진전이 거의 없다는 것은 놀라운 일이 아니다. V. Kerry Smith의 계산에 따르면, 기대 잉여에 대한 옵션 가치의 크기는 완벽한 대체물이 덜한 자산일수록 더 클 가능성이 높다.[23] Larson과 Flacco는 조사한 특정 수요 함수에 대한 옵션 가치에 대한 표현식을 도출했지만, 이러한 표현식을 구현하는 것은 계산적으로 매우 어렵다.[24] 결과적으로, 일반적으로 기대 잉여에 대한 추정이 이루어지는 정보를 사용하여 옵션 가치를 정량화하는 것은 불가능하다. 그러나 다음 섹션에서 볼 수 있듯이, 소득 위험의 변화와 관련된 옵션 가치가 충분히 작아서 옵션 가치가 충분히 작고, 따라서 기대 잉여가 옵션 가격에 대한 근사치가 될 것이라고 가정하는 것이 합리적일 것이다.

12.3 실질적 순편익 척도로서의 기대 잉여의 근거

옵션 가격은 일반적으로 불확실성과 위험 상황에서 순편익을 개념적으로 정확하게 측정하지만, 데이터 제한으로 인해 분석가들은 대부분 순편익을 기대 잉여로 추정한다. 옵션 가치에 대한 이전 논의에서 언급했듯이, 옵션 가격이 아닌 기대 잉여를 사용하여 발생하는 편차의 부호를 결정하는 것조차 항상 가능한 것은 아니다. 여기에서는 실질적 척도로서의 기대 잉여의 합리성을 고려한다.

사회가 위험 중립적이라면, 개별적으로 기대 순편익을 극대화하는 정책을 선택하는 것이 사회의 전체 정책 포트폴리오의 기댓값을 극대화한다는 의미에서 효율적이다.[25] 그러나 일반적으로 개인은 위험 회피적이라고 가정된다. 그럼에도 불구하고, 우리는 기대 잉여 사용을 옹호하기 위해 종종 제기되는 세 가지 주장을 한다. 첫째는 사람들이 위험에 약간의 변화를 겪을 때 개인 수준에서 적용되어 실현된 순편익이 기대 순편익에 가까울 가능성이 높다는 것이고, 둘째는 새로운 프로젝트가 사회적 총체적 위험에 미치는 영향을 고려하는 것이고, 세 번째는 개인 간의 위험 조합에 기초한다. 우리는 이러한 주장을 차례로 고려한다.

12.3.1 개인 위험의 작은 변화

새로운 프로젝트는 개인이 경험하는 위험에 영향을 미친다. 프로젝트가 없다면 개인이 c로 표시된 위험한 양의 소비(또는 소득)를 소비한다고 가정하여 보자. 프로젝트가 진행되면 개인 또한 새로운 프로젝트의 순편익의 일부 X를 받게 된다($\lambda>0$). 프로젝트로 인해 개인이 경험하는 추가 위험은 개인의 소비 분산의 변화로 주어지게 된다.

$$Var(c+\lambda NB)-Var(c)=\lambda 2\,Var(NB)+2\lambda Cov(c,NB) \quad (12.4)$$

여기서 Cov(c, NB)는 두 위험한 양 c와 NB 간의 공분산을 나타낸다. 예를 들어, 표 12.1의 "댐 없음" 옵션은 댐이 건설되지 않았을 때의 소비를 제공하고, "댐" 옵션은 댐이 건설되었을 때의 소비를 제공한다. $Var(c+\lambda NB)=25$, $Var(c)=625$, 그리고 개인의 위험 감소는 600과 같다.

방정식(12.4)의 오른쪽에 있는 첫 번째 항은 프로젝트별 위험 또는 **비체계적 위험**의 척도이다. 방정식(12.4)의 오른쪽에 있는 두 번째 항은 **체계적 위험**의 척도이다.[26] 이를 자세히 살펴보면 다음과 같다.

프로젝트의 순편익이 대규모 인구에 널리 분포되어 있고 각 개인이 순편익의 일부만 소비하는 경우 매개변수 λ는 작다. 이 경우 프로젝트 위험의 직접적인 영향은 2차 현상(그 영향은 λ2로 곱해짐)이며 무시할 수 있다. 위험의 변화는 두 번째 항인 Cov(c, NB)에만 의존한다. 프로젝트의 순편익이 비프로젝트 소비와 무관한 경우 공분산은 0이 되고 예상 순편익은 옵션 가격과 같다. 공항이나 고속도로 인프라 프로젝트와 같은 일반적인 상품의 경우 인프라 서비스에 대한 수요와 순편익은 소득과 소비와 양의 상관관계가 있다. 따라서 프로젝트는 위험을 증가시킬 것이다. 위험 회피적 개인의 경우 옵션 가격은 예상 순편익보다 적고 옵션 가치는 음수가 될 것이다. 예상 가치를 사용하면 순편익을 과대평가하게 된다. 반대로 열등한 상품의 경우 상관관계는 음수가 되고 옵션 가격은 예상 순편익보다 많으며 옵션 가치는 위험 회피적 개인의 경우 양수가 된다.

프로젝트에 체계적 위험이 있는 경우에도 옵션 가치가 비교적 작은 상황이 많다. John Quiggin은 개별 효용에 대한 거듭제곱 함수를 가정하고 소규모 프로젝트의 경우 기대잉여의 비율로서 옵션 가치는 네 가지 매개변수에 따라 달라진다는 것을 보여주고 있다.[27] 이러한 매개변수가 합리적인 값을 가지는 경우 옵션 가치는 예상 순편익의 1% 미만이다. 따라서 **광범위한 영향을 미치는 프로젝트의 경우 분석가는 예상 순편익을 합리적으로 사용할 수 있다**.

12.3.2 정책 포트폴리오를 통한 위험 감소

위의 주장은 각 개인이 순편익의 일부만을 받는다는 가정에 근거한다. 그러나 일부 프로젝트의 편익과 비용은 고르지 않게 분배될 수 있다. 실업자와 같은 특정 그룹이나 지리적 지역을 대상으로 하는 정책은 종종 특정 개인에게 상당한 비용을 부과하고 상당한 편익을 제공한다. 이러한 상황에서 사회가 위험 회피적이라고 생각하는 것은 적절하지 않을 수 있다.

그러나 사실 사회에서는 많은 대규모 프로젝트가 시행되고 있다. 따라서 포트폴리오 다각화를 통해 프로젝트와 관련된 비체계적 위험을 사실상 제거할 수 있다. 즉, 사회는 특정 프로젝트의 위험에 대해 자체 보험을 들 수 있다. 즉, 프로젝트 전반에 걸쳐 위험을 모아 효과적으로 완전하고 수학적으로 공정한 보험을 가질 수 있다. 이 경우 분석가는 λ가 작은 것처럼 행동할 수 있다.[28] **추가적으로 체계적 위험이 작으면 새로운 정부 프로젝트에 대한 분석은 무위험 사회적 할인율로 예상 순편익을 할인하여 진행할 수 있다.**[29]

12.3.3 개인 간 위험 풀링: 집단적 위험과 개인적 위험

다음으로 개인 정책 수준에서 위험 조합의 가능성을 고려할 수 있다. 집단적 위험과 개인적 위험을 구분하는 것이 중요하다.

집단적 위험이란 사회의 모든 개인에게 동일한 우발성이 발생한다는 것을 의미한다. 예를 들어, 원자력 발전소에 대한 CBA를 수행하는 맥락에서 우발성은 "사고 없음"과 "핵 사고"일 수 있다. 즉, 해당 지역의 모든 사람이 동일한 실현된 우발성을 경험한다. 실제 실현된 순편익은 모든 개인이 두 가지의 가중 평균이 아닌 유리하든 불리하든 동일한 결과를 공유하기 때문에 예상 순편익과 상당히 다를 수 있다. 이러한 상황에서 세상은 기댓값에 해당하는 "중간" 결과를 제공하지 않는다. 따라서 실현된 순편익은 예상 순편익과 상당히 다를 수 있다.

이와 대조적으로, 동일한 선호도를 가지고 있고 각각의 우연성을 실현할 동일한 확률에 직면한 많은 수의 개인의 경우를 생각해 보자. 여기에서 각 개인이 실현하는 우연성은 다른 개인이 실현하는 우연성과는 무관한 개별 위험의 경우이다. 이는 **개인적 위험**의 사례이다. 예를 들어, 운전자가 주행한 마일당 잠재적으로 치명적인 사고를 당할 확률이 있는 교통 사고 모델을 사용하여 자동차 안전 장치를 평가하는 맥락에서 발생할 수 있다. 한 개인의 기대 순편익에 개인 수를 곱하면 정책에 대한 총 기대 순편익의 척도가 나오는데, 이는 대략적으로 확실한 것으로 적절히 처리할 수 있다. 그 이유는 많은 수의 개인이 위험에 노출된 개별 위험 상황에서 각 우연성을 실현하는 개인의 비율이 해당 우연성과 관련된 확률에 근접하기 때문이다. 다시 말해, 평균화 프로세스는 예상 가치 절차로 계산된 것에 가까운 총 순편익의 실현을 생성하는 경향이 있다.

이 평균은 분석적으로 수학적으로 공정한 보험의 가용성과 동일하다. 즉, 공평한 베팅선을 따라 모든 우발적 잉여 지점을 확실선의 지점으로 효과적으로 변환한다. 따라서 **개인 위험의 경우 옵션 가격과 기대잉여 중 더 큰 것이 적절한 편익 측정이다**.

12.3.4 재론: 실용적 측정으로서의 기대 잉여

실제 순편익 측정으로 기대 잉여를 사용하는 것은 얼마나 합리적인가? 사회적 위험 중립성은 기대 잉여가 올바른 편익 측정이라고 주장하지만 그 기본 가정은 그럴듯하지 않다. 다소 더 그럴듯하게 말하면, 각 개인이 프로젝트의 순편익의 일부만 받고 체계적 위험이 작다면 정책 간 다각화는 기대 잉여를 편익의 대략적 측정이 될 수 있다고 주장할 수 있다. 전반적으로 이러한 주장은 옵션 가격이나 옵션 가치를 추정할 수 없고 위험이 집단이 아닌 개별적인 경우 분석가는 기대 잉여를 편익의 대략적 측정으로 합리적으로 사용할 수 있음을 시사한다. 집단적 위험이 관련된 사례를 다룰 때, 이러한 접근 방식에는 잠재적인 편견이 있을 수 있다는 점을 특별히 고려해야 한다.

12.4 결론

우리는 관찰 가능한 행동에서 직접 옵션 가격을 유추할 기회가 거의 없지만, 보험료와 자기 보호 투자는 위험 감소를 위한 사람들의 WTP에 대한 유용한 정보를 전달할 수 있다. 조건부 가치 평가 조사는 응답자와의 구조화된 대화를 통해 옵션 가격을 직접 이끌어내는 대체적 접근 방식을 제공하지만, 16장에서 논의하는 문제가 발생하기 쉽다. 결과적으로 우리는 종종 지정된 조건 하에서 정책 효과를 예측하고 관찰된 시장 행동에서 그림자 가격 추정치로 이를 평가하고 예상 순편익을 계산하는 것 외에는 대안이 없다. 개별 위험의 경우 이 절차로 인해 순편익이 과대평가될 가능성은 낮다. 그러나 집단 위험의 경우 이러한 예상 순편익은 옵션 가치라는 금액만큼 옵션 가격을 기준으로 개념적으로 올바른 편익을 과소평가하거나 과대평가할 수 있다. 불행히도 옵션 가격을 자신 있게 부호화하는 것은 물론 정량화하는 것도 종종 불가능하다.

부록12A 옵션 가치 부호

다음 표는 옵션 가치의 부호에 대한 이론적 조사의 진행 상황을 보여준다.

연구	가정과 결론	참고
Douglas M. Larson and Paul R. Flacco, "Measuring Option Prices from Market Behavior." *Journal of Environmental Economics and Management*, 22(2), 1992, 178-98.	(1) 선형, 세미로그 또는 로그선형 수요 함수; 자체 가격, 다른 가격, 품질 또는 취향의 불확실성: 정상재의 경우 옵션 가치가 양수이고, 열등재의 경우 옵션 가격이 음수이다. (2) 선형 수요, 소득에 대한 불확실성, 정상재 또는 열등재: 옵션 가치가 0이다. (3) 세미로그 또는 로그선형 수요; 소득에 대한 불확실성; 정상재 또는 열등재: 옵션 가치가 음수이다.	수요에 대한 특정 기능적 형태를 가정하면 비소득 불확실성에 대한 옵션 가치 부호 확인이 가능하다. 선형 수요는 위험 중립성을 의미하고, 반로그 및 로그선형 수요는 정상재에 대한 위험 회피와 열등재에 대한 위험 추구를 의미한다.
Richard C. Hartman and Mark L. Plummer, "Option Value under Income and Price Uncertainty." *Journal of Environmental Economics and Management*, 14(3), 1987, 212-25.	(1) 소득의 불확실성: 정상재 옵션 가치는 음수이다. (2) 자체 가격과 기타 가격의 불확실성: 옵션 가치의 부호가 모호하다.	선호도는 조건성에 따라 달라질 수 있다는 의미에서 일반적이다.
Mark L. Plummer and Richard C. Hartman, "Option Value: A General Approach." *Economic Inquiry*, 24(3), 1986, 455-71.	(1) 소득과 위험 회피의 불확실성: 정상재 옵션 가치는 음수이다. (2) 품질과 위험 회피의 불확실성: 정상재 옵션 가치는 양수이다. (3) 취향과 위험 회피의 불확실성: 옵션 가치는 두 개 이상의 우연성에	불확실한 매개변수에 대한 옵션 가치의 부호는 매개변수에 대한 잉여와 한계효용의 변화 부호에 따라 달라진다.

	대해 모호하다.	
A. Myrick Freeman III, "The Sign and Size of Option Value." *Land Economics*, 60(1), 1984, 1-13.	(1) 외생적 요인과 위험 회피로 인한 수요의 불확실성: 옵션 가치는 양수이다. (2) 수요 확률이 낮고, 기대 소비자 잉여가 크고, 개인이 위험 회피성이 높으면 옵션 가치가 클 수 있다.	한계효용과 위험에 대한 태도가 외생적 요인과 무관하다는 가정에 달려 있으며, 이는 두 가지 우연성에 대해서만 증명되었다.
Richard C. Bishop, "Option Value: An Exposition and Extension." *Land Economics*, 58(1), 1982, 1-15.	(1) 수요 불확실성: 옵션 가치의 부호가 모호하다. (2) 공급 불확실성(가격 불확실성): 옵션 가치는 양수이다.	공급 측 사례는 두 가지 우연성에 대해서만 입증되었다.
Richard Schmalensee, "Option Demand and Consumer's Surplus: Valuing Price Changes under Uncertainty." *American Economic Review*, 62(5), 1972, 813-24.	수요의 불확실성: 옵션 가치의 부호가 모호하다.	부호는 위험 회피성과 잉여가 동등 변화나 보상 변화로 측정되는지에 따라 달라진다.
Charles J. Cicchetti and A. Myrick Freeman III, "Option Demand and Consumer Surplus: Further Comment." *Quarterly Journal of Economics*, 85(3), 1971, 528-39.	수요의 불확실성: 옵션 가치는 양수이다.	지나치게 강력한 가정은 각각의 상황에서 동일한 효용 결과를 의미한다.

Notes

CHAPTER 12 연습문제

1. 한 대규모 농촌 카운티에서 헬리콥터를 이용해 응급 의료 사례를 병원으로 운송하는 의료 수송 부대를 설립하는 것을 고려하고 있다. 분석가들은 이 부대를 설립하는 것의 편익을 두 가지 방법으로 추정하려고 시도했다. 첫째, 그들은 주민들의 무작위 표본을 조사하여 그들이 매년 부대에 얼마를 지불할 의향이 있는지 알아냈다. 표본의 응답을 바탕으로 분석가들은 연간 총 지불의사가 850만 달러라고 추정했다. 둘째, 분석가들은 부대 사용자의 건강 결과 개선과 의료비 절감의 달러 가치를 연간 620만 달러로 추정했다. 분석가의 추정치를 그대로 받아들이고 다음을 계산하라.

a. 부대에 대한 개인의 연간 옵션 가격 합계

b. 부대 사용으로 인한 사회적 잉여의 연간 총 예상 이득

c. 부대에 대한 연간 총 옵션 가치

2. 위험 회피적 사람의 관점에서 문화 축제의 가치를 평가하고 싶다고 가정하자. 그 사람의 효용은 U(I)로 주어지며, 여기서 \$I는 소득이다. 축제에 참석하기 위해 휴가를 얻을 확률이 50%이다. 휴가를 얻는다면, 축제에 참석하기 위해 최대 \$S를 지불할 의향이 있다. 그녀가 휴가를 얻지 못한다면, 축제에 아무것도 지불할 의향이 없다.

a. 문화 축제에서 기대 잉여는 얼마인가?

b. 축제가 열리지 않을 경우 기대 효용에 대한 표현식을 쓰시오.

c. 축제가 열릴 경우 축제에 대한 옵션 가격 OP를 통합한 표현식을 쓰시오. (이를 위해, 축제가 열릴 경우의 기대 효용을 축제가 열리지 않을 경우의 기대 효용과 동일시 하시오. 또한, 축제가 열릴 경우 축제에 참석할 수 있든 없든 OP를 지불한다고 가정하시오.)

d. 옵션 가격에 대한 표현식에서 옵션 가격이 기대 잉여보다 작아야 함을 보여라. (이렇게 할 때, c 부분에서 도출한 방정식에서 OP에 $0.5S-e$를 대입하여 시작한다. 또한 그 사람은 위험 회피적이므로 소득에 따라 한계 유용성이 감소한다는 점을 이용하시오)

e. 이 연습은 개인이 참여할 수 있을지 확신이 서지 않을 때 레크리에이션 프로그램의 편익

에 대한 일반화를 시사하는가?

3. (스프레드시트 필요) 목장주의 카운티에 소 기생충이 없다면 소득이 80,000달러이지만 카운티가 기생충에 노출되면 50,000달러에 불과하다고 가정하자. 또한 기생충 노출의 영향을 제한하는 카운티 프로그램이 카운티에 기생충이 없다면 소득을 76,000달러로 줄이겠지만 카운티가 기생충에 노출되면 소득이 70,000달러로 증가한다고 가정하자. 기생충에 노출될 확률이 60%이고 목장주의 효용함수가 소득의 자연 로그라고 가정해 보자. 카운티 프로그램에 대한 목장주의 옵션 가격은 얼마인가? (적절한 방정식을 설정하고 반복적 추측을 통한 해를 구하시오)

CHAPTER 13

존재가치

CHAPTER 13
존재가치

CBA에서는 정책변화에 대한 사람들의 지불의사(WTP)는 사회적 편익을 종합적으로 측정한다. 분석가들은 때때로 조건부 가치 평가 조사를 통해 지불의사 금액을 이끌어내기는 하지만(16장 참조), 사람들의 행동을 관찰하여 이에 대한 추론을 하는 것을 선호한다(4장, 14장, 15장 참조). 정책 변화로 인해 가격이나 수량이 영향을 받는 상품의 소비에서 관찰된 변화를 통해 WTP를 추정할 수 있다. CBA의 많은 적용 사례에서 분석가는 이러한 추정치가 전체 WTP를 포착한다고 합리적으로 가정할 수 있다. 그러나 CBA의 일부 적용 사례, 특히 고유한 환경 자원의 변화와 관련된 적용 사례에서 사람들은 실제로는 "소비"하지 않을 "상품"의 존재에 대해 기꺼이 지불할 수 있다. 이러한 **존재 가치**를 올바르게 개념화하고 측정하는 것은 CBA 적용에 과제를 제기한다.

이 장에서는 존재 가치를 추가적 편익 범주로 간주한다. 이는 종종 **비사용 또는 수동적 사용 편익**이라는 제목 아래 옵션 가치 및 준옵션 가치와 함께 분류된다. 그러나 11장과 12장에서 논의했듯이 옵션과 준옵션 가치는 별개의 편익 범주로 생각하는 것보다 불확실성의 다양한 측면을 고려하기 위한 표준 편익 측정에 대한 조정으로 생각해야 한다. 반면 존재 가치는 정의와 측정의 문제를 제기하지만 또 다른 의미 있는 편익 범주이다.[1] 여기에서는 존재 가치를 특별한 편익 범주로 규정한 후 분석가가 측정하는 데 직면한 이론적, 경험적 문제에 대해 논의한다.

13.1 적극적 및 수동적 사용 가치

사람들이 방문하지도 않고 방문할 것으로 예상하지도 않는 "고유한 자연 현상"의 존재 자체에 가치를 둘 수 있다는 개념은 약 반세기 전에 John V. Krutilla가 CBA 문헌에 도입했다.[2] 예를 들어, 고유한 자연 지역을 생각해 보자. 사냥꾼은 사냥 가격을 낮추거나 사냥의 질을 높이기 때문에 해당 지역을 보존하기 위해 기꺼이 비용을 지불할 수 있다. 자연주의자는 하이킹이나 조류 관찰에 바람직한 지역을 제공하기 때문에 해당 지역을 보존하기 위해 기꺼이 비용을 지불할 수 있다. 근처 주민들은 경치가 아름답고, 바람직하지 않다고 생각하는 상업적 개발을 방지하기 때문에 이 지역을 보존하기 위해 기꺼이 비용을 지불할 수 있다. 자연 영화를 좋아하는 사람들은 희귀종을 촬영할 수 있는 독특한 배경을 제공하기 때문에 이 지역을 보존하기 위해 기꺼이 비용을 지불할 수 있다. 이 모든 사람들은 어떤 식으로든 이 지역을 이용하기 때문에 이 지역을 소중히 여긴다. 그러나 어떤 사람들은 이 지역을 어떤 식으로도 이용하지 않더라도 이 지역을 보존하기 위해 기꺼이 비용을 지불할 수 있다고 상상할 수 있다. 일반적으로 사용되는 용어로, 이 사람들은 자연 보호 구역에서 **비사용 가치**를 얻는다고 한다. 이 사람들을 추가 사람으로 생각하는 것이 합리적일 수 있지만 그렇지 않을 수도 있다. 즉, 일부 사람들은 자산에서 사용 가치와 비사용 가치를 모두 얻을 수 있다.

대부분의 경제학자들은 사람들이 경치 좋은 자연, 동물 종 또는 예술 작품과 같은 고유한 자산의 존재에 대한 지식만으로도 가치를 얻을 수 있다는 일반적인 생각을 받아들이지만, 비사용 가치를 명확하게 정의하는 것은 복잡한 문제이며 아직 정확한 의미에 대한 명확한 합의가 없다.

한 가지 복잡한 문제는 사용과 비사용 사이에 명확한 선을 긋는 것이 어렵다는 것이다. 표준 소비자 이론의 관점에서, 사람이 가치 있게 여기는 모든 재화는 사람들의 효용함수에 포함된다. 효용함수에 포함되는 재화는 그 가치를 확보하기 위한 개인의 관찰 가능한 활동을 수반할 필요가 없다. 예를 들어, 국방과 같은 순수한 공공재의 양은 개인이 "소비"하지만 수동적으로 소비한다. 존재 가치도 비경합적이고 비배제적인 순수한 공공재로 생각할 수 있다.[3] 즉, 한 사람이 그것에서 얻는 가치가 다른 사람이 얻는 가치를 감소시키지 않으며, 모든 사람에게 공통적으로 제공되는 재화의 양에서 가치를 얻는 것에서 누구도 요금을 지불할 필요가 없다. 공공재로 볼 때, 존재 가치를 비사용보다는 **수동적 사용**으로 설명하는 것이 더 적절하다.

그러나 사용과 비사용을 구별하기 위해 "소비"는 얼마나 수동적이어야 하는가? 단순히 좋은 것에 대해 생각하는 것만으로는 일반적으로 이해되는 용어인 사용이 아니라고 말하는 것이 안전할 것이다. 다른 사람들과 좋은 것에 대해 논의하는 것은 어떠한가? 소비는 이제 관찰 가능한 행동, 즉 보완적 재화인 시간의 소비를 포함하지만 대부분의 경제학자는 아마도 그것을 비사용으로 간주할 것이다. 그러나 좋은 것에 기반한 필름과 사진책을 소비하는 것은 이러한 보완적 재화의 시장에 행동적 흔적을 남기기 때문에 사용과 비사용의 경계를 넘을 것이다. 이러한 구별은 재화의 내재적 속성뿐만 아니라 행동을 관찰하고 평가하는 우리의 능력에도 달려 있다. 따라서 실제 적용에서 사용과 비사용을 구별하는 것은 순전히 개념적인 문제가 아니다.

부록 13A에서 더 자세히 살펴볼 두 번째 복잡한 문제는 개인이 주어진 자산에서 사용 가치와 비사용 가치를 모두 얻기 때문에 발생한다. 야생 지역 보존을 위한 개인의 WTP는 사냥에 대한 기대와 미래 세대도 즐길 수 있다는 기쁨에 의해 동기가 부여될 수 있다. 개인의 총 WTP 또는 이 맥락에서 종종 불리는 **총 경제적 가치**는 개념적으로 명확하지만, 이 두 가치 범주 간의 구분은 일반적으로 평가 순서가 관련이 있기 때문에 모호하다. 한 가지 순서는 먼저 개인의 사용에 대한 WTP를 이끌어낸 다음, 이 금액을 실제로 지불한 것으로 간주하여 비사용에 대한 WTP를 이끌어내는 것이다. 다른 가능한 순서는 먼저 개인의 비사용에 대한 WTP를 이끌어낸 다음, 이 금액을 실제로 지불한 것으로 간주하여 개인의 사용에 대한 WTP를 이끌어내는 것이다. 순서는 동일한 총 WTP를 산출해야 하지만 사용과 비사용에 대한 다른 가치를 산출할 가능성이 있다. 분명히 순서 문제는 사용과 비사용의 경계를 모호하게 한다.

세 번째 복잡한 문제는 양의 변화가 사용 및 비사용 편익에 영향을 미치는 방식의 차이와 관련이 있다. 일반적으로 비사용 편익은 사용 편익보다 양에 덜 민감한 경향이 있다. 예를 들어, 개체 수가 20,000마리를 초과하는 한 생존 가능한 포유류 종을 생각해 보자. 누군가는 이 종의 존재에 대해 25,000마리 또는 2,500만 마리의 전체 개체 수에 대해 동일한 비사용 가치를 가질 수 있다. 왜냐하면 두 수준의 개체 수가 멸종을 피한 만큼 충분히 크기 때문다. 그러나 이 종을 자연 서식지에서 보고 싶어 하는 사람들은 종과 마주칠 가능성이 더 높기 때문에 개체 수가 많을수록 사용 가치가 상당히 높을 수 있다.

마지막으로 비사용 범주는 경제학자들이 일반적으로 회피하는 동기 문제를 제기한다. 비사용이 행동적 흔적을 남기지 않는다면, 그 가치는 일반적으로 드러난 선호도가 아닌, 16장에서 논의하는 조건부 가치 조사에 의해 명시된 선호도를 통해 경험적으로 발견해야 한다. 경제학자들은 때때로 정상적인 시장 거래 밖에서 행동적 흔적을 찾을 수 있다. 예를 들어, 특히 지역 수준에서 공공재 제공에 대한 구속력 있는 주민투표가 때때로 실시된다. 찬성 투표의 백분율을 지역 수준의 재산 가치 또는 소득과 연관시키면 WTP에 대한 추론이 가능할 수 있다. 그럼에도 불구하고, 비사용 가치에 대한 대부분의 경험적 추정치는 밝혀진 선호도보다는 명시된 선호도에 의존한다.

비사용 가치의 동기에 대한 이론은 명시된 선호도를 이끌어내기 위한 질문의 공식화와 해석을 안내하는 데 도움이 될 수 있다. 예를 들어, 비사용 가치에 대한 가능한 동기는 현재 사람이나 미래 세대에 대한 이타주의이다. 그러나 이타주의가 개인주의적이든 가부장적이든 차이가 있다. 다른 사람의 일반적인 유용성 수준에 대한 관심은 **개인주의적 이타주의**로 설명할 수 있다. 다른 사람이 특정 상품을 소비하는 것에 대한 관심은 **가부장적 이타주의**이다. 예를 들어, 노숙 알코올 중독자에게 돈을 주는 것은 개인주의적 이타주의와 일치하는 반면, 그들에게 식사만 제공하는 프로그램에 기여하는 것은 가부장적 이타주의와 일치한다. 분석가가 개인주의적 이타주의가 존재 가치의 동기라고 믿는다면, 조건부 가치 조사 응답자에게 재화 제공이 다른 사람들의 전반적인 부(富)에 미치는 영향을 이해할 수 있는 충분한 맥락을 제공하는 것이 중요하다. 이타주의의 대상은 일반적으로 제공된 재화의 비용의 일부를 부담하기 때문에, 개인주의적 이타주의는 일반적으로 가부장적 이타주의보다 낮은 존재 가치를 초래한다.[4] 예를 들어, 이타주의는 누군가가 현재 세계 기후를 후손에게 물려주고 싶어하도록 동기를 부여할 수 있다. 이타주의가 이타주의적이기보다는 가부장적이라면, 현재 정책에 대한 WTP를 결정할 때, 설문 조사는 미래 세대 구성원이 기후 변화가 없고 자본이 적게 있는 것보다 기후 변화가 있고 자본이 더 많이 있는 것을 선호할 가능성을 무시한다.

이러한 단서를 염두에 두고, 우리는 편익 범주의 더 광범위한 틀 내에서 존재 가치를

표 13.1 편익 분류: WTP의 가능한 분할

사용 유형	편익범주	예
적극적 사용	경합적 소비	원시림에서 벌채
	비경합적 소비: 직접	자연에서 하이킹
	비경합적 소비: 간접, 선택가치	자연 지역에 대한 영화 감상
		미래에 자연 지역을 방문할 가능성
수동적 사용 (비사용)	순수한 존재 가치: 재화는 본질적 가치를 가짐	자연 질서의 지각된 가치
	이타적 존재 가치: 현재 세대에 대한 선물	다른 사람들이 자연에서 하이킹
	이타적 존재 가치: 미래 세대에 대한 유산	미래의 다른 사람들이 자연에서 하이킹

편익 범주로 생각하는 방법으로 표 13.1을 제시한다.[5] 사용 편익과 비사용 편익의 구분은 부분적으로 이를 측정하는 우리의 능력을 반영한다.

먼저 재화의 적극적인 사용에서 발생하는 편익을 생각해보자. 가장 분명한 편익 범주는 나무를 목재 제품으로, 물을 관개로, 초원을 가축 방목으로 사용하는 것과 같은 재화의 **경합적 소비**이다. 경합적 재화에 대한 시장은 일반적으로 존재하기 때문에 수요 일정과 소비자 잉여를 추정하여 평가하기 가장 적합한 범주이다.

다른 사용 범주는 비경합적 상품에 대한 것이다. 하이킹과 조류 관찰과 같이 다른 사용자나 사용을 방해하지 않는 현장에서 소비되는 상품은 **직접 비경합적 소비**로 분류된다. 시장에서 거래되는 경우는 드물지만 이러한 상품은 사람들이 소비하기 위해 기꺼이 감수하는 이동 및 시간 비용을 관찰하여 가치를 매길 수 있다(15장 참조). 편익의 대체 분류에서 이 범주는 때때로 **비파괴적 소비**로 분류된다.

간접 비경합적 소비는 현장 외부에서 발생한다. 예를 들어, 사람은 특정 자연 보호 구역에서 야생 동물에 대한 영화를 보고 가치를 얻을 수 있다. 현장 외부 비경합적 소비에 대한 시간과 비용 지출은 다른 사용 범주에 비해 훨씬 신뢰할 수 없지만 가치를 추정하는 데 필요한 정보를 제공한다.

다음으로 수동적 사용 편익을 생각해 보자. 동기 부여 측면에서 네 가지 범주를 구분할 수 있다. 첫 번째 범주인 **옵션 가치**는 12장에서 논의되었다. 이는 누군가가 미래에 능동적이든 수동적이든 사용 옵션을 열어두기 위해 기꺼이 지불의사가 있는 금액이다. 그것은 단지 수동적일 뿐이며, 이는 활성 사용에 대한 관찰에 근거한 WTP 추정치로는 완전히 포착되지 않을 것이다.

다른 범주는 다양한 유형의 존재 가치와 관련이 있다. **순수한 존재 가치**는 사람들이 재화가 사용과 별개로 내재적 가치가 있다고 믿기 때문에 발생한다. 예를 들어, 일부 사람들은 희귀 동물 종을 위한 일부 자연 서식지가 존재하는 것이 옳다고 생각하기 때문에 야생 지역을 보존하기 위해 기꺼이 비용을 지불할 수 있다.

나머지 두 범주는 이타주의에 기반한다. 예를 들어, 일부 사람들은 다른 사람들이 사용한다는 것을 알게 되어 기쁨을 느끼기 때문에 야생 지역을 보존하기 위해 기꺼이 비용을 지불할 수 있다. 일반적으로 이러한 **이타적 존재 가치**에 대한 동기는 전반적인 소비를 늘리려는 욕구가 아니라 다른 사람들이 이 특정 재화를 소비하기를 바라는 욕구에 의해 주도된다는 의미에서 가부장적이다. 자연, 예술 또는 역사적 유적지에 노출되는 것이 본질적으로 좋다는 믿음에 기반할 수도 있고 또는 감정적으로 풍요롭다고 생각되는 유형의 경험을 다른 사람들과 공유하려는 욕구에 기반할 수도 있다. 이타주의가 미래 세대를 향해 지향될 때, 재화는 **유산 가치**를 갖는다고 한다. 사람들은 아직 태어나지 않은 사람들이 선을 사용할 수 있고(사용하지 않을 수도 있다)는 사실을 아는 데 기쁨을 느낀다. 사람들이 종종 축적한 부의 일부를 자녀에게 물려주고 싶어하는 것처럼, 독특한 재화에 대한 접근 권한도 물려주고 싶어할 수 있다.

이러한 범주에 걸친 편익의 배분은 분명히 평가되는 프로젝트의 특정 속성에 따라 달라진다. 본질적으로 자연 보호 구역을 보존하는 프로젝트는 비사용 가치에서 많은 편익을 얻을 가능성이 높다. 예를 들어, K. G. Willis는 설문 조사 데이터를 기반으로 영국에 있는 3개의 자연 "특별 과학적 관심 지역"에 대한 존재 가치를 추정했다.[6] 이 지역 사용과 관련된 소비자 잉여는 사람들의 총 WTP의 약 10~12%에 불과한 것으로 나타났다. 옵션 가치는 비슷한 비율을 차지했다. WTP의 나머지 부분은 존재(순수 및 유산) 가치로 구성되었다. 비사용 편익이 포함된 경우에만 이러한 지역의 보존이 긍정적인 순편익을 갖는 것으로 나타났다.

13.2 존재 가치의 측정

경제학자들이 존재 가치를 편익의 범주로 명확하게 정의하는 데 어려움을 겪고 있음에도 불구하고, 사람들이 자산의 보존을 위해 사용 또는 예상되는 미래 사용에 대한 WTP를 초과하는 총 금액을 지불할 의향이 있는 경우가 있다는 것을 부인하는 경제학자는 거의 없다. 그러나 일부 경제학자들은 현재 사용 가능한 측정 방법인 조건부 가치 조사는 존재 가치를 CBA에 합리적으로 포함하기에 충분한 신뢰성이 부족하다고 생각한다. 16장에서 조건부 가치 평가를 자세히 고려하기 때문에 여기에서 논의하는 것은 존재 가치 측정과 가장 관련성이 높은 일반적인 문제만 제기한다.

13.2.1 총 경제적 가치 직접 도출

존재 가치를 정의하는 데 있어 일부 개념적 문제를 피하는 한 가지 방법은 정책 변경에 대한 WTP를 구성 요소로 분해하는 대신 전체적으로 측정하는 것이다. 조건부 가치 평가의 맥락에서 분석가는 응답자에게 정책 변경을 평가하는 모든 가능한 동기를 고려하여 WTP 금액을 말하도록 하는 것을 목표로 하는 질문을 제기한다. **구조화된 설문**을 통해 드러난 총 경제적 가치는 각 응답자가 정책 변화로부터 얻는 편익이다.

이 접근 방식의 실행 가능성은 분명히 분석가가 의미 있는 설문을 구성하는 능력에 달려 있다. 분석가는 평가되는 정책 효과에 대한 전체를 설명해야 한다. 수동적 사용보다 능동적 사용에 대한 효과 평가에는 상당히 더 많은 맥락이 제공되어야 한다. 사람들은 일반적으로 한계적 변화를 평가하기 위한 시작점으로 자신의 현재 사용 수준을 알고 있다. 그들은 비사용 가치가 있는 상품의 총 재고를 알 가능성이 적다. 그러나 상품의 한계적 변화에 대한 그들의 평가는 현재 얼마나 많은 양이 이용 가능하다고 생각하는지에 따라 달라질 가능성이 높다. 예를 들어, 특정 종이 특정 자연 보호 구역에만 산다고 생각하는 사람들은 그 종이 이미 보호된 다른 여러 구역에 산다는 것을 알고 있는 경우보다 그 지역의 보존에 훨씬 더 높은 가치를 둘 가능성이 높다. 실제로 충분한 정보와 생각할 시간이 주어지면 어떤 사람들은 어떤 상품의 양이 특정 한계를 넘을 때 더 많은 상품의 존재에 0 또는 음의 가치를 둘 수 있다고 상상할 수 있다. 예를 들어, 사슴의 수가 너무 많아서 다른 종의 생존을 위협할 수 있는 경우, 해당 지역의 사슴 수를 증가시키는 정책은 부정적인 가치를 가질 수 있다.

전시 13.1

프로 스포츠 팀을 위한 경기장 건설 및 운영에 대한 공적 보조금 평가에서 여론과 경제 분석은 종종 충돌한다. 사용 편익에만 근거한 스포츠 경기장의 유효한 CBA는 거의 긍정적인 사회적 순편익을 찾지 못하며, 특히 국가적 관점에서 수행되는 경우 더욱 그렇다. 예를 들어, 캠던야드(Camden Yards)에 볼티모어 오리올스를 위해 건설된 야구 경기장은 초기에 경기당 평균 관중이 30,000명에서 45,000명으로 증가한 것으로 보이며, 관중 증가의 약 70%가 메릴랜드 외부 거주자로 구성되어 있었다. 이는 CBA가 국가적 관점이 아닌 주 관점에서 수행된다면 순편익이 긍정적일 수 있음을 시사한다.

Bruce W. Hamilton과 Peter Kahn은 정확히 그렇게 했지만 여전히 긍정적인 순편익을 얻지 못했다. 메릴랜드 주민의 관점에서 자세한 CBA를 수행한 Bruce W. Hamilton과 Peter Kahn은 다음과 같은 연간 편익과 비용을 보고했다.

연간 편익:		$3.36백만
일자리 창출	$0.48만	
경기장 외부 증가 세금	$1.25만	
입장세 증가	$1.20만	
경기장 지출 증가에 대한 판매세	$0.43만	
연간 비용:		$14.00백만
연간 순 편익:		-$10.64백만

메릴랜드 납세자에게 경기장의 순 비용은 연간 $10.64백만이며, 이는 볼티모어 가구당 연간 약 $14.20에 해당한다. 그러나 Bruce W. Hamilton과 Peter Kahn은 경기장 건설이 오리올스가 결국 다른 도시로 이전하는 것을 막기 위해 필요했을 가능성이 높으며, 메릴랜드 시민은 오리올스 경기에 한 번도 참석하지 않더라도 볼티모어에 오리올스가 있는 것만으로도 기쁘기 때문에 경기장에 가치를 둘 수 있다고 지적한다. Bruce W. Hamilton과 Peter Kahn은 이러

한 가치를 "공공 소비 편익"이라고 불렀는데, 이는 수동적 사용 편익으로 생각할 수 있으며, 옵션 가치와 존재 가치의 조합으로 구성된다. 공공 소비 편익의 연간 가치가 1,064만 달러를 초과하는 경우에만 Camden Yards의 Oriole Park가 순 편익 테스트를 통과할 수 있다.

출처: Bruce W Hamilton and Peter Kahn, "Baltimore's Camden Yards Ballparks," in Roger G. Noll and Andrew Zimbalist, editors, Sports, *Jobs, and Taxes: The Economic Impact of Sports Teams and Stadiums* (Washington, DC: The Brookings Institution, 1997), 245-81에서 발췌. Bruce W Hamilton이 원본에 대한 수정을 제공함.

이타주의에 기반한 존재 가치는 특별한 문제를 야기한다. 개인이 자신의 소비에만 관심이 있을 때 비용과 편익을 분리하는 것이 합리적이다. 각각을 개별적으로 추정하고 결합하여 순편익을 찾을 수 있다. 그러나 이타주의적 가치는 비용과 편익의 분배에 따라 달라질 수 있다. 따라서 응답자는 평가되는 재화를 사용할 가능성이 있는 사람과 보존 비용을 부담할 가능성이 있는 사람을 알아야 한다. 후자에 대한 정보를 포함하지 못하면 응답자가 다른 사람에게 미치는 모든 영향을 고려하지 않아 존재 가치가 저하될 수 있다.

16장에서 논의한 보다 일반적인 조건부 가치 평가 문제와 함께 이러한 문제가 적절히 해결되어 분석가가 고려 중인 정책 변경에 대한 개인의 총 경제적 가치를 올바르게 도출했다고 확신할 수 있다고 가정해 보자. 응답자 샘플에 지위가 있는 모든 사람이 포함되었다면 이러한 총 가치 평가는 CBA를 완료하기에 충분할 것이다. 그러나 종종 분석가는 행동 데이터에서 추정된 편익을 지위가 있는 사람들로부터 추출한 비교적 작은 표본에서 추정된 존재 가치와 결합하고자 한다. 이미 언급했듯이 응답자의 총 WTP를 사용 및 비사용 가치로 분할하는 것은 범주를 어떻게 순서화하는 것에 민감하다. 표본의 비사용 가치를 다른 방법으로 추정된 사용 가치에 추가하여 총 경제적 편익을 구하는 경우, 응답자가 사용 가치를 고려하고 보고한 후에 비사용 가치를 이끌어내기 위해 질문을 하는 것이 중요하다.

사용과 달리, 비사용은 쉽게 정의할 수 있는 지리적 시장에서 발생하지 않는다. 총 존재 가치는 설문 조사 표본에서 해당 전체 모집단으로 확장할 때 만든 지리적 가정에 매우 민감하다.[7] 사람들은 더 가까운 곳에 있는 자원에 더 높은 존재 가치를 두는 것으로 보인다.[8] 따라서 지역 표본에서 추정된 평균 존재 가치를 사용하여 지리적으로 더 광범위한 모집단에 대한 총 존재 가치를 얻는 것은 부적절할 수 있다. 실제로 지리적 확장 문제는 피해 평가 사례에서 존재 가치 사용의 가장 논란이 많은 측면 중 하나로 보인다.[9]

마지막으로, 구조화된 대화가 응답자로 하여금 정책 변경에 대한 평가와 관련된 모든 불확실성의 근원을 고려하게 하는 한, 그들의 총 WTP 금액은 옵션 가격이라는 점에 유의해야 한다. 따라서 옵션 가치가 완전히 포함되어 불확실성에 대한 조정이 필요하지 않다.

13.2.2 존재 가치의 행동흔적?

많은 경제학자들은 관련 행동의 관찰을 통해 존재 가치를 측정하는 것이 더 편안할 것이다. 그러나 순수한 공공재로서 행동 흔적은 너무 약해서 쉽게 받아들여지는 방법을 통하여 측정하는 방법을 찾으려면 상당한 독창성이 필요하다. 그럼에도 불구하고 점점 더 정교해지는 편익 측정 방법의 개발은 그 방법을 찾을 수 있을 것이라는 희망을 제공한다.

Bruce Madariaga와 Kenneth McConnell은 하나의 조사 방향을 제안한다.[10] 그들은 사람들이 자연보호협회와 오듀본 협회(Audubon Society)와 같은 조직에 가입하기 위해 기꺼이 비용을 지불한다는 점에 주목한다. 지불된 회원비 일부는 자연보호구역의 보존이라는 공공재에 대한 자발적인 기여로 생각할 수 있다. 그러한 조직에 대한 기여 패턴에서 존재 가치에 대한 추론을 하는 방법은 아직 개발되지 않았다. 그렇게 하는 것은 무임승차 문제로 인해 복잡해진다. 즉, 공공재의 편익을 받는 일부는 자발적으로 제공에 기여하지 않을 것이다. 그러나 M. Shechter, B. Reiser, N. Zaitsev는 이스라엘 국립공원의 화재 피해에 대한 기부금을 사용하여 피해의 수동적 가치를 평가한 다음 결과를 조건부 가치 조사 결과와 비교하여 기부금의 증거(그들이 드러난 행동으로 해석함)가 조건부 가치 조사 결과와 크게 일치하지 않는다는 결론을 내렸다.[11]

개인적 유용성에 대한 보다 정교한 모델도 존재 가치 측정에 약간의 방향성을 제공할 수 있다. Douglas Larson은 공공재가 때때로 사적 재화의 보완재 또는 대체재라고 지적한다.[12] 조사자가 시장 재화에 대한 수요 형태와 시장 상품과 존재 가치 사이의 보완성의 본질에 대한 가정을 부과할 의향이 있다면, 시장 재화 소비에 대한 관찰을 통해 존재 가치의 크기에 대한 추론을 할 수 있다. Larson은 또한 유용성 극대화에서 시간을 제약 조건으로 명시적으로 취급한다면 사람들의 시간 할당에 따른 측정 가능성이 있다고 제안한다. 예를 들어, 사람들이 멸종 위기에 처한 종의 서식지에 대한 영화를 보거나 책을 읽는 데 소비하는 시간은 서식지에 대한 존재 가치를 추정하는 자료를 제공할 수 있다.

13.2.3 존재 가치를 CBA에 포함해야 하는가?

문헌에서 설문 조사를 통해 존재 가치를 추정하려는 노력이 점점 더 많아지고 있다.[13] 특정 추정치는 종종 논란의 여지가 있다.[14] 존재 가치를 CBA에 사용해야 하는가? 이 질문에 대한 답은 개념적 우려와 실제적 우려의 균형을 필요로 한다. 한편으로는 존재 가치를 순수한 공공재로 인식하는 것은 이를 포함해야 한다는 주장을 뒷받침한다. 반면에 현재의 실무 상태를 고려할 때 존재 가치 추정치는 매우 불확실하다. 이러한 상충 관계는 다음과 같은 휴리스틱을 시사한다. **고유하고 수명이 긴 자산에 대한 존재 가치는 가능한 한 추정해야 하지만, 비용과 이익은 순편익에 어떤 영향을 미치는지 명확히 하기 위해 포함 여부와 관계없이 제시해야 한다**. 이러한 자산에 대한 존재 가치를 측정할 수 없는 경우 분석가는 순편익의 부호에 대한 가능한 중요성에 대한 논의로 CBA를 보완해야 한다.

13.3 결론

CBA가 환경 정책에 점점 더 많이 적용됨에 따라 분석가들 사이에서 존재 가치에 대한 관심은 확실히 커질 것이다. 그러나 측정 방법이 크게 개선되지 않는 한, 언제, 어떻게 CBA에 존재 가치를 포함할지 결정하는 것은 계속 어려울 것이다. 이러한 방법의 한계를 인식함으로써 분석가는 CBA의 더 나은 생산자이자 소비자가 될 수 있다.

부록13A 지출 함수와 편익 분할

다중 효과가 있는 정책(예: 사용 가치와 비사용 가치 모두에 영향을 줄 수 있음)은 편익 집계에 개념적 문제가 있다. 대부분의 경우 각 효과와 관련된 사회적 잉여의 변화를 합산하여 지불의사의 근사치를 도출한다. 그러나 일반적으로 이 절차는 총 경제적 가치(TEV)를 과대평가하는 경향이 있다. 여기에서는 다중효과 정책에 따른 유용성 변화를 지출 함수로 측정한 것을 공식적으로 나타내는 몇 가지 표기법을 소개한다. 이는 사회복지에 대한 보다 이론적인 처리에서 일반적으로 사용되는 분석적 접근 방식이다.[1] 다양한 효과 간의 편익 분할의 모호성을 보여주기 위해 양식화된 수치적 예도 설명된다.

어떤 사람이 예산 B를 가지고 있고 상품 $X_1, X_2, \ldots, X_n$의 수량에 따라 달라지는 효용 함수 U를 가지고 있다고 가정하자. 이러한 상품의 가격이 각각 $p_1, p_2, \ldots, p_n$이라고 가정하자. 소비자가 직면한 문제는 $p_1X_1 + p_2X_2 + \ldots + p_nX_n \leq B$의 제약조건 아래 U를 극대화하는 상품의 수량을 선택하는 것이다. 이때 U^*를 B와 상품 가격이 주어진 경우 얻을 수 있는 최대 효용이라고 하자. 우리는 지출 함수 $e(p_1, p_2, \ldots, p_n; U^*)$를 구성할 수 있는데, 이는 주어진 가격에서 유용성 U^*를 얻는 데 필요한 최소 예산 금액으로 정의된다. 원래 가격 집합에 대하여 $e(p_1, p_2, \ldots, p_n; U^*) = B'$를 찾는 것이다.

첫 번째 상품의 가격을 p_1에서 q_1로 인상하는 정책을 가정해 보자. 이 새로운 가격과 관련된 지출 함수 $e(q_1, p_2, \ldots, p_n; U^*) = B'$가 있는데, 여기서 B'는 B보다 큰데, 가격이 높아진 상황에서 효용 U^*와 동일하게 유지하려면 더 많은 예산이 필요하기 때문이다. 가격 인상으로 인한 소비자 잉여 손실은 다음과 같다.

$$e(q_1, p_2, p_3, \ldots, p_n; U^*) - e(p_1, p_2, p_3, \ldots, p_n; U^*)$$

위식은 $B' - B$와 같다. 이 금액은 3장 부록에서 논의된 대로 가격 변화에 대한 보상변동과 같다.[2]

이제 X_1과 X_2가 상품이고, 아마도 존재 가치와 하이킹으로 특정 자연 보호 구역에서 사람에게 제공한 상품이라고 가정하자. 원래 예산과 가격 집합을 사용하여 자연 보호 구역의 가치를 평가하려면 지출 함수를 어떻게 사용해야 하는가?

X_1과 X_2의 값을 0으로 만든 후 그 사람의 효용수준을 U^*로 회복하기 위해 그 사람에게 얼마의 보상을 해야 하는가? 지출 함수의 관점에서, 우리는 p_1와 p_2를 충분히 높게 설정하여 그 사람의 X_1와 X_2에 대한 수요를 0으로 만든다. p_{1c}와 p_{2c}가 수요를 0으로 만든다고 가정하자. 개인의 자연 보호 구역 TEV를 얻기 위해, 개인의 원래 효용수준으로 되돌리기 위해 얼마의 추가 예산을 제공해야 할지 계산한다.

$$TEV = e(p_{1c}, p_{2c}, p_3, ..., p_n; U^*) - e(p_1, p_2, p_3, ..., p_n; U^*)$$

이는 해당 지역의 개인 WTP를 명확하고 정확하게 측정한다.

이제 TEV를 X_1와 X_2와 관련된 두 구성 요소로 분할하는 방법을 고려하여 보자. 한 가지 방법은 먼저 X_1의 값을 구한 다음 X_2를 구하는 것이다. 이를 TEV 방정식에 $e(p_1, p_{2c}, p_3, ..., p_n; U^*)$를 더하고 빼서 표현하면 다음 방정식을 얻을 수 있다.

$$\begin{aligned}TEV = &[e(p_{1c}, p_{2c}, p_3, ..., n; U^*) - e(p_1, p_{2c}, p_3, ..., p_n; U^*)]\\ &+ [e(p_1, p_{2c}, p_3, ..., p_n; U^*) - e(p_1, p_2, p_3, ..., p_n; U^*)]\end{aligned}$$

여기서 첫 번째 괄호 세트의 방정식 부분은 가격 p_1에서 X_1을 얻기 위한 WTP를 나타내고 두 번째 괄호 세트의 방정식 부분은 가격 p_2에서 X_2를 얻기 위한 WTP를 나타낸다.

다른 가능한 분할은 먼저 가격 p_2에서 X_2를 복원한 다음 가격 p_1에서 X_1을 복원하는 것으로 다음의 방정식으로 표현된다.

$$\begin{aligned}TEV = &[e(p_{1c}, p_{2c}, p_3, ..., n; U^*) - e(p_{1c}, p_2, p_3, ..., p_n; U^*)]\\ &+ [e(p_{1c}, p_2, p_3, ..., p_n; U^*) - e(p_1, p_2, p_3, ..., p_n; U^*)]\end{aligned}$$

여기서 첫 번째 괄호 세트의 방정식 부분은 가격 p_2에서 X_2를 얻기 위한 WTP를 나타내고 두 번째 괄호 세트의 방정식 부분은 가격 p_1에서 X_1을 얻기 위한 WTP이다.

이러한 대체 분할 방법은 일반적으로 X_1와 X_2에 대해 동일한 WTP 금액을 산출하지 않는다. 일반적으로 상품에 대한 WTP는 상품이 분할 순서에 늦게 도입되는 것보다 일찍 도입될수록 더 커진다. 이 결과의 대략적인 직관은 상품이 이미 가득 찬 상품 묶음에 추가되면 마진에서 상대적으로 가치가 낮아질 것이라는 것이다.

TEV를 직접 측정할 수 있다면 분할의 이러한 모호성은 크게 문제가 되지 않는다.[3] 그러나 대부분의 상황에서 분석가는 별도의 편익 범주에 대한 독립적인 추정치에서 TEV를 구성하려고 시도한다. 지출 함수 측면에서 일반적으로 수행되는 작업은 다음과 같이 표현할 수 있다.

$$TTB = [e(p_{1c}, p_{2c}, p_3, \ldots, p_n; U^*) - e(p_1, p_{2c}, p_3, \ldots, p_n; U^*)]$$
$$+ [e(p_{1c}, p_{2c}, p_3, \ldots, p_n; U^*) - e(p_{1c}, p_2, p_3, \ldots, p_n; U^*)]$$

여기서 첫 번째 괄호 세트의 방정식 부분은 X_1만 사용 가능하게 하는 보상 변동이고, 두 번째 괄호 세트의 방정식 부분은 X_2만 사용 가능하게 하는 보상 변동이며, TB는 총 추정 이익이다. 일반적으로 TB는 TEV와 같지 않다. TB는 체계적으로 TEV를 과대평가한다. 과대평가는 이익 구성 요소의 수가 증가함에 따라 증가하는 경향이 있다.[4]

다음으로 표 13A.1에 제시된 양식화된 수치 예제를 통해 이러한 개념을 설명한다. 이 모델은 개인의 효용 U가 세 가지 재화에 따라 달라진다고 가정한다. E는 자연보호구역의 크기(존재 가치), X는 하이킹과 같은 자연보호구역의 특정 용도, Z는 E와 X를 제외한 모든 재화를 나타내는 복합재이다. 또한 자연보호구역의 품질을 나타내는 지표인 매개변수 Q에도 따라 달라진다. 이 예에서 B = 100의 예산을 가지고 있으며 E, X 및 Z에 대해 각각 p_e = \$0.50, p_x = \$1 및 p_z = \$2의 가격에 처해 있다.[5] 표에 나열된 매개변수 값에 대한 유용성을 극대화하는 E, X, Z의 수량은 수치적 방법을 통해 E = 9.89, X = 30.90, Z = 32.08이다.[6] 이 상품 조합의 유용성 U^*는 38.93이다.

표 13A.1 이익 분할 문제의 예

사용 유형	예
효용함수	$U(E, X, Z; Q) = Q E\gamma + Q X^{\beta} + Z^{\theta}$ 여기서 E는 존재하는 황무지의 양, X는 황무지의 사용 수준, Z는 시장 재화, Q는 황무지의 품질 지수이다.
예산제약	$B = p_e E + p_x X + p_z Z$, 여기서 B는 가용 예산이고, p_e, p_x, p_z는 각각 E, X, Z의 가격이다.
최적화문제	$L = U + \lambda [B - p_e E - p_x X - p_z Z]$를 최대화 여기서 λ는 화폐의 한계효용이다.
수치가정	Q =1; γ =0.5; β = 0.75; q = 0.9; p_e = 0.5; p_x = 1; p_z = 2; B = 100 E = 9.89; X = 30.90; Z = 32.08; λ =.318
솔로션 값	U (9.89, 30.90, 32.08; 1) = 38.93 = U* e(p_e, p_x, p_z; Q; U*) = e(0.5, 1, 2; 1; 38.93) = 100
지출함수	야생 지역 사용 불가: e(∞, ∞, 2; 1; 38.93) = 116.95 야생 지역 존재, 사용 불가: e(0.5, ∞, 2; 1; 38.93) = 111.42 야생 지역 사용만 가능 e(∞, 1, 2; 1; 38.93) = 105.04
존재-사용 분할 TEV = 16.95	존재가치 e(∞, ∞, 2; 1; 38.93)- e(0.5, ∞, 2; 1; 38.93) =116.95 - 111.42 = 5.53 사용가치 e(.05, ∞, 2; 1; 38.93)- e(0.5, ∞, 2; 1; 38.93) =111.42 - 100 = 11.42
사용-존재 분할 TEV = 16.95	존재가치 e(∞, 1, 2; 1; 38.93)- e(0.5, ∞, 2; 1; 38.93) =116.95 - 105.04 = 11.91 사용가치 e(∞, 1, 2; 1; 38.93)- e(0.5, ∞, 2; 1; 38.93) =105.04 - 100 = 5.04
독립 합산 TB = 17.44	존재가치 e(∞, ∞, 2; 1; 38.93)- e(0.5, ∞, 2; 1; 38.93) =116.95 - 111.42 = 11.91 사용가치 e(∞, ∞, 2; 1; 38.93)- e(∞, 1, 2; 1; 38.93) =116.95 - 105.04= 5.04

지출 함수는 직접적으로 따라 나온다. 분명히 $U^* = 38.93$을 제공하는 최적화 예산은 \$100이다. 따라서 초기 지출 함수를 다음과 같이 작성할 수 있다.

$$e(p_e = .05, p_x = 1, p_z = 2, Q = 1 : U^* = 38.93) = 100$$

분할 문제를 설명하기 전에 지출 함수를 사용하여 독립적인 정책 효과에 대한 보상 변동을 찾는 방법을 고려하는 것이 도움이 될 수 있다. 예를 들어, X의 가격이 1달러에서 0.50달러로 감소한 경우 보상 변동을 찾는 방법을 생각하여 보자. 이 절차에는 원래의 효용을 더 낮은 가격으로 얻을 수 있는 예산 금액이 얼마인지 찾음으로써 지출 함수를 찾는 것이 포함된다.

$$e(p_e = .05, p_x = 0.5, p_z = 2, Q = 1 : U^* = 38.93) = 63.25$$

가격 인하를 보상하는 변화는 더 낮은 가격인 \$63.25의 지출 함수 값과 원래 지출 함수 값인 \$100의 차이일 뿐이다. 즉, 예산이 \$100일 때 원래 가격인 \$1에 직면하는 것과 예산이 \$63.25일 때 인하된 가격인 \$0.50에 직면하는 것 사이에 차이가 없을 것이다. 따라서 가격 인하에 대한 지불의사는 \$100과 \$63.25의 차이, 즉 \$36.75이다.

이제 품질 지수 Q를 10% 증가시키는 정책의 가치를 어떻게 평가할 수 있는지 생각해 보자. 초기 위치와 관련된 품질 개선에 대한 지출 함수는 다음과 같다.

$$e(p_e = .05, p_x = 1, p_z = 2, Q = 1.1 : U^* = 38.93) = 94.45$$

이는 품질 개선에 따른 보상 변동이 −\$5.55(\$94.45 − \$100)임을 나타내며, 원래의 효용을 더 적은 예산으로 얻을 수 있음을 나타낸다.

초기 위치로 돌아가서, 이제 황무지의 총 가치, TEV, 그리고 그것을 존재와 사용으로 나누는 두 가지 방법을 고려해 보자. 우리는 E와 X의 소비를 무한대로 가격을 설정함으로써 차단한다. 그러면 지출 함수가 나오는데, 이는 자연보호구역의 총 가치가 \$16.95(\$116.95 − \$100까지)임을 의미한다.

$$e(p_e = \infty, p_x = \infty, p_z = 2, Q = 1 : U^* = 38.93) \ = \ 116.95$$

먼저 존재 가치로 분할하고 그다음 사용 가치로 분할하면 다음과 같이 계산되는데, 이는 존재 가치 5.53달러(116.95달러 − 111.42달러)와 사용 가치 11.42달러(111.42달러 − 100달러)를 의미한다.[7]

$$e(p_e = 0.05, p_x = \infty, p_z = 2, Q = 1 : U^* = 38.93) \ = \ 111.42$$

만일 먼저 사용 가치로 분할한 후, 존재 가치로 분할하면 다음을 계산할 수 있다.

$$e(p_e = \infty, p_x = 1, p_z = 2, Q = 1 : U^* = 38.93) \ = \ 105.04$$

이는 사용 가치 11.91달러(116.95달러 − 105.04달러)와 존재 가치 5.04달러(105.04달러 − 100달러)를 의미한다.[8] 따라서 평가 순서가 차이를 만든다. 존재 가치와 사용 가치는 두 번째가 아닌 첫 번째로 평가될 때 더 크게 된다.[9]

마지막으로, 편익의 독립적 합계를 생각하여 보자. 존재는 존재-사용 순서로 평가되고 사용은 사용-존재 순서로 평가된다. 따라서 우리는 황무지의 총 경제적 가치를 17.44달러(5.53달러 + 11.91달러)로 추정할 수 있으며, 이는 올바른 보상 변동을 0.49달러(17.44달러 − 16.95달러)만큼 초과한다.

요약하면, 동일한 개인이 정책 변경에서 두 가지 가치를 모두 도출할 때 존재와 사용 간의 편익 분할은 개념적으로 모호하다. 보다 일반적으로, 사람들의 유용성에 여러 가지 방식으로 영향을 미치는 정책은 각 효과가 별도의 편익 범주로 독립적으로 평가될 때 WTP를 과대평가하는 경향이 있다.

Notes

CHAPTER 13 연습문제

1. 로키 산맥에 200제곱마일의 자연보호구역을 상상해 보자. 다음 각 요인이 습지 보존에 대한 사람들의 총 WTP에 어떤 영향을 미칠 것으로 예상하는가?

   a. 로키 산맥에 남아 있는 총 자연보호구역의 크기

   b. 이 특정 지역에 희귀종이 존재하는 정도

   c. 국가 부의 수준

2. 습지 보존의 편익을 추정하고자 하는 분석가는 두 가지 방법에서 얻은 정보를 결합했다. 첫째, 습지를 방문한 사람(어부, 오리 사냥꾼, 조류 관찰자)을 대상으로 이러한 용도에 대한 WTP를 파악하기 위해 설문 조사를 실시했다. 둘째, 주 전역의 주민 샘플을 대상으로 습지 보존에 대한 WTP에 대해 설문 조사를 실시했다. 이 두 번째 조사는 습지의 비사용 가치에만 초점을 맞추었다. 그런 다음 사용 편익에 대한 추정치를 비사용 편익에 대한 추정치에 추가하여 습지 보존의 총 경제적 가치를 추정했다. 이것이 합리적인 접근 방식인가? (참고: 이 질문에 답할 때 두 설문 조사에서 접촉한 사람 간에 사실상 중복이 없다고 가정한다)

CHAPTER 14

관찰된 행동의 영향 평가 : 실험 및 준실험

CHAPTER 14

관찰된 행동의 영향 평가 : 실험 및 준실험

때때로 프로그램 개입의 편익과 비용은 실험적 및 준실험적 설계를 통해 추정할 수 있다.[1] 이 장에서는 먼저 실험적 및 준실험적 설계를 설명하여 건강, 교육, 훈련, 고용, 주택 및 복지와 같은 정책 분야에서 사회 프로그램의 영향을 추정하는 데 사용되는 방법을 소개한다. 그런 다음 이러한 영향이 고용 및 훈련 프로그램의 CBA에 통합되는 방식을 설명하여 이전 장에서 개발된 개념을 실제 비용-편익 분석에 사용할 수 있는 방법을 설명한다. 이 장에 이어지는 사례 연구에서는 복지 수혜자를 대상으로 한 여러 고용 및 훈련 프로그램의 CBA를 조사한다.

14.1 대안적 평가 설계

모든 정책변화에 대한 CBA는 대안 간의 비교를 요구한다. CBA의 적용을 받는 프로그램 또는 정책을 프로그램이 없는 상황(소위 **가상상태**)과 비교하고, 영향은 두 상황 간의 결과(예: 건강 상태 또는 수입)의 차이로 측정한다. 내적 타당성이라는 용어는 이 측정된 차이가 평가되는 프로그램에 적절하게 기인할 수 있는지 여부를 나타낸다. **내적 타당성**은 프로그램과 프로그램이 없는 상황을 비교하는 특정 방식에 따라 달라진다. 이러한 비교는 여러 가지 방법으로 수행할 수 있다. 연구자들은 일반적으로 영향을 측정하기 위해 비교를 수행하는 데 사용되는 특정 체계를 **평가 설계**라고 한다.

일반적으로 사용되는 다섯 가지 평가 설계[2]를 나타내는 다이어그램과 이러한 설계 각각의 장단점에 대한 간략한 요약은 표 14.1에 나와 있다. 이러한 다이어그램에서 기호 O는 결과 측정을 나타내고, X는 처리를 나타내며, R은 피험자가 처리 및 통제집단에 무작위로 배정되었음을 나타낸다.

표 14.1에 나열된 평가 설계는 존재하는 유일한 설계가 아니다. 다른 많은 설계가 있지만, 이러한 설계는 주요 대안에 대한 좋은 표본을 제공한다. 가능한 한 구체적으로 논의할 수 있도록, 우리는 그것들이 모두 실업자를 위한 훈련 프로그램을 평가할 수 있는 대안적인 방법과 관련이 있다고 가정한다. 이 맥락에서 "실험집단에 속함"은 훈련 프로그램에 등록하는 것을 의미한다.

표 14.1 일반적으로 사용되는 5가지 평가 설계

사용 유형	구조[1]	주요 장점	주요 단점
설계 1: 실험집단과 실제 통제집단 간의 순 변화 비교	R: O_1 X O_2 R: O_3 O_4	무작위 할당은 통제집단과 실험집단 간의 체계적인 차이를 방지하여 가장 높은 내적 타당성을 제공	무작위 할당의 직접적 및 윤리적 비용; 모든 평가와 마찬가지로 외적 타당성은 제한될 수 있음
설계 2: 진정한 통제집단과 실험집단 간의 처리 후 결과 비교	R: X O_2 R: O_4	무작위 할당은 통제집단과 실험집단 간의 체계적인 차이를 방지하므로 내부 타당도가 높음	작위 할당의 직접적 및 윤리적 비용; 무작위 할당 실패로 인한 위험
설계 3: 간단한 전/후 비교	O_1 X O_2	종종 실행 가능하고 비교적 저렴하며 처리 이외의 요소가 결과에 영향을 미칠 가능성이 낮은 경우 합리적임	변화를 일으킬 수 있는 다른 요소를 통제하지 않음
설계 4: 준통제집단과 실험집단 간 처리 후 결과 비교	X O_1 O_2	처리 이외의 요인을 통계적으로 통제할 가능성을 허용함	실험집단과 준통제집단 간의 체계적 차이로 인한 표본 선택 편향의 위험

사용 유형	구조[1]	주요 장점	주요 단점
설계 5: 실험집단과 준통제집단 사이의 순 변화 비교	O_1 X O_2 O_3 O_4	처리 외의 요인을 통계적으로 통제할 가능성을 허용함. 실험집단과 준통제집단 간의 처리 전 측정 가능한 차이를 감지할 수 있음	측정 불가능한 차이 측면에서 실험집단과 준통제집단 간의 체계적 차이로 인한 표본 선택 편향의 위험

O, 관찰; X, 처리; R, 무작위 할당.

1: Donald T. Campbell과 Julian Stanley가 도입한 표기법을 기반으로 함 Donald T. Campbell and Julian Stanley, *Experimental and QuasiExperimental Designs for Research* (Chicago, IL: Rand McNally College Publishing Company, 1963).

14.1.1 설계 1: 고전적 실험 설계

설계 1은 고전적 실험 설계이다. 표에 있는 기호는 실업자가 실험집단과 통제집단 사이에 무작위로 배정된다는 것을 나타낸다. 실험집단의 구성원은 훈련 프로그램의 서비스를 받을 수 있지만 통제집단의 구성원은 받을 수 없다. 실제로 이것이 작동하는 방식은 훈련 프로그램이 시행된 후 실업자에게 그 존재를 알리는 것이다. 이들 중 일부는 참여를 신청한다. 컴퓨터는 실제로 공정한 동전을 빙빙 돌리는 데 사용된다. 앞면이면 지원자는 실험집단의 구성원으로 선정되어 결과적으로 프로그램에 참여할 자격이 생긴다. 뒷면이면 지원자는 통제집단의 구성원이 된다. 통제집단 구성원은 프로그램에 참여할 자격이 없지만 실업자에게 제공되는 다른 모든 서비스를 받을 수 있다.

방금 설명한 처리 및 통제집단을 설정하는 절차를 **무작위 할당**이라고 한다.[3] 사회 프로그램(예: 훈련 프로그램)에 대한 무작위 할당 평가는 종종 **사회 실험**이라고 한다.

교육 프로그램이 얼마나 잘 작동하는지 확인하기 위해 실험집단과 통제집단 모두에 대한 결과에 대한 데이터를 처리를 시행하기 전과 후에 수집한다. 수집된 데이터를 사용하여 실험집단과 통제집단의 구성원을 비교한다.[4] 예를 들어, 두 그룹의 수입은 교육이 완료된 후 어느 시점에서 비교하여 수입에 미치는 프로그램의 영향 규모를 측정할 수 있다.[5]

때로는 사용하기가 비실용적이거나 실행 불가능하지만[6] 설계 1은 여러 유형의 평가에 대해 표 14.1에 요약된 5가지 설계 방식 중 가장 좋다. 가장 큰 장점은 무작위 할당을 사용한다는 것이다. 무작위 할당으로 인해 실험집단과 통제집단의 사람들의 특성은 유사해야 하며 우연에 의해서만 달라야 한다. 상당히 많은 수의 참가자가 있는 경우 이러한 무작위 할당은 유사한 실험집단과 통제집단을 초래할 것이다. 결과적으로 무작위 할당은 평가에 내적 타당성이 있는지 확인하는 데 도움이 된다. 즉, 실험 그룹의 구성원을 수입과 같은 결과 측면에서 직접 비교할 수 있으며 두 그룹 간에 발견된 모든 차이점은 처리에서 기인한다.

그러나 이 섹션에서 논의된 다른 평가 설계와 마찬가지로 설계 1이 내적 타당성을 보장하는 데 도움이 되지만 **외적 타당성**을 제공하지 못할 수도 있다. 즉, 평가된 프로그램에 참여한 사람 그룹에 유효하더라도 평가 결과가 다른 그룹에 일반화될 수 있다는 보장은 없다. 그 이유는 개인적 특성과 지역적 특성이 프로그램에서 제공하는 서비스와 복잡한 방식으로 상호 작용하기 때문이다.[7] 결과적으로 일부 사람에게 프로그램은 다른 사람보다 더 효과적으로 서비스를 제공할 수 있다. 예를 들어, 실업률이 낮은 지역에 사는 실업자, 남성, 블루칼라 근로자를 위한 교육 프로그램에 대한 결과는 실업률이 높은 지역에 사는 실업자 여성 복지 수혜자에게 프로그램이 얼마나 잘 적용될지에 대한 정보를 거의 제공하지 못할 수 있다. 또한 관련 사회적 또는 경제적 상황이 변경된 미래 기간에는 결과가 유지되지 않을 수도 있다.

14.1.2 설계 2: 기준 데이터가 없는 고전적 실험 설계

설계 2는 무작위 할당이 실험집단과 통제집단 사이에 개인을 할당하는 데 사용된다는 점에서 설계 1과 유사하며, 둘 다 **실험 설계**라고 한다. 두 설계의 차이점은 실험집단과 통제집단 구성원에 대한 처리 전 기준 정보 수집이 설계 2의 일부가 아니라 설계 1의 일부라는 것이다. 처리 전 정보를 수집하지 않는 문제로 인하여 실험집단과 통제집단이 기본적으로 유사한지 다른지 확인할 방법이 없다.

두 그룹을 비교하여 프로그램 효과를 정확하게 측정하려면, 그룹이 가능한 한 비슷해야 한다. 그러나 우연만으로도 다를 수 있다. 각 그룹에 구성원이 수백 명뿐인 경우 그럴 가능성이 더 크다. 이는 때때로 사회 실험에서 그런 경우가 있기 때문이다. 또한 실험을 수행하는 사람이 무작위 할당 프로세스를 올바르게 구현하지 못할 수도 있다. 처리 전 상태에 대한 정보(예: 처리 전 수입)가 있는 경우 통계적 조정을 통해 실험집단과 통제집단 간의 비교를 보다 타당하게 만들 수 있다. 따라서 설계 2의 내적 타당성에 대한 확실성이 설계 1보다 낮다.

그럼에도 불구하고 처리 전 정보 수집으로 인해 참가자가 특정 관련 행동에 취약해질 가능성이 있는 경우 설계 2가 설계 1보다 더 적절할 수 있다. 예를 들어, 건강 위험에 대한 지식에 대한 처리 전 질문은 건강 교육 연구에서 실험집단이 일반 대중보다 학습에 더 취약하게 만들 수 있다.

전시 14.1

이 장의 많은 부분은 사회 프로그램, 특히 무작위 할당 실험에 기반한 고용 및 훈련(E&T) 프로그램의 비용-편익 분석에 초점을 맞추고 있다. 물론 무작위 할당은 의학 및 의료 절차를 평가하는 데 광범위하게 사용되었다. 사실 건강 실험은 사회 실험보다 훨씬 더 오랫동안 수행되었다. 사회 실험과 마찬가지로 건강 실험은 때때로 CBA의 기초를 제공하지만 비용 효율성 및 비용-유용성 분석에서 훨씬 더 자주 사용된다(18장 참조).

건강 실험, 특히 신약과 관련된 건강 실험은 중요한 측면에서 사회 실험과 다르다. 신약을 실험적으로 테스트할 때 통제집단의 피험자에게는 일반적으로 위약이 제공되고 실험집단과 통제집단의 구성원은 신약을 받는지 위약을 받는지 알지 못한다. 예를 들어, 알츠하이머병 처리제인 LMTX의 최근 무작위 시험에서 16개국에서 경증 또는 중등도 알츠하이머병 환자 891명을 대상으로 15개월 동안 진행한 연구에서 연구자들은 LMTX로 처리한 환자와 위약으로 처리한 환자의 결과를 비교했다. 또한 약물을 투여한 사람들은 실험집단과 통제집단에 누가 있는지 몰랐는데, 이 절차는 위약과 함께 약물 처리 실험에 자주 사용되며 “이중 맹검 시험”이라고 한다. 반면 사회 실험에서는 실험집단과 통제집단에 배정하는 것을 숨기는 것이 거의 불가능하다(위약 사회 프로그램은 상상하기 어렵다). 따라서 통제집단에 속한 사람들의 행동은 처리를 받지 못했다는 사실을 알게 되면 영향을 받을 위험이 있다. 예를 들어, 훈련 프로그램 실험의 경우 통제집단의 일부 구성원은 낙담할 수 있지만 다른 구성원은 실험 프로그램에서 제공하는 서비스의 대체 소스를 찾도록 부추겨질 수 있다. 또한 일부 통제집단 구성원이 동정적인 관리자에 의해 부적절하게 일부 프로그램 편익을 제공받았을 가능성도 있다.

출처: Susan Scutti, "Testing of New Alzheimer Drug Disappoints, but it's Not All Bad News," CNN, July 27, 2016

14.1.3 설계 3: 전후비교

설계 3은 다섯 가지 설계 중에서 가장 나쁘다. 동일한 개인 집단의 간단한 **전후비교**에 의존하기 때문이다. 예를 들어, 훈련 프로그램을 거친 개인 집단의 소득을 프로그램을 거치기 전 소득과 비교한다. 이 설계의 문제점은 프로그램이 없었다면 어떤 일이 일어났을지에 대한 정보가 없다는 것이다. 결과적으로 내적 타당성을 보장할 방법이 없다. 예를 들어, 훈련 프로그램에 들어가는 사람들의 평균 소득은 대부분이 진입 당시 실업 상태라면 매우 낮을 가능성이 높다. 아마도 이것이 그들이 처음에 프로그램에 들어가기로 결정한 이유일 것이다. 그러나 프로그램이 없어도 결국 일자리를 찾았을 수 있다. 그렇다면 프로그램이 없더라도 시간이 지남에 따라 평균 소득이 상승했을 것이다. 전후비교를 비교하면 이러한 소득 증가가 프로그램에 잘못 기인하게 된다.

그러나 전후비교는 특정한 편익을 제공한다. 비교적 저렴한 평가를 수행하는 방법을 제공한다. 또한 비교 그룹에 대한 유효한 정보를 수집할 수 없는 경우, 처리 전후 결과를 비교하는 것이 평가를 수행하는 유일한 실행 가능한 방법일 수 있다. 이러한 비교는 비프로그램 요인이 관심 있는 결과(예: 수입)에 영향을 미치지 않을 것으로 예상되거나 통계적 조정을 통해 고려할 수 있는 경우에 가장 유효하다.

14.1.4 설계 4: 기준 데이터가 없는 비실험적 비교

설계 4는 프로그램을 거친 그룹과 그렇지 않은 그룹의 두 가지 다른 그룹을 비교하는 것을 기반으로 한다. 그러나 설계 2와 달리 두 그룹의 멤버십은 무작위 할당에 의해 결정되지 않는다. 예를 들어, 비교 그룹은 원래 교육을 신청했지만 궁극적으로 참여하지 않기로 결정한 사람들로 구성될 수 있다. 또는 비교 그룹은 프로그램이 없는 지리적 지역에서 추출될 수 있다. 이러한 비교 그룹은 무작위 할당을 통해 선택되지 않기 때문에 때때로 **준통제집단**이라고 하며 설계 4는 **준실험적 설계**라고 한다. 무작위 할당을 통해 비교 그룹을 얻는 것이 불가능하거나 비실용적일 때 준통제집단을 사용해야 할 수 있다.

불행히도 이 설계에서는 처리 전에 존재했던 두 그룹 간의 차이를 통제할 방법이 없으므로 내적 타당성을 보장할 방법이 없다. 예를 들어, 훈련 신청 당시 프로그램을 마친 사람들은 비교 그룹의 사람들보다 더 오랜 기간 실업 상태였을 수 있으며, 이는 훈련이 없었다면 비교 그룹의 구성원보다 일자리 시장에서 더 나빴을 것이라는 것을 시사한다. 그러나 훈련이 끝나고 실제로 비교 그룹의 사람들과 마찬가지로 잘한 것으로 관찰된다면 훈련생을 비교 그룹과 동등하게 끌어올렸기 때문에, 이는 훈련이 효과가 있었음을 시사한다. 그러나 설계 4에서는 훈련 전 실업 기간의 차이를 알 수 없다. 결과적으로 훈련 후 실험집단의 구성원이 비교 그룹의 구성원보다 더 나은 성과를 거두지 못했다는 것을 관찰할 뿐이다. 이 결과는 **표본 선택 편향이**라고 알려진 편차의 영향을 받는데, 이는 실험집단과 준통제집단 간의 체계적 차이가 고려되지 않고 실제로 고려될 수 없기 때문에 발생한다. 이 경우 표본 선택 편향은 훈련이 차이를 만들지 않았다는 잘못된 결론으로 이어질 수 있기 때문에 중요하다.

14.1.5 설계 5: 기준 데이터와의 비실험적 비교

설계 5는 실험집단과 통제집단을 모두 활용한다. 또한 처리 전과 처리 후 데이터를 모두 수집한다. 이는 훈련 전에 실험집단이 비교군과 어떻게 달랐는지에 대한 정보를 제공한다(예: 실업 기간 측면에서). 이 정보는 통계 분석에서 실험집단과 통제집단 간의 처리 전 차이를 통제하는 데 사용할 수 있다. 이러한 이유로, 설계 5는 설계 3이나 4보다 내적 타당성을 얻을 수 있다.

그럼에도 불구하고, 이 설계는 설계 4와 마찬가지로 준실험 설계이기 때문에 개인을 처리 및 통제집단에 무작위로 배정하지 않기 때문에 처리 및 비교 그룹의 사람들이 쉽게 측정할 수 없는 방식으로 서로 다를 경우 큰 문제가 발생한다. 그러면 두 그룹 간의 차이를 통계적으로 조정하기가 매우 어려워진다. 예를 들어, 훈련에 들어간 실업자는 훈련에 들어가지 않은 실업자보다 더 동기가 부여될 수 있다. 그렇다면 훈련 없이도 시간이 지남에 따라 더 높은 수입을 얻을 수 있다. 분석가가 이러한 동기 부여의 차이를 어떻게든 고려할 수 없다면(실제로는 때로는 고려할 수 있지만 종종 고려할 수 없음) 훈련생이 받은 훈련 후 더 높은 수입이 실제로는 훈련생의 더 큰 동기 부여 덕분인데, 훈련 덕분이라고 잘못 결론 내릴 수 있다. 평가 문헌에서 이러한 상황은 **선택 문제**라고 알려진 내적 타당성에 대한 위협을 일으킨다.

선택 문제의 발생은 설계 1 또는 2를 사용하면 크게 줄일 수 있다. 그 이유는 무작위 할당이 적절하게 수행될 때 실험집단에 할당된 사람들은 동기 부여와 같이 쉽게 관찰할 수 없는 특성을 포함하여 우연에 의한 경우를 제외하고는 통제집단의 구성원과 특성 면에서 다르지 않아야 하기 때문이다. 이러한 장점 때문에 1960년대 초반부터 실험적 설계를 구현하는 사회 프로그램에 대한 평가가 점점 더 많이 수행되었다.[9] 그러나 설계 3, 4 및 5와 같은 비실험적 설계를 활용하는 많은 수의 평가도 비용이나 행정적 요인으로 인해 무작위화가 불가능하거나 프로그램이 운영을 시작한 후에 평가가 시작되기 때문에 계속 수행된다.

14.2 실험 및 준실험의 CBA

위에 설명된 설계를 활용한 수많은 평가가 수행되었지만, 공식적인 CBA는 소수의 평가에 대해서만 수행되었다. 종종 평가는 관심 있는 하나 또는 두 가지 결과에만 초점을 맞춘다. 예를 들어, 주택 또는 건강 분야에서는 평가된 프로그램을 효과적으로 관리할 수 있는지 또는 주택 또는 건강 상태가 개선되었는지에 초점을 맞추고 다른 편익과 비용을 측정하려고 하지 않는다.

CBA를 거친 사회 프로그램에 대한 많은 평가는 실업자 또는 저숙련 근로자의 고용 또는 수입을 늘리려는 프로그램에 초점을 맞추었으며,[10] 논의를 구체적으로 유지하기 위해 이 장의 나머지 부분은 이러한 프로그램에 초점을 맞춘다. 이러한 프로그램에서 제공하는 서비스는 상당히 다양했지만 취업 지원, 교정 교육, 직업 훈련, 프로그램 참가자를 고용하는 민간부문 고용주에 대한 보조금, 일할 수 있는 재정적 인센티브, 참가자에게 공공부문 일자리를 직접 제공하는 것이 포함되었다. 이러한 서비스를 제공하는 개별 프로그램은 종종 서로 크게 다르지만, 이러한 프로그램은 일반적으로 **고용 및 훈련 (E&T) 프로그램**이라고 한다.[11]

E&T 프로그램은 종종 참가자의 인적 자본에 대한 투자(즉, 기술과 능력을 향상시키려는 시도)로 간주된다. 따라서 이러한 프로그램에 자금을 지원하는 주요 경제적 근거는 E&T 프로그램이 인적 자본에 대한 투자 부족을 유발하는 시장 또는 제도적 실패를 바로잡는 데 도움이 된다는 주장을 중심으로 한다. 예를 들어, 저소득층은 교실 직업 훈련과 같은 특정 종류의 훈련에 투자할 자원이 없을 수 있다. 담보 부족과 높은 채무 불이행 위험으로 인해 사적 자금 조달에 대한 접근성이 제한될 수 있다. 게다가 공적 훈련은 공교육 시스템의 부적절함을 보상하거나 불완전한 선견지명이나 높은 주관적 시간 선호율로 인해 공식 학교 교육을 조기에 종료한 사람들에게 두 번째 기회를 제공하는 것으로 정당화될 수 있다. 또한 E&T 프로그램은 참가자들이 인적 자본 투자 기회에 대해 불완전한 정보를 수정하는 데 도움이 될 수 있으며, 이를 통해 참가자들이 가장 높은 보상을 받는 활동으로 안내할 수 있다.

E&T 프로그램에 대한 뚜렷한 근거는, 다른 모든 조건이 동일하다면 이전(transfer) 프로그램을 통해 소득을 받는 것보다 고용을 통해 소득을 받는 것이 더 낫다는 널리 받아들여진 가치에서 비롯된다. 이러한 목표를 달성하기 위해 1980년대 초부터 복지 및 실업 보험 수혜자에게 E&T 프로그램 참여에 대한 점점 더 엄격한 요구 사항이 부과되었다.

14.3 E&T 맥락에서의 CBA 분석틀

기본 CBA 회계 분석틀은 이전 장에서 설명했다. 그러나 다양한 정책 영역에서 각 영역에 특화된 문제를 해결하는 기본 CBA 분석틀의 변형이 개발되었다. 오늘날 E&T 프로그램 CBA를 수행하는 데 대부분 사용되는 특정 회계 분석틀은 원래 1960년대 후반에 개발되어 1980년대 초에 개선되었다. 이 분석틀의 양식화된 버전은 표 14.2에 나와 있다. 분석틀의 세부 사항은 제공되는 서비스의 특정 특성에 따라 E&T CBA마다 다소 다르지만 표 14.2에는 일반적으로 측정된 편익과 비용이 나열되어 있다.

이 분석틀은 여러 가지 장점을 제공한다. 정책 입안자가 쉽게 이해할 수 있다. 참가자와 비참가자의 관점에서 편익과 비용을 표시하여 평가 중인 프로그램의 분배적 의미를 일부 시사한다. 그리고 아마도 가장 중요한 점은 나열된 각 비용–편익 구성 요소의 측정은 실제로 평가 중에 수집된 데이터에서 얻을 수 있기 때문에 운영상 실행 가능하다. 실제로 분석틀의 단점에도 불구하고, 이에 대한 실질적인 대안을 찾기는 어렵다.

표 14.2에서 플러스 기호는 다양한 관점에서 예상되는 편익의 원천을 나타내고 마이너스 기호는 다양한 관점에서 예상되는 비용의 원천을 나타낸다. 첫 번째 열(A)은 사회 전체의 관점에서 집계된 편익과 비용을 보여준다. 나머지 열은 E&T 프로그램을 평가하는 데 일반적으로 관련이 있는 두 그룹, 즉 평가된 프로그램의 참가자 또는 고객(B)과 프로그램 비용을 지불하는 납세자를 포함한 비참가자(C)에 대한 편익과 비용의 분포를 보여준다.

사회에 대한 편익과 비용은 단순히 참가자와 비참가자에게 대한 편익과 비용의 대수적 합계이다. 왜냐하면 사회는 이 두 그룹의 합계이기 때문이다. 따라서 이 표는 프로그램으로 인해 참가자가 받는 이전지출(예: 실업 수당 또는 복지 지급 영수증)이 감소하는 경우, 이는 비참가자 납세자에게는 절감 또는 편익으로 간주되어야 한다. 또한 프로그램 참가자에게는 비용(수입으로 상쇄될 수 있음)으로 간주되어야 하며, 사회 전체에 대한 편익이나 비용이 아니라 단순히 인구의 한 계층에서 다른 계층으로 이전된 소득일 뿐이다.

이 접근 방식은 CBA에서 사용되는 표준 방식과 일치한다. 앞서 살펴본 바와 같이 표준 CBA에서는 누구에게 귀속되든 "1달러는 1달러"이다. 따라서 표 14.2에서 E&T 참가자가 얻거나 잃은 1달러는 비참가자가 얻거나 잃은 1달러와 동일하게 처리된다. 결과적으로 E&T 프로그램으로 인해 참가자가 받는 이전지출 금액이 감소하는 경우, 이는 사회 전체에 영향을 미치지 않는 것으로 간주된다. 참가자의 손실은 정부 예산 지출 감소의 형태로 비참가자에게 제공되는 편익으로 완전히 상쇄되기 때문이다. 그러나 일반적으로 E&T 참가자는 비참가자보다 평균적으로 소득이 훨씬 낮다. 19장에서 자세히 논의할 이유로 저소득층의 이익과 손실을 고소득층과 다르게 취급해야 한다는 주장이 제기될 수 있다. 그러나 E&T 평가의 CBA에서는 거의 이를 수행하지 않는다. 대신 표 14.2에서 볼 수 있듯이 특정 프로그램의 분배적 결과를 관찰할 수 있도록 결과를 간단히 제시하였다.

표 14.2 E&T 프로그램의 영향을 보여주는 양식화된 비용-편익 분석틀

사용 유형	사회(A) =(B+C)	참가자(B)	비참가자(C)
참가자가 생산한 산출물			
프로그램 내 산출물	+	0	+
총수입	+	+	0
부수당	+	+	0
참가자의 업무 관련 지출			
세금 지불	0	−	+
육아, 교통 등에 대한 지출	−	−	0
참가자의 이전 프로그램 사용			
복지 지급	0	−	+
기타 이전 지급	0	−	+
이전 프로그램 운영 비용	+	0	+
참가자의 지원 프로그램 사용			
참가자가 받은 지원 서비스	−	0	−
참가자가 받은 수당	0	+	−
E&T 운영 비용	−	0	−

표 14.2는 E&T 프로그램과 관련된 편익과 비용을 네 가지 주요 범주로 구분한다. 처음 두 범주는 프로그램이 참가자의 노동 노력이나 생산성을 증가시키는 경우 발생하는 효과와 관련이 있다. 예를 들어, 유용한 서비스를 수행하는 공공부문 일자리에서 일자리를 제공하거나, 기술 교육을 제공하거나, 구직 지원을 통해 민간부문 취업을 돕는 것이다. 한편으로는 그들이 생산하는 산출물의 가치가 상승할 것이고, 민간부문에서는 수입과 부가 편익이 증가하여 반영되어야 한다. 반면, 근무 시간이 늘어나면 육아 및 교통비 지출도 늘어날 것이다. 그리고 수입이 늘어나면 세금 납부액도 늘어날 것이다. 표 14.2의 세 번째 주요 비용-편익 범주는 E&T 프로그램으로 인해 발생할 수 있는 이전 지불에 대한 의존도 감소와 관련이 있다. 이러한 의존도 감소는 이전 프로그램에 따라 분배되는 지불액과 이러한 프로그램을 관리하는 비용이 모두 감소하게 된다. 네 번째

주요 범주는 프로그램 참가자가 받는 서비스에 대한 지출이다. 분명히 이러한 지출은 E&T 프로그램이 시행되면 증가한다. 그러나 이 증가는 참가자가 다른 프로그램에서 유사한 서비스를 받을 필요가 없기 때문에 부분적으로 상쇄된다.

표 14.2에 나열된 하위 범주 중 1) 아동 보육, 교통 등에 대한 참가자 지출, 2) 참가자가 받은 지원 서비스, 3) 참가자가 받은 수당 등 세 가지는 직무 관련 지출에 속하며 설명이 필요하다. 이 하위 범주 중 첫 번째는 아동 보육, 교통, 제복과 같은 항목에 대한 E&T 참가자의 직업이 요구하는 의무 지출을 나타낸다. 지원 서비스 하위 범주는 정부 기관이 이러한 상품을 직접 제공하는 것과 관련이 있으며, 수당 하위 범주는 참가자의 직업 의무 지출에 대한 정부 상환을 나타낸다. 표 14.2는 **모든** 프로그램으로 인한 직업 의무 지출 증가를 상품과 서비스 생산에서 발생한 사회 자원 비용으로 동일하게 처리해야 한다는 철학을 반영하며, 이는 더 높은 참가자 수입으로 상쇄되기를 바란다. 물론 정부가 참가자에게 직접 지원 서비스를 제공하는 한 이 목적을 위한 고객 지출은 더 적을 것이다. CBA에서 이는 참가자의 직업 관련 지출에 대한 지출 항목에 더 작은 달러 금액이 표시되고 참가자가 받은 지원 서비스 하위 범주에 더 큰 달러 금액이 표시됨으로써 반영된다. 직업에 필요한 지출은 이 장의 후반부에서 더 자세히 논의한다.

이전에 언급했듯이 표 14.2에 나열된 모든 비용 및 편익 항목은 E&T 프로그램이 있는 경우와 없는 경우의 결과 차이로 측정된다. 실제로 E&T 프로그램에서 제공하는 많은 서비스는 다른 프로그램에서도 제공될 수 있다. 예를 들어, 프로그램에서 제공하는 교육은 지역 대학에서도 제공될 수 있다. 결과적으로 참가자에 대한 프로그램 효과 추정치는 서비스 수령의 영향과 서비스 미수령의 영향을 측정하지 않는다. 오히려 이러한 추정치는 프로그램이 없는 환경에서 발생할 수 있는 프로그램의 **증분 효과**를 파악하려고 시도한다. 마찬가지로, 프로그램 운영 서비스의 측정은 평가되는 프로그램을 운영하는 데 드는 비용에서 프로그램 참가자가 프로그램 없이 받을 서비스 비용을 뺀 추정치이다.[12]

E&T 프로그램 평가에서 때때로 **무형 효과**라고 불리지만 실제로는 거의 추정되지 않는 편익과 비용은 표 14.2에 나타나 있지 않다. 무형 효과의 예로는 훈련 중과 근무 중 포기한 여가의 가치와 근무로 인한 자존감이 있다. 무형 효과는 측정하기 어렵지만 중요할 수 있다. 사실, 중요한 무형 비용과 편익을 측정하지 않는 것은 대부분 사회 프로

그램의 CBA를 수행하는 데 있어 핵심 문제이다.[13] 다음 섹션에서는 E&T 프로그램의 CBA를 수행하는 데 있어 특정 무형 효과를 측정하지 않는 것의 의미를 살펴본다.

14.4 E&T 프로그램의 CBA 수행 시 개념적 문제[14]

이제 표 14.2에 나와 있는 회계 분석틀의 여러 가지 한계에 대해 살펴보자. 알다시피, 이러한 한계는 분석틀이 3장, 5장, 6장, 7장에서 논의한 이론적 개념과 완전히 일치하지 않기 때문에 발생한다. 이러한 한계로 인해 잘못된 정책 결론이 도출될 수 있으므로 E&T 프로그램의 CBA 수행에 일반적으로 사용되는 일부 운영적 편익 및 비용 측정을 개념적으로 올바른 측정과 비교하는 것이 유용하다. 이를 위해 참가자와 비참가자 관점에서 E&T 프로그램과 관련된 편익 및 비용 측정을 별도로 검토하는 것이 도움이 되며, 사회적 편익 및 비용은 이 두 그룹이 받은 편익과 발생한 비용의 대수적 합계일 뿐이라는 점이다.

14.4.1 참가자 관점

두 가지 대안적 측정. 표 14.2에서 제안하는 표준 E&T 분석틀은 프로그램 참가자 소득의 순 변화로 참가자 순 이익을 추정한다. 즉, 소득과 복리후생의 증가에서 세금 증가, 이전지출 감소, 프로그램 참여로 인한 업무 관련 지출 증가를 뺀 것이다. 그러나 3장과 5장에서 강조하듯이, 참가자 순 이익의 개념적으로 적절한 척도는 소득의 순 변화가 아닌 프로그램 참가자 잉여의 순 변화이며, 이 두 척도의 차이는 상당할 수 있다.

두 척도가 갈라지는 정도는 E&T 프로그램이 소득에 영향을 미치는 정확한 메커니즘에 따라 달라진다. 예를 들어, E&T 프로그램은 참가자의 시간당 임금을 인상하거나(예: 새로운 기술 전수) 근무 시간을 늘릴 수 있다(예: 구직 지원 또는 이전지출에 대한 대가로 충족해야 하는 의무 증가). 수많은 E&T 프로그램에서 근무 시간이 증가하는 것으로 나타났다. 임금률에 대한 의미 있는 영향은 드물지만 발생했다. 다음 논의에서 우리는 세 가지 다

그림 14.1 유도된 임금 인상으로 인한 사회적 잉여 변화

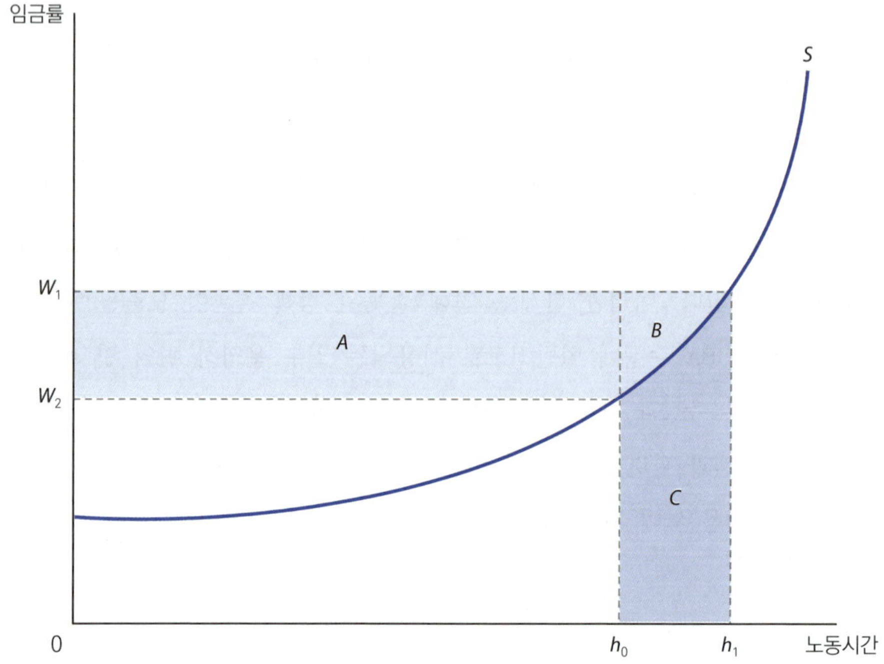

른 가상 E&T 참가자의 관점에서 순편익의 두 가지 대안적 측정을 비교한다. 각 참가자는 프로그램에 다르게 반응한다고 가정한다.

첫 번째 참가자는 그림 14.1에 나와 있다. 곡선 S는 이 참가자의 노동 공급 일정이며, 이 개인은 시장 임금을 W_0에서 W_1로 증가시킨 E&T 프로그램에 성공적으로 참여했다고 가정한다. 그 결과, 이 개인은 근무 시간을 h_0에서 h_1로 늘린다. 다이어그램에서 영역 A는 참가자가 근무 시간을 늘리지 않았더라도 임금 인상으로 인해 발생했을 참가자 잉여(소득)의 증가를 나타낸다. 영역 $B+C$는 더 높은 임금에서 실제로 발생하는 시간 증가로 인해 발생하는 참가자 소득의 추가 증가를 나타낸다. 그러나 영역 C는 개인의 여가 손실로 완전히 상쇄된다.[16] 따라서 E&T 효과의 순소득 변화 측정을 사용할 때 영역 A, B, C가 편익으로 계산되지만 개념적으로 올바른 (생산자) 잉여 변화 측정에서는 A와 B만이 계산된다.

그림 14.2 노동시간의 인위적 증가로 인한 사회적 잉여 변화

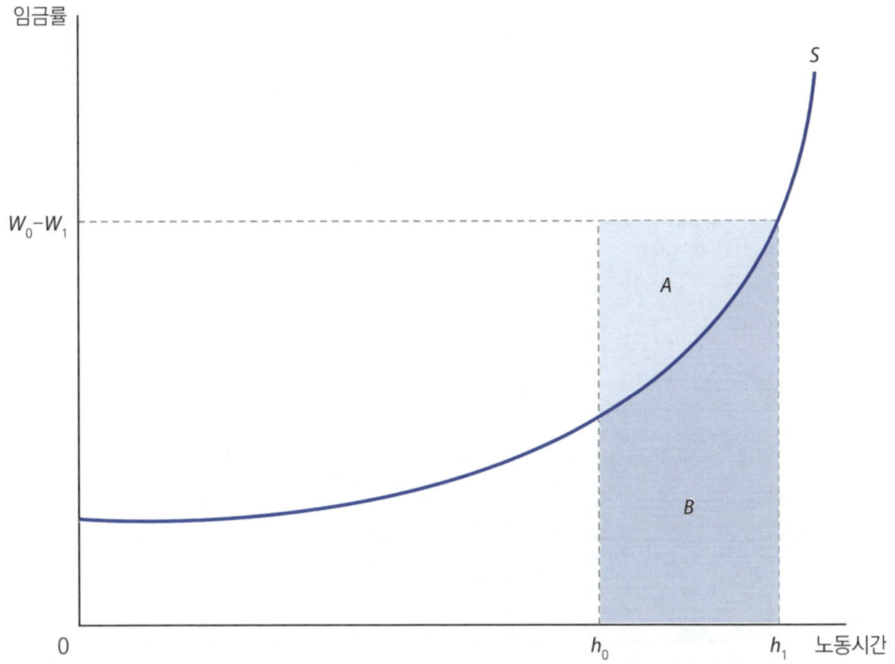

그림 14.1에서 첫 번째 E&T 참가자는 프로그램에 들어가기 전과 프로그램을 완료한 후에 모두 균형 상태에 있다고 가정했다. 즉, 두 지점 모두에서 시장 임금으로 원하는 시간만큼 일할 수 있다고 가정했다. 그러나 많은 E&T 참가자는 프로그램에 들어가기 전에 균형 상태에 있지 않다. 실제로 많은 사람이 실업 상태이기 때문에 E&T에 참여한다.

이러한 상황은 그림 14.2에 표시된 두 번째 참가자에게 발생할 것으로 가정한다. 이 그림에서 개인은 E&T에 들어가기 전에 W_0의 시장 임금을 받았지만 원하는 h_1 시간 대신 h_0 시간의 일만 할 수 있다. 이제 E&T에 참여하는 것이 참가자의 시장 임금에 영향을 미치지 않지만, h_0에서 h_1로 근무 시간을 늘릴 수 있다고 가정해 보자. 이 근무 시간 증가의 결과로 참가자는 $A+B$ 영역과 동일한 소득 증가를 누리지만 (생산자) 잉여 증가는 A 영역과 동일하다. 따라서 다시 한 번 E&T 편익의 순 소득 변화 측정은 개념적으로 더 적절한 (생산자) 잉여 변화 측정보다 크다.

그림 14.3 근로복지로 인한 사회적 잉여 변화

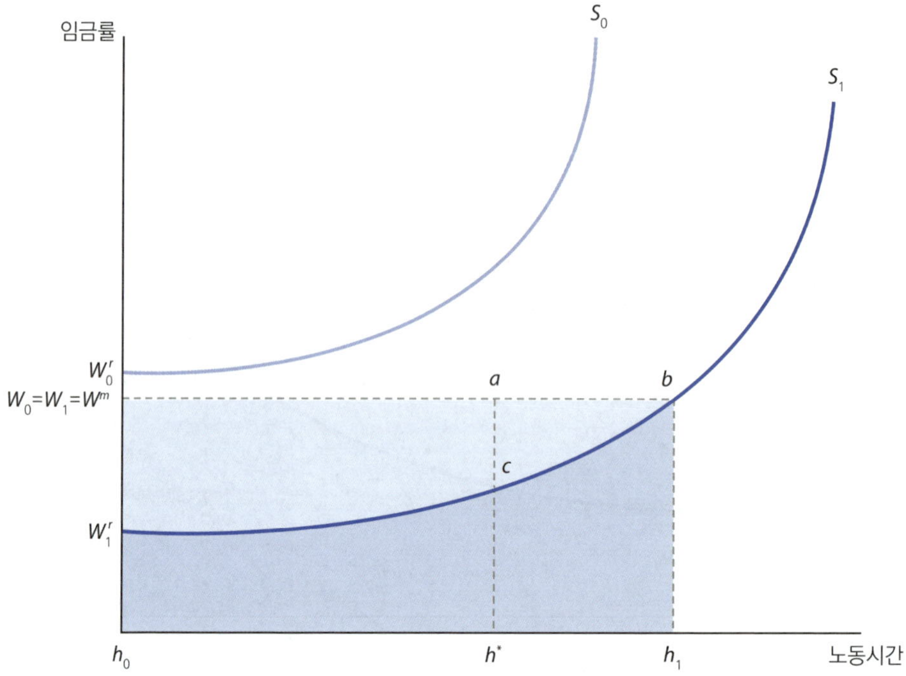

처음 두 E&T 참가자의 결과는 임금 증가로 인한 소득 증가는 프로그램에 전액 적립해야 하지만 근무 시간 증가로 인한 소득 증가의 일부만 적립해야 함을 의미한다. 그림 14.3에서 세 번째 E&T 참가자가 직면한 보다 복잡한 상황으로 넘어간다. 복지 수혜자는 복지 보조금을 받기 위한 조건으로 매달 h^*시간 동안 공공 부문에서 일해야 하며, 여기서 h^*는 보조금 금액을 최저 임금으로 나누어 결정한다. **워크페어**라고 불리는 유사한 방식들이 때때로 복지 프로그램을 운영하는 데 사용되어 왔다. 복지 수혜자의 시장 임금은 최저 임금인 W^m과 같다고 가정하는 반면, 곡선 S_0는 워크페어가 없는 경우의 공급 일정을 나타낸다. (일단 곡선 S_1은 무시한다.) 그림 14.3은 워크페어가 없는 경우 복지 수혜자의 예약 임금(즉, 그녀가 일할 의향이 있는 최저 임금) W_0^r이 시장 임금을 초과할 것임을 의미한다. 따라서 그녀는 일하지 않기로 선택할 것이다.

이제 복지 수혜자가 두 가지 뚜렷한 단계로 워크페어에 등록되었다고 가정해 보자. 첫 번째 단계에서 다이어그램에서 직사각형 영역 $W^m ah^* h_0$,[17]에 해당하는 복지 보조금이 인출된다. 이러한 소득 손실로 인해 그녀의 노동 공급 곡선이 S_0에서 S_1로 오른쪽으로 이동한다. 결과적으로 그녀의 예약 임금은 W_0^r에서 W_1^r로 떨어지며, 이는 최저임금보다 낮은 값이다. 두 번째 단계에서 그녀는 공공 부문 워크페어 일자리에서 W^m의 임금으로 h^*시간 일할 수 있는 기회를 제공받는다. 다시 말해, 그녀는 복지 보조금을 회수할 수 있는 기회를 얻는다. W^m이 W_1^r을 초과하기 때문에 그림 14.3에 나타난 참가자는 전혀 일하지 않는 것보다 워크페어를 선호할 것이다.

복지 수혜자가 워크페어 제안을 수락하면 프로그램 영향에 대한 순 소득 변화와 사회적 잉여 변화 측정은 상당히 다른 의미를 갖는다. 그녀가 h^* 외에 일할 기회가 없다고 가정하면 그녀의 순 소득은 프로그램 이전과 동일할 것이다($W^m ah^* h_0$). 결과적으로 순 소득 변화에 따른 측정은 그녀가 더 나빠지지 않았다는 것을 의미한다. 그러나 사회적 잉여 변화 측정은 그녀가 더 나빠졌다는 것을 의미한다. 구체적으로 그녀의 사회적 잉여는 $W_1^r ch^* h_0$ 면적으로 표현되는 양만큼 감소할 것이며, 이는 수혜자가 그녀의 잃어버린 여가에 두는 가치와 같은 양이다.[18]

지금까지 초점은 복지 수혜자가 워크페어에 참여하는 동안 받는 편익과 발생하는 비용에 맞춰져 왔다. 이제 다른 상황을 고려해 보자. 복지에서 정규 민간 부문 일자리로 참가자가 이동하는 데 따른 편익과 비용이다. 물론 이것은 워크페어와 같은 프로그램의 주요 목표 중 하나이며, 그림 14.3은 프로그램이 실제로 참가자에게 원하는 효과를 미칠 것임을 시사한다. 워크페어가 없다면 그녀는 전혀 일하고 싶지 않겠지만, 워크페어에 참여하는 것(a점)과 정규 최저임금 일자리에서 일하는 것(점 b) 중에서 선택할 수 있다면 참가자는 후자를 선택할 것이다. 워크페어는 그녀의 근무 시간을 h^*로 제한함으로써 참가자를 노동 공급 곡선에서 벗어나게 한다. 정규직을 구해야만 그녀는 최저임금으로 일하고 싶어하는 시간인 h_1시간 일할 수 있다. 실제로는 참가자가 워크페어 요구사항에 직면했을 때 복지에서 바로 직장으로 옮길 수도 있고, 아니면 민간부문 취업을 구하는 동안 먼저 워크페어에 참여할 수도 있다.

민간부문 고용으로 직접 이동하는 참가자에게 미치는 워크페어의 영향에 대한 순소득 변화 측정과 사회적 잉여의 변화에 대한 해당 개념적으로 올바른 측정을 비교하면 흥미로운 결과가 나온다. 한편, 순소득 변화 측정은 그림 14.3에 나타난 참가자가 순편익을 누린다는 것을 의미한다. 지급되는 이전지출은 $W^m ah^* h_0$에서 0으로 감소하지만, 그녀의 수입은 0에서 $W^m bh_1 h_0$으로 증가하여 순소득 $abh_1 h^*$가 증가한다. 반면에 참가자는 일로 인한 잉여 이득인 영역 $W^m b W_1^r$ 그녀의 손실된 이전지출 $W^m ah^* h_0$의 가치보다 더 크기 때문에 순사회적 자중손실을 입는다. 따라서 그림 14.3에 나타난 상황에서는, 순소득 변화 지표는 개념적으로 더 타당한 사회적 잉여 변화 지표가 암시하는 결론과 정반대의 결론을 시사한다.

참가자 관점에서 E&T 프로그램의 영향을 측정할 때, 앞서 언급한 세 가지 예시 E&T 참가자에 대한 분석에서 세 가지 규칙을 도출할 수 있다. 첫째, **이전지출 감소의 전체 가치는 E&T 참가자에게 비용으로 간주해야 한다**. 둘째, **임금 인상으로 인한 소득 증가의 전체 가치는 E&T 참가자에게 편익으로 간주해야 한다**. 셋째, **근무 시간 증가로 인한 소득 증가 가치의 일부만 E&T 참가자에게 편익으로 간주해야 한다. 즉, 참가자 잉여 증가를 나타내는 부분만 계산해야 하고, 여가 감소로 상쇄되는 부분은 계산하지 않아야 한다**.

E&T 프로그램의 CBA를 수행할 때, 이 규칙 중 처음 두 가지는 구현하기 쉽다. 그러나 세 번째 규칙을 구현하려면 계산해야 할 근무 시간 증가에 기인한 소득 변화의 백분율을 추정해야 한다. 이를 시도한 비교적 소수의 연구에서는 계산해서는 안 될 수입 증가의 일부가 잠재적으로 크고, 잘못 계산하면 추정 순편익이 상당히 과장될 가능성이 있다는 것을 발견했다.[19]

고용으로부터의 비금전적 편익. 고용을 통해 얻을 수 있는 편익이 있다고 제안되는 경우가 있다. 예를 들어, 자존감 증가, 일하지 않음으로 인해 발생할 수 있는 낙인 제거, 건강과 웰빙 개선,[20] 더 나은 지위, 더 많은 사회적 상호 작용 등이 있다. 실제로 비금전적이지는 않지만 고용되지 않은 기간 동안 인적 자본이 악화되고 고용 격차에 대한 고용주의 반응으로 인해 발생하는 소위 "낙인 효과"는 고용을 유지함으로써 피할 수 있다. 또한 고용으로 인한 소득은 근로자 자녀의 복지에 기여하고 더 많은 교육을 받을 수 있다. E&T 프로그램이 개인이 취업하는 데 도움이 되면 개인과 자녀가 그러한 편익을 얻을 수 있다. 그렇다면 이러한 프로그램 편익은 원칙적으로 E&T 프로그램의 CBA에 포함되어야 하지만 직접적으로 그렇게 하는 것은 어렵다.[21] 그러나 E&T 참가자가 프로그램을 통해 이러한 비금전적 편익을 달성할 수 있는 잠재력을 인식하는 한, 그녀의 노동 공급 곡선은 그렇지 않은 경우보다 오른쪽으로 더 멀리 있을 것이고, 잉여로 측정된 프로그램 편익은 이를 포함할 것이다. 잉여 증가가 아닌 참가자 수입 증가로 측정된 프로그램 편익도 그녀의 노동 공급 곡선이 오른쪽으로 더 멀리 있을수록 더 커질 것이다. 그러나 수입 증가는 잉여 증가와 잘 맞지 않을 것이다. 게다가 기껏해야 자존감 향상이나 낙인 감소로 인한 편익의 일부만이 노동 공급 곡선에 포착될 가능성이 높다. 정보 비대칭으로 인해 고용으로 인한 잠재적인 비금전적 편익은 E&T 참가자가 완전히 인식하지 못할 가능성이 크다.

일자리에 필요한 지출. E&T 프로그램의 비용–편익 분석에 전통적으로 사용된 분석틀은 프로그램 참여로 인한 육아 및 교통비와 같은 직무 관련 지출의 증가를 E&T 참가자 또는 정부가 지불하는지 여부와 관계없이 프로그램의 사회적 비용으로 계산된다. 그러나 다음에 논의할 것처럼 이 접근 방식은 때때로 이중 계산으로 이어질 수 있다.

설명을 위해 육아에 초점을 맞추었지만 교통비와 같은 다른 직무 관련 비용에 대해서도 유사한 분석을 할 수 있다. 그림 14.4(a)는 임금을 W_0에서 W_1로 증가시킨 E&T 프로그램에 참여한 개인에 관한 것이다. 공급 곡선 S는 개인이 육아비를 지불해야 한다면 일할 시간을 나타낸다. 이 다이어그램은 프로그램으로 인한 임금 증가의 결과로 개인은 일하지 않는 상태에서 h_1시간 일하는 상태로 전환될 것임을 의미한다. 따라서 이 프로그램은 W_1ah_10 면적과 같은 소득 증가와 W_1aW_r 면적과 같은 더 작은 잉여 이득을 발생시킬 것이다. 패널(b)는 E&T 참가자의 육아 수요를 보여준다. P_0는 육아에 대한 시장 설정 가격을 나타낸다. 그림에서 알 수 있듯이 육아에 대한 수요 곡선은 E&T로 인한 임금 인상과 근무 시간 증가의 결과로 D_0에서 D_1로 이동한다.

독자가 알아차렸을 수 있듯이 그림 14.4(b)는 7장에 나오는 1차 및 2차 시장 다이어그램과 매우 유사하다. 이는 전혀 놀라운 일이 아니다. E&T 프로그램의 직접적인 효과는 일반적으로 노동 시장에서 발생하는 반면, 노동 노력과 육아 사이에는 보완 관계가 있다. 따라서 1차 시장은 E&T 참가자의 노동 시장이고 육아 시장은 2차 시장이다.

그림 14.4(a) E&T 프로그램의 노동 시장 효과
그림 14.4(b) E&T 프로그램의 아동 보육 시장 효과

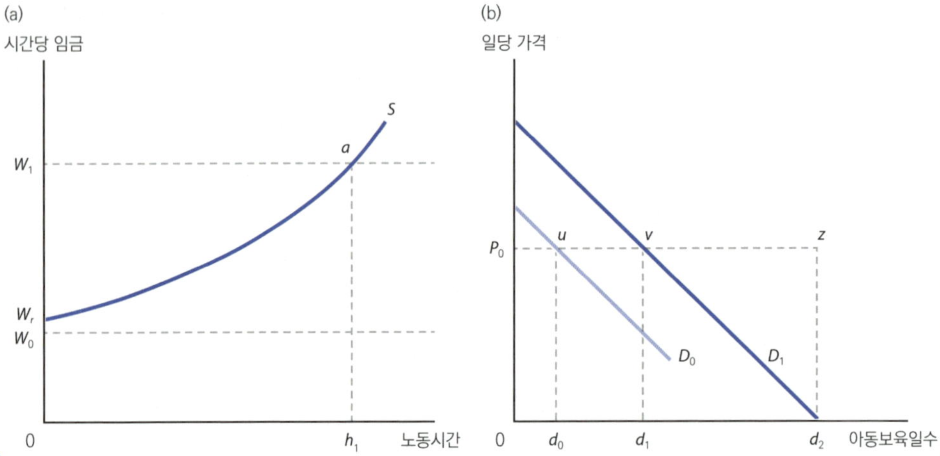

7장에서 자세히 논의했듯이, 1차 시장의 프로그램 편익이 잉여 변화 측면에서 측정되는 경우 왜곡되지 않은 2차 시장의 효과는 일반적으로 무시해야 한다. 구체적으로, 그림 14.4에 나타난 개인은 각 임금률에서 일할 의향이 있는 시간 수를 결정할 때 발생할 육아 비용을 고려할 것이다. 따라서 E&T 프로그램 참여로 인한 잉여 이득을 측정하기 위해 노동 공급 곡선을 사용할 때, 영역 $W_1 a W_r$에서 육아 비용은 이미 충분히 고려된다. 결과적으로 패널(b)에 나타난 2차 시장에서의 지출 증가, 즉 영역 uvd_1d_0는 무시해야 하며, 패널(b)의 두 수요 곡선 사이의 영역도 무시해야 한다. 그렇게 하지 않으면 이중 계산이 발생한다.

앞서 강조했듯이, E&T 참가자의 편익은 전통적으로 잉여의 변화가 아닌 순소득의 변화로 측정된다. 이 척도를 얻으려면 물론 육아비 지출 증가를 소득 증가에서 빼야 한다. 그림 14.4(a)에서 알 수 있듯이 소득 증가는 E&T 프로그램으로 인한 잉여 증가를 면적 W_1ah_10으로 표현된 금액만큼 과대평가한다. 육아비 지출 증가 면적 uvd_1d_0를 소득 증가에서 빼면 이 과대평가가 상쇄된다. 그러나 면적 uvd_1d_0는 면적 W_rah_10보다 크거나 작을 수 있다. 따라서 순소득 척도는 더 적절한 사회적 잉여 척도보다 크거나 작을 수 있다.

다음으로 정부가 육아비를 직접 제공하거나 개인에게 육아비 지출을 상환하는 경우의 편익과 비용을 고려해야 한다. 이를 위해 다시 그림 14.4를 사용한다. 이러한 정책을 검토하는 자연스러운 방법은 정부가 육아를 보조함으로써 발생하는 소득 증가와 정부 비용을 비교하는 것이다. 그러나 알다시피 이 접근 방식은 잘못된 것이다.

설명을 위해, 우리는 육아가 보조를 받는 개인에게 무료로 제공되지만 정부가 시장 가격인 P_0를 지불한다고 가정한다. 앞서 논의했듯이, 시장 임금이 W_1일 때 그림 14.4에 나타난 개인의 육아 수요 곡선은 D_1이 된다. 따라서 육아가 개인에게 무료로 제공되면 개인은 d_2 단위의 육아를 소비할 것이다.

정부 보조금의 직접적인 효과는 육아 시장에서 발생하므로 분석 목적을 위해 육아를 1차 시장으로 간주해야 하고 노동 시장은 2차 시장으로 간주해야 한다. 따라서 정부가 보조를 받는 육아를 제공하면 노동 공급 곡선이 오른쪽으로 이동하고 이는 소득에 영향을 미치지만,[22] 이러한 효과는 무시해야 한다. 대신, 정책이 개인에게 미치는 영향은 1차 시장의 잉여 변화를 측정하여 가장 잘 조사할 수 있다. 예를 들어, 그림 14.4에 나타난 개인은 d_1vd_2 면적에 해당하는 잉여 이득을 누릴 것이다. 그러나 d_1vzd_2 면적으로 표현되는 정부 비용은 상당히 더 클 것이며, 이는 vd_2z 면적과 같은 자중손실로 이어질 것이다.[23]

14.4.2 비참가자 관점[24]

비참가자에게는 무형 편익, 프로그램 내 산출로 인한 편익, 범죄 감소, 공공 부문 및 민간 부문 근로자의 대체에 따른 비용 등 여러 범주의 편익과 비용이 발생한다.

비참가자가 받는 무형 편익. 이전 섹션에서는 E&T 프로그램의 참가자에 대한 편익과 비용을 측정할 때 현금 소득의 변화가 아닌 잉여의 변화를 추정해야 한다고 강조했다. 따라서 E&T로 인한 참가자 여가 시간 감소가 참가자 잉여에 미치는 영향을 고려해야 한다.

동일한 개념이 비참가자에 대한 E&T 프로그램의 편익과 비용을 측정하는 데 적용된다. 예를 들어, 비참가자가 복지 지급에 대한 소득 대체를 그 자체로 긍정적으로 평가하는 경우, 그들이 받은 잉여의 증가는 복지 수혜자를 대상으로 하는 E&T 프로그램으로 인해 발생할 수 있는 세금 의무 감소를 초과하게 된다. 따라서 원칙적으로 소득의 변화가 아닌 E&T 프로그램으로 인해 발생하는 비참가자의 잉여의 변화를 측정해야 한다. 그러나 이를 수행하는 데 있어 실질적인 어려움이 있기 때문에 시도된 적이 없다. 이 목적을 위해 사용될 수 있는 접근 방식인 조건부 가치 평가는 16장에서 다룬다.

납세자 초과 부담의 변화. 3장에서 논의했듯이 세금은 경제학자들이 자중손실 또는 초과 부담이라고 부르는 경제적 효율성의 손실을 초래한다. 세금이 증가하면 초과 부담도 증가한다. 그러나 감소하면 과도한 부담도 감소한다. 특정 E&T 프로그램은 세금이 증가하거나 감소할 수 있는데, 이는 프로그램이 정부의 순 지출을 긍정적으로 또는 부정적으로 만드는지에 따라 달라진다. 이는 프로그램의 CBA의 일부로 결정된다. 일단 결정되면, 프로그램의 자중손실에 대한 효과, 즉 한계 초과 세금 부담을 추정해야 한다. 이를 위해서는 세금을 1달러 더 많이 내거나 1달러 적게 내는 것의 효율성 비용을 추정해야 한다. 이러한 추정치는 3장에서 찾을 수 있다. 이 변수의 값을 정부의 순 이익 또는 순 비용에 곱하여 E&T 프로그램으로 인한 자중손실의 변화를 결정할 수 있다.

프로그램 내 산출물의 편익. 일부 E&T 프로그램에는 공공 부문 일자리 제공이 포함된다. 아마도 이에 대한 가장 잘 알려진 예는 대공황 동안 미국에서 운영되었고 이 기간 동안 실업 상태였던 엄청난 수의 근로자를 흡수하기 위해 의도된 공공사업청(WPA)일 것이다. 더 최근에는 종합 고용 및 훈련법이 1970년대 후반에 실업자에게 최대 750,000개의 공공부문 일자리를 제공했다. 앞서 논의했듯이 더 최근 몇 년 동안 일부 주의 복지 수혜자는 지불을 받는 대가로 공공부문 일자리에서 일해야 했다.

E&T 참가자가 생산한 프로그램 내 산출물의 납세자에게 미치는 가치를 공공부문 일자리에 어떻게 할당해야 하는가? 이상적으로는 납세자가 이 산출물에 대해 얼마를 지불할 의향이 있는지 파악하여 이를 수행해야 한다. 그러나 산출물은 시장 거래에서 구매되지 않기 때문에 이는 일반적으로 실행 불가능하다. 결과적으로, 공개 시장에서 구매했다면 산출물을 생산하는 데 필요한 노동 자원의 비용이 얼마였을지 결정하는 대체적 접근 방식이 사용된다. E&T 참가자를 "고용"하는 기관은 일반적으로 이러한 사람들의 서비스에 대해 아무 비용도 지불하지 않기 때문에 연구자들은 공개 시장에서 고용된 유사한 근로자에게 지불되었을 임금률을 사용한다. 적절한 임금률이 결정되면 기본 계산에는 E&T 참가자가 근무한 시간 수에 이 임금을 곱하고, 아마도 E&T 근로자의 평균

생산성과 공개 시장에서 고용된 근로자의 차이를 설명하기 위해 조정하는 것이 포함된다.

이 절차는 E&T 참가자가 생산한 프로그램 내 산출물의 실제 가치를 과대평가하거나 과소평가하는 추정치를 초래할 수 있다. 그 이유는 이 평가 방법의 기본이 되는 핵심 가정을 살펴보면 알 수 있다. 즉, E&T 근로자를 고용하는 공공 부문 기관의 결정은 납세자의 욕구를 면밀히 반영한다는 것이다. 보다 구체적으로, 완벽한 경쟁 하에서 민간 부문 기업과 소비자의 행동에 유추하여, 기관이 추가 근로자를 고용하기 위해 기꺼이 지불할 금액은 납세자가 근로자가 잠재적으로 생산할 수 있는 추가 산출물에 두는 가치에 해당한다고 가정한다. 완전경쟁 비유를 평가하거나 관료적 행동이 납세자의 선호도를 반영하는 정도를 논의하기에 적절한 곳은 아니지만, E&T 근로자가 생산한 산출물을 평가하려면 다소 강력한 가정이 필요하다는 것은 분명하다.[25]

이 가정의 의미는 그림 14.5를 사용하여 살펴볼 수 있다. 이 그림은 잠재적으로 E&T 참가자가 할당될 수 있는 공공부문 기관의 근로자에 대한 수요 곡선과 기관이 경쟁적 노동 시장에서 근로자를 고용할 때 직면하는 공급 곡선을 보여준다. 이 다이어그램을 사용하여 먼저 관료적 행동이 납세자의 선호도를 반영한다는 가정이 유효한 상황과 그렇지 않은 상황을 살펴본다.

그림 14.5에서 수평선 *S*는 공급 곡선을 나타내며, 이는 기관에서 고용한 각 정규 근로자에게 지불해야 하는 시장 결정 임금 *W* 수준에서 설정된다. 하향 기울기 선 *D*는 수요 곡선을 나타내며, 이는 수익 감소의 결과로 하향 기울어질 것으로 가정되며(관료적 행동에 대한 가정에서 암시됨) 기관이 예산이 확대됨에 따라 점차 덜 중요한 서비스를 수행하도록 작업을 우선시하기 때문이다(일단 곡선 *D**는 무시한다). 이 수요 곡선은 기관의 근로자에 대한 WTP를 반영하며, 관료적 행동에 대한 가정에 따라 이 곡선 아래의 면적은 기관에서 고용한 근로자가 생산한 산출물의 납세자에게 가치를 측정하는 것으로 추정된다.

그림 14.5는 E&T 근로자가 없는 경우 기관이 *R*명의 정규 근로자를 고용할 것임을 나타낸다. 그러나 P E&T 참가자가 기관에 배정되면 총 $R+P$명의 근로자가 고용될 것이다. 따라서 관료적 행동 가정이 타당하다면 E&T 근로자가 추가한 산출물이 납세자에게 미치는 가치는 *A* 영역과 같을 것이다.

그림 14.5 공공부문 기관의 근로자 수요

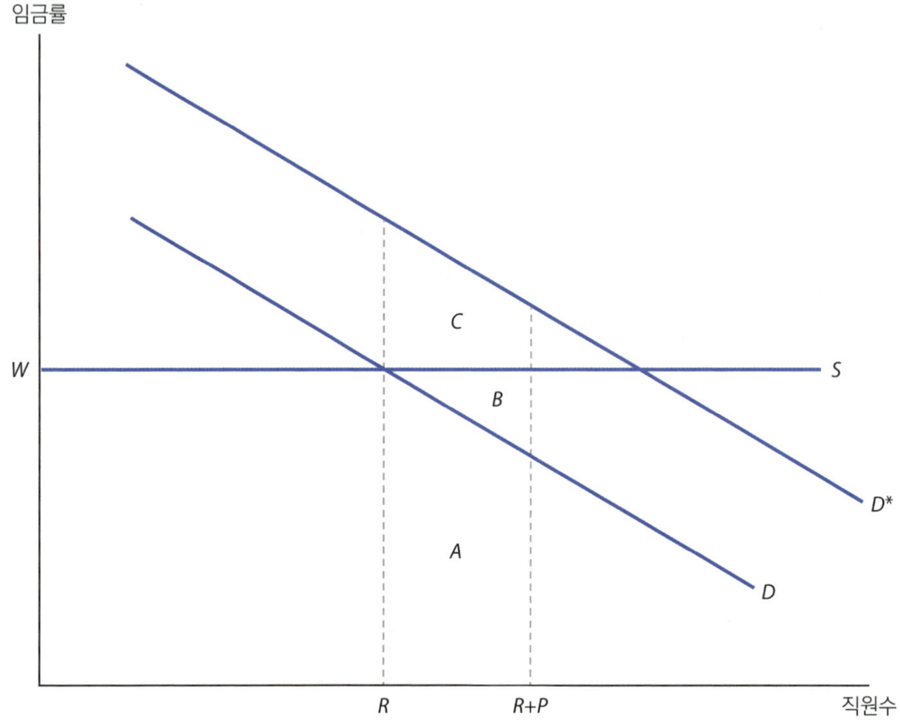

그러나 불행히도 영역 A는 일반적으로 직접 측정할 수 없다. 그 이유는 공공부문 기관에서 생산한 산출물이 시장 거래에서 거의 판매되지 않기 때문에 그림 14.5에 표시된 노동에 대한 기관의 파생 수요 곡선을 실제로 관찰할 수 없기 때문이다. 그러나 E&T 참가자를 "고용"하는 정부 및 비영리 기관이 이러한 사람들의 서비스에 대해 아무것도 지불하지 않더라도, R과 $R+P$ 사이의 공급 곡선 아래의 면적은 E&T 참가자가 수행하는 작업을 수행하기 위해 공개 시장에서 고용된 유사한 근로자에게 지불해야 할 임금을 간단히 결정하여 평가할 수 있다. 결과적으로 공급 곡선 아래의 면적(즉, 영역 A + 영역 B)이 일반적으로 프로그램 내 참가자 산출물의 가치 척도로 사용된다. 그림 14.5를 살펴보면, 면적 B로 표현되는 E&T 참여로 생산된 산출물의 가치에 대한 결과적인 과장의 크기는 대리 기관의 수요곡선 기울기에 따라 달라진다.

지금까지 우리는 대리 기관의 행동이 단순히 납세자들이 그 기관의 산출물에 부여하는 가치를 반영한다고 가정해 왔다. 이제 이것이 사실이 아닌 수많은 가능한 상황 중 하나를 살펴보자. 우리가 살펴보는 구체적인 예는 대리 기관이 예산 제약으로 인해 납세자가 집단적으로 원하는 것보다 적은 산출물을 생산하는 경우이다. 이러한 상황은 그림 14.5에서 두 개의 수요 곡선으로 표현된다. 이전과 마찬가지로 곡선 *D*는 근로자에 대한 **대리 기관**의 WTP를 나타내지만, 납세자가 대리 기관이 생산한 산출물에 두는 가치는 이제 수요 곡선 *D** 아래의 면적으로 표현된다. 결과적으로 *P* E&T 참가자가 생산한 추가 산출물의 가치는 이제 면적 *A*에 면적 *B*을 더한 면적 *C*를 더한 값과 같다. 따라서 이러한 상황에서 E&T 근로자가 생산한 산출물의 공급 곡선을 기반으로 한 측정값은 이전에 지적했듯이 면적 *A*에 면적 *B*을 더한 값과 같으며, 실제 가치를 면적 *C*만큼 과소평가한다.

범죄 감소 가능성. 여러 연구에서 암시된 바와 같이, E&T 프로그램이 참가자 간의 고용과 수입을 증가시키면 참가자 간의 범죄 활동도 감소할 수 있다.[26] 예를 들어, 한 연구에 따르면 소득이 1% 증가하면 학교를 영구적으로 떠난 미국 남성 청소년의 범죄 가능성이 0.6% 감소하는 것으로 나타났다.[27]

E&T로 인한 범죄 감소로 인한 편익에 대한 대략적인 추정치는 먼저 범죄 가능성 감소 추정치(예: 0.6%)에 대한 추정치를 프로그램이 소득을 증가시킨 백분율 추정치로 곱한 다음, 그 결과 수치에 범죄 가능성이 1% 감소함으로써 발생하는 달러 절감 추정치를 곱하여 얻을 수 있다. 후자에 대한 추정치는 17장에 제시된 다양한 유형의 범죄 비용에서 파생될 수 있다.

공공 부문 노동 대체 비용. 지금까지 우리의 논의는 공공 부문 기관에 제공된 E&T 근로자가 프로그램이 없을 경우 기관이 고용할 정규 인력에 단순히 추가될 것이라는 가정에 근거했다. 그러나 기관은 대신 정규 근로자를 E&T 근로자로 대체할 수 있다. 그림 14.5의 관점에서 볼 때, 일반적으로 **대체**라고 하는 기관 측의 이러한 행동은 기관 고용이 E&T가 제공한 P 근로자보다 적게 증가한다는 것을 의미한다. 실제로 100% 대체의 경우 기관의 인력은 *R*로 유지되고 $R+P$로 증가하지 않는다. 결과적으로 첫눈에 보면 대체는 E&T 참가자가 생산한 산출물의 가치를 과장하는 것으로 보인다.[28]

그러나 이 문제는 실제로 조금 더 미묘하고 복잡하다. 실직한 근로자가 E&T 참가자와 비슷한 실업 위험을 가지고 있다면 공공부문 기관에 배정된 E&T 참가자가 생산한 산출량 증가는 실직한 근로자가 이전에 생산한 산출량 손실로 완전히 상쇄될 수 있다. 그러나 E&T 참가자가 기술 부족 측면에서 예외적이거나 노동 시장 접근에 대한 예외적인 장벽에 직면한 경우에는 그럴 필요가 없다. 이러한 상황에서 이러한 사람들을 직접 일자리로 옮기면 실업자의 일반 풀의 특성이 바뀌어 특히 지역 노동 시장 조건이 촉박한 경우 실업의 순 발생률이 감소할 수 있다. 따라서 E&T 참가자가 대체한 사람에 비해 기술이 부족한 정도에 따라 노동 시장의 결과는 단순한 일대일 대체와 다를 것이다.

민간부문 노동 대체 비용. 대부분의 E&T 프로그램의 주요 목표는 프로그램 참가자의 보조금이 없는 민간부문 고용을 늘리는 것이다. 프로그램이 성공적이라면 일부 참가자는 의심할 여지 없이 비참가자가 맡았을 일자리를 갖게 된다. 그 결과 이러한 비참가자가 실업자가 되거나 저임금 일자리를 받아들이면 수입이 당연히 감소한다. 또 다른 유형의 대체 효과인 이러한 수입 감소는 잠재적으로 비참가자에게 E&T 프로그램의 비용이다. 민간부문 노동 대체의 규모에 대한 합의가 거의 없기 때문에 E&T 프로그램의 CBA에서 거의 고려되지 않았다.[29]

그러나 민간 부문 대체를 고려하지 않는 것은 그다지 심각하지 않을 수 있다. CBA는 일반적으로 완전 고용이 유지된다고 가정한다. 그렇다면, 이직한 비참가자는 대체 일자리 기회를 찾는 것이 비교적 쉬울 것이다(시간이 좀 걸릴 수는 있지만). 그리고 E&T 프로그램은 실현 가능한 고용 수준을 높일 것이다. 그럼에도 불구하고, E&T 프로그램이 특정 기술을 가진 근로자를 노동력에 추가하면, 유사한 기술을 가진 근로자의 임금을 여전히 낮출 수 있다. 실업률이 높으면 민간부문의 이직이 더 심각한 문제이다. 그러나 그때조차도, E&T 프로그램은 연수생이 여유로운 직업 노동 시장을 떠나서 여유로운 노동 시장으로 갈 수 있는 기술을 전수할 수 있다. 그렇게 되면, 여유로운 노동 시장에서의 공석에 대한 경쟁이 줄어들어, 이 시장에 남아 있는 실업자가 일자리를 찾기가 더 쉬워질 것이다. 이런 일이 일어나는 한, E&T 프로그램은 다시 실현 가능한 고용 수준을 높일 것이다.

14.5 예측 매개변수 선택

표 14.2에 나와 있는 비용–편익 분석틀을 사용할 때, 일반적으로 2년 또는 3년 동안 프로그램 이후 결과에 대한 데이터가 수집되는 기간을 넘어 확장될 가능성이 있는 E&T 프로그램의 모든 편익과 비용을 고려해야 한다. 예를 들어, E&T 프로그램에 참여한 결과 일부 개인은 잠재적으로 수입이 증가할 수 있지만 세금을 더 많이 내고, 업무에 필요한 비용이 더 많이 들고, 남은 근무 기간 동안 더 적은 이전지출 지급을 받을 수 있다. 이러한 미래 편익과 비용의 흐름은 프로그램의 CBA에 통합되어야 한다. 이를 위해서는 사회적 할인율, 할인 시간적 범위, 프로그램 효과의 감소율이라는 세 가지 중요한 매개변수를 지정해야 한다. 10장에서는 사회적 할인율에 대해 자세히 설명했다. 나머지 두 매개변수에 대한 설명은 다음과 같다.

14.5.1 할인 기간

9장에서 설명한 대로 시간적 범위는 편익과 비용 흐름이 관찰되거나 예측되는 총 기간이다. E&T 프로그램의 CBA는 일반적으로 지정된 시간 범위를 넘어서는 편익과 비용이 0이라고 가정한다. 시간 범위를 결정하는 한 가지 절차는 프로그램에 참여한 사람들의 나이에서 직장을 그만둘 것으로 예상되는 나이를 뺀다. 그러나 종종 더 짧고 다소 임의적으로 선택된 시간 범위(예: 5년)를 대신 사용한다. 이렇게 하는 것은 분석가가 미래를 볼 수 있는 수정 구슬을 가지고 있지 않기 때문에 평가 데이터가 수집된 기간을 넘어 외삽하려고 시도할수록 불확실성이 커진다는 것을 인정하는 것에 불과하다. 그러나 대부분의 E&T 운영 비용은 일반적으로 프로그램 진입 직후에 발생하기 때문에 E&T 프로그램의 CBA를 짧은 시간 범위에 기반하여 작성하면 주요 잠재적 편익인 수입 개선이 시간 범위를 훨씬 넘어 지속되는 경우 E&T 편익을 과소평가하게 된다. 그러나 프로그램 운영 비용은 비슷하게 과소평가되지 않는다.

표 14.3 연간 수입 1달러 개선에 대한 대안적 시간적 지평 및 할인율에 대한 민감도(달러)

시간적 지평	할인율(백분율)	
	3.0	5.0
5년	4.58	4.33
10년	8.53	7.72
20년	14.85	12.46
30년	19.60	15.37

비용 대비 편익의 이러한 과소평가는 상당할 수 있다. 표 14.3은 개선이 지속되는 시간적 범위와 할인율의 가치에 대한 대안적 가정하에 연간 수입이 1달러 개선될 때의 현재 할인 가치를 보여준다. 표의 수치는 두 가지 중요한 의미를 갖는다. 첫째, 편익과 비용 추정치의 규모가 시간적 범위 선택에 매우 민감하다는 것이 분명하다. 예를 들어, 5% 할인율과 5년 시간적 범위를 외삽 목적으로 사용하는 경우 수입이 1달러 개선될 때의 현재 가치는 4.33달러가 된다. 그러나 대신 5% 할인율과 20년 시간적 범위를 사용하는 경우 현재 가치는 12.46달러로 거의 3배가 증가한다. 둘째, 사용하는 시간적 범위가 길수록 할인율 선택에 대한 편익과 비용 예측이 더 민감해진다.

실제 E&T 프로그램의 경우 수입에 대한 프로그램 효과는 얼마나 오래 지속될 가능성이 있는가? 이 주제에 대한 증거는 모호하지만, 많은 수의 E&T 평가 결과를 모은 연구에서는 성인 남성의 경우 E&T 프로그램을 완료한 후 약 6년, 청소년의 경우 약 4년 동안 수입에 대한 프로그램 효과가 지속되는 반면, 성인 여성의 경우 프로그램 효과가 무기한 지속되는 것으로 나타났다.[30] 그러나 무작위 할당 평가에만 근거한 결과는 성인 남성의 경우 프로그램 수입 효과가 다소 더 오래 지속될 수 있음을 시사한다. 여성 복지 수혜자를 대상으로 한 E&T 프로그램의 무작위 할당 평가에만 근거한 별도의 연구 결과에 따르면 이러한 프로그램이 수입에 미치는 영향은 5~6년 동안 지속되는 것으로 나타났다.[31]

이러한 증거를 종합해 보면 E&T 프로그램에 참여하는 성인 여성을 제외하고는 이러한 프로그램의 CBA에서 상당히 짧은 시간적 범위를 사용하는 것이 적절할 것으로 보인다. 그러나 이러한 결과는 다양한 평가 프로그램에 대한 평균을 기반으로 한다는 점을 인식하는 것이 중요하다. 특정 프로그램의 효과는 특정 기능에 따라 더 길거나 더 짧은 기간 동안 지속될 수 있다.

14.5.2 감쇠율(Decay Rate)

감쇠율은 E&T 프로그램의 효과가 프로그램 종료 후에도 지속된다고 가정할 때, 그 효과의 크기가 시간이 지나면서 변할 수 있다는 가능성을 반영하여 미래 효과를 추정하는 데 필요하다. 예를 들어, 저임금 노동자를 대상으로 한 훈련이나 취업 알선 프로그램은 초기에는 노동시장 내에서 경쟁 우위를 제공하지만, 이러한 우위는 시간이 지남에 따라 약화될 수 있다.

그러나 훈련 프로그램의 경우, 프로그램 종료 후 실제 직장에서 추가적인 훈련 기회가 열려 참가자들이 더 많은 역량을 쌓을 수 있게 되며, 그 결과로 소득에 대한 프로그램 효과가 시간이 지남에 따라 커질 수도 있다는 반대 주장도 가능하다.

안타깝게도, E&T 프로그램의 소득 효과가 시간이 지나면서 증가하는지 또는 감소하는지, 그리고 실제 감쇠율이나 성장률의 크기에 대한 경험적 증거는 매우 제한적이다. 정책결정자들은 E&T 프로그램 평가 결과를 조기에 얻고자 하기 때문에, 프로그램 성과에 대한 자료는 보통 3년 이내로 한정되어 있으며, 이로 인해 감쇠율에 대한 예측에 오류가 발생하게 된다. 이는 20장에서 논의된 바와 같은 비용-편익 분석(CBA)의 일반적인 문제점 중 하나이다. 그러나 시간 범위에 대해 앞서 언급된 한 연구에서는, 성인 남성, 성인 여성, 청년 참가자 모두가 훈련 프로그램 종료 직후 일정 기간(대략 1년 정도) 소득 효과가 증가했다가, 이후 남성과 청년의 경우 감소했고, 여성은 일정한 수준을 유지했다고 보고하였다. 또 다른 연구에 따르면, 복지 수급자를 대상으로 한 프로그램의 소득 효과는 2~3년간 증가한 후 점차 감소하기 시작하여 5~6년 후에는 효과가 완전히 사라졌다고 한다. 이러한 경향은 어디까지나 "전형적인 프로그램"에 해당하며, CBA의 대상이 되는 특정 프로그램에는 그대로 적용되지 않을 수도 있다.

할인율, 시간 범위, 감쇠율의 값을 결정한 후에는, 부록 9A에 제시된 식 (9A.6)을 사용하여 현재 가치를 계산할 수 있다. 이 공식을 사용할 때에는, E&T 프로그램의 효과가 시간이 지나면서 감소할 것으로 판단되면 g 값에 음수를, 증가할 것으로 보이면 양수를, 그리고 효과가 시간이 지나도 변하지 않을 경우 g를 0으로 설정해야 한다.

14.6 결론

이 장에서 제시된 분석은 E&T 프로그램의 CBA가 고전적 실험 설계에 기반을 둔 경우에도 처음에 보이는 것보다 성공적으로 수행하고 해석하기가 더 어렵다는 것을 시사한다. 그럼에도 불구하고 이 장에 이어지는 사례 연구에서 알 수 있듯이 CBA는 유용한 통찰력을 제공할 수 있다. 그러나 프로그램 영향이 얼마나 오래 지속되었는지에 대한 불확실성과 참가자의 여가 시간 감소 가치, 프로그램 참가자의 자존감 변화, 프로그램으로 인해 발생할 수 있는 노동 대체 가능성, 사회가 복지보다 일을 선호하는 것과 같이 추정되지 않은 편익과 비용 때문에 보고된 값에 대한 불확실성이 있다.

Notes

CHAPTER 14 연습문제

1. 표 14.1에 표시된 체계를 사용하여 다음 각 프로그램의 CBA에 사용된 평가 설계를 다이어그램으로 표시하라.

a. 저소득, 저숙련, 불우 계층을 위한 직업별 교육을 제공하는 정부 교육 프로그램을 평가하기 위해, 대상 인구의 구성원은 프로그램에 따라 서비스를 받을 자격이 있는 실험집단 또는 자격이 없는 통제집단에 무작위로 배정된다. 교육 기간 동안과 그 후 2년 동안 두 그룹의 소득, 복지 수령 등에 대한 데이터를 수집한다.

b. 저소득, 저숙련, 불우 계층을 위한 직업별 교육을 제공하는 정부 교육 프로그램을 평가하기 위해, 대규모 산업 주의 동부 절반에 있는 카운티에 사는 대상 인구의 구성원은 프로그램에 따라 서비스를 받을 자격이 있는 실험집단에 배정되고, 주의 서부 절반에 있는 카운티에 사는 대상 인구의 구성원은 자격이 없는 비교 그룹에 배정된다. 교육 시작 1년 전, 교육 기간 동안, 그 후 2년 동안 두 그룹의 소득, 복지 수령 등에 대한 정보를 수집한다.

c. 저소득, 저숙련, 불우 계층을 위한 직업별 교육을 제공하는 정부 교육 프로그램을 평가하기 위해 교육을 받는 사람들의 소득, 복지 영수증 등에 대한 정보를 수집한다. 이 정보는 교육 시작 전 1년, 교육 기간 중, 그 후 2년 동안 수집한다.

2. 저숙련 남성을 위한 직업별 교육을 제공하는 정부 교육 프로그램을 고려한다. 이 프로그램을 평가하기 위해 대상 인구의 구성원을 프로그램에 따라 서비스를 받을 자격이 있는 실험집단이나 자격이 없는 통제집단에 무작위로 배정했다. 이 평가 설계를 사용하여 다음 정보를 얻었다.

- 실험집단의 구성원은 평균 1년 동안 프로그램에 머물렀으며, 그 기간 동안 소득은 없었지만 프로그램에서 생계를 유지하는 데 도움이 되는 4,000달러의 비과세 수당을 받았다. 프로그램 연도 동안 통제집단 구성원의 연평균 소득은 10,000달러였으며, 이에 대해 1,000달러의 세금을 납부했다. 프로그램 연도 동안 두 그룹이 받은 복지 및 실업 보상 편익은 사실상 동일했다.

• 프로그램 운영 비용(수당 제외)과 프로그램에서 제공한 서비스 비용은 연수생 한 명당 3,000달러였다.
• 프로그램을 떠난 후 2년 동안 실험집단 구성원의 연평균 소득은 20,000달러였으며, 이에 대해 2,000달러의 세금을 납부했다. 같은 기간 동안 통제집단 구성원의 연평균 소득은 15,000달러였으며, 이에 대해 1,500달러의 세금을 납부했다.
• 프로그램을 떠난 후 2년 동안 실험집단 구성원이 받은 연평균 복지 지급금과 실업 보상 편익은 250달러였다. 같은 기간 동안 통제집단 구성원이 받은 연평균 복지 지급금과 실업 보상 편익은 1,250달러였다.

a. 5% 할인율, 0 감소율, 5년 시간적 범위를 사용하여 수련생, 비참가자, 사회적 관점에서 프로그램의 순편익(또는 손실)의 현재 가치를 계산한다. 이 과정에서 여가에 대한 프로그램의 영향을 무시하고 모든 편익과 비용은 발생한 연도 말에 발생한다고 가정한다.
b. 여가에 대한 프로그램의 영향을 다시 무시하고 수련생, 비참가자, 사회적 관점에서 프로그램의 순편익(또는 손실)의 현재 가치를 다시 계산한다. 2년 후속 기간이 끝나면 수입과 이전지출 지급에 대한 프로그램의 영향이 매년 20%의 비율로 감소하기 시작한다고 가정한다.

3. 아마도 보상적 미취학 교육의 효과를 측정하기 위한 가장 신중한 노력은 1962년 Michigan주 Ypsilanti에서 시작된 페리 미취학 프로젝트일 것이다. 대부분 3세인 어린이를 1962년과 1965년 사이에 무작위로 실험집단(58명)과 통제집단(65명)에 배정했다. 실험집단의 어린이는 약 5세에 정규 학교 시스템에 들어가기 전에 2학년 동안 학교 교육을 받았지만 통제집단의 어린이는 그렇지 않았다. 이 프로젝트는 예외적으로 긴 추적 기간인 19세까지 어린이에 대한 정보를 수집했다. 이 연구에서 생성된 정보를 사용하여 분석가들은 2년간의 미취학 교육이 5%의 할인율로 13,124달러의 사회적 순편익(1988년 달러)을 발생시켰다고 추정했다. (더 자세한 설명은 W. Steven Barnett, "Benefits of Compensatory Preschool Education." *Journal of Human Resources*, 27(2), 1992, 279-312를 참조)

a. 프로젝트 결과를 보기 전에, 이렇게 긴 후속 기간에 대한 주요 방법론적 우려 사항은 무엇인가? 문제가 있는지 확인하기 위해 어떤 데이터를 살펴보아야 하는가?

b. 19세 이후의 편익 범주에는 범죄 감소, 수입 증가, 복지 수령 감소가 포함되었다. 연구를 설계한다면 이러한 편익을 측정하는 데 도움이 되는 어떤 데이터를 수집하여야 하는가?

4. 5년 전 지역대학 학군은 10개의 새로운 직업 분야에 프로그램을 만들었다. 이 학군은 이제 성과가 좋지 않은 프로그램을 단계적으로 폐지하고 성과가 좋은 프로그램을 유지하고자 한다. 어떤 프로그램을 중단하고 어떤 프로그램을 유지할지 결정하기 위해 학군은 CBA를 수행하기로 결정했다.

a. 연구에서 어떤 관점을 사용해야 하는가? 재학(standing)에 대한 문제가 있는가?

b. 양식화된 비용-편익 분석틀 표를 사용하여 지구의 결정과 관련된 주요 편익과 비용을 나열하고 각각이 어떻게 다른 관련 그룹과 사회 전체에 영향을 미치는지 나타내시오. 중복 계산을 피하면서 목록을 최대한 포괄적이고 완전하게 만드시오.

c. 학군은 CBA를 실시할 때 어떤 종류의 평가 설계를 사용해야 하는가? 이 설계의 장단점은 무엇인가? 이 설계는 실용적인가?

d. b 부분에서 개발한 편익과 비용 목록으로 돌아가서 목록에 있는 편익과 비용 중 어떤 것을 화폐로 정량화할 수 있는지 표시하시오. 화폐로 환산할 수 없는 편익과 비용을 어떻게 처리해야 하는가?

e. 화폐로 환산할 수 있는 편익과 비용을 측정하려면 어떤 종류의 데이터가 필요한가? 필요한 데이터는 어떻게 얻을 수 있는가?

사례 14 복지-일자리 프로그램의 CBA 결과

이 사례의 마지막에 나오는 표 14C.1은 26개의 복지-일자리 프로그램의 CBA에서 얻은 요약 결과를 제시한다.[1] 이러한 프로그램은 모두 AFDC(부양자녀가 있는 가족을 위한 지원) 프로그램에 참여한 싱글 부모를 대상으로 했으며, CBA가 수행될 당시 이 프로그램은 미국에서 가장 큰 현금 복지 프로그램이었다. 대부분의 프로그램은 부모가 협조하지 않으면 AFDC 편익이 감소하거나 종료될 수 있다는 의미에서 의무적이었다. CBA는 모두 잘 알려진 비영리 연구 기관인 MDRC에서 수행했으며, 치료 및 통제집단에 무작위로 할당하는 고전적 실험 설계를 포함한 유사한 분석틀을 사용했다. 미국 소비자물가지수를 사용하여 2016년 달러 금액으로 변환된 표의 추정치는 나열된 각 프로그램의 실험집단의 일반적인 구성원에 대한 프로그램 영향으로 간주되어야 한다.

표의 처음 세 열은 참가자 관점에서 추산된 편익과 비용을 나타내고, 그 다음 네 열은 비참가자 관점에서 추산된 편익과 비용을 나타낸다. 열 A와 D는 각각 이 두 관점에서 총 순편익(또는 손실)을 보고하는 반면, 열 B, C, E, F, G는 이러한 이익(또는 손실)을 설명하는 편익과 비용 구성 요소에 대한 정보를 제공한다. 예를 들어, 열 B는 각 프로그램에 따른 참가자의 고용으로 인한 추정 순편익을 보고한다. 즉, 프로그램에 따라 지급된 소득 증가, 복리후생, 모든 업무 관련 수당의 합계에서 세금 납부액과 자녀 돌봄 및 교통에 대한 참가자의 직무에 필요한 지출의 합계를 뺀 추정치이다. 열 C는 참가자가 받은 AFDC 및 기타 이전 편익의 변화를 나타낸다. 열 E는 프로그램 내 산출물에 대한 MDRC의 평가를 나타낸다. 열 F는 참가자가 지불한 세금 증가, 참가자에게 지불한 이전 지불금 감소, 이전 프로그램 운영 비용 감소의 합계이며, 이는 모두 비참가자에게 편익으로 볼 수 있다. G열은 치료 프로그램을 운영하는 데 드는 정부의 비용을 보여준다. 마지막으로, B, C, E, F, G열에 보고된 편익-비용 구성 요소를 합산하여 계산한 H열은 사회 전체의 관점에서 본 전반적인 CBA 결과를 보여준다.

H열에서 볼 수 있듯이, 보고된 26개 추정치 중 15개는 전체 순편익을 나타내고 11개

는 순손실을 나타낸다. 그럼에도 불구하고 A열과 D열에서 암시하는 참가자 또는 비참가자의 총 순편익과 손실의 대부분은 특별히 크지 않다. 6개를 제외한 모든 것이 2016년 달러로 프로그램 참가자 한 명당 4,000달러 미만이다.

이 표는 5가지 유형의 복지-일자리 프로그램을 구분한다. 아래에 요약된 대로, 다양한 프로그램 유형의 비용과 편익은 상당히 다르며 정책과 상당히 관련이 있다.

- 복지 수혜자를 무급 일자리에 배정하는 필수 근무 경험 프로그램은 포괄적 복지-일자리 프로그램의 구성 요소로 고려할 가치가 있는 것으로 보인다. 이러한 프로그램은 일정 기간 동안 검색한 후 보조금이 없는 일자리를 찾을 수 없는 사람들을 위해 시행되었다. 이러한 프로그램은 정부에 비용이 많이 들지 않으며 참가자에게 거의 해를 끼치지 않는다. 게다가 사회 전체가 직장 경험 일자리에서 생산된 결과물로부터 어느 정도 이익을 얻을 수 있다.
- 필수 구직 우선 프로그램은 개인이 프로그램에 배정되자마자 즉시 일자리를 찾아야 한다. 일자리를 찾지 못하면 다른 활동을 배정받는다. 이러한 프로그램은 정부가 지출을 줄이고자 할 때 고려할 만한 가치가 있는 것으로 보인다. 이러한 프로그램은 의무적 혼합 초기 활동 프로그램보다 비용이 적게 들고 따라서 정부 예산에 더 유익한 영향을 미친다. 그러나 이러한 프로그램에 참여해야 하는 사람들의 소득을 늘리지는 못할 것이다.
- 실험적으로 테스트된 필수 교육 우선 프로그램(구직 전에 GED 완료 및 성인 기초 교육에 참여하도록 요구하는 프로그램)은 긍정적인 순편익을 제공하지 않는 것으로 보인다. 이러한 프로그램은 참가자의 소득을 늘리거나 정부 비용을 절감하는 데 거의 도움이 되지 않는다.
- 의무적 혼합 초기 활동 프로그램은 개인이 처음에 교육 또는 훈련 활동이나 구직 활동에 참여하도록 요구한다. 표에 나열된 이 프로그램 중 처음 여섯 개는 단기 및 장기 복지 수혜자를 모두 등록한 반면, 마지막 두 개는 장기 복지 수혜자만 등록했다. 전자 중 네 개는 사회적 관점에서 비용 대비 효과가 있었지만, 나머지 두 개는 그렇지 않았다.
- 소득 보충 프로그램은 개인에게 일을 장려하기 위한 재정적 인센티브 또는 소득 보충을 제공한다. CBA 조사 결과에 따르면, 참가자는 정부가 지출하는 1달러마다 1달러

이상을 벌기 때문에 저소득 가정에 소득을 이전하는 효율적인 메커니즘이라고 한다.

표 14C.1 MDRC의 선택된 복지-일 실험 평가에서 얻은 비용-편익 추정 요약(2016년 달러)

	참가자 관점			비참가자 관점				
	순현재 가치A = B + C	고용에 기인한 소득 변화	이전 지출 변화	순현재 가치 D = E + F + G	프로그램 내 산출 가치	세금+ 이전 지출 금액 변화	운영 비용	순사회적 이득 (또는 손실) H = A + D
	A	B	C	D	E	F	G	H
필수근무경험프로그램								
Cook County WIN 시범 (n = 11,912)	817	335	482	−218	217	−367	−68	599
San Diego(n = 3,591)	369	1,325	−956	1,679	487	1,358	−166	2,047
West Virginia CWEP (n = 3,694)	−194	−14	−180	1,695	2,085	210	−600	1,501
필수구직우선프로그램								
Atlanta LFA NEWWS (n = 4,433)	−17	3,601	−3,618	−1,109	0	4,614	−5,723	−1,126
Grand Rapids LFA NEWWS (n = 4,554)	−3,412	2,896	−6,308	4,189	0	7,051	−2,862	778
Los Angeles Jobs-First GAIN (n = 15,683)	605	5,787	−5,182	3,622	0	5,670	−2,049	4,227
Riverside LFA NEWWS (n = 8,322)	−1,911	4,291	−6,201	2,225	0	7,006	−4,781	314
SWIM(San Diego)(n = 3,227)	−59	4,025	−4,084	3,093	396	4,710	−2,014	3,034
필수교육우선프로그램								
Atlanta HCD NEWWS (n = 4,433)	473	2,827	−2,353	−4,692	0	3,200	−7,892	−4,219
Columbus Integrated NEWWS	−2,351	3,020	−5,370	351	0	6,375	−6,024	−2,000

	참가자 관점				비참가자 관점			
(n = 7,242)								
Columbus Traditional NEWWS (n = 7,242)	−1,694	2,189	−3,883	−929	0	4,384	−5,313	−2,623
Detroit NEWWS(n = 4,459)	233	1,992	−1,758	−477	0	2,480	−2,957	−244
Grand Rapids HCDNEWWS (n = 4,554)	−2,907	1,458	−4,365	−445	0	4,988	−5,434	−3,352
Riverside HCD NEWWS (n = 3,135)	−4,387	2,620	−7,006	875	−	7,459	−6,584	−3,512
의무적 혼합 초기활동프로그램								
Butte GAIN(n = 1,234)	2,177	5,483	−3,306	234	143	4,914	−4,823	2,411
Portland NEWWS(n = 4,028)	−1,389	7,581	−8,971	7,541	−	11,667	−4,126	6,151
Riverside GAIN(n = 5,626)	2,520	8,467	−5,947	4,884	10	7,526	−2,652	7,403
San Diego GAIN(n = 8,224)	1,221	4,635	−3,414	1,520	248	4,447	−3,175	2,740
Tulare GAIN(n = 2,248)	2,403	2,604	−201	−3,763	−10	787	−4,540	−1,359
Project Independence (플로리다)(n = 18,237)	−689	1,073	−1,762	120	−	2,029	−1,910	−569
Alameda GAIN(n = 1,205)	1,450	4,540	−3,090	−4,943	127	4,225	−9,295	−3,493
Los Angeles GAIN(n = 4,434)	−2,653	952	−3,605	−5,725	−10	3,898	−9,613	−8,378
소득보충프로그램								
MFIP(미네소타)(n = 3,208)	12,071	1,411	10,660	−13,040	−	−13,445	405	−969
SSP 신청자(캐나다)(n = 2,371)	7,841	5,616	2,225	−691	−	973	−1,663	7,151
SSP 장기수혜자(캐나다) (n = 4,852)	5,491	2,175	3,315	−2,812	−	−1,336	−1,475	2,679
WRP (버몬트) (n=5,469)	287	−247	534	−272	−	−610	339	15

Notes

1. 주 복지 기관을 운영하고 표에 나열된 프로그램 중 하나를 선택해야 하는 경우, 특히 표의 어느 열에 집중해야 하는가? 그 이유는 무엇인가?

2. 주 복지 기관을 운영하고 표에 나열된 프로그램 중 하나를 선택해야 하는 경우, 표에 제공된 정보 외에 어떤 정보를 원해야 하는가?

CHAPTER 15

관찰된 행동의 영향 평가 : 간접 시장 방법

CHAPTER 15

관찰된 행동의 영향 평가 : 간접 시장 방법

일반적으로 사회적 잉여의 변화를 추정하려면 전체 수요 및 공급 일정에 대한 지식이 필요하다. 4장에서는 소비자 잉여를 측정하기 위해 수요 곡선에 초점을 맞춰 수요 및 공급 곡선을 직접 추정하는 방법을 설명하였다. 쓰레기 수거나 가솔린과 같이 해당 상품에 대한 시장 수요 일정이 있다면, 이 수요 곡선에서 적어도 한 지점을 관찰할 수 있다고 우리는 가정한다. 그러나 CBA의 많은 응용 프로그램에서 인간의 생명이나 오염과 같은 특정 "상품"에 대한 시장은 존재하지 않거나 3장에서 설명한 이유로 불완전하다. 이러한 상황에서는 시장 수요(또는 공급) 곡선을 직접 추정하는 것이 불가능하거나 사용하기에 부적절할 수 있다. CBA 초기에는 이러한 상품이 "무형"으로 취급되었고 그 영향은 제외되었거나 분석가들은 정성적 CBA 또는 다중 목표 분석을 수행했을 뿐이다. 그러나 지난 40년 동안 경제학자들은 이러한 영향을 평가하는 방법을 고안하여 분석가가 더 광범위한 정책 대안에 대한 (종합적인) CBA를 수행할 수 있게 하였다.

실제로 사회적 잉여의 변화는 종종 정책의 영향(예: 영향을 받는 사람의 수)과 영향을 받는 상품 또는 서비스의 추가적인 한 단위에 대한 한계 사회적 편익 또는 한계 사회적 비용에 대한 지식에 근거하여 추정할 수 있다. 완전경쟁시장에서 시장 가격은 한계 사회적 비용과 상품 또는 서비스의 추가 단위에 대한 한계 사회적 편익과 모두 같다. 시장이 존재하지 않거나 시장 실패로 인해 시장 가격과 한계 사회적 비용 사이에 차이가 발생한다면, 분석가는 수요곡선이 한계 사회적 편익을 나타내고 공급곡선이 한계 사회적 비용을 나타내는 시장에서 관련 상품이 거래된다고 가정한 후, 시장 가격이 어떻게 될지 추정하려고 한다. 5장에서 논의하듯이 이러한 추정치를 **잠재가격**이라고 한다.

관심 상품에 대한 시장이 존재하지 않는 경우, 잠재가격을 추정하는 두 가지 주요 방법 중 하나를 사용할 수 있다.[1] 이 장에서는 관심 상품이나 서비스에 대한 시장이 없더라도 그 가치(잠재가격)가 관련 상품의 시장에 간접적으로 반영될 수 있음을 인식한다. 관련 시장의 통계적 분석을 통해 마케팅되지 않은 상품의 가치를 추정할 수 있다. 잠재가격을 추정하는 두 번째 방법은 다음 장에서 논의하는 조건부 가치 평가(조사) 또는 기타 진술 선호 방법을 사용하는 것이다.

이 장에서 논의하는 간접 시장 방법은 실제 행동을 기반으로 한다. 종종 행동은 제3자가 관찰할 수 있으므로 기존의 **현시 선호** 범주에 해당한다. 그럼에도 불구하고 설문조사는 때때로 직접 관찰할 수 없는 경우 개인의 행동에 대해 묻는 데 사용된다. 예를 들어, 원래 관찰된 행동에만 의존하도록 개발된 여행 비용 방법의 버전을 제시한다. 그러나 여행 비용 방법은 이제 사람들에게 최근 여행에 대해 묻는 설문 조사 데이터를 사용하여 더 자주 사용된다. 이러한 설문조사는 응답자의 과거 행동에 대한 질문보다 더 큰 인지적 부담을 수반하는 가상적인 선택을 제시하는 **진술 선호** 방법과 다르다.

이 장은 민간부문 시장의 정보를 사용하여 공적으로 제공되는 재화를 평가하는 시장 유추 방법에 대한 논의로 시작한다. 그런 다음 여가 시간을 평가하기 위한 시간과 임금 간의 상쇄 또는 통계적 생명을 평가하기 위한 급여와 치명적인 사고 위험 간의 상쇄와 같은 상쇄에 기반한 잠재가격 추정에 대해 논의한다. 다음으로 중간재 방법을 논의한 다음 자산 평가 방법을 논의한다. 이러한 모든 방법은 누락된 변수 문제와 자기 선택 편차를 포함하여 잠재적인 추정 편차의 영향을 받는다. 이러한 문제를 논의한 후 이를 극복하려는 헤도닉 가격 방법으로 전환한다. 그런 다음 여행 비용 방법과 마지막으로 방어 지출 방법을 논의한다. 이러한 방법 중 일부는 전체 수요 또는 공급 일정을 추정하는 반면 다른 방법은 잠재가격의 추정만 제공한다. 이 장에서는 잠재가격을 추정하는 방법에 중점을 둔다. 17장에서는 잠재가격에 대한 구체적인 추정을 제시하고 논의한다.

15.1 시장 유추 방법

정부는 민간부문에서도 제공하는 많은 상품을 공급한다. 예를 들어 주택, 캠프장, 대학 교육, 가정 돌봄 및 입양 서비스는 종종 공공부문과 민간부문에서 모두 제공한다. 정부는 일반적으로 이러한 서비스를 무료로 제공하거나 시장 가격보다 상당히 낮은 가격으로 제공한다. 따라서 실제로 지불한 가격은 시장 공급 곡선에 없을 수 있으며 수요 곡선에서 한 지점만 드러난다. 그러나 민간부문에서 제공하는 유사한 상품의 데이터를 사용하여 전체 수요 곡선을 추정할 수 있다.

일부 국가에서는 민간부문 시장이 합법적이지 않을 수 있다. 예를 들어, 일부 국가에는 합법적인 민간부문 입양 서비스가 없다. 그럼에도 불구하고 분석가는 때때로 이러한 서비스의 가치를 추정하기 위해 암시장을 이용할 수 있다.

15.1.1 유사 상품의 시장 가격을 잠재가격으로 사용

예를 들어 50가구에 주택을 제공하는 지방 정부 프로젝트를 생각해 보자. 지방 정부는 월 $200의 명목 임대료를 부과하여 정부 수입이 월 $10,000이 되도록 할 수 있다. 분명히 이 지출은 모든 가족이 월 $200 이상을 기꺼이 지불할 것이기 때문에 (총) 편익을 과소평가한다.

민간부문의 비슷한 주택 단위가 월 $500의 임대료를 부과한다고 가정해 보자. 이 시장 가격을 공공 주택 단위의 잠재가격으로 간주하면 공공 주택의 추정 총 월 편익은 월 $25,000이 된다. **시장 가격을 사용하면 공공 주택 사용자가 지불할 의향이 있는 평균 금액과 같을 경우 공공 주택의 가치를 적절하게 추정할 수 있다**. 그러나 시장 가격보다 낮은 가격으로 정부가 할당하는 경우 공공 주택 거주자는 일반적으로 평균 소득보다 낮으며 월 $200에서 $500 사이, 즉 월 $10,000에서 월 $25,000 사이를 지불할 의향이 있을 것이다.

비슷한 민간 주택 단위의 가격은 공공 주택에 대한 가족의 가치를 제대로 목표로 하지 않으면 **과소평가**할 수 있다. 구체적으로, 공공 주택 단위가 공공 제공 주택을 얻지 못했을 경우 시장 가격으로 비슷하거나 더 나은 민간부문 단위를 구매했을 적당히 부유한 사람들에게 할당된 경우 민간 주택의 시장 가격은 공공 주택에 대한 지불의사(WTP)의 하한이 될 것이다. 아이러니하게도 CBA 관점에서(그리고 직접적인 소비 편익만 고려) 공공 주택 단위가 제대로 목표로 되지 않을수록 편익이 더 커진다.

15.1.2 유사한 민간부문 상품에 대한 정보를 사용하여 수요 추정

정부가 소유하고 운영하는 수영장의 총 편익을 측정하고자 한다고 가정하여 보자. 시정부는 입장료를 부과하지 않으며 수영장은 매년 300,000명의 방문객을 받는다(그림 15.1의 점 a). 비슷한 시정부에서 민간에서 운영하는 수영장은 입장료로 5달러를 부과하고 매년 100,000명의 방문객을 받는다(점 b). 이 두 시정부와 수영장이 비슷하다면 점 a와 b가 모두 수요 곡선에 있다고 가정하는 것이 합리적일 것이다. 또한 수요 곡선이 선형이라고 가정하면 이는 (두 커뮤니티 모두에서) 그림 15의 선 abc로 주어진다는 것을 의미한다.

이런 상황에서 시립 풀 사용자의 소비자 잉여는 전체 수요 곡선 아래의 면적으로, 1,125,000달러(7.5×300,000/2)와 같다.

사설 풀의 수익(500,000달러)을 사용하면 공공 풀의 편익을 과소평가하게 되는데, 이는 5달러 이상을 지불할 의향이 있는 사람들의 소비자 잉여(삼각형 cbd의 면적)와 5달러 미만이지만 0달러 이상 지불할 의향이 있는 사람들의 소비자 잉여(삼각형 bae의 면적)를 생략하기 때문이다.

사설 풀에서 관찰된 가격과 수량을 시립 풀의 수요 곡선상의 한 지점으로 간주하려면 풀과 해당 커뮤니티가 상당히 유사해야 한다. 예를 들어, 수영장은 탈의실 시설, 영업 시간, 직원의 친절함, 혼잡 수준 측면에서 유사해야 하며, 두 커뮤니티는 인구, 소득, 취향, 다른 수영 시설의 가용성 측면에서 유사해야 한다. 이러한 가정이 유지되지 않으면 헤도닉 가격 책정 섹션에서 제안하는 대로 조정해야 한다.

그림 15.1 시립 수영장 방문에 대한 수요 곡선

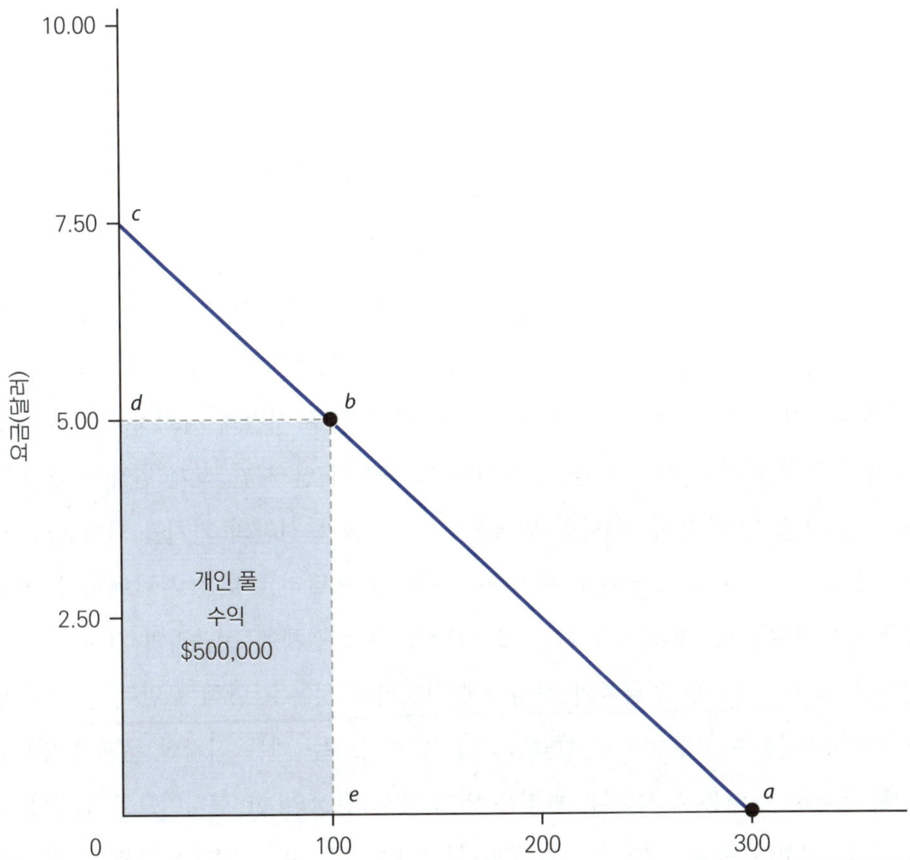

15.2 교환(Trade-Off) 방법

경제학자들은 기회 비용(무언가를 얻기 위해 포기한 것의 가치)을 가치 척도로 사용할 수 있다. 예를 들어, 초기 CBA는 통근자가 절약한 이동 시간의 가치로 세후 임금을 사용했다. 기본적인 아이디어는 이동 시간을 한 시간 줄이면 세후 임금 비율만큼 순소득을 늘릴 수 있고 그 반대의 경우도 마찬가지라는 것이다. 다시 말해, 사람들은 시간과 금전 임금 사이에서 교환하며, 우리는 그들이 이 교환하는 비율을 사용하여 시간의 가치를 평가할 수 있다. 마찬가지로, 사람들이 사망 위험과 임금의 변화 사이에서 기꺼이 하는 교환은 통계적 생명의 가치를 측정하는 데 사용될 수 있다. 또한, 분석가는 사람들이 현금 지출과 에어백, 연기 감지기 또는 기타 위험 감소 상품의 안전성 증가 사이에서 기꺼이 하는 교환을 조사하고 이 정보를 사용하여 통계적 생명의 가치를 추정할 수 있다.

15.2.1 시간 절약의 가치

많은 정부 프로젝트는 사람들의 시간에 영향을 미치는데, 여행하는 데 소요되는 시간이든 정부 서비스 제공을 기다리는 줄에 서는 시간이든 마찬가지이다. 시장의 불완전성과 세금이 없다고 가정하는 경우, 시장 임금은 추가 근무 시간의 사회적 가치와 동일하며 추가 근무 시간의 기회 비용과 동일하다. 그 사람이 한 시간 적게 일하는 대신 여가 시간을 한 시간 더 즐길 수 있다면 임금률은 추가 여가 시간의 가치를 나타낸다. 다른 방식으로 절약된 시간도 임금률로 평가된다. 시간당 20달러를 버는 사람에게 한 시간을 절약해 주는 정부 프로젝트의 가치는 그 사람과 사회 전체에 20달러의 가치가 있다.

절약된 시간의 가치를 임금률과 동일하게 설정하는 것은 간단해 보인다. 그러나 임금률을 사용하여 정부 프로젝트로 절약된 시간을 평가하는 데는 심각한 문제가 있다.

첫째, 임금은 편익을 무시한다. 편익은 일에 대한 보상의 한 형태이므로 임금에 추가해야 한다. 일하는 사람이 한 시간을 절약하는 사회적 가치는 세전 임금과 시간당 편익을 합친 것과 같다.

둘째, 세금을 고려해야 한다. 세전 임금과 편익을 합친 것으로 한 시간의 노동이 사회에 미치는 가치를 보는 것이 합리적이지만, 일할지 말지 결정할 때 개인은 세후 보상을 고려한다. 일반적으로 근무 시간이 약간 변하는 경우 세후 임금과 동일하다. 편익은 일반적으로 고정되어 있고 근무 시간에 따라 달라지지 않기 때문이다. 따라서 정부 프로젝트가 누군가의 여가 시간을 늘리거나 줄이는 경우 그 가치는 세전 임금과 편익을 합친 것이 아니라 세후 임금을 기준으로 평가해야 한다. 그러나 한 가지 중요한 단서가 있다. 부가 편익의 변화는 편익의 가용성을 변경할 때 관련성이 생긴다. 예를 들어, 파트타임 근로자(일반적으로 주당 30시간 미만)는 중요한 편익을 받을 자격이 없을 수 있으므로 파트타임에서 풀타임으로 변경하거나 그 반대로 변경하는 근로자의 편익에 상당한 변화가 있을 수 있다.

셋째, 이 접근 방식은 사람들이 여행 중이거나 줄을 서 있는 동안에는 일하지 않는다고 가정한다. 실제로 어떤 사람들은 멀티태스킹을 한다. 그들은 일하면서 동시에 운전하거나 비행기를 탄다. 만약 그들이 그렇게 한다면, 절약된 1시간의 여행 시간은 임금보다 가치가 낮다. 물론, 이것은 운전하는 동안 분명히 일하는 트럭 운전사에게는 적용되지 않는다. 그들에게는 절약된 시간을 세전 임금과 편익으로 평가하는 것이 합리적이다.

넷째, 사람들은 다른 일을 하면서 1시간을 절약하기 위해 다른 금액을 지불할 의향이 있다. 예를 들어, 여행하는 동안 절약된 시간의 가치는 줄을 서서 기다리는 동안 절약된 1시간의 가치보다 가치가 낮을 수 있다. 어떤 사람들은 여행을 좋아하는데, 특히 Banff에서 Jasper까지 고속도로를 따라가는 것과 같이 멋진 풍경을 감상하는 것을 좋아한다. 이런 사람들은 여행에서 소비 편익을 얻고 여행 자체의 경험에 대해 기꺼이 지불한다(예를 들어, 경치 좋은 지역을 운전하여 휴가를 보내는 트럭 운전사의 "버스맨의 휴가"를 생각해 보자). 반면에 많은 사람들은 줄을 서거나 교통 체증에 갇히는 것을 싫어하고, 그것을 피하기 위해 많은 비용을 기꺼이 지불한다. 따라서 절약된 시간의 가치는 무엇을 하는지에 따라 달라진다. 사람들은 일반적으로 여행을 싫어하지 않기 때문에 분석가들은 레크리에이션 여행객의 1시간 여행 시간을 세후 **세후 임금률**의 일부(일반적으로 40~50%)로 평가한다.

다섯째, 임금률은 근무 시간이 유연하다고 가정하기 때문에 절약된 시간에 대한 적절한 잠재가격이 아닐 수 있다. 실제로 노동 시장에는 구조적 경직성이 있다. 예를 들어, 어떤 사람들은 비자발적으로 초과 근무를 하고, 그 결과 "노동 공급 곡선에서 벗어난다." 또한 최저 임금과 노조의 독점적 힘과 같은 시장 실패나 정부 실패는 노동 시장을 왜곡할 수 있다. 결과적으로 시장 임금으로 일하고 싶어 하는 모든 사람이 그 임금으로 일자리를 찾을 수 없을 수도 있다. 실제로 은퇴자와 같은 일부 사람들의 경우 임금률을 관찰할 수 없다.

마지막으로, 회사는 직원에게 산출물의 한계 사회적 가치를 지불하지 않을 수 있다. 예를 들어, 시장 지배력이 있는 회사는 시장 임금보다 높은 형태로 직원과 편익을 공유할 수 있다. 물론, 산업이 부정적(긍정적) 외부 효과를 발생시킨 경우 임금률은 절약된 1시간의 한계 사회적 가치를 초과(미만)할 것이다.

이러한 문제의 심각성 때문에 임금률로 절약된 시간을 평가하는 것은 사회적 가치에 대한 첫 번째 근사치일 뿐이다. 이 장의 후반부에서 절약된 시간을 평가하는 더 나은 방법을 제시한다.

15.2.2 통계적 생명의 가치

생명을 평가하는 것은 논란의 여지가 있는 문제이다. 사회는 종종 갇힌 광부를 구출하거나 특정 개인에게 심장 이식을 하는 데 많은 돈을 쓴다. 그러나 광산 안전을 위해 눈에 띄는 성과를 내거나 심장병 위험을 줄이는 데는 돈을 쓰지 않을 수도 있다. 의료 분야에서 자원을 효율적으로 할당하거나 생명을 구하는 프로젝트의 편익을 파악하기 위해 분석가는 구한 생명의 금전적 가치를 요구한다.

포기된 수입: 부적절한 방법. 경제학자들이 생명을 평가하려는 초기 노력은 앞서 논의한 시간 가치와 유사한 방법을 따랐다. 구체적으로, 한 사람의 사회적 가치가 1시간 동안 그 사람의 임금과 같다고 받아들인다면, 그 사람의 남은 평생 동안의 사회적 가치가 그 사람의 미래 수입의 현재 가치와 같다고 추론할 수 있다. 따라서 구한 생명의 가치는 그 사람의 할인된 미래 수입과 같다고 결론 내릴 수 있다. 이것은 구한 생명을 평가하는 포기된 수입 방법이다.[2] 이 방법은 여전히 일부 미국 주와 다른 일부 국가의 법원에서 과실로 인한 사망과 관련된 사건에서 보상을 수여하는 데 사용된다. 이 방법은 소득이 높은 사람들에게 소득이 낮은 사람들보다 더 높은 생명 가치를 생성한다. 평균적으로 젊은 사람들에게 노인보다 더 높은 가치를 생성하고 남성에게 여성보다 더 높은 가치를 생성한다.

포기된 수입 방법은 이전에 논의된 시간 절약의 가치와 유사한 이유로 구한 생명의 가치에 대한 불만족스러운 추정치를 제공한다. 완전 고용을 가정하지만 이 방법은 평균 고용 기댓값에 따라 예상되는 평생 수입을 반영하도록 조정할 수 있다. 또한 사람들이 한계 사회적 생산물을 받는다고 가정하지만 종종 그렇지 않다. 서비스에 대한 대가를 받지 못하는 전업 주부와 자원봉사자의 생명은 부당하게 0으로 평가된다.

그러나 포기된 수입 방법의 근본적인 문제는 개인의 사망 위험을 줄이기 위해 개인의 WTP를 무시한다는 것이다. 이 점은 Thomas Schelling이 명확히 지적하였다. 그는 "사람의 미래 수입이 ... 자신의 사망 가능성을 줄이기 위해 지불할 금액과 특별한 관계가 있다고 가정할 이유가 없다"라고 말했다.[3] Schelling은 또한 식별 가능한 개인의 사망과 통계적 사망을 구별했다. 예를 들어, 고속도로의 안전 개선은 사전적으로 일부 식별 가능한 개인의 생명 구조가 아니라 모든 사용자의 사망 위험을 줄이는 편익이 있다. 제안된 안전 개선의 편익을 평가하기 위해 분석가는 제안된 안전 개선으로 인해 감소하는 위험과 동일한 규모의 사망 위험 감소에 대해 사람들이 얼마나 많은 비용을 지불할 의향이 있는지 확인해야 한다. 이러한 추론은 통계적 생명(VSL)의 가치를 계산하려는 일련의 소비자 구매 및 노동 시장 연구로 이어졌다.

간단한 소비자 구매 연구. 1,000달러에 전방 충돌 경고, 자동 제동, 차선 이탈 경고 및 사고 가능성을 줄이는 기타 기능이 포함된 신차용 옵션 안전 패키지를 구매할 수 있

그림 15.2 안전 패키지 구매를 위한 의사결정 트리

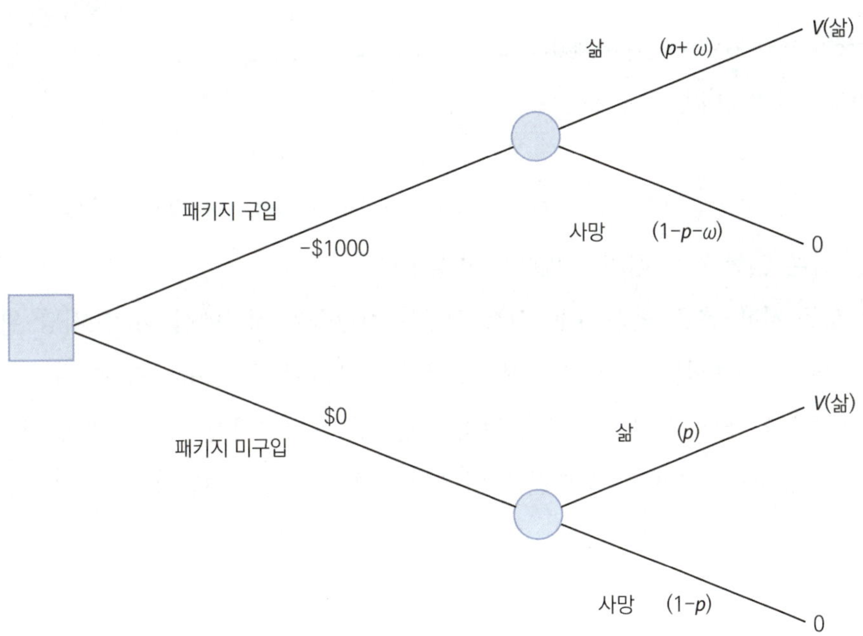

다고 가정해 보자. 이러한 기능은 자동차 사용으로 인한 생존율을 p에서 $p+\omega$로 증가시킨다. 안전 패키지를 구매할 것인가? 이 문제는 그림 15.2에서 의사결정 트리로 표현된다.

만약 어떤 사람이 두 가지 대안에 대해 무차별하다면, 상위 대안($1,000을 더 지출하고 ω만큼 생존 확률을 증가시킴)의 기댓값과 하위 대안($1,000을 지출하지 않고 확률 p로 생존)의 기댓값은 같다. 즉,

$$(p+\omega)\ V(\text{삶}) - \$1{,}000 = p\,V(\text{삶})$$
$$(p+\omega)\ V(\text{삶}) - p\,V(\text{삶}) = \$1{,}000$$
$$\omega(V(\text{삶})) = \$1{,}000$$
$$V(\text{삶}) = \$1{,}000\ /\ \omega$$

만약 ω = 1/10,000이라는 것을 알고 있다면, 즉, 10,000명이 안전 패키지를 구매하면 통계적으로 한 명의 생명이 구해질 것이다. 그러면 에어백을 사든 사지 않든 무차별한 사람의 경우:

$$V(\text{삶}) = \$1{,}000\ /\ (1/10{,}000)$$
$$V(\text{삶}) = \$10\text{백만}$$

이 VSL 추정 방법은 안전 패키지 구매뿐만 아니라 일산화탄소 감지기, 욕조, 소화기와 같은 다른 안전 강화 장치 구매에도 적용된다.

단순 노동 시장 연구. 단순 노동 시장 연구는 사람들이 직장에서 더 큰 사망 위험(직장 사망 위험)에 노출되는 것에 대한 보상으로 요구하는 추가 급여를 조사한다. 예를 들어, 어떤 유형의 건설 작업이 다른 유형의 건설 작업보다 1년에 치명적 부상 가능성이 1/1,000 더 높다고 가정하고, 위험한 작업이 안전한 작업보다 연간 11,000달러 더 높은 급여를 제공한다고 가정하여 보자. 근로자들이 이 두 가지 유형의 직업에 대해 무차별하다면 다음을 의미한다.

$$(1 / 1{,}000)\ V(\text{삶}) = \$11{,}000$$

$$V(\text{삶}) = \$11 \text{ million}$$

일반적으로, 근로자들이 더 큰 위험을 보상하기 위해 기꺼이 받아들일 금액이 $a이고, ω가 사망 위험의 변화라면, VSL은 다음과 같다.

$$\text{VSL} = \frac{\$a}{w} \tag{15.1}$$

15.2.3 간단한 소비자 구매 및 임금 위험 연구의 문제점

간단한 소비자 구매 및 임금 위험 연구의 한 가지 문제점은 근로자가 위험에 대한 모든 정보를 가지고 있다고 가정하는, 즉, 근로자는 ω를 알고 있다는 것이다. 예를 들어, 위험한 직업에서 사망할 확률이 덜 위험한 직업보다 1/1,000 더 높다는 것을 아는 것 외에도 근로자는 이것이 무엇을 의미하는지 알아야 한다. 16장에서 논의하는 증거는 사람들이 그러한 상황에서 합리적인 판단을 내리는 능력을 제한하는 인지적 편견을 겪고 있음을 시사한다. 예를 들어, 일부 연구에서는 사람들이 확률이 낮은 "나쁜" 사건의 발생을 과대평가하는 반면, 다른 연구에서는 사람들이 그러한 사건을 과소평가한다고 시사한다.[4] 사람들이 직업의 사망(나쁜 사건) 위험을 과소평가하면 그 직업을 수행하기 위해 더 낮은 위험 프리미엄을 받아들이고 VSL이 과소평가된다.

두 번째 문제는 비교적 위험 회피성이 낮은(위험 추구성이 더 높은) 사람들이 더 위험한 직업을 스스로 선택한다는 것이다. 최근 VSL 연구에서 평균 사망 위험은 10만 명당 약 3명에서 10만 명당 22명이다. 그러나 모든 직업에 대한 미국의 평균 사망률은 10만 명당 약 4명이다.[5] 결과적으로 위험 회피적 개인은 임금 위험 연구에서 과소 표현될 수 있으며, 이는 이러한 연구에서 VSL을 과소평가하게 만들 것이다.

세 번째 문제는 연구자들이 서로 다른 근로자 또는 소비자가 직면한 사망 위험의 차이, p와 ω를 정확하게 측정하지 못할 수 있다는 것이다. 많은 미국 임금 위험 연구에서는 노동통계국의 통합 산업 수준 데이터를 사용한다. 이러한 데이터는 같은 산업 내의 서로 다른 직업에 종사하는 근로자가 직면한 위험의 차이를 반영하지 않는다. 예를 들어, 석탄 광부와 석탄 채굴 회사의 비서는 사망 위험이 상당히 다르다. 더욱이 ω는 현재 부정확한 과거 데이터를 기반으로 할 수 있다. 소비자 구매 연구에서 $a가 $800이고 c가 0.0002이므로 VSL이 $400만이라고 가정한다. 이제 5,000명 중 사망자가 한 명 더 많다고 가정하면 c는 0.0004가 되고 VSL은 $200만과 같다.

안전 증가에 대한 WTP와 안전 수준(사망 위험) 간의 관계는 아마도 볼록할 것이다. 안전의 추가 양에 대한 WTP는 안전의 기본 수준과 안전 수준의 변화 규모에 따라 달라진다. VSL을 얻는 데 사용된 소비자 구매 또는 임금 위험 연구의 위험 수준이 정책이 적용되는 곳에 적용되는 위험 수준과 상당히 다를 경우 타당성 문제가 발생한다.

이러한 방법의 다른 문제는 시장이 효율적이며 가격이나 임금에 영향을 미치는 다른 모든 요소가 일정하게 유지된다고 가정한다는 것이다. 실제로 임금 차이는 부분적으로 노조의 상대적 협상력, 다양한 직업의 다른 특성 또는 다양한 직업의 근로자의 다른 특성(기술)에 따라 달라질 수 있다. 예를 들어, Adam Smith가 언급한 것처럼 "노동의 임금은 고용의 용이성이나 어려움, 깨끗함이나 더러움, 명예로움이나 불명예로움에 따라 달라진다."[6] 전시 15.1에서 설명하는 생략된 변수 문제는 이 장의 뒷부분에서 더 자세히 설명한다.

전시 15.1

위험한 직업에서 일하는 근로자가 받는 임금 프리미엄에 의존하는 생명의 가치에 대한 추정치는 체계적으로 과소평가된 것인가? Robert Frank와 Cass Sunstein은 모든 근로자의 안전을 개선하는 정부 안전 규정에 대한 WTP를 측정하는 데 사용되는 경우 18~75%가 과소평가되었다고 주장한다. Robert Frank와 Cass Sunstein에 따르면, 그 이유는 비교적 안전한 직업을 선택하기로 결정한 근로자가 두 가지 비용을 부담하여 추가 안전에 대한 비용을 지불하기 때문이다. 즉, 더 위험한 직업을 선택했을 때 받을 임금 프리미엄을 잃고 임금 분포에서 더 낮은 순위에 있게 되어 지위를 잃게 된다. 두 가지 요인 모두 안전에 대한 WTP에 영향을 미치지만, 임금 프리미엄에 기반한 통계적 생명의 가치 측정에는 첫 번째 요인만 반영된다. 그러나 보편적으로 적용되는 안전 규정은 경제적 지위에 영향을 미치지 않으면서 모든 사람의 위험을 줄인다. 따라서 근로자는 임금 프리미엄만으로 반영된 금액보다 그러한 규정에 대해 더 많은 비용을 지불할 의향이 있을 것이다.

Thomas Kniesner와 Kip Viscusi는 여러 가지 이유로 이 결론에 이의를 제기한다. 그들은 직장 위험 차이에 대한 임금 프리미엄 추정치가 연간 수백 달러 정도로 상당히 작아서 경제적 지위에 큰 영향을 미치지 않을 것이라고 지적한다. Kniesner와 Viscusi는 임금 프리미엄이 지위에 긍정적인 영향을 미치더라도 이러한 이득은 상대적으로 위험한 직업이 건강과 안전이 정의상 더 낮기 때문에 웰빙 감정에 부정적인 영향을 미칠 가능성이 높기 때문에 상쇄될 수 있다고 주장한다.

출처: Robert H. Frank and Cass R. Sunstein, "Cost-Benefit Analysis and Relative Position." *University of Chicago Law Review*, 68(2), 2001, 323-74; 그리고 Thomas J. Kniesner and W Kip Viscusi, "Cost-Benefit Analysis: Why Relative Economic Position Does Not Matter." *Yale Journal on Regulation*, 20(1), 2003, 1-24에서 발췌

15.3 중간재 방법

일부 정부 프로젝트는 중간재, 즉 다른 **하위** 생산의 투입물로 사용되는 상품을 생산한다. 예를 들어, 정부 관개 프로젝트는 농부가 아보카도 생산에 사용하는 물을 제공할 수 있다. 중간재인 물이 원활하게 기능하는 시장에서 판매되는 경우 계량경제학적 방법을 사용하여 물에 대한 시장 수요 곡선을 직접 추정할 수 있다. 그렇지 않은 경우 우리는 그 가치를 추정해야 한다. 중간재 방법은 하위 활동에 대한 **부가가치**를 기반으로 프로젝트의 (총) 편익을 추정한다. 구체적으로, 관개 프로젝트의 가치는 아보카도 농부의 소득 증가로 측정할 수 있다. 보다 일반적으로 중간재 방법은 하위 사업의 연간 소득 변화로 프로젝트의 연간 편익을 측정한다.

연간 편익 = 소득(프로젝트 포함) − 소득(프로젝트 제외)

프로젝트의 총 편익은 프로젝트 수명 동안 이러한 연간 편익을 할인하여 계산할 수 있다. 중간재 방법은 교육 및 훈련 프로그램의 편익을 평가하는 데 사용할 수 있다. 인간의 기술과 능력에 대한 투자는 **인적 자본**의 스톡을 개선한다. 예를 들어, 물리적 자연 자원 측면에서 비교적 열악한 일본과 스위스의 경제적 성공의 대부분은 인적 자본에 대한 투자에 기인할 수 있다. 중간재 방법은 인적 자본 프로그램에 등록한 사람들의 편익을 포함한 평균 소득과 등록하지 않은 사람들의 편익을 포함한 평균 소득을 비교하여 인적 자본 프로그램의 연간 편익을 측정한다. 17장 이후의 사례는 이 방법을 사용하여 고등학교 졸업장의 잠재가격을 도출하는 방법을 보여준다.

이 방법의 한 가지 문제점은 소득 차이가 프로젝트의 모든 편익을 포착한다고 가정한다는 것이다. 대학 교육과 같은 일부 중간재는 부분적으로 "최종" 상품일 수 있다. 즉, 투자 가치 외에도 소비 가치가 있을 수 있다. 일부 사람들은 예상 수입에 아무런 영향을 미치지 않더라도 대학 교육을 너무 좋아해서 비용을 지불할 수도 있다. 이 소비 측면에 대한 사람들의 WTP도 대학 교육의 편익으로 간주되어야 한다. 또한, 더 많은 교육을 받은 사람들은 그 후에 더 나은 근무 조건(더 높은 급여 포함)을 누릴 수 있다. 중간재 방법이 이러한 소비 편익을 배제하는 한, 대학 교육의 가치를 과소평가한다. 또한 이 방법은 수입과 관련된 다른 요소를 통제해야 한다. 예를 들어, 대학 교육을 받은 사람들의 더 높은 소득은 부분적으로 더 큰 능력이나 동기에 기인할 수 있다. 또한 일부 고용주는 반드시 더 나은 기술이 없더라도 더 나은 "자격"을 가지고 있기 때문에 대학 학위를 가진 사람들에게 더 많은 급여를 지불할 수 있다. 이러한 후자의 효과들은 고등 교육의 편익 추정치를 과대평가하는 경향이 있다. 전시 15.2에서는 다양한 국가의 교육에 대한 수익에 대해 논의한다.

또한 이 방법을 적용할 때는 이중 계산을 피하기 위해 주의해야 한다. 중간재의 가치가 다른 방식으로 측정된 경우 하위 생산 가치에 대한 기여도를 추가 편익으로 계산해서는 안 된다. 예를 들어 관개 프로젝트의 편익이 물 수요 곡선 추정에 따라 추정된 경우 아보카도 농부의 소득 증가를 추가 편익으로 포함하는 것은 이중 계산이 된다. 물 시장이 효율적이라면 물 수요 곡선은 모든 용도에서 한계 가치를 반영한다.

전시 15.2

많은 연구에서 중간재 방법을 사용하여 교육의 사회적 편익을 평가했다. 이러한 연구는 일반적으로 대학 졸업자의 세전 소득과 고등학교 졸업 후 교육을 중단한 사람의 세전 소득의 차이로 대학 교육의 사회적 편익을 측정한다. 이러한 연구 중 일부는 수업료, 세수입, 기부금, 대학 재학 중에 포기한 소득 등 교육 비용을 추정한다. 이러한 편익 및 비용 추정치는 다양한 추가 교육에 대한 수익률을 계산하는 데 사용할 수 있다. 예를 들어 George Psacharopoulos와 Harry Anthony Patrinos는 학교 마지막 해에 대한 평균 전 세계 사회적 수익률이 초등, 중등 및 고등 교육에 대해 각각 18.9%, 13.1%, 10.8%임을 발견했다. 개인에 대한 수익률은 이러한 추정치보다 높은데, 이는 편익을 포착하기 때문이고 비용은 종종 정부나 기부자에 의해 부분적으로 보조되기 때문이다.

출처: George Psacharopoulos and Harry Anthony Patrinos, "Returns to Investment in Education: A Further Update." *Education Economics*, 12(2), 2004, 111-34.에서 발췌

15.4 자산 평가 방법

정부 프로젝트는 종종 토지, 주택, 주식과 같은 자산의 가격에 영향을 미친다. 영향은 자산의 시장 가치에 자본화된다고 한다. 자산 가치의 관찰된 증가(감소)는 프로젝트의 편익(비용)을 추정하는 데 사용할 수 있다. 예를 들어, 아보카도 농장에 물을 공급하기 위한 관개 프로젝트로 돌아가서 농장이 관개수의 유일한 사용자이고 농지 시장이 경쟁적이라면 관개 프로젝트의 전체 가치가 아보카도 농장의 시장 가치에 자본화된다. 관개 프로젝트 전후 농장 가치의 차이를 사용하는 것은 프로젝트의 편익을 추정하는 비교적 빠르고 쉬운 방법이다.

자산 평가 방법의 일반적인 적용은 주택 가격에 대한 횡단면 데이터를 사용하여 소음이나 오염과 같은 부정적 외부 효과를 포함하여 주택이나 환경의 특정 속성의 가치를 추정한다. 예를 들어, 전망이 있는 주택과 전망이 없는 주택의 시장 가격 차이는 가

구가 전망에 대해 지불할 의향이 있는 금액을 추정할 수 있다. 공원이 있는 동네의 주택 평균 가격과 공원이 없는 동네의 주택 평균 가격의 차이는 주택 소유자가 공원에 대해 지불할 의향이 있는 금액을 추정할 수 있다. 물론, 앞서 논의한 다른 방법과 마찬가지로 이 방법은 주택이 다른 모든 면에서 유사하고 다른 요인이 가격 차이에 영향을 미치지 않는다고 가정한다. 헤도닉 가격에 대한 섹션에서는 다른 요인을 통제하는 방법에 대해 설명한다.

사건 연구는 이제 회사에 영향을 미치는 새로운 정책이나 규제의 주주 비용 또는 편익을 추정하는 중요한 방법이 되었다.[7] 일반적으로 연구자는 증권의 비정상적 수익률을 추정하는데, 이는 사건이 있을 때의 증권 수익률과 사건이 없을 때의 증권 예상 수익률의 차이이다. 이러한 수익률은 **사건 창** 동안 계산되는데, 이는 사건이 주가에 영향을 미칠 것으로 가정되는 기간(종종 며칠) 동안 계산된다. 주가를 사용하는 주요 편익은 정책 변화에 대한 새로운 정보가 신속하고 이론적으로 효율적으로 주가에 자본화된다. 이벤트가 없는 경우 증권에 대한 수익은 관찰할 수 없기 때문에 Dow Jones Index나 FTSE 100과 같은 시장의 다른 주식 가격의 변화에서 추론한다. 이벤트 기간 동안의 추정 일일 비정상 수익은 누적 비정상 수익률을 얻기 위해 집계할 수 있으며, 이는 이벤트에 기인할 수 있는 주주에 대한 총 수익을 측정한다. 누적 비정상 수익률은 일부 새로운 정책으로 인한 생산자 잉여의 변화에 대한 추정치를 제공한다.

15.5 간단한 평가 방법의 문제점

이 장에서 앞서 논의한 평가 방법에는 몇 가지 잠재적인 한계가 있으며, 그 중 많은 부분이 앞서 논의되었다. 이 섹션에서는 생략된 변수 문제와 자기 선택 편차에 초점을 맞춘다.

15.5.1 생략된 변수 문제

이 장에서 지금까지 논의한 모든 방법은 다른 모든 설명 변수가 일정하다고 암묵적으로 가정하지만 실제로는 그럴 가능성이 낮다. 예를 들어, 중간재 방법을 사용하여 관개를 평가하는 것을 고려해 보자. 이상적으로는 분석가는 관개 프로젝트가 건설되었을 때의 농부 소득과 프로젝트가 건설되지 않았을 때의 같은 농부 소득을 비교해야 한다. 실제로 프로젝트가 건설되었을 때 분석가는 프로젝트가 건설되지 않았다면 농부의 소득이 어땠을지 직접 관찰할 수 없다. 프로젝트가 없었다면 농부의 소득이 어땠을지 추론하는 한 가지 방법은 프로젝트가 건설되기 전 같은 농부의 소득(이전 및 이후 설계)이나 관개 프로젝트의 편익을 받지 못한 비슷한 농부의 소득(비실험적 비교 그룹 설계)을 사용하는 것이다. 이전 및 이후 설계는 날씨 조건, 작물 선택, 세금 및 보조금과 같이 농부의 소득에 영향을 미치는 다른 모든 변수가 일정하게 유지되는 경우에만 합리적이다. 이러한 변수가 변경되면 프로젝트 전에 관찰된 소득은 프로젝트가 실행되지 않았다면 어떤 소득이었을지에 대한 좋은 추정치가 아닐 수 있다. 마찬가지로 비교 그룹 설계는 비교 그룹이 관개가 있다는 점은 제외하고, 관개가 있는 농부와 모든 중요한 측면에서 유사할 때만 적절하다.

대학 학위를 가진 사람과 고등학교 학위를 가진 사람 간의 급여 차이는 대학 진학 외에도 능력, 지능, 사회경제적 배경 및 기타 요인에 따라 달라질 수 있다. 마찬가지로 생명의 가치에 대한 노동 시장 연구에서 일자리 간 임금 차이는 일자리 간 지위의 차이, 다양한 노조의 협상력 또는 사망 위험 외에도 치명적이지 않은 사고 위험에 따라 달라질 수 있다. 간단한 자산 가격 연구에서 주택 가격은 일반적으로 중심 상업 지구와의 거리 및 크기와 같은 요인과 전망이 있는지 여부에 따라 달라진다. 분석가는 모든 중요한 설명 변수를 고려해야 한다. 관련 설명 변수가 모델에서 생략되고 포함된 관심 변수와 상관 관계가 있는 경우 추정 계수는 4장에서 논의하는 것처럼 편차를 가지게 된다.

연구자는 종종 치료 및 비교 그룹으로의 할당이 거의 무작위적인 자연 실험을 찾아 측정되지 않은 차이를 통제하려고 한다.[8] 예를 들어, 행정 규칙은 일부 차단 값에서 프로그램 참여 가능성에 불연속성을 만들어 연속성 바로 위와 바로 아래의 피험자가 본질적으로 동일하지만 일부는 다른 피험자보다 프로그램에 참여할 가능성이 더 높을 수 있다. 이러한 종류의 **회귀 불연속성** 설계는 Head Start 프로그램의 건강 효과를 추정하는 데 사용되었다.[9] 연방 정부는 미국에서 가장 가난한 300개 카운티가 프로그램을 실행하도록 지원했으며, 그 결과 기준선 바로 아래에 있는 지역들은 그 바로 위에 있는 지역들보다 프로그램에 참여할 가능성이 훨씬 높았다.

15.5.2 자기 선택 편차

또 다른 잠재적인 문제는 자기 선택 편차이다. 위험을 추구하는 사람들은 위험한 직업을 스스로 선택하는 경향이 있다. 그들은 위험을 감수하는 것을 좋아하기 때문에 위험한 직업에 종사하는 다른 사람들보다 낮은 급여를 기꺼이 받아들일 수 있다. 결과적으로 우리는 위험한 직업에 대한 비교적 작은 임금 프리미엄만을 관찰할 수 있다. 위험 추구자는 사회 전체를 대표하지 않기 때문에 관찰된 임금 차이는 사회의 평균 구성원이 위험을 줄이기 위해 기꺼이 지불할 금액을 과소평가할 수 있으며, 따라서 통계적 삶의 가치를 과소평가하게 될 수 있다.

자기 선택 문제는 다른 사람들이 특정 속성에 다른 가치를 부여할 때마다 발생한다. 또 다른 예로, 주택 가격의 차이를 사용하여 소음에 대한 잠재가격을 추정하고자 한다고 가정해 보자. 청각 장애가 있을 수 있기 때문에 소음에 크게 신경 쓰지 않는 사람들은 자연스럽게 시끄러운 동네로 이사하는 경향이 있다. 결과적으로 조용한 집과 시끄러운 집의 가격 차이가 매우 작을 수 있으며, 이는 "평균" 사람의 소음에 대한 잠재가격을 과소평가하게 될 것이다.

15.6 헤도닉 가격 결정 방법

때때로 **헤도닉 회귀 방법**이라고도 하는 헤도닉 가격 결정 방법은 앞서 논의한 비교적 간단한 평가 방법에서 발생하는 누락 변수 문제와 자기 선택 편차을 극복할 수 있는 잠재적 방법을 제공한다. 통계적 생명의 가치를 평가하기 위한 가장 최근의 임금 위험 연구(노동 시장 연구라고도 함)는 헤도닉 회귀 방법을 적용한다. 이 방법은 자산(예: 주택 또는 급여)의 가격에 자산의 가치가 자본화될 때마다 속성 또는 속성의 변화를 평가하는 데 사용할 수 있다.

15.6.1 헤도닉 회귀

예를 들어, 경치 좋은 전망을 1에서 10까지 확장할 수 있고 지역의 경치 좋은 전망의 (품질) "수준"을 1단위 개선하는 편익을 추정하고자 한다고 가정한다. 개별 주택 가격과 경치 좋은 전망의 수준 간의 관계를 추정할 수 있다. 그러나 주택의 시장 가치는 경치 좋은 전망의 품질과 관련이 있을 수 있는 부지의 크기와 같은 다른 요인에 따라 달라진다는 것을 알고 있다. 또한 경치 좋은 전망이 있는 집에 사는 사람들은 다른 사람들보다 경치 좋은 전망을 더 중요하게 여기는 경향이 있다고 생각한다. 결과적으로, 우리는 누락 변수 문제와 자기선택 편차를 가지게 된다.

헤도닉적 가격 결정 방법은 이 두 가지 유형의 문제를 모두 극복하려고 시도한다.[10] 두 단계로 구성된다. 첫 번째 단계는 자산 가격과 가치에 영향을 미치는 모든 속성(특성) 간의 관계를 추정한다.[11] 이를 통해 자산 가치에 영향을 미치는 다른 변수를 통제하면서 속성(예: 더 나은 경치 좋은 전망)의 한계 효과를 도출한다. 두 번째 단계는 일반적으로 사회경제적 요인으로 대리되는 "취향"을 통제한 후 속성에 대한 WTP를 추정한다. 이 정보를 통해 속성을 개선하거나 악화시키는 프로젝트로 인한 소비자 잉여의 변화를 계산할 수 있다.

경치 좋은 전망의 헤도닉적 가격을 결정하는 데 관심이 있다고 가정한다. 첫 번째 단계는 주택 가격 P와 경치 좋은 전망의 품질, VIEW, 중심 상업 지구와의 거리, 부지 크기, SIZE, 학교 품질과 같은 동네의 다양한 특성, NBHD와 같은 모든 속성 간의 관계를 추정한다. 주택 가격에 영향을 미치는 요인의 모델은 다음과 같이 작성할 수 있다.

$$P = f(CBD, SIZE, VIEW, NBHD) \tag{15.2}$$

이 방정식을 **헤도닉 가격 함수 또는 암묵적 가격 함수**라고 한다.[12] 특정 속성(예: 기울기)의 단위 변경으로 인해 발생하는 주택 가격의 변화를 **헤도닉 가격, 암묵적 가격** 또는 속성의 **임대료 차이**라고 한다. 잘 작동하는 시장에서 헤도닉 가격은 특정 속성 측면에서 약간 더 나은 주택을 구매하는 데 드는 추가 비용으로 자연스럽게 해석될 수 있다. 예를 들어, 우리가 r_v라고 표기하는 경치 좋은 전망의 헤도닉 가격은 약간 더 나은

(더 높은 수준의) 경치 좋은 전망이 있는 주택을 구매하는 데 드는 추가 비용을 측정한다.[13] 때때로 헤도닉 가격은 **한계 헤도닉 가격 또는 한계 암묵적 가격**이라고도 한다. 이러한 용어가 기술적으로 더 정확하지만 설명을 가능한 한 쉽게 따라갈 수 있도록 하기 위해 사용하지는 않을 것이다.

일반적으로 분석가는 헤도닉 가격 함수가 곱셈 함수 형태를 갖는다고 가정하는데, 이는 경치 좋은 전망 수준이 증가함에 따라 주택 가격이 증가하지만 감소하는 속도로 증가한다는 것을 의미한다. 식 (15.2)에 나타난 헤도닉 가격 책정 모델이 곱셈 함수 형태를 갖는다고 가정하면 다음과 같이 쓸 수 있다.

$$P = \beta_0 CBD^{\beta_1} SIZE^{\beta_2} VIEW^{\beta_3} NBHD^{\beta_4} e^{\epsilon} \tag{15.3}$$

파라미터 β_1, β_2, β_3, β_4는 탄력성이다. 이는 연관된 속성의 비례적 변화로 인해 발생하는 주택 가격의 비례적 변화를 측정한다.[14] 주택 가격은 CBD와의 거리에 따라 감소하므로 $\beta_1 < 0$이지만 주택 가격은 SIZE, VIEW, NBHD가 증가함에 따라 증가하므로 β_2, β_3, $\beta_4 > 0$이다.

특정 속성의 헤도닉 가격은 해당 속성에 대한 식 (15.2)의 기울기이다. 원칙적으로 그것은 헤도닉 가격 방정식의 모든 변수의 함수가 될 수 있다.[15] 식 (15.3)의 곱셈 모델의 경우 경치 좋은 전망의 헤도닉 가격 r_v는 다음과 같다.[16]

$$r_v = \beta_3 \frac{P}{VIEW} > 0 \tag{15.4}$$

이 모델에서 경치 전망의 헤도닉 가격은 매개변수 β_3의 값, 주택 가격 P, 주택에서 보이는 전망 VIEW에 따라 달라지고, 경치 전망의 헤도닉 가격은 관찰치(주택)마다 달라진다. 이 헤도닉 가격을 경치 전망 수준에 대해 표시하면 하향 경사 곡선이 나타나는데, 이는 경치 전망의 한계 가치가 전망 수준이 증가함에 따라 감소함을 의미한다.

이러한 점은 그림 15.3에 설명되어 있다. 상단 패널은 경치 전망 수준이 증가함에 따라 주택 가격이 감소하는 헤도닉 가격 함수를 보여준다. 경치 전망의 헤도닉 가격에 해당하는 이 곡선의 기울기는 경치 전망 수준이 증가함에 따라 감소한다. 하단 패널은 경

그림 15.3 헤도닉 가격 방법

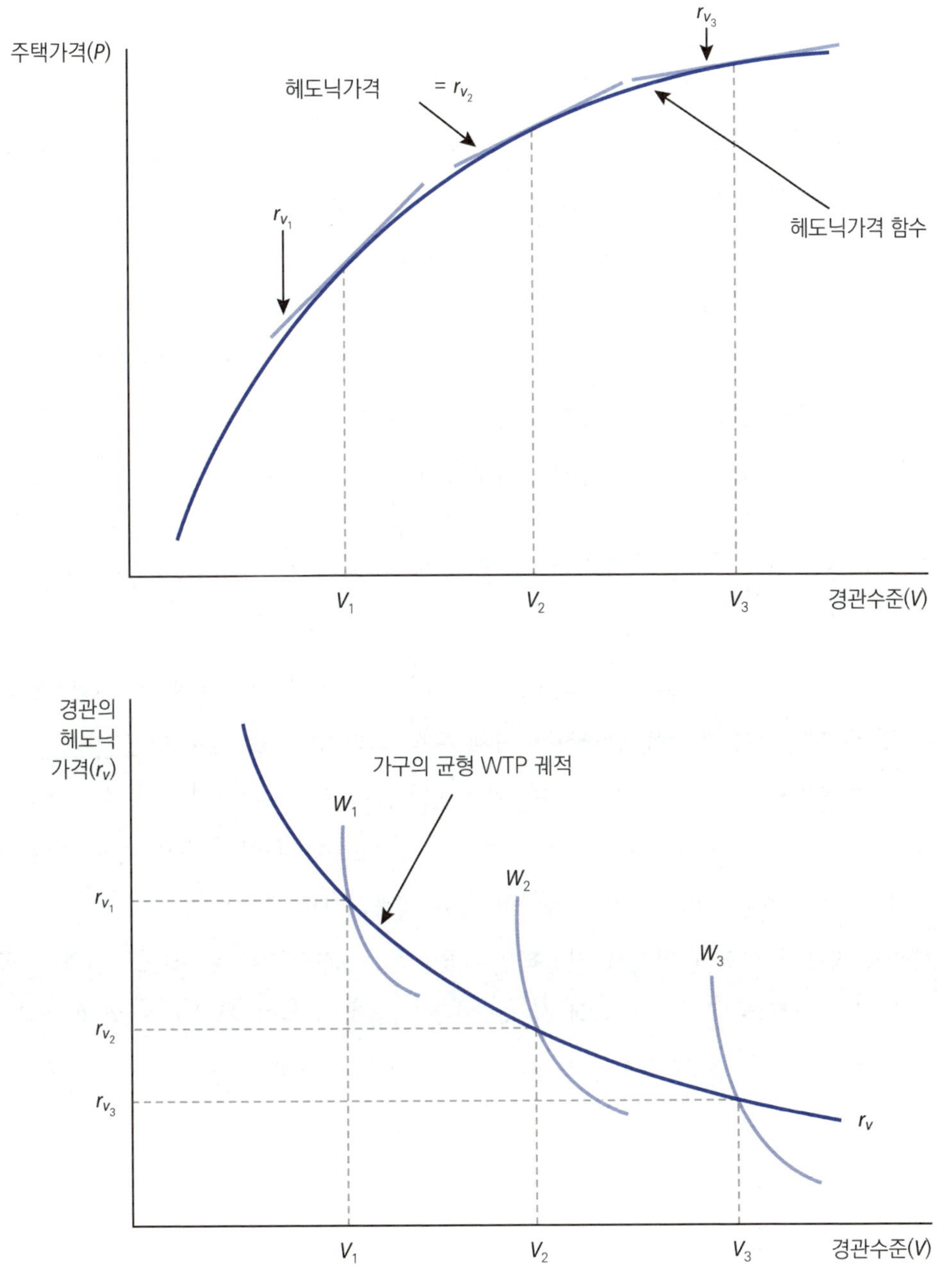

치 전망의 헤도닉 가격(상단 패널의 곡선 기울기)과 경치 전망 수준 간의 관계를 보다 정확하게 보여준다.

잘 기능하는 시장에서, 효용 극대화를 추구하는 가구는 각 속성의 한계적 증가에 대한 WTP가 헤도닉 가격과 같도록 주택을 구매한다. 결과적으로 균형에서 속성의 헤도닉 가격은 가구가 해당 속성의 한계적 증가에 대해 지불할 의향으로 해석할 수 있다. 경치 좋은 전망의 헤도닉 가격 r_v와 경치 좋은 전망의 수준에 대한 그래프는 그림 15.3의 아래쪽 패널에 나와 있다. 모든 가구의 소득과 취향이 동일하다고 가정하면, 이 곡선은 경치 좋은 전망에 대한 가구 역수요 곡선으로 해석할 수 있다.

그러나 가구마다 소득과 취향이 다르다. 경치 좋은 전망에 상당한 금액을 지불할 의향이 있는 가구도 있고 그렇지 않은 가구도 있다. 여기서 헤도닉 가격 결정 방법의 두 번째 단계로 넘어간다. 소득과 취향의 차이를 설명하기 위해 분석가는 경치 좋은 전망에 대한 다음과 같은 지불의사(역수요) 함수를 추정한다.[17]

$$r_v = W(VIEW, Y, Z) \tag{15.5}$$

여기서 r_v는 식 (15.4)에서 추정되고, Y는 가계 소득이며, Z는 취향(예: 사회경제적 배경, 인종, 연령 및 가족 규모)을 반영하는 가계 특성 벡터이다. 세 가지 다른 가계에 대한 세 가지 지불의사 함수(W_1, W_2 및 W_3)가 그림 15.3.[18]의 하단 패널에 그려져 있다. 이러한 함수가 r_v 함수와 교차하는 곳이 균형점이다. 소득과 사회경제적 특성이 다를 때, r_v 함수는 경치 좋은 전망에 대한 가계의 균형 지불의사의 위치이다.

3장과 4장에서 설명한 방법을 사용하면, 경치 좋은 전망 수준의 변화로 인한 가계의 소비자 잉여 변화를 계산하기 위해 식 (15.5)을 사용하는 것이 간단하다. 개별 가계 소비자 잉여의 이러한 변화는 모든 가계에 걸쳐 집계되어 소비자 잉여의 총 변화를 얻을 수 있다.

15.6.2 헤도닉 모델을 사용하여 VSL 결정

위에서 언급했듯이, 이전에 설명한 간단한 소비자 구매 및 노동 시장 연구는 누락된 변수로 인해 통계적 생명의 가치에 대한 편차된 추정치를 초래할 수 있다. 예를 들어, 사망 위험(사망 위험)에 초점을 맞춘 노동 시장 연구는 종종 부상 위험(비치명적 부상 위험)과 같은 잠재적으로 관련성 있는 변수를 생략한다.

이 문제는 헤도닉 가격 책정 방법을 사용하여, 다음의 로그-로그 회귀 모델을 추정하여 줄일 수 있다.[19]

$$\ln(\text{임금률}) = \beta_0 + \beta_1 \ln(\text{사망 위험}) + \beta_2 \ln(\text{부상 위험}) + \beta_3 \ln(\text{직장 재직 기간}) + \beta_4 \ln(\text{교육}) + \beta_5 \ln(\text{연령}) + \varepsilon \quad (15.6)$$

이 모델에는 제외할 경우 추정된 β_1 계수에 편차을 줄 수 있는 임금에 영향을 미칠 수 있는 변수에 대한 통제변수로서 부상 위험, 직장 재직 기간, 교육 및 연령이 모델에 포함되어 있다. 이전 섹션에서 설명한 절차를 사용하여 분석가는 β_1의 추정치를 사망 위험의 헤도닉 가격으로 변환한 다음 개인의 WTP를 추정하여 사망 위험을 피하고, 이를 통해 자기 선택 문제를 통제할 수 있다. 17장에 보고된 생명의 가치에 대한 경험적 추정치의 대부분은 여기에서 설명한 것과 유사하거나 유사한 모델을 사용하는 노동 시장 및 소비자 제품 연구에서 얻은 것이다.

전시 15.3

Dean Uyeno, Stanley Hamilton, Andrew Biggs는 캐나다 밴쿠버의 공항 소음 비용을 추정하기 위해 헤도닉 가격 책정 방법을 사용했다. 그들은 다음과 같은 헤도닉 가격 방정식을 추정했다.

$$\ln H = \beta_0 + \beta_1 \neq F + \sum_{j=2}^{k} \beta_k \ln X_j + \epsilon$$

여기서 $\ln H$는 주거용 부동산 가치의 자연 로그이고, NEF는 소음 수준의 척도(주변 소음 수준은 NEF 15-25 범위, "약간"에서 "많은" 불쾌감은 NEF 25-40 범위, "상당한" 불쾌감은 NEF 40 이상에서 발생)이며, X_j는 주택 특성(j = 2,..., k)이고, ε는 오차 항이다.

그들의 결과에 따르면 밴쿠버 국제공항은 주거용 주택 및 콘도미니엄 가격에 자본화되는 소음 비용을 발생시킨다. 소음 변수의 추정 계수는 NEF가 40인 공항과 매우 가까운 단독 주택이 NEF가 25인 공항에서 멀리 떨어진 주택보다 9.75% 더 저렴하다는 것을 의미한다. 밴쿠버 국제공항의 소음으로 인한 사회적 비용은 1987년 캐나다 달러로 약 1,500만 달러에 이른다.

출처: Dean Uyeno, Stanley W Hamilton, and Andrew J. G. Biggs, "Density of Residential Land Use and the Impact of Airport Noise." **Journal of Transport Economics and Policy**, 27(1), 1993, 3-18.에서 발췌

15.6.3 헤도닉 모형의 문제점

이론적으로 헤도닉 가격 결정 방법은 잘 발달된 시장에서 거래되지 않는 많은 상품, 예를 들어, 외부 효과 및 공공재의 잠재가격을 결정하는 데 사용할 수 있다.[20] 누락된 변수 및 자기 선택 문제를 극복하는 데 도움이 된다. 그러나 모든 문제를 극복하는 것은 아니다. 여기서는 일곱 가지 문제를 언급한다.

첫째, 사람들은 외부 효과 또는 공공재의 전체적인 의미를 알고 이해해야 한다. 예를 들어, 헤도닉 가격 결정 방법을 사용하여 오염을 평가하려면 가족은 집을 구매하기 전에 노출된 오염 수준을 알고 있어야 하며 다양한 오염 수준이 건강에 미치는 영향도 알아야 한다. 마찬가지로 헤도닉 임금-위험 연구에서 근로자는 실제 위험을 올바르게 인식해야 한다. 둘째, 관심의 핵심 독립 변수에 충분한 변화가 있어야 한다. 예를 들어, W P. Jennings와 A. Kinderman은 대부분 산업에서 직업적 사망률이 1920년 이후 약 95% 감소했으며 현재는 가정에서의 사고 사망률의 3분의 1에 불과하다고 주장했다.[21] 그들은 "현재 사망률이 너무 낮고 개별 원인이 너무 무작위적이어서 사망자가 임금에 미치는 영향을 측정하려는 통계적 시도가 성공할 가능성이 낮다"고 주장한다. 셋째, 식 (15.3)이나 식 (15.6)과 같은 헤도닉 방정식에는 쉽게 얻을 수 있지만 잘못된 대리변수가 아닌 올바르게 측정된 변수가 포함되는 것이 중요하다. 예를 들어, 주택 가치는 건설 품질에 따라 달라질 수 있다. 이 변수는 검사 없이는 결정하기 어렵기 때문에 연구

자는 건설 연도를 품질의 대리변수로 사용할 수 있다. 계량경제학에서 이 문제는 변수 오류 문제라고 한다. 넷째, 헤도닉 가격 모델이 선형적이라면 각 속성의 헤도닉 가격은 일정하므로 식 (15.5)[22]와 같은 역수요 함수를 추정하는 것이 불가능할 것이다. 다섯째, 시장에는 가족이 최적의 "패키지", 즉 속성의 적절한 조합을 갖춘 집을 찾을 수 있도록 다양한 주택이 있어야 한다. 다시 말해, 가족이 균형에 도달할 수 있는 집을 찾을 수 있을 만큼 충분한 다양성이 있어야 한다. 예를 들어, 가족이 작고 오염 없는 집을 원하지만 오염 없는 지역의 모든 집이 크다면 이는 문제가 될 것이다. 여섯째, 데이터에 다중공선성 문제가 있을 수 있다. 같은 예를 들어, 비싼 집이 크고 주로 오염이 없는 지역에 있지만 저렴한 집이 작고 주로 오염된 지역에 있다면 오염과 크기에 대한 별도의 헤도닉 가격을 추정하기 어려울 것이다. 일곱째, 이 방법은 시장 가격이 수요와 공급에 영향을 미치는 모든 요소와 속성의 변화에 따라 즉시 조정된다고 가정한다.

15.7 여행 비용 방법[23]

여행 비용 방법(TCM)의 대부분 응용 프로그램은 레크리에이션 사이트를 평가하는 것이었다. 특정 사이트 방문에 대한 "시장"이 지리적으로 광범위하다면, 다른 출신지의 방문객은 사이트와의 근접성에 따라 다른 여행 비용을 부담하게 된다. 총 비용의 결과적인 차이와 이로 인해 발생하는 방문률의 차이는 사이트에 대한 수요 곡선을 추정하는 기준을 제공한다.

특정 레크리에이션 사이트의 가치를 추정하고자 한다고 가정해 보자. 개인이 요구하는 방문 수, q는 가격 p, 대체재 가격, p_s, 개인 소득 Y, 개인의 취향을 반영하는 변수 Z에 따라 달라질 것으로 예상할 수 있다.

$$q = f(p, p_s, Y, Z) \tag{15.7}$$

TCM의 영리한 통찰력은 입장료가 일반적으로 모든 사람에게 동일하지만(실제로 종종

0이다) 여행 비용의 차이로 인해 각 사람이 부담하는 총 비용이 다르다는 것이다. 결과적으로 사용도 다양하여 연구자들이 해당 사이트의 수요 곡선에 대한 추론을 할 수 있다.

레크리에이션 사이트를 방문하는 사람이 지불하는 **전체** 가격에는 여행에 소요된 시간의 기회 비용과 여행에 사용된 차량의 운영 비용(왕복), 여행 또는 방문 중 하룻밤을 묵는 숙박 비용, 사이트 주차 요금, 입장료가 포함된다. 이러한 모든 비용의 합계는 사이트 방문의 총 비용을 나타낸다. **이 총 비용은 식 (15.7)과 유사한 모델에서 입장료 대신 설명 변수로 사용된다**.

이러한 모델을 추정하는 것은 개념적으로 간단하다. 먼저, 사이트의 시장 지역 내에서 무작위로 가구 샘플을 선택한다. 이들은 잠재적인 방문자이다. 둘째, 이러한 가구를 조사하여 일정 기간 동안 사이트 방문 횟수, 사이트 방문에 드는 비용, 대체 사이트 방문 비용, 소득 및 수요에 영향을 미칠 수 있는 기타 특성을 파악한다. 셋째, 수요 일정에 대한 기능적 형태를 지정하고 조사 데이터를 사용하여 이를 추정한다. TCM의 응용은 표 15.4를 참조한다.

식 (15.7)에서 총 비용이 가격을 대체할 때 이 방정식은 입장료의 함수로 방문을 제공하는 일반적인 수요 곡선이 아니라는 점을 강조하는 것이 중요하다. 그러나 다음에 볼 수 있지만 이러한 모델은 일반적인 시장 수요 곡선을 도출하고 방문에 대한 평균 WTP를 추정하는 데 사용할 수 있다.

15.7.1 지역별 여행 비용 방법

지역별 여행 비용 방법을 사용하면 연구자는 잠재적인 방문자가 아닌 사이트에서 실제 방문자를 조사하거나 관찰한다. 이는 종종 잠재적인 방문자를 조사하는 것보다 더 실행 가능하고 비용이 적게 든다. 또한 분석 수준이 개인(또는 가구)에서 방문자의 출신 지역 또는 구역으로 이동하므로 **지역별 여행 비용 방법**이라는 이름이 붙었다.

지역별 TCM은 분석가가 사이트 사용자가 유래하는 구역을 지정하도록 요구한다. 구역은 지도에서 사이트 주변에 동심원이나 등시간선을 그려서 쉽게 만들 수 있다. 이상적으로, 한 구역 내의 가구는 유사한 여행 비용을 부담해야 하며, 대체재의 유사한 가격, 유사한 소득, 유사한 취향을 포함하여 개별 수요 함수에 포함될 다른 변수의 유사한 값을 가져야 한다. 한 구역 내의 다른 지역에 거주하는 사람들의 여행 비용이 상당히 다르다면, 구역을 다시 그려야 한다. 실제로 분석가는 종종 지역 정부 관할 구역을 구역으로 사용하는데, 이는 데이터 수집을 용이하게 하고 여행 시간을 보다 정확하게 추정할 수 있기 때문이다.

전시 15.4

호주의 Gold Coast 해변은 관광객과 지역 주민 모두에게 인기가 많다. 연구원 팀은 2011년 2월(늦은 봄)에 Surfers Paradise, Narrowneck, Main, 그리고 Broad 해변에서 297명을 대상으로 현장 설문 조사를 실시했다.

여행 비용에 대한 가장 포괄적인 측정에는 모든 응답자의 현장 지출이 포함되었다. 해변까지 걸어가거나 자전거를 타고 온 지역 주민에게는 추가 비용이 할당되지 않았다. 운전한 다른 지역 주민에게는 차량 엔진 크기에 따라 시간 비용과 차량 운영 비용이 할당되었다. 국내 관광객에게는 시간 비용과 차량 운영 비용 또는 대중교통 비용이 할당되었다. 국제 관광객에게는 이러한 비용이 할당되었지만 거주지가 아닌 호주에 도착한 공항에서부터 할당되었다. 현재 방문 중에 집을 떠나 하룻밤 이상 보낸 모든 관광객에게는 숙박 비용이 할당되었다. 가장 포괄적인 여행 비용 측정 외에도 연구원들은 분석의 견고성을 평가하기 위해 덜 포괄적인 측정을 구성했다.

지역 주민(응답자의 41.9%)에게는 해변 방문 빈도에 대해 질문했고 관광객(국내 42.6%, 해외 15.5%)에게는 작년에 방문한 적이 있는지에 대해 질문했다. 지역 주민의 40%가 주 1회 이상 해변을 방문했으며, 관광객의 절반이 전년에 방문한 적이 있었다.

분석가들은 연간 방문 횟수에 대한 여행 비용의 영향을 추정하기 위해 영-절단 음이항 회귀 모델을 사용했다. 이 모델에서 저자는 Jeffrey Englin과 J. S. Shonkwiler가 도출한 결과에 의존하여 이 함수 형태를 사용하면 평균 소비자 잉여가 여행 비용 계수의 음의 역수와 같다고 가정하였다. 가장 확실한 추정치는 관광객 방문당 AU$16.67, 지역 방문당 AU$10.05였다. 매년 약 700만 명의 관광객이 방문하고 4,000만 명의 지역 주민이 방문하는 것으로 추산되며, 해변 방문으로 인한 연간 소비자 잉여가 5억 호주 달러를 초과하였다. 이는 보존에 상당히 많은 비용을 지출하는 것이 경제적으로 정당화될 수 있음을 시사하였다.

출처: Fan Zhang, Xiao Hua Wang, Paulo A.L.D. Nunes, and Chunbo Ma,"The Recreational

Value of Gold Coast Beaches, Australia: An Application of the Travel Cost Method." *Ecosystem Services*, 11(February), 2015, 106-14; Jeffrey Englin and J. Scott Shonkwiler, "Estimating Social Welfare using Count Data Models: An Application to LongRun Recreation Demand under Conditions of Endogenous Stratification and Truncation." *Review of Economics and Statistics*, 77(1), 1995, 104-12.에서 발췌

상수 탄력성 함수 형태를 가정하면 다음과 같은 모델이 도출된다.

$$\ln\left(\frac{TV}{POP}\right) = \beta_0 + \beta_1 \ln(\bar{p}) + \beta_2 \ln(\bar{p}_s) + \beta_3 \ln(\bar{Y}) + \beta_4 \bar{Z} + \epsilon \qquad (15.8)$$

여기서 TV는 기간당 구역의 총 방문 수이다. POP는 구역의 인구이고, $\bar{p}$, $\bar{p}_s$, $\bar{Y}$, $\bar{Z}$는 각각 각 구역의 p, p_s, Y, Z의 평균 값을 나타낸다. 다시 말해, 이 방정식을 추정할 때 방문의 총 기회 비용이 가격으로 사용된다.

수요량은 방문률로 표현된다. 또 다른 함수 지정은 방문 수 V에 따라 수요량을 추정하지만 회귀 방정식의 오른쪽에 인구 POP를 포함하는 것이다. 두 함수 지정 방식은 모두 타당하지만 식 (15.8)의 지정은 이분산 문제(4장에서 논의)를 포함할 가능성이 적고 따라서 최소자승법으로 적절하게 추정할 가능성이 더 높다.

식 (15.8)의 매개변수 추정치를 사용하면 입장료 변경과 관련된 소비자 잉여의 변화, 현재 입장료로 사이트와 관련된 총 소비자 잉여, 사이트 방문당 평균 소비자 잉여를 추정할 수 있다. 가상의 레크리에이션 자연 보호 구역에 대한 표 15.1의 처음 5개 열에 제시된 데이터를 사용하여 이를 수행하는 방법을 설명하여 보자. 이 그림에서는 사람들이 레크리에이션 장소로 이동하는 관련 구역이 5개뿐이라고 가정한다. 불필요한 복잡성을 피하기 위해 수요는 소득, 대체품 가격 또는 기타 변수가 아닌 총 비용에만 직접적으로 의존한다고 가정한다.

이 예에서 다른 구역의 거주자에 대한 시간 가치는 다른 구역의 소득 수준과 이동 시간 차이로 인해 다르다. 구역 A는 레크리에이션 구역에 인접해 있다. 구역 A의 거주자는 평균적으로 장비를 챙기고, 운전해서 사이트로 이동하고, 주차하고, 걸어서 입구까

지 약 30분이 걸린다. 그들의 시간의 기회 비용이 시간당 $9.40이고 한계 차량 운영 비용이 km당 15센트라고 가정하면, 총 여행 비용은 왕복당 $10이다. 총 여행 시간 1시간(편도 0.5시간)은 $9.40이고 4km 여행(편도 2km)은 $0.60이다. 하루에 $10의 입장료를 더하면 방문당 총 비용은 $20이다. 지역 주민들은 매년 평균 15번 방문한다. 구역 B는 약 30km 떨어져 있으며 왕복 여행에는 총 여행 시간(운전, 주차, 걷기, 차량 적재 및 하역 포함)이 2시간 필요하다. 이 주민들의 시간 가치가 시간당 $5.50이고 개별적으로 여행한다고 가정하면 방문당 총 비용은 $30이다. 구역 B 주민들은 매년 평균 13번 방문한다. 구역 C는 약 90km 떨어져 있으며 각 방향으로 2시간의 여행 시간이 필요하다. 이 거주자들의 시간 가치가 평균적으로 시간당 10.35달러이고, 여행 비용을 두 사람이 공유한다고 가정하면, 1인당 총 비용은 방문당 약 65달러이다. C구역 거주자들은 평균적으로 1년에 6번 방문한다. D구역 거주자들은 대도시권의 반대편에 살고 있으며, 평균적으로 매년 3번 방문한다. 평균 임금이 시간당 8달러이고 2명이 차량당 여행한다고 가정하면, 1인당 비용은 방문당 80달러이다. E구역 거주자들은 국경을 넘어야 한다. 거리는 D구역보다 약간 더 멀지만, 세관과 출입국 심사를 통과하는 데 거의 30분이 걸린다. E구역의 평균 임금은 시간당 8달러이다. 차량당 2명이 있다고 가정하면, 1인당 비용은 방문당 90달러이다. 평균적으로 E구역 방문객은 1년에 1번만 방문한다.

표 15.1 여행비용 방법 예시

구역	단방향 여행시간	단방향 거리(km)	1인당 평균비용	1인당 평균 방문수	1인당 소비자 잉여	구역당소비자잉여 (천달러)	구역별 방문수 (천회)
A	0.5	2	20	15	525	5,250	150
B	1.0	30	30	13	390	3,900	130
C	2.0	90	65	6	75	1,500	120
D	3.0	140	80	3	15	150	30
E	3.5	150	90	1	0	0	10
합계						10.800	440

표 15.1의 4열과 5열에 있는 1인당 평균 총 비용(TC)과 1인당 평균 방문(V)에 대한 데이터는 그림 15.4에 그래픽으로 표현되어 있다. 방정식 $TC = 95 - 5V$는 이러한 데이터에 완벽하게 맞는다(실제로는 일반 최소자승법을 사용하여 모든 데이터 포인트가 정확히 선에 있지 않은 데이터 포인트에 선을 맞춘다). 이 방정식은 "대표적인" 개인의 역수요 곡선이다. 이는 일반적인 방문자가 레크리에이션 구역 방문에 얼마를 지불할 의향이 있는지 보여준다(예: 첫 번째 방문은 90달러, 두 번째 방문은 85달러, 여섯 번째 방문은 65달러, 열다섯 번째 방문은 20달러).

개인마다 출발 지역에 따라 방문에 대한 가격(비용)이 다르다. 가까이 사는 사람이 더 저렴하다. 따라서 개인의 소비자 잉여는 출발 지역에 따라 다르다. 특정 구역에서 특정 방문에 대한 소비자 잉여는 "대표적" 개인의 역수요 곡선에 있는 지점에서 주어진 방문에 대해 누군가가 지불할 의향이 있는 금액과 그 구역에서 방문에 대해 실제로 지불하는 금액의 차이와 같다. 앞서 언급했듯이 "대표적" 방문자는 첫 번째 방문에 90달러, 두 번째 방문에 85달러, 여섯 번째 방문에 65달러를 지불할 의향이 있다. 구역 C의 사람들은 실제로 각 방문에 65달러만 지불한다. 결과적으로 소비자 잉여는 첫 번째 방문에 25달러, 두 번째 방문에 20달러, 세 번째 방문에 15달러, 네 번째 방문에 10달러, 다섯 번째 방문에 5달러, 여섯 번째 방문에 0달러이다.

구역 C의 총 소비자 잉여는 모든 방문에 걸쳐 각 방문과 관련된 소비자 잉여를 합산하여 구하며, 이는 75달러이다. 이 금액은 그림 15.4의 음영 처리된 삼각형의 면적으로 표현된다.[24] 마찬가지로 소비자 잉여는 구역 A 거주자의 경우 1인당 525달러, 구역 B 거주자의 경우 390달러, 구역 D 거주자의 경우 15달러, 구역 E 거주자의 경우 0달러이다. 이 금액은 표 15.1의 여섯 번째 열에 나와 있다. 분명히 레크리에이션 장소에 가까이 사는 사람들은 멀리 사는 사람들보다 더 많은 소비자 잉여를 누린다.

이 정보와 각 구역의 인구에 대한 지식을 바탕으로 해당 장소에 대한 연간 총 소비자 잉여와 방문당 평균 소비자 잉여를 계산할 수 있다. 구역 A, B, D, E의 인구가 10,000명이고 구역 C의 인구가 20,000명이라고 가정하자. 구역당 소비자 잉여는 표 15.1의 일곱 번째 열에 나와 있듯이 구역의 1인당 소비자 잉여에 해당 구역의 인구를 곱하여 구한다. 모든 구역을 합치면 해당 사이트의 연간 총 소비자 잉여는 1,080만 달러가 된다. 440만 달러의 입장료를 합치면 해당 사이트의 모든 방문객에 대한 연간(총)

그림 15.4 총 방문 비용에 따른 레크리에이션 지역 방문에 대한 "대표" 개인의 역수요 곡선

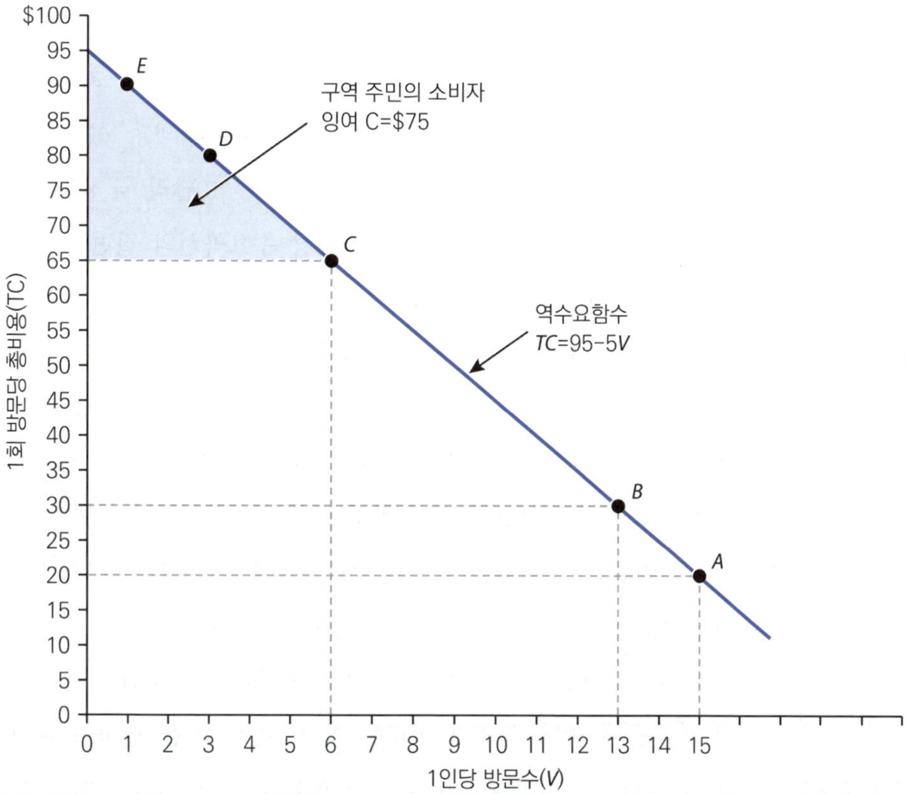

편익은 1,520만 달러가 된다. 정부가 해당 사이트를 벌목과 같은 완전히 다른 목적으로 사용하기로 결정했다면 이는 손실된 연간 편익의 척도가 될 것이다.

15.7.2 지역별 여행 비용을 사용한 공공재의 시장 수요 곡선 추정 방법

가격을 총 비용으로 대체한 방정식(15.8)의 추정을 통해 공공재의 시장 수요 곡선을 구성할 수 있다. 즉, 사이트 방문 **총** 횟수가 입장료의 함수인 수요 일정을 도출할 수 있다. 그런 다음 이 곡선을 사용하여 일반적인 방식으로 총 소비자 잉여를 추정할 수 있다. 불행히도 수요 곡선의 각 지점을 별도로 추정해야 하므로 정확한 계산이 간단하

지 않다.

설명을 위해 $TC = 95 - 5V$인 이전 예를 계속하여 보자. 시작으로, 시장 수요 곡선에 두 지점이 있다는 것을 알고 있다. 현재 입장료가 10달러일 때 그림 15.5의 지점 c로 표현된 440,000회의 방문이 있다. 이제 입장료를 수요가 억제될 때까지(0과 같음) 얼마나 높일 수 있는지 생각해 보자. 대표 개인의 역수요곡선($TC = 95 - 5V$)에서 최대 WTP(모든 비용 포함)가 95달러라는 것을 알 수 있다. 구역 A(가장 낮은 여행 비용 10달러)의 사용자의 여행 비용을 빼면 입장료에 대한 최대 WTP는 95달러 − 10달러 = 85달러가 된다. 이는 입장료 가격의 함수인 방문 횟수가 있는 역시장 수요곡선의 절편(수요 0인 가격)이며 그림 15.5에서 점 a로 표시된다.

입장료가 증가하거나 감소한 다음 새로운 가격에서 각 구역의 방문률을 예측하여 시장 수요곡선의 다른 점을 찾을 수 있다. 예를 들어 입장료가 10달러에서 20달러로 인상되어 TC가 10달러 증가했다고 가정해 보자. **개별** 수요 곡선은 $V = 19 - 0.2TC$ ($TC = 95 - 5V$의 역수)로 작성할 수 있으므로 TC가 10달러 증가하면 1인당 방문 횟수가 2회 감소한다. 따라서 입장료가 20달러라면 예상 방문 횟수는 A구역은 13회, B구역은 11회, C구역은 4회, D구역은 1회, E구역은 −1회가 된다. 음의 방문 횟수는 불가능하므로 E구역의 1인당 방문 횟수를 0으로 설정한다. 새로운 가격에서 요구되는 총 방문 횟수는 각 구역의 예상 방문률에 해당 구역의 인구를 곱한 후 이 곱을 합하여 계산한다 [(13)(10,000) + (11)(10,000) + (4)(20,000) + (1)(10,000) = 330,000]. 따라서 가격이 20달러일 때 330,000회 방문을 예상할 수 있다. 이는 시장 수요 곡선의 세 번째 지점이다.

충분한 수의 지점이 있으면 시장 수요 곡선을 원하는 정확도 수준으로 그릴 수 있다. 그림 15.5의 시장 수요 곡선은 10달러 가격 증가를 기준으로 계산되었다. 해당 사이트의 연간 소비자 잉여는 곡선과 현재 입장료 사이의 면적으로, 방문 횟수가 0회에서 440,000회 방문까지이다. 단순화를 위해 수요 곡선이 지점 a와 b 사이, 지점 b와 c 사이에 선형이라고 가정하면 해당 사이트의 연간 소비자 잉여는 1,260만 달러이고 사이트의 연간(총) 편익은 1,700만 달러라고 추정한다.[25] 선형 근사와 수요 곡선의 지점이 비교적 적기 때문에 이전에 1,520만 달러로 계산된 연간 총 편익을 약간 과대평가하고 있다.

그림 15.5 지역별 여행 비용 방법을 사용한 레크리에이션 장소에 대한 시장 수요 곡선

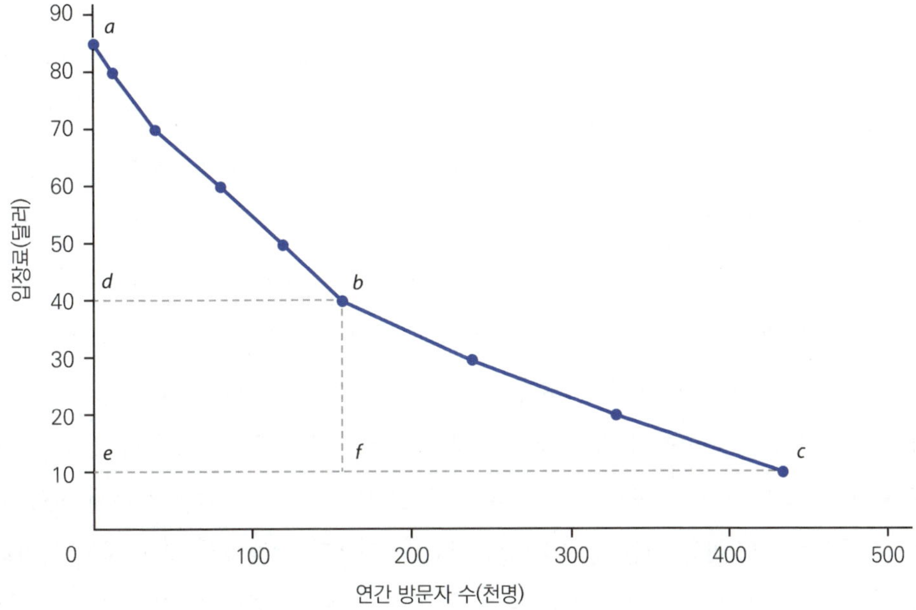

15.7.3. TCM의 한계

TCM의 유용성은 여러 면에서 제한적이다. 한 가지 한계는 TCM이 사이트의 특정 기능이 아닌 전체 사이트에 대한 WTP를 추정한다는 것이다. 우리는 종종 사이트의 특정 기능(예: 하이킹 코스 개선)의 변화를 평가하고자 하기 때문에 기본 TCM은 필요한 정보를 제공하지 않는다. 그러나 해당 구역의 거주자가 다른 속성을 가진 여러 대체 레크리에이션 사이트 중에서 선택할 수 있는 경우 헤도닉 여행 비용 방법을 사용하여 속성 가격을 찾을 수 있다.[26] 이 방법은 특정 구역에서 특정 사이트를 방문하는 총 비용을 해당 구역에서 사이트까지의 거리와 사이트의 다양한 속성의 함수로 처리한다. 이 방법을 적용하면 기본 헤도닉 가격 책정 모델의 맥락에서 이전에 논의한 것 이상의 여러 문제가 발생한다. 따라서 헤도닉 여행 비용 방법을 적용하기 전에 다른 출처를 참조하는 것이 좋다.[27]

사이트 방문의 총 비용을 측정하는 것은 어려울 수 있다.[28] 아마도 가장 분명한 문제는 이전에 논의한 여행 시간의 기회 비용 추정일 것이다.[29] 여행 비용을 정의하고 측정하는 것조차 몇 가지 어려운 문제를 제기한다. 일부 분석가는 사이트에서 보낸 시간과 사이트로 이동하고 사이트에서 돌아오는 데 소요된 시간을 총 가격의 구성 요소로 포함한다. 다른 지역의 사람들이 사이트에서 같은 시간을 보내고 시간의 기회 비용이 비슷하다면 사이트에서 보낸 시간을 포함하든 포함하지 않든 상관없다. 수요 곡선의 높이와 총 가격이 소비자마다 같은 양만큼 이동하므로 소비자 잉여 추정치는 변하지 않는다. 그러나 다른 구역의 사람들이 시간에 대한 기회 비용이 다르거나 현장에서 보내는 시간이 다르다면 현장에서 보낸 시간 비용을 포함하면 다른 구역의 사람들이 직면한 가격이 다르게 변하고, 따라서 추정 수요 곡선의 기울기가 변한다.

또 다른 문제는 레크리에이션이 종종 텐트, 침낭, 우천용 장비, 카누, 낚싯대, 심지어 차량과 같은 상당히 특수한 장비에 대한 투자를 요구하기 때문에 발생한다. 이러한 장비를 사용하는 데 드는 한계 비용은 총 가격에 포함되어야 한다. 그러나 자본재 사용에 드는 한계 비용을 추정하는 것은 일반적으로 어렵다. 그러나 현장에서 보낸 시간과 마찬가지로 이러한 비용은 다른 구역의 방문객에게 거의 일정하다면 합리적으로 무시할 수 있다.

다목적 여행도 분석 문제를 일으킨다. 사람들은 아침에 레크리에이션 장소를 방문하고 오후에는 근처에서 래프팅을 할 수 있다. 때때로 분석가는 여러 목적을 가진 방문객을 데이터에서 제외한다. 여러 목적을 가진 방문객을 포함하는 것은 비용을 평가 대상 사이트에 적절하게 분배할 수 있는 경우 일반적으로 바람직하다. 그러나 분배가 임의적이라면 여러 사용자를 제외하는 것이 더 나을 수 있다.

유사한 문제가 발생하는 이유는 여행 자체에 가치가 있을 수 있기 때문이다. 이전 논의에서는 여행이 레크리에이션 사이트에 도착하기 위해서만 이루어지고 여행 자체에는 편익이 없다고 암묵적으로 가정한다. 여행 자체가 사이트를 방문하는 이유의 일부라면 여행에는 여러 목적이 있다. 따라서 여행 비용의 일부는 레크리에이션 사이트 방문이 아닌 여행에 기인해야 한다. 그렇지 않으면 사이트의 편익을 과대평가하게 된다.

더 근본적인 문제는 여행 비용 변수가 외생적이 아니라 내생적일 수 있다. 일부 사람들이 주거지를 선택할 때 고려하는 한 가지 동네 특성은 레크리에이션 지역과의 근접성이다. 레크리에이션 지역을 많이 방문할 것으로 예상하는 사람들은 해당 동네에서 레크리에이션 지역까지의 이동 시간이 짧다는 이유로 특정 동네(구역)를 선택할 수 있다. 그렇다면 특정 레크리에이션 지역으로 가는 여행 횟수와 이러한 여행의 가격이 동시에 결정된다. 이러한 상황에서 식 (15.8)을 식별할 수 없을 수 있으며, 이 문제는 4장에서 논의하였다.[30]

또 다른 계량경제학 문제는 추정된 모델의 종속 변수가 잘린다는 것이다. 종속연수의 잘림은 샘플을 사이트를 방문한 사람만 추출하고 사이트를 방문한 적이 없는 사람을 포함하는 더 큰 모집단에서 추출하지 않기 때문에 발생한다. 잘린 샘플에 일반 최소자승법을 적용하면 계수는 불편 추정량이 아니다. 그러나 이 문제를 극복하는 더 복잡한 추정 방법이 있다.

누락된 변수 문제도 있을 수 있다. 대체 레크리에이션 사이트의 가격이 구역마다 다르거나 레크리에이션 취향이 구역마다 다르면 모델이 이러한 변수를 통제하지 않으면 추정된 계수는 불편 추정량이 아니다. 이전에 논의했듯이, 제외된 변수가 포함된 변수와 상관관계가 있을 때 추정량은 불편 추정량이 아니다.

마지막으로, 시장 수요 곡선의 도출은 사람들이 가격의 구성에 관계없이 가격 변화에 반응한다고 가정한다. 따라서 예를 들어, 사람들은 입장료가 5달러 오르면 여행 비용이 5달러 오르는 것과 같은 방식으로 반응한다. 이는 사람들이 연료, 타이어 및 수리 가격의 변화가 한계 여행 비용에 미치는 영향을 잘 이해하고 있다고 가정한다.

15.8 방어 지출 방법[31]

스모그가 낀 도시에 살고 있다면 창문을 자주 청소해야 할 것이다. 누군가를 고용하여 주기적으로 창문을 청소하게 하면 스모그에 대한 대응으로 이 조치에 드는 비용을 방어 지출이라고 한다. 이는 부정적 외부 효과의 효과를 완화하거나 없애기 위해 지출하는 금액이다. 도시에서 창문이 더러워지지 않도록 스모그 수준을 낮추는 조례를 통과시켰다고 가정해 보자. 이제 창문 청소업체에 덜 지출해야 한다. 방어 지출 감소(피한 방어 지출)는 이러한 유형의 도시 조례의 편익을 측정하는 것으로 제안되었다. 다른 상황에서는 정책 변경 비용을 방어 지출 증가로 측정할 수 있다.

이 방법은 광의의 생산 함수 방법의 한 예이다. 이러한 방법에서 공공재 또는 외부효과(예: 스모그)와 기타 재화(창문 청소업체)의 수준은 일부 생산 과정(창문 청소)의 투입물이다. 공공재 또는 외부성의 수준이 변하면 다른 투입물의 수준을 변경하여 생산되는 산출물의 양을 동일하게 유지할 수 있다. 예를 들어, 스모그의 부정적 외부성이 감소하면 동일한 수의 깨끗한 창문을 생산하는 데 필요한 노동력이 줄어든다. 대체 투입물(창문 청소업체)에 대한 지출의 변화는 공공재 또는 외부성 감소의 편익을 측정하는 데 사용된다.

깨끗한 창문에 대한 수요 곡선이 그림 15.6에서 D로 표시된 곡선으로 표현된다고 가정하자. S_0는 새 조례 이전에 창문을 처음 청소하는 데 드는 한계 비용을 나타낸다. 깨끗한 창문의 초기 균형 가격과 수량은 각각 P_0와 Q_0로 표시된다. 스모그를 제한하는 새 조례의 효과는 깨끗한 창문에 대한 한계 비용 곡선을 S_0에서 S_1로 아래로 오른쪽으로 이동시킨다. 스모그가 적기 때문에 창문을 청소하기가 더 쉬워지므로 동일한 가격으로 더 많은 창문을 청소할 수 있다. 새로운 균형에서 깨끗한 창문의 가격은 P_1이고 깨끗한 창문의 양은 Q_1이다. 소비자 잉여의 변화는 사다리꼴 P_0abP_1의 면적으로 표현된다.

가구가 가격 변화 후에도 가격 변화 전과 같은 양의 깨끗한 창문(Q_0)을 계속 소비한다면, 조례의 편익은 직사각형 P_0acP_1로 표현된다. 이는 소비자가 방어 지출을 줄이는 양이다. 그러나 소비자는 소비 수준을 Q_0로 유지하지 않고 깨끗한 창문 소비를 Q_1 수준으로 늘릴 것이다. 개인은 P_1의 가격으로 $Q_1 - Q_0$개의 추가 깨끗한 창문을 구매하는 데 면적 bQ_1Q_0c를 지출할 것이다. 창문 청소 서비스에 대한 지출의 순 변화는 직사각형 bQ_1Q_0c의 면적에서 직사각형 P_0acP_1의 면적을 뺀 것과 같다. 지출의 이 순 변화는 매우 작을 수 있다. 실제로 수요 곡선이 탄력성이 1인 일정 탄력성 수요 곡선이라면 창문 청소 서비스에 대한 총 지출에는 전혀 변화가 없을 것이다. 그러나 소비자에게는 분명히 긍정적인 편익이 있다. **일반적으로 방어 지출에 대한 지출 감소는 더 깨끗한 공기의 편익이나 추정되는 편익을 과소평가할 것이다.**[32]

방어 지출 방법에는 적어도 네 가지 추가 문제가 있다. 첫째, 개인이 새로운 균형에 빠르게 적응한다고 암묵적으로 가정한다. 실제로 개인이 구매를 조정하고 균형으로 돌아가는 데는 시간이 걸릴 수 있다. 둘째, 방어 지출에는 손상을 복구하는 것 외에도 편

그림 15.6 스모그 감소 조례가 창문 청소 비용에 미치는 영향

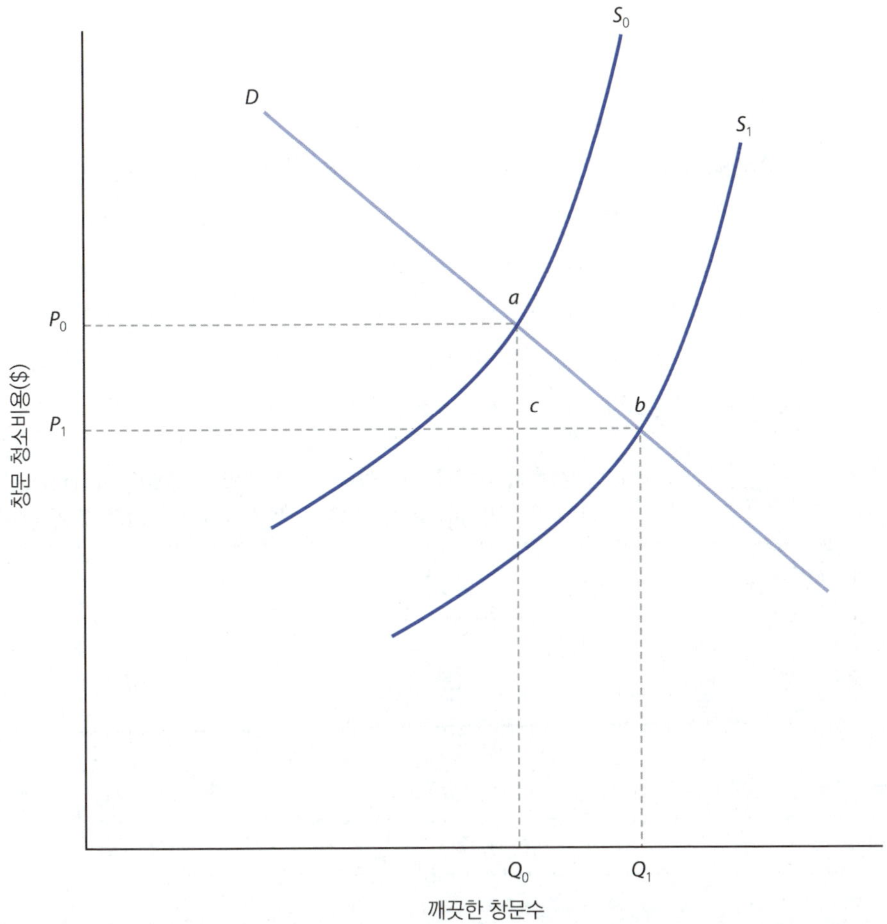

익이 있을 수 있다. 예를 들어, 스모그로 인해 필요한 청소로 인해 그렇지 않았을 때보다 창문이 더 깨끗해질 수 있다. 셋째, 모든 방어 수단이 시장에서 구매되는 것은 아니다. 어떤 사람들은 창문을 직접 청소하고, 기회 비용의 감소도 편익으로 포함되어야 한다. 넷째, 방어 지출이 전체 피해를 복구하지 못할 수 있으므로 이 지출의 감소가 편익을 완전히 측정하지 못할 수 있다. 예를 들어, 창문 청소에 대한 지출은 스모그 문제 전체를 "피하지" 못한다. 스모그는 또한 셔츠를 더 더럽히고 건강 문제를 일으킨다. 이

러한 항목에 지출된 방어 지출도 포함되어야 한다. 전시 15.5는 방어 지출에 여러 범주가 있을 수 있음을 보여준다. 지하수 저하 비용을 조사하고 생수의 새 구매 비용뿐만 아니라 다섯 가지 범주의 비용을 포함한다.

전시 15.5

Charles W. Abdalla, Brian A. Roach, Donald J. Epp는 방어 지출 방법을 사용하여 펜실베이니아의 작은 자치구인 Perkasie(인구 7,877명)의 지하수 저하 비용을 측정했다. 그들은 1987년 12월에서 1989년 9월 사이에 자치구 우물 중 하나가 Trichloroethylene(TCE)으로 오염된 것에 대응하여 취한 조치에 대한 정보를 수집하기 위해 우편 및 전화 설문 조사를 실시했다. 그들은 다섯 가지 방어 조치 각각에 대한 금전적 비용과 시간적 지출을 포함하여 지역 주민의 총 비용을 추정했다. 원래 비용은 가장 가까운 백 달러로 반올림되었다.

비용범주	최저임금($)과 동일한 여가시간 가치에 따른 비용	개인 임금율($)과 동일한 여가시간의 가치에 따른 비용
생수 구매 증가량	11,100	11,100
생수 신규 구입	17,300	17,300
가정용 정수 시스템	4,700	4,700
물 운반	12,500	34,000
물 끓이기	15,600	64,100
합계	61,200	131,200

물을 운반하고 끓이는 비용은 여가의 가정된 기회 비용에 매우 민감하다. 연구자들은 방어 지출 방법의 일반적으로 보수적인 특성 때문에 이러한 총 비용을 주민의 오염에 대한 실제 비용의 하한 추정치로 해석했다.

이러한 방어 지출이 하한을 나타낸다는 것을 시사하는 구체적인 요인은 주민의 43%만이 통지법에도 불구하고 TCE 오염을 알고 있었다는 것이다. 게다가 오염 사실을 알고 있는 모든 거주자가 방어 조치를 취한 것은 아니었다. 그럼에도 불구하고 오염에 대한 정보가 더 많은 사람들, TCE로 인한 암 위험이 더 높다고 인식하는 사람들, 그리고 가정에 3~17세 자녀가 있는 사람들은 일반적으로 다른 거주자보다 방어 조치를 취할 가능성이 더 높았다. 방어 조치를 취한 사람들 중에서 3세 미만의 자녀가 있는 것이 취해진 방어 조치의 강도에 영향을 미치는 가장 중요한 요인인 것으로 보였다.

출처: Charles W. Abdalla, Brian A. Roach, and Donald J. Epp, "Valuing Environmental Quality Changes Using Averting Expenditures: An Application to Groundwater Contamination." *Land Economics*, 68(2), 1992, 163-69.에서 발췌

15.9 결론

이 장에서는 CBA에서 잠재가격을 추정하는 데 사용되는 주요 간접 시장 방법을 설명하였다. 일부 방법은 이 책에서는 너무 진보되어 있다고 생각하기 때문에 논의하지 않았다. 아마도 가장 주목할 만한 점은 교통 분야에서 중요한 접근 방식인 수요를 추정하기 위해 확률효용모델이나 확률선택모델을 사용하는 것에 대해 논의하지 않았다는 것이다.[33] 또한 설문 조사 데이터와 관찰된 행동 데이터를 결합하여 수요 곡선을 추정하는 방법에 대해서도 논의하지 않았다.[34] 그럼에도 불구하고 여기서 다루는 방법은 영향의 실제적 평가를 위한 풍부한 도구 세트를 제공하여 준다.

Notes

CHAPTER 15 연습문제

1. Midwestern 소재 작은 도시의 육아 서비스는 아이 한 명당 하루에 30달러이다. 이러한 서비스의 높은 비용은 복지 수당을 받는 어머니가 거의 없는 이유 중 하나이다. 낮은 잠재 임금을 감안할 때, 사실상 복지 수당을 받는 어머니는 이러한 높은 비용을 기꺼이 지불하지 않는다. 이 문제를 해결하기 위해 도시는 새로운 프로그램을 수립했다. 복지 수혜자 그룹은 복지 수당을 받는 대가로 민간 부문에서 취업한 다른 복지 수혜자의 자녀를 돌보아야 한다. 이러한 육아 서비스를 이용하는 복지 수혜 어머니는 아이 한 명당 하루에 3달러의 수수료를 내야 한다. 이러한 서비스는 매우 인기가 있다. 매일 1,000명의 복지 수혜 아동이 이러한 서비스를 받고 있으며, 추가로 500명의 복지 수혜 아동이 대기자 명단에 올라 있다. 이 프로그램에 따라 서비스를 받는 1,000명의 어린이의 어머니는 이 서비스를 하루에 30,000달러(30달러 × 1,000달러), 하루에 3,000달러(3달러 × 1,000달러), 또는 3,000달러보다 크고 30,000달러보다 작은 가치로 평가하는가?

2. 모든 면에서 전형적인 근로자가 완벽하게 안전한 직업에서 연봉 50,000달러를 받는다. 또 다른 전형적인 근로자는 첫 번째 근로자와 정확히 동일한 기술이 필요한 일을 하지만 연간 1,000분의 1의 알려진 사망 확률이 있는 위험한 직업에서 연봉 58,000달러를 받는다. 이러한 특성을 가진 근로자의 인명 가치로 비용-편익 분석가가 무엇을 사용해야 하는가?

3. (강사가 제공하는 스프레드시트 권장) Happy Valley는 Rural County에서 유일하게 이용 가능한 캠핑장이다. 카운티 소유로 캠핑객이 무료로 출입할 수 있다. Happy Valley를 방문하는 거의 모든 방문객은 카운티의 6개 타운에서 온다. Rural County는 Happy Valley를 벌목을 위해 임대하는 것을 고려하고 있으며, 그러려면 캠핑객이 출

입할 수 없도록 해야 한다. 임대를 승인하기 전에 카운티 행정관은 Happy Valley가 대중에게 출입이 금지되면 캠핑객이 포기하게 될 연간 편익의 규모를 알고 싶어한다. 카운티의 한 분석가는 Happy Valley 캠핑의 편익을 추정하기 위해 여행 비용 연구를 위한 데이터를 수집했다. 무작위로 선택된 5일 동안 그는 Happy Valley 주차장에 밤새 주차된 차량의 번호판을 기록했다(캠핑 시즌은 100일이므로 이것이 5% 샘플이 될 것이라고 가정했다). 주 자동차 부서의 협조를 받아 그는 각 차량 소유자의 거주 타운을 찾을 수 있었다. 그는 또한 차량 샘플을 관찰하여 각 차량이 평균 3.2명(성인 1.6명)을 태운 것으로 추정했다. 다음 표는 그가 수집한 데이터를 요약한 것이다.

타운	Happy Valley 부터 마일수	인구(천명)	차량수	시즌 동안 추정방문자수	방문율 (천명당 방문수)
A	22	50.1	146	3,893	77.7
B	34	34.9	85	2,267	65.0
C	48	15.6	22	587	37.6
D	56	89.9	180	4,800	53.4
E	88	98.3	73	1,947	19.8
F	94	60.4	25	666	11.0
합계				14,160	

이동 거리를 Happy Valley를 이용하는 캠핑객의 비용 추정치로 변환하기 위해 분석가는 다음과 같은 가정을 했다. 첫째, 차량의 평균 운영 비용은 마일당 0.36달러이다. 둘째, 카운티 고속도로의 평균 속도는 시속 50마일이다. 셋째, 성인의 이동 시간에 대한 기회 비용은 임금의 40%이고 어린이의 경우 0이다. 넷째, 성인 캠핑객의 카운티 평균 임금은 시속 9.25달러이다. 분석가는 이 정보를 사용하여 Happy Valley 캠핑객에게 발생하는 연간 편익을 추정하도록 도와달라고 요청했다. 구체적으로 다음 작업이 필요하다.

a. 이전 정보를 사용하여 각 도시에서 차량 방문(TC)의 여행 비용을 계산한다.

b. 여섯 가지 관찰에 대해 TC와 상수에 대한 방문률(VR)을 회귀시킨다. 회귀 소프트웨어를 사용할 수 없는 경우 점을 표시하고 눈으로 선을 그린다. 그린 선의 기울기를 찾는다.

c. 현재 무료 입장으로 캠핑 방문 수요가 14,160회라는 것을 알고 있다. 가격이 5달러씩 상승하여 수요가 0으로 떨어질 때까지 각 마을의 캠핑객 수가 감소하는 것을 예측하여 수요 곡선에서 추가 지점을 찾는다. 이는 각 가격에서 세 단계로 수행된다. 첫째, 회귀에서 TC 계수를 사용하여 각 마을의 새로운 VR을 예측한다. 둘째, 각 마을의 예측 VR에 인구를 곱하여 예측 방문자 수를 구한다. 셋째, 각 마을의 방문자를 합산하여 예측 방문 총 수를 구한다.

d. 수요 곡선 아래의 면적을 캠핑객의 연간 편익으로 추정한다.

CHAPTER 16

조건부 가치측정법
: 설문 조사를 사용하여 비용 및 편익에 대한 정보 얻기

CHAPTER 16

조건부 가치측정법 : 설문 조사를 사용하여 비용 및 편익에 대한 정보 얻기

현시선호법은 개인이 가치 있는 것 사이에서 균형을 맞춰야 하는 시장이나 유사한 상황에서의 행동을 관찰함으로써 상품에 대한 개인의 가치 평가에 대한 추론을 용이하게 한다. 분석가는 일반적으로 설문 조사를 통해 도출되는 **진술선호법**에 기반한 추론보다 현시선호법에서 추론하는 것을 선호한다. 그러나 시장이 누락된 공공재와 외부 효과와 관련된 관찰 가능한 "행동적 흔적"은 일반적으로 거의 없다. 이는 특히 13장에서 논의한 수동적 사용 상품의 경우이다. 행동적 흔적이 없는 경우 분석가는 사람들에게 선호도에 대해 질문하는 것 외에 실행 가능한 대안을 거의 갖지 못한다.

가장 일반적인 명시적 선호 방법은 이 장의 초점인 **조건부 가치측정법**(CVM) 조사이다.[1] CVM 조사는 분석가가 관련 모집단이 상품의 양이나 질의 변화를 어떻게 평가할지에 대한 추론을 할 수 있도록 하는 가설적 상충 관계에 대한 질문을 묻는다.[2] 현재 많은 수의 환경 상품의 실제 또는 제안된 변화는 CVM 조사를 활용하여 평가되었다. 이러한 조사는 환경 평가 참조 인벤토리(Environmental Valuation Reference Inventory)에 카탈로그화 된 4,000개 이상의 연구의 절반 이상에서 활용되었다.[3] CVM 조사는 또한 건강 및 의료 개입을 평가하는 데 광범위하게 사용되었다.[4] 현재 고고학 유적지의 보존 및 스포츠 경기장에서 생산되는 공공재와 같이 더 복잡하고 추상적인 상품을 평가하는 데 점점 더 많이 사용되고 있다.[5]

많은 경제학자들은 CVM 조사에 기반한 평가의 타당성에 회의적이다.[6] 그럼에도 불구하고 그 사용은 널리 퍼져 있다. 실제로 미국 연방 법원은 시민 평가에 대한 조사가 자연 자원 피해 평가와 관련된 사건에서 “반박 가능한 추정” 지위를 누린다고 판결했다.[7] 미국 해양 대기청(NOAA)이 소집한 사회 과학자로 구성된 블루리본 패널은 CVM이 자연 자원 피해 평가 사례에 포함할 수동적 사용 가치를 추정하는 기초가 될 수 있다는 결론을 내림으로써 CVM 사용을 더욱 합법화했다.[8]

이 장에서는 먼저 CVM에 대한 개요를 제공하고 가장 일반적인 CVM을 설명하며 주요 강점과 약점을 요약한다. 둘째, CBA에서 CVM과 특히 관련이 있는 조사 도구 사용과 관련된 두 가지 일반적인 문제를 고려한다. 셋째, CVM 사용과 관련된 중요한 문제와 주요 비판을 검토한다. 넷째, CVM 추정치는 얼마나 정확한가라는 질문을 고려한다. 마지막으로 CVM 조사를 준비하거나 검토하는 분석가를 위한 체크리스트를 제시한다.

16.1 조건부 가치측정법 개요

모든 CVM 방법은 다음과 같은 일반적인 단계를 특징으로 한다. 첫째, 모집단에서 응답자 샘플을 추출한다. 둘째, 이러한 응답자에게 어떤 상품의 양이나 질의 변화에 대한 평가에 대한 질문을 한다. 셋째, 응답자의 응답은 분석가가 상품의 바람직한 변화에 대한 응답자의 WTP를 추정할 수 있는 정보를 제공한다. 그러나 때로는 바람직하지 않은 변화를 수용할 의향(WTA)을 이끌어내는 것이 더 적절하다. 처음에는 WTP 프레임워크를 가정하지만, 나중에 WTA 평가가 적절하고 평가에 상당한 차이를 만들 가능성이 있는 실용적인 상황을 간략히 고려한다. 넷째, 샘플의 WTP 금액은 전체 모집단으로 확장된다. 예를 들어, 응답자가 모집단의 확률표본을 구성하여 모집단의 각 구성원이 샘플에 포함될 확률이 동일한 경우 샘플의 평균 WTP를 모집단 크기에 곱하여 총 WTP를 계산한다.

CVM 설문 조사는 비용이 많이 들기 때문에 분석가는 기존 설문 조사 결과를 다른 모집단으로 확장할 필요가 있다고 생각할 수 있다. 그러나 이러한 모집단의 특성은 표본의 특성과 일치하지 않을 수 있다. 예를 들어, 모집단은 소득, 대체 상품에 대한 접근성 또는 상품의 변화에 대한 수요와 관련이 있을 수 있는 기타 요인 측면에서 다를 수 있다. 합리적인 확장을 위해서는 이러한 차이가 통계적으로 통제되어야 한다.[9] 따라서 분석가는 자신의 연구에 필요하지 않더라도 샘플 하위 집합에 대한 WTP 금액을 포함하여 샘플의 특성에 대한 정보를 수집하고 보고함으로써 CVM 설문 조사가 자신의 CBA를 넘어서 사용될 가능성을 높인다.

이 섹션의 나머지 부분에서는 설문 조사 응답자로부터 WTP 금액을 이끌어내는 데 사용되는 네 가지 구체적인 방법을 소개한다. 우리는 먼저 과거에 일반적으로 사용되었고 현재도 가끔 사용되는 세 가지 방법을 간략하게 설명한다. **개방형 지불의사 방법, 폐쇄형 반복 제시 방법, 조건부 순위 방법**이다. 그런 다음 NOAA 청록 리본 패널이 대부분의 상황에서 사용하도록 권장한 **이분법적 선택, 이진 선택 또는 국민투표 방법**을 설명한다.[10]

16.1.1 직접 유도(비투표) 방법

여러 CVM은 선호도에 대한 질문을 직접한다. 개방형 지불의사 방법과 폐쇄형 반복 제시 방법은 각 응답자의 WTP 금액을 유도한다. 조건부 순위 방식은 각 응답자의 일련의 대안에 대한 선호도 프로필을 유도한다. 이러한 방법은 특정 특성을 가진 응답자의 선호도에 대한 추론을 하기 위해 많은 수의 응답자에 대한 응답 패턴에 의존한다는 의미에서 간접적인 이분법적 선택 방식과 대조된다.

개방형 지불의사 방법. 가장 먼저 사용되는 방법은 개방형 지불의사 방법이다. 응답자는 단순히 상품 또는 정책에 대한 최대 WTP를 명시하도록 요청받는다.[11] 질문은 다음과 같이 할 수 있다. “Wildwood 자연 보호 구역이 개발에 폐쇄되도록 보장하기 위해 추가 연방 소득세로 지불할 의향이 있는 최대 금액은 얼마입니까?” 이 방법은 분석가들이 응답자에게 평가에 대한 초기 지침이 필요했기 때문에 비현실적인 응답을 두려워했기 때문에 선호도가 떨어졌다.[12] 그러나 개방형 질문이 WTP에 대한 비현실적으로 큰 추정치를 초래한다는 우려는 근거가 없는 듯하다. 그러나 심각한 문제는 상품에 대한 낮은 평가를 하는 응답자가 종종 낮은 가치 대신 0을 명시한다는 것이다.

폐쇄형 반복 제시 방법. 폐쇄형 반복 제시 방법에서 응답자는 설명된 상품 또는 정책에 대해 지정된 금액을 지불할 의향이 있는지 묻는다. 응답자가 긍정적으로 대답하면 금액이 점진적으로 증가한다. 응답자가 지정된 금액을 지불할 의향이 없다고 표현할 때까지 증가가 계속된다. 마찬가지로, 응답자가 처음에 지정한 금액에 부정적으로 대답하면, 면담자는 응답자가 그 금액의 WTP를 표현할 때까지 금액을 점차 낮춘다.

WTP를 결정하기 위한 초기 질문은 일반적으로 다음과 같은 것으로 시작한다. "이제 Kristiansand Fjord를 청소하는 데 드는 비용이 1986년에 노르웨이 전역의 모든 납세자에게 추가 세금으로 나누어졌다고 가정해 보자. 이 추가 세금이 평균 납세자에게 200kronor라면, 제안을 지지할 의향이 있습니까?"[13] 이 CVM 설문 조사에서 면담자는 초기 가격을 200kronor로 정했다. 응답자가 이 초기 가격을 지불할 의향이 있음을 나타내면, 면담자는 가격을 200kronor 올리고 질문을 다시 했다. 면담자는 응답자가 부정적인 답변을 할 때까지 계속했다. 마찬가지로, 초기 응답이 부정적이면, 면담자는 가격을 100kronor씩 낮추고, 응답자가 긍정적인 답변을 할 때까지 10kronor씩 낮추었다. 반복 질문은 한때 가장 일반적으로 사용되는 방법이었지만, 그 결과가 처음에 제시된(시작) 가치에 매우 민감하다는 상당한 증거 때문에 현재는 거의 사용되지 않는다.

조건부 순위 방법. 조건부 순위 방법에서 응답자는 평가되는 상품의 양과 금전적 지불의 구체적인 실행 가능한 조합을 순위를 매기도록 요청받는다. 예를 들어, 응답자는 낮은 세금 가격의 낮은 수준의 수질과 높은 세금 가격의 높은 수준의 수질 사이의 연속선을 따라 선택한다. 품질−가격 조합은 가장 선호하는 것에서 가장 덜 선호하는 것까지 순위가 매겨진다.[14] 순위는 다양한 품질 증분에 대한 각 응답자의 WTP를 추정하기 위한 기준을 제공한다. 조건부 순위 매기기는 기본 평가가 필요한 반복 제시 절차와 대조적으로 순서적 순위 매기기 절차를 의미한다. 일반적으로 순위가 아닌 정확한 가치 사양인 순서적 정보 처리만 필요한 작업은 응답자가 일관되게 수행하기가 훨씬 쉽다.[15] 이는 응답자가 종종 복잡한 정보를 처리해야 하는 CVM 맥락에서 귀중한 속성이다. 물론 개방형 WTP 방법이나 폐쇄형 반복 제시 방법과 달리 관심 있는 WTP는 직접 유도되는 것이 아니라 순서적 순위에서 추론되어야 한다. 또한 응답은 응답자에게 대안이 제시되는 순서에 민감한 것으로 보인다.

16.1.2 이분법적 선택(투표) 방법

이분법적 선택 방법에서 응답자는 상품의 양이나 질의 변화 또는 상품의 양이나 질의 변화를 유도하는 정책의 채택을 얻기 위해 특정 가격을 지불할 의향이 있는지 묻는다.[16] 각 응답자는 무작위로 추첨된 단일 가격을 받는다. 그런 다음 응답자는 제공된 가격으로 상품이나 정책의 변화(예: Wildwood 자연보호구역의 개발 중단)에 대해 지불할 의향이 있는지 여부를 말하도록 요청받는다("예"는 지불할 의향이 있음을 의미하고 "아니오"는 지불할 의향이 없음을 의미함). 따라서 응답자는 대부분의 사적 재화 시장에서 직면하는 것과 같은 종류의 이진 "수락하거나 거부" 제안을 받는다. 선택 상황은 투표에서 직면하는 상황과도 같다. 따라서 라벨 투표 방법이 있다. 응답자에게 제시되는 달러 금액(종종 **제시가격**이라고도 함)은 분석가가 선택한 범위에 따라 다르다.[17] 그런 다음 각 제시가격에 대해 응답자가 제안을 수락할 확률을 계산할 수 있다.[18] 제시 가격이 증가함에 따라 수락 비율이 감소하면 수요 함수를 추정하는 기준이 되며, 응답자가 유도를 경제적 결정으로 취급하고 있다는 초기 징후도 제공된다.[19]

그림 16.1은 히스토그램 형태로 제시 가격에 대한 응답 분포를 보여준다. 특정 제시 가격은 수평 축에 가장 낮은 달러 가격(X = $0)에서 가장 높은 가격(X = $100)까지 $5 단위로 표시되어 있다. 수직 축은 제공된 제시 가격에 "예"라고 답한 응답자의 백분율을 나타낸다. 이 예에서 X = $0에서 지정된 결과가 제시된 응답자의 거의 대부분이 수락하겠다고 응답하였다. $30에 결과가 제시된 응답자의 약 75%가 이 가격에서 수락하겠다고 응답하였다. 우리는 응답 빈도를 응답자 샘플에서 무작위로 추출된 구성원이 특정 금액을 지불할 의향이 있을 확률의 추정치로 해석할 수 있다. 예를 들어, 무작위로 추출된 응답자가 지정된 결과에 대해 최소 $30을 지불할 확률은 약 0.75이다.

그림 16.1의 연결한 곡선은 히스토그램을 기반으로 한 샘플의 평균 수요 곡선으로 볼 수 있다. 그림 16.1의 수요 곡선과 표준 수요 곡선의 차이점은 곡선이 각 가격에서 개인이 구매할 의향이 있는 상품의 양을 나타내는 대신, 각 가격에서 지정된 결과에 대해 개인이 지불할 의향이 있는 확률을 나타낸다는 것이다.[20] 표준 수요 곡선의 경우와 마찬가지로, 그림 16.1의 곡선 아래의 면적은 개인의 WTP에 대한 추정치이다.

그림 16.1 이분형 선택 응답의 히스토그램

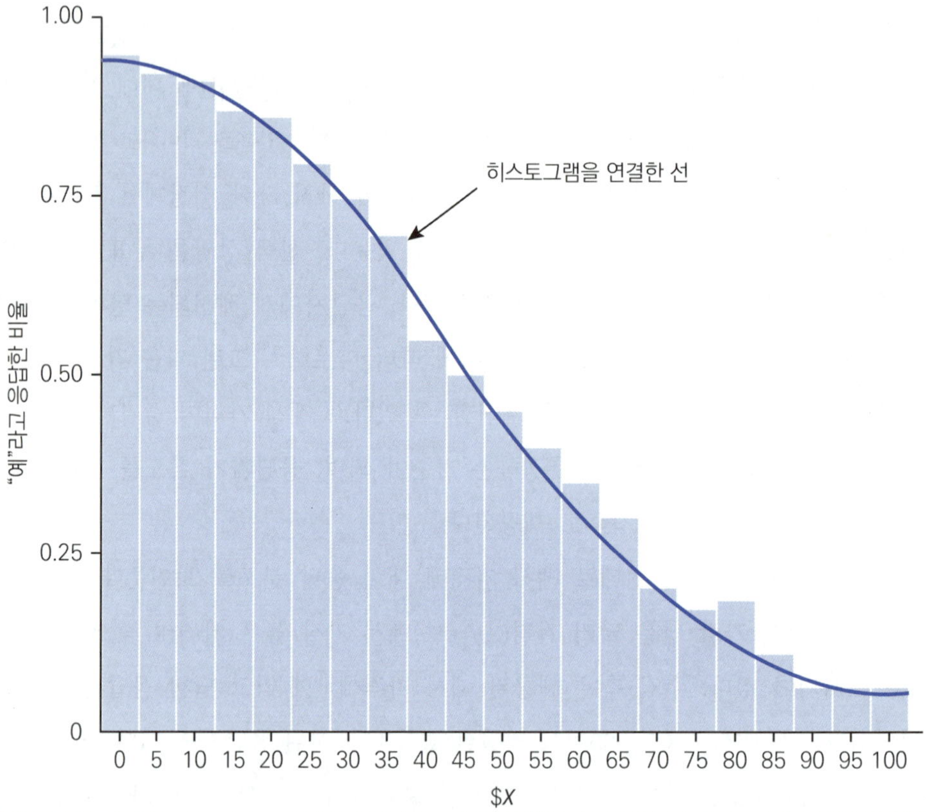

X의 값이 균등하게 분포되어 있는 경우, 히스토그램은 간단한 공식을 적용하여 평균 개인의 WTP에 대한 대략적인 추정치를 얻는 데 쉽게 사용할 수 있다.

$$WTP = v \sum_{k=0}^{N} [\text{가격 } kv\text{의 수락 확률}] \quad (16.1)$$

여기서 v는 가격 간 간격(즉, 히스토그램의 개별 막대 너비)이고 N은 X의 값 수(즉, 막대 수)이다. 다시 말해, 막대로 덮인 면적(샘플의 평균 구성원에 대한 대략적인 WTP)은 막대의 높이를 합산하고 막대 너비를 곱하여 간단히 계산할 수 있다.

분석가는 수락된 제시가격의 히스토그램에서 직접 작업하는 경우가 드물다. 수락 확률에 대한 통계적 모델에서 모집단 통계적 특성의 함수로서 WTP의 표현과 제시 가격 간의 관계에 대한 수락과 관련된 확률적 효용 모델로 방법이 발전했다.[21] 때때로 제시가격의 유한 범위와[22] 기타 데이터 제한 사항을 설명하기 위해 수정이 이루어진다.[23] 이러한 통계적 모델은 샘플 내에서 식별된 각 그룹의 WTP를 추정하는 데에도 사용할 수 있다. **전체 모집단의 집계 WTP를 찾으려면 각 그룹의 평균을 모집단에서 해당 그룹의 크기에 곱한 다음 그룹 간에 합산한다.**[24]

그림 16.1에서 수요 곡선 아래의 면적으로 WTP를 직접 추정하는 대신, 보다 일반적인 관행은 응답자 간의 관찰 가능한 차이를 고려하는 개별 선택의 매개변수 모델을 지정하는 것이다. 이 모델은 WTP_j, 즉 j번째 응답자의 WTP를 응답자의 소득과 교육, 나이, 성별과 같이 WTP에 영향을 미칠 수 있는 관찰 가능한 특성의 함수로 지정하는 것으로 시작한다.[25] 설문 조사 도구에 관련 지식과 태도에 대한 질문이 포함된 경우 이러한 질문에 대한 답변을 기반으로 하는 변수도 포함될 수 있다. WTP가 음수가 아닐 것이라고 가정하는 것이 합리적일 때, 즉 아무도 상품의 가치 변화를 부정적인 결과로 보지 않을 때, WTP는 일반적으로 지수 함수로 표현된다.

다음 단계는 응답자 j에게 제공된 제시가격 수락, t_j를 WTP의 확률적 함수로 처리하는 **확률적 효용 모델**을 지정하는 것이다. 예를 들어, 응답자 j가 제시 가격을 수락할 확률은 다음과 같다고 가정할 수 있다.

$$\mathrm{Pr}ob(t_i\text{비드를 수락}) = \phi\left(\frac{WTP_j - t_j}{\sigma}\right) \tag{16.2}$$

여기서 ϕ는 누적 표준 정규 분포이고 σ는 표준 편차이다. σ가 1로 설정되고 개별 특성에 대한 WTP 함수의 계수가 최대 우도 방법으로 추정되는 경우 WTP 함수가 개별 특성에서 선형이면 추정은 프로빗 회귀와 동일하다.[26]

이러한 간단한 모델은 극단적인 제시 값 주변에서 발생할 수 있는 문제를 고려하도록 수정될 수 있다. 일반적으로 사용되는 WTP 함수는 제시가격을 거부하는 사람이 더 낮지만 0이 아닌 제시가격을 수락할 확률이 있다고 가정한다. 그러나 어떤 상황에서는 제시가격을 거부하는 응답자가 긍정적인 제시가격을 수락하지 않을 수 있다. 예를 들어, 담배 중독을 완전히 제거할 치료에 대한 흡연자의 WTP를 추정하기 위한 CVM의 제시 가격은 제시 가격만큼은 아니지만 무언가를 지불할 흡연자와 중독되지 않았다고 믿기 때문에 아무것도 지불하지 않을 흡연자에 의해 거부될 수 있다. 중독 정도에 대한 자기 인식에 대한 질문이 설문 조사에 포함된다면, 그 답변은 두 가지 유형의 거부를 통계적으로 구별하여 WTP 함수에 대한 더 나은 추정치를 제공하는 데 도움이 될 수 있다.[27]

모수 구체화는 가장 큰 제시 가격에 대한 "뚱뚱한 꼬리" 또는 예상치 못하게 높은 수락률 문제에 매우 민감할 수 있다.[28] 가장 높은 제시 금액이 응답자의 20% 이상이 수락하거나 가장 큰 제시 금액이 0보다 상당히 높은 매우 유사한 수락률을 가질 때 문제가 분명해진다. 어느 경우든 수요를 억제할 제시 가격에 대한 적절한 정보를 제공하지 못한다. 전자는 가장 높은 제시가격이 억제 가격에서 너무 멀리 떨어져 있기 때문이고, 후자는 유사한 수락률이 억제 가격으로의 감소율을 알려주지 않기 때문이다. 가장 큰 제시가격 값을 받은 응답자를 샘플에서 임의로 제외하면 그렇게 해도 추정된 평균 WTP가 크게 변하지 않는 경우에만 뚱뚱한 꼬리에 대한 우려가 해결된다. 다소 덜 임의적인 접근 방식에는 소득 또는 유발된 경우 가처분 소득보다 높은 제시가격을 받은 응답자를 제외하거나 통계적 추정에서 응답자의 WTP 금액을 소득 또는 가처분 소득으로 제한하는 것이 포함된다.[29] 그림 16.1에 표시된 종류의 데이터를 직접 사용하는 비모수적 방법은 일반적으로 뚱뚱한 꼬리 문제에 덜 민감하다.[30]

이분형 선택 방법은 분석가에게 주어진 응답자의 평가가 제시된 금액보다 크거나 작은지 여부만 알려주기 때문에, 적절한 수준의 정밀도를 달성하기 위해서는 표본 크기가 커야 한다. 경험으로는 최소 500명의 응답자가 유도당 참여해야 한다는 것이다.[31] 따라서 상품의 두 가지 수준의 변화를 평가하는 설문 조사의 경우, 1,000명 이상의 응답자가 필요하다. 이는 일반적인 여론 조사보다 큰 표본 크기이다.

응답자로부터 더 많은 정보를 얻기 위해 일부 분석가는 단일 유도 질문 대신 **이중 이분형 선택(이중 경계 이분형 선택이라고도 함)**을 사용하여 대규모 표본의 필요성을 줄인다. 이 방법의 버전에서는 첫 번째 제안에 대한 답변에 따라 첫 번째 제안의 두 배(예인 경우) 또는 절반(아니요인 경우)인 후속 제안이 이루어진다. 이는 표준 단일 제안 버전보다 상당히 많은 정보를 제공한다. 그러나 응답자가 첫 번째 제안에 노출되면 후속 제안을 수락할 확률에 영향을 미칠 위험이 있다.[32] 후속 제시가격이 응답자에게 평가되는 상품의 예상 가격이나 수량에 대한 인식을 바꿀 수 있는 정보를 제공한다는 것을 인식한 Richard Carson과 Theodore Groves는 이 정보가 두 번째 제시가격에 대한 응답에 영향을 미칠 수 있는 몇 가지 방법을 제안했다.[33]

첫째, 처음에 제시가격을 거부한 사람들은 더 낮은 후속 제시가격이 협상 가능하다는 표시로 받아들이고 이전에 수락했을 제시가격을 거부할 수 있다. 둘째, 처음에 제시가격을 수락한 사람들은 상품이 더 낮은 가격으로 제공될 가능성이 있다고 믿고 WTP보다 낮더라도 더 높은 두 번째 제시가격을 거부할 수 있다. 셋째, 후속 제시 가격에 응답할 때 응답자는 해당 가격이 아니라 마주친 두 제시 가격의 가중 평균에 따라 응답할 수 있다.[34] 이 중 이분 선택 방법에서 생성된 더 많은 정보가 그러한 응답 행동의 위험을 감수할 만한 가치가 있는지는 여전히 미해결 연구 문제이다.

전략적 응답(정직) 문제에 대한 후속 섹션에서 논의하듯이, 이진 선택 공식화의 주요 장점은 **인센티브 호환성**에 필요한 조건을 충족한다는 것이다. 즉, 응답자가 전략적인 답변보다는 진실한 답변을 하도록 하는 인센티브가 있다는 것이다. 다른 방법은 **인센티브와 호환되지 않는다**. 투표 방법이 인센티브와 호환될 가능성은 가장 일반적으로 사용되는 CVM이 된 중요한 이유이다.

16.2 CV와 가장 관련성이 높은 일반 설문 조사 문제

CVM 설문 조사로 구체적으로 전환하기 전에 모든 설문 조사 맥락과 관련된 몇 가지 문제를 고려하는 것이 좋다. 이러한 일반 문제를 고려할 때 CV와 가장 관련이 있는 두 가지 문제에 초점을 맞춘다. 첫 번째 문제는 설문 조사 관리 방법 간의 상충 관계에 관한 것이다. 두 번째 문제는 응답자를 식별하고 도달하는 절차가 모집단 내 태도 또는 선호도 분포를 추정할 수 있는 적절한 샘플로 이어지는 정도이다.

16.2.1 설문 조사 관리: 대면, 전화, 우편 및 인터넷

현재 설문 조사를 관리하는 주요 기술은 대면 인터뷰, 전화 인터뷰, 우편 설문지 및 인터넷 설문 조사의 네 가지가 있다. 각각 강점과 약점이 있으며 각각 다른 방법론적 문제를 제기한다. 네 가지 절차 중 어느 것도 다른 절차보다 확실히 우수하지 않다.

표 16.1은 설문 조사 관리 대안의 특성을 요약한 것이다. 대면 인터뷰는 면담자가 응답자와 직접 만나는 것을 포함한다. 특히 CVM 맥락에서 관련성이 높은 대면 상호작용은 면담자가 지도, 다이어그램, 사진 및 기타 시각적 보조 자료를 제시하여 응답자에게 복잡한 정보를 제공하는 것을 용이하게 한다. 면담자는 질문을 명확히 하고 추가 정보를 제공하고 그렇지 않으면 응답자와 직접 상호작용할 수도 있다. 그러나 이러한 직접적인 접촉은 응답자가 면담자의 개인적 특성에 반응하여 면담자의 승인을 얻기 위해 답변을 왜곡할 수 있으므로 면담자 편차의 위험이 높다. 일반적으로 중앙 위치에서 실시되는 전화 인터뷰와 달리 대면 인터뷰는 모니터링하기 어렵고 비용이 많이 든다. 면담 간 이동에 소요되는 시간과 면담자의 보안을 보장하기 위한 예방 조치를 취해야 하기 때문에 지리적으로 분산된 샘플의 경우 특히 비싸다. 우편 설문지의 경우와 마찬가지로 모든 모집단의 무작위 샘플을 식별하는 기능은 모집단을 구성하는 개인, 가족 또는 가구 목록의 가용성에 따라 달라진다. 경비가 있는 아파트 건물이 있는 도시나 출입이 통제되는 주택 단지가 있는 교외 지역 등 많은 지역에서는 표본으로 무작위로 선정된 응답자에게 다가가는 것이 어려울 수 있다.

표 16.1 설문 조사 관리 대안

구역	면담당 비용	응답자 식별 및 도달 용이성	면담자 편차 위험	제공된 정보의 최대 복잡성
대면	매우 높음 - 설문지 길이와 지리적 분포에 따라 달라짐	보통 - 목록의 가용성과 접근성에 따라 달라짐	높음 - 개인적 존재감, 모니터링 어려움	매우 높음 - 대화형 의사소통 및 시각적 보조 도구가 가능함
전화	높음 - 설문지 길이와 콜백에 따라 달라짐	매우 높음 - 무작위 숫자 다이얼링	보통 - 면접관의 단서	구두 의사소통으로 콘텐츠의 복잡성이 제한됨

구역	면담당 비용	응답자 식별 및 도달 용이성	면담자 편차 위험	제공된 정보의 최대 복잡성
우편	낮음 - 후속 조치 수에 따라 달라짐	높음 - 적절한 목록의 가용성에 따라 달라짐	낮음 - 균일한 프레젠테이션	높음 - 시각적 보조 도구 가능함
인터넷	낮음 - 한계 비용 매우 적음	낮음 - "스팸" 제한으로 자발적 응답자 패널이 필요함	낮음 - 균일한 프레젠테이션	매우 높음 - 시각적 도움말 및 대화형 질문 가능

전화 인터뷰는 CVM 설문 조사를 실시하는 일반적인 방법이다. 전화 인터뷰는 집에 없거나 전화 응답기를 사용하여 전화를 걸러내는 사람에게 연락하기 위해 많은 수의 콜백을 하더라도 대면 인터뷰보다 비용이 상당히 저렴하다. 또한 연구자들이 무작위 숫자 다이얼링을 통해 합리적인 무작위 표본을 추출할 수 있어 가구 설문 조사에서 주소록이 필요하지 않다는 장점이 있다. 안타깝게도 구두 의사 소통은 제공할 수 있는 정보의 복잡성을 제한한다. 또한 응답자가 음성 신호와 면담자의 특성에 대한 인식에 반응하기 때문에 면담자 편차의 가능성이 있다.

여러 가지 추세로 인해 전화 인터뷰를 효과적으로 구현하기가 더 어려워졌다. 한 가지 추세는 종종 설문 조사로 위장한 텔레마케팅이 더 널리 퍼졌다는 것이다. 많은 사람들이 원치 않는 텔레마케팅 권유를 피하기 위해 설문 조사에 참여하기를 거부한다. 다른 사람들은 답변기와 발신자 식별을 사용하여 낯선 사람의 전화를 걸러낸다. 또 다른 추세는 유선 전화를 끊은 개인이 늘어나면서 무작위 숫자 다이얼링을 통해 좋은 무작위 표본을 추출하기가 점점 더 어려워지고 있다는 것이다. 많은 가구는 또한 재택 사업이나 청소년을 위한 여러 개의 전화선을 가지고 있다. 휴대전화는 지역 번호의 지리적 기반을 줄여서 위치별로 계층화된 표본을 추출하기가 더 어렵게 만들고 있다. 이러한 문제를 해결하면 앞으로 비용이 증가하고 전화 설문 조사의 효과가 감소할 가능성이 크다.

응답자에게 시각적 보조 자료를 제공할 수 있는 우편 설문지는 비용이 매우 낮다는 장점이 있다. 표본을 식별하는 용이성은 적절한 목록의 가용성에 달려 있다. 정확한 목록을 사용하면 응답자 표본을 식별하고 우편으로 연락하기 쉽지만 응답률은 일반적으로 낮아서 종종 허용 가능한 수준에 도달하려면 여러 번 우편을 보내야 한다. 면담자가 없기 때문에 면담자 편차가 없다.

대부분의 미국 성인이 인터넷 사용자가 되면서 설문 조사를 실시하는 데 인터넷을 사용하는 실용성이 크게 높아졌다. 인터넷 설문 조사는 다른 방법에 비해 여러 가지 장점이 있다. 면담자가 필요하지 않기 때문에 인터넷 설문 조사는 한계 비용이 매우 낮아 우편 설문 조사보다 낮을 수 있다. 우편 설문 조사와 달리 실제 데이터 수집은 완전히 자동화되어 매우 짧은 시간 내에 구현될 수 있으며, 이는 CVM 설문 조사가 보류 중인 결정을 알리는 데 목적이 있을 때 유리하다. 우편 설문 조사와 마찬가지로 면담자 편차의 위험을 피하고 복잡한 정보를 제공할 수 있다. 실제로 대화형 메뉴 및 기타 장치를 통해 응답자에게 대량의 정보에 대한 액세스를 제공할 수 있다. 안타깝게도 모집단의 무작위 표본을 추출하는 것은 여전히 장벽으로 남아 있다. 대부분의 관심 모집단의 모든 구성원이 인터넷 사용자는 아니다. 이는 변화하고 있지만 인터넷 사용이 보편화되었더라도 스팸에 대한 제한으로 인해 샘플링이 복잡해져 전화 설문 조사의 난수 다이얼링과 유사한 절차가 방해를 받는다. 긍정적인 측면에서 설문 조사 회사는 이제 관심 모집단을 충분히 대표하고 참여할 의향이 있는 응답자의 데이터베이스를 개발하여 과학적으로 유효한 CVM 연구를 인터넷을 통해 관리할 수 있게 되었다.[35]

16.2.2 표본 및 무응답 편차

설문 조사의 본질은 해당 모집단에서 추출한 비교적 작은 표본에서 모집단에 대한 정보를 이끌어내는 것이다. 표 16.1에 요약된 대로, 설문조사 실시 방식의 대안들은 응답자를 식별하고 접촉하는 용이성 측면에서 차이가 있다. 대상 모집단에서 표본을 추출할 개인을 식별하는 방법은 **표본 설계**의 주제이다.[36] 식별된 응답자로부터 유효한 응답을 얻는 정도는 표본 설계가 실제로 유효한 추론을 하는 데 적합한 데이터를 생성할지 여부를 결정한다.

거의 모든 경우, 표본은 확률 메커니즘에 의해 선택되며, 이는 **확률표본**을 생성한다.

확률 표본에서 각 개인은 모집단에서 추출될 알려진 확률을 갖는다. **단순 확률표본**은 대상 모집단의 각 개인에게 동일한 표본 추출 확률을 제공한다. **계층화된 표본**은 모집단 내 특정 그룹의 구성원에게 동일한 표본 추출 확률을 제공한다. 어느 경우든 선택 확률을 알면 연구자는 표본의 특성을 기반으로 모집단의 특성에 대한 추론을 할 수 있다.

CVM 목적을 위해 **관련 대상 모집단은 일반적으로 정책의 영향을 받거나 받을 수 있는 지위가 있는 모든 개인이다.** 불행히도 이 경험적 방법은 누가 영향을 받는지에 대한 의문을 제기한다. 많은 프로젝트에서 이는 분명하다. 그러나 특히 환경 정책을 다룰 때 종종 그렇지 않다. 어떤 맥락에서는 정책 비용을 부담하는 사람과 정책의 영향을 받는 사람 사이에 일치가 있다. 그러나 다른 맥락에서는 이러한 그룹이 갈라지기도 한다. 예를 들어 주 또는 지방이 다른 관할권에 사는 사람들이 소중히 여기는 자연 보호 구역을 제공하는 경우이다. 이러한 차이가 클수록 올바른 모집단을 선택하는 것이 더 문제가 된다.[37]

누가 영향을 받는지 평가하는 데는 몇 가지 주요 문제가 관련된다. 첫째, 프로젝트의 직접적인 영향을 받는 모든 "사용자"를 포함해야 한다. 사용자라는 용어는 특정 방식으로 의미하기 때문에 따옴표로 묶었다. 문제의 재화를 직접 활용하는 사람은 물론 사용자이다. 그러나 피하기 위해 비용을 지불할 수 있는 직접적인 부정적 영향을 겪는 개인도 마찬가지이다. 예를 들어, 소음을 싫어하는 오리 사냥 보호 구역의 근처 주민들은 오리 사냥꾼만큼이나 사용자이다. 잠재적 사용자도 포함되어야 한다. 9장에서 논의했듯이 불확실성이 있는 상황에서 개인이 상품에 대해 기꺼이 지불할 옵션 가격은 기대잉여와 다를 수 있다. 따라서 실제로 상품을 소비하지 않는 일부 사람들은 그것을 가치 있게 여길 수 있다.

둘째, 설문 응답자는 자신만을 위한 WTP를 추정하라는 요청을 받는지 아니면 가족 전체를 대표하는 사람으로서 WTP를 추정하라는 요청을 받는지 이해하는 것이 중요하다. 이 구분은 샘플에서 대상 모집단으로 확장하는 데 중요하다.

셋째, 수동적 사용 편익의 포함 또는 제외에 대한 명확한 결정을 내려야 한다. 9장에서 알 수 있듯이 사용자 또는 비사용자 모두 프로젝트에서 존재 가치를 도출할 수 있다. 개념적으로 존재 가치는 편익의 구성 요소로 포함되어야 한다. 환경 상품의 경우 비사용자를 표본 추출하거나 사용자의 존재 가치를 추정하는 CVM 설문 조사는 일반적으로 사용 편익만 포함하는 설문 조사보다 훨씬 높은 집계 WTP 추정치를 산출한다.

넷째, 샘플의 지리적 **분포 또는 도달** 범위는 영향을 받는 모든 개인을 포함할 수 있을 만큼 넓어야 한다. 관련 시장의 지리적 범위에 대한 결정이 많은 CBA의 결과를 좌우할 수 있다는 인식이 증가하고 있으며, 특히 비사용자가 포함된 경우 더욱 그렇다.[38] 중요한 표본 추출 질문은 일부 응답의 잠재적 제외와 관련이 있다. WTP를 추정할 때 세 가지 유형의 응답자를 제외해야 한다는 주장이 있다. 첫째, 문제의 상품에 가치를 두거나 특정 방식으로 상품에 대한 비용을 지불하는 개념을 완전히 거부하는 응답자; 둘째, 그 활동을 진지하게 받아들이지 않는 응답자; 셋째, 설문 조사를 이해할 수 없음을 명확히 보여주는 응답자이다.[39] 직접적 유도 방법에서 세 가지 유형의 응답자는 모두 일반적으로 0개의 가치 평가 또는 매우 높은 가치 평가를 제공하는 것으로 가정한다. 때때로 이러한 응답자는 샘플에서 선별하기 위한 특정 질문에 대한 답변으로 직접 식별할 수 있다. 극단적인 값을 제공하는 응답자는 **이상치**라고 한다. 이상치는 일반적으로 CVM에서 특정 임계값을 넘거나 응답자의 총 소득 또는 재량 소득의 특정 비율을 넘는 평가를 제거하여 처리한다.

적절한 표본 설계는 일반적으로 완전히 실행되면 대부분의 표본 편차를 제거할 수 있다. 그러나 일부 개인이 설문 조사에 응답하지 않으면 편차가 여전히 남을 수 있다. 무응답 편차는 거의 모든 설문 조사 연구에서 심각한 문제이다. 무응답 문제는 대중이 더 많은 설문 조사에 시간을 할애하라는 요청을 받고 설문 조사 연구자라고 주장하는 많은 사람들의 동기를 의심하게 되면서 지난 20년 동안 커졌다. 무응답이 순전히 무작위적이라면 표본 크기를 늘려서 처리할 수 있다. 그러나 불행히도 무응답은 종종 무작위적이지 않다.

무응답 문제에는 두 가지 주요 유형이 있다. 응답 거부와 응답 불가이다. CVM 맥락에서 응답 거부를 다루는 주요 접근 방식은 해당 활동의 합법성을 강조하는 것(예: 정부 또는 대학과의 제휴 강조) 또는 자선 단체에 기부하거나 복권 당첨과 같은 다양한 응답 인센티브를 제공하는 것이다. 이용 불가능으로 인해 샘플이 오류가 있는 경우 연구자는 일반적으로 대상 모집단으로 확장하는 방식으로 샘플의 과소 표현 및 과대 표현을 보정한다.[40]

전시 16.1

법원 소송의 일환으로 원고들은 광산으로 인한 천연자원 피해를 추정하기 위해 CVM 조사를 실시했다. 원고들은 광산이 위치한 카운티(Eagle County)와 주(Colorado)의 주민들을 조사했다. 조사에 따르면, 그들의 분석에 따르면 과거 피해액은 5,080만 달러였고 미래의 예상 피해액은 1,500만 달러에서 4,500만 달러 사이일 것으로 추정되었다. 피고들은 광산으로 인한 오염의 직접적인 영향을 받았다고 믿는 Eagle County 내에서 훨씬 더 작은 집단을 표본 조사했다. 피고들은 콜로라도의 나머지 지역 주민들은 광산으로 인한 비용을 부담하지 않는다고 가정했다. 양측의 단위당 값은 비슷했지만(예: 하루 낚시 비용), 피고들이 추정한 과거 및 미래의 총 예상 피해액은 약 24만 달러로 원고들의 추정치의 1%도 되지 않았다. "이러한 각각의 집계 추정치의 불일치는 원고가 ... 복구로 인해 편익을 얻는 사람이 훨씬 더 많을 것이라는 가정에서 비롯된다."(p.605).

출처: Raymond J. Kopp and V. Kerry Smith, "Benefit Estimation Goes to Court: The Case of Natural Resource Damage Assessments." *Journal of Policy Analysis and Management*, 8(4), 1989, 593-612에서 발췌

16.3 조건부 가치 평가 문제

CVM 설문 조사는 다른 설문 조사 상황에서 발생하는 것보다 더 새롭고 복잡한 여러 가지 문제를 제기한다. 논의가 필요한 CV 특정 문제는 다소 중복되기는 하지만, 6가지가 있다. 첫째, 모범 사례는 제시 가격을 지불하는 방법을 설명하는 지불 수단을 명시해야 한다. 둘째, CVM 설문 조사는 종종 **가설성** 문제를 포함한다(이것은 이해, 의미, 맥락 및 친숙성의 문제를 포괄하는 포괄적인 단어이다). 가설성 문제는 일반적으로 응답자가 이전에 어떤 방식으로든 재화를 "소비"하지 않았고 앞으로도 "소비"하지 않을 때 더 심각하다. 즉, 수동적 사용의 가치 평가에서 가장 심각한 경향이 있다. 셋째, 응답자에게 정보를 제시할 때 **중립성** 문제가 발생할 수 있으며, 특히 논란의 여지가 있거나 당파적인

프로젝트의 경우 그렇다. 넷째, 특정 유도 방법의 경우 특정 종류의 질문(지불의사 또는 수용 의사로 질문이 구성되었는지 여부 포함)에 대한 응답에서 **판단 편차**가 발생할 수 있다. 이러한 모든 문제가 반드시 편차(즉, 문제의 상품을 과대평가하거나 과소평가하는 체계적 경향)을 만드는 것은 아니지만, 모두 절차로서 CVM의 타당성과 신뢰성에 대한 의문을 제기한다. 일부 특정 CVM은 다른 CVM보다 편차에 더 취약한 것으로 보인다. 다섯째, WTP 프레임보다는 WTA 참조 프레임을 사용하는 것이 더 적절할 수 있다. 여섯째, CVM은 **전략적 행동**(어떤 결과에 영향을 미치려는 의도의 잘못된 진술) 및 지정된 지불 수단과 관련된 편향된 답변의 가능성을 높인다.

16.3.1 지불 수단 지정

CVM의 WTP 유도는 거의 항상 일부 지불 수단을 지정한다. 지불 수단은 정책이 시행된다면 상품에 대한 지불 방법을 설명한다. 정책과 재정 상황에 따라, 그럴듯한 지불 수단에는 특별히 재화에 배정된 기금에 납부한 세금, 공과금 인상, 소득세 또는 매출세 인상, 제품 가격 인상 등이 포함될 수 있다. **지불 수단을 지정하고 지불이 다른 재화에 대한 지출을 위한 기금 가용성을 줄인다는 점을 상기시키면 응답자가 질문을 실제 경제적 선택을 요구하는 것처럼 인식하도록 하는 데 도움이 된다**. CVM 설문 조사의 현실성을 더욱 높이기 위해 분석가는 실제로 사용될 지불 수단에 최대한 가까운 지불 수단을 지정하려고 하는 것이 이상적이다.

지정된 지불 수단의 차이는 추정 WTP에 차이를 만들 수 있다. 예를 들어, 연구자들은 응답자가 유역 관리 계획을 다르게 평가하는 것은 지불을 위해 부과된 세금이 다른 목적으로 사용되지 않을 것이라는 보장이 있는지 여부에 따라 다르다는 것을 발견했다.[41] 이러한 보장의 존재 여부는 응답자가 유역 계획의 특정 속성을 평가하는 데에도 영향을 미쳤다.

응답자의 WTP 차이가 지불 수단의 차이에 기인할 수 있는지에 대한 의견 불일치가 있다. Kenneth Arrow 등은 응답자에게 지불 방법을 포함한 프로젝트의 모든 요소를 평가하도록 요청하고 있으므로 지불 방법에 대한 응답자의 선호도가 편차를 의미하지 않는다고 주장한다.[42] 다른 분석가들은 세금 증가와 같은 특정 지불 수단이 "항의(抗議)"

평가를 도입하는 경우 이러한 이상치는 집계 WTP 추정에서 제외해야 한다고 주장한다.

16.3.2 가설성, 의미 및 맥락 문제

CVM 설계에서 가장 중요한 문제는 응답자가 질문의 맥락을 이해하고 이를 통해 문제의 상품이나 정책을 정확하게 평가할 수 있는지 여부이다. 많은 공공 제공 상품의 공급을 평가하면 복잡하고 맥락적인 문제가 발생한다. CVM 질문은 의미가 문제가 되지 않는 다른 많은 유형의 질문과 대조될 수 있다(예: "다음 선거에서 누구에게 투표할 의향이 있습니까?").

가설성과 의미에 대한 질문은 응답자가 무엇을 평가해야 하는지 정확히 지정하는 문제로 생각할 수 있다. 상품이나 이를 생성하는 정책을 이해하는 것은 응답자에게 어려운데, 이는 응답자가 종종 두 가지 모두에 익숙하지 않기 때문이다. 응답자에게 이해하지 못하는 상품이나 프로젝트에 대한 질문이 제시되면 태도(그리고 CVM 설문 조사에서 표현된 응답)는 프로젝트가 실제로 구현된 경우 발생할 행동과 일치하지 않을 가능성이 높다.[43] 프로젝트(또는 상품 자체)에 여러 속성이 있는 경우 이러한 모든 속성을 응답자에게 설명해야 한다. "[속성이] 명시적으로(그리고 포괄적으로) 지정되지 않는 한 평가자는 해당 속성의 가치와 따라서 제안의 실제 의미를 추측해야 한다. 잘못 추측하면 가치를 잘못 표현할 위험이 있다.[44]

그러나 이 문제는 맥락에서 살펴봐야 한다. 개인은 또한 시장 상품의 속성을 다르게 평가한다. 일부 개인은 주로 명예를 이유로 산악 자전거를 평가하고 다른 개인은 운송 목적으로 평가할 수 있다. 증거에 따르면 사람들은 시장 맥락에서 새롭고 익숙하지 않은 제품의 속성을 평가하는 데 다소 어려움을 겪는다.[45] Richard Carson 등이 지적했듯이, "매년 많은 신제품이 출시되어 소비자가 정기적으로 구매 결정을 내리는 시장을 만들어낸다. 어떤 표준 미시경제학 텍스트도 이전 경험이 합리적인 의사 결정의 전제 조건이라고 명시한 적이 없다.[46]

응답자의 상품에 대한 인식이 제공된 정보의 질이나 양과 독립적이지 않은 경우 CVM에서 추가적인 문제가 발생한다. 복잡한 상품을 설명할 때 제공될 수 있는 정보는 무제한이다. 그러나 정보의 양과 질은 실제로 설문 조사 관리 방법에 따라 제한된다.

여러 논평가들은 가설 자체가 CV에 편차를 도입한다는 증거가 거의 없다고 주장한다.[47] 가설이 있는 경우 특정 종류의 편차가 더 가능성이 높다는 것을 추론하는 것은 확실히 합리적이다. 그러나 가설의 가능성은 CBA 맥락에 따라 엄청나게 다르므로 일반화하기 어렵다. 불행히도 CVM은 환경적 영향과 관련된 프로젝트와 같이 상품을 정의하기 어려운 맥락에서 가장 유용할 가능성이 높다. 잠재적인 물리적 영향을 지정하기 어려울 때 응답자가 이러한 영향이 무엇을 의미하는지 이해하기 어려울 가능성도 있다.

그러나 사전에 생각하면 가설성과 비현실성은 여러 가지 방법으로 줄일 수 있다. **프로젝트와 그 영향을 명확하게 지정하면 태도와 행동 간의 대응 가능성이 높아진다. 지불 수단에 대한 명확한 세부 정보를 제공하는 것도 마찬가지이다.** 시각적 보조 도구는 이해에 도움이 된다. 가설성을 줄이는 데 유용한 중요한 시각적 보조 도구 중 하나는 품질 사다리이다. 품질 사다리의 예는 전시 16.2에 설명되어 있다. 품질 사다리는 응답자가 현상 유지에서 어떤 품질인지, 특정 품질 증가가 무엇을 의미하는지 이해하는 데 도움이 된다.

전시 16.2

여러 CBA에서 "수질 사다리"를 사용하여 응답자가 독소, 용해 고형물, 물 투명도 및 기타 요인의 수준이 수질에 어떤 영향을 미치는지 이해하도록 도왔다. V. Kerry Smith와 William Desvousges는 Monongahela 강의 수질 개선에 대한 CBA에서 0~10점 척도가 있는 사다리 그림과 다음과 같은 면담자 지침을 포함했다.

"(면담자: 다음을 읽어보세요) 일반적으로 수질이 좋을수록 레크리에이션 활동에 더 적합한 물이고 사람들이 물 위나 근처에서 야외 레크리에이션 활동에 참여할 가능성이 더 큽니다. 다양한 수준의 수질을 보여주는 사다리 그림이 있습니다. (면담자: 응답자에게 수질 사다리를 제시하세요) 사다리의 맨 위는 최상의 수질을 나타냅니다. 사다리의 맨 아래는 최악의 수질을 나타냅니다. 사다리에서 수질의 다양한 수준을 볼 수 있습니다.

예를 들어: (면접관: 다음 진술문을 읽으면서 각 수준(E, D, C, B, A)을 가리키세요)

수준 E(면접관: 가리키세요)는 너무 오염되어 기름, 원시 하수, 쓰레기와 같은 다른 것들이 들어 있습니다. 식물이나 동물이 없고 냄새가 심합니다.

수준 D의 물은 보트 타기에는 괜찮지만 낚시나 수영은 안 됩니다.

수준 C는 농어와 같은 게임 물고기가 살 수 있을 만큼 물이 깨끗한 곳을 보여줍니다.
수준 B는 사람들이 안전하게 수영할 수 있을 만큼 물이 깨끗한 곳을 보여줍니다.
그리고 수준 A의 물의 질은 너무 좋아서 원한다면 직접 마실 수도 있습니다.
(면접관: 이제 응답자에게 사다리를 사용하여 Monongahela 강의 수질을 0~10점 척도로 평가하고 순위가 특정 장소에 대한 것인지 표시하고 그렇다면 이름을 말하라고 요청하세요)"

출처: V Kerry Smith and William H. Desvousges, *Measuring Water Quality Benefits* (Boston, MA: Kluwer Academic, 1986), 87에서 발췌

Baruch Fischhoff와 Lita Furey는 응답자가 질문을 이해할 가능성 측면에서 CVM 도구를 평가하기 위한 체크리스트를 제공하였다.[48] 분석가는 상품, 지불 수단의 사양 및 사회적 맥락과 관련하여 정보의 포괄성을 평가해야 한다. 상품에 대한 정보의 적절성을 평가할 때 실질적 및 형식적 구성 요소 모두에 대한 정보를 제공해야 할 필요성을 강조한다. 상품의 실질적 측면은 누군가가 그것을 가치 있게 여기는 이유(기본적으로 속성)를 다루는 반면, 상품의 형식적 측면은 그들이 그것을 얼마나 가치 있게 여기는지(속성을 이해한 후)와 관련이 있다. 형식적 구성 요소에는 규모, 방향, 타이밍 및 관련되는 경우 변화의 확실성이 포함된다.

실제로 **CVM 설문 조사에서 가설성과 의미 문제를 최소화하는 유일한 효과적인 방법은 자세하고 명확하며 유익하고 맥락성이 높은 자료를 개발하고 이러한 자료를 일반적인 응답자에게 광범위하게 사전 테스트하는 데 광범위한 노력을 기울이는 것이다**.

16.3.3 중립성

이전 섹션에서는 명확한 의미가 없다고 해서 반드시 편차 문제가 발생하는 것은 아니지만, 중립성이 부족하면 반드시 편차 문제가 발생한다. CBA가 점점 더 논란이 많고 복잡한 주제를 다루면서 CVM 설문지의 중립성이 점점 더 중요한 문제가 되고 있다. (특히 환경) 법정 소송에서 소송 당사자들이 자체적으로 CVM 설문 조사를 실시하면서 중립성이 부각되었다.

의미와 중립성 문제는 종종 분리하기 어려운 방식으로 교차한다. 예를 들어, Daniel Hagen 등은 얼룩올빼미를 보존하는 가치에 관해 우편으로 1,000가구를 대상으로 설문 조사를 실시했다.[49] 총 설문지 중 409개가 반환되었다. 응답자에게 제공된 정보 중 일부는 다음과 같다. "과학 위원회는 북부 얼룩올빼미의 멸종을 막기 위해 일부 산림에서 벌목을 금지해야 한다는 결론을 내렸다." 그리고 "두 번째 독립 과학자 그룹이 이 연구를 조사하고 이러한 결론에 동의했다." 조사에는 또한 "북부 올빼미의 안녕은 전체 목재림 생태계의 안녕을 반영한다"는 의견이 포함되었다.

Hagen 등의 연구를 검토하면서 William McKillop은 이 문제의 프레이밍을 비판했다. 그는 조사에 응답자에게 알려야 할 관련 사실이 많이 포함되지 않았다고 주장하였다.[50] 예를 들어, "과학자 위원회"는 거의 전적으로 수림 서식지에만 초점을 맞추었고 많은 올빼미가 2차성장목재림에서 발견된다는 사실을 대체로 무시했다. 응답자에게는 또한 목재림의 상당 지역에서 벌목이 이미 금지되어 있으며, 이러한 면적은 정상적인 국가 삼림 계획 과정에서 증가할 가능성이 있다는 사실도 알려주지 않았다. 요약하자면 McKillop은 목재림 문제가 응답자에게 정확하거나 중립적으로 제시되지 않았다고 주장하였다.

중립성 문제에 대한 간단한 답은 없다. 그러나 불가피한 결론은 분석가가 소송 당사자나 의제가 있는 옹호 단체가 준비한 CVM 설문 조사 결과를 해석할 때 특히 신중해야 한다는 것이다. 실제적인 수준에서 **중립성은 고려 중인 특정 프로젝트와 관련하여 "갈등할 이유가 없는" 실질적인 전문가와 함께 설문 조사 도구를 사전 테스트하여 가장 잘 보장할 수 있다**. 중립적인 전문가를 찾을 수 없는 경우 반대 옹호자와 함께 사전 테스트를 하는 것이 대안이 될 수 있으며, 연구자는 결과에 의해 뒷받침되지 않는 입장을 가진 사람들의 가장 심각한 도전을 피할 수 있다.

16.3.4 의사 결정 및 판단 편차

대부분의 시장 상황에서 개인이 상품 가치에 대해 합리적으로 판단할 수 있다고 가정하는 것은 합리적이지만, 증거에 따르면 특정 상황에서는 쉽게 판단할 수 없을 수도 있다.[51] 이는 CVM 설문 조사의 맥락에서 발생할 가능성이 더 높은데, 의사 결정보다는 판단이 종종 관련되고 실수로부터 배울 기회가 없기 때문이다(이 문제에 대한 증거는 이 장의 후반부에서 논의한다). 더 공식적으로, 이러한 상황에서 개인은 특히 불확실성이 수반되는 선택과 관련하여 효용을 극대화하지 못하는 것처럼 행동하는 경향이 있다. 기능하는 시장의 맥락에서 이러한 행동은 비합리적인 구매(또는 구매 부족)로 이어질 수 있는 의사 결정 편차로 나타난다. 이러한 의사 결정 오류는 일종의 시장 실패로 생각할 수 있다.[52] CV의 맥락에서 응답자가 실제로 문제의 상품을 구매하지 않기 때문에 의사 결정 편차보다는 판단 편차라는 용어가 적용된다.

위험 관련 편차. 의사결정 편차와 판단 편차는 모두 (이미) 낮은 확률의 사건(발생 시 "대격변적" 비용이 발생)의 확률에 작은 변화를 일으키는 활동이나 프로젝트에 가장 심각한 것으로 보인다(예: 원자력 발전소 사고 확률에 미미한 변화를 일으킬 수 있는 활동).[53] WTP는 응답자가 그러한 사건을 얼마나 인식하는지에 따라 달라지므로 확률에 대한 인식과 그 변화는 CVM 연구에서 중요하다. 다행히도 연구자와 분석가는 그러한 맥락에서 CVM 추정치에만 의존하는 경우가 드물다. 예를 들어, 이러한 편차가 덜 만연한 방법에서 파생된 생명 가치 추정치를 사용할 수 있다(17장 참조).

개인이 특히 취약한 주요 판단 편차 유형은 다음과 같다.

- **가용성 편차**, 개인이 사건을 회상하는 용이성에 따라 사건의 확률을 추정한다. 미디어에서 다른 사례와 같이 더 눈에 띄는 사례가 회상될 가능성이 더 높다.
- **대표성 또는 결합 편차**, 개인이 사건의 확률을 그럴듯함에 따라 판단한다. 사람들은 세부 정보가 더 추가될수록 세부 정보가 중요하지 않더라도 사건의 확률이 더 높아진다고 인식한다.
- **낙관적 편차**, 사람들이 객관적 확률을 이길 수 있다고 믿는 편차
- **고정 편차**, 개인이 새로운 정보가 제공될 때 확률 평가를 완전히 업데이트하지 않는 편차
- **후견지식 편차**, 개인이 사건이 발생한 후에 실제보다 예측 가능성이 더 높았다고 믿는 편차
- **현상 유지 편차**, 개인이 실험하는 데 비용이 적게 들거나 변화로 인한 잠재적 편익이 클 때에도 현상 유지를 고수하는 편차
- **확률 평가 편차**, 사람들이 작은 확률을 과대평가하거나 무시하고 큰 확률을 과소평

가하는 경향이 있는 편차

이러한 편차의 대부분은 복잡한 정보를 다룰 때 사람들이 단순화 직관적 지침 또는 경험칙을 사용하는 경향이 있다는 사실로 설명할 수 있다. 또한 개인이 예상 효용 가설과 일치하는 방식으로 확률 추정치를 도출하지 않는다는 매우 강력한 경험적 증거가 있다. 예상 효용 가설은 개인이 각 가능한 결과의 효용을 발생할 확률로 가중하여 위험한 결과를 평가한다고 예측한다.

예상 효용 가설에 대한 이러한 관찰된 위반을 설명하는 가장 그럴듯한(그리고 연구된) 개념적 프레임워크는 **전망 이론**이다.[54] 전망 이론의 공리는 특히 CVM 문제와 맥락과 관련이 있다. 그들은 개인이 여러 가지 예측 가능한 방식으로 예상 효용 극대화에서 벗어난다고 제안한다. 개인은 순자산을 평가하기보다는 기준점에서 이득과 손실을 평가한다. 게다가 사람들은 이득에 대해 위험 회피적이고 손실에 대해 위험 추구적이다(**손실 회피**라고 함). 손실과 이득이 같은 크기라면 손실 회피적인 사람은 더 나쁜 처지에 놓이게 된다. 이는 개인이 현재 소유하고 있는 것에 더 큰 심리적 애착을 갖는 **보유 효과**에서 비롯될 수 있다.[55]

이러한 효과 중 일부는 그림 16.2에서 볼 수 있듯이 전망 이론 가치 함수에 요약될 수 있다. 수직 축은 가치를 측정하고 수평 축은 손실과 이득을 측정한다. 이 그림은 세 가지 사항을 보여준다. 첫째, 사람들은 변화가 손실 또는 이득으로 측정되는 기준점에서 시작한다. 둘째, 개인은 잠재적 이득에 대해 위험 회피적이다(즉, 두 대안의 기댓값이 같을 때 더 큰 확률적 이득보다 더 작은 확실한 이득을 선호한다). 개인은 또한 잠재적 손실에 대해 위험 추구적이다(즉, 두 대안의 기댓값이 같을 때 더 작은 확실한 손실보다 더 큰 확률적 손실을 선호한다). 이는 그림에서 오목한 이득 함수와 볼록한 손실 함수로 표현된다. 셋째, 손실은 같은 크기의 이득보다 더 크게 보인다. 이는 손실 함수가 이득 함수보다 더 가파른 것으로 그림에서 표현된다. 손실 함수의 이 세 가지 속성 외에도 전망 이론은 개인이 직관적 지침 편차으로 어려움을 겪는 주관적 확률로 결과를 평가할 가능성을 허용한다.

전망 이론에서 제안하는 편차은 여러 가지 이유로 CVM과 특히 관련이 있다. 참조점을 통한 제시가격의 고정은 항상 CVM 유도에서 잠재적인 문제이다. 시작점 편차를 제

그림 16.2 전망 이론: 초기 자산의 변화에 대한 가치 평가

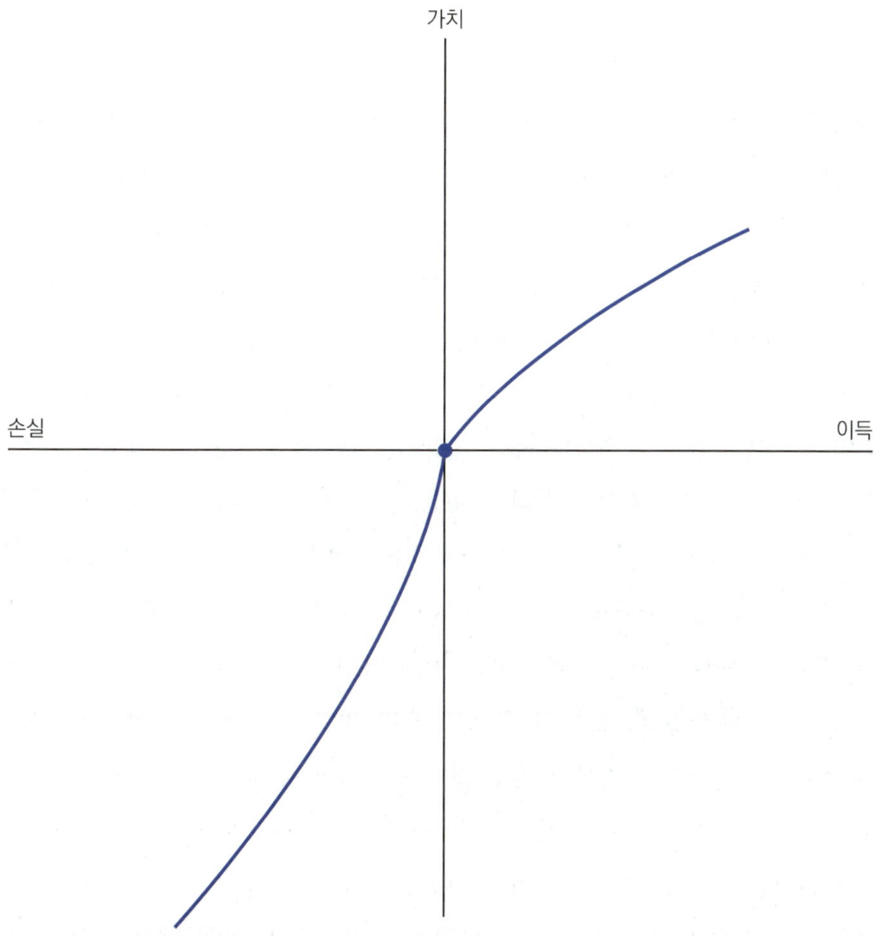

거하기 위해 개방형 질문을 사용하더라도 지불 수단 및 기타 설명적 세부 사항은 간접적으로 제시가격의 고정을 도입할 수 있다. 더욱이 자세한 설명은 가용성 편차를 유발할 수 있다. 또한 나중에 논의하겠지만 CVM 유도는 때때로 이득 또는 손실을 포함하는 것으로 그럴듯하게 구성될 수 있다.

위험 감소에 대한 WTP를 이끌어낼 때 위험 전달에 특별한 주의를 기울여야 한다. 위험 전달에 대한 연구는 몇 가지 지침을 제공한다.[56] 빈도, 백분율 또는 비율과 혼합되지

않는 유사한 형식으로 모든 위험을 제시한다. 확률을 전달하는 데 도움이 되는 그래픽을 제공한다. 그리고 상대적 위험보다는 절대적 위험을 제시해야 한다. 사람들은 종종 후자를 해석하는 데 어려움을 겪기 때문이다. **보다 일반적으로 CVM 설문 조사는 응답자의 다양한 수준의 수치적 및 위험 이해도를 평가하고 수용하도록 설계되어야 한다**.

비몰입 편차.[57] 마케팅 문헌에서 설문 조사 응답자는 자신에게 설명된 제품을 구매할 의향을 과장하는 경향이 있다는 것은 잘 알려져 있다.[58] 이는 전략적 대응 문제(나중에 논의할 문제)일 수 있지만, 잠재적 소비자가 학습에 참여하지 않는 맥락에서 앵커링 편차(예: "이 제품은 그들이 나에게 그것에 대해 묻고 매우 자세히 설명했기 때문에 가치가 있을 것이다")의 한 형태일 수도 있다. 이는 매우 무의식적일 가능성이 높다. 물론 응답자가 실제로 돈을 투자할 필요가 없기 때문에 편차가 커질 수 있다.

수동적 사용 가치를 다룰 때 비몰입 편차를 테스트하기는 어렵다. 편차를 테스트하는 간접적인 방법은 응답자가 소득과 예산 제약에 대해 더 신중하게 생각하도록 격려하는 요소를 설문 조사에 도입하는 것이다. Michael Kemp와 Christopher Maxwell은 비몰입 편차를 완화하기 위해 "상향식 분리 방법"을 개발하였는데,[59] 이를 위해 예산 제약에 대한 인식을 높였다. 응답자에게 처음에 총 WTP를 말하도록 요청한 후 구체적으로 비교 평가에 대해 질문했다. 예를 들어, 응답자에게 특정 석유 유출을 피하기 위한 WTP에 대해 질문한 후 환경 보호 대 범죄 감소, 노숙자 및 기타 사회 문제에 대한 평가에 대해 질문했다. 또한 다양한 종류의 환경 보호(황야 지역 대 지하수 품질, 열대 우림 보호 및 기타 환경 목표)에 대한 평가에 대해서도 질문했다. 다음 단계에서는 다양한 종류의 자연 보호구역 보호(인간이 야기한 문제로 인한 피해 감소 대비 자연적 훼손 및 기타 파괴적 과정)를 평가하도록 요청했다. 이 상향식 분리 과정의 마지막에 응답자들에게 다시 WTP를 물었다. 그 결과 WTP 값은 초기 개방형 질문의 WTP 값보다 수백 배 더 작아서 응답자들이 예산 제약에 대해 더 신중하게 생각하도록 요구하는 질문을 하는 것이 바람직함을 시사했다.[60] (아래에서 논의하는 시작점 편향 가능성 때문에 보고된 이러한 차이의 규모에 대한 약간의 주의가 필요하다) 예를 들어, 응답자들이 소득 중 얼마나 많은 부분이 재량적인지 생각하도록 격려하는 질문을 하면 비몰입 편차를 피하는 데 도움이 될 수 있다.

이분형 선택 유도에서 덜 복잡하고 효과적일 가능성이 있는 접근 방식은 일반적으로 제시가격 수락을 조정하여 응답자의 확실성을 반영하면 WTP 추정치가 공개 선호 방법의 추정치에 더 가깝다는 것을 보여주는 연구결과에 의거하여 사용되었다.[61] 이 접근 방식은 제시가격을 수락한 응답자에게 수락의 확실성에 대한 후속 질문이 필요하다. 응답자가 "확실히 확신하는" 액면 그대로의 수락만이 실제 구매율에 매우 가까운 조정된 수락률을 제공하는 것으로 보인다.[62] **이는 분석가가 이분형 선택 유도에 따라 정기적으로 확실성 질문을 포함하고 초기 수락에 대해 확신이 없는 응답자의 제시가격 수락을 제시가격 거부로 변환해야 함을 시사한다**.

순서 효과. CVM 연구에서도 중요한 순서 또는 연속 효과가 발견되었다. 예를 들어, 일부 응답자에게 물개를 보존한 다음 고래를 보존하는 것을 중요하게 여기도록 요청한 반면, 다른 응답자에게는 고래를 보존한 다음 물개를 보존하는 것을 중요하게 여기도록 요청한 연구를 고려하여 보면 다음과 같다. 물개 질문은 고래 질문 다음에 물개 질문을 했을 때 상당히 낮았다.[63] 이러한 결과는 소득 효과, 대체 효과 또는 두 가지의 조합으로 설명할 수 있다. 소득 효과의 근거는 다음과 같다. 누군가가 일련의 상품에서 첫 번째 상품을 지불하기 위해 긍정적인 WTP를 표현했다면 그 사람은 순서에서 두 번째 상품에 쓸 소득이 줄어든다. 그러나 CV의 비판가들은 상품이 순서대로 내려갈 때 WTP가 급격히 감소하는 것을 소득 효과로 완전히 설명할 수 없다고 지적했다. 왜냐하면 WTP가 상대적으로 작아야 하기 때문이다.[64] 그러나 첫 번째 상품에 대한 수락된 제시가격이 응답자의 재량 소득의 상당 부분을 차지한다면 두 번째 상품에 대한 제시가격을 수락하는 데 사용할 수 있는 가처분 소득이 거의 남지 않을 수 있다. 즉, 고립된 상품에 대한 소득 탄력성이 작더라도 두 번째 상품에 대한 WTP는 소득 제약을 받을 수 있다.

물개와 고래 사이의 대체 효과는 매우 클 수 있으며, 따라서 CBA에서 중요할 수 있다. 특히 응답자는 한 가지 환경 개선을 완전히 다른 환경 개선의 대체물로 볼 수 있기 때문에 프로젝트의 총체적 영향을 평가하는 측면에서 중요하다. 사람들이 광범위한 대체에 참여하는 경우 프로젝트의 순 총체적 편익은 예상보다 작을 수 있다. 예를 들어, 시카고 거주자가 시카고의 공기를 정화하는 프로젝트에 기여하기로 동의한 후 그랜드 캐년의 가시성을 보존하는 프로젝트를 제안받는 경우 대체 효과로 인해 그랜드 캐년 프로젝트의 가치가 감소할 수 있다.

대체 효과가 수동적 사용 가치에 대한 CVM 설문 조사에서 순서 불일치의 대부분을 설명할 수 있는지에 대한 문제는 여전히 불분명하다.[65] 비평가들은 이 현상이 소득이나 대체 효과로 설명되지 않는다고 주장하지만, 대신 응답자가 이런 종류의 질문을 실제로 이해할 수 없다는 것을 보여준다. 따라서 그들은 필연적으로 판단 직관적 지침에 참여하여 일반적으로 평가를 과장하게 된다. 따라서 소득 효과와 대체 효과가 순서 효과에 대한 완전한 설명을 제공하는지는 불확실하다.[66] **순서 효과에 대한 해석이 모호하기 때문에 분석가는 일반적으로 응답자에게 두 개 이상의 상품을 평가하도록 요청하지 않는다.**

임베딩 효과. 선호도에 대한 표준 경제적 설명에서 근본적인 공리는 개인이 더 많은 재화를 더 적은 것보다 더 높게 평가한다는 것이다. 이를 범위 테스트(scope test)라고도 한다. CVM 응답자의 평가가 제공된 재화의 양이 크게 변한 경우 작은 변화에 비해 약간만 높을 경우 응답의 타당성이 문제가 된다. 그러나 연구에 따르면 개인은 서로 다른 양이 서로에 섞여 있을 때 재화에 대한 평가에서 소량과 대량을 쉽게 구별하지 못하는 경우가 많다. 예를 들어, William Desvousges 등은 응답자가 다른 표본을 비교하여, 응답자가 2,000마리의 철새를 200,000마리의 새와 거의 같은 가치로 평가하고, 작은 유출 사고를 훨씬 더 큰 유출 사고와 거의 같은 가치로 평가한다는 것을 발견했다(이것들은 다른 샘플이므로 주어진 개인이 더 많은 것을 덜 선호하는지 여부를 직접 테스트하지 않는다).[67] 혼합효과의 두 가지 추가 예가 전시 16.3에 설명되어 있다. 한계 효용이 감소한다는 것만으로는 상품의 수량에 따라 가치가 다르게 평가되지 않는 현상을 전부 또는 대부분 설명할 수 없을 것 같다.

수동적 사용 가치를 다룰 때, 혼합효과는 CBA에서 CVM을 사용하는 것에 대한 비판자들이 지적한 가장 우려스러운 문제일 것이다. 그것은 복지 경제학의 핵심이다. 비평가들은 경험적 증거가 이러한 맥락에서 응답자들이 실제로 자신의 가치를 표현하지 않고 대신 환경 문제에 대한 광범위한 도덕적 태도, 즉 "따뜻한 빛"이나 "도덕적 만족"을 표현하고 있음을 시사한다고 주장한다.[68] 그러나 Richard Carson 등은 혼합효과 문제 또는 범위 무감각성을 나타내는 대부분의 연구는 설계 및 실행이 부족하며 잘 설계된 CVM 도구는 문제를 나타내지 않는다고 주장했다.[69] **그럼에도 불구하고 필요한 샘플 크기를 두 배로 늘리기 때문에 비용이 많이 들지만 비사용 상품의 변화를 평가할 때 분석가는 응답자를 무작위로 두 개의 하위 샘플로 나누어 각각이 상품의 변화의 다른 크기를 평가하여 범위 테스트를 수행해야 한다.** 범위 테스트는 응답자가 부담하는 위험 감소와 같이 사용 상품에도 바람직하지만 주로 평가되는 변화에 대한 이해를 평가하기

위한 것이다.[70]

시작점 편향. 이전에 지적했듯이 전망 이론은 앵커링을 복잡한 판단을 내려야 할 때의 일반적인 행동적 반응으로 식별한다. CVM에서 응답자에게 시작 값이 제시될 때 문제가 발생한다. 반복 제시가격 방법은 응답자에게 특정 초기 시작 "가격"을 제공하기 때문에 이 문제가 특히 발생하기 쉽다.[71] 예를 들어, 이 장에서 앞서 언급한 Kristiansand Fjord 연구를 고려해 보자. 200kronor에서 시작하여 2,000kronor로 진행되는 범위는 0kronor에서 시작하여 2,000kronor로 진행되는 범위와 다른 평가를 생성한다는 사실이 발견되었다. 0~200kronor사이에 제시가격이 없는 경우에도 마찬가지였다.[72]

전시 16.3

Daniel Kahneman과 Jack L. Knetsch는 토론토 주민들이 온타리오의 모든 호수에서 어류 자원 감소를 막기 위해 세금을 인상할 의향이 있다고 보고했는데, 이는 지방의 작은 지역에서 어류 자원을 보존하기 위해 표현한 WTP보다 약간 더 컸다. 이는 있을 수 없는 일이다. 같은 연구자들이 혼합효과를 연구했다. 그들은 다음과 같은 방법을 사용하였다. (1) 첫 번째 응답자 표본에게는 매우 광범위하게(자연 보호, 야생 동물 보호, 공원 제공, 재난 대비, 대기 오염 통제, 수질 보장, 산업 폐기물의 일상적인 처리 및 폐기를 포함하는 환경 서비스); (2) 두 번째 응답자 표본에게는 상당히 더 좁게(재난에 대한 대비를 개선하고 구조 작업을 위한 장비와 훈련된 인력의 가용성에 후속적으로 할당하기 위해); (3) 세 번째 표본에게는 훨씬 더 좁게(구조 작업을 위한 장비 및 훈련된 인력의 가용성 개선). 각 샘플의 응답자는 "상품"에 대한 지불의사를 표현하도록 요청받았다. 세 샘플 간의 WTP 차이는 크지 않았다.

출처: Daniel Kahneman and Jack L. Knetsch, "Valuing Public Goods: The Purchase of Moral Satisfaction." *Journal of Environmental Economics and Management*, 22(1), 1992, 57-70. 에서 발췌. 이 연구의 비판은 see V. Kerry Smith, "Comment: Arbitrary Values, Good Causes, and Premature Verdicts." *Journal of Environmental Economics and Management*, 22(1), 1992, 71-89를 참고.

이분형 선택 질문 형식은 시작점 편향을 없애려고 한다. 그러나 "이분형 선택 질문에 대한 응답은 시작점 편향의 영향을 매우 강하게 받는데, 응답자는 요청된 기여 금액에서 자원 가치에 대한 초기 단서를 취할 가능성이 높기 때문이다(예: 필요한 기여금에서 자신의 몫이라고 가정)."[73] 사실, 이분형 선택 방법이 시작점 편향의 영향을 받는다는 주장을 뒷받침하는 실증적 증거가 있다.[74] 이분형 선택 응답에서 추정된 WTP는 개방형 설문 조사에서 추정된 WTP보다 상품을 제공하는 데 드는 총 비용이나 상품을 받는 그룹의 규모에 대한 정보 제공의 영향을 덜 받는 것으로 보인다.[75] 시작점 편향이 단일 유도에서 제공된 정보에서 발생하든 그렇지 않든, 동일한 응답자에게 제공된 일련의 유도 중 첫 번째에서 제공된 정보에서 발생할 가능성이 매우 높다. **순서 효과와 마찬가지로 시작점 편향은 한 응답자당 하나의 가치 추정만을 유도하는 일반적인 관행을 더욱 뒷받침한다**.

16.3.5 WTP 대 WTA

표준 경제 이론은 시장에서 거래되는 상품에 대해 유사한 WTP 및 WTA 값을 예측한다. 즉, 누군가가 상품의 다른 단위를 얻기 위해 기꺼이 지불할 금액은 그 사람이 단위를 포기하기 위해 받아야 할 금액과 비슷해야 한다. 그러나 현시선호법 또는 진술선호법에 기반한 추정치는 종종 WTP보다 WTA에 대해 상당히 큰 값을 찾는다. 차이는 진술선호법 연구에서 특히 큰 경향이 있다. CVM 연구에서 WTP와 WTA의 추정치를 비교하는 연구는 일반적으로 평균 비율이 5 대 1 이상인 매우 큰 차이를 발견하지만 이러한 차이는 시간이 지남에 따라 감소하는 것으로 보인다. 아마도 CVM 연구 설계의 개선 때문일 것이다.[76]

예를 들어, 현시선호법(모의 시장)과 진술선호법(CV) 실험에서 추정된 사냥 허가에 대한 WTP와 WTA를 비교하는 전시 16.4에 제시된 추정치를 고려해 보자. CVM과 WTP에 대한 모의 시장 추정치는 매우 비슷하지만, WTA에 대한 CVM 추정치는 모의 시장 추정치보다 2~3배 정도 크다.

전시 16.4

위스콘신의 야생 동물 보호 구역은 주기적으로 사냥을 위해 개방된다. 사냥꾼은 이러한 사냥에 참여하기 위해 특별 허가가 필요하다. 허가는 복권 당첨자에게 무료로 발급된다. 1984년 복권의 경우 많은 수의 신청이 접수되었다. 복권의 결과로 150개의 사냥 허가가 발급되었다. WTA를 측정하기 위해 이 사냥꾼의 절반은 또한 연구를 설명하는 편지와 자신의 이름으로 발행된 수표를 받았다. 이 수표를 현금화하기 위해 사냥꾼은 이 모의 시장에서 허가를 포기해야 했다. 18달러에서 518달러까지 무작위로 범위가 정해진 수표의 액면가는 이분법적 선택 방법에 해당한다. 사냥꾼의 나머지 절반은 첫 번째 절반과 동일한 범위에서 추출된 가상 지불 제안이 포함된 유사한 편지를 받았다. 그들은 편지에 명시된 가상 금액에 대해 허가를 포기할 의향이 있는지 물었다.

WTP를 측정하기 위해 150명의 실패한 복권 참가자를 무작위로 선정했다. 다시 한 번, 75명은 편지에 명시된 금액을 지불하면 사냥 허가증을 받을 수 있다는 설명이 적힌 편지를 받았다. 금액은 이전에 설명한 것과 동일한 범위를 포괄했다. 나머지 75명에게는 동일한 질문을 가상으로 물었다. 즉, 구매를 통해 선호도를 밝힐 기회를 주지 않고 CVM 질문을 했다. 다음은 결과를 요약한 것이다.

	WTP(달러)	WTA(달러)
모의 시장	31	153
조건부 가치 평가	35	420

먼저 조건부 가치 평가는 모의 시장에서 밝혀진 것과 매우 가까운 WTP 추정치를 생성했다는 점에 유의하자. 또한 모의 시장에서 WTA는 모의 시장에서 WTP보다 거의 5배 더 컸다는 점에 유의하자. 또한 WTA의 조건부 가치 평가 추정치는 모의 시장 추정치의 거의 3배였다.

출처: Richard C. Bishop and Thomas A. Heberlein, "The Contingent Valuation Method," in Rebecca L. Johnson and Gary V Johnson, editors, *Economic Valuation of Natural Resources: Issues, Theory, and Application* (Boulder, CO: Westview Press, 1990), 81-104에서 발췌

상당한 실험적 증거에 따르면 개인은 이미 소유하고 있는 것을 포기하기 위해 동일한 품목을 획득하기 위해 기꺼이 지불하려는 금액보다 더 큰 금전적 보상을 요구한다. 사람들이 실제로 돈을 위해 상품을 거래하도록 요구하는 실험과 다른 맥락에서 필요한 WTA 금액이 WTP 금액보다 4~15배 더 큰 비율로 나타나는 경우가 많다.[77] 그러나 실험 대상자의 경험이 많아질수록 WTP와 WTA 간의 관찰된 차이가 상당히 줄어든다는 증거도 있는데, 이는 일반적으로 WTA 금액이 감소한 결과이다.[78]

거래 가능한(사용 가능한) 상품에 대한 WTP와 WTA 간의 큰 차이는 기존 소비자 이론보다 그림 16.2에서 포착한 것과 같은 보유 효과와 관련된 의사 결정 틀과 더 일치하는 것으로 보인다. 즉, 반응은 선택이 이득에 대한 지불 또는 손실에 대한 보상으로 구조화되는지에 따라 달라진다. 그러나 비사용재의 경우 소비자 이론은 평가되는 비사용재에 밀접한 대체물이 없을 때 WTP와 WTA 사이에 큰 차이가 있음을 허용한다.[79] 따라서 WTP와 WTA 사이에 큰 차이가 발생하는 것은 밀접한 대체물이 없는 경우, 프레이밍 효과의 영향이 있는 경우 또는 둘 다인 경우일 수 있다. 사용재와 달리 실험적 증거에 따르면 밀접한 대체물이 없는 비사용재에 대한 경험은 프레이밍 효과를 감소시키지 않는다.[80]

WTP와 WTA 사이에 더 큰 차이가 개념적으로 타당할 수 있지만 WTA를 유발하는 CV는 WTA를 유발하는 CV에서 예산 제약을 상기시키는 것만큼 응답자에게 직접적인 상충 관계를 나타내지 않는다. 다시 말해, 구속력 있는 예산 제약이 없으면 응답자가 유도에 경제적으로 대응할 가능성이 줄어들 수 있다.

전시 16.5

국립해양대기청을 위해 수행한 프로젝트에서 저명한 연구자 그룹은 조건부 평가를 사용하여 멕시코만에서 발생한 2010년 BP Deepwater Horizon 원유 유출 사고로 인한 자연자원 피해의 금전적 가치를 추정했다. 연구자들은 피해에 대한 WTA를 이끌어내려고 시도하는 대신, 유사한 유출을 예방할 개입에 대한 WTP를 이끌어냈다. Deepwater Horizon과 같은 400개의 새로운 우물이 향후 15년 동안 시추될 것이며 과학자들은 그 중 하나가 Deepwater Horizon과 같은 분출을 겪을 것으로 예측한다고 설명한 후, 그들은 새로운 우물 각각에 두 번째 파이프를 설치하면 분출로 인한 상당한 피해를 예방할 수 있다고 설명했다. 전국 설문 조사에 참여한 응답자들에게 이 예방 조치를 위한 자금을 마련하기 위해 더 높은 세금을 낼 의향이 있는지 물었다.

설문 조사에는 범위 텍스트가 포함되었다. 응답자들은 Deepwater Horizon 유출 사고의 영향을 기반으로 새로운 유출 사고로 인한 두 가지 부정적인 영향 세트에 무작위로 배정되었다. 한 세트에는 오일로 더럽혀진 수 마일의 습지, 죽은 새의 수, 잃어버린 레크리에이션 여행의 수가 포함되었다. 다른 세트에는 이러한 손실과 병코돌고래, 심해 산호, 달팽이, 어린 물고기, 어린 바다거북의 죽음이 포함되었다. 설문 조사는 대면으로 진행되었기 때문에 면담자는 응답자에게 지도, 사진, 영향 요약이 있는 책자를 보여줄 수 있었다. 더 큰 영향 집합의 요약은 다음과 같다.

	WTP(달러)	회복시간
동물		
1. 달팽이와 벌레	우물 근처의 1/3이 죽음	10년
2. 어린 물고기	8,000만 마리 죽음	1년
3. 어린 바다거북	8,000마리 죽음	20년
4. 병코돌고래	120마리 죽음	20년
5. 새	50,000마리 죽음	1년
6. 심해 산호	120마리의 일부가 죽음	300년
식물		
7. 습지	185마일 기름 유출	3년
여가		
해변에 가는 횟수	1,000만 회 감소	1년

지불 수단은 일회성 연방조세였으며, 무작위 제시 가격은 $15, $65, $135, $265, $435로 설정되었다. 연구자들은 두 영향 세트 모두에서 제시 가격이 상승함에 따라 예방에 대한 투표가 감소했고, 더 큰 영향 세트에 대한 각 제시 가격에서 예방에 대한 투표가 체계적으로 더 높았기 때문에 응답자들이 경제적 결정을 내리고 있다는 확신을 가졌다. 후속 질문은 예방의

인식된 효과, 실제로 세금을 내야 할 가능성, 영향에 대한 주장 수용에 대해 물었다. 연구자들은 더 큰 영향 세트에 대한 평균 WTP가 153달러(s.e. 6.87달러)이고 더 작은 영향 세트에 대한 평균 WTP가 136달러(s.e. 6.34달러)라고 추정했다. 1억 1,260만 가구 전체에 입장을 부여하면 예방 프로그램에 대한 WTP가 172억 달러로 추정되었다.

출처: Richard C. Bishop, Kevin J. Boyle, Richard T. Carson, David Chapman, W. Michael Hanemann, Barbara Kanninen, Raymond J. Kopp, Jon A. Krosnick, John List, Norman Meade, et al., "Putting a Value on Injuries to Natural Assets: The BP Oil Spill." *Science*, 356(6335), 2017, 253-54.

WTA를 이끌어내기 위해 일부 연구자들은 응답자가 경제적 반응을 제공할 가능성을 높이기 위해 소위 사회적 예산 제약을 사용했다. 예를 들어, 긍정적인 생태적 외재성을 갖지만 수확량이 낮은 기장 품종으로 농부의 WTA 전환을 이끌어내기 위해 노력하는 연구자들은 "답변하기 전에 콜리 힐에 있는 제한된 수의 **가구만**이 이 계획에 참여하도록 선택될 것이라는 점을 유의하라. 이 계획에 대한 자금 지원 금액이 제한될 것이기 때문이다. 따라서 프로그램에 참여하는 데 필요한 지원 금액이 적을수록 선택될 가능성이 높아진다"[81]라는 설명을 제시하였다.

이 특정 사회적 예산 제약은 응답자들이 보상 금액과 보상 수령 가능성 간의 상충관계에 대해 생각하도록 유도한다. 또 다른 접근 방식은 그렇지 않으면 지역 공공재를 제공할 지불 출처를 지정하는 것이다. 예를 들어, 보상은 그렇지 않으면 지역 서비스에 자금을 지원할 재산세 감면을 통해 이루어질 수 있다.[82] 그러나 이분법적 선택 유도에는 복잡한 문제가 발생한다. 거부는 제공된 보상이 WTA보다 낮거나 응답자가 보상을 지원하기 위한 가치 있는 서비스가 감소하여 보상이 WTA보다 낮아질 만큼 상쇄되는 것을 알 수 있기 때문일 수 있다.

보유 효과와 경제적 반응 유도 측면에서 WTA에 대한 인식된 문제로 인해 많은 경제학자는 WTA가 개념적으로 올바른 척도일 때에도 CV가 WTP를 유도해야 한다고 주장했다.[83] 그러나 WTA 유도를 피하려는 시도에 대한 일부 비판가들은 명시된 선호도는 선호일 뿐이며 응답자에게 상품의 양이나 질을 포기하도록 요청하는 경우 적절한 공식은 WTA라고 주장했다.[84] 비사용 상품의 양이나 질에 대한 WTA 감소는 증가에 대한 동등한 WTP보다 규모가 훨씬 클 수 있으므로(보유 효과가 없는 경우에도 마찬가지) WTA 유도를 전면적으로 거부하는 것은 부적절하다. 그러나 **WTA를 이끌어내는 CV는 응답자가 경제적 반응을 제공할 가능성을 높이기 위해 사회적 예산 제약을 포함해야 한다**.

마지막으로, 이분형 선택 CV는 WTP 또는 WTA 형식을 채택할 수 있다. 전자는 상품의 변화를 수용하기 위해 보상을 받을 사람이 없을 때 유효하므로 제시가격 거부는 WTP가 0과 제시가격 사이인 응답자에 의해 가정될 수 있다. 후자는 상품의 변화를 얻기 위해 아무것도 지불하지 않을 사람이 있을 때 유효하므로 제시가격 수락은 실제로 긍정적인 보상을 필요로 하는 응답자에 의해 가정될 수 있다. CV의 대부분 적용에서 이러한 종류의 타당성을 가정하는 것이 합리적이다. 그랜드 캐년 위의 더 깨끗한 공기에 대한 보상을 요구하거나 더 높은 유출 위험에 대해 기꺼이 지불할 사람은 거의 없다. 그러나 여러 효과가 있는 정책이 평가될 때 모든 응답자가 그것을 바람직하거나 바람직하지 않다고 보는 것은 덜 확실할 수 있다. 이러한 경우에는 자기 인식의 승자와 패자를 구별하는 질문을 하는 것이 중요하다. 그래야 두 가지가 부적절하게 같은 유도에 포함되지 않는다.[85]

16.3.6 전략적 대응(정직) 문제

응답자는 WTP에 대해 질문을 받았을 때 정직하게 대답하는가? CVM 설문 조사의 응답자는 **전략적으로** 행동할 인센티브가 있다고 자주 주장한다. 즉, 자신의 선호도를 정직하게 밝혔을 때보다 더 바람직한 결과를 얻기 위해 진정한 선호도를 잘못 표현한다. CVM 연구에서의 전략적 행동과 공공재 제공에서의 무임승차 사이에는 종종 비유가 있다. 그러나 CV에서의 전략적 행동의 잠재력은 무임승차 특성이 시사하는 것보다 실제로 더 다양하다.[86]

16.3.7 Carson과 Groves의 분석틀

Richard Carson과 Theodore Groves는 주요 CVM 방법을 사용할 때 마주칠 가능성이 있는 CVM 질문에 대한 전략적 대응의 특성을 평가하였다.[87] 그들은 응답자가 설문 조사가 자신이 관심을 갖는 일부 결과에 잠재적으로 영향을 미칠 수 있다는 의미에서 **결과적**이라고 믿지 않는 한, 응답자의 답변이 반드시 경제 이론과 일치하고 따라서 CBA에 포함하기에 적절할 것이라고 기대해서는 안 된다는 요점을 제기하면서 시작한다. 반면에 응답자가 설문 조사가 자신이 관심을 두는 결과에 전혀 영향을 미치지 않을 것이라고 믿는다면, 그것은 **중요하지 않으며** 경제 이론은 응답의 본질에 대한 예측을 할 수 없다고 하였다.

그들은 다음으로 결과적 CVM 설문 조사의 설계가 개인이 보낸 신호에 기반한 집단적 선택에 대한 규칙을 만드는 문제를 다루는 메커니즘 설계 이론에 속한다고 지적한다. 개인이 자신의 선호도를 진실되게 밝히도록 하는 인센티브를 제공하는 메커니즘을 **인센티브 호환**이라고 한다.

메커니즘 설계의 핵심 정리 중 하나는 선호도 영역에 대한 제한이 없는 경우,[88] 이진 신호 이상을 포함하는 메커니즘은 항상 인센티브와 호환되는 것이 아니라는 것이다.[89] 이진 신호를 사용하는 메커니즘은 항상 인센티브와 호환되지는 않지만 선택의 특정 상황에 따라 호환될 수 있다(즉, 이진 신호는 필요 조건이지만 충분한 조건은 아니다). 더 복잡한 신호는 개인이 더 바람직한 결과를 얻기 위해 선호도를 잘못 진술할 수 있는 기회를 준다.

간단한 예를 들어, 2장에서 제시한 선택 상황으로 돌아가 보자. 표 2.2는 이 메커니즘, 즉 쌍대 다수결 투표가 어떻게 비전이적·사회적 질서를 초래할 수 있는지 보여준다. 1라운드에서 X를 Y와 맞붙이고, 2라운드에서 Z를 1라운드 승자와 맞붙여 메커니즘을 구현하는 경우를 생각해 보자. 이 상황에서 투표자가 보낸 신호는 이진이 아니라는 점에 유의하자. 각 라운드마다 하나씩 두 개의 이진 신호로 구성된다. 투표자가 선호도에 대한 진실한 신호를 보내면 1라운드에서 X가 Y를 이기고 2라운드에서 Z가 X를 이긴다. 따라서 메커니즘은 Z를 사회적 선택으로 선택하는데, 이는 투표자 1이 가장 선호하지 않는 결과이다. 이를 예상한 투표자 1은 1라운드에서 Y에 투표함으로써 선호도를 잘못 표현할 인센티브를 얻는다. 비록 투표자가 Y보다 X를 선호하더라도, 2라운드에서 Y가 승리하고 Z와 맞붙어 이길 수 있도록 하기 위해서다. 1라운드에서 선호도에 대한 이러한 잘못된 표현은 1라운드에서 선호도에 대한 진실한 신호를 보낸 결과보다 투표자 1에게 더 바람직한 결과인 Y를 초래한다. 투표자가 2라운드에 도달하면 마치 이진 신호만 보내는 새로운 선택 상황에 직면한 것과 같다. 이 마지막 라운드에서는 선호도를 잘못 표현할 인센티브가 없다.

이 정리의 즉각적인 의미 중 하나는 개방형 WTP 방법에서 사용되는 연속 응답 형식이나 조건부 순위 방법에서 사용되는 다중 응답 형식이 항상 진정한 선호도를 잘못 표현하는 전략적 응답에 취약하다는 것이다.

개방형 WTP 방법을 고려해 보자. 선호도에 대한 두 가지 유형의 잘못된 표현을 상상해 보자. 첫째, 응답자는 명시된 WTP에 의존하지 않는 지불을 해야 한다고 인식하고, 예상 지불액보다 실제 WTP가 높으며, 상품이 제공될 가능성이 명시된 WTP의 총합에 달려 있다고 예상한다고 가정한다. 그러면 WTP를 과장할 인센티브가 생겨서 추정된 총 WTP가 너무 높아질 것이다. 경제학자들은 이러한 과장의 가능성을 널리 예상했다. 그러나 적어도 우리가 논의할 것처럼 인센티브와 호환될 수 있는 이분형 선택 방법과 비교하면 이러한 과장이 개방형 WTP 방법의 주요 문제인 것 같지 않다.[90] 한 가지 설명은 과장을 응답자에게 바람직한 전략으로 만드는 가정이 종종 성립하지 않을 수 있다는 것이다. 예를 들어, 응답자는 상품 제공 비용에 대한 자신이 부담해야 될 비용이 응답된 WTP와 비례할 것을 두려워하여 실제 WTP보다 작은 WTP를 응답할 수 있다. 그러나 그들은 또한 제공 가능성이 총 WTP가 아닌 제공의 평균 비용에서 또는 그 이상의 WTP를 명시한 응답자의 비율에 따라 달라진다고 믿을 수도 있다. 이 두 가지 가능성이 모두 성립한다면 예상 비용보다 실제 WTP가 높은 전략적 응답자는, 예상 비용보다 약간 높은 WTP를 명시할 것이다. 제공 가능성을 높이기 위해 예상 비용보다 높지만 비용 분담을 최소화하기 위해 가능한 한 낮게 응답할 것이다.

둘째, 이제 상품이 제공될 경우 부과될 것으로 예상하는 비용보다 실제 WTP가 낮은 응답자를 고려해 보자. 그들은 제공 가능성이 총 WTP에 따라 달라진다고 믿는다고 가정한다. 그들은 상품 제공을 원하지 않기 때문에 일반적으로 연구자들이 바람직하다고 생각하는 상품에 대해 0으로 설정되는 가능한 가장 작은 WTP를 명시할 인센티브가 있다. 개방형 WTP 방법에서 이러한 전략적 대응은 많은 0과 응답자의 인식된 제공 비용보다 적은 WTP 금액으로 이어질 것이다. 이 전략을 따르는 응답자의 비율이 클수록 총 WTP의 과소평가가 커질 것이다.

표 16.2 상품 유형별 이분형 선택 질문의 인센티브 속성

재화의 종류	인세티브 속성
강제 지급을 통한 새로운 공공재	인센티브와 호환
자발적인 지불로 새로운 공공재	인센티브와 호환되지 않음
새로운 사적 재화의 도입	인센티브와 호환되지 않음
두 가지 새로운 공공재 중 하나 선택	인센티브와 호환
기존 사적 재화와 대체 사적 재화 중 하나의 선택	인센티브와 호환되지만, 선택은 수요량에 대한 정보를 드러내지 않다

출처: Richard T. Carson and Theodore Groves, "Incentive and Informational Properties of Preference Questions." *Environmental and Resource Economics*, 37(1), 2007, p. 192에서 발췌

이분형 선택 방법은 이진 응답을 포함하므로 인센티브와 호환될 수 있다. Carson과 Groves는 인센티브 호환성을 위해서는 상품에 대한 지불을 강제할 수 있어야 하며 질문이 단일 문제만 다루어야 한다고 보고 있다. 표 16.2는 이분형 선택 방법이 사용된 여러 상황의 인센티브 속성을 요약한 것이다.

이분형 선택 방법을 사용하여 응답자가 강제 지불로 자금을 조달할 새로운 공공재(배제 불가)에 대한 WTP를 이끌어내는 것은 인센티브 호환성에 대한 요구 사항을 충족한다. 응답자는 진정한 선호도에 반대할 인센티브가 없다. CVM은 종종 분석가가 공공재에 대한 WTP를 추정할 수 있는 유일한 방법이기 때문에 이는 안심할 수 있다. 인센티브 호환성은 동일한 비용을 가진 두 개의 상호 배타적 공공재 간의 비교에도 적용된다. 응답자가 두 재화에 모두 긍정적인 가치를 부여하는 한, 선호하는 재화를 잘못 표시할 인센티브가 없다.

지불이 자발적인 경우 인센티브 호환성은 상실되는데, 이는 기부할지 구매할지 여부에 대한 두 번째 이슈를 선택 상황에 도입하기 때문이다. 기부금으로 자금을 조달하는 공공재의 경우, 해당 재화에 긍정적인 가치를 부여하는 응답자는 실제로 해당 금액만큼 기부할 필요가 없기 때문에 재화가 제공될 가능성을 높이기 위해 실제 WTP보다 높은 제시가격을 수락할 인센티브가 있다.[91] 마찬가지로, 새로운 민간재(제외 가능)를 실제로 원할 가능성이 있는 응답자는 원하지 않는다고 결정하면 구매를 거부할 수 있기 때문

에 실제로 제공될 가능성을 높이기 위해 WTP보다 높은 제시가격을 수락할 인센티브가 있다. 이 문제는 새로운 민간재의 경우 너무 심각해서 이분 선택 CVM은 이러한 목적을 위해 대체로 포기되었다.

응답자에게 기존 민간재와 대안 중에서 선택하도록 요청하는 질문은 잠재적 사용자만 설문 조사하는 한 인센티브와 호환된다(이 질문은 잠재적 사용자가 아닌 사람들에게는 중요하지 않다). 그러나 질문에 대한 답변은 선택된 민간재의 실제 수요에 대한 정보를 공개하지 않는다. 예를 들어, 어떤 마을은 주민들에게 낮에만 이용할 수 있고 입장료가 저렴한 기존 스케이트장과 저녁에 이용할 수 있고 입장료가 더 비싼 전기 조명이 있는 새로운 스케이트장 중에서 선택하도록 요청할 수 있다. 응답자는 선택 사항에 대한 진정한 선호도를 잘못 말할 인센티브가 없지만, 이 답변은 주민들이 새로운 시설을 얼마나 자주 이용할지에 대해 마을에 알려주지 않는다.

16.3.8 전략적 대응의 중요성에 대한 결론

CVM 질문에 대한 전략적 대응이 집계 WTP 추정치에 편차를 줄 위험은 도출 방법과 평가되는 재화의 특성을 모두 고려하지 않고는 평가할 수 없다. 세금이나 기타 강제 지불로 자금을 조달하는 공공재의 변화 평가에 적용되는 이분 선택 방법은 전략적 대응 편향을 피하도록 설계할 수 있다. 그러나 지불이 자발적인 경우 상향 편차가 발생한다. 개방형 WTP 방법이 현재 거의 사용되지 않는 중요한 이유는 일반적으로 전략적 대응 편차가 있기 때문이며, 지불이 강제된 경우 총 WTP 추정치가 너무 작고 지불이 자발적인 경우 총 WTP 추정치가 너무 클 가능성이 높다.

16.4 조건부 가치 평가의 정확도는?

CVM WTP 추정치의 정확도는 여러 가지 방법으로 테스트할 수 있다.[92] 첫 번째 방법은 CVM 값을 다른 간접적인 방법으로 생성된 값과 비교하는 것이다. CVM 값은 여행 비용 연구에서 도출된 값과 거의 동일한 것으로 나타났다.[93] 또한 헤도닉 가격 회귀[94]에서 도출된 가격과 대체재의 시장 가격과 상당히 유사한 것으로 나타났다.[95] Wesley Magat과 W Kip Viscusi는 살충제와 변기 세정제와 관련된 위험 감소에 대한 응답자의 WTP가 표준 경제 이론과 일치하는지 또는 앞서 설명한 종류의 판단 편차의 영향을 받는지 테스트했지만, 일반적으로 그들은 편차에 대한 강력한 증거를 찾지 못했다.[96]

더 직접적인 두 번째 유형의 비교는 응답자의 CVM 진술과 해당 상품에 대한 모의 또는 구성된 시장을 활용하는 실험에 참여할 때의 실제 행동 간의 비교이다.[97] CVM 정확도를 조사하기 위해 실험 기법을 사용한 연구의 결과는 일반적으로 개방형 및 이분형 선택 방법에 의존하는 WTP의 CVM 평가가 실제 시장 거래에 근접하지만 과대평가 경향이 있음을 시사한다.[98] 이러한 실험을 평가할 때 모의 시장은 실제 시장의 작동 방식에만 근접한다는 점을 명심하여야 한다. 예를 들어, 상품을 구매할 수 있는 기회는 종종 한 번뿐이다. 또한 실험은 주로 응답자가 상품에서 사용 가치를 명확히 도출하는 맥락에서만 수행되었다.

John Loomis는 가구 CVM 평가가 시간이 지남에 따라 얼마나 일관되는지 조사하였다. 정확성에 대한 직접적인 테스트는 아니지만 일관성이 정확성의 전제 조건이기 때문에 그의 조사는 관련이 있다. 그는 캘리포니아의 모노 호수에서 얻은 레크리에이션, 옵션, 존재 및 유산 가치에 대한 방문객과 일반 대중의 WTP를 조사했다. 동일한 개인에게 8~9개월 간격으로 동일한 조사를 실시했다. 결과는 사실상 동일했다.[99]

사용 가능한 증거에 따르면 CVM은 사용 맥락에서 WTP에 대한 그럴듯한 추정치를 제공하지만 비사용 가치에 대한 추정치의 그럴듯한 추정치는 더 혼합되어 있다.[100] 분명히 비사용 가치의 특성으로 인해 관찰된 행동에서 WTP를 이끌어내는 것이 훨씬 더 어려워 CVM을 평가하고 대체하기가 더 어렵다. 그럼에도 불구하고 연구자들은 결국 합리적인 방법을 찾을 수 있을 것이다. 예를 들어, 13장에서 언급했듯이 환경적 원인에 대한 자발적인 기여는 추정의 기초가 될 수 있다. 시장과 유사한 실험도 사용될 수 있다.[101] 예를 들어, 사용하지 않는 데 대한 WTP를 표현한 개인에게 실험자가 보낸 수표를 전혀 반환하지 않거나 일부 또는 전부 반환할 수 있는 옵션이 제공될 수 있다(전시 16.4에서 설명됨).

16.5 CVM 설문 조사 설계 및 사용을 위한 직관적 지침

CVM 기술은 지난 30년 동안 다양한 방식으로 발전하여 신뢰성과 타당성을 높였다. CVM은 종종 비사용에 대한 WTP를 추정하는 유일한 실행 가능한 방법이기 때문에 그 기술은 계속 발전할 가능성이 크다. 이 장에서 앞서 논의한 내용을 바탕으로 CV를 설계하고 다른 사람이 수행한 CV의 타당성을 평가하기 위한 표 16.3에 나열된 7가지 직관적 지침을 제공한다.

첫째, 가설적 편향의 위험을 줄이기 위해 설문 조사 도구를 설계한다. 설문 조사 도구는 응답자에게 가치 있는 상품에 대한 불확실성을 제거하기에 충분하고 이해하기 쉬운 정보를 제공해야 한다. 가능한 경우 응답자는 설문 조사에서 제시된 선택 유형에 대해 잘 알고 있거나 해당 선택에 대한 경험이 있어야 한다.[102]

표 16.3 조건부 가치 평가를 수행하고 해석하기 위한 7가지 직관적 지침

1. 가설적 편향을 줄이기 위해 설문 조사 도구를 설계
2. 응답자당 하나의 유도를 사용하여 이분법적 선택 방법을 사용
3. 항상 예산 알림을 포함. 가처분 소득 질문으로 사용
4. WTP를 이끌어내는 데 더 자신감을 가지고 WTA를 이끌어내는 데 사회적 예산 제약을 사용
5. 분할 표본 범위 테스트를 포함(특히 비사용 상품의 경우)
6. 비확약 편향을 조정할 수 있도록 후속 확실성 질문을 포함
7. 응답자 소득 또는 처분가능 소득을 사용하여 "뚱뚱한 꼬리"를 해결

둘째, 응답자당 하나의 유도만 있는 이분형 선택 유도 형식을 사용하여야 한다. 일반적으로 개방형 또는 반복 제시가격 형식이나 이중 이분형 선택보다 더 큰 표본 크기가 필요하지만 단일 이분형 선택 유도는 응답자에게 익숙한 선택권을 제공한다. 또한 적어도 강제 지불이 있는 비사용 상품의 경우 인센티브 호환성에 필요한 조건을 충족한다.

셋째, 현실적인 지불 수단을 사용하는 명확한 예산 알림을 유도 질문에 포함한다. 또한, 유도 전에 예산 관련 질문을 하여 응답자에게 경제적 선택을 준비시키는 것을 고려한다.

넷째, WTA보다 WTP 유도에 훨씬 더 큰 확신을 둔다. 개념적으로 올바른 추정치이기 때문에 WTA 추정치를 갖는 것이 중요한 경우, 응답자가 최소 WTA를 밝히는 것을 장려하는 상충 관계를 인식할 가능성을 높이기 위해 사회적 예산 제약을 사용하는 방법을 찾는다.

다섯째, 분할 표본을 사용하여 평가되는 변화의 최소 두 가지 크기에 대한 WTP를 추정하는 범위 테스트를 구현한다. 이렇게 하는 것은 실질적인 가치를 고려하지 않은 "따뜻한 빛"이라는 잘못된 응답에 대한 우려가 있을 수 있는 비사용 재화를 평가하는 데 특히 중요하다. 또한 응답자가 이해하기 어려울 수 있는 위험 감소와 같은 재화의 타당성 평가를 도울 수 있다.

여섯째, 확실성 질문을 사용한 이분법적 선택 유도를 따르고, WTP 유도에서 응답에 대해 확신이 없는 사람의 유도에 대한 '예' 응답을 '아니요' 응답으로 전환하여 비확약 편향을 조정하여야 한다.

일곱째, 제시가격 수락이 "뚱뚱한 꼬리"를 보일 때 소득 또는 가처분 소득을 개인의 상한으로 사용하거나, 대체 매개변수 사양을 제시하거나, 비모수적 방법으로 전환하여 꼬리를 줄이는 것을 고려한다.

16.6 결론

CVM은 현재 사용 가치와 관련된 맥락에서 비교적 논란이 없지만, 이를 과대평가할 수 있다. 비사용 맥락에서의 정확성은 더 논란이 있지만, 이 맥락에서 잠재적 유용성이 가장 클 가능성이 높다. 비사용 맥락에서 CVM의 정확성에 대한 의심은 가설성 문제와 비사용 맥락에서 번성하는 것으로 보이는 수반되는 판단 편향에서 비롯된다. 반면, 전략적 반응 편향은 강압적 지불을 통해 비사용 재화의 가치를 평가하는 이분적 선택 방법을 사용하는 데 있어 큰 문제가 되지 않는 것으로 보이며, 중립성 편차는 적절한 조사 기법을 사용함으로써 최소화될 수 있다.

Notes

CHAPTER 16 연습문제

1. 수력 발전을 제공하는 댐을 건설하면 두 개의 하천이 손실된다. 하나는 현재 스포츠 낚시에 사용되고 다른 하나는 게임 물고기를 지원하지 않지만 자연 보호 구역의 일부이다.
   a. CVM 방법을 사용하여 이러한 각 하천 손실의 사회적 비용을 추정한다고 가정해 보자. 두 추정치에 대해 똑같이 확신하는가? 그 이유는 무엇인가?
   b. 하천에 대한 CVM 질문을 하는 두 가지 일반적인 접근 방식을 고려하자. 첫 번째 접근 방식은 사람들이 하천을 포기하는 데 얼마나 많은 보상이 필요한지 알아내려고 시도한다. 두 번째 접근 방식은 사람들이 하천을 유지하기 위해 얼마나 많은 비용을 지불할 의향이 있는지 알아내려고 시도한다. 어떤 접근 방식을 추천하는가? 그 이유는 무엇인가?

2. Dullsville 주민들은 시장에게 마을 중심가가 주변 다른 많은 마을의 중심가에 비해 초라해 보인다고 불평했다. 시장의 요청에 따라 공원부는 마을 광장 주차장을 꽃 전시가 있는 휴식 공원으로 전환하기 위한 제안을 작성했다. 이는 인근 도시인 Flowerville에 있는 비슷한 공원의 디자인을 모델로 했다. 공원을 설치하고 유지 관리하고 인근 부지로 주차장을 이전하는 데 드는 연간 비용은 약 120,000달러이다. 약 40,000가구가 재산세를 내고 있으므로 이 프로젝트는 평균 가구당 연간 약 3달러가 든다. 귀하는 프로젝트의 편익을 측정하기 위한 설문 조사 실시에 대한 조언을 요청받았다.
   a. 공원부는 전화 설문 조사를 실시할 것을 제안한다. 이것이 적절한 조사 수단인가?
   b. 전화 설문 조사를 위해 무작위 표본을 어떻게 추출할 수 있는가?
   c. 면담자가 프로젝트를 설명하는 데 읽을 수 있는 진술문을 작성하라.
   d. 개방형 WTP 방법을 구현하기 위한 질문을 작성하라.
   e. 이분형 선택 방법을 구현하기 위한 절차를 제안하라

3. 경계 농지를 매수하여 철새를 부양할 수 있는 습지로 돌아갈 수 있도록 하는 프로젝트를 생각하자. 연구자들은 이분법적 선택 방법을 구현하기 위한 설문 조사를 설계했다.

그들은 다음과 같은 데이터를 작성했다. 표본 조사된 모집단의 평균 WTP는 얼마인가?

공표 가격(연간 달러 지불)	공표 가격을 수락하는 응답자 비율(백분율)
0	98
5	91
10	82
15	66
20	48
25	32
30	20
35	12
40	6
45	4
50	2

사례 16 조건부 평가를 사용한 고등교육의 편익 추정

수많은 연구에서 고등교육의 편익과 비용을 조사했다. 이러한 연구에서 고려하는 주요 편익은 추가 교육으로 인한 소득 증가로, 일부는 개인에게 귀속되고 일부는 세금으로 정부에 귀속된다. 일반적으로 고려되는 주요 비용은 학교 운영 비용(수업료, 세금 지원금 및 기부금으로 충당됨)과 등록으로 인해 학생이 포기한 소득이다. 여기에는 시장 외부에서 발생하는 다른 잠재적 편익과 비용이 제외되며 일부는 학생, 사회의 다른 구성원 또는 둘 다에게 상당히 중요할 수 있다. 예를 들어 고등교육이 삶의 질, 양육, 경제성장, 건강, 범죄 및 거버넌스에 미치는 영향이 포함된다.

이러한 종류의 편익은 명백히 공개 선호 방법으로 추정하기 어렵다. 이러한 이유로 Glenn Blomquist 등[1]의 연구에서 조건부 가치측정법(CVM)을 통해 이를 포착하려고 시도했다. 이 연구는 켄터키 주민들이 켄터키 커뮤니티 및 기술 단과대학 시스템(KCTCS)을 10% 확장하는 데 비용을 지불할 의향이 있는지 알아보기 위해 신중하게 설계된 설문 조사에 의존했다. 이 연구에서는 이분 선택 투표 형식을 사용하여 다음과 같은 질문을 했다.

만약 가계 예산에서 일회성 $T를 내야 한다면 지금 당장 켄터키 커뮤니티 및 기술 단과대학 시스템을 10% 확장하는 투표에 찬성하겠는가?

$T는 일회성 세금 금액을 말한다. 각 응답자에게는 다음 T 값 중 하나만 물었고, 이는 응답자 간에 무작위로 달랐다. $400, $250, $200, $150, $125, $100, $75 또는 $25. 예라고 답한 응답자에게는 실제로 명시된 세금 금액을 지불할 의향이 있는지 확인하기 위해 후속 질문을 했다. 세금은 한 번만 부과되므로 확장의 첫 해에만 지불된다.

설문 조사 설계에는 포커스 그룹이 사용되었다. 맥락을 제공하기 위해 설문 조사는 10% 확장으로 인해 발생할 프로그램, 학위, 졸업장 및 자격증 수와 직원, 교수진 및 구조의 증가를 나타냈다. 또한 응답자의 KCTCS에 대한 지식과 경험, 10% 확장으로 인해 받을 수 있는 편익의 종류에 대한 질문이 있었다. 응답자에게는 또한 주 예산에서 고정된 추가 금액을 다양한 프로그램 영역에 할당하도록 요청했다. 이는 10% 확장에 따른 기회 비용을 생각하는 데 도움이 되도록 포함되었다. 마지막으로 일련의 모집단 통계적 질문이 있었다.

설문 조사는 2007년에 전문 설문 조사 회사에서 켄터키 주민 두 표본집단을 대상으로 실시했다. 더 큰 표본은 전화 번호부에서 무작위로 선정되었다. 전화번호에 주소를 첨부한 후 설문 조사는 선택된 사람들에게 우편으로 발송되었다. 응답률은 29%였다. 다른 훨씬 작은 표본은 조사 회사의 전국 대표 웹 패널의 켄터키 회원들로부터 추출되었다. 응답률은 74%였다. 유감스럽게도 반환된 설문 조사의 약 절반은 일부 버전의 설문 조사에서 문구 오류로 인해 사용할 수 없었다. 궁극적으로 1,023개의 사용 가능한 설문 조사가 있었고, 그 중 914개는 우편 샘플에서, 109개는 웹 샘플에서 나왔다. 따라서 사용 가능한 응답이 주 모집단을 대표하는지는 불확실하지만, 그것이 확실히 원래 의도였다. 그러나 높은 응답 웹 기반 샘플과 낮은 응답 우편 기반 표본의 모집단 통계적 특성이 서로 유사하고 미국 인구 조사국에서 조사한 켄터키 주민의 특성과도 유사하다는 사실이 어느 정도 안심을 주는 사실이다.

설문 조사가 반환된 후, 실제로 명시된 세금 금액을 지불할 의향이 있는 응답자가 누구인지 파악해야 했다. 후속 질문에 따르면, 확실히 지불할 의향이 있다고 응답한 응답자만 진정한 '예'로 간주되었다. 지불할 의향이 없다고 응답한 응답자와 지불할 의향이 있을 수 있다고 응답한 응답자는 모두 '아니오'로 응답한 것으로 처리되었다. 이 접근 방식은 응답자가 실제 돈을 약속할 필요가 없다는 사실(16장 참조)로 인해 발생하는 비약속 편차를 해결하는 데 사용되었으며, Blumenschein 등[2]이 수행한 실험에 근거한 것으로, 명시된 지불의사가 실제 지출 선택(즉, 밝혀진 선호도)에 의해 암시된 지불의사와 유사하려면 확실한 '예' 답변이 진정한 '예'로 처리되어야 한다는 것이다. 16장에서 지적했듯이, 가능한 '예'를 포함한 모든 '예' 답변을 진정한 '예'로 간주하는 반면, 실제 지출 선택과 비교했을 때 지불의사가 과장되었다.

설문 응답자를 10% KCTCS 확장에 비용을 지불할 의향이 있는 사람과 그렇지 않은 사람으로 나눈 후, 16장에서 이분 선택 방법에 대해 설명한 것과 유사한 접근 방식을 사용하여 켄터키 커뮤니티 및 기술 단과대학 시스템의 10% 확장에 대한 수요 곡선을 추정했다. 연구자들은 모집단 통계적 특성, 소득 수준 및 KCTCS에 대한 이전 경험의 차이를 포함하여 설문 응답자 간의 일정한 차이를 유지하기 위해 매개변수 모델을 사용했다.[3] 통계적으로 매우 유의미한 주요 회귀 결과는 세금이 50달러 증가할 때마다 KCTCS의 10% 확장에 찬성 투표할 확률이 약 4% 포인트 감소한다는 것이다.

그 결과 추정 수요 곡선은 설문 응답자의 약 30%가 일회성 세금 100달러에 KCTCS를 10% 확장하는 데 비용을 지불할 의향이 있지만, 약 20%만이 세금 200달러에 비용을 지불할 의향이 있는 것으로 나타났다. 설문 응답자 샘플의 평균 WTP는 55.84달러이다. 반면, 확실히 지불할 의향이 있는 사람과 지불할 의향이 있는 사람을 모두 '예'로 처리했을 때 추정 평균 의향은 212.21달러로 거의 4배 더 큰 금액이었다. 이는 조건부 가치평가에서 가능한 비확약 편차를 처리하는 결정의 중요성을 보여준다.

설문 조사가 실시된 2007년에 켄터키에는 166만 가구가 있었다. 연구 표본이 주 모집단을 대표한다면, 추정된 평균 지불의사는 55.84달러로 주 가구의 일부에서 KCTCS를 10% 확장하는 데 대한 총 지불의사는 9,270만 달러임을 의미한다. 연구자들은 이 값을 경제의 생산성 향상, 더 나은 공중 보건, 범죄 감소, 시민권 향상, 그리고 아마도 더 평등한 소득 분배와 같은 지역 사회 전체의 개선에서 얻은 KCTCS의 편익에 대한 총 지불의사로 해석한다. 그들은 이러한 편익을 "교육적 외부성"이라고 부른다. 또한, 그들은 KCTCS에 다녔던 응답자의 경우 자신의 사적 편익도 포함될 수 있다고 제안한다. 이러한 편익에는 더 높은 수입으로 인한 교육에 대한 사적 재정적 수익이 포함되며, 또한 자녀에게 부여된 인적 자본, 가계 생산의 생산성, 더 나은 건강과 삶의 질과 같은 사적 비시장 보상이 포함된다.

항상 우발적 가치 평가 질문이 정확히 무엇을 측정하는지에 대한 문제가 있다. 응답자 샘플의 1% 미만이 설문 조사 당시 KCTCS 수업을 듣고 있었다. 이러한 사람들은 확장으로 인해 시장 편익과 비시장 편익을 모두 받을 가능성이 있다고 생각할 수 있다. 그러나 27%는 KCTCS에서 수업을 듣고 있었고 53%는 적어도 한 과목을 수강한 가족이 있었다. 이러한 사람들은 KCTCS 확장으로 인한 지역 사회 전체의 개선 편익을 누릴 수 있지만, 이러한 사람들 대부분이 확장으로 인한 사적 재정적 편익과 비시장 편익을 가족에게도 돌아가는 것으로 보았는지는 확실하지 않다. 왜냐하면 KCTCS와의 직접적인 미래 상호 작용이 제한될 가능성이 있기 때문이다. 그러나 흥미로운 점은 KCTCS에 다녔던 가족이 있는 응답자는 가족 구성원이 없는 응답자보다 10% 확장에 대한 평균 지불의사가 상당히 높았다. $67.32 대 $45.13이다. 이 결과는 가족 구성원이 있는 응답자가 10% 확장의 가치를 평가할 때 가족이 받은 사적 재정적 편익과 비시장 편익을 포함했을 가능성과 일치한다.

Notes

CHAPTER 16 사례 연습

1. A. Blomquist 등은 왜 KCTCS를 10% 확장하는 것의 가치를 완전히 평가하기 위해 조건부 평가가 필요하다고 믿었나?

   B. 그들의 연구 결과는 그들이 옳다는 것을 시사했는가?

2. Blomquist 등은 KCTCS를 10% 확장하는 데 대한 지불의사가 약 9,270만 달러가 될 것이라고 예측하였다. 이것이 합리적인 추정치라고 생각하는가? 그 이유는 무엇인가?

CHAPTER 17

2차 자료를 활용한 잠재가격

CHAPTER 17

2차 자료를 활용한 잠재가격

정책 분석가는 일반적으로 시간적 압박과 자원 제약에 직면하고 있다. 그들은 당연히 가능한 한 효율적으로 비용-편익 분석을 하고, 자신의 능력을 넘어서는 추정 문제에 휘말리지 않기를 원한다. CBA를 수행하는 비용을 합법적으로 낮추는 것은 특정 CBA를 수행할 가치가 있을 가능성을 높여준다. CBA를 수행하는 것에 대한 CBA 결과가 긍정적일 가능성을 높이기 때문이다.

기존 또는 제안된 정책과 프로젝트를 평가하기 위해 분석가는 영향의 사회적 가치에 대한 신뢰할 수 있는 척도가 필요하다. 3장에서 살펴본 것처럼 이러한 영향이 효율적인 시장에서 발생하는 경우 사회적 잉여의 변화로부터 가치를 추정할 수 있다. 사회적 잉여를 추정하려면 적절한 수요 및 공급 곡선에 대한 지식이 필요하다. 이러한 곡선에 대한 지식을 쉽게 얻을 수 없는 경우 정책 분석가는 이전 장에서 설명한 방법을 사용하여 영향을 평가해야 한다. 그러나 이러한 방법 중 다수는 비용이 많이 들고 시간이 많이 걸린다. 분석가는 다른 무엇을 할 수 있을까? 두 가지 상황을 더 자세히 설명하여 보자.

첫 번째 상황에서는 소비자 잉여를 측정하기 위해 수요 곡선을 추정해야 한다. 분석가가 수요 곡선의 한 지점을 알고 그 지점의 탄력성이나 기울기를 추정할 수 있다면 비교적 쉽다. 다행히도 경제학자들은 광범위한 특정 상품에 대한 수요의 가격 탄력성, 교차 탄력성 및 소득 탄력성을 추정했다. 심사평가를 거친 설문 조사 논문은 이러한 탄력성 추정치 중 많은 부분을 요약한다.[1] 이러한 탄력성은 유사한 관찰된 가격 변화에 기반하기 때문에 제안된 가격 변화에 대한 반응을 예측하기 위한 경험적으로 근거가 있는 기반을 제공한다. 예를 들어, 뉴멕시코에서 소비자가 물 가격 인상에 어떻게 반응했는지는 애리조나에서 유사한 가격 인상에 어떻게 반응할지 추정하는 데 합리적으로 사용될 수 있다. 이전의 자체 가격 탄력성 관찰 이외에도 다른 상품의 가격 변화로 인해 발생할 가능성이 있는 상품에 대한 수요 변화를 식별하는 교차 가격 탄력성 추정치도 때때로 사용할 수 있으며 자주 유용하다. 예를 들어, 교통과 다양한 형태의 커뮤니케이션(예: 재택근무 및 텔레컨퍼런싱)은 보완재인가 대체재인가?[2] 이러한 교차 탄력성은 교통 자본 투자의 비용과 편익을 추정하고, 가격 변화에 대한 예상 소비자의 반응을 평가하거나, 교통 수요 변화를 예측하는 교통 기획자와 정책 분석가에게 중요하다. 다양한 종류의 소득 탄력성에 대한 기존 추정치도 유용할 수 있으며, 특히 정책에 강력한 분배 효과가 있는 경우에 유용하다. 탄력성 추정치는 학술 문헌 전반에 걸쳐 널리 분산되어 있으며, 일반적으로 주제별 저널에 있다. 따라서 분석가는 종종 관련 경제 및 정책 저널에서 지속적으로 수집하여 보관한다.

두 번째 상황에서 분석가는 8장에서 논의하는 프로젝트의 영향만 예측하고 적절한 시장 가격 또는 잠재가격으로 곱하면 된다. 많은 CBA에는 현재 시장 가격으로 평가할 수 있는 영향과 잠재가격을 사용하여 평가해야 하는 영향이 포함된다. 예를 들어, 운송 및 인프라 프로젝트 분석은 종종 건설 자원(자재, 토지, 노동 및 장비)과 지속적인 운영 비용(노동 및 유지 관리 재료)에 대한 시장 가격을 사용할 수 있지만, 구한 생명, 피한 부상, 피한 충돌, 절약된 시간, 대기 질 변화, 소음 수준 변화의 가치에 대한 잠재가격이 필요하다. 잠재가격을 얻기 위해 일부(일반적으로 정부) 분석가는 15장 또는 16장에서 논의한 방법 중 하나를 사용하여 자체 평가 연구를 수행할 수 있다. 그러나 이러한 방법 중 하나를 사용하는 것은 일반적으로 시간이 많이 걸리고 재원이 많이 필요하다. 가장 간단하고 비용이 적게 드는 방법은 CBA에 즉각 대입할 수 있는 이전에 추정된 잠재가격을 사용하는 것이다. 따라서 이러한 추정치를 플러그인이라고 한다. **플러그인**은 새로운 도로 건설, 더 나은 도로 조명, 변경된 속도 제한 또는 새로운 차량 안전 기능과 같은 교통 프로젝트 평가에서 가장 일반적이다. 또한 현재 형사 사법, 환경, 건강, 교육, 취업 훈련 및 기타 사회 프로그램을 포함한 다양한 다른 정책 분야에서도 널리 사용되고 있다. 보다 공식적으로 CBA에서 플러그인을 사용하는 것은 **정보 이전**이라고도 하는 일종의 **편익 이전**이다. 이 분야의 문헌은 최근 몇 년 동안 상당히 확장되었으며 현재 다양한 편익 이전 방법을 포함하고 있다.[3] 이 장에서는 잠재가격의 단위 값의 간단한 이전만 고려한다. 현재 단위 값에 대한 추정치는 아마도 수천 개가 있을 것이고 관련 문헌을 간략히 조사하고 CBA에서 일반적으로 사용되는 일부 잠재가격에 대한 "최상의 추정치"를 제공한다. 우리는 통계적 생명의 가치와 생명년수의 가치, 교통사고로 인한 부상, 범죄 비용, 시간의 가치(놓친 시간의 비용)를 포함한 다양한 종류의 부상 비용에 대해 논의한다.[4] 또한 레크리에이션 활동의 단위당 가치, 자연의 가치(특정 종과 서식지 포함), 물과 수질의 가치, 소음 비용, 대기 오염 비용, 자동차 사용의 사회적 비용과 같이 환경 CBA에서 중요한 영향에 대한 추정치를 검토한다. 비교를 용이하게 하고 사용하기 쉽게 하기 위해 대부분의 플러그인 값을 2016년 미국 달러로 표시한다.

이상적으로, 플러그인 가치를 추정하는 데 사용된 모집단 내 개인의 특성과 선호도는 잠재가격이 적용되는 전체 모집단의 특성과 유사하여야 한다. 또한 일부 플러그인의 경우 지리적 및 환경적 조건이 유사해야 한다. 그렇지 않은 경우 차이점을 설명하기 위해 조정해야 한다. 예를 들어, 한 국가에서 다른 국가로 플러그인을 이전할 때 소득 수준의 차이를 통제하는 것이 중요하다. 이 장의 마지막 섹션에서는 다양한 상황에서 사용하기 위해 플러그인 값을 조정하는 것에 대해 설명한다.

이 장에서 설명하는 대부분의 플러그인은 한계 가치를 추정한다. 예를 들어, 특정 유형의 미립자 물질 오염 1톤의 한계 사회적 비용이나 절약된 추가 1시간의 가치에 대한 추정치를 제공한다. 한계 가치가 거의 항상 정책 목적에 가장 유용한 값이기 때문이다. 그러나 실제로 일부 플러그인은 실제로 평균 값에 더 가깝다. 예를 들어, 구한 생명의 가치는 연령, 소득 및 기타 특성이 다른 많은 사람들로 구성된 모집단의 평균 가치이다. 더욱이 한계 값은 산출 수준이 변함에 따라 일정하게 유지되지 않을 가능성이 크다. 예를 들어, 교통 체증에 갇힌 시간이 증가함에 따라 절약된 시간의 가치는 비선형적으로 증가할 가능성이 크다. 마찬가지로 일부 오염 물질 단위의 한계 비용은 오염 수준이 높아질수록 증가할 가능성이 크다. 한계 비용이 일정 범위에 걸쳐 일정하지 않은 경우, 산출량에 일정한 한계비용 추정치를 곱하는 방식으로 총비용을 추정하는 것은 이상적이지 않다. 그러나 사용 가능한 분석자원 제약이 있는 경우에는 최선의 방법일 수 있다.

메타 분석은 이전 연구의 방대한 정보를 요약하기 때문에 편익 이전에 도움이 된다.[5] 메타 분석은 특정 주제에 대한 기존 증거를 종합하지만, 반드시 요약된 최상의 추정치를 제공하지는 않는다. 종종 메타 분석의 주요 목적은 서로 다른 연구에서 서로 다른 추정치를 얻는 이유를 설명하는 것이다.[6] 따라서 메타 분석에서는 다음과 같은 질문을 다룬다. 특정 추정 기술이 다른 추정 기술보다 더 큰 추정치를 제공하는가, 아니면 가치 평가가 모집단의 특성이나 상품 또는 서비스 자체의 특성에 따라 다른가? 몇 가지 제한이 있음에도 불구하고, 다양한 상황을 반영하여 플러그인 값을 조정할 때 유용할 수 있다.

17.1 통계적 생명의 가치

연구자들은 통계적 생명의 가치(VSL)를 추정하기 위해 여러 가지 다른 기법을 사용했다. 모집단에서 예상되는 사망률 변화에 대한 WTP는 사망 위험의 작은 변화에 대한 추정 WTP를 외삽하여 얻는다. 시장 기반 기법은 이 위험을 구현하는 시장에서 사망 위험을 감소(또는 증가)시키기 위해 사람들이 기꺼이 지불(또는 수용)할 "가격"을 관찰하는 반면, 조건부 가치 평가 방법(CVM)은 설문 조사에서 가상 선택을 제시하여 이를 수행한다. 가장 널리 사용되는 시장 기반 기법은 위험한 직업에 종사하는 사람들이 감수하는 추가적인 사망 위험에 대해 어느 정도의 임금 프리미엄을 받아야 보상이 되는지를 분석하는 것이다. 여기서의 목적은 VSL의 경험적 추정치를 논의하고 요약하는 것이다.

VSL의 범위는 극단값을 버리거나 다른 방법론적 조정을 하더라도 연구마다 상당히 다르게 나타났다. 최근 VSL 추정치는 인플레이션을 조정한 후에도 더 높은 추세를 보였다. VSL 문헌은 이제 방대하므로 여기서는 네 가지 매우 포괄적인 메타 분석만 검토한다. 이러한 분석은 Janusz Mrozek과 Laura Taylor, W. Kip Viscusi와 Joseph Aldy, Ikuho Kochi, Bryan Hubbell, Randal Kramer가 수행했으며 가장 최근에는 W. Kip Viscusi와 Clayton Masterman이 수행하였다.[7]

17.1.1 Mrozek과 Taylor VSL 추정치

Janusz Mrozek과 Laura Taylor는 33개의 국제 VSL 연구에 대한 메타 분석을 수행했다. 회귀 분석의 설명 변수에는 연구 설계 특성(모델 방정식 사양 및 기타 위험 요인에 대한 통제), 직업(직업적 속성에 대한 더미 변수), 표본 사회 인구학적 특성(블루 칼라 근로자, 성별, 노조가 있는 환경, 실제 위험 수준 대 인식된 위험 수준)이 포함되었다. 또한 임금 및 위험 데이터의 출처를 반영하는 변수도 포함되었다. 평균 VLS는 2016년 미국 달러로 약 858만 달러였고, 전체 데이터 세트를 사용한 회귀 분석 결과 평균 VSL은 803만 달러였다.

Mrozek과 Taylor는 산업 수준에서 발생하는 관찰할 수 없지만 잠재적으로 중요한 요소를 통제하지 않은 노동 시장 연구의 VSL 추정치에 회의적이다. 이 문제를 해결하기 위해 Mrozek과 Taylor는 일반적인 노동 시장 변수 외에도 회귀 분석에 산업 분류 변수를 포함했다. 이러한 산업 변수는 직업적 위험의 영향과 별도로 산업 간 임금 차이의 영향을 포착한다. 예를 들어, 도시 지역의 석유 회사에서 일하는 비서는 비영리 단체에서 일하는 같은 지역의 비서보다 더 높은 임금을 받을 수 있지만, 그들의 직업 위험 프로필은 매우 유사할 것이다. 원래 그렇게 하지 않은 연구에 대한 이러한 조정을 포함하면 "평균 근로자"에 대한 2016년 미국 달러로 368만 달러의 예측 VSL이 산출되었다.

17.1.2 Viscusi와 Aldy VSL 추정치

W. Kip Viscusi와 Joseph Aldy는 메타 분석에서 30년 동안 발표된 49개의 임금 위험 연구를 조사했다. 연구의 절반 이상이 미국 노동 시장에 특화되었다. 미국 노동 시장 연구의 약 절반은 693만 달러에서 1,663만 달러(2016년 미국 달러) 사이의 VSL 추정치를 산출했다. 이러한 연구에서 VSL의 중간값은 거의 970만 달러이다.[8] Viscusi와 Aldy는 740만 달러에서 870만 달러 사이의 추정치를 가진 연구에 가장 큰 확신을 나타냈다.

Viscusi와 Aldy는 또한 이전 메타 분석에서 사용된 모델을 복제한 여러 메타 분석 회귀를 추정했다. 그들은 직장이 노조가 있는지 여부, 교육 수준, 소득 및 국가의 평균 위험, 위험 유형 및 연구 유형을 측정하는 설명 변수를 포함했다. 그들은 소득 측정을 포함하지 않는 연구를 제외했다. 그들의 미국 인구에 대한 평균 예측 VSL은 2016년 달러로 760만 달러에서 1,050만 달러 사이였다. 그들은 또한 대부분의 회귀 모델에서 95%

신뢰 구간의 상한이 95% 신뢰 구간의 하한보다 약 2배 이상임을 지적하였다.

17.1.3 Kochi, Hubbell 및 Kramer VSL 추정치

Ikuho Kochi, Bryan Hubbell 및 Randall Kramer는 1990년과 2002년 사이에 발표된 31개의 헤도닉 임금 위험 연구와 14개의 CVM 연구 샘플에 대한 메타 분석을 수행했다. 그들은 평균 VSL을 계산할 때 편차를 최소화하기 위해 연구를 선택했다. 예를 들어, 그들은 고소득 국가에서 수행된 연구만 포함했고, 100명 미만의 샘플을 가진 CVM 연구와 경찰과 같이 매우 위험한 직업에 종사하는 개인을 전적으로 기반으로 한 헤도닉 임금 위험 연구는 제외했다. 왜냐하면 그들은 일반 모집단 대표하지 못하는 위험 선호도를 가질 수 있기 때문이다. 또한, 평균 VSL을 계산할 때, 그들은 다른 연구보다 통계적 유의성이 더 높은 VSL 추정치에 더 큰 가중치를 두었다. 이러한 형태의 선택은 다른 종류의 메타 분석에서 일반적이지만, VSL 추정치의 메타 분석에서는 이전에 수행되지 않았던 것으로 보인다.

이러한 조정을 한 후, Kochi, Hubbell, Kramer는 2016년 미국 달러로 평균 VSL을 760만 달러로 계산했으며, 표준 편차는 330만 달러였다. 그들은 헤도닉 임금 위험 연구에서 산출된 추정치와 조건부 가치 평가 연구에서 산출된 추정치 사이에 상당한 차이가 있음을 발견했는데, 전자의 평균 가치는 1,340만 달러이고 후자의 평균 가치는 390만 달러였다.

17.1.4 Viscusi와 Masterman VSL 추정치

Viscusi와 Masterman은 이전의 VSL 메타 분석과 많은 후속 연구를 모두 조사했다. 그들은 출판 선택 편차과 유의한 계수 편차(분명히 매우 높은 상관관계가 있는 두 가지 편차)를 포함하여 이전 연구의 다양한 잠재적 편차를 수정하기 위해 진지하게 노력했다. 그들은 두 가지 다른 데이터 세트를 사용했다. 68개 연구의 VSL에 대한 최상의 추정치에 대한 메타 분석과 1,000개가 넘는 VSL 추정치의 전체 세트로 구성된 메타 분석이다. 그들은 또한 각각의 다양한 하위 집합을 조사했다. 출판 선택 편차를 통제하여 그들은 970만 달러의 “선호 평균 VSL”을 계산했는데, 이는 전체 샘플의 원시 평균 VSL보다

19% 적다. 치명적 직업적 부상 인구 조사(CFOI)를 사용한 미국의 선호 평균 VSL은 1,150만 달러로 전체 샘플 원시 평균보다 불과 4% 적다. 그들의 결과는 국가 전체 샘플에 대해 편차가 조정된 VSL이 970만 달러라는 결과를 냈다. 그들은 일관되게 출판 편차를 발견했지만 VSL에 대한 편차의 영향은 비교적 적다고 결론지었다. 그들은 또한 메타 회귀 분석을 사용하여 출판 선택 효과와 계량 경제학적 사양 및 샘플 구성의 차이를 조정하는 것이 가능하다고 결론지었다.

17.1.5 VSL 추정치의 반복

우리가 검토한 메타 분석은 다른 VSL 추정치를 생성했지만 인플레이션을 보정한 후 시간이 지남에 따라 일반적으로 가치 평가가 상승하는 추세를 보여준다. Mrozek과 Taylor는 803만 달러에서 858만 달러 사이로 가장 낮다. Viscusi와 Masterman은 미국 인구에 대한 선호 평균 추정 VSL이 1,150만 달러이고 다른 부유한 국가에 대한 선호 평균 추정 VSL이 약 950만 달러인 가장 높은 추정치를 산출하였다.[9]

미국에서 정책 목적으로 VSL에 대한 최상의 점 추정치는 표 17.1에 표시된 대로 약 1,100만 달러인 최신 Viscusi와 Masterman 수치에 가깝다. 이 표에는 또한 아래에서 논의되는 다른 플러그인 값이 요약되어 있다.

표 17.1 플러그인 값: VSL, VLY, 부상 및 충돌 비용, 차량 충돌(2016년 미국 달러 기준)

구분	잠재가격	비고
통계적 생명의 가치(VSL)	미국 기준 $11 million	주로 Viscusi와 Masterman (2017)에 근거. 소득과 위험 수준에 따라 조정해야 함
생명의 가치(VLY)	1인당 연간 $515,100	VSL $11 million, 기대 수명 40년, 할인율 3.5%에 근거
금전적 상해 비용		
1. 결국 사망	1. 부상자당 $694,975	Rice, MacKenzie, and
2. 입원(치명적이지 않음)	2. 부상자당 $75,020	Associates(1989)에 근거. 금

구분	잠재가격	비고
3. 입원하지 않음 (치명적이지 않음)	3. 부상자당 $1,131	전적 비용만 포함, 고통과 괴로움은 포함하지 않음
4. 부상의 평균 비용	4. 부상자당 $6,086	
A. 자동차 부상	A. 부상자 1인당 $19,817	
B. 낙상	B. 부상자 1인당 $6,653	
C. 총기 부상	C. 부상자 1인당 $117,909	
D. 중독	D. 부상자 1인당 $11,036	
E. 화재 부상 및 화상	E. 부상자 1인당 $5,663	
F. 익사 및 익사 직전	F. 부상자 1인당 $142,397	
G. 기타	G. 부상자 1인당 $2,548	
업무 관련 직업적 부상 비용		
A. 치명적 부상	A. 부상당한 근로자 1인당 460만 달러	Miller와 Galbraith(1995)에 근거. 삶의 질 손실 포함
B. 보상 가능한 손실된 근무가 있는 치명적이지 않은 부상	B. 부상당한 근로자 1인당 2,943달러	
C. 보상 불가능한 손실된 근무가 있는 치명적이지 않은 부상	C. 부상당한 근로자 1인당 1,218달러	
D. 손실된 근무가 없는 치명적이지 않은 부상	D. 부상당한 근로자 1인당 2,274달러	
E. 평균 부상 비용	E. 부상당한 근로자 1인당 23,454달러	
F. 평균 자동차 업무 관련 부상 비용	F. 부상당한 근로자 1인당 137,949달러	
1년 일의 가치 부상으로 인한 장애	연간 $178,586-$277,510	Dillingham, Miller, 및 Levy(1996)에 근거

구분	잠재가격	비고
자동차 충돌 부상의 사회적 비용 부상		
1. 척수	1. 피해자당 $390만	Zaloshnja, Miller, Romano, 및 Spicer(2004)에 근거. 모든 평균은 산술적이며 각 신체 영역 내 부상 심각도의 분포를 반영하지 않음
2. 뇌	2. 피해자당 156만 달러	
3. 하지	3. 피해자당 61만 달러	
4. 상지	4. 피해자당 20만 달러	
5. 몸통/복부	5. 피해자당 38만 달러	
6. 기타 얼굴, 머리 또는 목	6. 피해자당 51만 달러	
7. 경미한 외부	7. 피해자당 10만 달러	
8. 화상	8. 피해자당 71만 달러	
자동차 사고 비용		
1. PDO(재산 피해만)	1. 차량당 3,511달러	수치는 다양한 심각도의 자동차 사고와 관련된 1인당 비용을 반영. AIS는 축약형 부상 척도
2. AIS 1	2. 부상자 1인당 $20,812	
3. AIS 2	3. 부상자 1인당 $218,879	
4. AIS 3	4. 부상자 1인당 $435,391	
5. AIS 4	5. 부상자 1인당 $1,013,750	
6. AIS 5	6. 부상자 1인당 $3,329,831	
7. AIS 6(사망)	7. 사망자 1인당 $4,664,800	

17.2 수명의 가치(Value of a Life-Year, VLY)

많은 건강 시술은 수명을 어느 정도 추정 기간만큼 늘린다. 비용 효율성 용어를 사용하면 수명 연도를 절약한다. 다른 수명 연도를 절약하고 다른 금액이 드는 대체 시술을 평가하기 위해 수명 연도에 대한 잠재가격을 갖는 것이 유용하다. CBA에서 개인에게 발생하는 유익한 영향의 가치는 그 사람이 지불할 의향과 같다. 따라서 VLY는 조건부 가치 평가 방법을 사용하여 추정할 수 있으며 아마도 그래야 한다. 그러나 그러한 연구는 거의 없다.

일반적으로 VLY는 VSL의 추정치에서 파생된다. 개인의 VSL에서 시작하여 VLY는 그 사람의 남은 수명 동안 할인된 가치가 VSL과 같은 일정한 연간 금액이다. 즉, VLY는 다음과 같다.

$$VLY = \frac{VSL}{A(T-a, r)} \tag{17.1}$$

여기서 $A(T-a, r)$은 예상 사망 연령 T에서 현재 연령 a를 뺀 남은 수명의 예상 연도 수를 기반으로 한 연금 계수이고, r은 개인의 할인율이다. 평균 미국인의 VSL이 1,100만 달러(표 17.1 참조)이고 기대 수명이 40년이라고 가정한다. 사회적 할인율이 3.5%이면 평균 VLY는 515,100달러로 추정된다. 우리는 이 수치를 VLY의 적절한 추정치로 제안한다. VSL에서 파생되었기 때문에 때때로 통계적 수명 연도의 평균 값 추정치, VSLY라고도 한다. 이전 추정치보다 높은 이유는 주로 이전 연구보다 최근의 더 높은 실제 VSL 추정치를 사용하기 때문이다.[10]

VSL에서 시작하여 VSY를 도출하는 대신, a세의 사람에 대한 VSL을 남은 수명 연도 값의 할인된 합계로 계산할 수 있다. 구체적으로는 다음과 같다.

$$VSL(a) = \sum_{t=0}^{T-a} \frac{VLY}{(1+r)^t} \tag{17.2}$$

여기서 a는 현재 연령, T는 예상 사망 연령, $T-a$는 기대 수명이다. VLY가 일정하면 이 방정식은 VSL이 연령에 따라 감소함을 의미한다. VSL과 VLY는 모두 연령이 증가함에 따라 일정할 수 없다. 실제로 VLY가 연령에 따라 증가할 것으로 예상할 수 있다. 개인이 몇 년 더 살 수 있다면 남은 수명은 더 희소하고 그 사람은 젊을 때보다 추가 수명에 대해 더 많은 비용을 기꺼이 지불할 것이다. 반면에 VSL은 연령에 따라 감소할 것으로 예상할 수 있는데, 이는 18장에서 논의하는 건강 상태가 연령에 따라 악화되는 경향이 있기 때문이다.

이러한 상반되는 힘을 반영하여 문헌에서 VLY(또는 VSL)가 연령에 따라 변하는지 여부와 어떻게 변하는지에 대한 상당한 논의가 있다. 중년 근로자에 비해 노년 근로자의 VSL이 낮음을 보여주는 임금 연구의 추정치는 사람들이 나이를 먹으면서 VLY가 상승하는 것을 충분히 상쇄할 것이다.[11] CVM 연구에 따르면 부모는 자녀에 대한 VSL이 자신보다 높다고 한다.[12] 사망률이 아닌 질병율 평가에 대한 한 연구에 따르면 부모는 어린 자녀의 복지를 자신의 복지의 두 배로 평가하지만 자녀가 성인이 되면서 그 차이의 비율이 1로 감소한다고 한다.[13] 이러한 다양한 연구를 평가한 결과, VLY가 높은 수준에서 시작하여 18세까지 감소한 다음 중년으로 상승하고 나이가 들면서 다시 감소한다고 주장할 수 있다. 그럼에도 불구하고 미국 환경 보호청의 과학 자문 위원회는 경제 이론이 이 문제에 대해 결론을 내리지 못하고 있으며, 최근 경험적 문헌에 대한 검토 결과에서 발견 사항과 결론이 상당히 달랐다고 지적하고 있다.[14]

17.3 부상 및 사고 비용

표 17.1은 또한 2016년 달러로 보고된 미국의 부상 비용 또는 사고 비용에 대한 5가지 추정치를 요약하고 있다. 첫 번째 세트는 Dorothy Rice, Ellen MacKenzie, and Associates가 의회를 위해 준비한 주요 보고서를 기반으로 한다.[15] 다양한 원인과 3가지 심각도에 따른 부상의 금전적 비용에 대한 자세한 추정치를 보여준다. 두 번째 세트는 Ted Miller와 Maury Galbraith가 제작했으며, 직업적 상해 비용에 초점을 맞추고 있다.[16] 세 번째 세트는 Alan Dillingham, Ted Miller, David Levy가 수행한 임금 위험 연구를 기반으로 하며, 손상된 근무 연도의 가치를 추정했다.[17] 네 번째 세트는 Eduard Zaloshnja, Ted Miller, Eduardo Romano, Rebecca Spicer가 제작했으며, 자동차 충돌 상해에 초점을 맞췄다.[18] 다섯 번째 세트는 Lawrence Blincoe 등이 국가 고속도로 안전청을 위해 작성한 보고서를 기반으로 한다.[19] 이 보고서는 승객의 개인 상해 수준이 다양한 7가지 자동차 충돌 범주에 대한 단위 비용 추정치를 제공했다.

비교적 사소한 사고의 경우, 자동차 충돌로 인한 피해자당 비용은 개인 상해 비용보다 높다. 자동차 충돌은 일반적으로 추가 비용, 특히 재산 피해(차량) 비용을 초래하기 때문이다. 그러나 비교적 심각한 충돌의 경우, 부상으로 인한 고통과 고통의 비용이 충돌 비용의 가장 큰 구성 요소이며, 종종 전체 비용의 절반 이상이다.

17.3.1 Rice 등의 부상 비용 추정

Dorothy Rice, Ellen MacKenzie 등은 부상의 직접적인 금전적 비용에 초점을 맞추었다. 그들의 추정에는 의료 및 재활 비용과 포기한 수입(가사 노동에 대한 추정 가치 포함)이 포함되었다. 이러한 추정은 금전적 비용에 초점을 맞추기 때문에 사람들이 피하기 위해 지불할 고통과 괴로움 및 기타 불행의 차원은 포함되지 않는다. 또한 이러한 추정에는 재산 피해 손실 및 법원 비용과 같은 기타 관련 사회적 비용이 포함되지 않았다. 따라서 이 연구는 부상의 사회적 비용에 대한 매우 보수적인 추정이다. 그러나 방법론과 추정은 여전히 널리 인용되고 있다.

17.3.2 Miller와 Galbraith의 직업적 상해 비용 추정

Ted Miller와 Maury Galbraith는 Rice, MacKenzie 등과 유사한 방법론을 사용하여 미국에서 직업적 상해 비용을 추정하였다. 그러나 그들은 상해와 관련된 불편을 피하기 위한 WTP 측정을 포함하였다. 주로 주 근로자 보상 시스템을 통해 미국에서 보고된 상해 발생률을 사용하여 국가 회계 틀을 사용하여 모든 상해, 치명적 상해 및 치명적이지 않은 상해의 세 가지 하위 유형(보상 가능한 손실된 작업, 보상 불가능한 손실된 작업 및 손실되지 않은 작업)에 대한 상해 비용을 추정하였다. 저자가 인정했듯이, 상향식 추정기법에 비해, 하향적 회계 방식은 정확도가 떨어진다.

추정 비용에는 의료 및 응급 서비스(병원/재택 치료, 의사 서비스, 재활 서비스, 보조 품목, 경찰, 소방/구급대원 대응 및 응급 수송), 임금 및 가사 노동(임금 손실, 가사 노동 및 복리후생), 행정 및 법적 비용(조사, 보험 처리, 기록 보관, 제한된 소송 비용), 직장 혼란(초과 근무 수당, 전문 기술 상실, 장기 장애와 관련된 채용 및 교육), 삶의 질(부상과 관련된 비금전적 손실을 감수하는 근로자와 그 가족의 삶의 질 저하)이 포함되었다. 삶의 질 손실은 직장 부상 비용의 43%를 차지하며, 직업적 부상당 평균 비용은 23,454달러(2016년 미국 달러)이다.[20]

17.3.3 Dillingham 등의 부상 비용 추정

부상 비용을 추정하는 데 있어 한 가지 문제는 부상의 심각도가 매우 다양하고, 신체의 다른 부분에 영향을 미치며, 통증과 장애의 수준이 다르다는 것이다. Alan Dillingham, Ted Miller, 그리고 David Levy는 임금 위험 연구를 통해 부상 비용을 측정하려고 시도했으며, 개인의 직장 생활에 1년의 장애를 피하기 위해 암시된 WTP를 살펴보았다. 그들은 개인이 1년의 장애를 피하기 위해 연간 약 178,286달러에서 277,510달러를 지불할 의향이 있다고 추정했다. 그러나 이 측정을 적용할 수 있는 특정 수준의 심각성은 보고되지 않았다. 중요한 가정 중 하나는 치명적인 부상으로 인해 단축된 직장 생활은 치명적이지 않지만 영구적인 전면 장애로 인해 단축된 직장 생활과 동일하다는 것이다. 그들의 추정의 구체적인 편익은 비직업적 부상으로 이전할 수 있다는 점이며, 레크리에이션 활동과 같은 다른 시장에서 안전 개선을 위한 WTP를 추정할 수 있다.

17.3.4 Zaloshnja 등의 차량 충돌 부상 비용 추정

Eduard Zaloshnja, Ted Miller, Eduardo Romano 및 Rebecca Spicer는 Miller의 1993년 추정치를 업데이트하여 차량 충돌 부상의 사회적 비용을 추정했다.[21] 그들은 척수나 뇌와 같은 자동차 충돌로 인해 부상당한 광범위한 신체 부위의 손상에 대한 사회적 비용에 대한 비교적 포괄적인 추정치를 보였다. 그들의 비용 추정치에는 의료 및 응급 서비스, 가정 및 직장 생산성 손실, 보험 및 법률 비용, 재산 피해 및 삶의 질 손실이 포함된다. 그들은 각 유형의 부상에 대한 고통과 괴로움을 피하기 위해 WTP를 추가하여 금전적 비용을 보완했다.

각 신체 부위의 부상은 또한 최대 약식 부상 척도(MAIS)라고도 하는 약식 부상 척도(AIS)에 따라 사람이 입은 가장 심각한(최대) 부상을 기준으로 심각도 수준에 따라 분류된다. 이 척도는 1(경미)에서 6(치명적)까지이다. 표 17.2.[22]에 이것이 나타나 있다. 특정 심각도 수준의 부상에 대한 고통과 괴로움 또는 삶의 질 손실은 인적 자본 손실을 뺀 후 치명적 부상을 피하기 위한 WTP의 일부로 표현된다.[23] Miller가 각 심각도 수준에 대해 제안한 특정 분수도 표 17.2에 나와 있다. 이 접근 방식은 선택된 분수가 다소 임의적이기 때문에 이상적이지 않지만 많은 규제 기관에서 채택했다.[24] 표 17.1은 또한 척

표 17.2 VSL의 등가 비율을 포함한 AIS 분류 시스템

AIS코드	부상 심각도	VSL의 분수	일반적인 부상에 대한 설명
PDO	없음	0.00	부상 없음
AIS 1	경미	0.0020	피부의 표재성 찰과상 또는 열상, 염좌, 1도 화상, 두통이나 현기증이 있는 두부 외상이지만 다른 증상은 없음
AIS 2	중간 정도	0.0155	피부의 상당한 찰과상 또는 열상, 의식을 잃은 지 15분 이내인 뇌진탕, 탈구가 있거나 없는 폐쇄성 골절, 손가락 압착/절단
AIS 3	심각	0.0575	주요 신경 손상, 흉부 붕괴가 없는 다중 갈비뼈 골절, 내부 장기의 멍, 손/팔 또는 발 압착/절단
AIS 4	심각	0.1875	비장 파열, 다리 압착/절단, 의식을 잃은 지 15분에서 24시간인 뇌진탕, 흉벽 천공
AIS 5	치명적	0.7625	영구 척수 부상, 광범위한 화상(2도 또는 3도), 심각한 신경학적 징후가 있는 뇌진탕
AIS 6	치명적	1	즉시 치명적이지 않더라도 궁극적으로 사망에 이르는 부상

출처: Stephan Hoffer, Frank Berardino, Jack Smith, and Stuart Rubin, *Economic Values for Evaluation of FAA Investment and Regulatory Decisions*, US DOT FAA-APO-98-8, Federal Aviation Administration, June 1998에서 발췌

수, 뇌, 하지, 상지, 몸통/복부 및 기타 머리/얼굴/목에 대한 자동차 충돌 부상의 평균 비용과 경미한 외부 부상, 화상 및 치명적 부상도 제시한다.

17.3.5 블린코(Blincoe) 등의 자동차 충돌 비용 추정

Lawrence Blincoe 등은 재산 피해, 응급 및 의료 서비스 비용, 생산성 손실, 고통과 괴로움, 다른 운전자에게 가는 이동 시간 지연을 포함한 자동차 충돌에 대한 완전히 할당된 비용을 제공했다. 그들은 부상당한 사람에게 최대 AIS를 기반으로 충돌 비용에 대한 추정치를 제시했다. 가장 낮은 수준(재산 피해만, PDO)에서는 개인 부상은 없지만 재

표 17.3 심각도 수준별 충돌 구성 요소 비용(2016년 미국 달러)

AIS 수준	PDO	1	2	3	4	5	6 (치명적)
의료	–	3,280	21,527	64,057	180,904	458,039	30,441
시장생산성	43	133	291	507	1,144	1,173	1,148
응급	–	2,410	34,467	98,444	146,644	604,420	820,244
가계생산성	65	789	10,088	29,035	38,590	205,707	263,893
보험 관리	161	1,021	9,519	26,029	44,550	93,957	51,142
직장 비용	70	347	2,691	5,877	6,472	11,285	11,989
법률 비용	–	207	6,863	21,779	46,409	110,020	140,718
QALYs	–	6,138	125,563	176,498	528,287	1,800,474	3,291,656
재산 피해	2,046	5,296	5,448	9,367	13,547	13,014	14,154
여행 지연	1,107	1,071	1,165	1,295	1,377	12,603	12,603
총계	3,492	20,692	217,622	432,888	1,007,924	3,310,692	4,637,988

출처: Lawrence J. Blincoe, Angela G. Seay, Eduard Zaloshnja, Ted R. Miller, Eduardo O. Romano, Stephen Luchter, and Rebecca S. Spicer, *The Economic Impact of Motor Vehicle Crashes 2000*, National Highway Traffic Safety Administration, US Department of Transportation, May 2002, pp. 9 and 62.에서 발췌 www.nhtsa.dot.gov에서 접속 가능

산 피해, 보험 관리 비용 및 경찰 비용이 있다. 표 17.1에 나와 있는 수치는 차량당인 PDO(재산 피해만) 충돌을 제외하고 부상자당(최대) 수치이다.

교통 경제학자들은 종종 직접 비용, 간접 비용 및 무형 비용을 구분한다. 직접 비용에는 응급 치료, 초기 의료 비용(의사, 병원, 처방 비용, 의료 제공자에게 의료비를 처리하는 행정 비용과 같은 보조 비용 포함), 재활 비용, 장기 요양 비용(필요한 경우), 법적 비용, 고용주/직장 비용이 포함된다. 기타 직접 비용으로는 차량, 화물, 개인 재산에 대한 재산 피해가 있다. 간접 비용으로는 일시적 및 영구적 장애로 인한 생산성 손실과 가계 생산성 감소가 있다. 무형 비용은 고통과 괴로움 또는 삶의 질 저하와 관련이 있다. 각 심각도 수

준에 대한 충돌 비용의 개별 구성 요소는 표 17.3에 나와 있다. 이러한 구성 요소는 유사한 심각도 수준에서 부상이 발생하는 다른 환경에 적용될 수 있다.

17.3.6 부상 및 차량 충돌 비용의 반복

Rice 등의 연구는 광범위한 부상의 금전적 비용에 대한 추정치를 제공한다. 그러나 추정치는 사회적 비용의 척도로 특별히 유용하지 않다. 특히 결국 치명적인 것으로 판명되는 부상의 경우 금전적 비용은 총 사회적 비용의 일부에 불과하기 때문이다. 부상 비용이 과소평가되면 안전을 강화하는 도로 개선의 편익은 시간을 절약하는 도로 개선의 편익에 비해 감소한다. 따라서 교통 체증에 갇히는 것보다 죽는 것이 낫다고 생각할 수 있다.[25] 이는 숫자가 올바르게 추정될 때 일반적으로 그렇지 않다.

Miller와 Galbraith, Dillingham 등의 연구는 모두 업무 관련 부상 비용에 초점을 맞추었지만 다른 척도를 사용했다. Zaloshnja 등의 연구는 자동차 충돌로 인한 부상에 대한 포괄적인 추정치를 제공한다. Blincoe 등의 연구는 사고의 총 사회적 비용을 측정하기 위해 유사한 방법론을 채택했다.

17.4 범죄 비용

많은 형사 사법 및 훈련 프로그램은 범죄 감소를 주요 목표 중 하나로 삼고, 따라서 편익도 있다. 범죄 감소의 편익을 추정하기 위해서는 각 기간 동안 피할 수 있는 각 유형의 범죄 수와 각 유형의 범죄에 따른 사회적 비용을 추정해야 한다. 그러나 사회적 관점에서 범죄 비용을 조사한 연구는 비교적 적고, 대부분은 이제 꽤 오래되었다. 그러나 2010년에 Kathryn McCollister, Mark French, 그리고 Hai Fang은 13가지 주요 범죄에 따른 사회적 비용을 추정했다.[26] 그들은 무형 비용이 상당할 때 이러한 범죄의 유형적 비용과 무형적 비용을 모두 포함했다. 그들의 추정은 두 가지 이유로 중요한 진전을 보인다. 첫째, 사람에 대한 범죄 비용의 상당 부분이 무형 비용을 포함하기 때문이고,

표 17.4 범죄 비용 및 범죄 감소를 위한 지불 의사(2016년 미국 달러)

범죄	잠재가격				
	사건당 피해자 비용	사건당 형사 사법 비용	사건당 총 비용	사건당 지불 의사	
	Miller et al. (1996) 기반	Cohen (1998) 기반	처음 두 열의 합계	Cohen et al. (2004) 기반	McCollister et al. 기반 (2010)
강도	2,481	3,596	6,077	34,844	7,391
강도	33,590	10,774	44,364	97,564	48,394
심각한 폭행	42,482	7,178	49,660	323,354	122,409
강간 및 성폭행	153,998	4,530	158,527	330,323	275,398
살인	5,156,945	255,060	5,412,005	13,519,558	10,274,594*
음주운전, 사망	5,002,925	NA	NA	NA	NA
음주운전, 사망없음	28,283	NA	NA	NA	NA
방화로 인한 사망	4,309,186	NA	NA	NA	NA
방화, 사망없음	58,968	NA	NA	NA	24,137
아동학대, 치명적이지 않음	93,388	NA	NA	NA	NA
절도(또는 시도)	534	NA	NA	NA	4,040
자동차 도난	NA	NA	NA	NA	12,321
기물파손	NA	NA	NA	NA	5,559

주: NA, 사용할 수 없음. *표 17.1에서 권장한 대로 1,100만 달러의 VSL을 사용하면 VSL 추정치는 12,469,942달러가 된다. 1,100만 달러에 유형 비용 1,469,942달러를 더한 값이다.

둘째, 그들은 이전에 체계적인 방식으로 보고되지 않았던 사람에 대한 여러 범죄 범주를 조사했기 때문이다.

표 17.4에서 McCollister 등이 조사한 8가지 범죄 범주에 대한 범죄별 추정치를 요약한다. 또한 세 가지 이전 연구도 포함한다. Ted Miller, Mark Cohen, Brian Wiersema는 National Justice Institute를 위해 준비한 보고서에서 범죄 피해자 비용을 추정했다. Mark Cohen은 별도로 형사 사법 제도에 대한 비용을 추정했고 Cohen 등은 범죄를 줄이기 위한 WTP를 추정했다. 이전 추정치에는 예방 비용이 포함되지 않았고 첫 번째와 세 번째 추정치에도 즉각적인 경찰 조사와 관련된 비용을 제외하고는 형사 사법 제도 비용이 포함되지 않았다. 1996년 Miller 등의 연구는 유형적 및 무형적 피해자 비용을 계산했지만 범죄 경력 비용은 포함하지 않았다. 즉각적인 경찰 및 소방 서비스 비용과 같은 일부 형사 사법 비용은 포함되었지만 법률, 재판 및 교정 비용은 포함되지 않았다. Cohen 등은 조건부 가치 평가를 기반으로 보다 포괄적인 WTP 접근 방식을 채택했다.

McCollister 등의 연구는 범죄의 유형적 비용을 추정하기 위해 질병 비용 접근법을 채택했다. 범죄의 무형적 비용을 측정하기 위해 그들은 Cohen을 따르고 신체 상해 재판의 배심원 판정 데이터를 사용하여 피해자의 고통과 괴로움, 심리적 고통의 달러 가치를 추정하거나 살인의 경우 VSL을 추정했다.

17.4.1 Miller 등의 범죄 비용 추정

Ted Miller, Mark Cohen, Brian Wiersema는 범죄 비용을 조사했다.[27] 그들은 피해자 비용에 초점을 맞추었고, 형사 사법 제도에 대한 실제 비용과 두려움과 같은 다른 사회적 비용을 포함하여 피해자에 대한 사회의 대응은 무시했다.

그들은 강간, 강도, 아동 학대/유기, 폭행, 음주운전(DWI), 방화, 절도, 절도, 자동차 절도 범죄를 조사했다. 또한 이러한 범죄로 인한 사망자 수와 치명적이지 않은 경우 부상 여부도 조사했다. 여기에는 고통과 괴로움과 직접 비용이 포함되었다. 직접 비용에는 생산성 손실, 의료/응급 치료, 정신 건강 치료, 경찰/소방 서비스, 사회적 피해자 서비스, 재산 피해가 포함되었다. 사망자의 삶의 질 손실은 (위에서 논의했듯이 매우 낮은) VSL이 430만 달러(2016년 미국 달러)인 것을 기준으로 했다. 치명적이지 않은 결과의 경우 무형 비용은 범죄 피해자와 화상 피해자에 대한 배심원 판결에 따라 결정된다. 한 개인을 희생시킨 여러 범죄 사건의 경우 해당 사건의 추정 무형 비용을 평균 피해 수에 곱한다. 여기에는 형사 사법 시스템 비용과 범죄 피해자가 될 위험을 줄이기 위해 취한 조치 비용은 포함되지 않았다. 이 두 범주는 종종 범죄 회피의 가장 큰 편익 중 두 가지이다. 기타 생략된 영향에는 범죄의 완전히 장애가 있는 피해자에 대한 보험 또는 복지 지급 처리 비용, 심리적 손상으로 인한 수입에 대한 장기적 영향, 범죄 피해자인 사람이 저지른 범죄로 설명되는 2세대 비용이 포함되었다.

신체 상해와 관련된 사회적 비용 추정에서 종종 그렇듯이 무형 비용은 신체 상해 가능성이 낮은 강도, 절도 및 자동차 도난을 제외한 모든 범죄 범주에서 가장 큰 구성 요소이다. Miller, Cohen, Wiersema 비용은 1열에 범죄 사건별로 보고된다. 이들의 추정치는 지난 25년 동안 수행된 다른 연구의 추정치와 규모가 비슷하다.

17.4.2 Cohen 형사 사법 비용 추정치

Mark Cohen은 행정 데이터를 사용하여 형사 사법 관련 비용을 추정했다. 이러한 비용 추정치는 범죄자가 발각되어 처벌받을 확률을 기반으로 한다.[28] 표 17.4에서 알 수 있듯이, 적어도 부상 위험이 높은 범죄의 경우 이러한 비용 추정치는 일반적으로 피해자 기반 범죄 비용 추정치보다 훨씬 작다. 그러나 범죄의 실제 사회적 비용에 대한 보다 포괄적인 추정치를 얻기 위해 이러한 비용 추정치를 피해자 비용에 추가하는 것이 합리적이다. 따라서 표 17.4의 3열은 1열과 2열 추정치를 합하였다.

17.4.3 범죄 통제 프로그램에 대한 Cohen과 동료의 WTP 추정치

Mark Cohen, Roland Rust, Sara Steen, Simon Tidd는 16장에서 논의한 이분법적 선택 방법을 사용하여 전국적으로 대표적인 1,300가구 표본을 대상으로 CVM 연구를 수행했다.[29] 가구에 특정 범죄(예: 절도)를 10% 줄이는 프로그램에 대해 특정 가격을 지불할 의향이 있는지 물었다. 그런 다음 16장에서 설명한 방법을 사용하여 이를 총 WTP 추정치로 변환했다. 그런 다음 결과 달러 수치를 미국 가구 수에 곱하고 10% 감소로 예방할 수 있는 고려 중인 유형의 범죄(예: 절도)의 전국적 수로 나누었다. 따라서 표 17.4에 요약된 추정치는 각 유형의 범죄 1건을 줄이기 위한 전국적 WTP를 나타낸다.

원칙적으로 이러한 추정치에는 응답자가 질문에 답할 때 고려하는 비용 감소가 포함되어야 한다. 잠재적으로 직접 비용, 고통 및 괴로움, 형사 사법 시스템 비용(응답자가 시스템 내 부하 감소로 인한 세금 절감을 고려한 경우), 범죄 예방을 위한 조치로 인한 비용(예: 문 잠금 시간, 경보기 구매, 경찰 추가 고용), 범죄 피해자가 되는 것에 대한 걱정으로 인한 심리적 비용 등이 감소할 수 있다. 그러나 응답자가 응답할 때 실제로 무엇을 염두에 두었는지 아는 것은 어렵다. 또한 응답자는 실제 위험보다는 범죄 피해자가 될 위험에 대한 개인적인 판단에 따라 응답했을 가능성이 있다는 점도 명심해야 한다. 예를 들어, 살해당할 위험이 실제보다 크다고 믿었다면 실제 비율을 알았을 때보다 살인율 감소에 대한 WTP가 더 높았을 수 있다.

표 17.4의 네 번째 열에 있는 추정치는 세 번째 열에 있는 동일한 범죄에 대해 표시된 총 비용 수치보다 현저히 크다. 게다가 살인을 줄이기 위한 WTP는 우리가 이전에 CBA에서 사용하도록 제안했던 VSL 추정치보다 상당히 크다. 범죄 감소를 위한 WTP 추정치가 상당히 큰 이유는 완전히 명확하지 않다. WTP 추정치가 도출된 조건부 가치평가 연구는 신중하게 실행되었다. 이미 제안했듯이 WTP 추정치는 다른 비용 추정치에서 놓친 범죄 예방 비용과 같은 일부 비용을 포착한다는 것이 한 가지 가능한 설명이다. 또한 이전에 제안했듯이 두 번째 가능한 설명은 개인이 실제 위험보다 범죄 피해자가 될 위험을 더 높게 평가하는 경향이 있다는 것이다.

17.4.4 McCollister 등의 범죄 비용 추정치

Kathryn McCollister 등은 질병 비용과 배심원 보상 방법을 모두 사용하여 13가지 범죄의 포괄적인 사회적 비용을 추정했다. 비교 목적으로 그들은 또한 범죄 비용에 대한 사회적 관점을 채택하려고 시도한 꽤 많은 이전 연구를 검토했다. 그들은 유형적 및 무형적 비용 추정치를 결합하여 각 범죄 유형에 대한 범죄당 사회적 총 비용을 계산하였다. 그들은 질병 비용 접근법을 사용하여 가해자의 생산성 손실과 피해자의 단기 의료비, 소득 손실, 재산 피해/손실을 포함하는 범죄의 유형적 비용을 추정하였다. 범죄의 무형적 비용을 측정하기 위해 그들은 Cohen을 따랐고 신체 상해 재판의 배심원 판정 데이터를 사용하여 피해자의 고통과 괴로움, 심리적 고통의 달러 가치를 추정하였다. 살인의 경우 VSL을 사용하였다.

살인 위험 비용이 포함된 심각한 범죄 유형의 경우 기본 살인 위험 비용을 조정하여 중복 계산을 방지했다. 고통과 괴로움 비용이 포함되지 않고 수정된 살인 위험 비용이 필요하지 않은 범죄의 경우 총 사회적 비용 추정치는 유형적 비용 추정치와 같다(저자는 또한 관련 공식과 계산이 포함된 Excel 스프레드시트를 제공하였다). 표 17.1에서 권장한 대로 약 1,100만 달러의 VSL을 사용하는 것과 일관성을 유지하려면 McCollister 등이 추정한 무형 비용을 늘려야 한다. 이 추정은 무형 비용이 VSL과 같기 때문에 살인에 대해 쉽게 수행할 수 있다. 살인의 유형 비용(2016년 달러로 1,469,942달러)에 대한 추정치를 권장 VSL에 추가하면 12,469,942달러의 잠재가격이 나온다.

17.4.5 범죄 비용의 반복

표 17.4에서 알 수 있듯이 놀랍지 않게도 범죄 비용은 범죄의 성격에 따라 크게 다르다. 그러나 개인 상해율이 높은 범죄, 특히 사망으로 이어지는 범죄는 덜 폭력적인 종류의 범죄 활동보다 사회적으로 훨씬 더 많은 비용이 든다는 것은 분명하다. 우리는 범죄의 사회적 비용에 대한 잠재가격을 추산하기 위한 자료로 McCollister 등이 실시한 최신의 포괄적인 연구를 사용할 것을 권장한다.

17.5 시간의 가치

시간은 귀중하고도 희소한 상품이다. 속담에 "시간은 돈이다"라고 한다. 여행 시간의 변화는 많은 CBA의 중요한 구성 요소이며, 가장 두드러지는 것은 교통과 관련되는 것이다. 지배적인 비용 또는 편익 범주는 아니지만 대기 시간의 변화는 많은 비교통 프로젝트에도 중요한 영향을 미칠 수 있다. 예를 들어, 대기 시간의 변화는 상품 배급 수준을 변경하거나 자동차 등록 절차의 변경이나 의료 및 사회 서비스 접근성과 같이 서비스에 대한 접근성 수준에 영향을 미치는 정책의 중요한 비용 또는 편익 구성 요소이다.

시간의 기회 비용에 대한 대부분의 실증적 문헌은 여행 시간의 기회 비용 또는 가치를 추정하는 것과 관련이 있다. 이는 일반적으로 여행 시간 절감 가치(the value of travel time savings: VTTS)라고 하며, 많은 정부 프로젝트, 특히 교통 프로젝트가 여행 시간을 절약할 것으로 기대한다는 사실을 반영한다. 다른 종류의 활동에서 시간을 절약하는 가치는 VTTS와 상당히 다를 수 있다. 예를 들어, 사람들은 일반적으로 "순수한" 이동 시간보다 대기 시간에서 훨씬 더 큰 비효용을 경험한다.[30] 심지어 절약된 이동 시간의 가치도 이동 조건 자체에 따라 달라진다. 예를 들어 교통량이 방금 느려졌는지 아니면 정지하고 가는지 여부이다. 종종 이러한 다양한 활동이나 다양한 조건에서 절약된 시간의 가치는 VTTS의 배수로 표현된다.

절약된 시간은 실제로 여러 관련되지만 분리 가능한 유용성 차원을 결합한다. 시작으로, 교통 흐름이 증가하거나 밀도가 증가함에 따라 운전자가 속도를 줄이는 이유를 물을 수 있다.[31] 아마도 운전자가 속도를 줄이는 것은 적어도 부분적으로는 사고 위험을 예방하거나 줄이기를 원하기 때문일 것이다. 따라서 이동 시간의 증가는 사고의 사전 예상 비용을 줄이는 것으로 생각할 수 있다. 사고의 예상 사적 비용을 줄이는 또 다른 방법은 더 크고 튼튼한 차를 사는 것이다. 따라서 VTTS는 이동 시간 절약의 편익뿐만 아니라 사고 위험 감소도 반영한다. 또한 시간 절감의 신뢰성(이동 시간 절감의 분산)을 반영한다.[32] 이는 VTTS가 일반적으로 자유 흐름 조건보다 불확실성이 더 큰 혼잡 기간에 더 높은 것으로 추정되는 한 가지 이유이다.

여러 저자가 주로 국가별 또는 지역별로 VTTS에 대한 방대한 실증적 문헌을 검토했다. 일반적으로 이러한 검토는 개별 국가 정부에서 의뢰했으며 해당 국가의 분석에 사용할 표준 VTTS를 채택하게 되었다.[33] 대부분의 경우, 논의하듯이 분석을 단순화하기 위해 VTTS는 세전 또는 세후 임금율의 비율로 표현된다. 이를 통해 분석가는 현지 임금 비율을 사용하여 이동 시간 비용을 쉽게 추정할 수 있지만 이 장의 마지막 부분에서 논의하듯이 소득 및 기타 요소에 대해 조정해야 한다.

표 17.5는 William Waters와 Markus von Wartburg 및 William Waters가 수행한 문헌 검토를 기반으로 도로 운송에 대한 VTTS 추정치를 요약한 것이다.[34] 여행의 기회 비용과 관련 시간은 다양한 요인에 따라 상당히 다르다. Mark Wardman과 J. Nicolas Ibanez는 VTTS가 교통 체증 수준에 따라 어떻게 달라지는지 추정했다.[35] Abrantes와 Wardman은 도로 여행과 관련하여 다른 방법에 대한 VTTS를 추정했다.[36] Von Wartberg와 Waters는 다른 활동에서 절약된 시간의 가치를 추정하였다.

17.5.1 Waters의 VTTS 추정치

William G. Waters는 1974년과 1990년 사이에 수행된 56건의 실증적 연구에서 VTTS 추정치를 검토했다. 이러한 연구에서는 선호도 조사 또는 CVM 방법을 사용했다. 선호도 조사에는 다양한 상황이 포함된다. 비용이 다른 경로 선택 결정(예: 유료 도로 대 무료 도로), 모드 선택 결정(버스 또는 자동차 여행 대 더 빠르지만 비용이 더 많이 드는 항공 여행), 속도 선택 결정(더 빠른 속도는 더 높은 운영 비용을 수반함), 위치 선택 결정(토지 가치에 대한 통근 시간의 영향을 분리하는 헤도닉 방법). 연구자들이 WTP를 결정하는 데 직접적으로 관련된 데이터를 수집할 수 있기 때문에 조사 방법도 VTTS를 추정하는 데 사용되었다. VTTS 문헌의 표준 관행처럼 Waters는 VTTS를 달러 수치가 아닌 세후 시급의 백분율로 제시했다.

Waters는 문헌에서 추정치에 큰 차이가 있음을 발견했다. 그는 통근 여행에 초점을 맞춘 32개 연구를 집계하여(일부 극단값을 제거한 후) 세후 임금률의 48%로 평균값을 계산하였는데, 중간값은 40%였다. 북미 자동차 통근 연구를 기반으로 한 15개 연구만 사용했을 때 Waters는 평균 59%(극단값을 제거한 경우 54%)와 중간값은 42%를 나타났다. 북미가 아닌 자동차 통근 연구 17개는 평균 38%였다. Waters는 세후 임금률의 40~50% 사이의 잠재가격이 자동차 통근에 적합한 VTTS라고 결론지었다.

표 17.5 여행 및 대기 시간의 가치

카테고리	잠재가격 가치	비고
도로 교통을 위한 VTTS		
1. 통근 또는 여가여행 시간	1. 세후평균임금률의50% 절약된시간당	Waters(1996)와 von Wartburg 및 Waters(2004)를 기반으로 함.
2. 고용주가 지불한 여행시간	2. 세전임금률과 편익의100% 절약된 시간당	
도로교통혼잡		
1. 혼잡	1. 1.2	Wardman and Ibanez (2012).
2. 경미한혼잡	2. 1.2	

카테고리	잠재가격 가치	비고
3. 심한혼잡	3. 1.3	
4. 정지-출발	4. 1.5	
5. 교통체증	5. 1.8	
모드(자동차시간과비교)		
1. 버스	1. 1.2	
2. 항공	2. 1.8	Abrantes and Wardman (2011).
3. 기차	3. 1.1	
다른활동시간		
1. 걷기	1. 2 × VTTS	많은 관할권에서 공통적인 관례임(von Wartburg 및 Waters, 2004).
2. 대기	2. 2.5 × VTTS	
3. 혼잡	3. 2 × VTTS	

17.5.2 von Wartburg와 Waters VTTS와 "다른 활동 시간" 추정치

Markus von Wartburg와 William Waters는 VTTS 연구의 최근 진전을 검토했다. 그들은 유료 도로의 설립(또는 폐지)이 VTTS(시간 절약 및 시간 절약의 분산 감소)의 구성 요소를 조사하는 데 특히 유용하다고 지적하였다. 그들은 연구 설계의 매개변수에 따라 상당한 결과 이질성이 있는 것을 발견하였다. 그들은 VTTS를 출퇴근 또는 여가 비업무 여행에 대한 평균 세후 임금률의 50%로 설정하고 이러한 여행의 이유에 따른 구별이 없어야 한다고 권장하였다(즉, 일부 사람들이 휴가에 자동차로 여행하는 것을 즐기더라도 절약된 휴가 시간과 절약된 출퇴근 시간은 동일한 백분율로 평가되어야 함).[37] 필요한 시간을 고용주가 지불하는 출장의 VTTS는 총(세전) 임금과 노동 관련 간접비(예: 고용주 지불 편익)의 100%로 평가되어야 한다. 여행객의 사회경제적 특성에 대한 다른 조정은 하지 않아야 한다. von Wartburg와 Waters는 또한 혼잡한 교통 상황에서 통근 및 여가 이동 시간 절감은 혼잡하지 않은 경우(자유 흐름)의 두 배로 가중되어야 한다고 제안하였다.[38] 마지막으로 그들은 도보로 소요되는 시간의 경우 VTTS의 두 배, 대기 시간의 경우 2.5배의 가중 계수를 권장하였다.[39] 저자들은 이러한 승수가 관례에 부합한다고 보았다.

17.6 레크리에이션의 가치

다양한 종류의 레크리에이션의 가치는 화재나 개발로 인한 피해 여부와 관계없이 농촌 지역의 피해를 평가하는 데 중요하다. 국립공원청, 어류 및 야생동물청, 수자원개발국, 산림청은 피해를 평가하기 위해 이 정보가 필요하다. 이 정보는 또한 새로운 레크리에이션 기회의 편익을 평가하고 자연보호구역을 개발할지 여부를 결정하는 데 도움이 된다.

다양한 종류의 레크리에이션의 가치를 추정하는 연구는 일반적으로 여행 비용 방법이나 CVM 방법에 의존한다. 레크리에이션 시설은 거의 항상 사용 편익과 비사용 편익을 모두 제공한다. 사용 편익 범주에는 경쟁적 소비(사냥 등), 직접적 비경쟁적 소비(하이킹 등), 간접적 비경쟁적 소비(야생에서 하이킹에 대한 영화 감상 등)가 포함된다. 비사용 편익 범주에는 순수한 존재 가치(자연 질서를 중시하는 것)와 이타적 존재 가치(야생에 대한 다른 사람의 사용 또는 비사용 가치를 중시하는 것)가 포함된다.

지난 20년 동안 레크리에이션 활동의 가치에 대한 리뷰가 많이 있다. 1984년 Cindy Sorg와 John Loomis는 93개 연구에 대한 초기 리뷰를 수행했다.[40] Richard Walsh, Donn Johnson, John McKean은 1988년까지의 연구를 통합하기 위해 연구를 업데이트하고 확장했다.[41] 2001년 Randall Rosenberger와 John Loomis는 두 개의 최근 리뷰 결과를 병합했다.[42]그들은 산림청에 중요한 레크리에이션 활동에 초점을 맞추었다. 가장 최근에 Pam Kaval과 John Loomis는 설문 조사를 확장하여 1967~2003년 기간을 포함하고 593개 개별 연구에서 1,239개 관찰 결과를 다루었다.[43]

Kaval과 Loomis는 30개의 별도 야외 레크리에이션 활동에 대한 평균 순 WTP를 조사했다. 그들의 결과는 표 17.6에 요약되어 있다. 그들은 24시간 기간 내에 활동을 수행하는 일반적인 시간인 "활동 일"별로 결과를 보고하고 있다. 이 단위는 다른 방문/참여 단위(예: 레크리에이션 방문객 일, 여행 또는 시즌)로 쉽게 변환할 수 있다. 모든 레크리에이션 활동에서 레크리에이션 일의 평균 가치는 2016년 달러로 약 59달러이다.

표 17.6 여행 및 대기 시간의 가치

백패킹	64.30	레저드라이빙(관광포함)	73.10
조류관찰	36.54	암벽등반	69.43
캠핑	45.89		
크로스컨트리스키	38.73	스쿠버다이빙	39.94
다운힐스키	41.33	관광	45.49
낚시	58.21	스노클링	37.41
보트타기(비화폐화)	124.54	스노모빌	44.79
		수영	52.68
일반레크리에이션	43.32	환경교육센터방문	7.24
해변가기	48.67		
하이킹	38.06	수목원방문	16.70
승마	22.36	수족관방문	34.94
사냥	57.90	워터스키	60.50
모터보트타기	57.10	야생동물관찰	52.28
산악자전거타기	91.05	윈드서핑	488.07
오프로드차량운전	28.28	레크리에이션데이의 평균가치	58.79
기타레크리에이션	60.10		
피크닉	51.16		

모든 수치는 1일 가치임.

출처: Pam Kaval and John Loomis, "Updated Outdoor Recreation Use Values with Emphasis on National Park Recreation," *Final Report to National Park Service*, Fort Collins, CO (Colorado State University, Department of Agricultural and Resource Economics: Fort Collins, CO, 2003)에서 발췌

17.7 자연의 가치(특정 종 또는 서식지)

환경에 대한 관심이 증가함에 따라 과학자들은 환경, 인간의 개입 및 인간의 복지 간의 관계에 대한 더 나은 이해를 개발하였다.[44] 그러나 대부분의 환경적 영향을 평가하는 것은 어렵다. 한 가지 이유는 대부분의 환경 지역이 상업적(예: 목재 및 어류), 레크리에이션 및 기타 목적의 여러 목적으로 사용되기 때문이다. 게다가 환경 지역은 주변 지역의 가치에 영향을 미칠 수 있다. 결과적으로 집계 및 이중 계산의 잠재적인 문제가 있다.

이 섹션에서는 자연과 생물다양성의 측면, 즉, 특정 식물과 동물 종의 가치와 더 광범위하게 서식지 및 생태계의 가치에 중점을 둔다. 자연의 요소를 중시하는 연구는 CVM 방법을 가장 자주 사용한다. 이러한 연구는 일반적으로 옵션 가격(예: 조류 관찰 및 사냥)과 존재 가치를 모두 통합한다. 옵션 가격은 일반적으로 근접성에 따라 다르다. 예를 들어, Bateman과 동료들은 Norfolk Broads(영국 동부의 습지로 3개의 국립 자연 보호 구역을 포함하고 조류 관찰, 항해 및 조잡한 낚시 기회를 제공함) 근처에 사는 사람들이 영국의 다른 지역에 사는 사람들보다 Broads에서 제공하는 이러한 레크리에이션 기회를 보존하기 위해 약 3배 더 많은 비용을 지불할 의향이 있음을 발견했다.[45] 일부 저자는 종단 연구를 수행했는데, 이는 도시 지역의 변화가 생태계 서비스와 해당 서비스의 가치에 미치는 영향을 조사하는 데 특히 유용하다.[46]

1993년, Johan Loomis와 Douglas White는 특정 종의 가치를 조사했다.[47] 그들은 18종의 멸종 위기에 처한 종에 대한 CVM 연구의 추정치를 요약하고 이러한 추정치에 대한 메타 분석을 수행했다. CVM 질문에 대한 응답자는 일반적으로 종이 발견된 지역의 주민이거나 해당 지역을 방문한 사람 또는 둘 다였다. 그러나 가끔씩 국가 표본을 사용하기도 했다. 멸종 위기에 처한 동물 종을 보존하기 위한 대중의 WTP 추정치는 표 17.7에 요약되어 있다. 결과는 1인당 기준으로 제시되며 금액은 매년 WTP 또는 단일 일회성 지불 의사에 해당한다. 단일 종에 대해 두 개 이상의 추정치가 있는 경우 금액은 평균화된다.

Paulo Nunes와 Jeroen van den Bergh도 다양한 생물다양성 측정 항목을 조사했다.

표 17.7에서 볼 수 있듯이 그들은 다양한 서식지의 존재 가치가 2016년 미국 달러로 가구당 연간 11달러에서 136달러 사이임을 발견했다.

표 17.7 종, 서식지 및 물의 가치(2016년 미국 달러)

카테고리	잠재가격 가치	비고
특정 종		
연간WTP		
북부올빼미	1인당 116	
회색곰	1인당 76	
울부짖는학	1인당 58	
붉은머리딱따구리	1인당 22	
바다수달	1인당 48	
회색고래	1인당 43	
흰머리독수리	1인당 40	
빅혼양	1인당 35	
바다거북	1인당 22	
스쿼피시	1인당 13	
줄무늬샤이너	1인당 10	
태평양연어/철갑상어	1인당 105	
대서양연어	1인당 13	
일회성 일시금		
흰머리독수리	1인당 359	
혹등고래	1인당 287	
몽크바다표범	1인당 199	
회색늑대	1인당 111	
북극회색/컷스로트	1인당 25	
송어		

카테고리	잠재가격 가치	비고
서식지의 존재가치		
육지	가구당연간 36~136	Nunes 및 van den Bergh(2001)에서 업데이트
연안	가구당연간 12~69	
습지	가구당연간 11~129	
습지서식지		
전체	헥타르당연간 4,410(236)	Brander, Florax 및 Vermaat(2006)에서업데이트. 평균값 괄호 안에 중간값
산림	헥타르당연간 5,040(315)	
담수습지	헥타르당연간 5,512(189)	
염수/염기습지	헥타르당연간 4,095(268)	
식생이없는퇴적물	헥타르당연간 14,174(551)	
맹그로브	헥타르당연간 630(126)	
수질개선		
1. 사용불가능에서 보트타기 가능으로	1. 가구당연간 11~79	Luken, Johnson, 및 Kibler(1992)에서업데이트
2. 보트타기 가능에서 거친 낚시로	2. 가구당연간 17~68	
3. 거친 낚시에서 게임낚시로	3. 가구당연간 23~56	
4. 게임낚시에서 우수한 게임낚시로	4. 가구당연간 27-47	
5. 사용불가능한 게임낚시에서 우수한 게임낚시로	5. 가구당연간 56-203	
사용에 따른 물가치		
폐기물처리	에이커-피트당 5(2)	Frederick, van den Berg, Hanson(1996)에서 업데이트. 괄호안에 중간값이 있는 평균값.
레크리에이션/물고기 및 야생동물	에이커-피트당 74(8)	
항해	에이커-피트당 225(15)	
수력발전	에이커-피트당 39(32)	
관개	에이커-피트당 116(62)	
산업처리	에이커-피트당 434(203)	
열전발전	에이커-피트당 52(45)	
가정용	에이커-피트당 320(149)	

17.8 물의 가치와 수질

담수는 점점 희소해지는 필수품이다. 대부분 지역에서는 일반적으로 담수에 대한 제대로 기능하는 시장이 없기 때문에 분석가는 잠재가격을 추정해야 한다. CVM 조사, 시장 유추법, 중간재법, 방어 지출 및 여행 비용법은 모두 다양한 목적을 위해 다양한 수질 수준의 물의 가치 또는 수질 개선의 편익을 추정하는 데 사용되었다.[50] 분석가는 0~100의 척도로 수질에 대한 정보를 전달하기 위해 복합 수질 지수(WQI)를 개발했다. EPA는 여러 RIA에서 WQI를 사용했으며 현재는 주와 국가 모두에서 사용되고 있으며 CVM 조사에서도 사용된다.[51] 일부 저자는 3단계 또는 5단계 수질 사다리(WQL)를 사용한다.

표 17.7의 네 번째 섹션은 Ralph Luken, Reed Johnson, Virginia Kibler가 레크리에이션 목적으로 수질을 개선하기 위해 연간 가구 WTP 금액을 요약한 것이다.[52] 이 연구자들은 피츠버그 근처의 Monongahela 강에 대한 이전 연구를 활용했다. Luken, Johnson, Kibler는 이러한 레크리에이션 장소에 대한 관련 시장을 정의하는 데 있어 30마일의 거리를 상한으로 주장하였다. 또한 그들은 대체물이 거의 없는 장소의 경우 50%에서 대체물이 많은 장소의 경우 10%까지 범위가 있는 이 거리 내 가구의 방문률을 사용할 것을 권장하였다.

전시 17.1

Ralph Luken은 1972년 청정수법에 의해 도입된 (기술 기반) 수질 오염 기준의 비용과 편익을 추정하고자 했다. 그러나 해당 강의 수질 개선에 대한 WTP 추정치는 존재하지 않았다. 따라서 그는 기존 연구의 WTP 추정치를 수질 개선의 가치를 추정하는 기준으로 활용했다.

Luken은 처음에 플러그인 가치를 제공할 수 있는 8개의 기존 연구를 고려했다. 기존 연구 중 5개는 조건부 평가 방법을 사용했고, 2개 연구는 여행 비용 방법을 사용했으며, 8번째 연구는 사용자 참여 연구였다. Luken은 연구 중 5개를 제외했는데, 그 이유는 연구의 사이트가 자신이 고려하고 있는 사이트와 유사하지 않았기 때문이다. 이 5개 연구는 큰 서부 호수와 서부

유역과 같은 수계를 다루었다. 반면에 그의 사이트는 일반적으로 지역 레크리에이션 용도가 있는 동부 강이었다. 따라서 그는 Boston의 Charles 강에 대한 연구 1개와 Pennsylvania의 Monongahela 강에 대한 연구 2개에 집중했다. Monongahela 연구는 3단계 WQL(보트 타기에서 낚시로, 낚시에서 수영으로, 보트 타기에서 수영으로)을 사용하여 수질 개선의 3단계에 대한 편익을 추정한 반면, Charles 강 연구는 보트 타기에서 수영으로(즉, 수질의 가장 큰 "점프") 수질 개선만을 조사했다. 가구당 연간 WTP(2016년 달러)로서의 값은 아래와 같이 요약된다.

강	수질변화		
	보트-물고기	물고기-수영	보트-수영
Monongahela(조건부평가)	$58-92	$32-53	$92-148
Monongahela(여행비용)	$18	$23	42
Charles(조건부평가)	— —		171

안타깝게도 이러한 편익 범주는 Luken이 사용하던 WQL에 직접 매핑되지 않았다. 이 WQL은 U, 사용 불가; B, 보트 가능; R, 거친 낚시; G, 게임 낚시; G*, 우수한 게임 낚시의 5가지 품질 개선 수준을 포함한다. Luken은 여행 비용 방법이 하한 추정치를 제공하고(사용 평가만 포함하기 때문) 조건부 평가 추정치가 상한 추정치를 제공한다고 가정했다(사용 평가뿐만 아니라 비사용 평가도 포함하기 때문). 다음에 표시된 대로 그는 또한 더 작은 편익 품질 편익(연간 개선당 가구당 WTP)을 반영하기 위한 추정치를 포함했다. 수질 편익에 대한 그의 플러그인 값(2016년 달러 기준 연간 가구당 WTP)은 다음과 같다.

초기수질	최종수질	하한값	상한값
U	U	$2-7	$21-42
U	B	12	81
U	R	35	115
U	G	46	185

초기수질	최종수질	하한값	상한값
U	G*	58	208
B	B	$5-9	$18-35
B	R	18	69
B	G	35	115
B	G*	46	139
R	R	$7-12	$14-30
R	G	23	58
R	G*	35	81
G	G	$7-14	$12-23
G	G*	28	46

이 전시의 목적은 2차 자료의 사용을 설명하는 것이지만, 루켄은 이러한 값을 사용하면서 일반적으로 비용이 편익을 초과한다는 사실을 발견했다는 점이 흥미롭다.

출처: Frederick W. Gramlich, "The Demand for Clear Water: The Case of the Charles River," *National Tax Journal*, 30(2), 1977, 183-95; Ralph A. Luken, Efficiency in Environmental Regulation (Boston, MA: Kluwer Academic Publishers, 1990), 45-50, 88-90; V. Kerry Smith and William H. Desvousges, *Measuring Water Quality Benefits* (Boston, MA: Kluwer-Nijhoff Publishing, 1986); V. Kerry Smith, William H. Desvousges, and Ann Fisher, "A Comparison of Direct and Indirect Methods for Estimating Environmental Benefits," Working Paper No. 83-W32, Vanderbilt University, Nashville, TN, 1984에서 발췌

Kenneth Frederick, Tim van den Berg, Jean Hanson은 41개의 이전 연구에 대한 조사를 기반으로 물의 다양한 용도에 대해 요약하였다.[53] 저자는 폐기물 처리, 레크리에이션/어류 및 야생 동물 서식지, 항해, 수력 발전, 관개, 산업 처리, 열전 발전 및 가정용의 8가지 용도에서 물 비용에 대한 추정치를 제공하였다. 값은 에이커–피트당 달러로 표현된다(1에이커–피트는 325,851갤런, 1피트 깊이에서 1에이커를 덮는 데 필요한 물의 양).

산업 처리 및 가정용으로 사용되는 물은 가장 높은 평균 및 중간값을 갖는다. 그러나

레크리에이션/어류 및 야생 동물 서식지와 관개는 모든 추정치의 약 80%를 차지하고 모든 개별 연구의 가장 높은 값을 차지한다. 최종 추정치에 가중치가 없기 때문에 표 17.7에 중간값과 평균값을 모두 보고하였다. 저자는 중간값이 국가 수준 평가에 가장 적합할 수 있으며 정상적인 수문학적 조건을 반영할 가능성이 높다고 지적한다.

저자는 몇 가지 주의 사항을 언급한다. 수질은 대부분 용도에서 중요하지만 이 요소는 추정치에 반영되지 않는다. 강우 시기와 지하수위는 물 비용에 큰 역할을 하며, 값은 지역마다 다르다(물 가치는 가용성과 반비례하기 때문). 또한 공급 및 수요 조건이 시간이 지남에 따라 변하여(계절적 변화, 기술적 변화, 기상 조건으로 인해) 물 가치에 영향을 미친다고 지적하였다.

17.9 소음 비용

소음 비용은 주로 도로 및 항공 운송 프로젝트 평가와 관련이 있다. 소음 비용을 추정하는 주요 방법은 헤도닉 가격 책정 방법이다. 15장에서 논의했듯이 부동산 가치(일반적으로 개인 주택의 가치)는 소음과 통계적으로 관련이 있다. 헤도닉 방법은 주택의 구조적 특성(방의 수, 평방 피트), 이웃 특성(블록당 부지 수 또는 깨진 창문 수), 접근성 특성(도심 또는 지역 해안가) 및 환경적 특성과 같은 변수를 고려한다. 많은 경우 대기 오염 수준이 가장 중요한 환경 요인이다. 대기 질을 통계적으로 제어하는 것이 특히 중요한데, 자동차의 소음 오염과 상당히 높은 상관 관계가 있기 때문이다.

미국 연방 항공국은 소음 노출 예측(NEF)이라는 소음 수준 측정법을 개발했으며, 이는 널리 사용되고 있다. 1 NEF는 시간 경과에 따른 평균 노출 1 데시벨의 소음과 같다. 주변 소음은 15–25 NEF 범위에 있으며, “약간”에서 “많은” 성가심은 25–40 NEF 범위에서 발생하고, “상당한” 성가심은 40 NEF 이상에서 발생한다. 일반적으로 사용되는 다른 소음 측정 방법으로는 항공기 소음을 측정하도록 특별히 설계된 소음 및 숫자 지수(NNI)와 자동차 소음을 측정하는 교통 소음 지수(TNI)가 있다.

주택 및 기타 숙박 시설 가격의 소음 수준 변화에 대한 민감도는 소음 감가 감가 지수(NDSI)로 측정한다. 이는 소음 감가 민감도 지수(NSDI) 또는 간단히 소음 민감도 감가 지수(NDI)라고도 한다. NDI는 NEF로 측정한 소음 수준의 단위 증가로 인해 주택 가치가 감소한 백분율을 나타낸다.[54] NDI를 구하는 한 가지 방법은 주택의 대수 가격이 소음과 다양한 제어 변수의 선형 함수인 헤도닉 가격 함수를 지정하는 것이다. NDI는 이 함수의 기울기를 소음에 대해 −100으로 곱한 값과 같다.[55]

이 섹션에서는 소음의 경험적 비용에 대한 두 가지 문헌 검토에 초점을 둔. Ian Bateman, Brett Day, Ian Lake 및 Andrew Lovett는 1970년과 대략 2000년 사이에 발표된 "소음" 연구를 검토했다.[56] Jon Nelson은 북미 공항 소음 연구 비용에 대한 최근 메타분석을 수행했다.

17.9.1 Bateman 등의 소음 비용 추정

아마도 다소 놀랍게도 Ian Bateman 등은 NDI 추정치가 30년 동안 상당히 안정적으로 유지되었다는 것을 발견했다. 표 17.8에서 보듯이 소음 공해에는 항공 교통과 도로 교통이라는 두 가지 주요 원인이 있다. 미국에서 항공 교통 소음에 대한 NDI의 최적 추정치는 0.65%이다.[57] NDI는 주변 소음 수준이 1 NEF 변화할 때 주택 가격의 백분율

표 17.8 소음공해 비용

플러그인카테고리	잠재가격가치	비고
소음		
비용항공기소음공해	NEF당 부동산가치 0.65% 감소	Schipper(1996),Bateman, Day, Lake, and Lovett(2001), Nelson(2004) 및 Becker and Lavee(2003)에 기초
도로소음	NEF당 부동산가치 0.64-1.2% 감소	
공해	NEF당	
소음비용		
주거용부동산	NEF당 가치 0.65% 감소	Uyeno, Hamilton 및 Biggs(1993)에 기초
콘도미니엄	NEF당 가치 0.90% 감소	
공터	NEF당 가치 1.66% 감소	

변화를 측정한다. 즉, 소음 수준이 1 NEF 증가하면 영향을 받는 주택의 가격은 평균 0.0065만큼 감소한다. 따라서 NEF가 40인 공항에 인접한 주택은 NEF가 25인 공항에서 멀리 떨어진 주택보다 9.75% 저렴하다. 도로 소음 공해의 경우 Bateman 등은 NDI가 0.64%라고 제안했다. Becker와 Lavee는 이스라엘 부동산 가치 증거를 기반으로 상당히 높은 1.2%로 추정했다.

17.9.2 Nelson의 소음 비용 추정

2004년 Jon Nelson은 공항의 헤도닉 가격 책정 연구에 대한 메타 분석을 수행하여 매우 유사한 추정치와 유사한 범위를 산출했다. 33개의 추정치를 포함하는 이전 연구 20개의 메타 분석을 기반으로 Nelson은 북미의 주택 가격이 평균 0.0058의 항공기 소음이 1 데시벨 증가하면 약 0.005~0.006% 하락한다는 결론을 내렸다. Nelson은 항공기 엔진 기술의 변화로 인해 높은 수준의 공항 소음(65데시벨 이상)이 상당히 감소했다고 보았다.

지금까지 논의한 추정 NDI는 대부분 단독 주택에 대한 것이다. Dean Uyeno, Stan Hamilton, Andrew Biggs는 NDI가 토지 이용에 따라 다를 가능성이 있다고 언급했다.[58] 그들은 주택 가격의 로그가 소음(NEF)과 기타 주택 품질 특성의 선형 함수인 헤도닉 가격 함수를 추정했다. 그들은 캐나다 데이터를 사용하여 NEF가 25 이상인 단독 주택의 경우 적절한 NDI가 0.65%이지만 콘도미니엄의 경우 0.90%라고 추정했다.

17.10 대기오염 비용

대기 오염은 건강 비용과 비건강 비용을 모두 초래할 수 있다. 건강 비용에는 조기 사망 비용과 질병 비용이 포함된다.[59] 비건강 비용에는 해수면 상승, 해안 침식, 강물 홍수, 삼림 벌채, 식물 성장 지연, 농업 생산량 감소와 같은 환경 비용이 포함된다. 기타 비건강 비용에는 건물, 자동차, 재료(예: 고무)의 부식과 전망 상실이 포함된다.

대기 오염 물질은 특히 자동차, 산업 공장, 발전소에서 배출되는 여러 출처에서 배출된다.[60] 중요한 오염 물질은 휘발성 유기 화합물(VOC), 질소 산화물(NO_x), 황산화물(SO_x), 이산화탄소(CO_x) 및 직경 10마이크론 미만의 미세먼지(PM_{10})이다. VOC는 NO_x와 결합하여 오존을 생성하는데, 이는 질병의 주요 원인이다. 화학 반응을 통해 SO_x, VOC, NO_x는 특정 유형의 입자상 물질인 PM_{10}을 생성하는데, 이는 조기 사망과 이환을 모두 유발하며, 특히 호흡기 질환을 유발한다. 구름과 빗방울에 있는 SO_x와 NO_x 용액은 산성비를 유발하는데, 이는 소나무와 가문비나무 숲을 손상시키는 것으로 알려져 있으며 담배, 밀, 콩 작물을 손상시키는 것으로 생각된다. 산성비는 또한 건물을 손상시키고 호수의 산성화를 증가시키며 어류 개체군에 영향을 미친다.[61] 온실 가스 배출, 특히 이산화탄소(CO_2)의 축적은 지구 온난화를 유발한다.[62]

분석가들은 두 가지 주요 접근 방식을 사용하여 오염 비용을 추정한다. 하나는 헤도닉 속성 가치 방법이다.[63] 더 널리 사용되는 접근 방식은 용량 반응 함수 또는 손상 함수 접근 방식이라고 한다. 용량 반응 함수(또는 손상 함수)는 오염 물질의 단위 증가를 조기 사망 확률 및 가시성, 재료 열화, 자연 환경 손상 및 건강과 같은 다양한 유형의 중요한 효과 증가와 같은 다양한 건강 효과와 관련시킨다. 예를 들어, 건강의 경우, 미세먼지 1톤 증가는 조기 사망 확률 증가 및 다양한 유형의 호흡기 문제 증가와 관련이 있을 수 있다. 이러한 효과는 이러한 효과의 달러 가치 평가에 의해 가중될 것이며, 이는 일반적으로 WTP의 CVM 추정치를 기반으로 한다.

H. Scott Matthews와 Lester Lave는 1990년대 초반과 중반에 수행된 여러 손상 함수 연구를 기반으로 주요 대기 오염 물질의 비용에 대한 추정치를 도출하였다.[64] 표 17.9는 이러한 추정치를 요약한 것이며 비용 수치는 2016년 달러로 업데이트되었다. 각 오염 물질이 1톤 증가할 때 발생하는 비용을 보여준다. 최솟값과 최댓값 사이의 넓은 범위에서 알 수 있듯이 다양한 유형의 대기 오염과 관련된 실제 비용과 관련하여 여전히 많은 불확실성이 있다. Matthews와 Lave가 지적했듯이 이러한 불확실성의 대부분은 값을 얻는 데 사용된 손상 함수와 관련이 있다. 예를 들어, 미세먼지가 1톤 증가하면 조기 사망이 발생하는 정도를 다른 오염 물질로 인한 조기 사망 증가와 분리하는 것은 어렵다. 값의 범위가 넓은 것은 대기 오염이 지역과 시간에 따라 상당히 다르기 때문이다. 또한 일부 연구는 건강 영향만 고려하는 반면, 다른 연구는 가시성 및 자연 환경과 같은 다

표 17.9 대기 오염 물질 1톤의 사회적 비용(2016년 미국 달러 기준)

카테고리	연구수	최소비용	중간비용	평균비용	최대비용
일산화탄소(CO)	2	2	890	890	1,796
질소산화물(NO_x)	9	376	1,813	4,790	6,251
이산화황(SO_2)	10	1,317	3,079	3,421	8,040
미세먼지(PM_{10})	12	1,625	4,790	7,356	7,713
휘발성유기화합물(VOC)	5	274	2,395	2,737	7,527
지구온난화잠재력(CO_2 환산)	4	3	24	22	39

른 영향도 통합한다. Matthews와 Lave에 따르면, 화폐화는 비교적 사소한 역할을 한다.

아마도 가장 중요한 총 대기 오염 비용은 지구 온난화의 주요 원인인 탄소 비용일 것이다. 그 중요성을 감안할 때, 최근 몇 년 동안 탄소 배출의 사회적 비용을 추산하기 위한 상당한 노력이 있었던 것은 놀라운 일이 아니다. Richard Tol은 47개의 서로 다른 연구에서 탄소의 사회적 비용에 대한 211개 추정치에 대한 메타 분석을 수행했고, 3% 할인율을 기반으로 한 심사평가 추정치의 경우 2016년 미국 달러로 탄소 1톤당 평균 사회적 비용은 39달러이고 중간값은 31달러라는 것을 발견하였다.[65] David Pearce는 이전 연구와 상당한 자체 분석을 검토한 후 탄소의 한계 사회적 비용은 탄소 1톤당 11달러에서 72달러 사이라고 결론지었다.[66] 마지막으로 Ian Parry, Margaret Walls, Winston Harrington은 덜 공식적인 문헌 검토에서 탄소 1톤당 25달러의 가치를 정했다.[67] 그들은 또한 세계 산출량의 가치 증가와 온도 수준이 상승함에 따라 한계적 피해가 증가하기 때문에 탄소 배출의 사회적 비용이 미래에 증가할 가능성이 있다고 지적하였다.

위에 나와 있는 탄소 배출의 현재 사회적 비용에 대한 모든 추정치는 Mathews와 Lave가 제공한 평균 추정치를 포함하여 거의 같은 규모이다. 그러나 잘 알려진 Stern 연구에는 톤당 300달러 이상의 훨씬 더 큰 추정치가 포함되어 있으며, 이는 2016년 달러로 약 350달러에 해당한다.[68] William Nordhaus는 이 높은 추정치의 주요 이유는 이산화탄소 배출의 예상 대기 수명이 약 100년 정도이기 때문에 배출 비용 추정치는 가정된 할인율에 매우 민감하기 때문으로 보았다.[69] Stern 연구의 추정치는 1%의 낮은 사회적 할인율을 기반으로 하는 반면, 이 책의 10장은 이와 대조적으로 3.5%의 할인율을 제안한다(그리고 Nordhaus는 훨씬 더 높은 할인율을 선호한다). 또한 Stern 연구는 현재 탄소 배출의 피해가 영구히 지속될 것이라고 가정한다. 피어스가 제안한 탄소 배출 비용의 상당히 넓은 범위는 할인율 가정에 크게 기인한다(전부는 아니지만). 범위의 하한은 일정한 할인율을 기반으로 하고 상한은 시간이 지남에 따라 감소하는 할인율을 사용하여 발생한다.

미국 환경 보호청은 탄소 및 관련 오염 물질의 사회적 비용에 대한 추정치를 제공한다.[70] 더 큰 미래의 한계 비용을 고려하여 2050년까지 톤당 사회적 비용을 추정하였다. 3% 할인율을 사용하여 2016년 달러로 2020년과 2050년의 포인트 추정치는 각각 이산화탄소 톤당 50달러와 82달러이고 강력한 온실 가스인 메탄 톤당 1,431달러와 2,982달러이다.

17.11 자동차의 사회적 비용

Ian Parry, Margaret Walls, Winston Harrington은 자동차 운행으로 인한 부정적 외부효과를 추정하는 수많은 연구를 검토했다. 이 검토를 바탕으로 그들은 미국에서 경량 차량이 주행한 마일당 발생하는 사회적 비용에 대한 "매우 임시적인" 평가를 제시하였다.[71] 이러한 추정치는 표 17.10에 나와 있다.[72] 놀랍게도 표에서 가장 큰 항목은 마일당 약 6센트로 교통 체증으로 인한 비용이며, 그 중 대부분은 시간 낭비에 기인한다. 두 번째로 큰 항목은 마일당 약 4센트로 사고로 인한 비용이다. 이러한 비용에는 부상과 재산 피해가 포함되지만 운전자와 다른 승객의 부상은 제외되었다. 운전에 참여하는 것은 자발적인 활동이기 때문에 여행객은 이러한 비용을 내재화하는 것으로 가정하였다. 흥미롭게도, Parry, Walls, Harrington은 1마일을 운전하는 데 따른 지구 온난화 관련 비용이 1페니보다 적다고 추정했다. 이는 1갤런의 가솔린에 0.0024톤의 탄소가 포함되어 있으며, 그들은 자동차가 1갤런으로 21마일을 주행할 수 있다고 가정했기 때문인데, 이는 연구 당시 국가 평균이었다. 따라서 1톤의 탄소에 대한 사회적 비용이 25달러라는

표 17.10 대기 오염 물질 1톤의 사회적 비용(2016년 미국 달러 기준)

플러그인 카테고리	잠재가격 값(마일당 센트)
온실가스 온난화	0.4
지역오염	2.5
석유의존도	0.7
체증	6.1
사고	3.7
합계	13.4

출처: Parry, Walls, and Harrington (2007)의 표 2에서 수정

결론을 감안할 때, 주행 1마일당 비용은 2016년 달러로 0.28센트((0.0024×25달러)/21)가 된다. 물론 미국에는 많은 자동차가 있으며, 그 중 다수가 매년 상당한 마일을 주행한다. Parry, Walls, Harrington은 전체적으로 경형 차량이 미국에서 이산화탄소 배출량의 약 20%를 차지한다고 지적하였다.

17.12 편익 이전

이 장의 주요 전제는 분석가 또는 학생이 CBA를 수행하고자 하지만 모든 영향의 잠재가격을 추정하기 위해 자체 연구(또는 연구들)를 수행하지 않을 것이라는 것이다. 대신, 그들은 이전 연구에 기반한 추정치를 이용할 것이다. 종종 다른 상황에서 수행되는 새로운 정책의 평가에서 이전에 추정된 잠재가격(편익 또는 비용)을 사용하는 것을 편익이전이라고 한다. CVM을 통해 정책의 편익을 평가하지 않는 한, 모든 사전 CBA는 시장 가격으로 적절하게 평가할 수 없는 영향에 대한 편익 이전을 요구한다.

일부 연구자는 이 장에서 권장하는 잠재가격으로 시작할 수 있다. 그러나 이러한 추정치는 대부분 미국 연구에 기반하며 개인에게 적용될 때 평균적인 사람에게 해당한다. 분석가가 다른 국가의 정책이나 다른 특성이나 취향을 가진 개인이나 그룹에 영향을

미치는 프로젝트를 평가할 때 이러한 추정치의 적절성에 대한 의문이 제기될 수 있다. 잠재가격은 영향을 받는 사람들의 상황과 특성을 반영하여 조정해야 하며, 가치의 기반이 되는 사람들과 비교해야 한다.[73] 여기서 우리는 잠재가격 추정치를 조정하기 위한 기준으로 고려할 수 있는 네 가지 요인 집합을 간략히 검토한다. (1) 모집단의 사회경제적 및 기타 개인적 특성의 차이(예: 소득 및 연령), (2) 관할권의 신체적 및 기타 특성의 차이(예: 지리적 또는 기후적 특성), (3) 프로젝트 자체의 특성의 차이(예: 프로젝트 품질), (4) 시간적 변화

17.12.1 소득, 취향 및 기타 사회경제적 요인

다른 모집단 간의 사회경제적 차이 또는 선호도 차이로 인해 조정하는 것이 중요한 경우가 많다. WTP에 영향을 미치는 가장 중요한 변수는 소득일 수 있으며, 이는 국가 간 및 국가 내에서 다르다. 여기에서 논의된 "재화" 대부분에 대한 지불의사는 사망 위험 감소, 절약된 시간, 소비된 레크리에이션, 개선된 환경 품질을 포함하여 소득이 증가함에 따라 증가할 가능성이 높다. 따라서 이러한 재화의 잠재가격은 부유한 국가에서 빈곤한 국가보다 높을 것이다.

선호도는 지역마다 또는 그룹마다 다를 수도 있다. 공항 근처에 사는 사람들은 다른 사람들보다 항공기 소음에 덜 반대할 수 있다. 오염된 지역에 사는 사람들은 공기 질이 더 좋은 지역에 사는 사람들만큼 공기 질의 변화를 중요하게 여기지 않을 수 있다. 위험한 직업에 종사하는 사람들은 평균적인 사람보다 위험에 더 취약할 수 있다. 선호도의 이러한 차이는 특정 정책 효과에 대해 얼마나 많은 사람들이 기꺼이 지불할 것인지에 영향을 미친다.

소득 및 기타 요인에 대한 VSL 조정. 직관과 경험적 분석에 따르면 VSL은 소득과 함께 상승한다. 사람들은 소득이 증가함에 따라 사망 위험을 줄이기 위해 더 많은 비용을 지불할 의향이 있다. 이 관계는 VSL의 소득 탄력성 EI로 요약되며, 이는 소득의 이산적 변화에 대해 다음과 같이 주어진다.

$$E_I = \frac{\% \Delta VSL}{\% \Delta I} \tag{17.3}$$

여기서 %△VSL은 VSL의 백분율 변화를 나타내고 %△VI는 소득의 백분율 변화를 나타낸다. 이 탄력성은 사망 위험을 줄이기 위한 지불 의사의 소득 탄력성이라고 한다. 소득이 변함에 따라 개인이 사망 위험을 줄이기 위해 지불할 의향이 있는 소득의 백분율이 어떻게 달라지는지 보여준다. 1보다 작은 탄력성(1보다 큰 탄력성)은 소득이 증가함에 따라 사망 위험을 약간 줄이는 데 대한 WTP가 소득보다 느리게(빠르게) 증가하므로 개인이 사망 위험의 위험에 소득의 더 낮은(더 큰) 비율을 지출할 의향이 있음을 의미한다.

식 (17.3)은 소득 수준이 다른 국가나 평균보다 높거나 낮은 소득을 가진 그룹에 적용하기 전에 VSL(또는 VLY)에 대한 평균 미국 추정치를 조정하는 한 가지 가능한 방법을 제공한다. VSL_{US}와 VSL_A는 각각 미국과 국가 A의 VSL을 나타내고, I_{US}와 I_A는 각각 미국과 국가 A의 평균 소득을 나타낸다. 그런 다음 다음 표현식을 사용하여 미국 데이터를 기반으로 한 VSL을 국가 A에 적합한 수치(미국 달러)로 변환할 수 있다.[74]

$$VSLA = VSL_{US} + E_I VSL_{US}(I_A - I_{US})/I_{US} \tag{17.4}$$

이 공식은 VSL의 소득 탄력성이 소득에 따라 변한다고 가정하고 있다. 즉, 식 (17.3)의 적용은 초기 소득에 따라 달라진다. 대신 WTP의 소득 탄력성이 소득에 대해 일정하고, 예를 들어 $VSL_{US} = \beta_0 I_{US}^{E_I}$이고 $VSLA$가 비슷한 공식으로 주어진다고 가정한다. 후자와 전자의 비율을 구하면 다른 국가의 VSL에 대한 다음과 같은 대체 공식이 나온다.

$$VSL_A = VSL_{US}\left(\frac{I_A}{I_{US}}\right)^{E_I} \tag{17.5}$$

E_I가 1이면 식 (17.4)와 식 (17.5)는 국가 A에 대해 동일한 VSL을 생성한다. E_I가 1보다 작으면(크면) 비상수 소득 탄력성 공식인 식 (17.4)은 저소득 국가의 VSL에 대해 상수 소득 탄력성 공식인 식 (17.5)보다 더 높은(더 낮은) 추정치를 생성한다.

두 공식의 핵심 매개변수는 E_I이고, E_I가 양수라는 데는 일반적으로 동의가 이루어지고 있다. 중요한 문제는 E_I가 1보다 작거나 크거나 같은지 여부이다. 대부분의 사람들은 개인이 소득 변화에 따라 경험하는 사망 위험의 양이 어떻게 변하는지를 반영하는 수요의 일반 소득 탄력성이 1보다 클 것이라고 생각할 것이다. 그러나 WTP의 소득 탄력성이 1보다 크다는 것은 아니다. 실제로 Nicholas Flores와 Richard Carson은 이 두 탄력성이 관련되어 있지만, 하나에 대한 지식만으로는 다른 하나의 크기나 징후를 판단하기에 충분하지 않다는 것을 보여주었다.[75] 부유한 사람은 가난한 사람보다 비례적으로 더 많은 안전(사망 위험이 낮음)을 살 수 있지만, 이것이 각자의 현재 사망 위험 수준에서 사망 위험을 줄이기 위해 비례적으로 더 많은 비용을 지불할 의향이 있다는 것을 의미하지는 않는다.[76]

James Hammitt과 Lisa Robinson은 여러 CVM 연구와 메타분석을 검토하여 VSL의 탄력성에 대한 추정치가 매우 다양하고 많은 것이 1.0 미만임을 발견했다.[77] 그러나 이러한 연구의 대부분은 주로 고소득 국가에서 수행되었으며 Hammitt과 Robinson은 이를 소득이 매우 낮은 국가에 적용하면 비현실적으로 큰 VSL 추정치가 발생한다고 주장하였다. Hammitt과 Robinson은 더 높은 추정치를 주장하며, 그들의 예에서 1.0, 1.5, 2.0의 소득 탄력성 추정치를 사용하였다. 다음 그림에서 우리는 Hammitt와 Robinson보다 Kip Viscusi와 Joseph Aldy의 메타분석에 더 많은 가중치를 두었고, 0.4와 1.5 사이의 범위로 0.8의 중앙 추정치를 사용했다.[78] 또한 탄력성이 1인 경우의 결과도 제시하였다.

다른 국가의 VSL을 계산하는 방법을 설명하기 위해 캐나다를 생각해 보자. 구매력을 조정하면, 캐나다 소득(1인당 GDP로 측정)은 지난 20년 동안 미국 소득의 약 82%였다.[79] 따라서 $I_{CAN} \ / \ I_{US} = 0.82$, $(I_{CAN} - I_{US}) \ / \ I_{US} = -0.18$로 설정할 수 있다. 미국의 VSL이 1,100만 달러인 경우 소득 탄력성이 1일 때 캐나다의 VSL은 900만 달러(미국 달러)가 된다. 식 (17.4)에서 소득 탄력성이 각각 0.4, 0.8, 1.5라고 가정할 때 캐나다의 VSL(미국 달러)은 1,020만 달러, 940만 달러, 800만 달러가 된다. 분석가가 캐나다 달러로 VSL을 원하는 경우 위의 추정치를 적절한 환율로 곱한다. 예를 들어, 2016년에 미국 달러는 평균 1.3255 캐나다 달러의 가치가 있었다.[80] 따라서 2016년 캐나다 달러로 환산한 캐나다의 VSL은 소득 탄력성이 각각 0.4, 0.8, 1.5일 때 1,550만 달러, 1,250만 달러, 1,060만 달러가 된다. 상수 탄력성 공식(식 (17.5))을 사용하고 결과 추정치를 캐나다 달러로 변환하면, 2016년 캐나다 달러의 VSL은 각각 0.4, 0.8 및 1.5의 소득 탄력성에 대해 1,350만 달러, 1,240만 달러 및 1,080만 달러와 같다.[81] 따라서 캐나다의 경우, 식 (17.4)

및 식 (17.5)를 사용하여 도출한 VSL 추정치 사이에 비교적 작은 차이가 있다.

세계은행에 따르면, 2015년 미국에서 1인당 GDP는 56,116달러였고, 중국에서는 14,451달러였으며, 이는 데이터가 있는 가장 최근 연도이다.[82] 소득 탄력성이 1.0이면 중국의 추정 VSL은 283만 달러이다. 이 추정치는 중국인의 생명 가치가 미국인의 생명 가치보다 낮다는 것을 시사하는 것이 아니라, 중국의 소득이 훨씬 낮기 때문에 평균적인 중국인은 사망 위험을 줄이기 위해 더 적은 비용을 기꺼이 지불한다는 것을 강조하는 것이 중요하다.

소득 탄력성이 1.4 이상인 경우 추정된 VSL은 식 (17.4)를 사용하여 음수가 된다. 따라서 평균 소득이 상당히 낮은 국가에서 VSL을 계산하려면 식 (17.4)보다 상수 탄력성을 갖는 식 (17.5)를 사용하는 것이 더 적절하다. 이 방정식을 사용하면 중국의 VSL에 대한 최상의 추정치는 370만 달러이며 소득 탄력성은 0.8이고 범위는 640만 달러에서 140만 달러 사이이며 이는 소득 탄력성 0.4와 1.5에 해당한다.[83]

사회 정책은 종종 저소득층의 삶을 개선하는 것을 목표로 한다. 예를 들어, 노숙자의 삶의 질을 개선하는 건강 관리를 제공하는 프로그램을 생각해 보자. 일반 모집단 VLY를 사용하여 삶의 질 변화를 평가하면 믿을 수 없는 규모의 편익이 제공된다. 그러나 분석가가 참가자의 수입을 알고 있다면 식 (17.4) 또는 식 (17.5)를 사용하여 VLY를 조정할 수 있다. 참가자에게 수입이 없다면, 그들의 예상 소비에서 수입을 추정할 수 있다.[84] 추정은 또한 평균적으로 노숙자의 사망 위험이 일반 인구보다 높다는 사실을 고려할 수 있다.

이론적으로, 사망 위험을 줄이기 위한 WTP는 위험 수준이 감소함에 따라 감소한다. 다시 말해, WTP는 위험 수준이 증가함에 따라 증가하며, 이는 "재화"(안전)가 희소해짐에 따라 더 많은 비용을 지불할 의향이 있다는 생각과 일치한다. 따라서 VSL은 사망 위험 수준과 양의 상관 관계가 있어야 한다. 예를 들어, 비슷한 부를 가진 두 국가는 한 국가의 지리적 특성으로 인해 감염성 질환에 더 취약하기 때문에 사망 위험의 기본 수준이 다를 수 있다. 결과적으로 감염에 더 취약한 국가에서 VSL이 더 높을 것이다. 그러나 사망 위험 수준에 대한 VSL을 조정하는 데는 적어도 두 가지 문제가 있다. 첫째, 적절한 조정 규모가 불분명하다. 둘째, 이론과 달리 일부 연구에서는 사망 위험이 증가함에 따라 VSL이 감소한다는 경험적 추정치가 발견되었다.[85] 사망 위험 수준에 맞게

VSL을 조정하기 전에 추가 연구가 필요하다.

사망 위험을 줄이기 위한 WTP는 개인의 통제력에 따라 달라질 수도 있다. M. W Jones–Lee 등은 런던 지하철에서 사망을 줄이기 위한 평균 WTP가 도로에서보다 50% 더 높다는 것을 발견했다.[86] 이러한 차이는 위험에 대한 잘못된 추정, 통제력 상실 또는 사망 방법(사람들은 지하철 사고로 죽는 것이 자동차 사고로 죽는 것보다 더 충격적이라고 생각할 수 있음)을 포함한 여러 요인 때문일 수 있다. 통제력 상실은 기차 운전사나 조종사에게 통제권을 넘길 때 그 사람이 자신의 죽음과 관련된 외재성을 완전히 내면화하지 못할 수 있다는 느낌과 관련이 있을 수 있다.

이상적으로, VSL 추정치를 다른 국가나 상황에 적용할 때는 소득뿐만 아니라 연령, 태도 또는 문화와 같이 유용성에 영향을 미치는 요인에 대해 조정해야 한다. 그러나 이러한 요인에 대한 조정을 하는 것은 종종 비현실적이다.

소득 및 기타 요인에 대한 VTTS 조정. W G. Waters는 VTTS 추정치가 소득, 시간(학업 연도), 국가 및 여행 목적(도시 간, 통근, 또는 기타)에 따라 어떻게 달라지는지 조사했다.[87] 그는 VTTS가 소득에 따라 증가하지만 비례적으로는 증가하지 않는다는 것을 발견했다.

$$VTTS_Y = \left(\frac{Y}{\bar{Y}}\right)^{0.5} \overline{VTTS} \qquad (17.6)$$

여기서 $VTTS_Y$는 소득이 Y인 여행자의 VTTS이고, $\bar{Y}$는 평균 소득 수준이고, $\overline{VTTS}$는 평균 VTTS이다. 그는 이 관계에 대한 편리한 경험 법칙이 제곱근 규칙이라고 제안한다. 예를 들어, 소득이 평균에서 4배 증가하면 VTTS는 2배가 된다. 이러한 규칙을 사용하면 VTTS는 소득보다 더 느리게 증가한다. VTTS는 일반 재화이지만 사치재는 아니다. 그 후, von Wartburg와 Waters는 소득 탄력성 0.75를 사용할 것을 제안했다. 즉, 식 (17.6)의 지수는 0.5가 아니라 0.75가 된다.[88]

VTTS와 다른 변수 간의 관계는 약한 것으로 보인다. Waters는 VTTS가 시간이 지남에 따라 증가하고(연간 1퍼센트 포인트씩 상승) 도시 간 여행이 다른 목적의 여행보다 가치가 약간 더 높다는 것을 발견했다. Von Wartburg와 Waters는 0.3의 양의 거리 탄력성을 사용할 것을 제안하였다.

17.12.2 물리적 및 기타 지역적 특성

잠재가격의 이전성에 영향을 줄 수 있는 두 번째 요인은 지역의 물리적 및 기타 특성이다. 예를 들어, 대기 오염의 영향은 인구 밀도, 기후 및 지형에 따라 지리적으로 크게 다르다. 인구 밀도가 높은 지역에서는 더 많은 사람들이 영향을 받는다. 다른 사항은 일정하게 유지되고, 밴쿠버의 강수량이 로스앤젤레스보다 많기 때문에 NOx 또는 미세먼지의 질병 비용이 낮다.

17.12.3 프로젝트 차이점

세 번째 요인은 평가 중인 정책과 플러그인 값을 도출하는 데 사용된 연구의 프로젝트 간의 유사성과 관련이 있다. 예를 들어, 수질 수준의 작은 개선을 포함하는 연구에서 얻은 수질 개선 값은 수질 수준의 큰 변화를 포함하는 제안된 정책에 적용되지 않을 수 있다. 일반화의 오류 크기는 수질 개선과 WTP 간의 관계에서 비선형성의 정도에 따라 달라진다. 또한, 가격과 대체품의 가용성에 중요한 차이가 있을 수 있으며, 이를 고려하지 않으면 편차가 발생할 수 있다.[89] 요약하자면, 평가 중인 정책이나 프로젝트는 대체품의 가용성과 품질 측면에서 플러그인 값을 도출하는 데 사용된 연구의 프로젝트와 이상적으로 유사해야 한다.

17.12.4 시간적 변화

마지막 요인 집합은 평가가 시간이 지남에 따라 변경될 수 있기 때문에 발생한다. 예를 들어, 주행한 차량 마일당 건강 비용은 오염이 심한 차량이 교체됨에 따라 시간이 지남에 따라 감소하고 있다. 기술 변화와 인구 특성 또는 관할권 특성의 시간적 변화는 잠재가격에 영향을 미칠 수 있다. 예를 들어, 소득 증가와 접근 가능한 레크리에이션 지역의 공급 감소는 이러한 활동의 가치를 증가시킬 수 있는 반면, 레크리에이션 장소의 혼잡 증가는 레크리에이션 활동의 가치를 감소시킬 수 있다. 복합 CPI 또는 GDP 디플레이터를 사용하여 원래 추정치를 업데이트하면 레크리에이션 활동의 상대적 가치에 변화가 없음을 의미한다.

17.13 결론

이 장에서 제시된 잠재가격 값을 활용함으로써 분석가는 모든 잠재가격을 직접 추정해야 하는 경우보다 훨씬 더 광범위한 정책에 CBA를 적용할 수 있다. 따라서 편익 이전에 사용할 잠재가격을 산출하는 연구는 CBA에 중요한 기여를 할 수 있다.

Notes

CHAPTER 17 연습문제

1. (강사가 제공하는 스프레드시트 권장) 접근이 제한된 40마일의 시골 도로 구간을 주로 지역 통근자와 출장자가 두 개의 주요 고속도로 사이를 이동하는 데 사용한다고 가정한다. 현재 도로의 법적 속도 제한은 시속 55마일(mph)이고 추정 평균 속도는 시속 61마일이다. 교통 엔지니어는 속도 제한을 시속 65마일로 높이고 시행 수준을 일정하게 유지하면 평균 속도가 시속 70마일로 올라갈 것으로 예측한다.

   현재 하루 평균 5,880대의 차량이 이 도로 구간을 이용한다. 약 절반은 통근자이고 절반은 출장자이다. 교통 엔지니어는 속도 제한이 높으면 더 많은 차량이 유입될 것으로 예상하지는 않는다. 이 도로를 이용하는 차량은 평균 1.6명을 태운다. 교통 엔지니어는 이 도로 구간의 속도 제한을 높이면 연간 평균 0.1명의 사망자를 낸 52건의 추가 차량 충돌 사고가 발생할 것으로 예측한다.

   또한 운영 비용이 차량당 마일당 평균 $0.002씩 증가할 것으로 예측한다. 도로 공사를 이용하는 대부분의 사람이 있는 카운티의 평균(세전) 시급은 $18.30/시간이다. 평균 소득세율은 25%이다. 또한 사고의 평균 사회적 비용(사망한 생명의 가치 제외)이 통계적 생명의 가치의 1.5%라고 가정한다.

   도로의 속도 제한을 55mph에서 65mph로 높이는 경우의 연간 순편익을 추정하라. 이를 위해 시간 절약의 가치, 생명의 가치, 사고 비용(사망한 생명의 가치 제외)에 대한 여러 가지 대체 추정치에 대한 연간 순편익 추정치의 민감도를 VSL의 일부로 테스트하라.

2. 분석가들은 도시에서 형사 법원의 용량을 확대하려면 약 7,200시간의 추가 배심원 시간이 필요할 것으로 추정하고 있다. 카운티의 평균 임금률은 시간당 $20이다. 그러나 배심원 위원의 최근 조사에 따르면 현재 제도에서 실제로 배심원으로 근무하고 현재 고용되어 있는 사람들의 평균 임금은 시간당 15달러에 불과하다. 이 조사에서는 또한

현재 제도에서 실제로 배심원으로 근무하는 사람의 약 3분의 1이 직장을 가지고 있지 않은 것으로 나타났다. 예를 들어, 그들은 주부, 은퇴자 또는 실업자이다.

a. 분석가는 배심원 시간 1시간에 대해 어떤 잠재가격을 사용해야 하는가?

b. 배심원의 약 4분의 1은 배심원 임무 수행 중에 고용주로부터 임금을 받지 않는다. 이것이 잠재가격을 선택하는 데 어떤 영향을 미치는가?

3. (강사가 제공한 스프레드시트 권장) 소득에 대한 통계적 생명의 가치 탄력성이 0.5~1.2이고 미국에서 통계적 생명의 가치가 400만~1,300만 달러 사이라고 가정하면 스프레드시트에서 호주, 포르투갈, 브라질의 통계적 생명의 가치 범위를 찾을 수 있다. 1인당 소득에 대한 데이터는 세계은행 사이트 http://siteresources.worldbank.org/ DATASTATISTICS/Resources/GNIPC.pdf의 Quick Reference Tables 섹션에서 Atlas 방법 수치를 사용하여 얻었다. 1인당 소득에 대한 동일한 데이터를 사용하여 노르웨이, 뉴질랜드, 크로아티아의 통계적 생명 가치 범위를 계산하라.

사례 17 고등학교 졸업장의 잠재가격 책정

교육적 성취는 사회에 이로운 일이다. 가장 직접적으로는 보통 교육받은 사람들의 생산성을 높여준다. 또한 개인이 범죄를 저지르거나 사회 서비스에 의존하게 될 위험을 줄임으로써 사회의 나머지 사람들에게 외부적 편익을 제공할 수도 있다. 선진 경제에서 이러한 외부적 편익은 성취가 중등 학교를 넘어서는 것과 관련이 있을 때 가장 클 가능성이 높다. 예를 들어, 미국에서는 전체 개인의 83%, 아프리카계 미국인의 75%만이 고등학교 졸업장을 취득한다.[1] 다양한 경제적 요인으로 인해 고등학교 졸업장이 없는 사람들의 취업 기회가 이전 세대보다 줄었다. 따라서 고등학교 졸업 가능성을 높이는 정책은 사회에 잠재적인 편익을 제공한다. 이 편익을 어떻게 화폐화할 수 있을까?

워싱턴 주립 공공 정책 연구소(WSIPP)의 분석가들은 사회 프로그램의 CBA에 사용할 정책 유도 고등학교 졸업에 대한 잠재가격을 개발했다.[2] 이 사례는 고등학교 졸업장의 잠재가격이 광범위하게 적용될 뿐만 아니라 다양한 증거 출처를 사용하여 유용한 잠재가격을 개발할 수 있기 때문에 WSIPP 방법론을 설명하고 업데이트한다.[3]

잠재가격을 개발하는 일반적인 접근 방식에는 여러 단계가 포함된다. 첫째, 직장 생활 동안 다양한 수준의 교육 수준을 가진 사람들의 수입을 예측한다. 둘째, 수입에 부가 편익을 추가하여 전체 보상을 추정한다. 셋째, 보상(임금 및 부가 편익)의 예측된 실제 성장을 조정한다. 넷째, 직장 생활 동안의 사망 위험을 고려한다. 다섯째, 고등학교 졸업장에서 더 높은 수준의 교육으로 가는 경로를 지정한다. 여섯째, 교육 수준과 인지적 재능이 수입에 미치는 영향을 분리한다. 일곱째, 현재 가치를 얻기 위해 수입 증가를 할인한다. 여덟째, 더 높은 교육 비용과 외부 효과에 대한 추정치를 조정한다.

1. 교육 수준에 따른 생애주기 소득 예측

WSIPP는 2002년부터 2010년까지의 지역 인구 조사(CPS) 3월 보충 자료를 사용하여 고등학교 졸업 미만, 고등학교 졸업, 일부 대학(준학사 학위 포함), 4년제 대학 학위 또는 고급 학위의 네 가지 교육 수준을 가진 사람들의 연령별 평균 소득을 추정했다. 이 모델에는 연령과 연령 제곱, 그리고 연도 지표가 모두 포함되었다. WSIPP 결과를 복제한 후, 2011년부터 2014년까지의 연도를 포함하도록 데이터 세트를 확장하고 모델을 재추정했다.[4] CPS 데이터에는 소득이 없는 사람들이 포함되어 있다.

따라서 추정치는 개인의 근무 기간(18세에서 65세)에 따른 노동력 참여를 고려한다. 대학을 일부 다닌 사람들의 경우 18세와 19세에 소득이 0이고 대학 학위가 있는 사람들의 경우 18세, 19세, 20세, 21세에 소득이 0이라고 가정한다. 각 그룹의 경우, 2014년 CPS에서 추정한 실제 가치로 24세 소득을 설정했다. 24세 이상의 소득은 추정 방정식을 사용하여 앞으로 예측한다. 24세 미만의 연도 소득도 2014년 CPS에서 각 그룹의 소득을 가져왔다.

2. 총 보상 추정에 부가 편익 추가

교육으로 인한 생산성 향상은 총 보상, 즉 달러 소득에 부가 편익의 달러 가치를 더한 금액을 기준으로 해야 한다. WSIPP는 2015년 12월 기준 총 보상 대 임금 비율을 1.4410으로 도출했다. 2016년 12월 기준 임금으로 지급된 보상의 68.4%를 추정하여 총 소득 대 임금 비율을 1.4620으로 업데이트하고 각 교육 수준의 임금에 이 금액을 곱했다.[5]

3. 수입과 부가급여의 예상 실질적 성장에 대한 조정

수입과 부가급여는 시간이 지남에 따라 실질적으로 증가할 것으로 예상할 수 있다. WSIPP 분석가는 지난 6개 사업 주기 동안 연간 데이터의 시계열 분석을 통해 실질 수입의 성장률과 총 보상 대 수입 비율을 추정했다. 우리는 수입의 실질 연간 성장률에 대한 WSIPP 추정치를 사용한다. 고등학교 졸업장이 없는 사람은 −0.0062, 고등학교 졸업장은 0.0053, 대학을 졸업한 사람은 0.0095, 대학 학위는 0.0115이다. 또한 총 보상 대 수입 비율의 연간 성장률에 대해 WSIPP 추정치 0.00041을 사용한다.

그림 C17.1은 4개 교육 그룹 각각에 대한 연령별 예상 평균 실질 총 보상을 제공한다. 앞서 언급했듯이 이는 특정 연령대의 모든 응답자에 대한 평균이므로 노동력 참여를 고려한다. 모든 집단에서 고령에 노동력 참여가 감소하기 때문에, 임금의 실질적 성

그림 C17.1 4가지 교육수준에 따른 연령별 평균 실질 보상

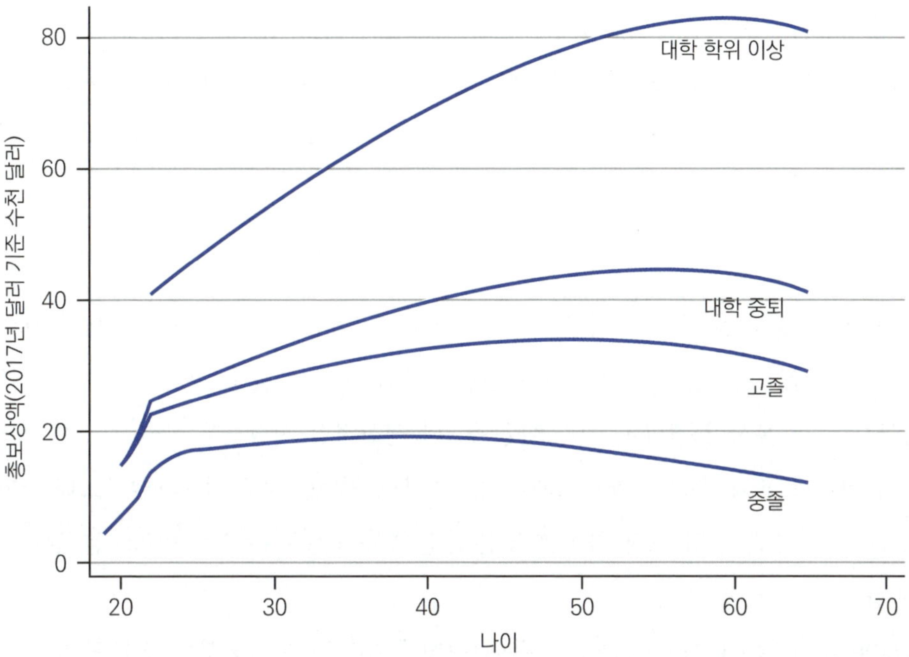

장이 예측되는 고등교육 집단에서도 평균 소득은 결국 감소한다.

4. 사망률 고려

모든 사람이 65세까지 살지는 않는다. 그 나이 전에 사망한 사람은 교육의 전체 소득 편익을 실현하지 못한다. 사망률을 고려하기 위해, 각 연도의 소득은 다음 해까지 생존할 확률에 따라 가중된다.[6]

5. 할인 보상 스트림

각 교육 수준에 대한 보상의 현재 가치는 18세에서 65세까지의 연간 보상 금액을 실제 할인율을 사용하여 할인하여 찾을 수 있다.

6. 교육 수준 간 경로 지정

고등학교를 마치면 대학에 진학할 수 있는 기회가 생긴다. 고등학교를 마친 사람은 고등 교육에 진학할 수도 있고 그렇지 않을 수도 있다. CPS의 데이터를 사용하여 고등학교 졸업장을 취득하는 조건 하에 34%의 사람들이 더 이상 공식적인 교육을 받지 않고, 31%가 대학에 진학하고, 35%가 학사 학위 이상을 취득한다고 추정했다(WSIPP는 워싱턴 주에 대한 추정치를 사용한다. 각각 3가지 교육 수준에 대해 26%, 38%, 36%이다).

7. 인과 관계 분리

인지, 건강 및 기타 재능은 어떤 교육 수준에서든 어떤 사람들을 다른 사람들보다 더 생산적으로 만들 수 있다. 그러나 더 높은 수준의 교육을 받은 사람들은 그렇지 않은 사람들보다 더 유사한 경향이 있기 때문에, 더 생산적인 사람들은 교육 수준에 도달하지 않았더라도 교육 수준의 사람들과 같은 수입을 얻었을 가능성이 매우 크다. 결과적으로 두 교육 수준 간의 보상 차이는 낮은 수준에서 높은 수준으로 이동하는 인과 효과를 과장한다.

WSIPP 분석가는 James Heckman 등이 작성한 추정치를 사용하여 교육의 인과 효과를 분리한다.[7] 우리는 고등학교 졸업자, 대학을 일부 졸업한 사람, 더 높은 학위를 가진 사람에게 동일한 인과 요인을 적용한다. 각각 50%, 56%, 42%이다. 즉, 고등학교 졸업장이 없는 사람에 비해 대학 졸업으로 인한 임금 증가의 42%는 더 높은 학위가 없더라도 발생한다. 우리는 각 인과 요인을 교육 수준의 보상과 고등학교를 졸업하지 않은 사람의 보상 간의 차이에 적용한다. 예를 들어, 고등학교 졸업장을 취득한 사람의 총 보상의 사망률 조정 현재 가치가 630,000달러이고 고등학교 졸업장이 없는 사람의 총 보상의 사망률 조정 현재 가치가 360,000달러라면 생산성에 대한 기여는 차이의 50%, 즉 135,000달러가 된다. 또한 고등학교 졸업장을 취득한 사람의 34%가 고등 교육을 받는다는 추정치를 사용하면 이 경로에서 생산성의 총 이득에 대한 기여는 약 46,000달러가 된다. 이것은 일부 대학 및 대학 학위를 취득한 사람들에 대해 계산된 유사한 이득에 추가된다.

8. 고등 교육 비용 및 외부 효과에 대한 추정치 조정

교육에는 학생의 기회 비용과 사회의 실제 자원 비용이 모두 포함된다. 우리는 대학을 일부 취득한 사람들의 경우 18세와 19세에 수입이 0이고 대학 학위 이상을 취득한 사람들의 경우 18세에서 21세에 수입이 0이라고 가정하여 학생의 기회 비용을 고려한다. 우리는 2년제 대학의 경우 대학을 다닌 사람들의 경우 연간 평균 비용인 19,281달러, 4년제 대학의 경우 이 연령대에서 28,043달러를 할인하여 교육의 실제 자원 비용의 현재 가치를 계산한다.[8]

생산성 증가는 범죄적 행동 감소, 소비 및 출산 효율성 개선, 가족 내 생산성과 같이 사회의 나머지 부분으로 확산되는 외부적 편익을 창출한다.[9] WSIPP는 여러 연구를 바탕으로 총 보상의 일부인 0.13~0.42의 외부적 편익 범위를 지정한다.[10] WSIPP는 0.37을 전형적 수치로 간주한다.[11] 다음 표는 이러한 전형적 수치값을 사용한다.

표 C17.1 미국 고등학교 졸업장의 잠재가격: 점 추정치와 몬테카를로 평균 (표준 편차) (2017년 미국 천 달러)

실질할인율	생산성	교육비용을 포함한 생산성	외부효과를 포함한 생산성	교육비용 및 외부효과를 포함한 생산성
0.030	269	219	368	319
	269	219	352	301
	(43.9)	(44.0)	(60.4)	(60.5)
0.035	239	190	328	279
	241	190	315	264

실질할인율	생산성	교육비용을 포함한 생산성	외부효과를 포함한 생산성	교육비용 및 외부효과를 포함한 생산성
	(40.1)	(41.3)	(56.3)	(56.5)
0.040	214	166	294	245
	214	164	280	229
	(36.0)	(36.2)	(49.6)	(49.7)
0.045	193	144	264	216
	193	143	252	202
	(33.0)	(33.0)	(46.1)	(46.1)
0.050	174	126	238	208
	173	123	226	190
	(28.0)	(29.3)	(39.9)	(40.1)
0.055	157	110	216	168
	157	108	205	156
	(26.5)	(26.5)	(36.5)	(36.5)
0.060	143	95	196	148
	143	94	186	137
	(24.4)	(24.4)	(33.1)	(33.1)
0.065	130	83	179	131
	130	81	170	121
	(21.3)	(21.5)	(29.2)	(29.4)
0.070	119	72	163	116
	119	71	155	107
	(19.2)	(19.2)	(26.0)	(26.0)

표 C17.1은 미국에서 정책으로 유도된 고등학교 졸업장의 잠재가격 추정치를 표시한다. 각 셀의 맨 위 숫자는 위에 언급된 전형적 수치를 사용한 점 추정치이다. 두 번째

두 숫자는 각각 1,000번의 시행을 사용하는 몬테카를로 시뮬레이션의 평균과 표준 편차이다. 시뮬레이션은 인과 요인이 WSIPP에서 사용하는 것과 동일한 표준 편차로 정규 분포된다고 가정하여 생산성 측정에 불확실성을 도입한다. 두 번째와 네 번째 열에서 연간 2년제 및 4년제 대학 비용은 비용이 저렴한 공립학교와 비용이 많은 사립학교에 다니는 학생 비율의 그럴듯한 무작위 변화에 따라 달라진다. 세 번째와 네 번째 열에서 다시 WSIPP에 따라 외부 요인은 0.13~0.42 범위에서 삼각 분포를 따르며 최빈값은 0.37이다.

고등학교 졸업장을 추가로 10명의 학생이 취득할 것으로 예상되는 개입 프로그램의 CBA를 고려한다. 할인율이 3.5%인 경우 이러한 추가 졸업장으로 인한 편익은 생산성 증가, 고등 교육의 실제 자원 비용 및 외부 편익을 고려한 열 4의 279,000달러의 점 추정치를 사용하여 279만 달러로 예측된다. WSIPP에서 사용하는 것과 더 가까운 대안적 접근 방식은 몬테카를로 시뮬레이션의 평균인 $264,000을 사용하여 예측된 편익이 $264만 달러가 되는 것이다. 다양한 영향과 잠재가격을 변화시키는 더 큰 몬테카를로 시뮬레이션에서 잠재가격을 사용하고자 하는 경우 평균이 $264,000이고 표준 편차가 $56,500인 정규 분포에서 잠재가격 값을 도출할 수 있다.

Notes

CHAPTER 17 사례 연구 연습

1. 노동력 참여율이 증가하면 고등학교 졸업장의 잠재가격은 어떻게 변하는가?

2. (강사가 제공하는 스프레드시트 필요) WSIPP에서 가정한 대로 고등학교 졸업생이 더 이상 교육을 받지 않을 확률, 대학에 진학할 확률, 대학 졸업할 확률이 각각 26%, 38%, 36%라면 졸업장의 잠재가격은 얼마나 변하는가?

CHAPTER 18

비용 효율성 분석 및 비용 효용 분석

CHAPTER 18

비용 효율성 분석 및 비용 효용 분석

비용 효율성 분석(CEA)은 CBA의 대안으로 널리 사용되며, 특히 교육, 건강, 국방과 같은 정책 분야에서 그렇다. 이는 두 가지 특징이 있는 상황에서 사용된다. 첫째, 평가되는 정책에는 분석가 또는 고객이 수익화할 의향이 없거나 할 수 없는 주요 편익이 하나 있다. 많은 공중 보건 프로그램에는 이러한 특징이 있다. 주요 목적은 생명을 구하는 것(사망 위험 감소)이며 대체 공중 보건 프로그램에서 구한 통계적 생명 수를 예측할 수 있지만 의사 결정권자는 구한 생명에 금전적(달러) 가치를 부여하기를 꺼린다. 국가 방위에서 분석가는 때때로 개별 선호도와 미미한 연관성이 있는 중간재를 다룬다. 예를 들어, 다양한 유형의 무기 시스템이 전반적인 국가 방위에 미치는 정확한 기여도는 종종 불분명하다. 그러나 분석가는 어떤 목표를 달성하기 위한 비용이나 어떤 목표를 촉진하는 데 있어서의 상대적 효과성 측면에서 비교할 수 있다. 둘째, 비용 분석가 또는 의사 결정권자가 고려하고자 하는 유일한 비용은 공공 보건 계획과 같이 비용을 지불할 정부 기관이 부담하는 기술(즉, 정책 대안)의 재정적 비용이다.

CEA는 비용과 단일 정량화되었지만 화폐화되지 않은 편익(효과성) 척도의 비율 측면에서 (상호 배타적) 대안을 비교한다. 예를 들어, 대안적 고속도로 안전 프로그램은 비용과 구한 생명 수가 다를 수 있다. 프로그램의 비용 효율성 비율은 구한 생명당 비용으로 표현된다. 구한 생명당 비용이 가장 낮은 대안 프로그램은 가장 효율적인 것으로 간주될 수 있다. 그러나 이러한 평가는 일반적으로 부정확할 것이다. 결과적으로 비용 효율성 비율을 효율성의 포괄적 척도로 주장하거나 해석할 때는 주의해야 한다. 사실, 의미 있는 권장 사항을 하기 위해 분석가는 생명의 가치 또는 생명의 가치 범위와 같은 효과성 척도의 잠재가격을 알아야 한다. 따라서 생명의 가치(또는 다른 효과성 측정)를 화폐화하려는 의지가 없기 때문에 CBA보다는 CEA를 사용하려는 동기가 있을 수 있지만, 효율성에 대한 권장 사항을 하려면 어느 정도의 화폐화가 필요하다. 그러나 이러한 조건에서도 제외된 비용과 편익으로 인해 권장되는 대안이 가장 할당 효율적인 대안이 아닐 수 있다.

비용-효용 분석(CUA)은 의약품, 의료 기기 및 삶의 질이나 양을 개선하기 위한 시술 평가와 같은 의료 기술 평가 분야에서 가장 자주 사용된다. 대안은 수명이나 삶의 질이 향상됨에 따른 효용의 증가, 즉 삶의 질 조정 수명(QALY)의 증가 측면에서 평가된다. CUA는 개인이 남은 수명과 해당 수명 연도의 질 사이에서 상쇄할 의향이 있다는 것을 인식한다. 따라서 개인의 효용 변화에 대한 직접적인 대리 역할을 한다. 이런 측면에서 CUA는 CEA보다 CBA에 한 걸음 더 가깝다.

논의는 먼저 다음과 같은 질문을 다룬다. 비용-효과성 비율은 어떻게 계산하여 정책 대안을 비교하는 데 사용해야 하는가? 민감도 분석은 어떻게 수행해야 하는가? 제외된 비용 또는 편익은 어떻게 처리해야 하는가? 그런 다음 비용-효용 분석과 삶의 질 조정 수명(QALY)의 의미를 고려한다. 효용을 직접 추정하는 여러 방법과 효용을 간접적으로 추정하는 몇 가지 방법을 설명한다. 그러나 QALY 측면에서 정책의 영향을 잘 추정하더라도 정책 입안자는 정책에 대한 결정을 내리기 위해 QALY에 대한 임계값을 설정해야 한다. 또한 QALY와 특히 할당 효율성과의 관계에 대한 몇 가지 제한 사항을 지적한다. 마지막으로, 실적알림표을 사용하여 많은 수의 정책을 신뢰할 수 있게 비교할 수 있는가?

18.1 비용 효율성 비율과 정책 선택

CEA는 비용 효율성 비율을 계산하고 이를 사용하여 어느 정도의 효율성을 촉진하는 정책 대안을 선택하는 것을 포함한다. 여기에서는 먼저 간단한 비용 효율성 비율을 설명한 다음 증분 비용 효율성 비율로 넘어간다. 데이터를 먼저 그래프로 표시하는 것이 종종 도움이 된다는 점을 강조한다.

18.1.1 비용 효율성 비율

CEA는 편익을 화폐화하려고 하지 않으므로 필연적으로 두 가지 별개의 지표가 포함된다. 비용은 달러로 측정되는 반면 효과는 다양한 단위로 측정될 수 있다. 효과성 측정은 구한 생명, 감소한 이산화탄소 톤 또는 백신 접종한 어린이 수일 수 있다. 이러한 비례하지 않는 지표는 화폐화 또는 비례성을 강제하는 동등한 절차 없이 비용에 추가할 수 없다. 따라서 비용과 효과성 측정을 사용하여 순편익에 대한 단일 측정을 얻는 것은 불가능하다. 그러나 두 가지 측정치의 비율을 계산하는 것은 간단하며, 이는 고려된 대안 중에서 특정 정책 대안을 추천하기 위한 기준으로 사용할 수 있다. 비율은 두 가지 방법 중 하나로 표현할 수 있다. 하나는 대안의 비용을 효과성 측정치로 나누어 계산하는 **비용-효과성 비율**(CE 비율)이고, 다른 하나는 대안의 효과성 측정치를 비용으로 나누어 계산하는 **효과-비용 비율**(EC 비율)이다. 다음 논의는 보다 일반적으로 사용되는 비율인 비용-효과성 비율에 초점을 둔다.

대안 i의 (간단한) 비용-효과성 비율은 다음 공식으로 제공된다.

$$CE_i = C_i / E_i \tag{18.1}$$

여기서 C_i는 대안 i의 비용이고, E_i는 대안 i가 현상 유지(새로운 개입 없음)에 비해 생산한 효과성 단위 수이다. 예를 들어, 학교 위원회가 12학년 학생들의 학업 성취도 시험 점수에 대해 우려하고 있다고 가정해 보자. 세 가지 옵션을 고려하고 있는데, 대안 A는 5,000만 달러가 들고 평균 시험 점수를 10점 올릴 것으로 예상된다. 대안 B는 1억 5,000만 달러가 들고 평균 시험 점수를 15점 올릴 것으로 예상된다. 대안 C는 3억 달러가 들고 평균 시험 점수를 20점 올릴 것으로 예상된다. 분명히 이러한 대안은 상호 배타적이다.

CEA를 수행하는 첫 번째 단계는 표 18.1에 따라 가장 저렴한 것부터 가장 비싼 것까

표 18.1 비용 대비 효과 비율 작업

비용 및 효과	대안		
	A	B	C
비용(수백만 달러)	50	150	300
효과(테스트 점수 향상)	10	15	20
CE 비율	5	10	15

지 대안을 정렬하여 데이터를 표에 표시하는 것이다. 분석가는 즉시 **강력하게 지배되는** 대안이 있는지 확인해야 한다. 즉, 다른 대안과 비용은 같지만 효과는 떨어지거나 다른 대안과 효과 수준은 같지만 비용이 더 많이 드는 것이다. 현명한 분석가는 강력하게 지배되는 대안을 선택하지 않을 것이고 추가 고려에서 제외해야 한다.

CE 비율은 맨 아래 행에 나타난다. **평균적으로 효과 측정을 한 단위 늘리는 데 대한 개입이 없는 경우의 증가 비용을 보여준다**. 대안 A의 CE 비율은 새로운 개입 없이 평균 성취도 시험 점수를 한 단위 높이는 데 500만 달러가 들고, 대안 B와 C는 새로운 개입 없이 시험 점수가 증가할 때마다 각각 1,000만 달러와 1,500만 달러가 든다는 것을 의미한다. 비용이 증가함에 따라 CE 비율이 증가한다. 그렇지 않다면 비용이 낮은 대안 중 적어도 하나가 지배적이라는 것을 나타내는데, 이에 대해서는 나중에 자세히 설명한다. 어떤 상황에서는 대안의 CE 비율이 음수인데, 이는 효과가 긍정적이라면 대안이 현상 유지보다 효과적일 뿐만 아니라 비용도 덜 든다는 것을 의미한다. 분명히 이러한 대안은 현상 유지보다 바람직하다.

평균 시험 점수 향상에 500만 달러가 드는 대안 A가 가장 비용 효율적인 대안이다. 따라서 사람들은 이 대안에 끌리게 되지만 반드시 가장 큰 배분 효율성을 나타내는 대안은 아니다. 예를 들어, 테스트 점수 향상 단위의 잠재가격이 2,500만 달러라고 가정하면 대안 A의 순편익은 2억 달러가 되고, 대안 B의 순편익은 2억 2,500만 달러가 된다. 대안의 상대적 배분 효율성은 효과성 측정의 잠재가격에 따라 달라진다. 위의 예에서 대안 B가 대안 A보다 배분 효율성이 더 높기 때문에, 대안 B를 채택하기보다는 대안 A를 세 번 복제하는 것을 선호할 수도 있다. 그러나 이 설명적 예에서는 이 옵션을 사용할 수 없다. 사용할 수 있다면 원래 대안 세트에 포함되어야 한다.

18.1.2 증분 비용-효과성 비율

정책 권고를 하기 위해서는 증분 CE 비율을 계산하는 것이 유용하다. 정의에 따르면, 정책 j에 대한 프로젝트 i의 증분 CE 비율인 $ICER_{ij}$는 다음 공식으로 주어진다.

$$ICER_{ij} = \frac{C_i - C_j}{E_i - E_j} \quad (18.2)$$

대안 A의 ICER는 증분 효과성과 증분 비용이 없는 새로운 프로그램이 없는 경우를 기준으로 계산된다. 따라서 대안 A의 CE 비율과 같다. 두 번째로 비용이 많이 드는 대안인 대안 B의 ICER는 대안 A에 대해 계산되고, 대안 C의 ICER는 대안 B에 대해 계산된다. 이러한 계산은 표 18.2에 요약되어 있다.

표 18.2 증분 비용 효율성 비율 계산

비용 및 효과	대안		
	A	B	C
비용(수백만 달러)	50	150	300
효과(테스트 점수 향상)	10	15	20
CE 비율	5	10	15
$C_i - C_j$	50	100	150
$E_i - E_j$	10	5	5
ICER	5	20	30

기본적으로 ICER는 다음으로 비용이 적게 드는 대안과 비교하여 효과성에서 단위당 증분 비용을 측정한다. 더 정확하게 말하면, ICER는 다음으로 비용이 적게 드는 대안의 효과성 점수보다 평균적으로 한 단위 더 효과성 점수를 높이는 다음으로 비용이 적게 드는 대안에 대한 대안의 증분 비용을 보여준다. 따라서 대안 A의 ICER는 현상 유지에 비해 평균 시험 점수를 한 단위 높이는 데 500만 달러가 든다는 것을 보여준다. 대안 B

의 ICER는 대안 A의 효과성인 10보다 평균 효과성 점수를 한 단위 더 높이는 데 대안 A의 비용보다 2,000만 달러가 더 든다는 것을 의미한다.

표 18.2에서 볼 수 있듯이 이 예에서 ICER는 왼쪽에서 오른쪽으로 이동함에 따라 증가한다. 즉, 규모가 비교적(작은) 저비용 대안 프로그램에서 비교적(큰) 고비용 대안 프로그램으로 증가함에 따라 증가한다. 증가하지 않았다면 지배적인 대안이 존재함을 나타내므로 제거해야 하며 ICER를 다시 계산해야 한다.

18.1.3 데이터 그리기

일반적으로 데이터를 그림 18.1처럼 그래픽으로 표시하는 것이 유익하다. 대안의 비용(여기서는 백만 달러로 측정)은 수직축에 표시되고 효과성(여기서는 시험 점수 개선 단위로 측정)은 수평축에 표시된다. 원점에서 대안 B까지의 점선의 기울기는 옵션 B의 CE 비율과 같다. 비용(또는 효과)이 증가함에 따라 증가하는 것을 볼 수 있다.

원점, A, B, C를 연결하는 실선은 증분 비용-효과 비율과 같은 기울기를 갖는다. 이는 가능한 최상의 결과의 경계를 그린다. 즉, 비용이 낮고 효과성이 높은 최대한 남동쪽으로 밀리는 결과이다. 원점과 지점 A, B, C를 연결하는 선의 북서쪽에 있는 모든 대안은 지배적인 대안이다. **지배적인 대안은 효과 측정의 잠재가격의 가능한 값에 대해 경계에 있는 대안 중 하나보다 순편익이 낮은 대안이다**. 따라서 지배적인 대안은 결코 권장되지 않는다. 식별되면 표에서 제거하고 ICER을 다시 계산해야 한다.

분석가는 강하게 지배적인 대안과 약하게(또는 확장된) 지배적인 대안을 구별한다. 이미 언급했듯이, 강력하게 지배적인 대안은 다른 대안과 같은 비용을 가지지만 덜 효과적이거나, 다른 대안과 같은 수준의 효과를 가지지만 더 높은 비용을 가진다. 도식적으로, 이러한 지점은 경계에 있는 A, B 또는 C와 같은 대안의 수직으로 바로 위 또는 수평으로 바로 왼쪽에 있다. 약하게 지배적인 대안은 경계 위에 있지만 다른 대안과 정확히 같은 비용이나 효과를 갖지 않는다.

데이터의 표 형식 표시에서 지배적인 대안을 식별하는 것이 가능해야 하지만, 많은 수의 대안이 관련된 상황에서는 때때로 놓칠 수 있다. 약하게 지배적인 대안은 특히 놓치기 쉽다. 그림 18.1과 같이 데이터를 그래프로 표시하면 ICER의 가장 남동쪽 경계에 있는 대안을 식별하고 경계의 북서쪽에 있는 지배적인 대안을 식별할 수 있다.

18.1.4 권장 사항 만들기

그림 18.1에 표시된 것과 같은 경계는 고려할 대안 세트를 좁히지만 의사 결정권자의 선호도에 대한 정보가 없으면 특정 대안을 선택할 근거가 없다. 반면 CBA는 모호하지 않은 순위로 이어진다.[1] 표 18.2에 제시된 예에서 평균 시험 점수의 향상에 잠재가격을 할당하면 분석가는 각 대안의 순(사회적) 편익을 추정하고 모호하지 않은 권장 사항을 만들 수 있다(누락된 영향이 없다고 가정). 알려진 잠재가격이 없는 경우 분석가는 시험 점수 향상의 잠재가격 범위에 따라 권장 사항을 만들 수 있다. 중요한 정보는 표 18.2의 마지막 행에 표시된 ICER에 포함되어 있다. 평균 시험 점수 향상(모든 학생에 대한)이 500만 달러 미만으로 평가되는 경우 정책 대안을 선택해서는 안 되며 현재 정책을 변경해서는 안 된다는 것을 쉽게 확인할 수 있다. 평균 시험 점수 개선이 500만 달러에서 2,000만 달러 사이로 평가된다면 대안 A를 선택해야 한다. 잠재가격이 2,000만 달러에서 3,000만 달러 사이라면 대안 B를 선택해야 한다. 3,000만 달러가 넘으면 대안 C를 선택해야 한다.

따라서 정책 권고안을 내리기 위해 CEA는 일반적으로 임계값 잠재가격 또는 잠재가격 범위가 필요하다. 아이러니하게도 CEA는 종종 의사 결정권자가 효과성 측정을 화폐화하려는 초기 의지가 없어서 시작된다. 의사 결정권자가 잠재가격에 대한 대략적인 수치를 지정하고 싶어하지 않는다면 CEA가 효율성에 대한 어떤 개념을 구체화하는 선택을 알려줄 것이라고 기대할 수 없다.

비용-편익 분석가는 자연스럽게 학술 문헌을 참고하여 효과성 측정의 적절한 잠재가격을 결정한다. 예를 들어, 문헌에서 평균 시험 점수가 1점 향상되는 것의 사회적 가치가 3,500만 달러라는 것을 발견할 수 있으며, 따라서 대안 C를 추천할 것이다. 그러나 실제로 특정 정부 의사 결정권자는 이를 700만 달러로 평가할 수 있으며, 따라서 대안 A를 선호할 것이다.

그림 18.1 비용과 효과의 그래픽 표현

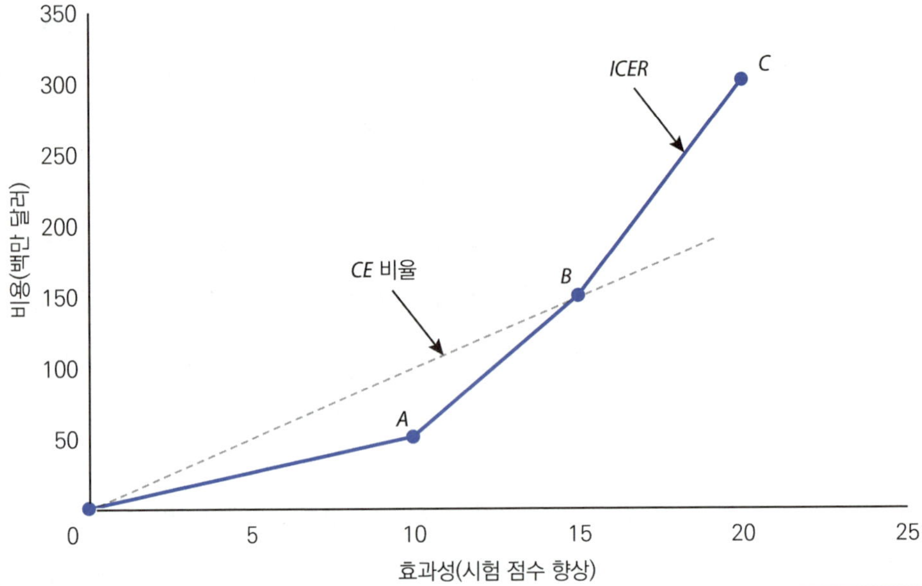

CEA에서 효과성 측정과 개인이 중요하게 여기는 상품 또는 서비스 사이에 약한 연관성이 있을 수 있다는 점을 강조하는 것이 중요하다. 개인이 생명을 구하는 사망 위험 감소에 기꺼이 비용을 지불할 것이라고 가정하는 것은 매우 합리적이다. 이는 종종 사용되는 효과성 측정이다. 하지만 이제 치료받은 중독자 수를 고려해 보자. 이 중간 산출물은 개인이 중요하게 여기는 최종 소비재, 예를 들어, 개인적 금주나 거리 범죄 감소에 대한 좋은 대리 지표가 될 수도 있고 그렇지 않을 수도 있다. 분석가는 CBA를 수행할 때 최종 소비재의 가치를 추정하지 않을 수 없다. 2차 자료의 잠재가격에 의존하거나 관련 잠재가격을 새로 구성하기 위해 영웅적인 가정을 사용해야 할지도 모른다. 그러나 CEA에서는 사용된 효과성 측정과 개인이 중시하는 편익 사이에 명확한 연결을 만들지 못할 수 있다. 분석가가 효과성 측정으로 중간 산출물을 사용할 때, 효과성 측정과 최종 소비재 사이의 연관성을 확립하거나 적어도 중간 산출물이 실제로 어느 정도 가치가 있음을 보여야 한다.[2]

18.1.5 민감도 분석: 비율 문제

분석가는 정책 대안의 비용이나 다른 효과를 큰 확신을 가지고 예측할 수 있는 경우가 드물다. 예상 비용 효율성 비율의 불확실성 수준을 전달하면 다른 분석가와 의사 결정권자 모두에게 중요한 정보를 제공한다. 11장에서 제시한 CBA의 민감도 분석 방법(부분 민감도 분석, 최악 및 최상의 경우 분석, Monte Carlo 시뮬레이션)은 CEA에도 적용된다.

그러나 비율에 의해 제기되는 문제는 Monte Carlo 시뮬레이션을 비용 효율성 분석에서 특히 매력적으로 만든다. 비용–편익 분석에서는 영향(비용과 편익)을 더하거나 뺀다. 이러한 변수가 알려진 평균, 분산 및 공분산을 갖는 다변량 정규 분포를 갖는 경우 결과 합계(순 편익)도 알려진 평균과 분산을 갖는 정규 분포를 갖는다. 따라서 순 편익이 특정 범위에 있을 확률을 추정할 수 있다. 반면에 한 확률 변수(비용)를 다른 확률 변수(효과)로 나누면 일반적으로 알려진 분포를 갖는 CE 비율이 생성되지 않는다. 변수가 독립적인 정규 분포를 갖더라도 비율이 반드시 정규 분포를 갖는 것은 아니다. 나아가 평균 비용–효과 비율은 비용과 효과의 평균 비율과 반드시 같지는 않다. 그림 18.2는 비용–효과 비율의 이러한 속성을 보여준다.

잠재적으로 생명을 구할 수 있는 프로젝트를 생각해 보자. 프로젝트 비용이 평균이 2,000만 달러, 표준 편차가 200만 달러인 정규 분포를 따른다고 가정해 보자. 또한 구한 생명의 수도 평균이 10명, 표준 편차가 2명인 정규 분포를 따른다고 가정해 보자. 이러한 추정치는 다른 곳에서 구현된 유사한 프로젝트의 데이터를 기반으로 할 수 있다. 이 경우 표준 편차는 추정치의 부산물인 표준 오차일 수 있다. 11장에서 설명한 대로 분석가는 불확실한 매개변수에 대한 그럴듯한 경계를 식별하고 경계 내에서 특정 분포를 가정할 수 있다. 그림 18.2에 제시된 Monte Carlo 시뮬레이션은 각각의 독립적인 정규 분포에서 추출한 비용과 구한 생명의 값 10,000쌍을 생성하는 것을 포함하고 있다. 위의 두 히스토그램은 비용과 구한 생명에 대한 추출의 결과 분포를 개별적으로 보여주며, 히스토그램의 분포가 대략 정규 분포임을 보여주기 위해 이론적 정규 분포를 중첩한다. 그 결과 10,000개의 비용 효율성 비율의 분포는 세 번째 히스토그램에 표시된다. 유의할 점은 이 분포가 히스토그램에 중첩된 정규 분포와 그것을 구성하는 데 사용된 변수만큼 밀접하게 일치하지는 않는다는 점이다. 구한 생명당 210만 달러의 평균 비용

그림 18.2 비용 대비 효과 비율의 몬테카를로 분석

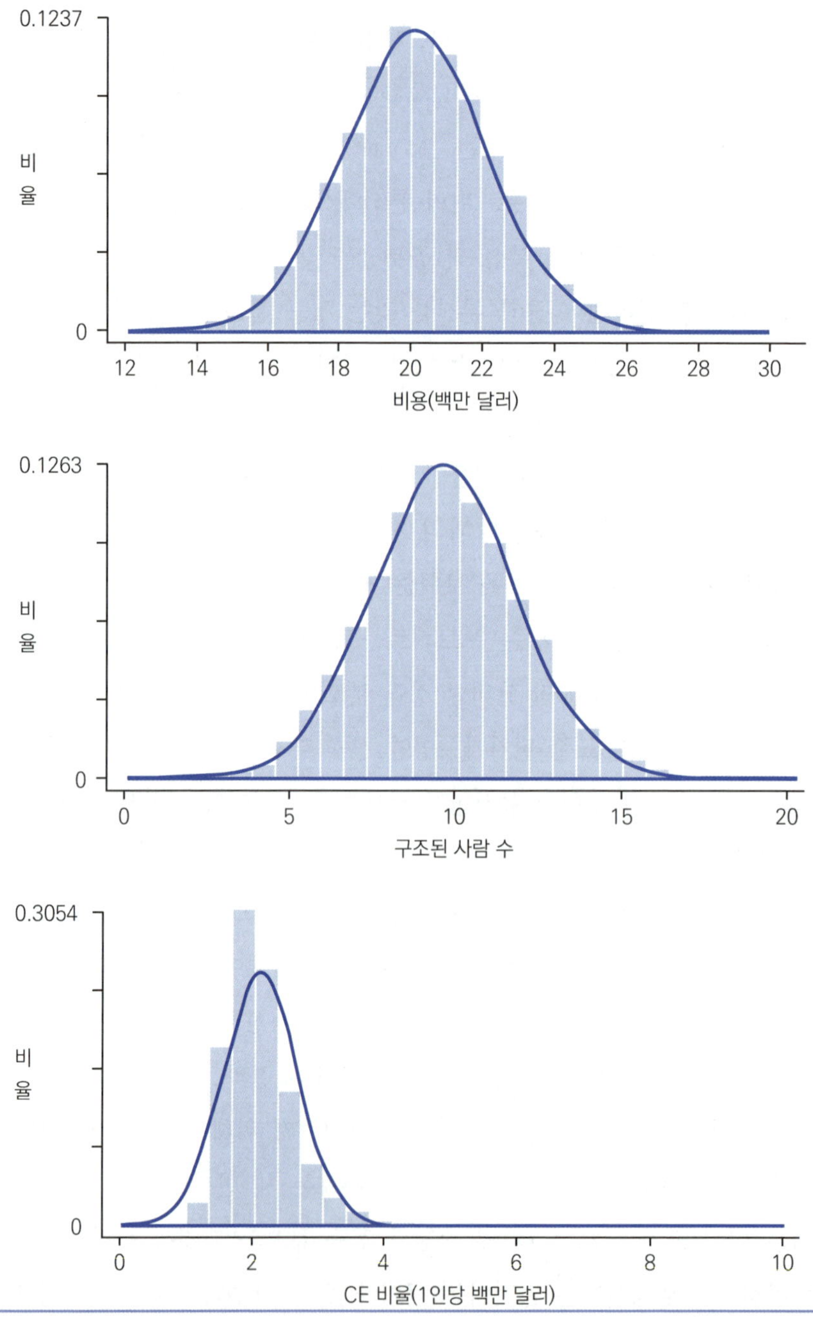

효율성 비율은 구한 생명당 200만 달러, 즉 평균 비용과 구한 생명의 평균 수의 비율보다 높다. 더욱이 분포는 정규 분포가 아니고 대칭적이지 않으며 오른쪽으로 치우쳐 있다. 다시 말해, 가장 가능성 있는 결과는 평균보다 약간 낮은 비용 효율성 비율이지만, 상당히 더 큰 비율의 가능성이 있다. CE 비율의 분포는 다른 정보를 제공할 수 있다. 예를 들어, 비율이 구한 생명당 300만 달러(이 예에서는 5.6%)보다 높을 확률과 같은 정보이다.[3]

효과 분포가 정규 분포와 같이 중앙 모드가 있는 것이 아니라 어느 범위에 걸쳐 더 균등하게 분포된 경우 비용 효율성 비율 분포의 왜도는 훨씬 더 두드러질 것이다. 또한 Monte Carlo분포를 중첩하여 두 가지 대안의 비용 효율성 비율 분포를 비교할 수 있다. 더 낮은 CE 비율의 확률이 더 높은 것을 나타내는 더 두꺼운 왼쪽 꼬리는 해당 대안을 선호하는 경향이 있다. 보다 체계적인 비교를 하려면 각 대안에 대한 누적 분포를 구성해야 하며, 한 누적 분포가 다른 분포의 왼쪽에 일관되게 있는 경우 **확률적으로 우세한** 것으로 선택해야 한다. 즉, 더 바람직한 결과를 달성할 확률이 일관되게 더 높다.

18.1.6 생략된 비용 및 편익

이 시점에서 분명해졌듯이 CBA는 사회적 관점을 취하고 모든 사회적 비용과 편익을 포함하려고 한다. CEA가 보다 효율적인 자원 배분을 위한 유용한 지침이 되려면 CEA 역시 사회적 관점을 취하고 가치 있는 영향을 측정하는 데 가능한 한 포괄적이어야 한다. 가장 근본적으로는 예산 비용뿐만 아니라 모든 사회적 비용을 기반으로 해야 하며, 효과성 측정에 포함되지만 발생하는 사회적 편익을 고려해야 한다.

실제 CEA 연구에서 비용 측정은 엄청나게 다양하다. 특정 정부 기관을 위해 수행되는 경우 측정된 비용은 일반적으로 해당 기관의 예산 비용과 같다.[4] 예를 들어, 신약에 대한 CEA는 해당 정부 기관이 지불해야 하는 의약품 비용만 고려할 수 있다. 그러나 사회적 관점에서 분석에는 의약품을 분배하는 비용(약국이나 다른 곳에서)과 의료 전문가가 의약품을 투여하는 비용(해당되는 경우)과 같은 다른 의료 시스템 비용도 포함되어야 한다. 일부 의료 시스템 영향은 비용이 아니라 편익일 수 있다. 예를 들어, 정신분열증 치료제는 비싸지만 환자가 병원에서 보내는 시간을 줄일 수 있다. 일반적으로 CEA에는 환자 본인은 물론 가족이나 친구가 부담하는 비용(이동 시간 비용, 불쾌한 부작용 비용 포함)은 포함되지 않는다. 마찬가지로 규제 분야에서 분석가는 준수를 강제하는 대리인 비용만 측정할 수 있다. 그러나 사회적 관점에서는 기업이 규정을 준수하는 데 드는 비용(생산자 잉여 감소)도 포함해야 한다. 물론 대리인 비용만 보더라도 CBA에서와 마찬가지로 지침 원칙은 기회 비용이어야 한다.

편익 포함과 관련하여 비슷한 문제가 발생한다. 예를 들어 생명을 구하는 규정은 거의 항상 부상이나 질병(이환율)도 줄인다.

권장 사항을 할당 효율성과 더 긴밀하게 맞추기 위해 다음과 같은 조정된 CE 비율을 계산할 수 있다. 이를 CE^*라고 한다.

$$CE_i^* = \frac{\text{대리비용}_i + \text{기타사회비용}_i - \text{기타사회편익}_i}{\text{효과성}_i} \quad (18.3)$$

여기서, 대리 비용은 CEA에 포함된 비용이고, 기타 사회적 비용은 CEA에서 제외된 사회적 비용을 반영하며, 기타 사회적 편익은 CEA에서 제외된 효과성 측정을 제외한 사회적 편익의 화폐화된 가치를 반영한다. 효과성도 화폐화된 경우 이 비율은 역편익-비용 비율이 된다.

누락된 사회적 비용과 편익이 모든 대안에서 일정하다면 정책 권장 사항이 변경될지 궁금할 수 있다. 이 문제를 해결하기 위해 표 18.2에 나와 있는 대안에 대한 누락된 사회적 비용과 사회적 편익이 총 2,000만 달러라고 가정한다. 즉, 누락된 영향을 더 정확하게 반영하기 위해 비용을 2,000만 달러 늘려야 한다. 대안 A, B, C의 CE 비율은 증가하지만 순위는 동일하게 유지된다.[5] 최소 비용 대안의 경우 ICER가 증가하지만(CE 비율과 같기 때문) 다른 대안의 ICER는 변경되지 않는다. 따라서 소규모 프로젝트의 정책적 함의가 변경된다. 구체적으로 분석가는 평균 시험 점수 향상(모든 학생에 대한)이 700만 달러 미만으로 평가되는 경우 정책 대안을 선택하지 않아야 한다고 권고할 것이다. 평균 시험 점수 향상이 700만 달러에서 2,000만 달러 사이로 평가되는 경우 대안 A를 선택해야 한다. 그러나 이전과 마찬가지로 잠재가격이 2,000만 달러에서 3,000만 달러 사이인 경우 대안 B를 선택해야 하고, 3,000만 달러 이상인 경우 대안 C를 선택해야 한다.

따라서 정책 대안이 필요한 투입과 그로 인한 영향 측면에서 상당히 유사한 경우 일부 사회적 비용이나 편익을 생략해도 문제가 되지 않을 수 있으며, 특히 비교적 대규모(비싼) 옵션을 선택할 가능성이 높은 경우에는 더욱 그렇다. 그러나 정책 대안이 투입이나 산출 측면에서 상당히 다른 경우, 누락된 사회적 비용이나 편익을 고려하면 권장 사항이 변경될 수 있다. 또한 분석의 투명성이 떨어질 수도 있다. 이러한 상황에서 광범위한 민감도 분석을 통해 CBA까지 이동하는 것이 CEA 프레임워크 내에서 측정된 비용과 편익의 범위를 확장하는 것보다 더 나은 분석 전략인 경우가 많다.

18.2 비용-효용 분석

비용-효용 분석(CUA)은 건강 기술을 평가하는 데 유용하다. CUA에서 효과는 일반적으로 **삶의 질 조정 수명**(QALY)으로 측정된다.[6] QALY 측정은 삶의 양과 삶의 질을 결합한다. 비용-효과 비율과 의사 결정 규칙에 대한 이전의 모든 논의가 계속 적용된다. 따라서 CUA는 보다 복잡한 효과 측정을 사용하는 CEA의 한 형태로 생각할 수 있다. CUA에서 CE 비율은 현상 유지에 비해 얻은 QALY당 증분 비용을 측정하는 반면, ICER는 다음으로 비용이 덜 드는 대안에 비해 얻은 QALY당 증분 비용을 측정한다.

QALY는 수명 연도로 측정된 삶의 양을 해당 연도 동안 얻은 효용에 따라 가중한다. 효용은 건강 상태에 따라 다르다. 건강 상태가 나쁠수록 건강 상태가 좋을수록 효용이 낮다. 효용은 사망에 해당하는 0에서 완벽한 건강에 해당하는 1 사이에서 조정된다. 특정 건강 상태 H를 갖는 것의 효용은 $U(H)$로 표시되며, 여기서 $0 \leq U(H) \leq$이다. 효용은 건강 상태의 지불 의사(WTP) 값과 관련이 있어야 한다. 건강 상태 H에서 기대 수명이 y년인 사람에게 발생하는 QALYs는 $U(H)y$와 같다. 건강 상태 H_1에서 기대 수명이 y년인 사람에 건강 상태 H_2에서 x년을 더한 사람에게 발생하는 $QALY_s$는 다음과 같다.

$$QALY_s = U(H_1)y + U(H_2)x \tag{18.4}$$

의사 결정권자가 건강 개입이 수명 개선(사망률 감소)에 미치는 영향에만 관심이 있고 수명의 질에는 관심이 없거나 골절 예방이나 관절 부기 감소와 같은 자연스러운 건강 측정에만 관심이 있는 경우 CEA가 더 적절한 평가 방법이며 CUA는 불필요하다. CUA는 의사 결정권자가 수명(사망률)과 삶의 질(이환율)에 영향을 미치는 대체 기술을 평가하고자 할 때 유용하다. 예를 들어, 세 가지 상호 배타적인 임신전 프로그램을 고려해 보자. 현재 정책에 따라 특정 질환이 있는 아기는 살아서 태어나지 않는다. 임신전 대안 A는 매년 5명의 아기가 살아서 태어나며, 이들은 특정 수명을 살 것으로 예상되지만 영구적이고 심각한 장애를 갖는다. 임신전 대안 B는 매년 2명의 아기만 살아서 태어나지만, 이들은 더 오래 살 것으로 예상되고 장애 수준은 낮다. 분석가는 다양한 건강 상태와 관련된 효용을 알면 대안의 QALYs를 계산할 수 있다. QALYs는 의사 결정권자가 예방 프로그램과 치료 프로그램과 같이 서로 다른 종류의 결과를 갖는 상호 배타적이지 않은 대안을 비교하고자 할 때도 유용하다. QALYs는 두 가지 유형의 프로그램의 결과를 측정하는 일반적인 단위이다. 따라서 QALYs를 사용하면 건강 상태에 상당히 다른 영향을 미칠 수 있는 다양한 건강 기술을 비교할 수 있다.

18.2.1 효용 가중치

건강 경제학자들은 종종 삶의 질(QOL), 건강 관련 삶의 질(HRQoL 또는 HRQOL) 및 건강 상태라는 용어를 사용한다. 안타깝게도 이러한 용어는 종종 부정확하게 사용되며 의미에 대한 의견 불일치가 종종 있다.[7] 일부 경제학자는 QOL 또는 HRQoL을 건강 상태를 나타내는 데 사용하는 반면, 다른 경제학자는 효용을 나타내는 데 사용한다. 위의 QALY 정의를 감안할 때 건강 상태와 특정 건강 상태의 효용을 구별하는 것이 필수적이다.

건강 상태를 측정하는 가장 간단한 척도는 경미한 장애 또는 심각한 장애와 같은 중간 지점이 있는 사망에서 완벽한 건강까지 연속적으로 실행되는 단차원 척도이다. 최근 건강 경제학자들은 건강한 웰빙의 신체적, 정신적 및 기타 차원을 별도로 고려하는 다차원 척도를 개발했다. 분석가는 각 차원에서 각 건강 상태에 숫자를 할당할 수 있으므로 건강 상태 H_1 및 H_2를 구성 요소가 특정 차원의 건강의 질을 나타내는 벡터로 생각할 수 있다. 건강 상태에 대한 QALY를 구성하려면 해당 건강 상태의 효용을 결정해야 한다.

실제로 분석가는 설문지를 실시하고, 의료 전문가, 환자 또는 일반 대중으로 구성된 패널을 인터뷰하거나 구성하여 선호도 기반 효용 가중치를 도출한다. 할당 효율성을 극대화하기 위해 가장 적합한 응답자는 일반 대중의 정보를 갖춘 구성원이 될 것이다. 왜냐하면 그들은 "사회"이기 때문이다. 그러나 그들은 (집단적으로) 일반적으로 편향되지 않지만 위험한 행동이나 건강에 해로운 생활 방식으로 인해 발생하는 것과 같은 특정 조건에 대해 편향될 수 있다. 더욱이 특정 건강 상태를 경험한 적이 없는 일반 대중은 그 상태가 어떤 것인지 정확하게 평가하지 못할 수 있다. 연구자는 주어진 건강 상태에 대한 설명을 제공할 수 있지만 해당 설명은 너무 짧을 수 있다(충분한 정보를 제공하지 못함) 또는 너무 길 수 있다(응답자는 정보 과부하로 고통받음). 따라서 일부 연구자들은 연구자들이 해당 질환을 경험한 실제 환자를 사용해야 한다고 주장한다.[8] 환자는 특정 건강 상태를 경험하는 것이 어떤 것인지에 대해 일반 대중보다 더 잘 알고 있을 가능성이 높다. 그러나 환자는 자신의 상태에 대해 일반 대중보다 더 편향되어 전략적으로 행동할 수 있다. 예를 들어, 그들은 자금 지원이 늘어날 수 있다고 생각하기 때문에 자신의 상태의 심각성을 과대평가할 수 있다. 그러나 실제로는 해당 상태를 경험한 사람들은 일반적으로 해당 상태가 없는 사람들보다 더 높은 효용을 보인다.[9] 이러한 차이는 건강 상태를 잃는 것을 피하기 위한 WTA(일반 인구)가 건강 상태를 얻기 위한 WTP(환자 인구)보다 더 크다는 사실과 일치한다.

의료 전문가의 장점은 일반적으로 다양한 건강 상태의 신체적 의미와 관련하여 관련 경험과 지식을 가지고 있다는 것이다. 또한 그들은 더 복잡한 질문에 답할 수 있는 정교한 응답자일 가능성이 높다. 그럼에도 불구하고, 그들의 의학적 정보에 근거한 평가는 환자나 일반 대중이 건강 상태에 대한 전체적인 평가와 일치하지 않을 수 있다.[10]

연구자들은 QALY를 구성하는 데 사용된 효용 가중치를 평가하기 위해 다양한 접근 방식을 사용했다.[11] 일부 방법은 건강 상태와 관련 효용을 한 단계로 결정하며 직접적 접근 방식이라고 한다. 또한 2단계 절차인 방법도 여러 가지 있는데, 먼저 환자에게 실시한 설문지를 통해 건강 상태를 측정한 다음 건강 상태를 효용값으로 변환하는 방법도 있다. 이러한 방법은 때때로 간접적 접근 방식이라고도 한다.

18.2.2 직접적 효용 가중치 추정 방법

건강 평가(HR) 방법, 시간 상충 관계(TTO) 방법 및 표준 도박(SG) 방법은 모두 효용을 직접 추정하려고 시도한다.

건강 평가 방법. 연구자는 건강 상태를 자세히 설명하고 응답자에게 일반적으로 0(사망)에서 1(완벽한 건강)까지의 척도에서 건강 상태를 찾도록 요청하여 건강 평가(HR)를 도출한다. 예를 들어, 개인에게 설명된 세 가지 중간 건강 상태가 "심각한 장애", "적당히 장애" 및 "최소한 장애"에 해당하는 경우 개인은 이러한 상태에 각각 0.15, 0.45 및 0.90의 값을 할당할 수 있다. 때때로 연구자는 시각적 아날로그 척도를 제공하고 이 방법을 건강 온도계 또는 감정 온도계 척도라고 한다. 다른 방법보다 시작점으로 자주 사용된다.

불행히도 응답자는 다양한 건강 상태에 현실적인 수치 값을 할당하는 데 어려움을 겪는다. 건강 평가 방법의 대체 버전은 응답자가 수치 값을 제공할 필요성을 없애기 위해 이분법 과정을 사용한다. 응답자에게 건강 상태 목록을 제공하고, 그 중에서 온도계 저울과 같은 시각적 디스플레이의 끝점 중간에 있는 건강 상태를 찾으라는 요청을 받는다.[12] 그런 다음 응답자에게 처음에 배치한 건강 상태와 각각 상위 및 하위 끝점 중간에 있는 건강 상태를 찾도록 요청한다. 응답자가 다양한 건강 상태를 척도에 배치할 때까지 프로세스가 계속된다. 이는 효용에 대한 간격 척도를 생성하지만 상충 관계에 기반하지 않기 때문에 드러난 선호도에 대한 명확한 근거가 없다. 실제로 상충 관계에 기반한 순위가 없기 때문에 CUA에서의 타당성과 효용에 의문이 제기된다.

시간 상충 관계 방법. 시간 상충 관계(TTO) 방법에서 응답자는 수명과 삶의 질의 다양한 조합을 비교하도록 요청받는다.[13] 일반적인 비교는 낮은 건강 상태의 더 긴 수명과 높은 건강 상태의 더 짧은 수명이다. 그림 18.3은 이러한 비교를 보여준다. 수평축은 추가 수명(Y)을 측정하고, 수직축은 건강 상태(H)를 측정한다. 응답자는 건강 상태 H와 추가 수명 Y_1을 나타내는 현상 유지 지점(예: R)과 건강 상태 H_1와 추가 수명 Y_2을 나타내는 대체 지점(예: S)을 비교하도록 요청받을 수 있다. 응답자가 두 지점 간에 차이가 없다면, 그는 $Y_2 - Y_1$ 추가 수명 연수를 위해 건강 품질 $H_2 - H_1$ 단위를 포기할 의향이 있다. 건강 상태 H가 완벽한 건강이라고 가정하고 효용 1을 할당하면 H_1에 할당된 효용은 Y_1/Y_2이다.

예를 들어, 격렬한 신체 활동을 방해하는 주 2회 심한 요통의 건강 상태에 효용을 할당하려고 한다고 가정해 보자. 요통의 심각성과 결과는 여러 응답자에게 주의 깊게 설명될 것이다. 그런 다음 각자는 요통을 앓은 채로 10년 더 사는 것과 완벽한 건강 상태에서 몇 년을 사는 것을 비교하도록 요청받을 것이다. 응답자가 허리 통증을 10년 동안 겪는 것과 완벽한 건강 상태에서 9년을 사는 것에 차이가 없다면 분석가는 일주일에 두 번 심한 허리 통증을 겪는 건강 상태에 대해 9/10의 효용을 할당할 것이다. 따라서 의학적 개입을 비교할 때 허리 통증을 앓은 후 1년 더 사는 것은 완벽한 건강 상태에서 1년 더 사는 것에 대해 1이 아닌 0.9로 평가될 것이다.

그림 18.3 시간 상충 관계의 예

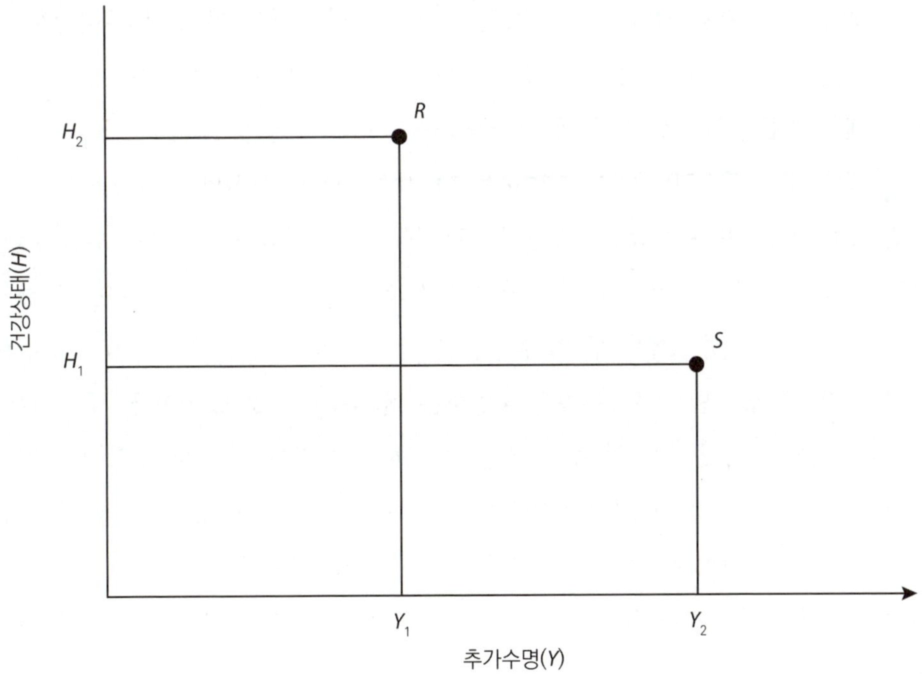

응답자가 건강 상태가 사망보다 더 나쁘다고 평가하는 경우 복잡한 문제가 발생한다. 이러한 경우 응답자는 즉각적인 죽음을 하나의 대안으로 비교하고 극도로 바람직하지 않은 건강 상태에서 t_1 추가 수명을 보낸 다음 완전한 건강 상태에서 t_2년을 보낸다는 것을 다른 대안으로 비교하도록 요청받는다. t_1과 t_2의 합계를 고정한 채로 대안 간의 효용을 무차별하게 만드는 값은 효용을 가장 극단적으로 바람직하지 않은 건강 상태인 $-t_2/t_1$에 할당할 것이다

TTO 값이 유효한 효용을 나타내려면 강력한 가정을 충족해야 한다. 개인은 추가 수명이 얼마나 남았든 건강 상태를 개선하기 위해 남은 수명의 일정한 비율을 기꺼이 포기해야 한다. 예를 들어, 장애로 10년을 살 것으로 기대하는 사람이 완벽한 건강을 얻기 위해 5년을 포기할 의향이 있다면, 그 사람이 기대 수명이 8년밖에 되지 않을 때, 그는 또한 완벽한 건강을 얻기 위해 남은 8년 중 4년을 포기할 의향이 있어야 한다. 일정 비례 시간적 상쇄의 가정은 그 사람이 시간 선호도의 한계적 비율이 0임을 의미한다. 일정 비율 가정에 대한 특히 심각한 위반은 어떤 건강 상태에서의 수명에 대한 선호도가 **최대 지속 가능 시간**(MET)을 보일 때 발생한다. 사람들이 건강 상태에서 살고 싶어하는 연도 수에 한계가 있다.[14] 상수 비율 가정의 엄격성은 TTO 값을 효용으로 해석하는 데 신중함을 시사한다. 그럼에도 불구하고 TTO 방법은 QALY를 산출하기 위해 건강 상태에 대한 상대적 가치를 부여하는 데 계속 사용되고 있다.

표준 도박 방법. 표준 도박(SG) 접근 방식은 기댓값의 개념을 기반으로 한다. 응답자에게는 11장에서 설명한 것과 같은 의사결정 트리가 제시되고 두 가지 대안 중 하나를 선택할 수 있다.[15] 대안 A에는 두 가지 가능한 결과가 있다. n년 더 정상적인 건강으로 돌아가는 것(확률 p로 발생) 또는 즉시 사망하는 것(확률 $1-p$로 발생)이다. 대안 A는 실패(사망) 확률이 $1-p$인 수술일 수 있지만, 성공하면 환자가 n년 더 정상적인 건강을 회복할 것이다. 대안 B는 환자에게 지정된 수준의 건강 장애가 있는 n년을 더 보장한다. 이 선택은 그림 18.4에 나와 있다. 확률 p는 응답자가 대안 A와 B에 대해 무관심할 때까지 다양하다. 응답자가 무관심한 p는 해당 응답자가 대안 B에서 얻는 효용으로 해석할 수 있다.

예를 들어, 격렬한 신체 활동을 방해하는 주 2회 심한 허리 통증의 건강 상태에 효용을 할당하는 것을 다시 생각해 보자. 응답자가 도박과 허리 통증에 무관심하게 만드는

완벽한 건강의 확률을 찾는 데는 두 가지 접근 방식이 있다. 연구자는 응답자에게 확률을 말하도록 요청할 수 있다. 또는 연구자는 초기 확률을 제공한 다음 응답자가 무관심을 표현할 때까지 확률을 높이거나 낮출 수 있다. 전자의 접근 방식은 확률 측면에서 생각하는 데 익숙하지 않은 응답자에게는 적합하지 않을 수 있다. 이 문제를 최소화하기 위해 현재 건강 상태로 전환하기 전에 다른 건강 상태에 대한 일부 평가에 응답자를 참여시키는 것이 바람직할 수 있다. 후자의 접근 방식은 16장에서 조건부 평가와 관련하여 논의된 시작점 편차의 위험이 있다. 시작점은 응답자 간에 다양해야 시작점 편차를 감지할 가능성이 있다. 사용된 방법을 통해 응답자가 확실한 허리 통증과 완벽한 건강의 확률이 0.95이고 사망 확률이 0.05인 도박 사이에 차이가 없다고 가정하자. SG 방법은 허리 통증의 건강 상태에 0.95의 효용을 할당한다.

그림 18.4 표준 도박 방법

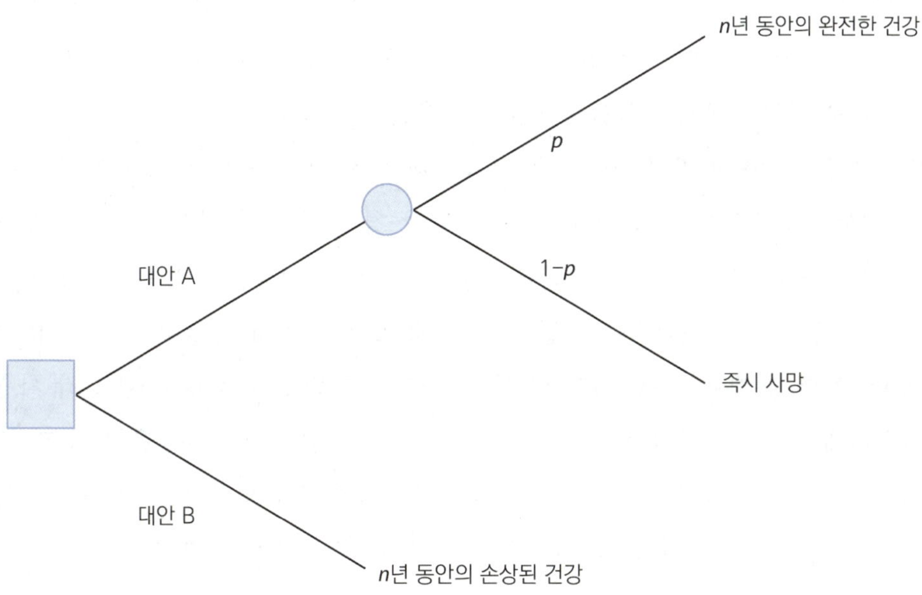

SG 방법은 개인이 합리적인 선택을 한다고 가정한다. 그렇게 한다면 SG 방법에서 얻은 효용은 유효하다. 그러나 16장에서 논의한 판단 편차와 같은 합리적인 예상 효용과의 편차는 SG 방법에서 얻은 효용의 타당성을 약화시킨다.

18.2.3 간접 효용 가중치 추정 방법

간접 효용 평가 방법에는 두 가지 뚜렷한 단계가 필요하다. 첫째, 설문지를 통해 환자는 일반적으로 여러 도메인(차원)에 걸쳐 측정되는 건강 상태를 특성화한다. 건강 분석가는 특정 질병, 부상 또는 정신 상태와 관련하여 또는 일반적인 건강과 관련하여 건강 상태의 변화를 평가하기 위해 다양한 척도를 개발했다. 그러나 아래에서 논의하는 것을 포함하여 많은 것은 일반적인 건강 분류 체계를 기반으로 한다(즉, 질병에 특화되지 않음). 둘째, 각 건강 상태에 효용 값이 할당된다. 이러한 값은 종종 직접 방법(HR, TTO 또는 SG) 중 하나에서 얻는다. 일부 상태의 경우 일부 계량경제학 분석에 따라 효용이 추정된다. 그 결과 다양한 건강 상태에 대한 다중 속성 효용 함수가 생성된다.

건강효용지수 Mark 2 및 3(HUI2 및 HUI3)과 단축형 건강설문양식(SF-36)는 널리 사용되는 일반적인 건강 상태 설문지이다. 이러한 접근 방식은 모두 건강의 다양한 차원을 측정한 다음 다양한 매핑 기능을 적용하여 효용을 결정한다.

건강 효용 지수(HUI) 방법. 이 방법은 George Torrance와 동료가 도입한 건강 분류 시스템에서 발전했으며,[16] McMaster 대학의 건강 경제 및 정책 분석 센터에서 추가로 개발하였다. Heath Utilities Inc.는 현재 연구자에게 여러 저작권이 있는 버전을 제공하고 있다.[17] 설문지는 일반적이다. 예를 들어, 건강 효용 지수 Mark 3(HUI3)에는 시력, 청력, 언어, 보행, 손재주, 감정, 인지 및 통증의 8가지 차원(또는 속성)이 있다. 각 차원에는 명확하게 정의된 순서적 심각도 수준이 있다. 예를 들어, 통증 수준은 "통증과 불편함 없음", "활동이 전혀 불가능한 경미한 통증에서 중간 정도의 통증", "몇 가지 활동을 불가능한 중간 정도의 통증", "몇 가지 활동을 불가능한 중간 정도의 통증", "대부분 활동을 불가능한 심한 통증"이다. 각 속성에 대해 5개 또는 6개의 레벨이 있는 이 분류 시스템은 972,000개의 고유한 건강 상태를 정의한다.[18] Health Utilities Inc.는 일반 인구 조사에서 파생된 표와 각 건강 상태를 단일 효용 측정으로 변환하는 다중 속성 유틸리

티 척도를 제공하거나 각 차원에 대한 효용 측정을 제공할 수 있다.[19]

단축형 건강 설문 조사(SF-36) 방법. 단축형 건강 설문 조사(SF-36)는 RAND Corporation의 연구자들이 의료결과 연구의 일부로 처음 고안하였다.[20] SF-36은 35개 항목을 사용하여 신체 기능, 신체 문제로 인한 역할 제한, 신체 통증, 일반 건강, 활력, 사회적 기능, 정서적 문제로 인한 역할 제한, 정신 건강의 8가지 척도를 구성한다. 이러한 척도 중 처음 네 가지는 합쳐져서 신체 건강에 대한 요약 척도를 형성하고, 나머지 네 가지는 합쳐져서 정신 건강에 대한 요약 척도를 형성한다. SF-36은 Quality Metric Inc.[21]을 통해 라이센스를 받았으며 International Quality of Life Assessment Project[22]를 통해 여러 언어로 제공되고 있다.

SF-36에서 파생된 척도를 효용으로 연관짓는 노력이 진행 중이다. 예를 들어, John Brazier 등은 SF-36의 단순화된 버전인 SF-6D를 만들었는데, 이는 일반 건강 척도를 제외하고 신체적 및 정서적 역할 제한을 단일 지수로 결합하여 척도(차원) 수를 8개에서 6개로 줄였다.[23] 6개 차원 각각에는 5~6단계의 응답이 있어 18,000개의 다양한 건강 상태를 정의할 수 있다. 연구자들은 다음으로 49개의 대표적인 건강 상태를 선택하고 영국 응답자의 일반 인구 샘플과의 인터뷰에서 SG 방법을 사용하였다. 다음으로 그들은 효용을 종속 변수로 하고 6개 차원의 다양한 수준을 설명 변수로 하는 계량경제학 모델을 추정했다. 그런 다음 다양한 수준에 대해 추정된 계수를 사용하여 가능한 건강 상태 중 하나에 효용을 할당할 수 있다.[24] SF-6D 척도에 따라 결과를 분류할 수 있는 연구자는 이러한 결과에 대한 효용을 도출할 수 있다. 물론, 그 결과 나온 효용은 영국 일반 대중의 선호도에 기반을 두었고 다른 국가적 맥락에서는 적절하지 않을 수도 있다. 추정치는 일본, 호주, 브라질을 포함한 약 6개국에서 복제되었지만, 지금까지 미국에는 복제되지 않았다.[25]

EuroQol 및 기타 방법. 다른 건강 상태 지수가 생성되어 모집단의 선호와 관련되고 있다. 예를 들어, EuroQol 협회로 조직된 유럽 연구자들은 건강 상태에 대한 국가 간 비교를 생성하기 위해 EQ-5D 지수를 개발했다.[26] 효용은 TTO 방법을 사용하여 일반 인구 조사를 통해 EQ-5D 건강 상태에 할당되었다.[27]

전시 18.1

연구원들은 속쓰림이 있는 위식도 역류 질환에 대한 다양한 효용 유발 방법을 비교하는 연구를 수행했다. 속쓰림 병력이 있는 환자 샘플은 독일과 스웨덴에서 모집되었다. 응답자들에게 일반적인 주에 속쓰림의 심각성에 대해 질문한 후, 연구원들은 EQ-5D 건강 지수를 시행한 다음 건강 평가(HR), 시간 상충 관계(TTO), 표준 도박(SG) 방법을 적용했다. 예를 들어, SG 대안은 다음과 같이 제시되었다.

> 대안 1은 현재 건강 상태에서 10년 더 살 것이라는 것을 확실히 알고 있다는 것이다. 이 10년 동안 속쓰림과 다른 건강 문제의 증상은 지난 12개월 동안 경험했던 것과 똑같을 것이다. 이 10년 후에는 사망할 것이다.
>
> 대안 2는 성공적이거나 실패하는 치료법이 있다는 것이다. 치료가 성공적이라면 완벽한 건강을 회복하고 10년 동안 완벽한 건강을 유지할 것이다. 즉, 대안 1과 같은 기간이다.
>
> 완벽한 건강은 모든 건강 문제에서 자유롭다는 것을 의미한다. 즉, 속쓰림과 다른 건강 문제의 증상이 없다. 이 10년 후에 사망하게 된다. 치료가 실패하면 즉시 사망하게 된다. (p.43)

응답자에게 성공 확률에 대해 0.95 또는 0.70의 무작위로 할당된 시작점을 제공한 후, 응답자가 대안 간에 차이가 없을 때까지 확률을 높이거나 낮추었다. 응답자의 3분의 1 이상이 완벽한 건강의 확률에 대한 사망 위험을 감수하지 않았다(또는 TTO 방법에서 연도 감소를 감수하지 않았다). SG 방법의 평균값은 경미한 속쓰림, 중간 정도의 속쓰림 및 심각한 속쓰림에 대해 각각 0.92, 0.88 및 0.86이었다. 세 가지 심각도 수준에 대한 TTO 값은 0.90, 0.87, 0.85였다. 이러한 비교적 높은 효용과 대조적으로 HR 방법은 0.75, 0.67, 0.49의 효용을 생성한 반면 EQ-5D 기반 효용은 0.78, 0.67, 0.49였다. 따라서 SG 및 TTO 방법은 HR 또는 EQ-5D 방법보다 만성 속쓰림으로 인한 효용손실이 훨씬 더 작았다.

출처: Bernt Kartman, Gudrun Gatz, Magnus Johannesson, "Health State Utilities in Gastroesophageal Reflux Disease Patients with Heartburn: A Study in Germany and Sweden." *Medical Decision Making*, 24(1), 2004, 40-52에서 발췌.

18.2.4 효용 가중치를 얻는 방법의 재검토

직접 효용 평가 방법에는 단점이 있다. 그러나 선택 기반 기술(TTO 및 SG)은 상충 관계에 기반하기 때문에 HR 방법보다 더 바람직하다. TTO 및 SG 방법을 직접 비교한 결과 일반적으로 순서 순위 측면에서 유사한 효용을 제공한다는 결론이 도출되지만,[28] 대부분의 연구에서 SG 방법이 효용에 대해 더 높은 값을 산출한다는 사실이 밝혀졌다.[29] 위에서 언급했듯이 TTO 방법을 선호하는 한 가지 이유는 SG 방법이 개인이 기대 효용 이론과 일치하는 합리적인 선택을 한다고 가정하기 때문이다. SG 방법은 종종 그렇지 않다.

많은 연구자들은 간접 효용 평가 기술을 직접 방법보다 선호하는데, 이는 관리가 비교적 쉽고 비용이 적게 들기 때문이다. 이러한 방법을 사용할 때 일반적으로 분석가는 위에서 설명한 것과 같은 일반적인 건강 상태 분류 체계를 사용하고 일반 대중의 선호도에 따라 건강 상태를 효용에 연결하는 것이 좋다. 그러나 분석가가 간접 효용 기술을 선택하는 데 도움이 되는 정보는 거의 없다. 연구자들은 다양한 건강 지수에서 효용과 건강 상태 변화에 대한 효용의 민감도를 비교하기 시작했다. 예를 들어, 간 이식 환자의 EQ−5D와 SF−6D 효용을 비교한 결과 SF−6D는 효용 척도의 하위에 있는 건강 상태를 잘 설명하지 못하지만 척도의 상위에 있는 작은 변화를 감지하는 데 EQ−5D보다 더 민감하다는 것을 발견했다.[30] 류마티스 질환이 있는 환자의 HUI3, SF−6D 및 EQ−5D를 비교한 결과 광범위한 동의가 있었지만 특정 지수 선택을 QALY 구성과 잠재적으로 관련시킬 수 있는 몇 가지 구체적인 차이점도 보여주었다.[31] 류마티스 관절염 환자를 대상으로 한 또 다른 연구에서 HU12, HU13, EQ−5D 및 SF−6D의 점수는 효용이 상당히 달랐으며, 특히 효용이 낮을 때 그러했다.[32]

18.2.5 의사 결정, 검토 패널 및 임계값

QALY를 사용하여 정책 권장 사항을 만들기 위해 분석가는 모든 CEA 분석에서와 마찬가지로 ICER를 계산한다. 분석가가 새로운 약을 분석하는 연구를 수행하고 위약(약물 없음)과 비교하여 CE 비율과 ICER가 QALY당 400,000달러에 해당한다고 가정한다. 권장 사항을 만들기 전에 QALY당 사회적 가치를 알아야 한다. 17장에서는 미국에서 생명 연도(VLY)의 가치가 평균 약 515,100달러라고 제안하였다. 따라서 대체 의학이 없는 경우 새로운 기술을 도입할 것을 권장할 수 있다. 그러나 새로운 기술은 결정을 내리는 정부 기관에서 사용하는 임계값을 충족하지 못하기 때문에 도입되지 않을 수 있다.

많은 정부에는 새로운 의료 기술에 대한 CEA 또는 CUA 분석을 수행하거나 다른 사람이 수행한 검토 분석을 수행하여 정부 처방집(또는 편익 제도)에 새로운 기술을 등록하는 것과 관련된 정책 권고를 하는 자문 기관이 있다. 예를 들어, 약물이 처방집에 등록되어 있으면 정부 또는 보험 회사가 환자가 약물을 구매하는 데 드는 비용의 일부를 지불한다. 이러한 자문 기관에는 영국의 National Institute for Health and Clinical Excellence(NICE), 캐나다의 CADTH Common Drug Review(CDR), 호주의 Pharmaceutical Benefits Advisory Committee(PBAC), 뉴질랜드의 Pharmacology and Therapeutics Advisory Committee(PTAC)가 있다.[33]

일반적으로 이러한 검토 기관에는 약물이 비용 효율적일 수 있는 암묵적 또는 명시적 임계값과 그렇지 않은 임계값이 있다. 2008년경에 NICE는 일반적으로 QALY당 £20,000(2016년 미국 달러로 약 $41,000)의 개입을 비용 효율적이라고 생각했다. QALY당 £20,000－$30,000 범위의 ICER의 경우 NICE는 다른 요소를 고려한다.[34] 정부는 검토 기관의 권장 사항을 채택할 의무가 없으며 종종 채택하지 않는다. 암묵적인 임계값이 있을 수 있지만 의사 결정 유연성이 감소하기 때문에 공개적으로 지정하기를 꺼린다. 자문 기관 또는 정부 임계값이 암묵적이든 아니든 일반적으로 QALY당 사회적 가치보다 상당히 낮다.

일부 CUA의 한 가지 제한 사항은 평가에 사용되는 대체 정책의 선택과 관련이 있다. 신약의 CUA에는 종종 두 가지 대안만 있다. 평가 중인 신약과 위약(치료 없음)이다. 연구에는 유사한 약물과의 직접 비교가 포함되지 않을 수 있다. 즉, 유사한 질환을 치료하거나 더 공식적으로 동일한 4단계 해부학적 치료 분류(ATC) 클래스에 속하는 약물이다. 따라서 새로운 약물이 약물을 사용하지 않는 것보다 비용 효율적이지만 기존 약물보다 비용 효율적이지는 않은 경우가 많다. 또 다른 문제는 CUA 평가가 여러 합병증의 영향을 거의 통제하지 못한다는 것이다. 즉, 환자가 두 가지 이상의 질병이나 건강 문제를 겪는 경우이다. 마지막으로, 가장 중요한 점은 CUA가 일반적으로 준수도가 비교적 높은 사전 단계에서 수행된다는 것이다. 사후 단계에서 CUA가 수행되는 경우는 드물다. 이러한 문제는 CUA가 비용이 많이 들고 종종 제약 회사에서 자금을 지원하여 약품집에 등재되기 때문에 발생한다.

18.2.6 QALY: CBA에서의 경고와 사용

식 (18.4)에서 알 수 있듯이, 건강 상태 유용성을 사용하여 QALY를 구성하는 것은 특정 건강 상태에 있는 유용성이 해당 상태에서 소비한 시간에 비례한다고 가정한다. 이 강력한 가정은 QALY에 대한 시간 선호도가 0이라고 가정하는 것과 같다. 배분 효율성 관점에서, 비용은 할인하지만 QALY는 할인하지 않는 것은 문제가 있다.[35] 그 이유는 비용은 할인하지만 QALY는 할인하지 않는 경우, 상당한 기간에 걸쳐 비용과 QALY를 발생시키는 정책의 비용 효율성 비율은 건강 지출이 다음 해까지 연기되면 개선될 것이기 때문이다.[36] 10장에서 논의했듯이, 개인이 추가 연도와 관련하여 양의 할인율을 갖는다는 기본적인 아이디어는 널리 받아들여지고 있지만, 할인율의 적절한 값에 대한 논란이 있다.[37]

QALY의 사용은 CUA에 국한되지 않고, 잠재가격으로 CBA에서도 사용할 수 있다. 기본 절차는 생명연도의 가치를 사용하여 QALY를 화폐화하는 것이다. 예를 들어, 공중보건 개입이 올해 10 QALY를 절약하고 내년에는 20 QALY를 절약한다고 가정해 보자. 분석가가 생명연도(VLY)를 50만 달러로 평가하면 개입 첫해의 편익은 500만 달러이고 2년차의 편익은 1,000만 달러가 된다. 그런 다음 이러한 연간 편익을 할인하여 편익의 현재 가치를 산출한다. 그러나 17장에서 논의했듯이 일정한 VLY를 사용하는 것은 수명이 짧은 노인의 경우 VSL이 낮아지기 때문에 논란의 여지가 있다.

보다 일반적으로, 화폐화된 QALY는 여러 면에서 WTP와 다를 수 있다.[38] WTP의 근사치로 화폐화된 QALY를 사용하는 것은 사람들이 건강 상태를 경험하는 시기와 기간에 관계없이, 그리고 재산, 연령, 예상 수명에 관계없이 평가한다는 것을 암묵적으로 가정한다.[39] 예를 들어, 30세는 스키나 달리기와 같은 격렬한 활동에 대한 신체 능력이 감소했다고 70세보다 훨씬 낮은 효용을 평가할 수 있다. 사망률을 일반적으로 감소시키는 정책의 경우, 부유하고 위험 회피적인 개인이 가난하고 위험 회피적이지 않은 개인보다 위험 감소에 대한 WTP가 더 높을 가능성이 있음에도 불구하고 분석가들은 일반적으로 관련 인구의 평균 또는 중간값을 기반으로 하는 VSL을 사용한다. VSL을 기반으로 하는 단일 VLY를 사용할 때 QALY를 화폐화하는 것은 이러한 단순화를 포함한다. 또한 일반적으로 건강 상태의 평균 또는 중간 효용을 사용하고 이러한 효용이 타이밍이나 기간에 의존하지 않는다고 가정한다. 결과적으로 QALY를 화폐화하는 것은 일반적으로 회피된 즉각적인 사망을 화폐화하는 것보다 더 큰 불확실성을 포함한다.

18.3 실적알림표 사용

CEA는 일반적으로 상호 배타적인 프로젝트를 비교한다. 정의에 따르면 이는 대체 프로젝트가 동일한 문제, 예를 들어, 유방암 검진의 대체 방법을 다룬다는 것을 의미한다. 그러나 CEA는 동일한 광범위한 목적(예: 생명 구하기)을 가지고 있지만 반드시 상호 배타적이지는 않은 정책 간에 순위를 매기는 데 사용되었다. 실적알림표은 동일한 비용 효율성 척도를 공유하는 여러 CEA를 순위를 매긴다. 예를 들어, Tammy Tengs 등은 조기 사망을 막기 위한(즉, 생명을 구하기 위한) 587개의 개입에 대한 실적알림표을 개발했다.[40] 그들은 평균적으로 미국이 구한 생명당 약 637,200달러 또는 구한 생명의 연간 61,200달러(2017년 달러로 환산)를 지출했다는 것을 발견했다. 그들은 또한 다음과 같은 질문을 했다. 동일한 투자가 가장 비용 효율적인 개입에 집중된다면 얼마나 많은 생명을 구할 수 있을까? 그들은 추가로 60,200명의 생명을 구할 수 있다고 결론지었다. 이는 당시 현재 할당량보다 약 두 배 많은 생명이다. 비슷한 연구에서 John Morrall III는 이전에 수행한 검토를 업데이트하여 1967년과 2001년 사이에 미국 연방 정부가 발행한 76개 규정의 비용 효율성을 평가했다. 그는 비용 효율성 비율이 6단계나 달랐으며 안전과 심혈관 위험을 줄이는 것을 목표로 한 규정이 암 위험을 줄이는 것을 목표로 한 규정보다 훨씬 비용 효율적이라는 것을 발견했다.[41]

실적알림표은 얼마나 유용한가? 상호 배타적 프로젝트를 비교하면 본질적으로 비용과 효과 측정의 일부 차이를 통제할 수 있다. 서로 다른 저자, 서로 다른 데이터, 다소 다른 방법론을 사용하여 연구를 비교할 때 이러한 가정을 합리적으로 내릴 수 없다. 서로 다른 연구는 비용을 다르게 측정할 수 있고, 서로 다른 비용을 생략할 수 있으며, 규모가 상당히 다를 수 있다. 이러한 문제는 다른 실적알림표보다 CUA 실적알림표에 더 많이 적용되는데, QALY를 계산하는 데 서로 다른 방법론이 사용되고, 앞서 논의했듯이 이러한 방법론이 반드시 유사한 결과를 낳는 것은 아니기 때문이다. 또한 실제로는 비례하지 않게 많은 수의 CUA 연구가 결과를 "유리한" 것으로 제시한다.[42] 다른 비평가들도 대부분 실적알림표에 불확실성에 대한 정보가 없다고 지적했다.[43] 따라서 실적알림표를 정책 선택의 지침으로 사용하는 데는 상당한 주의가 필요하다.

전시 18.2

Tufts 대학교의 건강 가치 및 위험 평가 센터에 있는 비용-효용 레지스트리는 건강 분야의 비용 효율성 연구에 대한 포괄적인 목록을 제공한다. 이 레지스트리는 현재 CEA에서 추출한 약 23,000개의 효용을 나열하고 있다. 따라서 자체 추정치를 개발할 재원이 없는 분석가가 CBA에서 사용할 QALY를 구성하기 위한 풍부한 정보 소스를 제공한다. 보다 일반적으로, 설문 조사를 실시할 계획인 분석가는 유사한 방법을 사용한 연구를 검토하는 것이 유용할 수 있다.

출처: CEA Registry, Center for the Evaluation of Value and Risk in Health, Tufts University, www.cearegistry.org에서 발췌.

18.4 결론: CEA가 CBA에 가까운 경우는 언제인가?

CEA는 기술적 효율성 측면에서 다른 대안을 지배하는 대안 집합을 식별할 수 있다. 효과성 측정의 특정 금전적 가치(또는 범위)가 주어지면 CEA는 "합리적인" 정책 권장 사항을 제공할 수 있다. 이러한 정책 권장 사항은 CBA 권장 사항에 가깝고 정부 기관 비용이 정책 대안의 유일한 기회 비용일 때, 효과성 측정이 모든 사회적 편익을 포착할 때, 모든 영향이 단기적일 때, 효과성 측정의 임계값이 사회적 가치(잠재가격)와 같을 때 배분 효율성을 극대화할 수 있다.

실제로 이러한 조건은 유지될 가능성이 낮다. 그럼에도 불구하고 배분 효율성 측정 수단으로서 CEA의 한계에도 불구하고 많은 상황에서 유용한 기능을 제공한다. 증거 기반이며 비교적 간단하다. 예를 들어, 관료와 정치인은 구한 생명당 비용이나 QALY당 비용을 이해할 수 있다. 더욱이 그들은 비용 측정이 정부 기관의 관점을 취하고 다른 사회적 비용을 생략한다는 사실에 신경 쓰지 않을 수도 있다. QALY를 구성하는 것은 CEA를 수행하는 것보다 더 복잡하며 종종 강력한 가정이 필요하다. 따라서 실제로 의사 결정권자는 건강 기술 결정을 내릴 때 종종 CEA와 CUA를 모두 요청한다.

Notes

CHAPTER 18 연습문제

1. 공중 보건 부서는 부모가 미취학 아동에게 전염병에 대한 예방 접종을 하도록 장려하기 위한 5가지 대체 프로그램을 고려하고 있다. 다음 표는 각 프로그램에 대해 예상되는 예방 접종 비용과 횟수를 보여주고 있다.

프로그램	비용(달러)	예방 접종 횟수
A	20,000	2,000
B	44,000	4,000
C	72,000	6,000
D	104,000	8,000
E	150,000	10,000

a. 규모 문제를 무시하고 가장 비용 효율적인 프로그램은 무엇인가?

b. 공중 보건 부서가 최소 5,000명의 어린이에게 예방 접종을 하고자 한다고 가정할 때 가장 비용 효율적인 프로그램은 무엇인가?

c. 프로그램 D의 증분 비용 효과 비율은 얼마인가?

d. 보건 부서가 각 예방 접종이 10달러에 해당하는 사회적 편익을 제공한다고 생각한다면 어떤 프로그램을 채택해야 하는가?

2. 분석가들은 척수 손상에 대한 대체 수술 절차를 평가하고자 한다. 이러한 절차는 다음과 같은 결과를 낼 가능성이 다양하다.

완전 회복(FR) – 환자가 완전한 이동성을 회복하고 만성 통증이 없다. 완전한 기능 회복(FFR) – 환자가 완전한 이동성을 회복하지만 약 1시간 이상 앉아 있는 것이 불편하고 일주일에 평균 이틀은 잠을 자는 데 방해가 되는 만성 통증을 겪는다. 부분적 기능

회복(PFR) – 환자가 제한된 움직임만 회복하여 이동성이 느린 속도로 걷는 것으로 제한되고 몇 파운드가 넘는 물건을 들어올리는 데 어려움을 겪는다. 만성 통증은 완전한 기능 회복 시 겪는 통증과 비슷하다.

하반신 마비(P) – 환자가 다리를 완전히 사용할 수 없게 되어 이동성을 위해 휠체어나 다른 보철물이 필요하고 일주일에 평균 4일 잠을 자는 데 방해가 되는 만성 통증을 겪는다. 환자는 다리 사용을 잃지만 다른 하체 기능을 다시 제어할 수 있다.

a. 응답자에게 도박을 제공하여 이러한 수술적 결과에 대한 삶의 질 지수를 구성하는 방법을 설명하시오. 반 친구, 친구 또는 기꺼이 참여하는 다른 사람에게 절차를 테스트하시오.

b. 한 응답자의 샘플을 기반으로 구성하는 지수가 환자 모집단을 대표한다고 가정하자 이 지수를 사용하여 다음과 같은 결과 분포를 갖는 세 가지 대안적 수술 절차의 효과를 측정하였다.

	수술과정		
	A	B	C
FR	0.10	0.50	0.40
FFR	0.70	0.20	0.45
PFR	0.15	0.20	0.10
P	0.05	0.10	0.05

c. 수술 절차가 다양한 결과에 대해 다른 기대 수명을 수반한다고 상상해 보자. 이러한 차이점을 고려하여 효과 측정을 어떻게 수정할 수 있는지 논의하라.

3. (강사가 제공한 스프레드시트 권장) 두 가지 대체 모기 구제 프로그램이 향후 5년 동안 주에서 서(西)나일병의 건강 위험을 줄이기 위해 제안되었다. 다음 표에는 향후 5년 동안 각 프로그램의 비용과 효과가 나와 있다.

a. 할인 없이 각 프로그램의 CE 비율을 계산하라.

b. 할인율을 4%로 가정하여 비용은 할인하지만 효과는 할인하지 않는 CE 비율을 계산하라.

c. 비용과 효과를 모두 4%로 할인하여 CE 비율을 계산하라.

d. 각 연간 효과 추정치의 불확실성 범위가 플러스 또는 마이너스 20%이고 각 연간 비용 추정치의 불확실성이 10%라고 가정하자. 오차의 균일 분포를 가정하여 각 프로그램의 CE 비율의 몬테카를로 분포를 생성하고 비교하라.

	대안 A		대안 B	
	절약된 QALY	증분 비용(백만 달러)	절약된 QALY	증분 비용(백만 달러)
연도 1	1.0	3.8	0.5	1.0
연도 2	0.5	0.0	0.5	1.0
연도 3	0.3	0.0	0.5	1.0
연도 4	0.1	0.0	0.5	0.1

CHAPTER 19

분배가중치가 부여된 CBA

CHAPTER 19

분배가중치가 부여된 CBA

정부 정책, 프로그램, 프로젝트들은 사람들 간 다르게 영향을 미친다. 이리하여 CBA를 수행할 때 분석가들은 종종 별개 범주의 사람들에 대한 편익과 비용을 보고하고 경우에 따라서는 의무적으로 이렇게 보고한다. 이러한 목적으로 사람들을 집단으로 적절하게 구분하는 것은 보통 평가하는 구체적 정책에 달려 있다. 몇 가지 보편적인 범주 예는 다음과 같다. 소비자 대 생산자 대 납세자, 프로그램 참여자 대 비참여자, (국가 또는 주나 시의) 주민과 비주민, 고소득 집단과 저소득 집단 등.

일단 개인들이 적절한 범주로 나뉘어지면 2장에서 논의되었듯이 결정해야 할 첫 번째 이슈는 CBA에서 각 집단에게 이해관계가 주어져야 하는지 여부이다. 예를 들어, 산성비에 대한 미국의 규제정책의 CBA를 수행할 때 미국의 제조업에 기인한 산성비에 의해 영향을 받는 캐나다 주민들에게 이해관계가 주어져야 하는지 결정해야 한다. 마찬가지로 외국에 본사를 두고 외국 소유의 회사에 영향을 미치는 정책을 평가할 때 외국 주주들에게 이해관계를 부여할 것인지 여부를 결정해야 한다.

이해관계에 대한 결정이 되고나면 이해관계가 있는 각 별개 집단에 대해 비용과 편익이 보고될 수 있다. 우리는 이 개념을 3장에서 소개하였고 5장과 6장에서는 **사회회계원장**(social accounting ledgers) 맥락에서 좀 더 논의되었다. 그러나 실제로 이해관계를 가진 적절한 집단에 편익과 비용이 어떻게 분배되는지를 결정하고 정확히 측정하는 것은 종종 어렵다. 시장에서 가격이 매겨지지 않는 환경적 및 다른 영향에 대해서는 특히 그렇지만 그것은 헤도닉 가격설정, 조건부 가치 서베이, 혹은 여타 간접적 방법을 통해 측정되어야 한다. 그러나 만일 영향이 인구학적 이해 집단 간에 어떻게 다른지에 대한 충분한 정보를 이용 가능하다면 근사적 추정을 하는 것이 가능하다.[1] 만일 이 정보가 이용 가능하다면 조사되고 있는 정책에 관한 결정을 하는 데 어떻게 활용될 수 있나?

본서에서는 그러한 결정을 하는 데 있어 Kaldor–Hicks 잠재적 보상 테스트 사용을 강조하였다. 이 테스트를 사용할 때 총편익이 총비용보다 큰지, 즉 해당 정책이 채택되어야 하는지를 결정하기 위해 단지 이해관계를 가진 모든 집단에 대해 편익과 비용이 더해진다. 이렇게 하여 사회 전체적인 관점에서 편익과 비용이 평가된다. Kaldor–Hicks 잠재적 보상 테스트를 사용할 때 이해관계를 가진 사람들 가운데 누가 정부 프로그램으로부터 편익을 얻거나 누가 비용을 지불하는지는 중요하지 않고("누가 그것을 받거나 지불하는지 관계없이 1달러는 그냥 1달러이다") 중요한 것은 사회 전체적으로 순이득이 있는지 여부, 환언하면 그 프로그램은 잠재적 파레토 개선 측면에서 효율적인지 여부이다.

그러나 실제 정책 결정을 할 때 종종 편익과 비용이 다양한 집단 간 배분되는 방식을 아는 것이 유용하다. 예를 들어, 집단 간 분배는 특정 정책이 정치적으로 수용가능한지 여부에 대해 영향을 미칠 수 있다. 예를 들어, 지역 주민들에 대한 영향이 동일한 규모의 자금이 정부 수입에 추가되는 것보다 더 큰 영향을 미칠 수 있다. 이리하여 특정 집단의 한 구성원이 받거나 지출하는 1달러는 다른 집단의 한 구성원이 받거나 지출하는 1달러와 동일하게 취급되지 않을 수 있다.

이 장에서 우리는 의사결정 목적을 위해 CBA를 보강하는 데 있어서 집단 간 편익과 비용의 분배 역할을 검토한다.[2] 특정 정책에 의해 영향을 받는 사람들은 소득 수준, 연령, 성별, 인종, 민족성, 장소 등 다양한 차원에 따른 집단으로 잠재적으로 나누어질 수 있다. 그러나 이 장에서는 **소득이 다른 집단에 대해 상이한 영향을 미치는 정책**의 CBA를 강조한다. 예를 들어 저개발 지역에서의 프로젝트나 불이익을 받는 사람들을 대상으로 하는 프로그램 등이다. 다수의 다른 분류들은 어느 정도 소득 집단과 상관되어 있다. 더욱이 현재 소득 불균등이 커다란 관심사이고 이러한 관심과 보조를 맞춘다는 점에서 비용–편익 연구는 가장 자주 상이한 소득 집단에 대한 정책들의 시사점에 초점을 맞추어 왔다. 예를 들어, 14장과 그 장의 사례 연구에서는 보통 상대적으로 저소득인 고용 및 훈련 프로그램 참여자들과 전형적으로 고소득 납세자들인 사회의 나머지 구성원 또는 비참여자에 대해 일반적으로 따로 편익과 비용을 보여주고 있다(표 14.2와 14장 뒤의 사례 연구 참조). 여기서 우리는 첫째, CBA에서 다양한 소득 집단이 받거나 지출하는 돈을 다르게 취급하는 데 대한 경제학적 근거를 검토한다. 둘째, 우리는 실제로 이것을 수행하는 방법을 살펴본다.

19.1 소득이전 프로그램의 분배적 정당성

상이한 소득 집단에 대한 상이한 영향을 보여주기 위해 저소득 개인들에게 소득이전을 제공하기 위해 고소득 개인들에게 조세를 부과하는 프로그램을 생각해 보자. 이 프로그램의 조세 요소는 그림 19.1에 나와 있다. 논의를 위해 이 그래프에 나와 있는 시장은 요트와 같은 사치재에 대한 것이어서 고소득 개인들만 구입하는 것으로 가정한다. 조세가 없는 경우 이 시장은 가격 P_1과 수량 Q_1에서 균형이다. 만일 산출물 단위당 t의 내국소비세가 부과된다면 공급자들은 조세가 그들에게 부과한 요트에 대한 추가적 비용을 소비자들에게 전가함에 따라 공급곡선은 이 금액만큼 위로 이동할 것이다.

칼도(Kaldor)–힉스(Hicks) 규칙과 3장에서 논의된 동일한 사회회계 원장을 이용하면 이 조세와 관련된 비용과 편익의 단순한 분배 분석은 다음과 같다.

	이 득	손 실
소비자		A+B
생산자		C+D
이전 수령인	A+C	
사회		B+D

그림 19.1 사치재에 대한 내국소비세

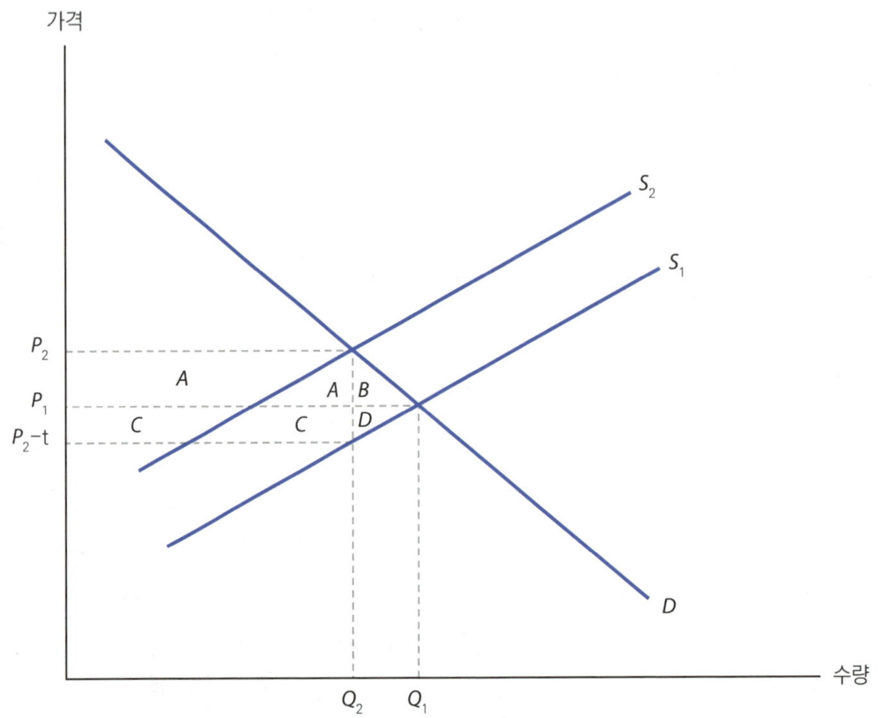

출처: Arnold C. Harberger, "On the Use of Distributional Weights in Social Cost-Benefit Analysis." *Journal of Political Economy*, 86(2), 1978, S87-S120; Figure 1, p. S89에서 발췌.

이리하여 조세의 기본적 결과는 면적 B와 D의 자중손실과 같게 될 것이다. 이 자중손실과 더불어 그래프에는 나타나지 않는 이전 프로그램이 초래한 두 비용 범주도 존재한다.

1. 조세 행정과 수령인들에 대한 이전 행정은 실질 자원의 사용을 필요로 한다.
2. 이전을 수령하는 사람들 중 일부는 노동을 줄이든지 아예 노동을 안 할 가능성이 있다. 그로 인한 산출물의 감소는 사회가 이용 가능한 재화와 서비스의 총량을 감소시킨다. 그러한 감소를 추론하는 것은 합리적인데 왜냐하면 그러한 이전을 수반

한 기존의 복지 프로그램 하에서 이런 현상이 일어난다는 상당한 증거가 있기 때문이다.[4] 14장에서 설명한 바와 같이 그러한 손실의 일부만 이전 수령자들의 여가 이득에 의해 상쇄되고 남은 잔여분이 자중손실의 원천이다.

이 프로그램은 Kaldor-Hicks 테스트를 통과하지 못할 것이 분명하다. 그것은 어떤 분배적 기초에서만 정당화될 수 있을 것이다. 저소득 개인에게 1달러를 주는 것은 고소득 개인으로부터 1달러 이상을 가져가는 것을 정당화한다고 주장할 수밖에 없을 것이다. 이 분배 주장은 정책입안자들에게 어떤 힘을 가지고 있는 것으로 보이는데 그 이유는 도움이 필요한 가정을 위한 임시 지원(TANF) 프로그램, 보충적 소득보장(SSI) 프로그램, 보충적 영향지원 프로그램(SNAP) 등은 모두 고소득 개인들로부터 저소득 개인들로 소득을 이전하는 것으로서 모두 현존하기 때문이다. 이런 이유로 그들의 정치적 대표자들을 통한 사회는 저소득 집단에게 도움을 제공하기 위해 기꺼이 약간의 효율을 희생하고자 하는 것으로 보인다.

이렇게 기꺼이 이전하고자 하는 것의 CBA에 대한 시사점은 실제로 정부 프로그램을 평가할 때 저소득 개인에게 발생하는 1달러의 편익 수령이나 1달러의 비용은 고소득 개인에게 발생하는 1달러 편익 수령이나 1달러 비용보다 종종 더 큰 가중치가 부여된다는 것이다. 이러한 가중치 부여는 어떻게 정당화될 수 있나?

19.2 CBA에서 저소득과 고소득 집단을 다르게 취급하는 사례

저소득 개인들이 받거나 지불하는 돈에 고소득 개인들이 받거나 지불하는 돈보다 더 큰 가중치를 주는 데 대한 적어도 세 가지 주장이 존재한다. 그것들은 (1) 소득이 증가할수록 한계효용은 체감한다; (2) 소득분배는 더 균등해야 한다; (3) 투표에 있어서 "1인, 1표"와 유사한 원칙이 몇몇 분석에도 적용되어야 한다. 우리는 차례로 이 주장들에 대해 논의하기로 한다.

19.2.1 소득의 한계효용 체감

첫 번째 주장은 한 개인이 얻는 각 추가적 달러는 이전의 달러보다 적은 효용을 제공한다는 경제학의 표준적 가정에 기초하고 있다. 이 가정의 당연한 귀결은 고소득 개인의 1달러 수령 또는 1달러 비용이 그의 효용에 미치는 영향은 저소득 개인의 효용에 미치는 영향보다 작다는 것이다. 결과적으로 이 주장은 고소득 개인의 그것은 CBA에서 낮게 계산되어야 한다는 것을 시사한다.[5] 이 주장은 대수적으로 다음과 같이 요약될 수 있다.

$$\Delta u_l / \Delta y_l > \Delta u_h / \Delta y_h \quad (19.1)$$

여기서 $\Delta u_i / \Delta y_i$는 개인 i의 소득의 사적 한계효용이고, l은 저소득 개인, h는 고소득 개인을 뜻한다.

19.2.2 소득분배는 보다 균등해야 한다

CBA에서 가난한 사람들이 받거나 지불하는 돈에 더 큰 가중치를 주어야 한다는 데 대한 두 번째 주장은 현재의 소득 분배는 그렇게 되어야 하는 만큼 균등하지 않고 만일 그것이 더 균등하게 된다면 사회후생은 증가할 것이라는 주장이 전제가 된다.[6] 그러한 주장에 대한 몇 가지 근거가 존재한다. 첫째는 매우 불균등한 소득분배로 시민소요, 범죄, 그리고 폭동 가능성이 높아져서 소득 불균등의 감소는 일반적 사회후생에 대해 이러한 위협을 감소시킬 수 있다. 둘째, 아무도 어떤 최소한의 소득 경계 이하로 살 수 없고 살아서도 안 된다고 주장할 수 있다. 기본 수준은 인간의 존엄성을 지키기 위해 필요하다. 셋째, 적어도 몇몇 상대적으로 부유한 사람들은 만일 소득 분배의 밑에 위치하는 더욱더 궁색한 사회의 구성원들이 직면한 환경이 개선된다면 효용을 얻을 것이다. 구세군에 대한 기부와 같은 특정 유형의 자선적 기부는 이러한 형태의 이타주의가 존재한다는 증거를 제공한다. 마지막으로 어떤 사람들은 소득의 균등을 그것 자체로 가치를 부여한다(이것을 종종 “불균등 혐오”라 부른다).[7]

만일 이러한 어떤 이유로 사회가 현재 존재하는 것보다 더 소득 균등을 선호한다면 저소득 개인의 소득 1달러 증가는 고소득 개인의 소득 1달러 증가보다 전체적으로 더 큰 사회후생의 증가를 초래할 것이다. 심지어 소득의 한계효용이 체감하지 않고 그 결과 고소득 및 저소득 개인의 소득 1달러 증가가 이들 개인의 효용을 동일하게 증가시킨다 할지라도 이 결론은 계속 유지된다는 것에 유의하자. 앞에서 서술된 각 정당화 논리는 분포의 나머지 부분에 있는 사람들에 비해 소득 분배의 밑에 있는 사람들이 소득을 얻는다면 사회 전반(혹은 적어도 몇몇 상대적으로 부유한 사회의 구성원들)은 더 나아진다는 것을 시사한다.[8] 이리하여 첫 번째와 두 번째 주장은 개념적으로 서로 구별된다.

대수적으로 표현하면 두 번째 주장은 다음과 같다.

$$\Delta u_{l}/\Delta y_l = \Delta u_h/\Delta y_h \text{일 때에도 } \Delta SW/\Delta y_l > \Delta SW/\Delta y_h \quad (19.2)$$

여기서 ΔSW는 총 사회후생의 변동을 의미하고, $\Delta SW/\Delta y_i$는 개인 i가 받는 소득 변동의 사회후생에 대한 한계 영향이다.[9]

이 주장은 Kaldor-Hicks 테스트와 직접적으로 상충된다. 이것은 Kaldor-Hicks 테스트를 통과하지 못한 몇몇 프로젝트나 프로그램도 그것들이 전반적인 소득분배를 더 균등하게 하는 방향으로 소득을 재분배한다면 채택되어야 한다고 주장한다. 환언하면 저소득 개인들에게 소득 이전을 제공하기 위해 고소득 개인에게 과세하는 것과 같이 소득이 누구에게 발생하는지에 상관없이 동일하게 취급될 때 비효율적으로 보이는 몇몇 프로그램은 만일 그것들이 총 사회후생을 증가시키기에 충분하게 소득 균등을 증가시킨다면 수행되어야 한다. 이것은 또한 소득 분배를 덜 균등하게 만드는 몇몇 프로젝트들은 비록 Kaldor-Hicks 테스트가 그것이 효율적이라고 제시하더라도 수행되어서는 안 된다.

19.2.3 "1인, 1표" 원칙

이 주장은 소비자들에 대한 정부 프로그램의 편익과 비용은 소비자잉여의 변동으로 적절히 측정된다는 것을 인정하는 데서 시작한다. 그러나 고소득 개인들은 저소득 개인들보다 지출할 소득이 많기 때문에 소비자잉여에 대해 측정된 정책 영향은 일반적으로

그림 19.2 고소득 및 저소득 소비자들의 소비자잉여 변동

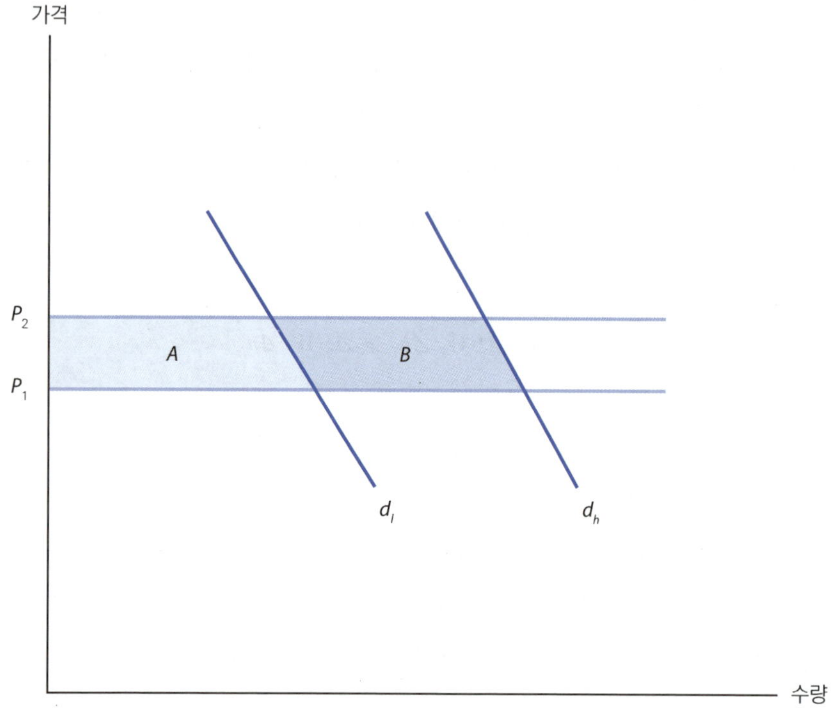

더 클 것이고 이런 이유로 엄격히 Kaldor–Hicks 규칙에 기초한 CBA에서 더 중요할 것이다.

이것이 그림 19.2에 나와 있는데 한 재화에 대해 전형적인 고소득 소비자와 저소득 소비자의 수요곡선이 비교된다. 만일 그 재화가 **정상재**(normal good)라면, 즉 소득이 증가함에 따라 그 재화에 대한 수요가 증가한다면, 그림에서 보여주듯이 고소득 소비자의 수요곡선은 저소득 소비자의 수요곡선의 오른쪽에 위치한다. 만일 정부 정책으로 그 재화의 가격이 P_1에서 P_2로 증가한다면 고소득 및 저소득 소비자들은 모두 소비자잉여의 손실 형태로 가격 증가의 비용을 부담할 것이다. 그러나 고소득 소비자들이 겪는 손실(면적 A+B)은 저소득 소비자들이 겪는 손실(면적 A)보다 클 것이다. 그 결과 그러한 CBA는 정책의 영향에 저소득 소비자들보다 고소득 소비자들에게 더 큰 가중치를 주게

된다.

주장의 마지막 부분은 "1인, 1표" 투표 원리와 유사하다. 민주주의에서 공공 프로젝트를 수행할 것인지에 대한 결정에서 저소득 개인들은 고소득 개인들과 동일한 영향을 가져야 한다. 환언하면 상이한 개인들에 대한 소비자잉여 변동의 척도는 만일 누구나 동일한 소득을 가지고 있다면 벌어질 상황으로 조정되어야 한다.[10] 예를 들어, 그림에서 나타난 저소득 개인에 대한 가격변동의 영향은 고소득 개인에 대한 영향보다 두 배로 계산되어 사실상 두 개인의 "표"를 균등화시킨다.[11]

전시 19.1

가난한 개발도상국의 1달러 편익 또는 비용을 더 부유한 선진국보다 더 혹은 덜 가치를 매길지 여부는 국제 환경협정을 평가하는 데 중요한 시사점을 가지고 있다. 예를 들어, 분배 가중치 부여가 없을 때 화석 연료의 배출을 제한시킴으로써 지구 기후 변화를 줄이기 위한 협정의 1인당 편익은 부유한 국가보다 가난한 국가에서 더 작을 것이다. 이에 대한 한 가지 이유는 (우리가 앞의 장에서 보았듯이) 지불의사액에 기초할 때 통계적 생명의 가치는 단지 지불능력의 차이로 인해 가난한 국가에서 더 작기 때문이다. 가중치가 없으면 가난한 국가에서 배출 제한의 1인당 달러 비용(예를 들어, 일자리 상실)도 또한 더 작을 것이다. CBA 구조를 사용하여 Christian Azar는 가중치가 사용되지 않는 경우와 비교할 때 가중치를 사용하는 경우 가난한 국가에 비해 부유한 국가에 허용되어야 하는 배출량을 크게 감소시킨다는 것을 알아냈다. 이와 다소 유사하게 Vaino Nurmi와 Heini Atiainen은 북유럽과 발틱해 지역에 접한 9개 국가의 주민들을 대상으로 수질 개선에 대한 WTP를 조건부 가치법을 사용하여 추정하여 그러한 정책의 가중된 편익이 가증되지 않은 편익보다 훨씬 크다는 것을 알아냈다.

출처: Christian Azar, "Weight Factors in Cost-Benefit Analysis of Climate Change." *Environmental and Resource Economics*, 13(3), 1999, 249-68: Vaino Nurmi and Heini Ahtiainen, "Distributional Weights in Environmental Valuation and Cost-Benefit Analysis: Theory and Practice," 출판용 원고, 2017.

19.3 분배 가중치

원칙적으로 CBA에서 **분배가중치**를 사용하여 상이한 집단들이 다르게 취급될 수 있다. 분배가중치는 각 집단이 지불하거나 받는 각 달러에 부여하는 가치를 반영하기 위해 선택된 1, 2, 또는 1.5와 같이 선택된 가중치를 부여하는 숫자이다. 표 19.1은 두 소비자 집단에 영향을 미치는 두 프로젝트에 대한 표준적인 CBA와 가중치가 부여된 CBA를 비교하고 있다. 표의 윗 부분에서 볼 수 있듯이 표준적인 CBA에서는 각 집단은 1이라는 동일한 가중치가 부여된다. 가중치가 부여된 CBA에서는 집단 H(고소득 집단)에게는 1의 값이 주어지는 한편, 집단 L(저소득 집단)에게는 3의 값이 주어져서 CBA에서 저소득 집단의 각 구성원이 받는 1달러는 고소득 집단의 구성원이 받는 1달러보다 3배로 가치가 주어진다. 표의 아래 부분에서 볼 수 있듯이 이 가중치가 부여될 때 프로젝트의 선택은 프로젝트 I에서 프로젝트 II로 바뀐다.

표 19.1 표준 대 가중치가 부여된 CBA

1. 표준적 CBA

프로젝트	순편익 집단 L	순편익 집단 H	총 순편익
I	10	50	60
II	20	30	50
가중치	1	1	선택: 프로젝트 I

2. 가중치가 부여된 CBA, $W_h = 1, W_l = 3$일 때

프로젝트	순편익 집단 L	순편익 집단 H	총 순편익
I	10×3=30	50	80
II	20×3=60	30	90
가중치	3	1	선택: 프로젝트 II

보다 공식적으로 분배 가중치는 순현재가치(NPV) 공식을 약간 수정함으로써 CBA에 포함될 수 있다.

$$NPV = \sum_{j=1}^{m}[W_j \sum_{t=0}^{\infty} \frac{B_{t,j} - C_{t,j}}{(1+s)^t}] \quad (19.3)$$

여기서 W_j는 집단 j에 대한 분배 가중치이고, $B_{t,j}$는 집단 j가 기간 t에 받는 편익이며 $C_{t,j}$는 집단 j에게 기간 j에 발생하는 비용이고, m은 집단의 수, s는 사회적 할인율이다.

이 공식에 내재하는 발상은 단순하다. 정부정책에 의해 영향을 받는 사람들은 일반적으로 소득에 기초하여 적절하다고 생각되는 수만큼의 집단으로 나누어진다. 그리고 나서 각 집단에는 분배 가중치가 부여된다. 먼저 각 집단에 대한 NPV가 계산되고 나서 이 가중치가 곱해진다. 그리고 이 가중치가 부여된 NPV들을 더해 총 NPV를 얻게 된다. 엄격하게 칼도(Kaldor)－힉스(Hicks) 규칙에 의존하는 CBA에서는 이해관계를 가진 모든 집단에 대해 암묵적으로 W_j는 1로 정해지고 이해관계가 없는 집단에 대해서는 W_j가 0으로 정해진다.

전시 19.2

가격 상승을 초래할 것으로 보이는 합병 제안은 미국에서는 불법이지만 캐나다에서는 만일 잠재적 효율성 이득이 충분할 것으로 여겨진다면 허용된다. 다소 상이한 관점에서 보면 만일 가격 상승으로 인한 생산자잉여의 잠재적 이득이 소비자잉여의 잠재적 손실을 상쇄하는 것으로 보인다면 캐나다에서 합병은 허용된다. Thomas Ross와 Ralph Winter는 이 정책 입안은 캐나다에서 생산자잉여나 소비자잉여를 받는 사람들에게 동일한 분배가중치를 주는 것이라고 지적하고 있다. 미국에서는 법에 의해 소비자잉여는 생산자잉여보다 더 큰 가중치를 부여한다. 사실 실제로 미국에서 생산자잉여에 0의 가중치가 부여된다. US 방식에 대한 한가지 근거는 생산자잉여의 수령자들(예를 들어 기업 주주들)은 소비자잉여를 얻는 사람들보다 부유한 경향이 있을 수 있다는 것인지만 Ross와 Winter는 항상 그런 것은 아닐 수 있고(예를 들어, 사치재 시장을 생각해 보라) 설령 그렇다고 하더라도 특정 합병 사례에서 사람들이 우연히 "생산자들" 또는 "소비자들"로 분류되는지에 의존하는 것이 아니라 개인들의 실제 부나 소득에 기초해야 한다고 주장하고 있다.

출처: Thomas W. Ross and Ralph A. Winter, "The Efficiency Defense in Merger Law: Economic Foundations and Recent Canadian Developments." *Antitrust Law Journal*, 72, 2004-05, 471-503에서 발췌.

19.4 분배 가중치의 결정

분배 가중치를 실행하는 데 있어서의 어려움은 각 집단에 대해 적절한 가중치를 결정하는 것이다.[12] 물론 가중치는 그것을 사용하는 데 대한 선택된 근거와 일관성이 있어야 한다. 가중치를 사용하는 데 대해 앞에서 제시된 세 가지 주장 각각과 일관되는 분배 가중치를 개발하려는 시도가 계속되어 왔지만 우리는 가중치를 세 주장의 조합에 기초하는 어떠한 시도도 알지 못한다.

19.4.1 세 주장 각각에 부합하는 가중치들

"1인, 1표" 비유에 기초한 주장은 실제로 가중치를 부여하는 데 사용될 수 있는 방법을 제시한다. 그러나 그것은 일반적으로 사용되지 않는데 그 이유는 필요 정보량이 엄청나고 프로젝트마다 제각각이기 때문이다. 그것을 실행하는 데 필요한 정보는 각 집단의 평균 소득, 평가되는 정부 정책에 의해 영향받는 각 재화 **수요의 소득 탄력성** 추정치(즉, 소득 1% 증가에 따른 각 재화 수요량의 백분비 변동), 영향 받는 각 재화에 대한 시장 수요곡선의 추정치를 포함한다. 이러한 정보를 가지고 각 집단의 평균 구성원의 소비자 잉여가 계산될 수 있다. 결국 이 추정치들은 1인, 1표 원리에 부합하는 각 집단에 대한 분배 가중치를 도출하는 데 사용될 수 있다.[13]

다른 두 주장과 부합하는 가중치를 개발하기 위해 각 집단의 전형적 구성원에 대한 $\Delta u/\Delta y$(소득의 사적 한계효용)과 $\Delta SW/\Delta y$(소득 변동의 사회후생에 대한 한계 영향)에 대한 정보가 필요하다. 상이한 소득 집단에 대한 첫 번째 비율을 추정하여 이 추정치를 분배 가중치를 도출하는 데 사용하고자 하는 시도가 있어 왔다.[14] 구체적으로 분석가들은 다음과 같은 동일 탄력성 효용함수를 가정하였다.

$$U = \frac{y^{1-\eta}}{1-\eta} \quad \eta \neq 1\text{일 때}$$

$$U = \log y \quad \eta = 1\text{일 때} \tag{19.4}$$

여기서 η는 소득에 대한 한계효용 탄력성이다.

이 효용함수가 주어지면

$$\Delta u/\Delta y \approx 1/y^{\eta} \tag{19.5}$$

고소득 집단에 대한 분배 가중치를 1로 놓으면 저소득 집단에 대한 가중치는 고소득 집단의 소득의 한계효용에 대한 저소득 집단의 소득의 한계효용의 비율이 될 것이다.

$$W_l = (\Delta u_l/\Delta y_l)/(\Delta u_h/\Delta y_h) = (y_l/y_h)^{\eta} \tag{19.6}$$

실제 W_l의 값을 얻기 위해서는 소득의 한계효용 탄력성인 η의 추정치가 요구된다. 다수의 그러한 추정치들이 존재한다. 그것을 추정하는 한 가지 방법은 서베이를 통해 응답자들에게 그들의 소득을 묻고 한 가지 척도(예를 들어, 매우 행복함, 어느 정도 행복함, 그다지 행복하지 않음)에 따라 그들의 행복 수준을 평가하도록 한 후 그것을 효용에 대한 대리변수로 사용하는 것이다. 이 방법에 기초하고 미국을 포함한 50개 국가에 걸친 주관적 행복에 대한 6개 서베이를 사용하여 Richard Layard, Stephen Nickell, 그리고 Guy Mayraz는 η에 대한 6개 상이한 값을 추정하였다.[15] 그들의 미국 추정치는 1.2이다. 다른 나라에 대한 그것의 값은 1.19에서 1.34로 유사한 범위에 속해 있다. Daniel

Fujiwara는 이 추정치들과 다른 데이터와 다른 방법을 사용한 다른 연구자들의 것을 비교하여 대부분이 동일한 범위 내에 있고 거의 모두 1보다 크다는 것을 알아냈다.[16]

우리는 η의 추정치 1.2를 사용하여 W_l을 계산하는 것을 실제로 보여 주겠다. 소득 5분위의 가장 낮은 2개 분위에 속한 사람들을 위한 것이고 납세자들에 의해 지불되는 정부 자금 훈련 프로그램을 생각해 보자. 미국 센서스국에 따르면 2015년에 중위가구 화폐소득은 $56,832이었고, 하위 2개 5분위에 속한 가구의 중위소득은 $22,800이었다. 만일 $\eta = 1.2$라면 식 (19.6)은 $W_l = 3.0$을 의미한다. 이 장의 후반부에서 볼 수 있듯이 이 가중치가 다소 높은 편이라고 믿을 만한 이유가 존재한다.[17] 현재로서는 가중치 부여가 탄력성 추정치의 정확한 값에 상당히 민감하다는 것을 인식하는 것이 가장 중요하다. 예를 들어 만일 $\eta = 1$이라면 $W_l = 2.5$(단순히 y_l/y_h)이지만 만일 $\eta = 1.5$이면 $W_l = 3.9$이다. 분명히 W_l의 값에 대한 불확실성이 존재하는데 왜냐하면 그것은 효용함수의 형태에 대한 가정과 η의 추정치에 의존하기 때문이다. 그것은 또한 비교되고 있는 구체적인 소득 집단에도 의존한다. 예를 들어 만일 우리의 훈련 프로그램 예에서 우리가 실제로 가정했던 하위 2개 분위가 아니라 최하위 1개 분위로부터 참여자들이 추출된다면 y_l은 $12,457이 되고 만일 $\eta = 1.2$라면 W_l은 6.2가 될 것이다.

소득의 **사적** 한계효용 체감에 관한 주장에 부합하는 것과는 대비되게 **사회** 후생을 증진시키는 데 대한 사회적 견해에 부합하는 분배 가중치를 개발하기 위해 적어도 한 번의 사도가 있었다.[18] 흥미로운 탐사적 연구에서 Helen Scarborough와 Jeff Bennett은 다소 CVM(16장 참조)과 유사한 선택모형(진술선호법)을 사용하였다. 이 방법은 세대 간 재분배를 초래하는 환경정책과 같은 정책을 평가하는 데 사용될 수 있는 가중치를 개발하기 위해 사용될 수 있다.[19] 호주의 소도시 거주 연령 집단들을 대상으로 한 서베이에 기초하고 있는 그들의 연구에서 50세로부터 새로 태어난 아기로 재분배되는 편익은 약 2.3의 가중치가 부여되어야 하고, 25세로부터 새로 태어난 아기로 재분배되는 경우 약 1.4의 가중치, 50세로부터 25세로 재분배되는 경우 약 1.6의 가중치를 부여해야 하는 것을 시사하고 있다. 그들의 접근법은 꽤 복잡하고 Scarborough와 Bennett도 추가적 개선이 필요하다는 것을 인정했지만 세대 간보다는 소득 집단 간 소득을 재분배하는 정책을 평가하는 데 대한 가중치를 개발하는 데 잠재적으로 사용될 수 있을 것이다. 예를 들면, 복지 제도, 건강보험 보조금, 그리고 정부가 자금을 대는 훈련 프로그램 등이 있다.

19.4.2 분배 가중치에 대한 상한값 얻기

우리는 이 장의 앞부분에서 순수한 이전 프로그램은 Kaldor–Hicks 테스트를 통과할 수 없다는 것을 지적하였다. 그러나 이전 프로그램들은 소득을 재분배하는 다른 유형의 프로그램들이 평가될 수 있게 하는 기준으로 사용될 수 있다고 주장할 수 있다.[20] 구체적으로 이 주장은, **만일 한 비(非)이전 프로그램이 사회적 약자들을 더 나아지게 하지만 효율성의 손실을 초래하고 이것 대신 더 적은 효율성의 손실을 가져오는 이전 프로그램이 사용될 수 있다면 이 비(非)이전 프로그램은 거부되어야 한다**는 것이다. 마찬가지로 **만일 한 비이전 프로그램이 사회적 약자 집단을 더 나빠지게 하지만 효율성 이득을 가져오고 비(非)이전 프로그램의 효율성 이득을 완전히 상쇄하지 못하면서 사회적 약자 집단의 손실을 보상할 수 있는 이전 프로그램이 있다면 비이전 프로그램은 채택되어야 한다**.

이 방법에서 필요로 하는 정보를 재공하기 위하여 Edward Gramlich는 전형적인 이전 프로그램을 사용하여 수령인에게 1달러를 재분배하기 위해서는 납세자들에게 대략 \$1.50~\$2.00의 비용이 드는 것으로 추정하였다.[21] Gramlich는 비록 이 추정치들이 개략적이고 잠정적이지만 그것들이 적절한 수준인 한 사회적 약자 집단에 대한 분배 가중치는 사회적으로 혜택받은 사람들에 대한 가중치의 1.5~2배 이상으로 정해져서는 안 된다고 주장될 수 있다고 제안한다.

예를 들어, 한 비이전 프로그램이 사회적 관점에서 가중치가 부여되지 않은 음의 순현재가치를 가지고 있지만 가난한 사람들을 더 나아지게 한다고 하자. 구체적으로 그 프로그램은 저소득 사회적 약자가 받는 편익 1달러에 대해 고소득 집단에게 \$2.50의 비용이 든다고 가정하자. Gramlich의 추정치는 이전 프로그램에서 가난한 집단이 받는 1달러는 부유한 집단에게 단지 \$1.50~\$2.00의 비용이 든다는 것을 의미한다. 따라서 원칙상 가난한 집단이 비(非)이전 프로그램에서와 동일하게 나아지게 하면서 부유한 집단에 더 낮은 비용을 부담시키는 이전 프로그램이 대신 사용될 수 있을 것이다. 그것은 덜 새는 양동이이다! 이와 같이 비(非)이전 프로그램은 음의 가중치가 부여되지 않은 사회적 NPV를 가질 뿐만 아니라 가난한 집단에게 소득을 재분배하기 위한 단순한 이전 프로그램보다 열등하다.

이제 가난한 집단에게 발생하는 비용 1달러당 부유한 집단에게 $2.50의 편익을 제공하는 다른 프로그램을 생각해 보자. 이 환경에서 원칙적으로 이 프로그램에서 가난한 집단이 잃는 돈은 이전 프로그램을 통해 단지 부유한 집단에 대해 $1.50~$2.00의 비용으로 변제될 수 있을 것이다. 이런 이유로 이 프로그램은 양의 가중치가 부여되지 않은 NPV를 가질 뿐만 아니라 프로그램의 효율성 이득을 완전히 상쇄시키지 않으면서 가난한 집단이 그들의 손실에 대해 보상받을 수 있을 것이다.

바로 앞에 제시된 분석은 **부유한 집단에 대한 가중치가 1로 정해질 때 가난한 집단에 부여된 분배 가중치는 1.5나 2.0을 초과해서는 안 된다**는 것을 시사한다. 더 큰 가중치 부여는 소득을 재분배하기 위한 단순한 이전 프로그램보다 열등한 비효율적 프로그램을 채택하는 것을 의미하고 가난한 집단이 부담하는 손실이 소득 이전을 통해 완전히 보상될 수 있으면서도 부유한 집단이 순이득을 얻을 수 있는 효율적 프로그램을 거부하는 것을 의미한다. 그러나 이 주장은 마음 속으로는 Kaldor–Hicks 규칙에 내재하는 것과 매우 유사하다. 둘 다 승자들은 정책이 없을 때보다 더 나아지면서 정책 아래 패자들에게 보상할 수 있는 이전 지출의 **잠재적** 사용에 기초하고 있다. 그러나 이러한 소득이전이 실제로 이루어지도록 요구하는 것은 아무것도 없다.

19.5 실용적인 가중치 부여법

분배 가중치를 추정하려는 상당한 노력에도 불구하고 수용 가능한 가중치 집합에 대한, 혹은 가중치가 사용되어야 하는지 여부에 대한 일반적 합의가 아직 없는 것으로 보인다. 예를 들어, 영국 정부는 이제 CBA에서 분배 가중치를 부여하는 것을 지지하고 있지만,[22] 다른 나라들의 정부는 따르지 않고 있다. 분배 가중치 사용에 관한 수렴이 없는 상황에서 우리는 소득 분배를 포함한 분배 이슈가 중심 관심인 CBA(예를 들어, 가난한 집단을 대상으로 삼거나 국가, 주, 시 내부의 빈곤 지역을 대상으로 하는 프로그램의 (CBA) 또는 상이한 소득 집단을 분명하게 상이하게 취급하는 정책들의 CBA)에만 그것의 사용이 제한되어야 한다는 것을 제안한다. 그러면 어떤 특정한 분배 가중치 집합이 "올바른" 집합으로 선택되는 것을 필요로 하지 않으면서 분석되는 정책과 연관된 분배 시사점의 중요성을 강조하는 방법을 사용하는 것이 가능할 수 있다.

이 방법을 예시하기 위해 우리는 14장에 수반된 사례 연구에서 처음 논의되었던 근로연계복지 프로그램의 CBA로 돌아간다. 이 프로그램들은 수급 가구들에 직장 탐색, 교육, 훈련, 금융 혜택, 보조를 받는 직장의 다양한 조합을 제공한다. 이 프로그램들은 수급 가구들, 특히 사회적 약자인 저소득 가구들을 대상으로 하기 때문에 분배적 영향과 경제적 효율성에 대한 영향이 모두 관련된다. 따라서 원칙적으로 근로연계복지 프로그램의 CBA는 두 유형의 영향을 고려해야 한다.

19.5.1 가중치가 부여되지 않은 비용과 편익 추정치의 제시

근로연계복지 프로그램의 효율성 및 분배 영향을 모두 고려하는 데 있어서 첫 번째 단계는 단지 관련 있는 하부 집단은 물론 사회 전반에 대한 가중치가 부여되지 않은 프로그램 영향을 제시하는 것이다. 이것은 표 19.2의 처음 세 열에 나와 있다. 이것들은 단순히 원래 14장의 사례 연구에서 제시된 이 프로그램들의 총 순현재가치 추정치를 복사한 것이다. 1열은 프로그램 참여자들 관점에서의 추정치이고, 2열은 비참여자 관점에서고, 3열(처음 두 열의 합산)은 사회 전체의 관점이다.

표 19.2 선정된 근로연계복지 실험의 MDRC 평가에 대한 분배 가중치 사용의 민감도

	참여자 관점의 NPV (1)	비참여자 관점의 NPV (2)	가중치 미부여 사회적 NPV(1열+2열) (3)	참여자 가중치 2일 때의 NPV(2×1열+2열) (4)	참여자에 대한 내부 가중치의 추정치(2열/1열) (5)
의무적 근로경험 프로그램					
Cook County WIN Demonstration(n=11,912)	817	−218	599	1,416	NA

	참여자 관점의 NPV (1)	비참여자 관점의 NPV (2)	가중치 미부여 사회적 NPV(1열 +2열) (3)	참여자 가중치 2일 때의 NPV(2× 1열+2열) (4)	참여자에 대한 내부 가중치의 추정치(2열/1열) (5)
San Diego(n=3,591)	369	1,679	2,047	2,416	NA
West Virginia CWEP(n=3,694)	-194	1,695	1,501	1,307	8.74
의무적 구직 우선 프로그램					
Atlanta LFA NEWWS(n=4,433)	-17	-1,109	-1,126	-1,142	NA
Grand Rapids LFA NEWWS (n=4,554)	-3,412	4,189	778	-2,634	1.23
Los Angeles Jobs-First GAIN (n=15,683)	605	3,622	4,227	4,832	NA
Riverside LFA NEWWS(n=8,322)	-1,911	2,225	314	-1,597	1.16
SWIM(San Diego)(n=3,227)	-59	3,093	3,034	2,975	52.59
의무적 교육 우선 프로그램					
Atlanta HCD NEWWS(n=4,433)	473	-4,692	-4,219	-3,745	9.91
Columbus integrated NEWWS (n=7,242)	-2,351	351	-2,000	-4,350	NA
Columbus traditional NEWWS (n=7,242)	-1,694	-929	-2,623	-4,317	NA
Detroit NEWWS(n=4,459)	233	-477	-244	-11	2.05
Grand Rapids HCD NEWWS (n=4,554)	-2,907	-445	-3,352	-6.258	NA
Riverside HCD NEWWS(n=3,135)	-4,387	875	-3,512	-7,899	NA
의무적인 혼합 초기활동 프로그램					
Butte GAIN(n=1,234)	2,177	234	2,411	4,588	NA

	참여자 관점의 NPV (1)	비참여자 관점의 NPV (2)	가중치 미부여 사회적 NPV(1열+2열) (3)	참여자 가중치 2일 때의 NPV(2×1열+2열) (4)	참여자에 대한 내부 가중치의 추정치(2열/1열) (5)
Portland NEWWS(n=4,028)	−1,389	7,541	6,151	4,762	5.43
Riverside GAIN(n=5,626)	2,520	4,884	7,403	9,923	NA
San Diego GAIN(n=8,224)	1,221	1,520	2,740	3,961	NA
Tulare GAIN(n=2,248)	2,403	−3,763	−1,359	1,044	1.57
Project Independence(Florida)(n=18,237)	−689	120	−569	−1,258	NA
Alameda GAIN(n=1,205)	1,450	−4,943	−3,493	−2,044	3.41
Los Angeles GAIN(n=4,434)	−2,653	−5,725	−8,378	−11,031	NA
소득급부 프로그램					
MFIP(Minnesota)(n=3,208)	12,071	−13,040	−969	11,102	1.08
SSP applicants(Canada)(n=2,371)	7,841	−691	7,151	14,992	NA
SSP long-term recipients(Canada)(n=4,852)	5,491	−2,812	2,679	8,170	NA
WRP(Vermont)(n=5,469)	287	−272	15	301	NA

NA, 해당 없음

1-3열의 원천: 표 14C.1.

표 19.2의 처음 세 열에 제시된 추정치들 중 어느 것도 가중치가 부여되지 않고 있다. **분배 가중치가 사용되는지 여부와 관계없이 사회 전체에 대한 편익과 비용의 가중치가 부여되지 않은 추정치들은 항상 CBA에서 제공되어야 한다. 게다가 분배적 고려가 중요할 때** 만일 수행 가능하다면 **관련 있는 집단에 대한 편익과 비용 추정치들도 제공되어야 한다.**[23]

표 19.2의 처음 세 열에 제시된 가중치가 부여되지 않은 NPV 추정치들은 두 가지 중

요한 결론을 제시한다. 첫째, 사회 전반에 대한 가중치가 부여되지 않은 26개 NPV 추정치 중 14개는 양의 값인 한편 12개는 음의 값이다. 둘째, Kaldor–Hicks 테스트를 통과한 14개 경우 중 5개의 경우 프로그램 참여자들은 프로그램에 의해 더 나빠진 반면, 비참여자들, 평균적으로 참여자들보다 상당히 높은 소득을 누리는 집단은 더 나아졌다. 그러나 칼도–힉스 테스트를 통과하지 못한 12개 경우중 5개에서 프로그램 참여자들은 더 나아졌고, 비참여자들은 더 나빠졌다. 이러한 종류의 상황에서는 경제적 효율성과 분배적 고려 간에 상충관계가 존재한다. **분배적 고려가 적절한 것은 특정 정책이나 프로그램 변동이 효율성과 소득이나 부의 분배 균등 간에 상충관계를 초래할 때 뿐이다. "win-win 변동"의 경우(즉 효율성과 누진성이 모두 증진) 또는 "lose-lose 변동"(즉 효율성과 누진성 모두 하락) 경우에는 분배 가중치 부여가 필요하지 않다.**[24] 표 19.2는 9개의 win–win 변동 사례, 7개의 lose–lose 사례, 그리고 10개의 상충 변동 사례를 보여준다.

19.5.2 민감도 테스트 수행

4열은 표 19.2의 3열에 제시된 추정치들이 분배 가중치 사용에 대해 민감한 정도를 분명하게 한다. 암묵적으로 사회는 수급가구와 비수급가구의 이득과 손실을 동일하게 가치 매긴다는 가정에 기초하고 있는 3열의 가중치가 부여되지 않은 숫자들과 대조적으로 4열의 숫자들은 수급가구의 이득이나 손실이 비수급가구보다 2배로 가치가 매겨진다고 가정하고 있다, 즉 비수급가구의 가중치가 1일 때 수급가구의 분배 가중치는 2이다. 참여자들에 대한 가중치 2는 Gramlich가 제안한 상한이지만 미국의 경우 Layard, Nickell, Mayraz의 연구에서 암시된 가중치 3보다는 상당히 낮다.

3열과 4열을 비교해 보면 예상한 바와 같이 이 가중치 부여로 모든 사회적 NPV 추정치 크기에서 변화가 일어났다. 그러나 보다 더 중요한 것은 비교를 통해 사회적 NPV 추정치 가운데 단지 4개만 부호가 바뀐 것을 볼 수 있다. 이 부호 변동 중 두 개는 양의 값에서 음의 값으로 되어 순 사회적 이득이 순손실로 바뀌는 한편, 다른 두 개는 음에서 양으로 바뀌어 순 사회적 손실이 순이득이 된다. 나머지 22개의 사회적 NPV 값들은 심지어 큰 분배 가중치가 사용될 때에도 부호가 바뀌지 않아 표 19.2에 열거된 대부분의 프로그램들은 타당한 가중치 부여에 대해 그다지 민감하지 않다는 것을 시사한다.

비록 표에는 나타나 있지 않지만 심지어 2 대신 3이라는 더 큰 가중치를 사용할 때에도 단지 5개의 부호 변동만 있고, 21개 NPV는 부호가 바뀌지 않는다.

19.5.3 내부 가중치의 계산

표 19.2의 5열은 **내부 가중치**의 계산에 기초하고 있다. 이것은 분배 가중치를 계산하기 위해 4열에서 사용된 방법에 대한 대체가능한 방식이다. 이 방법은 한 집단은 상대적으로 사회적 약자(예를 들어, 근로연계복지 프로그램 참여자들)이고 다른 집단은 상대적으로 혜택받은 집단(예를 들어, 이 프로그램들의 비참여자들) 등 단지 두 관련된 집단만이 존재할 때 최선이다.

우리는 혜택받은 집단에 대한 가중치를 1로 놓고 혜택받은 집단의 추정된 NPV를 혜택받지 못한 집단의 추정된 NPV로 나누어주어 혜택받지 못한 집단의 가중치를 계산함으로써 내부 분배 가중치를 도출할 수 있다. 이 아이디어는 내부수익률 계산의 뒤에 있는 것과 유사하다. 어떻게든 선정된 가중치 대신 분석되고 있는 프로그램의 손익분기점이 되는 가중치를 찾는 것이다. 환언하면 사회 전반에 대한 NPV가 0과 같게 되는 가중치를 찾는 것이다. 약간 다른 관점에서 보면 혜택받지 못한 집단의 내부 가중치는 만일 프로그램으로 인해 혜택받은 집단이 더 나빠지게 되고 혜택받지 못한 집단이 더 나아지게 된다면 혜택받지 못한 집단이 받는 편익 1달러당 초래되는 비용을 나타내거나 또는 혜택받은 집단이 더 나아지고 혜택받지 못한 집단이 더 나빠진다면 혜택받지 못한 집단에 발생하는 비용 1달러당 혜택받은 집단이 받는 편익을 나타낸다.

표 19.2에서 우리는 근로/복지 전시 참여자들에 대한 내부 가중치를 2열을 1열로 나누어 계산하고 있다. 그러나 우리는 CBA가 효율성과 분배 간에 상충관계를 보일 때(1열과 2열의 부호가 반대일 때)만 이 계산을 한다. win−win이나 lose−lose 변동의 경우에는 효율성과 분배 간 상충관계가 없어서 분배 가중치 부여는 적절하지 않다. 표 19.2에 나타난 추정치들 가운데 상충적 변동 사례는 단지 10개만 발생하여 프로그램 참여자들에 대한 10개의 내부 가중치가 5열에 나와 있다.

이 10개의 값 각각은 프로그램이 손익분기가 되는 가중치를 보여준다. 따라서 만일 참여자들에 대한 "진정한" 가중치가 실제로 내부 가중치보다 크다면 양의 가중치가 부여되지 않은(또는 표준적인) 사회적 NPV는 일단 그것들의 분배 시사점이 고려되면 손익분기에 실패할 것이고 음의 가중치가 부여되지 않은 사회적 NPV는 손익분기보다 더 클 것이다. 그러나 참여자들의 "진정한" 가중치는 모르기 때문에 정책 담당자들은 참여자들에 대한 편익이나 비용이 계산된 내부 가중치에 의해 드러난 것보다 더 크거나 더 작은 값이 주어져야 하는지에 대한 판단을 해야 한다. 사실 내부 가중치의 주요 이점은 그것이 정책 담당자들에게 효율성과 분배 간의 상충관계를 분명하게 한다는 것이다.

앞에서 우리는 혜택을 받지 못한 사람들에 대한 가중치의 합리적인 상한은 1.5－2라고 주장하였다. 만일 우리가 2를 기준으로 사용하면 표 19.2에서 2를 초과하는 내부 가중치를 가지고 있고 양의 가중치가 부여되지 않은(표준적인) 사회적 NPV를 갖는 세 프로그램들은 비록 그것들이 소득 분배에 역효과를 가지고 있더라도 채택되어야 한다. 이와 대조적으로 내부 가중치가 2를 초과하지만 음의 가중치가 부여되지 않은 사회적 NPV를 갖는 세 프로그램들은 비록 그것들이 소득 분배를 개선시키더라도 정당화될 수 없다.

19.6 결론

이 장은 다수의 정책들이 상이한 소득 집단에 대해 다른 영향을 미친다는 사실을 감안하기 위한 분배 가중치 부여의 사용에 초점을 맞추고 있다. 그러나 사실 분배 가중치 부여는 CBA에서 자주 사용되지 않는데,[25] 그 이유는 아마도 무엇이 널리 수용되는 가중치인지에 대한 합의가 없기 때문일 것이다. 한 가지 분명한 예외는 국가 간 소득격차가 엄청난 기후변동에 대한 전지구적 연구에서일 것이다.[26]

분배 가중치에 대한 합의가 없는 상황에서 우리는 분배 가중치의 사용은 다음의 두 조건을 충족시키는 정책에 국한할 것을 제안한다. 즉 (1) 그것들은 혜택을 받지 못한 사람들을 대성으로 하거나 혜택을 받은 사람과 받지 못한 사람을 다르게 취급하고, (2) 그것들은 전반적 사회적 효율성을 감소시키지만 저소득 개인들을 더 나아지게 하거나 또는 그것들이 저소득 개인들을 더 나빠지게 하지만 사회적 효율성을 증가시킨다.

사실 두 조건들을 충족시키는 정책들은 상대적으로 적을 것이다. 충족시키는 정책들은 있을 법한 범위의 가중치에 기초하여 민감도 테스트의 대상일 수도 있다. 혹은 그 대신에 내부 가중치가 계산되어 그것이 정책 담당자들에게 분배 가중치의 선택에 기초가 되는 정보를 제공할 수도 있다. 그러나 어느 경우든 저소득 집단에 대한 분배 가중치가 고소득 집단에 비해 50%(1.5의 가중치)에서 100%(2의 가중치) 이상으로 허용되어서는 안 된다는 설득력 있는 주장이 이루어질 수 있다.

Notes

CHAPTER 19 연습문제

1. 한 도시가 새로운 위생시설을 지으려고 생각하고 있다. 두 지역을 생각하고 있는데, 하나는 적당히 고소득 이웃에 위치하고 있고, 다른 하나는 저소득 이웃에 위치하고 있다. 사실 후자의 대부분의 주민들은 빈곤선 밑에서 살고 있다. 시의 위생 기사는 주장하기를 "시는 새로운 시설을 필요로 하고 어딘가에는 지어져야 한다." 그러나 그는 그것이 입지할 이웃에 대해서는 무차별하다. 시설은 어느 곳에 위치하든 동일한 비용으로 효율적으로 운영될 것이고 동일한 수의 사람들이 시설이 배출하는 대기오염 영향을 받을 것이다. 시는 두 입지를 연구하기 위해 경제학자를 고용한다. 그 경제학자는 고소득 이웃에 더 비싼 주택들이 들어서 있다는 것을 고려하면 그 시설로 인해 저소득 이웃에 비해 고소득 이웃의 평균 재산가치가 상당히 더 크게 하락할 것이라는 것을 알아낸다. 이것과 일관되게 경제학자가 수행한 조건부 가치평가 연구에서는 위생 시설을 회피하기 위한 지불의사액은 저소득 이웃에 비해 고소득 이웃에서 훨씬 높은 것으로 나온다. 저소득 이웃의 주민들은 시설이 고소득 이웃에 건설되기를 강하게 선호한다. 경제학자의 연구 결과에 직면하여 그들은 어떤 종류의 할 수 있나?

2. 6개의 제안된 프로젝트에 대해 CBA가 수행되었다. 이들 프로젝트는 어느 것도 상호 배타적이지 않고, 정부기관은 사회를 더 나아지게 만드는 정책들에 자금을 댈 충분한 예산을 가지고 있다. 다음과 같이 CBA의 결과는 100만 달러 단위로 요약되어 있다.

	순 사회적 편익	순 집단 I 편익	순 집단 II 편익
프로젝트 A	3	3	0
프로젝트 B	9	12	−3
프로젝트 C	6	18	−12
프로젝트 D	−2	−4	3
프로젝트 E	−3	−2	−2
프로젝트 F	−3	6	−9

집단 I은 연간 소득이 $25,000인 가구들로 구성되어 있는 한편 집단 II는 연간 소득이 $25,000 이하인 가구들로 구성되어 있다.

a. 순편익 규칙에 따르면 이 프로젝트들 중 어느 것에 자금을 대어야 하나?

b. 프로젝트들 중 어느 것이 분배적 고려가 이슈가 될 수 있나?

c. 당신이 (b)에서 선택한 프로젝트들에 대한 내부 분배 가중치를 계산하라. 이 가중치를 이용하여 각 프로젝트가 실제로 수행될 수 있는 상황을 제시하라.

d. 집단 I에 대해 1의 분배 가중치를, 집단 II에 대해 2의 가중치를 사용하여 6개 프로젝트에 대한 사회적 순편익을 재계산하라. 이 가중치로 조정된 순 사회적 편익 추정치를 이용하여 각 프로젝트가 실제로 수행될 수 있는 상황을 제시하라. 이것을 답할 때 집단 II에 대한 분배 가중치는 상한이라고 가정한다.

사례 19 털사(Tulsa) 자산형성지원사업 프로그램

이 사례는 털사 자산형성지원사업(Individual Development Account(IDA)) 프로그램의 사후적 CBA를 요약하고 있다. 이 분석은 참여자들을 초기에 치료 및 대조군으로 무작위 할당하고 10년 후와 프로그램이 종료한 후 약 6년 후에 수집된 자료에 기초하고 있다.[1] 이 장의 주제에 가장 관련있는 것으로서 여기서는 참여자, 정부, 기부자 관점에서 IDA 프로그램의 분배적 결과를 살펴본다. 이와 함께 IDA CBA의 불확실성을 감안하기 위해 여기서는 몬테카를로시뮬레이션을 이용한다.

연간 빈곤 지침(4인 가구의 경우 1990년대 후반에는 약 $25,000이고 2018년경에는 약 $37,000)의 150% 밑에 있는 가구들이 직면한 저축 및 투자 장벽을 줄이기 위해 털사 카운티의 커뮤니티 액션 프로젝트(Community Action Project of Tulsa County(CAPTC))가 주관한 털사 IDA 프로그램은 주택을 구입하거나 현재의 주택을 유지하거나 중등과정 후의 교육을 받거나 사업의 시작 또는 운영하거나 노후를 위한 자산 축적을 위한 저축에 보조금을 제공하였다. 그것은 또한 보조 훈련과 교육을 제공하였다. 이 프로그램은 주택구입에 책정된 참여자들의 계정상 1달러당 2달러를 그리고 다른 정해진 목적에 할당된 계정상 1달러당 1달러씩을 3년 동안 1년에 $750까지 기부하였다. 2016년 달러로 자격을 갖춘 가구당 $853에 이르는 대응 자금의 2/3는 주택 구입(43.9%)이나 주택 유지(22.8%)에 지원되었다. 대응자금의 또 다른 주요 용도는 은퇴를 위한 것(22.2%)이었다. 나머지 대응자금은 교육이나 사업에 대한 투자를 위해 사용되었다. 프로그램 평가에서는 자격을 갖춘 사람들을 무작위로 IDA에 접근할 기회를 가진 치료군이나 대조군에 무작위로 할당되었다.[2]

CBA와 분배계정 구조의 개관

표 19C.1은 털사 IDA의 측정 영향에 대한 예측(즉 프로그램의 영향이 기대한 방향과 같다는 것을 가정하면)이 요약되어 있다. 세 분배적 관점에서 뿐만 아니라 사회 전체 관점에

표 19C.1 비용-편익분석과 분배관점계정 구조

	참여자	정부	기부자	사회(행 합계)
편익 범주				
정부이전을 차감한 소득에 대한 영향	+			+
정부이전 지출에 대한 영향	−	+		0
소유에 대한 주택 일시 임대가치의 영향	+			+
주택가치 상승에 대한 영향	+			+
주택 담보가치에 대한 영향	+			+
주택 보유에 따른 소득세에 미치는 영향	+	−		0
사업체 지분에 대한 영향	+			+
비용 범주				
소득에 대한 영향에 따른 조세에 대한 영향	−	+		0
주택구입비용에 대한 영향	−			−
재산세에 대한 영향	−	+		0
주택 수선 및 유지비용에 대한 영향	−			−
사업 투자에 대한 영향	−			−
교육 투자에 대한 영향	−			−
은퇴 대비 저축에 대한 영향	−			−
지출되는 대응자금	+		−	0
IDA 운영비용		−	−	−
총 순 화폐편익	+	−	−	?

서 양의 부호(+)는 예상 편익을 나타내고 음의 부호(−)는 예상 비용을 나타낸다. 네 개의 열은 참여자, 정부, IDA자금에 대한 민간 기부자, 사회 전체(다른 세 관점의 합계)의 관점에서의 편익과 비용을 보여주고 있다. 서로 상쇄되는 항목들은 중립 부호(0)로 표시되고 사회에 대한 순효과는 없다. 예를 들어, (주택 소유에 대한 긍정적 영향에 따른 주택 대금 지급에 대한 공제에 기인한) 소득세 인하로 참여자는 더 좋아지는 동시에 정부는 (조

세의 한계초과부담을 무시하면) 동일 규모만큼 나빠지게 된다.

표 19C.1의 참여자 열에서 보는 투자는 대응자금을 통해서 투자된 금액을 포함한 총 규모를 나타낸다. 따라서 참여자 관점에서 보면 참여자 열에서 음의 부호를 갖는 투자 비용은 참여자 열에서 양의 부호를 갖는 대응자금에 의해 부분적으로 상쇄된다. 털사 IDA는 주택 소유를 촉진시켰다. 주택을 구입한 참여자들은 편익을 얻었는데 왜냐하면 그들은 더 이상 임차료를 지급할 필요가 없고 그들이 구입한 주택의 가치상승에 대한 비용을 지불할 필요가 없기 때문이다. 물론 이 편익은 집을 구입하고 소유하는 비용에 의해 부분적으로 상쇄되는데 이것도 표 19.1에 나와 있다.

표 19C.1의 마지막 행은 각 열의 산술적 합계로 계산된 각 관점에 따른 총 순 편익 또는 비용을 보여주고 있다. 이 “최종” 추정치는 적어도 **화폐적** 이득과 손실 면에서 각 집단에게 양이나 음이 될 수 있다. 참여자의 투자가 보조를 받을 때에만 참여자들의 총 순편익이 양이 되는 것으로 예상되었다. 이와 대조적으로 정부와 민간 기부자들은 순비용이 발생하는 것으로 예상되었다. 조세수입의 증가와 이전지출의 감소는 정부의 운영비용을 단지 부분적으로만 상쇄시키는 것으로 예상되었다. 민간 기부자들은 그들에게 발생한 비용으로부터 아무 금전적 편익을 받지 못하였다. 사회에 대한 열의 제일 밑에 “?”로 표시된 부호는 참여자들에게 발생한 총 순편익이 정부와 기부자들에게 발생한 총 순비용보다 클지 작을지 모른다는 것을 의미한다. CBA는 이 알지 못하는 것을 다룬다.

비용과 편익의 추정

CBA에서는 참여자 1인당으로 비용과 편익 항목들을 추정한다. 분석에서는 심지어 편익과 비용이 0인 사람들을 포함한 모든 치료 및 대조군 구성원들이 포함된다. 그렇게 함으로써만 다양한 비용 및 편익 추정치들이 적절하게 비교된다. 이 추정치들을 2016년 가격으로 조정하기 위해 소비자 물가지수(CPI)가 사용된다. 편익과 비용은 연간 3.5%의 할인율로 할인된다.

10년간에 걸쳐 몇몇 시점에서 수집된 자료에 기초하여 프로그램의 편익과 비용은 10년 기간에 대해 추정되었다. 프로그램 영향은 다년간에 걸쳐 지속될 것이기 때문에 비록 참여자들이 그들의 IDA에 저축할 기간이 3년에 불과하고 그 자금을 그 이후 6개월

내에 적절한 투자에 사용해야 함에도 불구하고 이렇게 상대적으로 긴 관찰 기간은 중요하다. 예를 들어, 교육 투자는 살아있는 동안 나중에 소득의 증가를 가져올 수 있고, 주택개조를 위한 물품 구입은 인플레이션에 대해 조정한 후에도 가치의 상승을 초래할 수 있다. 반면에 IDA의 영향은 시간이 감에 따라 감소할 수 있다. 치료군에 속한 사람들은 그들이 대응자금을 받는 3년 반 동안 투자할 유인을 가질 것이다. 이와 대조적으로 대조군에 속한 사람들은 그러한 유인이 없을 것이고 사실상 프로그램이 운영되는 동안 CAPTC 주택구입 보조 프로그램으로부터 차단될 것으로 예상되었다.[3] 그러나 프로그램 작동이 멈춘 뒤지만 관찰기간의 끝까지는 대조군이 치료군을 따라잡음에 따라 프로그램의 초기 영향은 감소할 수 있다. 10년의 관찰기간은 3년 반이라는 참여기간을 넘어서도 지속하는 영향 추세를 파악할 수 있게 한다.

CBA에서 사용된 대부분의 영향 추정치들은 전통적인 수준에서 통계적 유의성에 근접하지 못하였다.[4] 855개의 표본 크기로 통계적 유의성이 없게 나온 것은 추정된 효과가 상응하는 대조 집단 평균에 비해 일반적으로 작기 때문이다.[5] 예를 들어, 대조 집단의 평균 소유율은 0.516이나 소유에 대한 추정된 영향은 단지 0.029이다. 만일 추정된 영향이 두 배 정도 컸더라도 계속 통계적으로 유의하지 않았을 것이다.

통계적 유의성 결핍을 고려할 때 몇몇 영향 추정치들이 예상한 것과 반대 방향으로 나온 것은 놀랄 일이 아니다. IDA는 사업체 지분, 주택 보수와 유지 지출, 그리고 노후 대비 저축을 증가시킬 것으로 예상되었으나 부호는 음으로 나왔다. 또한 (정부 이전을 제외한) 월 소득을 증가시킬 것으로 예상되었으나 10년 후에도 음의 값이다. 정부 이전지출은 감소할 것으로 예상되었으나 추정된 영향 세 개 중 두 개는 양의 값이다. 그럼에도 불구하고 추정치들은 털사 IDA 프로그램의 진정한 영향에 대한 이용가능한 최선의 양적 정보를 제공한다. 즉 양의 부호를 갖는 추정치들은 진정한 영향이 음이 아니라 양일 가능성이 있다는 것을 의미하는 한편, 음의 부호를 갖는 추정치들은 그 반대가 될 가능성이 있다는 것을 의미한다. 비록 0의 값이 가능하다 할지라도 그것들은 진정한 영향이 정확히 0이라는 것을 나타내지는 않는다.

영향에 대한 점추정치에 기초하여 이 프로그램은 참여자에 대해 대략 1인당 $2,200의 평균 순편익을 가져오지만 정부에게는 거의 1인당 $2,870, 기부자에게는 1인당 $1,650의 비용을 초래한다. (모든 비용과 편익은 2016년 달러 기준임) 이로 인해 사회적 관점에서 1인당 $2,320의 순비용이 초래된다. 즉 정부와 민간 기부자들은 우영비용에 대한 지출과 대응자금 측면에서 프로그램에 총 $4,520를 투자하지만 참여자들은 편익으로 단지 $2,200만 얻게 된다. 이전지출의 예상치 못한 증가 외에 참여자들에 대한 주요 편익은 주택구입 비용을 상쇄하는 것 이상으로 주택 구입(대부분은 임대가치와 구입된 주택의 가치 상승)으로부터 나왔다. 그러나 사회적 관점에서 참여자들의 이득은 주로 프로그램 운영비용에 의해 상쇄되었다.

19장에서 논의하였듯이 방대한 경제학 문헌들에서는 CBA는 순편익을 계산할 때 (털사 IDA 참여자들과 같은) 상대적으로 저소득 개인들과 (IDA 기부자들인 조세납부자와 같은) 상대적으로 고소득 개인들 간의 한계효용의 차이를 전자의 1달러 이득이나 손실에 대해 더 큰 가중치를 줌으로써 인식하여야 한다고 주장한다.그 장에서 논의된 다른 고려사항들도 역시 가중치가 사용되어야 한다는 것을 시사한다. 한 예로서 Daniel Fujiwara는 개인당 순 경제적 편익에 대한 추정치는 2.5의 가중치가 곱해져야 하는 것을 제안하였다.[6] 만일 그 가중치가 참여지들의 순이득에 적용된다면 이들의 편익은 $2,200에서 $5,500으로 증가하여 정부와 민간 기부자들의 총 손실을 능가하게 될 것이다. 그러나 19장에서 보았듯이 저소득 개인들의 소득이 CBA에서 달리 가중치가 적용되어야 하는지에 관계없이 분배 가중치의 적절한 값은 논란이 많다.

19장에서 논의하였듯이 Edward Gramlich는 단순한 이전 프로그램을 통해 1달러를 수령자에게 이전하기 위해서 납세자들에게는 대략 $1.50~$2.00의 비용이 드는 것으로 잠정적으로 추정하였다.[7] 위에서 논의한 결과는 IDA는 참여자들에게 $1.00을 이전하기 위해 납세자들과 민간 기부자들에게 약 $2.05의 비용이 드는 것($4,520/$2,200)을 의미한다. 이런 이유로 Gramlich의 추정치에 기초하면 이 프로그램은 자금의 단순한 이전보다 덜 효율적이었다.

다음의 몬테카를로 시뮬레이션은 통계적 유의성의 결핍과 참여자 편익에 대한 가중치 부여 여부에서 알 수 있듯이 추정된 영향의 불확실성을 고려한다.

몬테카를로 시뮬레이션

몬테카를로 시뮬레이션에서는 각 2,000회의 시도를 하여 영향의 원래 추정치들이 평균이 영향의 점추정치와 같고 점추정치의 표준오차에 의해 제시되는 5% 신뢰구간과 같은 표준편차를 갖는 정규분포로부터 무작위 추출된 값으로 대체되었다. 각 편익과 비용 항목 추정치는 변동하지 않는 운영비와 대응자금에 대한 지출을 제외하고 2,000번의 시도로부터의 평균으로 계산되었다. 표 19C.2에는 가중치가 없는 것, 그리고 1.5, 2.0, 3.0의 대안적 가중치에 대한 몬테카를로 결과가 요약되어 있다.

표 19C.2 대안적 가중치(Wt)에 대한 몬테카를로 시뮬레이션의 요약 통계량

	참여자	정부	기부자	사 회			
	가중치 없음			Wt=1	Wt=1.5	Wt=2	Wt=3
2,000번의 시도로부터의 평균 순편익(2016년 달러)	2,241	−2,858	−1,653	−2,372	−1,146	−23	2,220
평균의 표준편차(2016년 달러)	2,264	1,677	0	1,536	2,443	3,485	5,673
양의 순편익 확률(%)	83.6	4.6	0.0	5.8	32.3	50.4	66.5

예상한 바와 같이 가중치가 없는 경우 사회적 순편익(5열)은 영향의 점추정치를 사용하여 계산된 순편익과 근사하다. 큰 표준편차에도 불구하고 사회적 관점에서 양의 순편익이 나타난 것은 시도중 5%보다 작다. 참여자들에게 1.5의 가중치를 적용하면 순편익은 사회적 손실 반 이상으로 줄이지만 사회에 양의 순편익을 가져오는 확률은 단지 32%로 올라간다. 가중치가 2.0으로 증가할 때 사회적 순편익은 손익평형에 가까워서 양의 순편익을 가질 확률이 50%에 도달한다. 가중치를 3.0으로 증가시키면 양의 순편익이 될 확률이 약 66%가 되면서 참여자 1인당 $2,220의 양의 순편익을 가져온다. 따라서 3.0의 가중치에서도 프로그램이 양의 순편익을 가져오지 않을 확률이 3번 중 한 번이 되었다.

Notes

CHAPTER 19 사례에 대한 연습문제

1. 당신은 이 사례연구에서 묘사된 CBA가 제공하는 정보에 부분적으로 의존하여 영속적으로 털사 IDA 프로그램을 채택할지 여부를 결정해야 하는 의사결정자이다.

a. 사례 연구는 1과 3 사이의 분배가중치 부여에 따른 결과를 제공하고 있다. 의사결정자로서 당신은 연구를 수행한 사람들이 하나의 가중치를 선정하고 그 가중치에 기초한 결과를 선호하나 아니면 실제로 그렇게 되듯이 당신이 적절한 가중치를 결정하도록 하나?

b. 의사결정자로서 당신은 어떤 가중치를 선정할 것인가? 그 이유는? 당신이 선정한 가중치에 기초하여 프로그램의 장점에 대해 어떤 결론을 내릴 것인가? (당신이 할 수 있는 한 가중치 선정에 대해 19장에서 제시된 정보에 기초하여 답하라)

c. 가령 털사 IDA가 빈곤선의 150% 이하 소득을 가진 사람들이 아니라 연방 빈곤선 아래의 소득을 가진 가구들로 한정된다고 하자. 그러나 편익과 비용 추정치는 사례에서 제시된 것과 정확히 같다고 하자. b에 대한 당신의 답변은 어떻게 변할 것인가?

CHAPTER 20

CBA는 얼마나 정확한가?

CHAPTER 20

CBA는 얼마나 정확한가?

1장에서는 CBA가 거의 항상 공공부문 의사결정에 유용하게 정보를 줄 수 있다는 것을 강조하고 있다. 실제로 그것의 유용성은 그것의 정확성에 달려 있다. CBA의 정확성을 검토하는 한 가지 방법은 상이한 시점에서 동일한 프로젝트의 분석을 수행하고 결과의 정확성을 비교하는 것이다. 1장에서 우리는 그러한 연구를 **사전적/사후적** 비교 또는 **사전적/중간** 비교라고 불렀다. 이제 우리는 이 토픽에 대해 보다 상세하게 들어가기로 한다.[1]

사전적 CBA는 제안된 프로젝트를 진행할 것인지 여부에 대한 결정에 정보를 제공한다. 우리는 이 시점을 연도 0 또는 $t=0$이라 칭한다. **사후적** CBA는 시행된 프로젝트의 모든 영향들이 실현된 후에 수행된다. 이것은 몇 년 심지어 몇 100년이 걸릴 수도 있다. 가령 모든 영향이 연도 T까지 발생했다고 하자. 그러면 **사후적** 분석은 연도 t에 수행되는데 이때 $t \geq T$이다. 비록 **사후적** 분석은 특정 프로젝트에 대한 결정에 영향을 미치기에는 너무 늦게 이루어지지만 그것은 유사한 프로젝트들에 대한 통찰을 제공한다. **중간** 분석은 연도 t에 수행되는데 이때 $0 < t < T$이다. **중간** 분석은 유사한 프로젝트들에 대한 정보를 제공하거나 아직 마무리되지 않은 프로젝트에 대해 계속할 것인지 아니면 끝낼 것인지에 대한 정보를 제공한다. **중간** 및 **사후적** 분석들은 **사전적** 분석과 같은 방식으로 수행되지만 그것들은 프로젝트로부터 실제로 드러난 데이터를 사용한다.

CBA의 정확성은 분석가가 1장에 제시된 10단계를 얼마나 잘 수행하는가에 달려 있다. 어느 단계에서도 오류가 발생할 수 있다. 가장 중요한 오류들은 **사전적** CBA에서 영향 범주를 구체화하는 것, 영향을 예측하는 것과 **중간** 또는 **사후적** CBA에서 측정 오류와 관련된다. 다른 단계들과 관련된 중요한 오류들은 충분히 자주 발생할 수 있으므로 CBA에 대해 훌륭한 훈련을 받은 분석가들에 의해 회피되어야 한다. 그런데 이 장에서 우리는 누락오류, 예측오류, 가치평가 오류, 그리고 측정 오류만 고려하기로 한다.

일반적으로 채택된 정책의 관측으로 CBA에서 사용할 데이터를 드러냄에 따라 이러한 오류들은 반드시 사라지지는 않지만 감소한다. 이리하여 프로젝트의 끝을 향해 수행되는 CBA는 더 일찍 수행되는 것보다 더 정확하지만 프로젝트 수행 후기의 연구에서도 오류를 포함할 수 있다. 이 장에서는 이러한 몇가지 오류를 1장에서 논의된 고속도로 프로젝트, 상이한 시점－**사전적**, **중간**, **사후적**－에 수행된 세 별개 CBA의 대상었던 프로젝트의 추가적 검토를 통해 보여주고자 한다.

순편익의 추정치들은 연구별로 상당히 다르다. 예상될 수도 있었던 것과 달리 차이의 가장 큰 원천은 예측에 있어서의 오류나 무형 편익에 대한 평가의 차이가 아니라 프로젝트의 실제 건설비용의 차이였다. 따라서 다수의 분석가들이 생각했었을 것으로부터 발생한 가장 큰 오류는 그들의 **사전적** CBA의 가장 신뢰할 만한 요소였다.

20.1 오류의 원천과 시간의 흐름에 따른 그것들의 영향

CBA 연구에서 오류는 다양한 이유로 발생한다. 그것들은 우리가 역시 1장에서 논의하였듯이 관리자의 관료주의적 렌즈에 기인할 수도 있다.[2] CBA 연구에서 몇몇 오류들은 분석가나 정책담당자의 이기적인 행태에 따른 솔직하지 못하거나 전략적인 것으로 보인다. 전시 20.1에 언급된 바와 같이 제안된 규제를 받는 기업들은 순응비용을 과대추정하는 경향이 있다. 또한 관리자들은 체계적으로 편익을 과대추정하고 비용을 과소추정하는 경향이 있다는 상당한 증거가 존재한다.[3] 이러한 종류의 전략적 편의는 관리자들 간에 널리 퍼져 있고, 공공부문에만 국한되는 것이 결코 아니다.[4] 예를 들어, Nancy Ryan은 민간 핵발전 프로젝트가 "경외심을 불러 일으키는" 비용 초과를 경험한 것을 알아냈는데 그중 일부는 전략적 비용 과소추정에 기인하였다.[5] 다수의 연구에서 기업들은 종종 순응비용을 지나치게 높게 보고하는 것을 알아냈다.[6]

전시 20.1

미국 환경보호국(EPA)은 제안된 규제의 CBA에서 비용의 **사전적** 예측 정확성을 증진시키는 데 도움이 되도록 규제비용의 **사후적** 평가를 수행한다. 분석가들은 오류의 세 가지 보편적 원천들을 인식한다. 첫째, EPA는 순응비용에 대한 정보의 주요 원천으로서 제안된 규칙의 대상이 될 기업들에 의존해야 한다. 모든 가능한 순응 대안들의 분석에 투자하는 대신 기업들은 가장 그럴 듯 하지만 반드시 기술적으로 가장 효율적이지는 않은 한 가지를 보고하는 경향이 있다. 또한 기업들은 만일 규칙에 반대한다면 비용을 과장하고 그 규칙이 경쟁적 이점을 제공한다면 비용을 축소해서 말할 전략적 유인을 가질 수 있다. 둘째, 분석가들은 기술 혁신이나 저비용 순응 대상을 예상하지 못할 수 있다. 예를 들어, 염화불화탄소(CFC) 사용을 단계적으로 중단하는 EPA 규칙의 비용은 예측한 것보다 30% 적었는데 그 이유는 **사전적** 분석에서는 비용을 낮추는 절차 변동과 대체재를 예측하지 못했기 때문이다. 셋째, 주요 규칙을 만드는 과정이 EPA는 보통 몇 년이 걸리고 장기의 이행기간이 뒤따를 수 있기 때문에 예상치 못한 외생적 변동이 발생할 수 있는 충분한 시간이 있다. 예를 들어, 아황산가스를 줄이는 규칙의 비용은 예측한 것보다 낮았는데 왜냐하면 철도 규제완화로 와이오밍에 있는 탄광으로부터 동부 해안에 있는 발전소까지 그것의 운송비용을 줄임으로써 저유황 석탄의 가격을 낮추었기 때문이다.

출처: Elizabeth Kopits, Al McGartland, Cynthia Morgan, Carl Pasurka, Ron Shadbegian, Nathalie B. Simon, David Simpson, and Ann Wolverton, "Retrospective Cost Analyses of EPA Regulations: A Case Study Approach." *Journal of Benefit-Cost Analysis*, 5(2), 2014, 173-93에서 발췌.

우리의 고속도로 예에서와 같이 정말로 독립적인 분석가들이 CBA를 수행할 때는 전략적 편의에 직면하는 것을 예상하지 않을 것이다. 그러나 우리가 8장에서 논의한 것처럼 예측은 누락오류와 예측오류가 발생하기 쉽고 화폐가치화는 가치평가 오류의 대상이다. 게다가 측정오류가 있을 수 있다. 전시 20.2에서는 Steven Popper, Robert Lempert,

Steven Bankes의 주장인 장기 프로젝트의 불확실성으로 인해 정책담당자들은 가장 큰 예상 순 사회적 편익을 갖는 대안을 선택하는 대신 모든 가능한 우발사태에서 "희생"해야만 한다는 주장을 요약하고 있다.

전시 20.2

Steven Popper, Robert Lempert, Steven Bankes는 종래의 비용-편익분석의 대안을 개발하고자 하는 시도인 장기의 복잡한 프로젝트의 경우 불확실성으로 인한 예측오류에 대해 상당히 걱정하고 있다. 11장에서 논의되었듯이 몇몇 우발사태 가운데 어떤 것이 현실화될 것인지에 대한 불확실성이 존재할 때 CBA에서의 한 가지 방법은 먼저 각 우발사태에서 각각의 편익과 비용을 추정하고 각 우발사태가 실현될 예상 확률을 사용하여 각 대안 정책에 대한 기대치를 추정한 다음 가장 큰 순 기대치를 갖는 대안을 선택함으로써 정책 대안들을 비교하는 것이다. Popper, Lempert, Bankes는 그것의 순 기대치 측면에서 최적의 정책이지만 몇몇 우발사태에서는 불만족스러운 결과를 가져올 수 있는 정책을 선택하는 것과 대조적으로 설령 특정 정책이 다른 대안보다 더 작은 기대치를 갖더라도 모든 가능한 우발사태에서 "만족스러운" 결과를 가져오는 정책을 선택할 것을 제안하고 있다. 그들이 이 방법을 촉진하는 한가지 이유는 그들은 다수의 상황에서 각 우발사태에 대한 확률은 정확히 예측될 수 없다고 믿기 때문이다. 따라서 그들은 각 가능한 우발사태가 실현될 확률을 계산하는 것은 다른 것 대신 하나의 정책 대안을 선택하는 것을 정당화해야 하고 정책담당자들이 실제 확률이 이 추정치보다 큰지 작은지 여부를 평가하도록 해야 한다고 제안한다.

출처: Steven W. Poper, Robert J. Lempert, and Steven C. Bankes, "Shaping the Future." *Scientific American*, 292(4), 2005, 66에서 발췌.

시간이 지남에 따라 이 오류들의 영향은 일반적으로 감소하고 추정된 NPV는 진짜 값에 수렴할 것이다. **사전적으로**, 순편익 현재가치의 분포는 보통 그것에 대한 불확실성을 반영하는 꽤 큰 분산을 가진다. 시간이 흐름에 따라 예를 들어, 초기 교통량과 같이 자연이 어떤 영향 변수에 "주사위를 굴려서" 어떤 영향들은 실현된다. 그 결과 순편익 변동의 분포는 시간이 흐름에 따라 변한다. 분포의 평균은 **사전적** 평균에 비해 증가할 수도, 감소할 수도 있을 것이지만 그것은 진짜 값에 접근하는 경향이 있을 것이다. 동시에 분산은 결코 0이 되지는 않지만 시간이 흐름에 따라 감소한다.

시간이 흐름에 따라 프로젝트 영향의 전체 범위가 관찰됨에 따라 누락오류는 분명히 감소한다. 이와 유사하게 영향들이 실현됨에 따라 예측오류는 감소하거나 제거된다. 물론 심지어 **사후적** CBA도 반사실적 이벤트의 예측과 관련된 어려움으로 인한 몇몇 예측오류들을 포함할 수 있다. 가치평가 오류도보다 신뢰할 수 있는 잠재가격을 만들어 내는 방법론적 향상에 의해 시간이 흐름에 따라 감소할 가능성이 있다. 측정 오류는 시간이 흐름에 따라 변하지 않을 수도 있지만 이 유형의 오류는 상대적으로 작을 가능성이 있다. 이리하여 전체적으로 t가 증가함에 따라 순편익 현재가치 추정치의 분산은 감소한다. 분산은 결코 0이 될 수 없다. 즉 불확실성은 감소하지만 결코 완전히 제거되지는 않는다.

순편익 현재가치의 추정치들이 일관되게 "진짜" 값보다 크거나 작은지 여부, 즉 추정량들이 체계적으로 양 또는 음의 편의를 갖는지 여부는 누락, 예측, 가치평가, 또는 측정오류의 편의의 규모에 달려 있다. 상이한 시점에서 순편익 추정치들을 얻어 비교하게 되면 CBA에서 상이한 유형의 오류의 규모에 대한 것과 체계적 편의의 존재에 대한 단서를 얻는다. 그러한 지식을 가지고 분석가들은 유사한 상황에서 그들 추정치의 정확성에 대한 더 나은 정보를 제공할 수 있을 것이다.

20.2 코퀴할라 고속도로의 세 가지 CBA

1장에서 묘사되었듯이 코퀴할라 고속도로는 4개 차선의 도로인데 2008년까지 유료였다. 그것은 브리티시 콜롬비아(BC) 주의 내륙과 밴쿠버 간의 접근성을 증진시키고 있다. 우회도로는 일반적으로 가끔 추월 차선 구간이 있는 2차선이다. 혼잡과 교통 안전에 대한 우려가 고속도로 건설을 결정하는 데 있어서 중요한 요소였다. 건설은 세 단계로 수행되었다. 단계 I은 호프읍에서 메리트까지이고, 단계 II는 메리트에서 캠룹스까지, 단계 III은 메리트에서 켈로우나까지이다.

표 20.1 코퀴할라 고속도로에 대한 세 CBA

	Waters와 Meyers 단계 I과 II **사전적**	Mallery 단계 I, II, III **중간**	Boardman, Mallery, and Vining 단계 I, II, III **사후적**
프로젝트 편익			
시간과 가동 절약	616.1	885.0	1,908.0
안전 편익	77.4	109.1	430.4
우회도로에서의 혼잡 감소	29.9	62.9	120.0
20년 후의 잔존가치	113.0	298.0	313.2
총 편익	836.4	1,355.0	2,771.6
프로젝트 비용			
건설	717.2	1,489.0	1,774.3
요금 수집	17.8	17.8	17.8
유지보수와 제설	16.1	120.0	143.9
총 비용	751.1	1,626.8	1,936.0
순 편익	85.3	−271.8	835.6

주: 모든 수치들은 프로젝트의 수명을 20년으로 가정하고 7.5%로 할인된 2016년 캐나다 백만 달러로 표현된 현재가치이다.

출처: Anthony E. Boardman, Wendy L. Mallery, and Aidan R. Vining, "Learning from Ex Ante/Ex Post Cost-Benefit Comparisons: The Coquihalla Highway Example." Socio-Economic Planning Sciences, 28(2), 1994, 69-84, table 2, p.77에서 발췌됨. Elsevier Science, Ltd., The Boulevard, Langford Lane, Kidlington OX5 19GB, UK의 친절한 허락으로 복사됨.

고속도로에 대한 세 CBA는 표 201.1에 요약되어 있다.[7] 그것은 프로젝트 이전 상황(이 지역에 새로운 고속도로가 없음) 대비 고속도로의 편익과 비용을 요약하고 있다. 세 연구는 여러 면에서 유사하다. 세 개 모두 독립적 분석가들에 의해 수행되었고 그것들은 모두 전지구적 관점, 즉 외국인들을 포함해 누구나 이해관계를 가지고 있음을 택했으며 초기에 시행되는 수준에서 통행요금이 있을 것으로 가정하였고 그것들은 7.5%의 실질 사회적 할인율과 20년 시야 값을 사용하였다. 편익과 비용은 1984년 캐나다 달러 현재가치로 표현되었는데 표 20.1에서는 그것을 2016년 캐나다 달러로 변환하고 있다. 한 가지 중요한 차이는 사전적 연구는 단지 처음 두 단계에 대해서만 수행된 한편 다른 두 연구는 세 단계 모두에 대해 수행되었다.

Bill Waters와 Shane Meyers(이후로는 WM)는 1986년에 첫 번째 CBA를 수행하였다.[8] 이것은 비록 단계 I이 그때 막 개통되고 있었지만 본질적으로 **사전적** 연구이다. 저자들은 "고속도로가 건설되기 이전에 개발된 정보와 예측이 고속도로 건설을 위한 본래의 결정을 평가하는 데 더 적절하기 때문에 이것들을 사용하였다".[9] 표 20.1에 나열된 영향 범주들은 따로 설명이 필요 없다. 세 CBA가 모두 전지구적 관점을 사용하여 수행되었기 때문에 통행요금 수입에 대한 영향 범주가 없는데 그것은 이 관점을 사용할 때 모두 이전이기 때문이다. WM은 프로젝트 순편익의 현재가치를 8천 5백 2십만 달러(2016년 달러)로 계산하였다.

Wendy L. Mallery(이후로는 MLY)는 1987년 후반 두 번째 연구를 수행하였다.[10] 그 당시 단계 I과 단계 II는 마무리되었으나 단계 III은 그렇지 않았다. MLY는 실제 교통량 데이터(단계 I의 경우 16개월과 단계 II의 경우 1개월)와 실제 건설비용의 공개된 추정치를 얻을 수 있었다. 이리하여 MLY의 연구는 초기의 **중간** CBA이다. 그것은 2억 7천 1백 8십만 달러(2016년 달러)의 음의 순편익이 발생하는 것을 알아냈다.

Anthony Boardman, Wendy L. Mallery, Aidan Vining(이후로는 BMV)에 의한 마지막 연구는 비록 몇몇 영향들은 더 일찍 추정되었지만 1993년에 완료되었다.[11] 이 연구가 프로젝트의 수명이 끝나기 전에 수행되었다는 사실에도 불구하고 우리는 관례에 따라 이것을 **사후적** CBA로 취급한다. 그것은 8억 3천 5백 6십만 달러(2016년 달러)의 양의 순편익을 보여주었다.

20.2.1 누락

세 분석 모두에서 누락 오류가 존재한다고 주장할 수 있을 것이다. 어느 것도 고속도로가 차지한 토지의 기회비용을 고려하지 않았다. 이 토지는 지방정부가 소유한 것이었다. 심지어 분석가들은 공공부문이 소유한 토지를 "공짜로" 취급하는 경향이 있는데 물론 이것은 맞지 않는다. 사실 토지는 그다지 높은 기회비용을 가지고 있지 않아서 그것을 제외하는 것은 순 현재가치(NPV)에 큰 영향을 미치지 않았다.

고속도로의 환경 영향에 대해 논란이 있어 왔다. 비록 어떤 연구도 환경 피해에 대한 별개의 영향 범주를 포함하지 않고 있지만 동물들이 안전하게 고속도로 밑을 통과하도록 하는 지하도를 건설하는 비용, 건설 활동의 세심한 시기 선택, 강의 잠식을 수선하기 위한 특별한 노력 등이 건설비용에 포함되었다. 세 분석들은 모두 이러한 행동을 취한 후에는 환경 영향은 무시할 만한 것으로 암묵적으로 가정하였다. 그러나 환경운동가들은 실제 환경 영향(예를 들면, 야생동물 로드킬, 야생동물 및 물고기 서식지 파괴)은 꽤 크다고 주장하였다.

CBA 중에 어떤 것도 지역 발전과 연관된 편익을 포함하지 않고 있다. 그러한 간접적인 지역의 편익은 CBA에서 일반적으로 실질 편익이 아니라 다른 지역으로부터의 이전으로 간주된다. 그러나 **네트워크 외부성**(network externaliteis)이 존재하는 경우 간접 영향의 분석은 복잡해진다. 고속도로 건설 후 경로의 한쪽 끝에 위치한 켈로우나에서 예기치 못한 경제 번영이 있었다. 이러한 양의 네트워크 외부성 또는 집적 효과는 부분적으로 고속도로 덕택일 수 있다.[12] 만일 그렇다면 지역 발전 편익의 일부를 실질 편익으로 취급하는 것이 타당할 것이다.

20.2.2 예측 차이

코퀴할라와 다른 경로에 대한 교통량 데이터. 고속도로 CBA에서 교통량에 대한 추정치는 가장 중대한 예측일 수 있는데 그 이유는 그것이 직접적으로 다수의 편익 범주들에 영향을 주기 때문이다. 미래의 교통량 수준은 예측하기가 어렵다. 더욱이 잠재적 이용자들이 고속도로와 우회도로의 장점과 단점에 대해 "알게 되고" 인구분포가 변하고 소비자 취향이 변함에 따라 프로젝트의 수명에 걸쳐 그것은 변할 수 있다.

WM은 브리티시 콜롬비아 교통부의 1986년에 대한 예측에 그들 연구 시기의 교통량 성장 양상을 적용하고 밴쿠버의 주요 박람회의 결과 예상되는 교통량 폭증을 허용하여 총 연간 교통량 예측치를 얻었다. 그리고 나서 그들은 세 범주의 자동차(트럭, 일하러 가기 위해 이용되는 자동차, 여가에 이용되는 자동차)에 대해 상이한 기-종점 집단으로 데이터를 분해하였다. 각 집단에 대해 그들은 전환되거나 전환되지 않거나 새로이 창출된 교통량 비율을 추정하였다.[13] 가격에 민감한 전환율은 통행료의 영향을 감안하기 위해 사용되었다.

MLY는 1986년 5월(단계 I이 개통되었을 때)부터 1987년 9월(단계 II가 개통되었을 때)까지의 실제 코퀴할라 교통량 수치를 사용하였다. 그 이후 연도에 대해서는 MLY는 연간 1, 3, 5%의 연간 교통량 성장률을 가정하여 세 개의 상이한 NPV를 도출하였다. 표 20.1에는 3%의 성장률이 사용되고 있다. 이 가정하에서 2000년과 2005년의 (통행요금소에서의) 총 자동차 통행량은 각각 2백 8십 5만 대와 3백 6십 5만 대로 예측되었다. MLY는 실제 평균 여름 일일 교통량 수치에 기초하여 1984~1987년의 우회도로에 대한 연간 평균 일일 교통량 배분을 추정하였다.[14] 이 역사적 정보가 단계 III이 마무리된 후에 고속도로 3에서 코퀴할라로 30%의 교통량 전환율을 추정하는 데 사용되었다.

BMV는 4가지 원천의 데이터를 끌어내고 있다. (1) 1986~1990년에 대한 통행요금소 수입인데 이것은 오토바이, 승용차, 차축 2개, 3개, 4~5개 혹은 6개 이상의 트럭으로 분류되었다.[15] (2) 코퀴할라 통행요금소와 오카나간 연결지(단계 III)에서의 1991년 4월 교통량 수치의 정독인데 그것은 단계 III의 완공으로 코퀴할라 교통량이 약 40% 증가한 것을 보여주었다. (3) 1985~1989년의 모든 우회도로에 대한 교통량(각 고속도로 구간에 대한 여름철 교통량 수치는 계절성을 감안하기 위해 조정되었다. 즉 여름철 교통량은 연간 평균 일일 교통량의 1.25~1.9배였다). (4) 교통부의 기-종점 서베이는 승용차의 90%가 여가 여행자들이고 10%가 출장자라고 제시하고 있다. 이 데이터에 기초하고 (단계 III이 완공된 후) 5%의 연간 성장률을 가정하여 BMV는 2000년과 2005년에 대해 연간 코퀴할라 교통량을 각각 4백 3만 대와 5백 1십 4만 대로 예측하였다.

WM의 **사전적** 연구에서 교통량 예측치의 정확성을 결정하는 것은 불가능한데 그 이유는 그들은 그것들을 명확하게 제시하지 않았거나 성장률을 구체적으로 제시하지 않았기 때문이다. 후진 귀납법 분석에 따르면 WM은 초기 이용량을 단지 약간 과대 추정하였으나 미래의 교통량은 심각하게 과소 추정한 것을 시사한다. MLY는 처음 연도에 대해서는 실제 데이터를 사용하였고 그 후에는 5%의 연간 성장률로 추정하였는데 실제 성장률은 수년 동안 약 5%였다. WM은 단계 III의 개통이 교통 기반을 20% 증가시킬

표 20.2 코퀴할라 여행당 절약되는 거리(킬로미터)

여행	Waters와 Meyers **사전적**	Mallery **중간**	Boardman, Mallery, and Vining **사후적**
단계 I: 호프에서 메리트	N/Aa	87	112
단계 I과 II: 호프에서 캄룹스	72	83	107
단계 I과 III: 호프에서 피치랜드	N/A	77	53

[a]N/A, 불가용 또는 해당 없음.

출처: Anthony E. Boardman, Wendy L. Mallery, and Aidan R. Vining, "Learning from *Ex Ante/Ex Post* Cost-Benefit Comparisons: The Coquihalla Hoghway Example." *Socio-Economic Planning Sciences*, 28(2) 1994, 69-84, table 3A, p.79. Elsevier Science, Ltd., The Boulevard, Langford Lane, Kidlington OX5 1GB, UK의 친절한 허락으로 복사됨.

것을 예측하였으나 실제로는 약 2배 정도 증가하였다. 2000년과 2005년에 대한 BMV의 사후적 연구는 MLY의 추정치보다 41% 더 크다.

코퀴할라에서의 시간 및 거리 절약. 어떤 사람은 여행당 시간과 가리 절약규모는 분석들 간에 크게 다르지 않을 것이라고 예상할 수도 있다. 사실 표 20.2와 20.3에서 볼 수 있듯이 그것들은 변한다. 거리의 차이는 거리를 측정하기 위해 상이한 데이터를 사용할 뿐만 아니라 실시 설계의 변동으로부터 초래된다. 절약되는 시간의 차이는 절약되는 거리의 차이와 사이한 경로에서의 여행 속도에 대한 상이한 가정으로부터 초래된다.

우회도로에서의 혼잡 감소. WM은 코퀴할라로 인해 혼잡한 시간 동안 통과 교통이 20분을 절약하는 것으로 추정하였다. 그들은 새로운 고속도로로 전환되는 자동차 수에 비례하는 것보다 국부 교통은 시간이 덜 절약되는 것으로 가정하였다. BMV는 다른 방식으로 접근하였는바, 우회도로의 이용자들은 1986년에 1시간당 2km를 절약하고 1987년과 그 이후에는 시산당 5km를 절약할 것으로 가정하였다.

표 20.3 코퀴할라 여행당 절약되는 시간(분)

여행	Waters와 Meyers **사전적**	Mallery **중간**	Boardman, Mallery, and Vining **사후적**
단계 I: 호프에서 메리트	N/A[a]	102	108
단계 I과 II: 호프에서 캄룹스	72	89	120
단계 I과 III: 호프에서 피치랜드	N/A	100	79

[a]N/A, 불가용 또는 해당 없음.

출처: Anthony E. Boardman, Wendy L. Mallery, and Aidan R. Vining, "Learning from *Ex Ante/Ex Post* Cost-Benefit Comparisons: The Coquihalla Hoghway Example." *Socio-Economic Planning Sciences*, 28(2) 1994, 69-84, table 3B, p.79. Elsevier Science, Ltd., The Boulevard, Langford Lane, Kidlington OX5 19GB, UK의 친절한 허락으로 복사됨.

사고율. WM은 여행거리의 감소와 더 안전한 고속도로 여행에 기인하는 안전 편익을 계산하였다. 거리감소에 따른 안전 편익을 계산하기 위해 그들은 예측된 1억 3천만 차량 킬로미터 절약분에 Radnor Pacquette와 Paul Wright가 추정한 2차선 고속도로에서의 사망, 부상 및 대물 피해 사고에 대한 사고율을 곱하였다.[16] 더 안전한 도로로 인한 편익을 추정하기 위해 WM은 코퀴할라에서 여행하는 추정된 3억 1천 3백만 차량 킬로미터에 사고율의 1/3을 곱하였는데 사고율 감소에 대한 그들의 추정치는 기존의 고속도로 대신 4차선으로 나누어진 고속도로에 따른 것이었다. MLY는 유사한 방법을 따랐지만 더 안전한 도로로 인한 편익에 대해서는 사고의 심각성에 따라 35%에서 50%에 이르는 Pacquette와 Wright가 제시한 더 높은 사고율 감소를 사용하였다. BMV는 교통 및 사회기반시설부로부터 심각성에 따른 사고율 데이터를 얻었다.

코퀴할라 고속도로는 생명을 구하고 있다. 코퀴할라의 사망 사고율은 우회도로보다 약 50% 낮았는데 이것은 WM이 가정한 것보다는 더 높고 MLY의 추정치와 비슷한 감소율이다. 더욱이 브리티시 콜롬비아주의 모든 도로에 대한 실제 사망사고율은 WM이나 MLY가 가정한 것보다 높다. 그 결과 WM이나 MLY가 가정한 것보다 더 많은 생명이 거리 감소로 인해 구해졌다. 다른 도로에 비해 코퀴할라는 더 낮은 부상률을 보이고 있지만 더 높은 대물 피해율을 보이고 있다. 그럼에도 불구하고 이들 유형의 사고율이 예상한 것보다 브리티시 콜롬비아에서 더 높기 때문에 더 단축된 코퀴할라는 예측한 것보다 더 높은 전체적 안전 편익을 창출한다.[17]

20.2.3 가치평가의 차이

자동차 운행비용과 시간 절약의 가치. 세 CBA는 어떻게 시간 절약의 가치를 매기는지의 면에서는 유사하다. 구체적으로 업무용 운전자들은 그들의 1시간 운전을 브리티시 콜롬비아 주의 샐러리맨들의 시간당 평균 총임금으로 가치를 매기는 한편 여행용 운전자들은 이 값의 25%로 시간 가치를 매기는 것으로 가정하였다. 또한 이들 세 연구는 모두 각 자동차 안의 승객수에 대해 유사한 가정을 하였다. 관계 부의 추정치에 대한 정독에 기초하여 BMV는 여행 차량당 2.2명의 승객, 업무 차량당 1.2명의 승객을 가정하였다. 다른 연구들도 유사한 추정치를 사용하였다.

세 분석들은 추정된 총 임금률과 차량 운행비용에서 차이가 났다. 예를 들어, 호프에서 켐룹스까지의 여행과 관계된 추정치(모두 2016년 달러로 변환되었음)를 보자. WM은 코퀴할라 여행당 승용차의 경우 $14.80, 대형 트럭의 경우 $71.00의 운행비용이 절약되는 것으로 추정하였다. 추정된 시간절약은 여가 차량, 업무 차량, 트럭에 대해 각각 $17.00, $30.50, $35.60이었다. MLY는 자동차 운행비용 절약을 자동차 여행당 $20.50, 트럭 여행당 $99.00으로 계산하였다. 시간 절약은 여가 여행당 $13.90, 업무 여행당 $41.90, 트럭 여행당 $47.40으로 계산되었다.[18] BMV의 추정치는 상당히 더 높았다. 주로 트리맥 상담서비스가 제공한 데이터에 기초하여 BMV는 시간 및 차량 운행비용 절약을 여가 여행당 $51.60, 업무 여행당 $87.70, 5축 세미트레일러 여행당 $162.10으로 추정하였다.[19]

안전 편익의 가치. WM은 구해지는 사망, 부상, 대물 피해 사고의 가치를 각각 1백 6만 달러, $23,310, $42,40으로 가치를 매겼다. MLY는 약간 더 높게 가치를 매겨서 구해지는 사망, 부상, 대물피해 사고에 대해 각각 1백 1십 7만 달러, $25,430, $42,40으로 가치를 매겼다. 1984년 이래 이 토픽에 대한 많은 이론적 및 실증적 연구가 진행되어 왔다. 17장에서 논의되었듯이 현재의 가치평가는 1984년에 적절한 것으로 생각되었던 것보다 실질 달러로 상당히 더 높다. 그들 연구 시점에서 가장 최근의 연구에 기초하여 BMV는 회피된 사망의 가치로 4백 6십 6만 달러를 사용하였다.

잔존가치. 9장에서 논의된 바와 같이 할인 기간이 20년일 때 개념적으로 잔존가치는 21년째부터 무한대까지의 프로젝트 순편익의 현재가치와 같다. 분명히 어려운 점은 먼 미래로 예측을 하는 데 있다. 예를 들어, 미래 비용은 고속도로의 실제 감가상각률에 중대하게 의존할 것인데 그것은 사용 정도에 따라 변하는 한 부분적으로 내생적이다.

세 연구 모두에서 사용된 방법은 잔존가치를 초기 건설비용에 기초하는 것이었다. WM은 21년째의 잔존가치를 초기 건설비용의 75%로 가정하였다. MLY는 단지 한 번만 행해질 필요가 있는 암벽 절단과 모래 분사가 코퀴할라 건설비용에서 높은 비율을 차지하는 것에 부분적으로 기인하여 초기 건설비용의 85%를 사용하였다. BMV는 75%를 사용하였다.

20.2.4 추정/측정상의 차이

유지보수비용. **사전적** 연구의 시점에 유지보수 서비스 부서는 연구 유지보수와 제설 비용이 차선 킬로미터당 $5,300에서 $15,890에 이르는 것으로 추정하였다. WM은 이 범위의 하한에 가까운 수치를 선택하였으나 차선 킬로미터당이 아니라 킬로미터당으로 수치를 해석하여 결과적으로 킬로미터당 $5,510의 추정치가 되었다. 이와 대조적으로 MLY는 단계 I에 대해 차선 킬로미터당 $14,830, 단계 II와 III에 대해 차선 킬로미터당 $10,590으로 추정하였다. 고속도로의 80%는 4차선이었고 20%는 6차선이었기 때문에 MLY의 유지보수 및 제설 추정치는 WM의 추정치보다 훨씬 높았다. BMV는 실제 유지보수 비용을 구분하려는 주로 성공하지 못한 시도를 하였다. 한 가지 문제는 관계 부서가 데이터를 고속도로별로가 아니라 지역별로 유지한다는 것이었다. 궁극적으로 BMV는 MLY가 사용한 두 수치의 평균인 차선 킬로미터당 $12,710 추정치를 사용하였다. 그러나 한 가지 차이는 1990~91년에 걸친 기록을 깨는 폭설에 기인한다. 코퀴할라에 크게 영향을 미칠 수 있는 "10년, 20년 혹은 50년에 한 번"을 설명하기 위해 유지보수와 제설비용은 무작위로 선택된 두 해 각각에 대해 임의로 증가되었다. 전체적으로 이 접근법은 전적으로 만족스럽지는 못 하지만 그것은 **사전적** 분석과 같이 **사후적** 분석도 예측오류를 겪을 수 있다는 것을 강조하고 있다.

건설비용. WM은 단계 I이 완공된 후에 그들의 연구를 수행하였다. 그 결과 건설비용의 예측은 이슈가 아니었지만 그들은 계속 측정 문제에 직면하였다. 최상의 이용가능한 데이터에 기초하여 WM은 단계 I과 II의 건설비용의 현재가치를 추정하였는데 7억 1천 6백 4십만 달러였다.

고속도로 완공 직후에 더 높은 비용에 대한 소문이 돌았다. 1987년 11월 7일 자 Vancouver Sun은 단계 I과 II에 대한 12억8백만 달러, 단계 III에 대해 5억 7천 2백만 달러의 할인되지 않은 총비용 추정치를 공개하였다. MLY는 이 건설비용 추정치를 할인하여 단계 I과 II에 대해서는 10억 7천 6백만 달러, 단계 III에 대해서는 4억 1천 1백만 달러의 추정치를 얻었다. BMV의 건설비용 추정치는 코퀴할라가 처음에 예상한 것보다 훨씬 많은 비용이 들었다는 것이 공개적으로 알려졌을 때 브리티시 콜럼비아 정부가 지명한 조사위원회인 MacKay 위원회에 기초하고 있다.[20] MacKay는 결론짓기를 "코퀴할라 고속도로의 비용과 추정치 간의 차이는 ... 적절한 예산편성, 비용관리의 모니터링, 보고 시스템의 결핍에 기인한다"(p. xi)라고 하고 "연간 기준으로 선거구의 개별 계약에 의한 현재의 고속도로 자본지출 보고 방식은 주요 프로젝트들의 진짜 비용을 감추는데 역할을 한 것"으로(p. xi) 보았다. MacKay는 또한 "해당 부서의 자본작업에 대한 비용보고 체계는 분열되어 있고 일관성이 없다"(p. xx)고 논평하였다. MacKay 위원회 보고서에 기초하여 BMV는 코퀴할라의 건설비용의 현재가치를 17억 7천 3백만 달러로 추정하였는데 이것은 MLY보다 2억 8천 6백만 달러 더 높은 것이다. BMV 추정치와 이전 연구들에서의 추정치간의 차이는 주로 전략적 편의에서 초래되는 것일 것이다.

실제 건설비용에 대한 BMV의 조사가 진행되는 동안 부서의 한 공무원은 MacKay의 총 코퀴할라 건설비용 수치는 300% 정도까지 "벗어났다"(과소 추정되었다)고 추정하였다. 이러한 이벤트 후에도 의심할 여지 없이 불확실성은 남아 있다. 건설비용을 두 배로 늘리는 것이 일반 계정에 감추어졌거나 놓친 작업과 코퀴할라에 기인한 간접적 부서의 간접비 증가를 감안하는 대략적인 방법일 것이다.

전시 20.3

Richard Anguera는 채널 터널(영국과 프랑스 사이)에 대한 **중간** 재무분석과 **중간** 비용-편익분석을 수행하였다. 그는 **사전적** 비용-편익분석을 시행하거나 제시하지 않았고 **사전적-사후적** CBA 비교도 수행하지 않았지만 많은 **사전적** 예측에 접근할 수 있어서 **사전적-사후적** 비교를 할 수 있었다. 그의 주요 결론은 다음과 같다.

1. **사전적** 예측은 채널을 통과하는 승객과 화물시장의 총 규모와 성장을 고다추정하였다. 채널 터널의 시장점유율은 정확히 예측되었지만 이것은 가격인하에 대해서만 달성되었다. 비용 추정치 증가와 동시에 유로터널의 화물에 대한 예측치는 시간이 감에 따라 증가하였다. 사실 그것의 여객수송은 실제 수송량의 두배와 세배 사이로 극도로 낙관적이었다.
2. 비용은 상당히 과소 추정되었다. 그것은 결국 예상치의 두배가 되었다. 주요 이유는 안전설계 기준에 대한 책임을 지고 있는 독립적 안전 기관에게 주로 원인이 있는 규제 위험이었다. Brent Flyvbjerg, Nils Bruzelius, Werner Rothengatter(*Megaprojects and Risk: An Anatomy of Ambition*, New York, NY: Cambridge University Press, 2003)도 역시 또 다른 주요 이유로 분명한 소유권과 통제의 결핍을 확인하였다. 게다가 전혀 뜻밖은 아니지만 사업계획에 예상치 못한 문제들이 있었다.
3. Anguera에 따르면 1987~2003년의 터널의 순 사회적 편익은 3.5%의 실질 사회적 할인율을 사용할 때 2004년 기준 10억 파운드였다. 이것은 상당한 손실이지만 그것은 꽤 클 것 같은 잔존가치를 포함하지 않고 있다는 것을 주목하는 것이 중요하다.
4. 분배적 함축성 측면에서 주요 수혜자들은 낮은 가격으로 혜택을 받는 이용자들이었다. 주요 패자들은 터널 운영자와 페리 운영자들(경쟁자들)인 생산자들이었다. 이용자들 이득의 대부분은 생산자들로부터의 이전이었다.

Richard Anguera, "The Channel Tunnel-An Ex Post Economic Evaluation." *Transportation Research* Part A, 40(4), 2006, 291-315에서 발췌.

20.3 연구들 간 차이에 대한 전반적 과소 추정

단순히 총 차이를 보면 이것은 세 연구들 간의 실제 차이를 축소해서 말하고 있다. 첫째, 몇몇 편익과 비용은 동일한 방향으로 실수를 범하여 서로 상쇄되는 경향이 있다. 예를 들어, **사후적** 연구는 이전의 연구들에 비해 더 높은 건설비용을 가지지만 시간 및 운영 절약 편익도 더 높다. 둘째, 중요한 범주 내에서 몇몇 오류들이 서로 상쇄되고 있다. 예를 들어 안전 편익과 관련하여 코퀴할라 사고율은 예상한 것보다 더 높았는데 다른 지역의 고속도로 이용자 수와 사고율도 역시 예측한 것보다 더 높았다.

20.4 결론

중간이나 **사후적** 분석과 동일한 프로젝트에 대한 이전의 CBSA를 대조하면 이전 분석들의 예측력을 평가할 수 있는 기회가 생긴다. 이것은 **사전적** CBA의 가치를 결정하는 중대한 요소이다. 코퀴할라 고속도로 예에서 이 연습은 다소 겸허하게 만들고 있었다. **사전적** CBA는 정확하게 수행하기 어렵다.

하나의 비교 연구만으로는 CBA의 일반적 정확성에 대해 우리에게 모든 것을 말할 수 없다. 그러한 총 예측오류들이 다른 CBA들에서도 만연한가? 만일 그렇다면 문제가 된다. 어떤 사람은 이 특정 프로젝트가 일반적인 경우보다 더 많은 문제를 제기하고 있다고 주장할 수도 있지만 우리는 그렇지 않다고 생각한다. 이 프로젝트는 **상대적으로** 복잡하지 않다. 결국 이것은 첨단 기술이 아닌 고속도로 프로젝트이다. 또 다른 가능성은 (부분적으로 프로젝트에 고유한 예산편성이 아니라 지역의 예산편성에 기인한) 비용 과소 추정 문제는 "거친" 브리티시 콜롬비아에 특유한 것이라는 것이다. 다시 우리는 그렇게 생각하지 않는다. 몇몇 브리티시 콜롬비아에서 근무하지 않는 관료들은 그들 기관이 일상적으로 프로젝트 예산 항목들을 다른 계정에 감춘다는 것을 인정한다.

결론적으로 여기서 제시되는 주요 교훈은 정기적으로 **사전적/사후적** 비교를 수행하는 것의 중요성이다. 이것은 사소하게 보일 수도 있지만 최근까지 비용-편익분석 문헌에서 거의 관심을 받지 못했다. **사후적** CBA의 수는 증가할 가능성이 있는데 왜냐하면 연방기관들은 기존의 규칙들이 지속되는 것이 경제적으로 정당화가 되는지 여부를 결정하기 위해 이전의 분석들에서 분석된 주요 규칙의 예측된 비용과 편익의 정확성을 평가하기 위해 소급적용 분석 수행을 의무화하는 Obama 대통령의 행정명령(E.O. 13563과 13610) 때문이다.[21] 이 장은 그러한 비교를 어떻게 하는지에 대한 견본을 제공하고 있다.

Notes

인명색인

A

B

C

D

E

F

G

H

I

J

K

L

M

N

O

P

R

S

T

V

W

X

Z

사항색인

ㄱ

ㄴ

ㄷ

ㄹ

ㅁ

ㅂ

ㅅ

ㅇ

ㅈ

ㅎ

기타

저자소개

Anthony E. Boardman은 브리티시 콜롬비아 대학교의 명예교수이다. 동료들과 함께 그는 Peter Larkin상, Alan Blizzaed상, John Vanderkamp상, 그리고 J.E. Hodgetts상을 받았다. 그는 또한 캐나다 정부와 미주 개발은행을 포함한 다수의 선두적 공공 및 민간부문 조직의 자문위원이었다. 그는 Patented Medicine Prices Review Board에서 두 번의 임기를 수행하였고 현재는 Board of the Institute for Health System Transformation and Sustainability에서 일하고 있다.

David H. Greenberg는 볼티모어 카운티 소재 메릴랜드 대학교(UMBC)의 명예교수이다. 그는 MIT에서 박사학위를 받은 노동경제학자이자 비용-편익 분석가이다. UMBC에 가기 전에 그는 Rand Corporation, SRI International, 미국 보건복지부에서 일했다. 그는 위스콘신-매디슨 대학교, 조지 워싱턴 대학교, 부다페스트 경제 대학교, 중부 유럽 대학교에서 비용-편익분석 과목을 가르쳤다. 그는 MDRC, Abt Associates와 그 밖의 연구기관들의 오랜 컨설턴트이다.

Aidan R. Vining은 밴쿠버의 사이먼 프레이저 대학교의 기업 및 정부관계의 CNABS 교수이다. 공저자들과 함께 그는 John Vanderkamp상(캐나다 경제학회)과 J.E. Hodgetts상(캐나다 공공행정 연구소)을 받았다. 그는 David L. Weimer와 Policy Analysis; Concepts and Practice의 공저자이다.

David L. Weimer는 위스콘신-매디슨 대학교 정치경제 Edwin E. Witte 교수이다. 그는 2006년에 공공정책분석관리협회의 회장이었고 2013년에는 편익-비용분석학회의 회장이었다. 그는 Journal of Policy Analysis and Management의 전임 편집장이었고 현재 다수의 편집위원회에서 봉사하고 있다. 그는 또한 National Academy of Public Administration의 특별회원이다.

역자소개

박완규

연세대학교 경제학과 학사
미국 University of Wisconsin-Madison 경제학 박사
한국재정학회 회장
한국환경경제학회 회장
행정안전부 중앙투자심사위원회 위원장
(사)한국비용편익분석연구원 원장, 이사장
중앙대학교 경제학부 명예교수

조임곤

서울대학교 국제경제학과 학사
미국 The Ohio State University 행정학 박사
한국지방재정학회 회장
한국지방공기업학회 회장
경인행정학회 회장
경기대학교 교수

제5판
비용편익분석
Cost-Benefit Analysis: Concepts and Practice

제5판발행 2025년 8월 30일

지은이 Anthony E. Boardman · David H. Greenberg
Aidan R. Vining · David L. Weimer
옮긴이 박완규 · 조임곤
펴낸이 안종만 · 안상준

편 집 전채린
기획/마케팅 정연환
표지디자인 BEN STORY
제 작 고철민 · 김원표

펴낸곳 (주) 박영사
서울특별시 금천구 가산디지털2로 53, 210호(가산동, 한라시그마밸리)
등록 1959. 3. 11. 제300-1959-1호(倫)
전 화 02)733-6771
f a x 02)736-4818
e-mail pys@pybook.co.kr
homepage www.pybook.co.kr
ISBN 979-11-303-2387-9 93320

정 가 42,000원